KB056322

코로나19 바이러스

항균잉크란?

"친환경 99.9% 항균잉크 인쇄"
전격 도입

언제 끝날지 모를 코로나19 바이러스
99.9% 항균잉크(V-CLEAN99)를 도입하여 「안심도서」로
독자분들의 건강과 안전을 위해 노력하겠습니다.

Clean Zone

본 도서는 항균잉크로 인쇄하였습니다.

항균 + 99.9%
안심도서

항균잉크(V-CLEAN99)의 특징

- 바이러스, 박테리아, 곰팡이 등에 항균효과가 있는 산화아연을 적용

- 산화아연은 한국의 식약처와 미국의 FDA에서 식품첨가물로 인증받아 **강력한 항균력**을 구현하는 소재

- 황색포도상구균과 대장균에 대한 테스트를 완료하여 **99.9%의 강력한 항균효과** 확인

- 잉크 내 중금속, 잔류성 오염물질 등 **유해 물질 저감**

TEST REPORT

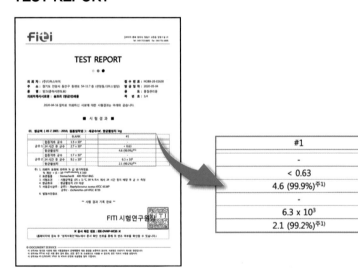

#1
-
< 0.63
4.6 (99.9%)[주1]
-
6.3×10^3
2.1 (99.2%)[주1]

Clean Zone

SD에듀
(주)시대고시기획

직무시험

국민건강
보험공단

법률 + OX문제 + 기출예상문제 +
최종모의고사 7회

+ 오디오북

SD에듀
(주)시대고시기획

Always **with you**

사람이 길에서 우연하게 만나거나 함께 살아가는 것만이 인연은 아니라고 생각합니다.
책을 펴내는 출판사와 그 책을 읽는 독자의 만남도 소중한 인연입니다.
(주)시대고시기획은 항상 독자의 마음을 헤아리기 위해 노력하고 있습니다.
늘 독자와 함께 하겠습니다.

PREFACE

머리말

국민을 질병의 위험에서 보호하고 국민의 노후의 편안한 삶을 보장하는 국민건강보험공단은 2022년에 신규직원을 채용할 예정이다. 국민건강보험공단의 채용절차는 「입사지원서 접수 → 서류심사 → 필기시험 → 인성검사 → 증빙서류 제출 → 면접시험 → 최종 합격자 발표」 순서로 이루어진다. 지원 자격 충족 시 일반 · 강원인재는 7배수, 장애 · 보훈은 5배수를 선발하여 필기시험에 응시하게 된다. 필기시험은 직업기초능력과 직무시험으로 진행한다. 직업기초능력은 의사소통능력, 수리능력, 문제해결능력 총 3개의 영역을 평가하며, 2021년 하반기에는 PSAT형으로 진행되었다. 직무시험은 직렬별로 국민건강보험법, 노인장기요양보험법 중 1개의 영역을 평가하므로 반드시 확정된 채용공고를 확인하는 것이 필요하다. 또한, 필기시험에서 고득점을 받기 위해 다양한 유형에 대한 폭넓은 학습과 문제풀이능력을 높이는 등 철저한 준비가 필요하다.

국민건강보험공단 합격을 위해 **(주)시대고시기획**에서는 NCS 도서 시리즈 1위의 출간 경험을 토대로 다음과 같은 특징을 가진 도서를 출간하였다.

📑 도서의 특징

첫 째 합격으로 이끌 가이드를 통한 채용 흐름 확인!
- 국민건강보험공단 소개를 수록하여 채용 흐름을 파악하는 데 도움이 될 수 있도록 하였다.

둘 째 국민건강보험공단 기출복원문제를 통한 유형 확인!
- 국민건강보험공단 2021년 법률 기출문제를 복원하여 국민건강보험공단 필기 유형을 파악할 수 있도록 하였다.

셋 째 국민건강보험법 및 노인장기요양보험법 법률을 통한 실력 상승!
- 국민건강보험법과 노인장기요양보험법 법률을 수록하여 직무시험에 필요한 지식을 쌓을 수 있도록 하였다.
- 조문별 OX문제 & 기출예상문제를 수록하여 직무시험에 완벽히 대비할 수 있도록 하였다.

넷 째 최종모의고사를 통한 완벽한 실전 대비!
- 철저한 분석을 통해 실제 유형과 유사한 법률 최종모의고사를 수록하여 자신의 실력을 최종 점검할 수 있도록 하였다.

다섯째 다양한 콘텐츠로 최종 합격까지!
- 온라인 모의고사와 AI면접 응시 쿠폰을 무료로 제공하여 채용 전반을 대비할 수 있도록 하였다.

끝으로 본 도서를 통해 국민건강보험공단 채용을 준비하는 모든 수험생 여러분이 합격의 기쁨을 누리기를 진심으로 기원한다.

NCS직무능력연구소 씀

국민건강보험공단 이야기

미션

국민보건과 사회보장 증진으로 국민의 삶의 질 향상

비전

평생건강 · 국민행복 · 글로벌 건강보장 리더

핵심 가치

Happiness
희망과 행복

Harmony
소통과 화합

Challenge
변화와 도전

Creativity
창의와 전문성

인재상

" 국민의 평생건강을 지키는 건강보장 전문인재 양성 "

Nation-oriented
국민을 위하는 인재

Honest
정직으로 신뢰받는 인재

Innovative
혁신을 추구하는 인재

Specialized
전문성 있는 인재

👤 지원자격(공통)

직렬	자격 요건
행정직	국민건강보험공단, 일산병원, 서울요양원, 국민건강보험공단 고객센터 중 한 기관에서 730일 이상 근무한 자
	국민건강보험공단 청년인턴으로 90일 이상 근무한 자
	공인어학성적(영어) 중 하나 이상 취득한 자
	최종학력이 고등학교 졸업인 자 (단, 최종학력 기준 고등학교 졸업예정·졸업자, 고등학교 검정고시 합격자, 대학 중퇴자는 지원 가능)
요양직	간호사, 물리치료사, 작업치료사, 사회복지사(2급 이상) 중 하나 이상 소지한 자
기술직(전기)	전기기사, 전기공사기사 중 하나 이상 소지한 자
기술직(건축)	건축기사, 실내건축기사 중 하나 이상 소지한 자
기술직(기계)	일반기계기사, 공조냉동기계기사, 건축설비기사 중 하나 이상 소지한 자

👤 전형절차

입사지원서 접수 서류심사 필기시험 인성검사 증빙서류 제출 면접시험 최종 합격자 발표

👤 필기시험

구분	직렬	내용	문항 수
직업기초능력	행정직	의사소통능력, 수리능력, 문제해결능력	60문항
	요양직		
	기술직		
직무시험	행정직	국민건강보험법	20문항
	기술직		
	요양직	노인장기요양보험법	

👤 면접시험

구분	내용
경험행동면접	다대일 구술면접
	직무능력·인성·태도 등 평가
상황면접	다대일 구술면접
	창의성·공동체의식·적극성 등 평가

※ 위 채용안내는 2021년 하반기 채용공고를 기준으로 작성하였으므로 세부내용은 반드시 확정된 채용공고를 확인하시기 바랍니다.

NCS(국가직무능력표준)란 무엇인가?

👤 국가직무능력표준(NCS: National Competency Standards)

산업현장에서 직무 수행에 요구되는 능력(지식, 기술, 태도 등)을 국가가 산업 부문별, 수준별로 체계화한 설명서

👤 직무능력

직무능력 = 직업기초능력 + 직무수행능력

- **직업기초능력** : 직업인으로서 기본적으로 갖추어야 할 공통 능력
- **직무수행능력** : 해당 직무를 수행하는 데 필요한 역량(지식, 기술, 태도)

👤 NCS의 필요성

- 산업현장과 기업에서 인적자원관리 및 개발의 어려움과 비효율성이 발생하는 대표적 요인으로 산업 전반의 '기준' 부재에 주목함
- 직업교육훈련과 자격이 연계되지 않은 상태로 산업현장에서 요구하는 직무수행능력과 괴리되어 실시됨에 따라 인적자원개발과 개인의 경력개발에 비효율적이며 효과성이 부족하다는 비판을 받음
  - ⋯ NCS를 통해 인재육성의 핵심 인프라를 구축하고, 산업장면의 HR 전반에서 비효율성을 해소하여 경쟁력을 향상시키는 노력이 필요함

👤 NCS 분류

- 일터 중심의 체계적인 NCS 개발과 산업현장 전문가의 직종구조 분석결과를 반영하기 위해 산업현장 직무를 한 국고용직업분류(KECO)에 부합하게 분류함
- 2021년 기준 : 대분류(24개), 중분류(80개), 소분류(257개), 세분류(1,022개)

〈국가직무능력표준(NCS) 분류체계도(예시)〉

| 대분류 | 01. 사업관리 | 02. 경영 · 회계 · 사무 | 03. 금융 · 보험 |

| 중분류 | 01. 기획사무 | 02. 총무 · 인사 | 03. 재무 · 회계 | 04. 생산 · 품질관리 |

| 소분류 | 01. 총무 | 02. 인사 · 조직 | 03. 일반사무 |

| 세분류 (직무) | 01. 인사 | 02. 노무관리 |

👤 직업기초능력 영역

모든 직업인들에게 공통적으로 요구되는 기본적인 능력 10가지

❶ **의사소통능력** : 타인의 생각을 파악하고, 자신의 생각을 글과 말을 통해 정확하게 쓰거나 말하는 능력

❷ **수리능력** : 사칙연산, 통계, 확률의 의미를 정확하게 이해하는 능력

❸ **문제해결능력** : 문제 상황을 창조적이고 논리적인 사고를 통해 올바르게 인식하고 해결하는 능력

❹ **자기개발능력** : 스스로 관리하고 개발하는 능력

❺ **자원관리능력** : 자원이 얼마나 필요한지 파악하고 계획하여 업무 수행에 할당하는 능력

❻ **대인관계능력** : 사람들과 문제를 일으키지 않고 원만하게 지내는 능력

❼ **정보능력** : 정보를 수집, 분석, 조직, 관리하여 컴퓨터를 사용해 적절히 활용하는 능력

❽ **기술능력** : 도구, 장치를 포함하여 필요한 기술에 대해 이해하고 업무 수행에 적용하는 능력

❾ **조직이해능력** : 국제적인 추세를 포함하여 조직의 체제와 경영에 대해 이해하는 능력

❿ **직업윤리** : 원만한 직업생활을 위해 필요한 태도, 매너, 올바른 직업관

NCS(국가직무능력표준)란 무엇인가?

👤 NCS 구성

능력단위

- 직무는 국가직무능력표준 분류의 세분류를 의미하고, 원칙상 세분류 단위에서 표준이 개발됨
- 능력단위는 국가직무능력표준 분류의 하위단위로, 국가직무능력 표준의 기본 구성요소에 해당되며 능력단위 요소(수행준거, 지식 · 기술 · 태도), 적용범위 및 작업상황, 평가지침, 직업기초능력으로 구성됨

〈국가직무능력표준 능력단위 구성〉

👤 NCS의 활용

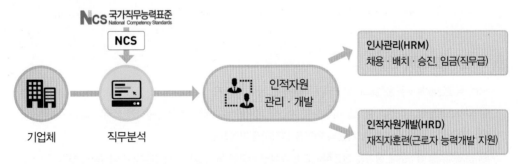

활동 유형	활용범위
채용(블라인드 채용)	채용 단계에 NCS를 활용하여 NCS 매핑 및 직무분석을 통한 공정한 채용 프로세스 구축 및 직무 중심의 블라인드 채용 실현
재직자 훈련(근로자 능력개발 지원)	NCS 활용 패키지의 '평생경력개발경로' 기반 사내 경력개발경로와 수준별 교육훈련 이수체계도 개발을 통한 현장직무 중심의 재직자 훈련 실시
배치 · 승진	현장직무 중심의 훈련체계와 배치 · 승진 · 체크리스트를 활용한 근로자 배치 · 승진으로 직급별 인재에 관한 회사의 기대와 역량 간 불일치 해소
임금(직무급 도입)	NCS 기반 직무분석을 바탕으로 기존 관리직 · 연공급 중심의 임금체계를 직무급(직능급) 구조로 전환

합격을 위한 체크 리스트

📋 시험 전 CHECK LIST

D-1

체크	리스트
☐	수험표를 출력하고 자신의 수험번호를 확인하였는가?
☐	수험표나 공지사항에 안내된 입실 시간 및 유의사항을 확인하였는가?
☐	신분증을 준비하였는가?
☐	컴퓨터용 사인펜 · 수정테이프 · 여분의 필기구를 준비하였는가?
☐	시험시간에 늦지 않도록 알람을 설정해 놓았는가?
☐	고사장 위치를 파악하고 교통편을 확인하였는가?
☐	고사장에서 볼 수 있는 자료집을 준비하였는가?
☐	인성검사에 대비하여 지원한 공사 · 공단의 인재상을 확인하였는가?
☐	확인 체크표의 × 표시한 문제를 한 번 더 확인하였는가?
☐	자신이 취약한 영역을 두 번 이상 학습하였는가?
☐	도서의 모의고사를 통해 자신의 실력을 확인하였는가?

📝 시험 유의사항

D-DAY

체크	리스트
☐	시험 전 화장실을 미리 가야 합니다.
☐	통신기기(휴대폰, 태블릿PC, 무선호출기, 스마트워치, 스마트밴드, 블루투스 이어폰 등)를 가방에 넣어야 합니다.
☐	휴대폰의 전원을 꺼야 합니다.
☐	시험 종료 후 시험지와 답안지는 제출해야 합니다.

💬 시험 후 CHECK LIST

D+1

체크	리스트
☐	시험 후기를 작성하였는가?
☐	상 · 하의와 구두를 포함한 면접복장이 준비되었는가?
☐	지원한 직무의 분석을 하였는가?
☐	단정한 헤어와 손톱 등 용모관리를 깔끔하게 하였는가?
☐	자신의 자기소개서를 다시 한 번 읽어보았는가?
☐	1분 자기소개를 준비하였는가?
☐	도서 내 면접 기출질문을 확인하였는가?
☐	자신이 지원한 직무의 최신 이슈를 정리하였는가?

주요 공기업 NCS 적중문제

• 나무 수 계산 유형 •

23 가로, 세로의 길이가 각각 432m, 720m인 직사각형 모양의 공원에 나무를 심으려고 한다. 네 코너의 모서리에는 반드시 나무를 심고 서로 간격이 일정하게 떨어져 있도록 심으려고 할 때, 최소한 몇 그루를 심으면 되는가?

① 12그루
② 16그루
③ 36그루
④ 48그루

• 환율 적용한 금액 계산 유형 •

30 A씨는 무역회사에 재직하고 있으며, 해외 출장을 자주 다닌다. 최근 무역계약을 위해 홍콩에 방문할 계획이 잡혔다. A씨는 여러 나라를 다니면서 사용하고 남은 화폐를 모아 홍콩달러로 환전하고자 한다. 다음 자료를 토대로 했을 때 A씨가 받을 수 있는 금액은 얼마인가?(단, 환전에 따른 기타 수수료는 발생하지 않는다)

[은행상담내용]

A씨 : 제가 가지고 있는 외화들을 환전해서 홍콩달러로 받고 싶은데요. 절차가 어떻게 진행되나요?

행원 : A고객님, 외화를 다른 외화로 환전하실 경우에는 먼저 외화를 원화로 환전한 뒤, 다시 원하시는 나라의 외화로 환전해야 합니다. 그렇게 진행할까요?

A씨 : 네, 그렇게 해주세요. 제가 가지고 있는 외화는 미화 $1,000, 유로화 €500, 위안화 ¥10,000, 엔화 ¥5,000입니다. 홍콩달러로 얼마나 될까요?

〈환율 전광판〉

통화명	매매 기준율	현찰		송금	
		살 때	팔 때	보낼 때	받을 때
미국 USD	1,211.60	1,232.80	1,190.40	1,223.40	1,199.80
유럽연합 EUR	1,326.52	1,356.91	1,300.13	1,339.78	1,313.26
중국 CNY	185.15	198.11	175.90	187.00	183.30
홍콩 HKD	155.97	159.07	152.87	157.52	154.42
일본 JPY100	1,065.28	1,083.92	1,046.64	1,075.71	1,054.85

※ 환전 시 소수점 단위 금액은 절사함

① HK$ 20,184
② HK$ 21,157
③ HK$ 22,957
④ HK$ 23,888

약물 키워드

17 다음 글에서 〈보기〉가 들어갈 위치로 옳은 것은?

> 그럼 이제부터 제형에 따른 특징과 복용 시 주의점을 알아보겠습니다. 먼저 산제나 액제는 복용해야 하는 용량에 맞게 미세하게 조절이 가능합니다. 그리고 정제나 캡슐제보다 노인이나 소아가 약을 삼키기 쉽고 약효도 빠르게 나타납니다. (가) 캡슐제는 캡슐로 약물을 감싸서 자극이 강한 약물을 복용할 때 생기는 불편을 줄일 수 있고, 정제로 만들면 약효가 떨어질 수 있는 경우에 사용되어 약효를 유지할 수 있습니다. (나) 하지만 캡슐제는 캡슐이 목구멍이나 식도에 달라붙을 수 있기 때문에 충분한 양의 물과 함께 복용해야 합니다. (다)
> 그리고 정제는 일정한 형태로 압축되어 있어 산제나 액제보다 보관이 간편하고 정량을 복용하기 쉽습니다. 이러한 정제는 약물의 성분이 빠르게 방출되는 속방정과 서서히 지속해서 방출되는 서방정으로 구분할 수 있습니다. (라) 서방정은 오랜 시간 일정하게 약의 효과를 유지할 수 있어 복용 횟수를 줄일 수 있습니다. 그런데 서방정은 함부로 쪼개거나 씹어서 먹으면 안 됩니다. 왜냐하면 약물의 방출 속도가 달라져 부작용의 위험이 커질 수 있기 때문입니다. 오늘 강연 내용은 유익하셨나요? 이번 강연이 약에 대한 이해를 높일 수 있는 계기가 되었으면 합니다. 또한, 약과 관련해 더 궁금한 내용이 있다면 '온라인 의약 도서관'을 통해 찾아보실 수 있습니다. (마) 마지막으로 상세한 복약 정보는 꼭 의사나 약사에게 확인하시기 바랍니다. 경청해 주셔서 감사합니다.

보기

하지만 이 둘은 정제보다 변질하기 쉬우므로 특히 보관에 주의해야 하고 복용 전 변질 여부를 잘 확인해야 합니다.

① (가)　　　　　　　　　② (나)

간호사 키워드

※ A종합병원은 간호인력의 고용 합리화 계획을 세우고자 한다. 따라서 이 계획 수립을 간호부 K간호부장에게 맡겼는데, 병원은 24시간 운영한다고 할 때 주어진 자료를 참고하여 이어지는 질문에 답하시오. **[7~8]**

〈시간대별 소요 간호인력 수〉

시간대(시)	2~6시	6~10시	10~14시	14~18시	18~22시	22~2시
소요인력(명)	5	20	30	15	50	10

〈근무 수칙〉

1) 간호인력은 휴게 시간을 포함하여 8시간 동안 연속 근무를 한다.
2) A종합병원 간호인력은 8시간씩 교대한다.
3) 교대 시 인수인계 시간은 고려하지 않는다.

☑ 오답 Check! ○ ✕

07 K간호부장이 간호인력 산정계획에 따라 포트폴리오를 구성할 경우, 필요한 최소 간호인력은 몇 명인가?

① 75명　　　　　　　　　② 85명
③ 95명　　　　　　　　　④ 105명
⑤ 110명

주요 공기업 NCS 적중문제

4차 산업혁명 키워드

23 다음 중 글의 제목으로 가장 적절한 것은?

제4차 산업혁명은 인공지능이 기존의 자동화 시스템과 연결되어 효율이 극대화되는 산업 환경의 변화를 의미한다. 2016년 세계경제포럼에서 언급되어, 유행처럼 번지는 용어가 되었다. 학자에 따라 바라보는 견해는 다르지만 대체로 기계학습과 인공지능의 발달이 그 수단으로 꼽힌다.

2010년대 중반부터 드러나기 시작한 제4차 산업혁명은 현재진행형이며, 그 여파는 사회 곳곳에서 드러나고 있다. 현재도 사람을 기계와 인공지능이 대체하고 있으며, 현재 일자리의 80 ~ 99%까지 대체될 것이라고 보는 견해도 있다. 만약 우리가 현재의 경제 구조를 유지한 채로 이와 같은 극단적인 노동 수요 감소를 맞게 된다면, 전후 미국의 대공황 등과는 차원이 다른 끔찍한 대공황이 발생할 것이다. 계속해서 일자리가 줄어들수록 중·하위 계층은 사회에서 밀려날 수밖에 없는데, 반면 자본주의 사회의 특성상 많은 비용을 수반하는 과학기술의 연구는 자본에 종속될 수밖에 없기 때문이다. 물론 지금도 이러한 현상이 없는 것은 아니지만, 아직까지는 단순노동이 필요하기 때문에 노동력을 제공하는 중·하위층들도 불합리한 부분들에 파업과 같은 실력행사를 할 수 있었다. 그러나 앞으로 자동화가 더욱 진행되어 노동의 필요성이 사라진다면 그들을 배려해야 할 당위성은 법과 제도가 아닌 도덕이나 인권과 같은 윤리적인 영역에만 남게 되는 것이다.

반면에, 이를 긍정적으로 생각한다면 이처럼 일자리가 없어졌을 때 극소수에 해당하는 경우를 제외한 나머지 사람들은 노동에서 완전히 해방되어, 인공지능이 제공하는 무제한적인 자원을 마음껏 향유할 수도 있을 것이다. 하지만 이러한 미래는 지금의 자본주의보다는 사회주의 경제 체제에 가깝다. 이 때문에 많은 경제학자와 미래학자들은 제4차 산업혁명 이후의 미래를 장밋빛으로 바꿔나가기 위해, 기본소득제 도입 등의 시도와 같은 고민들을 이어가고 있다.

① 제4차 산업혁명의 의의
② 제4차 산업혁명의 빛과 그늘
③ 제4차 산업혁명의 위험성
④ 제4차 산업혁명에 대한 준비
⑤ 제4차 산업혁명의 시작

문의할 내용 유형

07 다음 공고 내용을 확인한 관련 업체 종사자가 서류 준비와 관련하여 문의처에 문의할 내용으로 가장 적절한 것은?

① 현장수요 기반 컨설팅 사업의 경우 지원금 지원 방식은 어떻게 됩니까?
② 제품화 R&D 지원 사업 신청 기업에 대한 심사 기간은 얼마나 소요됩니까?
③ 신청 기간 내에 제출한 서류에 보완점이 발생하면 어떻게 됩니까?
④ 한 개 기업에서 복수 과제에 대한 지원을 받는 것이 가능합니까?
⑤ 신청 결과는 언제, 어디서 확인할 수 있습니까?

한국전력공사

참, 거짓 논증 유형

23 A, B, C, D, E 5명에게 지난 달 핸드폰 통화 요금이 가장 많이 나온 사람을 1위에서 5위까지 그 순위를 추측하라고 하였더니 각자 예상하는 두 사람의 순위를 다음과 같이 대답하였다. 각자 예상한 순위 중 하나는 참이고, 다른 하나는 거짓이다. 이들의 대답으로 판단할 때 실제 핸드폰 통화 요금이 가장 많이 나온 사람은?

> A : D가 두 번째이고, 내가 세 번째이다.
> B : 내가 가장 많이 나왔고, C가 두 번째로 많이 나왔다.
> C : 내가 세 번째이고, B가 제일 적게 나왔다.
> D : 내가 두 번째이고, E가 네 번째이다.
> E : A가 가장 많이 나왔고, 내가 네 번째이다.

① A   ② B
③ C   ④ D
⑤ E

근로복지공단

최소 금액 계산 유형

45 신입사원 A는 각 부서별 비품 구매업무를 맡게 되었다. 다음 자료를 참고할 때, 가장 저렴한 가격에 비품을 구입할 수 있는 업체는 어디인가?

〈소모품별 1회 구매수량 및 구매 제한가격〉

구분	A물품	B물품	C물품	D물품	E물품
1회 구매수량	2묶음	3묶음	2묶음	2묶음	2묶음
1회 구매 제한가격	25,000원	5,000원	5,000원	3,000원	23,000원

※ 물품 신청 시 1회 구매수량은 부서에 상관없이 매달 일정하다. (예 A물품은 2묶음, B물품은 3묶음 단위이다)
※ 물품을 1회 구매할 때는 제한된 가격 내에서 구매해야 하며, 제한 가격을 넘는 경우에는 구매할 수 없다(단, 총 구매가격에는 제한이 없다).

〈소모품 구매 신청서〉

구분	A물품	B물품	C물품	D물품	E물품
부서 1	○		○		○
부서 2		○	○	○	
부서 3	○		○	○	○
부서 4		○	○		○
부서 5	○		○	○	○

주요 공기업 NCS 적중문제

멤버십 유형별 특징(소외형, 순응형) 키워드

32 다음은 멤버십 유형별 특징을 정리한 자료이다. 다음 자료를 참고하여 각 유형의 멤버십을 가진 사원에 대한 리더의 대처방안으로 가장 적절한 것은?

<멤버십 유형별 특징>

소외형	순응형
• 조직에서 자신을 인정해주지 않음 • 적절한 보상이 없음 • 업무 진행에 있어 불공정하고 문제가 있음	• 기존 질서를 따르는 것이 중요하다고 생각함 • 리더의 의견을 거스르는 것은 어려운 일임 • 획일적인 태도와 행동에 익숙함

실무형	수동형
• 조직에서 규정준수를 강조함 • 명령과 계획을 빈번하게 변경함	• 조직이 나의 아이디어를 원치 않음 • 노력과 공헌을 해도 아무 소용이 없음 • 리더는 항상 자기 마음대로 함

① 소외형 사원은 팀에 협조하는 경우에 적절한 보상을 주도록 한다.
② 소외형 사원은 팀을 위해 업무에서 배제시킨다.
③ 순응형 사원에 대해서는 조직을 위해 순응적인 모습을 계속 권장한다.
④ 실무형 사원에 대해서는 징계를 통해 규정준수를 강조한다.
⑤ 수동형 사원에 대해서는 의견 존중을 통해 자신감을 가지도록 한다.

사원에게 해 줄 조언 유형

04 L사원은 사람들 앞에 나설 생각만 하면 불안감이 엄습하면서 땀이 난다. 심지어 지난번 프레젠테이션에서는 너무 떨린 나머지 자신이 말해야 하는 것을 잊어 버리기도 하였다. 주요 기획안 프레젠테이션을 앞둔 L사원은 같은 실수를 반복하지 않기 위해 상사인 K대리에게 조언을 구하기로 하였다. K대리가 L사원에게 해 줄 조언으로 가장 적절하지 않은 것은?

① 발표할 내용은 주어진 시간보다 더 많은 분량으로 미리 준비하는 것이 좋습니다.
② 완벽하게 준비하려 하기보다는 자신의 순발력으로 대처할 수 있을 정도로 준비하는 것이 좋습니다.
③ 듣는 사람들을 자신과 똑같은 위치의 사람이라고 생각하면서 발표하는 것도 좋은 방법입니다.
④ 듣는 사람의 눈을 보기 어렵다면 그 사람의 코를 보면서 발표하는 것도 좋은 방법입니다.

TEST CHECK

부서 배치 유형

※ K공사에서 인사담당자 김 대리는 신입사원을 선발하고 부서별로 배치하려고 한다. 각 팀이 원하는 역량을 가진 신입사원을 1명 이상 배치하려고 할 때, 자료를 참고하여 이어지는 질문에 답하시오. [34~35]

〈신입사원 정보〉

신입사원	전공	직무능력평가	자격증	면접	비고
A	경제학과	수리능력, 자원관리능력 우수		꾸준히 운동, 체력관리 우수	
B	무역학과	수리능력, 문제해결능력, 자원관리능력 우수	무역영어 1급		총무업무 경력 보유
C	심리학과	의사소통능력, 조직이해능력 우수		의사소통능력 최상	
D	경영학과	의사소통능력, 문제해결능력 우수	유통관리사 자격증	창의력 우수	
E	의류학과	의사소통능력, 문제해결능력, 조직이해능력 우수		창의적인 문제해결능력	신용업무 경력 보유

〈팀별 선호사항〉

가위바위보 키워드

27 A ~ F 6명이 동시에 가위바위보를 해서 아이스크림 내기를 했는데 결과가 다음과 같았다. 다음 중 내기에서 이긴 사람을 모두 고르면?(단, 비긴 경우는 없었다)

- 6명이 낸 것이 모두 같거나, 가위 · 바위 · 보 3가지가 모두 포함되는 경우 비긴 것으로 한다.
- A는 가위를 내지 않았다.
- B는 바위를 내지 않았다.
- C는 A와 같은 것을 냈다.
- D는 E에게 졌다.
- F는 A에게 이겼다.
- B는 E에게 졌다.

① A, C
② E, F
③ B, D
④ A, B, C
⑤ B, D, F

도서 구성

법률 기출복원문제로 출제 경향 파악

- 국민건강보험공단 2021년 법률 기출문제를 복원하여 국민건강보험공단 최신 출제 경향을 파악할 수 있도록 하였다.

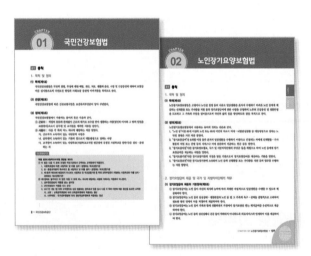

법률로 직무시험에 빈틈없는 학습

- 국민건강보험법 및 노인장기요양보험법 법률을 수록하여 직무시험에 필요한 지식을 쌓을 수 있도록 하였다.

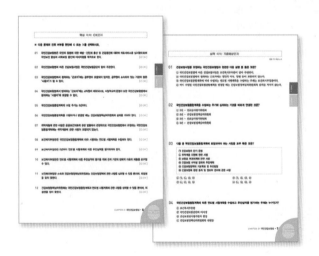

OX문제 + 기출예상문제로 조문별 학습

- 조문별 OX문제를 수록하여 효과적으로 학습할 수 있도록 하였다.
- 기출예상문제를 수록하여 직무시험에 완벽히 대비할 수 있도록 하였다.

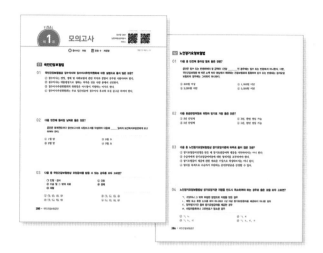

최종모의고사 + OMR을 활용한 실전 연습

- 직렬별 법률 최종모의고사와 OMR 답안지를 수록하여 실제로 시험을 보는 것처럼 최종 마무리 연습을 할 수 있도록 하였다.
- 모바일 OMR 답안채점 / 성적분석 서비스를 통해 필기시험에 대비할 수 있도록 하였다.

상세한 해설로 정답과 오답을 완벽히 이해

- 정답과 오답에 대한 상세한 해설을 통해 혼자서도 학습을 할 수 있도록 하였다.

학습플래너로 효율적인 시간 관리

- 학습플래너를 수록하여 본인의 일정에 맞게 계획적으로 학습할 수 있도록 하였다.

뉴스&이슈

국민건강보험공단, ISO45001 신규 인증 취득

국민건강보험공단은 2020년 본부 인증 취득에 이어 올해 6개 지역본부와 인재개발원까지 범위를 확대하여 11월 26일 국제표준 안전보건경영시스템(ISO45001)* 인증을 취득하였다고 밝혔다.

국민건강보험공단은 안전 경영을 최우선으로 하는 경영방침을 수립하여 안전 관리 전담조직 강화 및 전문 인력 채용을 통하여 위험성 평가, 안전교육, 4 · 4 · 4 안전점검의 날 운영 등 다양한 안전 경영 활동을 체계적으로 진행하여 산업재해 발생을 꾸준히 감소시켜 왔다.

이러한 노력의 결과로 공단의 안전보건 업무가 국제표준화기구(ISO) 인증을 통해 검증되었고, 국제표준에 따라 체계적이고 공정하게 운영되고 있음을 인정받게 되었다.

국민건강보험공단 김용익 이사장은 "공단은 국민의 건강한 삶을 책임지고 있는 기관으로서 이번 국제표준화 기구의 객관적 검증을 통해 안전 최우선 경영을 대외적으로 공인받았다."라며, "내년 1월 중대재해처벌법 시행을 앞두고 공단을 이용하는 국민들과 모든 직원들에게 더욱 안전하고 건강한 일터를 만들기 위하여 안전보건경영시스템을 한층 내실 있고 체계적으로 운영하겠다."라고 밝혔다.

Keyword

- 안전보건경영시스템(ISO45001) : 다양한 위험요인과 산업재해를 사전에 예방하기 위하여 조직의 안전보건을 체계적으로 관리하기 위한 국제표준 인증 제도

예상 면접 질문

Q 안전보건경영시스템 인증 취득으로 나타날 수 있는 효과에 대해 말해 보시오.

국민건강보험공단, 비접촉 본인확인 시대를 열다!

국민건강보험공단은 국민과 직원의 안전을 위해 지난 11월 전국 178개 지사 및 54개 출장소, 5개 외국인민원센터의 1,133개 상담창구에 촬영식 비접촉 신분증 스캐너를 설치하여 공공기관 최초로 '비접촉 본인확인* 시대'를 열었다고 밝혔다.

비접촉 본인확인은 신분증 주고받기로 인한 코로나19 감염전파의 위험을 줄여 국민과 직원 모두가 안전한 환경 조성이 실현되었다.

이에 앞으로 공단을 방문하는 국민들은 '비접촉 신분증 스캐너'를 통한 본인확인 과정 개선으로 전염성 질환 감염예방 및 개인 정보 노출 방지, 민원 대기시간 단축 등 불편함이 완전히 사라져 민원실을 안전하고 편리하게 이용할 수 있게 되었다.

또한, 국민건강보험공단은 포스트 코로나 시대에 맞는 안심환경 구현을 위해 전국 178개 지사의 민원실 환경개선 사업을 지난 11월에 마쳤다.

국민건강보험공단 관계자는 "공단의 이런 노력은 1년에 약 850만 명의 국민들이 이용하는 민원실이 국민들의 안전과 건강권을 보호하는 안심 공간으로 변화되고, 사람 중심의 안심 경영을 실천할 수 있는 힘"이라며, "공단은 앞으로도 국민 생활 밀착형 서비스로 국민의 건강을 지키는 국민 서비스를 제공하도록 노력하겠다."라고 밝혔다.

🔑 Keyword

- 비접촉 본인확인 : 국민이 직접 신분증을 스캐너에 올려놓으면 촬영되어 직원의 모니터에 신분증이 표출되는 방식

💬 예상 면접 질문

Q 국민건강보험공단이 코로나 시대에 해야 할 일에 대해 말해 보시오.

뉴스&이슈

위드 코로나! VDT 증후군 예방 프로그램 무료 배포

국민건강보험공단은 29일부터 공단 홈페이지를 통해 'VDT 예방 알리미(건이강이)'를 무상으로 배포한다고 밝혔다.

원격수업과 재택근무가 일상화되고 집콕 생활이 늘어나면서 컴퓨터를 포함한 전자기기 사용도 덩달아 증가하여 VDT 증후군*의 증상이 늘어나고 있다.

VDT 증후군의 가장 흔한 증상은 눈의 피로와 시력저하이고, 눈의 피로만큼 많이 호소하는 증상이 근골격계의 통증이다.

이에 공단은 장시간 컴퓨터 사용으로부터 건강을 지킬 수 있도록 공단 캐릭터인 리틀 건이강이가 VDT 증후군 예방을 위한 스트레칭 4종을 시간대별로 알려주는 PC프로그램을 개발하여 무료로 배포한다.

국민건강보험공단 이태근 총무상임이사는 "위드 코로나 시대에 공단이 함께하는 일상 회복 방안의 일환으로 이번 프로젝트를 구상하였다."라며, "공단의 캐릭터인 리틀 건이강이들이 코로나로 지친 국민들의 일상에 건강과 활력을 찾아주고 VDT 증후군 예방에 많은 도움이 되면 좋겠다."라고 밝혔다.

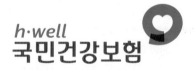

🔑 Keyword

- VDT 증후군(Visual Display Terminal Syndrome) : 컴퓨터 모니터, 스마트폰 등 스마트 기기 사용과 관련된 건강상의 문제를 총칭하는 말

💬 예상 면접 질문

Q 국민건강보험공단의 인재상 중 가장 중요하다고 생각하는 것은 무엇인지 말해 보시오.

국민건강보험공단, 요양병원 퇴원환자 지역사회 복귀 지원

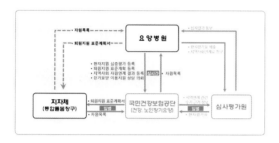

국민건강보험공단은 요양병원에서 퇴원이 예정된 환자의 안정적 지역사회 복귀를 지원하기 위해 2019년 11월부터 요양병원 퇴원환자 지원 제도를 시행하고 있다.

요양병원 퇴원환자 지원 제도는 퇴원 후 돌봄*이 필요한 독거, 노부부 등이 의사·간호사·사회복지사 등으로 구성된 병원 내 환자 지원팀과 심층상담 후 노인장기요양보험* 또는 환자에게 필요한 지역사회 서비스를 연계하는 제도이다.

국민건강보험공단은 올해 10월에 환자 지원팀의 역량 강화를 위해 요양병원 퇴원환자 지원 교육 프로그램 고도화 연구용역을 실시하였으며, 그 결과에 따라 다양한 교과목의 교육 콘텐츠를 개발하였다.

요양병원 퇴원환자 지원 기본 교육을 지역사회 통합 돌봄 등 의료·돌봄 환경 변화를 반영하여 고도화함과 동시에 요양병원 퇴원환자 지원 제도 알아보기, 요양병원 입원환자 상태 파악하기, 다학제 팀 접근, 사례관리 기본 개념의 이해 등의 내부 직원용 교육 콘텐츠도 제작하여 공단 담당자들의 역량을 재고했다.

국민건강보험공단은 환자에게 필요한 장기 요양 등의 자원을 연계하는 방안과 재택에서 필요한 낙상 관리 등 응급상황 대처에 대한 교육 콘텐츠를 고도화하여 제도 활성화에 활용할 예정이다.

국민건강보험공단 이은영 보장 지원 실장은 "가정에서 돌봄이 어려워 장기입원을 할 수밖에 없는 거동 불편자의 지역사회 복귀에 요양병원 퇴원환자 지원 제도가 도움이 되길 기대한다."라며, "앞으로도 지역사회 통합 돌봄 활성화를 통해 돌봄이 필요한 환자가 살던 곳에서 건강한 노후를 보낼 수 있도록 노력하겠다."라고 밝혔다.

🔍 Keyword

- 돌봄 : 건강 여부를 막론하고 건강한 생활을 유지하거나 증진하고, 건강의 회복을 돕는 행위
- 노인장기요양보험 : 치매나 중풍 등으로 인해 거동이 불편한 65세 이상 노인 또는 65세 미만이나 노인성 질환을 가진 사람들을 요양시설에 모시거나 집으로 찾아가 돌보는 사회보험 서비스

💬 예상 면접 질문

🔲 국민건강보험공단의 사업에 대해 아는 대로 말해 보시오.

합격 TIP

합격후기 합격 선배들이 알려주는
국민건강보험공단 필기시험 합격기

"소홀함은 나의 적!"

안녕하세요. 국민건강보험공단 행정직에 합격하고 드디어 합격후기를 작성하게 되었습니다. 필기시험에서 여러 번 실패한 후 자신감이 많이 떨어진 상태였기에 이 합격이 더 크고 기쁘게 다가오는 것 같습니다. 만족 스러운 성과를 거둘 수 있었던 소소한 비결을 함께 나누고자 몇 줄 적어 보겠습니다.

국민건강보험공단의 경우 직업기초능력과 직무시험 총 2단계로 필기시험을 진행했습니다. 특히 직무 시험이 직렬별 내용이 다르다는 점에 주목해야 합니다. 제가 지원한 직렬의 경우 국민건강보험법을 평가 했습니다.

시험 유형이 다양하다 보니 많은 분들이 NCS와 법률 둘 중 하나에 집중하는 실수를 범하는 경우가 많 습니다. 저 역시 NCS에만 집중하고 법률은 등한시했습니다. 그 결과 NCS에서 높은 점수를 받았음에도 불구하고 불합격하게 되었습니다. 제가 말씀드리고 싶은 것은 시험 유형 어느 하나도 소홀해서는 안 된다는 것입니다. 한 문제만으로도 합격과 불합격을 오갈 수 있다는 점을 유념하여 꼼꼼히 준비해야 합니다.

직무에 대한 지식이 점점 더 중요해짐에 따라 시험에서 직무와 관련된 법률의 비중이나 난도가 더욱 높아지고 있습니다. 아무리 바쁘더라도 어느 하나 소홀해서는 안 됩니다. 이 글을 읽으시는 모든 분들이 힘을 내셔서 원하는 결과를 얻으시기를 바랍니다!

이 책의 목차

이 책의 목차

Add+

특별부록

01 국민건강보험법

01 다음 중 국민건강보험법의 양벌 규정에서 2년 이하의 징역 2,000만 원 이하의 벌금에 해당하는 것은?

① 가입자 및 피부양자의 개인정보를 직무상 목적 외의 용도로 이용 또는 정당한 사유 없이 제3자에게 제공한 자

② 대행청구단체의 종사자로서 거짓이나 그 밖의 부정한 방법으로 요양급여비용을 청구한 자

③ 보건복지부장관에게 거짓으로 보고하거나 거짓 서류를 제출한 자

④ 거짓이나 그 밖의 부정한 방법으로 보험급여를 받은 자

02 다음 〈보기〉 중 보험료를 징수하기 위해 그 금액을 납부의무자에게 납입 고지할 때 반드시 있어야 하는 것을 모두 고르면?

> **보기**
> ㄱ. 납부해야 하는 금액
> ㄴ. 징수하려는 보험류의 종류
> ㄷ. 납부장소
> ㄹ. 납부기한

① ㄱ, ㄴ   ② ㄷ, ㄹ

③ ㄱ, ㄴ, ㄹ   ④ ㄱ, ㄴ, ㄷ, ㄹ

03 다음 중 빈칸에 들어갈 알맞은 단어는?

> 요양급여를 결정함에 있어 경제성 또는 치료효과성 등이 불확실하여 그 검증을 위하여 추가적인 근거가 필요하거나, 경제성이 낮아도 가입자와 피부양자의 건강회복에 잠재적 이득이 있는 등의 경우에는 예비적인 요양급여인 _____를 지급한다.

① 요양급여　　　　　　　　　　② 요양비
③ 선별급여　　　　　　　　　　④ 부가급여

04 다음 중 외국인 유학생의 국민건강보험에 대한 설명으로 옳지 않은 것은?

① 초중고 유학생은 입국일부터 건강보험에 당연가입이 된다.
② 보험 적용 조건에 해당되지만 직장이 없는 경우 지역가입자로 가입된다.
③ 건강보험료 체납내역은 체류기간 연장신청이나 체류기간 심사 시 반영된다.
④ 건강보험료는 전체가입자의 가장 낮은 보험료로 적용된다.

05 국내에 거주하는 국민은 건강보험의 가입자 또는 피부양자가 된다. 다음 중 피부양자에 해당하지 않는 것은?

① 직작가입자의 배우자
② 직장가입자의 직계존속
③ 직장가입자의 직계존속의 배우자
④ 직장가입자의 직계비속

06 사업장의 사용자는 직장가입자가 되는 근로자·공무원 및 교직원을 사용하는 사업장이 된 경우 보험자에게 신고하여야 한다. 이때, 조건이 성립한 경우로부터 며칠 이내에 신고해야 하는가?

① 5일　　　　　　　　　　　　② 7일
③ 14일　　　　　　　　　　　④ 15일

07 다음 중 건강보험증에 대한 설명으로 옳지 않은 것은?

① 가입자 또는 피부양자가 신청하는 경우 건강보험증을 발급해야 한다.
② 가입자 또는 피부양자가 요양급여를 받을 때에는 건강보험증을 요양기관에 제출해야 한다.
③ 누구든지 건강보험증을 다른 사람에게 양도하거나 대여하여 보험급여를 받을 수 없다.
④ 가입자 및 피부양자는 자격을 잃은 후에도 자격을 증명하던 서류를 사용하여 보험급여를 받을 수 있다.

08 다음 중 국민건강보험공단의 정관에 적어야 하는 사항이 아닌 것은?

① 임직원에 관한 사항
② 사무소의 소재지
③ 이사회의 운영
④ 이사장의 성명·주소 및 주민등록번호

09 다음 중 요양기관에 대한 설명으로 옳지 않은 것은?

① 의료법에 따라 개설된 의료기관, 약사법에 따라 등록된 약국 등이 있다.
② 전문요양기관은 정당한 이유 없이 요양급여를 거부하지 못한다.
③ 선별급여를 실시하는 요양기관은 선별급여의 평가를 위해 필요한 자료를 제출해야 한다.
④ 보건복지부장관은 보건복지부령으로 정하는 기준에 해당하는 요양기관을 전문요양기관으로 반드시 인정해야 하고, 인정서를 발급해야 한다.

10 다음은 국민건강보험법의 목적이다. 빈칸에 들어갈 용어로 바르게 짝지어진 것을 고르면?

> 국민건강보험법은 국민의 질병·부상에 대한 예방·진단·치료·재활과 출산·사망 및 건강증진에 대하여
> _____㉠_____ 를 실시함으로써 국민보건 향상과 _____㉡_____ 증진에 이바지함을 목적으로 한다.

	㉠	㉡
①	요양급여	사회보장
②	요양급여	사회복지
③	보험급여	공공부조
④	보험급여	사회보장

01 다음 중 장기요양기관 지정이 취소되는 경우가 아닌 것은?

① 거짓으로 지정을 받은 경우
② 재무 · 회계기준을 위반한 경우
③ 부정한 방법으로 시설 급여비용을 청구한 경우
④ 장기요양기관 종사자가 수급자의 신체에 폭행을 가하거나 상해를 입히는 행위

02 다음 중 장기요양급여에 대한 설명으로 옳지 않은 것은?

① 방문요양은 수급자의 가정 등을 방문하여 신체활동 및 가사활동 등을 지원하는 장기요양급여이다.
② 단기보호는 수급자를 일정 기간 동안 장기요양기관에 보호하여 신체활동 지원 등을 제공하는 장기요양급여이다.
③ 시설급여는 장기요양기관에 장기간 입소한 수급자에게 심신기능 유지 · 향상을 위한 교육 등을 제공하는 장기요양급여이다.
④ 기타재가급여는 간호사 등이 의사의 지시서에 따라 수급자의 가정 등을 방문하여 간호 등을 제공하는 장기요양급여이다.

03 다음은 노인장기요양보험법 중 청문에 대한 내용이다. 〈보기〉에서 청문이 가능한 경우를 모두 고르면?

제63조(청문)
특별자치시장 · 특별자치도지사 · 시장 · 군수 · 구청장은 다음 각 호의 어느 하나에 해당하는 처분 또는 공표를 하려는 경우에는 청문을 하여야 한다.
1. 제37조 제1항에 따른 장기요양기관 지정취소 또는 업무정지명령
2. 삭제(2018. 12. 11.)
3. 제37조의3에 따른 위반사실 등의 공표
4. 제37조의5 제1항에 따른 장기요양급여 제공의 제한 처분

보기

ㄱ. 거짓이나 그 밖의 부정한 방법으로 지정을 받은 경우
ㄴ. 거짓으로 청구한 금액이 1,000만 원 이상인 경우
ㄷ. 부정한 방법으로 재가급여비용을 청구하는 행위에 가담한 경우
ㄹ. 거짓으로 청구한 금액이 장기요양급여비용 총액의 100분의 20 이상인 경우

① ㄱ, ㄴ
② ㄷ, ㄹ
③ ㄱ, ㄴ, ㄷ
④ ㄴ, ㄷ, ㄹ

01 국민건강보험법

01	02	03	04	05	06	07	08	09	10
④	④	③	④	③	③	④	④	④	④

01
정답 ④

벌칙(법 제115조 제4항)

거짓이나 그 밖의 부정한 방법으로 보험급여를 받거나 타인으로 하여금 보험급여를 받게 한 사람은 2년 이하의 징역 또는 2,000만 원 이하의 벌금에 처한다.

오답분석

① 5년 이하의 징역 또는 5,000만 원 이하의 벌금(법 제115조 제1항)
② 3년 이하의 징역 또는 3,000만 원 이하의 벌금(법 제115조 제2항 제1호)
③ 1,000만 원 이하의 벌금(법 제116조)

02
정답 ④

보험료 등의 납입 고지(법 제79조 제1항)

공단은 보험료 등을 징수하려면 그 금액을 결정하여 납부의무자에게 다음 각 호의 사항을 적은 문서로 납입 고지를 하여야 한다.
1. 징수하려는 보험료 등의 종류
2. 납부해야 하는 금액
3. 납부기한 및 장소

03
정답 ③

선별급여(법 제41조의4 제1항)

요양급여를 결정함에 있어 경제성 또는 치료효과성 등이 불확실하여 그 검증을 위하여 추가적인 근거가 필요하거나, 경제성이 낮아도 가입자와 피부양자의 건강회복에 잠재적 이득이 있는 등 대통령령으로 정하는 경우에는 예비적인 요양급여인 선별급여로 지정하여 실시할 수 있다.

오답분석

① 요양급여는 의료보험에서 지급하는 보험급여 중 가장 기본적인 급여로 진찰, 약제 등이 있다.

② 요양비는 요양급여의 하나로 질병·부상·출산 등에 대하여 요양을 받거나 요양기관이 아닌 장소에서 출산한 경우에는 그 요양급여에 상당하는 금액을 요양비로 지급한다.
④ 국민건강보험법에 정한 요양급여 외에 임신·출산 진료비, 장제비, 상병수당, 그 밖의 급여를 실시할 수 있으면 이를 부가급여로 한다(법 제50조).

04
정답 ④

2021년 3월 이후 외국인 국민건강보험 제도가 변경되었다. 외국인 유학생의 건강보험료는 전체가입자의 평균 보험료로 부과된다.

2021년 외국인 국민건강보험 제도 개편 주용 내용
• 6개월 이상 국내체류 외국인 등은 국민건강보험 당연가입이 의무화
• 소득과 재산파악 등이 어려운 외국인은 건강보험 전체가입자 평균 보험료 부과
• 건강보험료 체납내역을 체류기간 연장신청 및 체류기간 심사 시 반영
• 학위 과정 유학생과 초중고 유학생은 의료공백이 발생하지 않게 입국일부터 국민건강 보험 당연가입(일반연수는 6개월 체류 시 국민건강보험 당연가입)

05
정답 ③

피부양자(법 제5조 제2항)
1. 직장가입자의 배우자
2. 직장가입자의 직계존속(배우자의 직계존속을 포함한다)
3. 직장가입자의 직계비속(배우자의 직계비속을 포함한다)과 그 배우자
4. 직장가입자의 형제·자매

06
정답 ③

사업장의 신고(법 제7조)

사업장의 사용자는 다음 각 호의 어느 하나에 해당하게 되면 그 때부터 14일 이내에 보건복지부령으로 정하는 바에 따라 보험자에게 신고하여야 한다.
1. 직장가입자가 되는 근로자·공무원 및 교직원을 사용하는 사업장이 된 경우
2. 휴업·폐업 등 보건복지부령으로 정하는 사유가 발생한 경우

07
정답 ④

건강보험증(법 제12조 제4항)
가입자·피부양자는 자격을 잃은 후 자격을 증명하던 서류를 사용하여 보험급여를 받아서는 아니 된다.

오답분석
①·②·③ 법 제12조

08
정답 ④

정관(법 제17조 제1항)
공단의 정관에는 다음 각 호의 사항을 적어야 한다.
1. 목적
2. 명칭
3. 사무소의 소재지
4. 임직원에 관한 사항
5. 이사회의 운영
6. 재정운영위원회에 관한 사항
7. 보험료 및 보험급여에 관한 사항
8. 예산 및 결산에 관한 사항
9. 자산 및 회계에 관한 사항
10. 업무와 그 집행
11. 정관의 변경에 관한 사항
12. 공고에 관한 사항

09
정답 ④

요양기관(법 제42조 제2항)
보건복지부장관은 보건복지부령으로 정하는 기준에 해당하는 요양기관을 전문요양기관으로 인정할 수 있고, 이 경우 해당 전문요양기관에 인정서를 발급해야 한다.

오답분석
①·② 법 제42조
③ 법 제42조의2 제2항

10
정답 ④

목적(법 제1조)
국민건강보험법은 국민의 질병·부상에 대한 예방·진단·치료·재활과 출산·사망 및 건강증진에 대하여 보험급여를 실시함으로써 국민보건 향상과 사회보장 증진에 이바지함을 목적으로 한다.

02 노인장기요양보험법

01	02	03							
②	④	③							

01
정답 ②

시정명령(법 제36조의2)
특별자치시장·특별자치도지사·시장·군수·구청장은 장기요양기관 재무·회계기준을 위반한 장기요양기관에 대하여 6개월 이내의 범위에서 일정한 기간을 정하여 시정을 명할 수 있다.

오답분석
①·③·④ 법 제37조

02
정답 ④

재가급여(법 제23조 제1항 제1호 바목)
기타재가급여는 수급자의 일상생활 향상에 필요한 용구를 제공하거나 가정을 방문하여 재활에 관한 지원 등을 제공하는 장기요양급여이다.

오답분석
①·②·③ 법 제23조 제1항 제1호

03
정답 ③

ㄱ. 법 제63조 제1호
ㄴ. 법 제63조 제3호
ㄷ. 법 제63조 제4호

오답분석
ㄹ. 거짓으로 청구한 금액이 장기요양급여비용 총액의 100분의 10 이상인 경우(법 제37조의3 제1항 제2호)

PART 1

법률

CHAPTER 01 국민건강보험법

01 총칙

1. 목적 및 정의

(1) 목적(제1조)

국민건강보험법은 국민의 질병, 부상에 대한 예방, 진단, 치료, 재활과 출산, 사망 및 건강증진에 대하여 보험급여를 실시함으로써 국민보건 향상과 사회보장 증진에 이바지함을 목적으로 한다.

(2) 관장(제2조)

국민건강보험법에 따른 건강보험사업은 보건복지부장관이 맡아 주관한다.

(3) 정의(제3조)

국민건강보험법에서 사용하는 용어의 뜻은 다음과 같다.

① 근로자 : 직업의 종류와 관계없이 근로의 대가로 보수를 받아 생활하는 사람(법인의 이사와 그 밖의 임원을 포함한다)으로서 공무원 및 교직원을 제외한 사람을 말한다.

② 사용자 : 다음 각 목의 어느 하나에 해당하는 자를 말한다.

　가. 근로자가 소속되어 있는 사업장의 사업주

　나. 공무원이 소속되어 있는 기관의 장으로서 대통령령으로 정하는 사람

　다. 교직원이 소속되어 있는 사립학교(사립학교교직원 연금법에 규정된 사립학교를 말한다)를 설립·운영하는 자

> **더 알아보기**
>
> **적용 범위(사립학교교직원 연금법 제3조)**
> ① 이 법은 다음 각 호에 규정된 학교기관에서 근무하는 교직원에게 적용한다.
> 　1. 사립학교법에 따른 사립학교 및 이를 설치·경영하는 학교경영기관
> 　2. 초·중등교육법의 특수학교 중 사립학교 및 이를 설치·경영하는 학교경영기관
> 　3. 제1호와 제2호에 해당하지 아니하는 사립학교 및 학교경영기관 중 특히 교육부장관이 지정하는 사립학교와 이를 설치·경영하는 학교경영기관
> ② 제1항에도 불구하고 이 법은 다음 각 호의 어느 하나에 해당하는 사람에 대해서는 적용하지 아니한다.
> 　1. 공무원연금법의 적용을 받는 공무원
> 　2. 군인연금법의 적용을 받는 군인
> 　3. 2017년 1월 1일 이후 교직원으로 신규 임용되는 경우로서 임용 당시 다음 각 목의 구분에 따른 정년을 초과한 교직원
> 　　가. 교원 : 교육공무원법에 따라 교육공무원에게 적용되는 정년
> 　　나. 사무직원 : 국가공무원법에 따라 일반직공무원에게 적용되는 정년

③ **사업장** : 사업소나 사무소를 말한다.
④ **공무원** : 국가나 지방자치단체에서 상시 공무에 종사하는 사람을 말한다.
⑤ **교직원** : 사립학교나 사립학교의 경영기관에서 근무하는 교원과 직원을 말한다.

2. 국민건강보험종합계획 및 건강보험정책심의위원회

(1) 국민건강보험종합계획의 수립 등(제3조의2)

① 보건복지부장관은 국민건강보험법에 따른 건강보험(이하 "건강보험"이라 한다)의 건전한 운영을 위하여 건강보험정책심의위원회의 심의를 거쳐 5년마다 국민건강보험종합계획(이하 "종합계획"이라 한다)을 수립하여야 한다. 수립된 종합계획을 변경할 때도 또한 같다.
② 종합계획에는 다음 각 호의 사항이 포함되어야 한다.
1. 건강보험정책의 기본목표 및 추진방향
2. 건강보험 보장성 강화의 추진계획 및 추진방법
3. 건강보험의 중장기 재정 전망 및 운영
4. 보험료 부과체계에 관한 사항
5. 요양급여비용에 관한 사항
6. 건강증진 사업에 관한 사항
7. 취약계층 지원에 관한 사항
8. 건강보험에 관한 통계 및 정보의 관리에 관한 사항
9. 그 밖에 건강보험의 개선을 위하여 필요한 사항으로 대통령령으로 정하는 사항
③ 보건복지부장관은 종합계획에 따라 매년 연도별 시행계획(이하 "시행계획"이라 한다)을 건강보험정책심의위원회의 심의를 거쳐 수립·시행하여야 한다.
④ 보건복지부장관은 매년 시행계획에 따른 추진실적을 평가하여야 한다.
⑤ 보건복지부장관은 다음 각 호의 사유가 발생한 경우 관련 사항에 대한 보고서를 작성하여 지체 없이 국회 소관 상임위원회에 보고하여야 한다.
1. 종합계획의 수립 및 변경
2. 시행계획의 수립
3. 시행계획에 따른 추진실적의 평가
⑥ 보건복지부장관은 종합계획의 수립, 시행계획의 수립·시행 및 시행계획에 따른 추진실적의 평가를 위하여 필요하다고 인정하는 경우 관계 기관의 장에게 자료의 제출을 요구할 수 있다. 이 경우 자료의 제출을 요구받은 자는 특별한 사유가 없으면 이에 따라야 한다.
⑦ 그 밖에 종합계획의 수립 및 변경, 시행계획의 수립·시행 및 시행계획에 따른 추진실적의 평가 등에 필요한 사항은 대통령령으로 정한다.

(2) 건강보험정책심의위원회(제4조)

① 건강보험정책에 관한 다음 각 호의 사항을 심의·의결하기 위하여 보건복지부장관 소속으로 건강보험정책
심의위원회(이하 "심의위원회"라 한다)를 둔다.
1. 종합계획 및 시행계획에 관한 사항(심의에 한정한다)
2. 요양급여의 기준
3. 요양급여비용에 관한 사항
4. 직장가입자의 보험료율
5. 지역가입자의 보험료부과점수당 금액
6. 그 밖에 건강보험에 관한 주요 사항으로서 대통령령으로 정하는 사항

② 심의위원회는 위원장 1명과 부위원장 1명을 포함하여 25명의 위원으로 구성한다.

③ 심의위원회의 위원장은 보건복지부차관이 되고, 부위원장은 위원 중에서 위원장이 지명하는 사람이 된다.

④ 심의위원회의 위원은 다음 각 호에 해당하는 사람을 보건복지부장관이 임명 또는 위촉한다.
1. 근로자단체 및 사용자단체가 추천하는 각 2명
2. 시민단체(비영리민간단체지원법에 따른 비영리민간단체를 말한다), 소비자단체, 농어업인단체 및 자영
업자단체가 추천하는 각 1명

더 알아보기

비영리민간단체의 정의(비영리민간단체지원법 제2조)
"비영리민간단체"라 함은 영리가 아닌 공익활동을 수행하는 것을 주된 목적으로 하는 민간단체로서 다음 각 호의 요건을
갖춘 단체를 말한다.
1. 사업의 직접 수혜자가 불특정 다수일 것
2. 구성원 상호간에 이익분배를 하지 아니할 것
3. 사실상 특정 정당 또는 선출직 후보를 지지·지원 또는 반대할 것을 주된 목적으로 하거나, 특정 종교의 교리 전파를
주된 목적으로 설립·운영되지 아니할 것
4. 상시 구성원수가 100인 이상일 것
5. 최근 1년 이상 공익활동 실적이 있을 것
6. 법인이 아닌 단체일 경우에는 대표자 또는 관리인이 있을 것

3. 의료계를 대표하는 단체 및 약업계를 대표하는 단체가 추천하는 8명
4. 다음 각 목에 해당하는 8명
　　가. 대통령령으로 정하는 중앙행정기관 소속 공무원 2명
　　나. 국민건강보험공단의 이사장 및 건강보험심사평가원의 원장이 추천하는 각 1명
　　다. 건강보험에 관한 학식과 경험이 풍부한 4명

⑤ 심의위원회 위원(제4항 제4호 가목에 따른 위원은 제외한다)의 임기는 3년으로 한다. 다만, 위원의 사임 등
으로 새로 위촉된 위원의 임기는 전임위원 임기의 남은 기간으로 한다.

⑥ 심의위원회의 운영 등에 필요한 사항은 대통령령으로 정한다.

※ 다음 문제의 진위 여부를 판단해 ○ 또는 ×를 선택하시오.

01 국민건강보험법은 국민의 질병에 대한 예방·진단과 출산 및 건강증진에 대하여 의료서비스를 실시함으로써 국민보건 향상과 사회보장 증진에 이바지함을 목적으로 한다. [○│×]

02 국민건강보험법에 따른 건강보험사업은 국민건강보험공단이 맡아 주관한다. [○│×]

03 국민건강보험법에서 정의하는 "근로자"에는 공무원이 포함되지 않지만, 공무원이 소속되어 있는 기관의 장은 "사용자"가 될 수 있다. [○│×]

04 국민건강보험법에서 정의하는 "근로자"에는 교직원이 제외되므로, 사립학교의 운영자 또한 국민건강보험법에서 정의하는 "사용자"에 포함될 수 없다. [○│×]

05 국민건강보험종합계획의 수립 주기는 5년이다. [○│×]

06 국민건강보험종합계획을 수립하거나 변경할 때는 건강보험정책심의위원회의 심의를 거쳐야 한다. [○│×]

07 취약계층에 관한 사항은 공공보건의료에 관한 법률에서 관장하므로 국민건강보험법에서 규정하는 국민건강보험종합계획에는 취약계층에 관한 사항이 포함되지 않는다. [○│×]

08 보건복지부장관은 국민건강보험종합계획에 따라 시행되는 연도별 시행계획을 수립해야 한다. [○│×]

09 보건복지부장관은 2년마다 연도별 시행계획에 따른 추진실적을 평가하여야 한다. [○│×]

10 보건복지부장관은 연도별 시행계획에 따른 추진실적의 평가를 위해 관계 기관의 장에게 자료의 제출을 요구할 수 있다. [○│×]

11 보건복지부장관 소속의 건강보험정책심의위원회는 건강보험정책에 관한 사항을 심의할 수 있을 뿐이며, 의결권을 갖지 못한다. [○│×]

12 건강보험정책심의위원회는 국민건강보험종합계획과 연도별 시행계획에 관한 사항을 심의할 수 있을 뿐이며, 의결권을 갖지 못한다. [○│×]

13 보건복지부차관은 건강보험정책심의위원회의 위원장으로서 부위원장을 지명할 수 있다. [○ | ×]

14 건강보험정책심의위원회의 위원 임명권과 위촉권을 가진 주체는 보건복지부차관이다. [○ | ×]

15 건강보험정책심의위원회는 위원장과 부위원장을 포함해 모두 30명의 위원으로 구성된다. [○ | ×]

16 국민건강보험공단의 이사장과 건강보험심사평가원의 원장은 건강보험정책심의위원회의 위원을 각 1명씩 추천
할 수 있다. [○ | ×]

17 건강보험정책심의위원회는 보건복지부에 소속되므로 운영에 필요한 사항은 보건복지부령으로 정한다.
[○ | ×]

OX문제 정답																			
01	02	03	04	05	06	07	08	09	10	11	12	13	14	15	16	17			
×	×	○	×	○	○	×	○	×	○	×	○	○	×	×	○	×			

정답 및 해설 p.2

01 건강보험사업을 규정하는 국민건강보험법과 관련한 다음 설명 중 옳은 것은?

① 국민건강보험법에 따른 건강보험사업은 보건복지부차관이 맡아 주관한다.
② 국민건강보험법에서 정의하는 근로자에는 법인의 이사, 임원 등이 포함되지 않는다.
③ 국민건강보험종합계획에 따라 수립되는 연도별 시행계획을 수립하는 주체는 보건복지부장관이다.
④ 이미 수립된 국민건강보험종합계획을 변경할 때는 건강보험정책심의위원회의 심의를 거치지 않는다.

02 국민건강보험종합계획을 수립하는 주기와 심의하는 기관을 바르게 연결한 것은?

① 3년 – 진료심사평가위원회
② 3년 – 건강보험정책심의위원회
③ 5년 – 진료심사평가위원회
④ 5년 – 건강보험정책심의위원회

03 다음 중 국민건강보험종합계획에 포함되어야 하는 사항을 모두 묶은 것은?

> ㉠ 건강보험의 단기 운영
> ㉡ 취약계층 지원에 관한 사항
> ㉢ 보험료 부과체계에 관한 사항
> ㉣ 건강보험 수익성 강화의 추진계획
> ㉤ 건강보험정책의 기본목표 및 추진방향
> ㉥ 건강보험에 관한 통계 및 정보의 관리에 관한 사항

① ㉠, ㉡, ㉣, ㉥   ② ㉠, ㉢, ㉤, ㉥
③ ㉡, ㉢, ㉤, ㉥   ④ ㉡, ㉣, ㉤, ㉥

04 국민건강보험종합계획에 따른 연도별 시행계획을 수립하고 추진실적을 평가하는 주체는 누구인가?

① 보건복지부장관
② 국민건강보험공단의 이사장
③ 건강보험심사평가원의 원장
④ 건강보험정책심의위원회의 위원장

05 국민건강보험종합계획 및 연도별 시행계획의 수립과 관련한 다음 설명 중 옳지 않은 것은?

① 시행계획에 따른 추진실적의 평가에 대한 보고서를 작성해 국회 소관 상임위원회에 보고해야 한다.

② 종합계획을 수립할 때뿐만 아니라 수립된 종합계획을 변경할 때도 건강보험정책심의위원의 심의를 거쳐야 한다.

③ 보건복지부장관은 종합계획·시행계획의 수립·시행을 위해 필요할 경우에는 관계 기관의 장에게 자료의 제출을 요구할 수 있다.

④ 종합계획·시행계획의 수립 및 시행계획에 따른 추진실적의 평가 등에 필요한 사항은 보건복지부령으로 정한다.

06 건강보험정책심의위원회와 관련한 다음 설명 중 옳은 것은?

① 건강보험정책에 관한 사항을 심의하는 심의위원회는 대통령에 소속된다.

② 심의위원회는 건강보험정책에 관한 사항을 심의할 뿐이며, 의결권을 갖지 못한다.

③ 보건복지부장관이 심의위원회의 위원장을 맡으며, 부위원장은 대통령이 지명한다.

④ 심의위원회는 위원장과 부위원장을 포함해 모두 25명의 위원으로 구성되며, 위원의 임기는 3년이다.

07 건강보험정책심의위원회에서 심의·의결하는 사항을 모두 고르면?

> ㉠ 요양급여의 기준
> ㉡ 요양급여비용에 관한 사항
> ㉢ 직장가입자의 보수월액 및 소득월액
> ㉣ 지역가입자의 보험료부과점수당 금액
> ㉤ 국민건강보험종합계획 및 연도별 시행계획에 관한 사항

① ㉠, ㉡, ㉢　　　　　　　　　　　② ㉠, ㉡, ㉣

③ ㉡, ㉢, ㉣　　　　　　　　　　　④ ㉡, ㉣, ㉤

08 건강보험정책심의위원회의 위원 구성과 관련한 다음 설명의 ㉠~㉢에 들어갈 숫자로 옳은 것은?

- 근로자단체 및 사용자단체가 추천하는 각 ㉠ 명
- 시민단체, 소비자단체, 농어업인단체 및 자영업자단체가 추천하는 각 1명
- 의료계를 대표하는 단체 및 약업계를 대표하는 단체가 추천하는 ㉡ 명
- 대통령령으로 정하는 중앙행정기관 소속 공무원 2명
- 국민건강보험공단의 이사장 및 건강보험심사평가원의 원장이 추천하는 각 ㉢ 명
- 건강보험에 관한 학식과 경험이 풍부한 4명

	㉠	㉡	㉢
①	2	8	1
②	3	8	2
③	2	5	3
④	3	5	1

02 가입자

1. 적용 대상, 가입자 및 사업장

(1) 적용 대상 등(제5조)

① 국내에 거주하는 국민은 건강보험의 가입자(이하 "가입자"라 한다) 또는 피부양자가 된다. 다만, 다음 각 호의 어느 하나에 해당하는 사람은 제외한다.

1. 의료급여법에 따라 의료급여를 받는 사람(이하 "수급권자"라 한다)

> **더 알아보기**
>
> **수급권자(의료급여법 제3조 제1항)**
> 1. 국민기초생활 보장법에 따른 의료급여 수급자
> 2. 재해구호법에 따른 이재민으로서 보건복지부장관이 의료급여가 필요하다고 인정한 사람
> 3. 의사상자 등 예우 및 지원에 관한 법률에 따라 의료급여를 받는 사람
> 4. 입양특례법에 따라 국내에 입양된 18세 미만의 아동
> 5. 독립유공자예우에 관한 법률, 국가유공자 등 예우 및 지원에 관한 법률 및 보훈보상대상자 지원에 관한 법률의 적용을 받고 있는 사람과 그 가족으로서 국가보훈처장이 의료급여가 필요하다고 추천한 사람 중에서 보건복지부장관이 의료급여가 필요하다고 인정한 사람
> 6. 무형문화재 보전 및 진흥에 관한 법률에 따라 지정된 국가무형문화재의 보유자(명예보유자를 포함한다)와 그 가족으로서 문화재청장이 의료급여가 필요하다고 추천한 사람 중에서 보건복지부장관이 의료급여가 필요하다고 인정한 사람
> 7. 북한이탈주민의 보호 및 정착지원에 관한 법률의 적용을 받고 있는 사람과 그 가족으로서 보건복지부장관이 의료급여가 필요하다고 인정한 사람
> 8. 5·18민주화운동 관련자 보상 등에 관한 법률에 따라 보상금 등을 받은 사람과 그 가족으로서 보건복지부장관이 의료급여가 필요하다고 인정한 사람
> 9. 노숙인 등의 복지 및 자립지원에 관한 법률에 따른 노숙인 등으로서 보건복지부장관이 의료급여가 필요하다고 인정한 사람
> 10. 그 밖에 생활유지 능력이 없거나 생활이 어려운 사람으로서 대통령령으로 정하는 사람
>   - 일정한 거소가 없는 사람으로서 경찰관서에서 무연고자로 확인된 사람
>   - 그 밖에 보건복지부령으로 정하는 사람

2. 독립유공자예우에 관한 법률 및 국가유공자 등 예우 및 지원에 관한 법률에 따라 의료보호를 받는 사람(이하 "유공자 등 의료보호대상자"라 한다). 다만, 다음 각 목의 어느 하나에 해당하는 사람은 가입자 또는 피부양자가 된다.

　　가. 유공자 등 의료보호대상자 중 건강보험의 적용을 보험자에게 신청한 사람

　　나. 건강보험을 적용받고 있던 사람이 유공자 등 의료보호대상자로 되었으나 건강보험의 적용배제신청을 보험자에게 하지 아니한 사람

② 피부양자는 다음 각 호의 어느 하나에 해당하는 사람 중 직장가입자에게 주로 생계를 의존하는 사람으로서 소득 및 재산이 보건복지부령으로 정하는 기준 이하에 해당하는 사람을 말한다.

1. 직장가입자의 배우자
2. 직장가입자의 직계존속(배우자의 직계존속을 포함한다)
3. 직장가입자의 직계비속(배우자의 직계비속을 포함한다)과 그 배우자
4. 직장가입자의 형제·자매

③ 피부양자 자격의 인정 기준, 취득·상실시기 및 그 밖에 필요한 사항은 보건복지부령으로 정한다.

(2) 가입자의 종류(제6조)

① 가입자는 직장가입자와 지역가입자로 구분한다.

② 모든 사업장의 근로자 및 사용자와 공무원 및 교직원은 직장가입자가 된다. 다만, 다음 각 호의 어느 하나에 해당하는 사람은 제외한다.

    1. 고용 기간이 1개월 미만인 일용근로자

    2. 병역법에 따른 현역병(지원에 의하지 아니하고 임용된 하사를 포함한다), 전환복무된 사람 및 군간부후보생

    3. 선거에 당선되어 취임하는 공무원으로서 매월 보수 또는 보수에 준하는 급료를 받지 아니하는 사람

    4. 그 밖에 사업장의 특성, 고용 형태 및 사업의 종류 등을 고려하여 대통령령으로 정하는 사업장의 근로자 및 사용자와 공무원 및 교직원

③ 지역가입자는 직장가입자와 그 피부양자를 제외한 가입자를 말한다.

(3) 사업장의 신고(제7조)

사업장의 사용자는 다음 각 호의 어느 하나에 해당하게 되면 그때부터 14일 이내에 보건복지부령으로 정하는 바에 따라 보험자에게 신고하여야 한다. 제1호에 해당되어 보험자에게 신고한 내용이 변경된 경우에도 또한 같다.

1. 직장가입자가 되는 근로자 · 공무원 및 교직원을 사용하는 사업장(이하 "적용대상사업장"이라 한다)이 된 경우
2. 휴업 · 폐업 등 보건복지부령으로 정하는 사유가 발생한 경우

2. 자격의 취득 및 변동 · 상실 시기

(1) 자격의 취득 시기 등(제8조)

① 가입자는 국내에 거주하게 된 날에 직장가입자 또는 지역가입자의 자격을 얻는다. 다만, 다음 각 호의 어느 하나에 해당하는 사람은 그 해당되는 날에 각각 자격을 얻는다.

    1. 수급권자이었던 사람은 그 대상자에서 제외된 날

    2. 직장가입자의 피부양자이었던 사람은 그 자격을 잃은 날

    3. 유공자 등 의료보호대상자이었던 사람은 그 대상자에서 제외된 날

    4. 보험자에게 건강보험의 적용을 신청한 유공자 등 의료보호대상자는 그 신청한 날

② 자격을 얻은 경우 그 직장가입자의 사용자 및 지역가입자의 세대주는 그 명세를 보건복지부령으로 정하는 바에 따라 자격을 취득한 날부터 14일 이내에 보험자에게 신고하여야 한다.

(2) 자격의 변동 시기 등(제9조)

① 가입자는 다음 각 호의 어느 하나에 해당하게 된 날에 그 자격이 변동된다.

    1. 지역가입자가 적용대상사업장의 사용자로 되거나, 근로자 · 공무원 또는 교직원(이하 "근로자 등"이라 한다)으로 사용된 날

    2. 직장가입자가 다른 적용대상사업장의 사용자로 되거나 근로자 등으로 사용된 날

    3. 직장가입자인 근로자 등이 그 사용관계가 끝난 날의 다음 날

    4. 적용대상사업장에 휴업 · 폐업 등 보건복지부령으로 정하는 사유가 발생한 날의 다음 날

    5. 지역가입자가 다른 세대로 전입한 날

② 제1항에 따라 자격이 변동된 경우 직장가입자의 사용자와 지역가입자의 세대주는 다음 각 호의 구분에 따라 그 명세를 보건복지부령으로 정하는 바에 따라 자격이 변동된 날부터 14일 이내에 보험자에게 신고하여야 한다.

 1. 제1항 제1호 및 제2호에 따라 자격이 변동된 경우 : 직장가입자의 사용자

 2. 제1항 제3호부터 제5호까지의 규정에 따라 자격이 변동된 경우 : 지역가입자의 세대주

③ 법무부장관 및 국방부장관은 직장가입자나 지역가입자가 병역법에 따른 현역병(지원에 의하지 아니하고 임용된 하사를 포함한다), 전환복무된 사람 및 군간부후보생 또는 교도소, 그 밖에 이에 준하는 시설에 수용되어 있는 경우에 해당하면 보건복지부령으로 정하는 바에 따라 그 사유에 해당된 날부터 1개월 이내에 보험자에게 알려야 한다.

(3) 자격 취득·변동 사항의 고지(제9조의2)

국민건강보험공단은 제공받은 자료를 통하여 가입자 자격의 취득 또는 변동 여부를 확인하는 경우에는 자격 취득 또는 변동 후 최초로 납부의무자에게 보험료 납입 고지를 할 때 보건복지부령으로 정하는 바에 따라 자격 취득 또는 변동에 관한 사항을 알려야 한다.

(4) 자격의 상실 시기 등(제10조)

① 가입자는 다음 각 호의 어느 하나에 해당하게 된 날에 그 자격을 잃는다.

 1. 사망한 날의 다음 날

 2. 국적을 잃은 날의 다음 날

 3. 국내에 거주하지 아니하게 된 날의 다음 날

 4. 직장가입자의 피부양자가 된 날

 5. 수급권자가 된 날

 6. 건강보험을 적용받고 있던 사람이 유공자 등 의료보호대상자가 되어 건강보험의 적용배제신청을 한 날

② 자격을 잃은 경우 직장가입자의 사용자와 지역가입자의 세대주는 그 명세를 보건복지부령으로 정하는 바에 따라 자격을 잃은 날부터 14일 이내에 보험자에게 신고하여야 한다.

3. 자격취득 등의 확인 및 건강보험증

(1) 자격취득 등의 확인(제11조)

① 가입자 자격의 취득·변동 및 상실은 자격의 취득·변동 및 상실의 시기로 소급하여 효력을 발생한다. 이 경우 보험자는 그 사실을 확인할 수 있다.

② 가입자나 가입자이었던 사람 또는 피부양자나 피부양자이었던 사람은 제1항에 따른 확인을 청구할 수 있다.

(2) 건강보험증(제12조)

① 국민건강보험공단은 가입자 또는 피부양자가 신청하는 경우 건강보험증을 발급하여야 한다.

② 가입자 또는 피부양자가 요양급여를 받을 때에는 건강보험증을 요양기관에 제출하여야 한다. 다만, 천재지변이나 그 밖의 부득이한 사유가 있으면 그러하지 아니하다.

③ 가입자 또는 피부양자는 주민등록증, 운전면허증, 여권, 그 밖에 보건복지부령으로 정하는 본인 여부를 확인할 수 있는 신분증명서로 요양기관이 그 자격을 확인할 수 있으면 건강보험증을 제출하지 아니할 수 있다.

④ 가입자·피부양자는 자격을 잃은 후 자격을 증명하던 서류를 사용하여 보험급여를 받아서는 아니 된다.

⑤ 누구든지 건강보험증이나 신분증명서를 다른 사람에게 양도하거나 대여하여 보험급여를 받게 하여서는 아니 된다.

⑥ 누구든지 건강보험증이나 신분증명서를 양도 또는 대여를 받거나 그 밖에 이를 부정하게 사용하여 보험급여를 받아서는 아니 된다.

⑦ 건강보험증의 신청 절차와 방법, 서식과 그 교부 및 사용 등에 필요한 사항은 보건복지부령으로 정한다.

※ 다음 문제의 진위 여부를 판단해 ○ 또는 ×를 선택하시오.

01 의료급여법에 따라 의료급여를 받는 수급권자는 건강보험의 가입자 또는 피부양자가 될 수 없다. [○|×]

02 유공자 등 의료보호대상자는 원칙적으로 건강보험의 가입자 또는 피부양자가 될 수 있다. [○|×]

03 직장가입자에게 주로 생계를 의존하는 배우자의 직계존속·직계비속 등은 피부양자가 될 수 없다. [○|×]

04 직장가입자에게 주로 생계를 의존하는 직장가입자의 직계비속의 배우자는 피부양자가 될 수 있다. [○|×]

05 모든 사업장의 근로자는 직장가입자가 되지만, 사용자와 공무원·교직원은 그렇지 않다. [○|×]

06 고용 기간이 1개월 미만인 일용근로자는 직장가입자가 될 수 없다. [○|×]

07 현역병, 전환복무된 사람 및 군간부후보생은 직장가입자가 될 수 없다. [○|×]

08 선거에 당선되어 취임하는 공무원으로서 매월 보수를 받지 않는 사람은 직장가입자가 될 수 있다. [○|×]

09 직장가입자를 사용하는 적용대상사업장이 된 경우에는 14일 이내에 보험자에게 신고해야 한다. [○|×]

10 직장가입자를 사용하는 적용대상사업장이 휴업·폐업한 경우에는 보험자에게 신고하지 않을 수 있다.
[○|×]

11 직장가입자의 피부양자이었던 사람은 그 자격을 잃은 날에 직장가입자 또는 지역가입자의 자격을 얻는다.
[○|×]

12 수급권자이었던 사람은 그 대상자에서 제외된 날로부터 30일 이후에 직장가입자 또는 지역가입자의 자격을 얻는다.
[○|×]

13 유공자 등 의료보호대상자이었던 사람은 그 대상자에서 제외된 날로부터 14일 이후에 건강보험의 자격자가 될 수 있다.
[○|×]

14 직장가입자가 아니었던 사람이 직장가입자의 자격을 얻은 경우에 그 직장가입자의 사용자는 자격 취득일로부터 14일 이내에 보험자에게 신고해야 한다.
[○|×]

15 직장가입자가 다른 적용대상사업장의 사용자로 되거나 근로자 등으로 사용된 경우에는 그날로부터 그 자격이 변동된다. [○ | ×]

16 직장가입자인 근로자 등이 그 사용관계가 끝난 경우에는 그날로부터 14일 이후에 그 자격이 변동된다. [○ | ×]

17 지역가입자가 다른 세대로 전입한 경우에는 그날로부터 그 자격이 변동된다. [○ | ×]

18 적용대상사업장이 휴업 또는 폐업함에 따라 직장가입자인 근로자 등의 자격이 변동된 경우에는 지역가입자의 세대주가 보험자에게 신고해야 한다. [○ | ×]

19 국방부장관은 직장가입자나 지역가입자가 현역병이 된 경우에는 그날로부터 1개월 이내에 보험자에게 알려야 한다. [○ | ×]

20 국민건강보험공단은 가입자 자격의 변동 여부를 확인한 경우에는 그 변동 후 최초로 납부의무자에게 보험료 납입 고지를 할 때 변동에 관한 사항을 알려야 한다. [○ | ×]

21 가입자가 사망했을 경우에는 사망한 날부터 그 자격을 잃는다. [○ | ×]

22 가입자가 직장가입자의 피부양자가 되어 그 자격을 잃은 경우에는 직장가입자의 사용자와 지역가입자의 세대주는 그 명세를 보험자에게 신고해야 한다. [○ | ×]

23 가입자 또는 피부양자가 요양급여를 받을 때에는 건강보험증을 요양기관에 제출하는 것이 원칙이다. [○ | ×]

24 가입자 또는 피부양자는 주민등록증 등의 신분증명서로 가입 자격을 증명할 수 있는 경우에도 요양기관에 건강보험증을 반드시 제출해야 한다. [○ | ×]

25 건강보험증을 다른 사람에게 양도하는 것은 불가능하지만, 다른 사람에게 대여해 보험급여를 받게 하는 것은 허용된다. [○ | ×]

OX문제 정답																			
01	02	03	04	05	06	07	08	09	10	11	12	13	14	15	16	17	18	19	20
○	×	×	○	×	○	○	×	○	×	○	×	×	○	○	×	○	○	○	○
21	22	23	24	25															
×	○	○	×	×															

01 건강보험의 적용 대상과 관련한 다음 설명 중 옳지 않은 것은?

① 직장가입자 A의 동생인 B가 A에게 주로 생계를 의존하더라도 B는 피부양자가 될 수 없다.

② 직장가입자 A의 사위인 C가 A에게 주로 생계를 의존할 경우에 C는 피부양자가 될 수 있다.

③ 유공자 등 의료보호대상자 중 건강보험의 적용을 보험자에게 신청한 사람은 건강보험의 가입자 또는 피부양자가 될 수 있다.

④ 국내에 거주하는 국민은 건강보험의 가입자 또는 피부양자가 되지만, 의료급여법에 따른 수급권자는 건강보험 적용 대상에서 제외된다.

02 직장가입자의 종류와 관련한 다음 설명 중 옳지 않은 것은?

① 고용 기간이 1개월 미만인 일용근로자는 직장가입자가 될 수 없다.

② 현역병, 전환복무된 사람, 군간부후보생 등은 직장가입자가 될 수 없다.

③ 모든 사업장의 근로자는 직장가입자가 될 수 있지만, 사용자는 그렇지 않다.

④ 선거에 당선되어 취임하는 공무원으로서 보수에 준하는 급료를 받지 않는 사람은 직장가입자가 될 수 없다.

03 사업장의 신고와 관련한 다음 설명의 ㉠, ㉡에 들어갈 내용으로 옳은 것은?

> 직장가입자가 되는 근로자를 사용하는 적용대상사업장이 되었을 경우에는 그 때부터 ___㉠___ 는 ___㉡___ 이내에 보험자에게 신고해야 한다.

	㉠	㉡			㉠	㉡
①	근로자	14일		②	근로자	30일
③	사용자	14일		④	사용자	30일

04 자격의 취득 시기 등과 관련한 다음 설명 중 옳은 것은?

① 수급권자이었던 사람은 그 대상자에서 제외된 날의 다음 날에 자격을 얻는다.

② 직장가입자의 피부양자이었던 사람은 그 자격을 잃은 날의 다음 날에 자격을 얻는다.

③ 유공자 등 의료보호대상자이었던 사람은 그 대상자에서 제외된 날부터 자격을 얻는다.

④ 자격을 얻은 경우 그 직장가입자의 사용자 및 지역가입자의 세대주는 그 명세를 자격을 취득한 날부터 30일 이내에 보험자에게 신고해야 한다.

05 자격의 변동 시기 등과 관련한 다음 설명 중 옳지 않은 것은?

① 지역가입자가 적용대상사업장의 사용자로 사용된 날에 자격이 변동된다.

② 적용대상사업장이 폐업의 사유가 발생한 날부터 14일 이후에 자격이 변동된다.

③ 자격이 변동된 경우 직장가입자의 사용자와 지역가입자의 세대주는 그 명세를 자격이 변동된 날부터 14일 이내에 보험자에게 신고해야 한다.

④ 직장가입자가 다른 적용대상사업장의 근로자 등으로 사용됨에 따라 자격이 변동된 경우에는 그 직장가입자의 사용자가 보험자에게 신고해야 한다.

PART 1 PART 2

06 자격의 상실 시기 등과 관련한 다음 설명 중 옳은 것은?

① 가입자는 사망한 날의 다음 날에 그 자격을 잃는다.

② 가입자는 수급권자가 된 날의 다음 날에 그 자격을 잃는다.

③ 가입자는 직장가입자의 피부양자가 된 날에 그 자격을 잃는다.

④ 가입자는 국내에 거주하지 않게 된 날의 다음 날에 그 자격을 잃는다.

07 가입자 자격을 잃은 경우에 그날부터 며칠 이내에 누구에게 신고해야 하는가?

① 14일 이내에 보험자에게 신고해야 한다.

② 30일 이내에 보험자에게 신고해야 한다.

③ 14일 이내에 보건복지부장관에게 신고해야 한다.

④ 30일 이내에 보건복지부장관에게 신고해야 한다.

08 건강보험증과 관련한 다음 설명 중 옳은 것은?

① 건강보험증을 발급하는 주체는 보건복지부장관이다.

② 피부양자가 요양급여를 받을 때에는 요양기관에 건강보험증을 반드시 제출해야 한다.

③ 가입자는 자격을 상실한 이후에는 자격을 증명하던 서류를 사용하여 보험급여를 받을 수 없다.

④ 본인 여부를 확인할 수 있는 신분증명서로 요양기관이 그 자격을 확인할 수 있더라도 요양기관에 건강보험증을 반드시 제출해야 한다.

03 국민건강보험공단

1. 국민건강보험공단의 업무

(1) 보험자(제13조)

건강보험의 보험자는 국민건강보험공단(이하 "공단"이라 한다)으로 한다.

(2) 국민건강보험공단의 업무 등(제14조)

① 공단은 다음 각 호의 업무를 관장한다.
1. 가입자 및 피부양자의 자격 관리
2. 보험료와 그 밖에 국민건강보험법에 따른 징수금의 부과·징수
3. 보험급여의 관리
4. 가입자 및 피부양자의 질병의 조기발견·예방 및 건강관리를 위하여 요양급여 실시 현황과 건강검진 결과 등을 활용하여 실시하는 예방사업으로서 대통령령으로 정하는 사업
5. 보험급여 비용의 지급
6. 자산의 관리·운영 및 증식사업
7. 의료시설의 운영
8. 건강보험에 관한 교육훈련 및 홍보
9. 건강보험에 관한 조사연구 및 국제협력
10. 국민건강보험법에서 공단의 업무로 정하고 있는 사항
11. 국민연금법, 고용보험 및 산업재해보상보험의 보험료징수 등에 관한 법률, 임금채권보장법 및 석면피해구제법(이하 "징수위탁근거법"이라 한다)에 따라 위탁받은 업무
12. 그 밖에 국민건강보험법 또는 다른 법령에 따라 위탁받은 업무
13. 그 밖에 건강보험과 관련하여 보건복지부장관이 필요하다고 인정한 업무
② 자산의 관리·운영 및 증식사업은 안정성과 수익성을 고려하여 다음 각 호의 방법에 따라야 한다.
1. 체신관서 또는 은행법에 따른 은행에의 예입 또는 신탁
2. 국가·지방자치단체 또는 은행법에 따른 은행이 직접 발행하거나 채무이행을 보증하는 유가증권의 매입
3. 특별법에 따라 설립된 법인이 발행하는 유가증권의 매입
4. 자본시장과 금융투자업에 관한 법률에 따른 신탁업자가 발행하거나 같은 법에 따른 집합투자업자가 발행하는 수익증권의 매입
5. 공단의 업무에 사용되는 부동산의 취득 및 일부 임대
6. 그 밖에 공단 자산의 증식을 위하여 대통령령으로 정하는 사업
③ 공단은 특정인을 위하여 업무를 제공하거나 공단 시설을 이용하게 할 경우 공단의 정관으로 정하는 바에 따라 그 업무의 제공 또는 시설의 이용에 대한 수수료와 사용료를 징수할 수 있다.
④ 공단은 공공기관의 정보공개에 관한 법률에 따라 건강보험과 관련하여 보유·관리하고 있는 정보를 공개한다.

2. 공단의 성립

(1) 법인격 등(제15조)
① 공단은 법인으로 한다.
② 공단은 주된 사무소의 소재지에서 설립등기를 함으로써 성립한다.

(2) 사무소(제16조)
① 공단의 주된 사무소의 소재지는 정관으로 정한다.
② 공단은 필요하면 정관으로 정하는 바에 따라 분사무소를 둘 수 있다.

(3) 정관(제17조)
① 공단의 정관에는 다음 각 호의 사항을 적어야 한다.
    1. 목적
    2. 명칭
    3. 사무소의 소재지
    4. 임직원에 관한 사항
    5. 이사회의 운영
    6. 재정운영위원회에 관한 사항
    7. 보험료 및 보험급여에 관한 사항
    8. 예산 및 결산에 관한 사항
    9. 자산 및 회계에 관한 사항
    10. 업무와 그 집행
    11. 정관의 변경에 관한 사항
    12. 공고에 관한 사항
② 공단은 정관을 변경하려면 보건복지부장관의 인가를 받아야 한다.

(4) 등기(제18조)
공단의 설립등기에는 다음 각 호의 사항을 포함하여야 한다.
1. 목적
2. 명칭
3. 주된 사무소 및 분사무소의 소재지
4. 이사장의 성명·주소 및 주민등록번호

(5) 해산(제19조)
공단의 해산에 관하여는 법률로 정한다.

(6) 임원(제20조)

① 공단은 임원으로서 이사장 1명, 이사 14명 및 감사 1명을 둔다. 이 경우 이사장, 이사 중 5명 및 감사는 상임으로 한다.

② 이사장은 공공기관의 운영에 관한 법률에 따른 임원추천위원회가 복수로 추천한 사람 중에서 보건복지부장관의 제청으로 대통령이 임명한다.

더 알아보기

임원추천위원회(공공기관의 운영에 관한 법률 제29조)

① 공기업·준정부기관의 임원 후보자를 추천하고, 공기업·준정부기관의 장("기관장"이라 한다) 후보자와의 계약안에 관한 사항의 협의 등을 수행하기 위하여 공기업·준정부기관에 임원추천위원회를 둔다.

② 임원추천위원회는 그 공기업·준정부기관의 비상임이사와 이사회가 선임한 위원으로 구성한다.

③ 공기업·준정부기관의 임직원과 공무원은 임원추천위원회의 위원이 될 수 없다. 다만, 그 공기업·준정부기관의 비상임이사, 교육공무원법에 따른 교원과 그 준정부기관의 주무기관 소속 공무원은 그러하지 아니하다.

④ 이사회가 선임하는 위원의 정수는 임원추천위원회 위원 정수의 2분의 1 미만으로 한다. 다만, 임원추천위원회 구성 당시 비상임이사가 1명인 경우에는 이사회가 선임하는 위원의 정수를 2분의 1로 할 수 있다.

⑤ 임원추천위원회의 위원장은 임원추천위원회 위원인 공기업·준정부기관의 비상임이사 중에서 임원추천위원회 위원의 호선으로 선출한다.

⑥ 임원추천위원회 구성 당시 비상임이사가 없는 공기업·준정부기관은 이사회가 선임한 외부위원으로 임원추천위원회를 구성하며, 위원장은 외부위원 중 호선으로 선출한다.

⑦ 임원추천위원회는 회의의 심의·의결 내용 등이 기록된 회의록을 작성·보존하고 이를 공개하여야 한다. 다만, 공공기관의 정보공개에 관한 법률 제9조 제1항 각 호의 어느 하나에 해당하는 경우에는 공개하지 아니할 수 있다.

⑧ 임원추천위원회의 구성, 운영 및 후보자 추천 기한 등에 관하여 필요한 사항은 대통령령으로 정한다.

③ 상임이사는 보건복지부령으로 정하는 추천 절차를 거쳐 이사장이 임명한다.

④ 비상임이사는 다음 각 호의 사람을 보건복지부장관이 임명한다.

    1. 노동조합·사용자단체·시민단체·소비자단체·농어업인단체 및 노인단체가 추천하는 각 1명

    2. 대통령령으로 정하는 바에 따라 추천하는 관계 공무원 3명

⑤ 감사는 임원추천위원회가 복수로 추천한 사람 중에서 기획재정부장관의 제청으로 대통령이 임명한다.

더 알아보기

이사회의 구성

이사장(1인)	국민건강보험공단의 이사장	

이사(14인)	• 상임이사 : 5인
	• 비상임이사 : 9인
	  − 노동조합, 사용자단체, 시민단체, 소비자단체, 농어업인단체, 노인단체에서 각각 1명씩 추천하는 6인
	  − 기획재정부장관, 보건복지부장관, 인사혁신처장 등이 그 소속 3급 공무원 또는 고위 공무원단에 속하는 일반직 공무원 중에서 각각 1명씩 지명하는 3인	

감사(1인)	임원추천위원회에서 추천하는 1인	

⑥ 비상임이사는 정관으로 정하는 바에 따라 실비변상을 받을 수 있다.

⑦ 이사장의 임기는 3년, 이사(공무원인 이사는 제외한다)와 감사의 임기는 각각 2년으로 한다.

(7) 징수이사(제21조)

① 상임이사 중 보험료와 그 밖에 국민건강보험법에 따른 징수금의 부과·징수 및 징수위탁근거법에 따라 위탁받은 업무를 담당하는 이사(이하 "징수이사"라 한다)는 경영, 경제 및 사회보험에 관한 학식과 경험이 풍부한 사람으로서 보건복지부령으로 정하는 자격을 갖춘 사람 중에서 선임한다.

② 징수이사 후보를 추천하기 위하여 공단에 이사를 위원으로 하는 징수이사추천위원회(이하 "추천위원회"라 한다)를 둔다. 이 경우 추천위원회의 위원장은 이사장이 지명하는 이사로 한다.

③ 추천위원회는 주요 일간신문에 징수이사 후보의 모집 공고를 하여야 하며, 이와 별도로 적임자로 판단되는 징수이사 후보를 조사하거나 전문단체에 조사를 의뢰할 수 있다.

④ 추천위원회는 모집한 사람을 보건복지부령으로 정하는 징수이사 후보 심사기준에 따라 심사하여야 하며, 징수이사 후보로 추천될 사람과 계약 조건에 관하여 협의하여야 한다.

⑤ 이사장은 심사와 협의의 결과에 따라 징수이사 후보와 계약을 체결하여야 하며, 이 경우 상임이사의 임명으로 본다.

⑥ 계약 조건에 관한 협의, 계약 체결 등에 필요한 사항은 보건복지부령으로 정한다.

3. 공단의 조직 운영

(1) 임원의 직무(제22조)

① 이사장은 공단을 대표하고 업무를 총괄하며, 임기 중 공단의 경영성과에 대하여 책임을 진다.

② 상임이사는 이사장의 명을 받아 공단의 업무를 집행한다.

③ 이사장이 부득이한 사유로 그 직무를 수행할 수 없을 때에는 정관으로 정하는 바에 따라 상임이사 중 1명이 그 직무를 대행하고, 상임이사가 없거나 그 직무를 대행할 수 없을 때에는 정관으로 정하는 임원이 그 직무를 대행한다.

④ 감사는 공단의 업무, 회계 및 재산 상황을 감사한다.

(2) 임원 결격사유(제23조)

다음 각 호의 어느 하나에 해당하는 사람은 공단의 임원이 될 수 없다.

1. 대한민국 국민이 아닌 사람
2. 공공기관의 운영에 관한 법률에 따라 국가공무원법의 결격사유에 해당하는 사람 또는 해임된 날부터 3년이 지나지 아니한 사람

(3) 임원의 당연퇴임 및 해임(제24조)

① 임원이 임원 결격사유의 어느 하나에 해당하게 되거나 임명 당시 그에 해당하는 사람으로 확인되면 그 임원은 당연퇴임한다.

② 임명권자는 임원이 다음 각 호의 어느 하나에 해당하면 그 임원을 해임할 수 있다.

1. 신체장애나 정신장애로 직무를 수행할 수 없다고 인정되는 경우
2. 직무상 의무를 위반한 경우
3. 고의나 중대한 과실로 공단에 손실이 생기게 한 경우
4. 직무 여부와 관계없이 품위를 손상하는 행위를 한 경우
5. 국민건강보험법에 따른 보건복지부장관의 명령을 위반한 경우

(4) 임원의 겸직 금지 등(제25조)

① 공단의 상임임원과 직원은 그 직무 외에 영리를 목적으로 하는 사업에 종사하지 못한다.

② 공단의 상임임원이 임명권자 또는 제청권자의 허가를 받거나 공단의 직원이 이사장의 허가를 받은 경우에는 비영리 목적의 업무를 겸할 수 있다.

(5) 이사회(제26조)

① 공단의 주요 사항(공공기관의 운영에 관한 법률 제17조 제1항 각 호의 사항을 말한다)을 심의·의결하기 위하여 공단에 이사회를 둔다.

더 알아보기

주요 사항(공공기관의 운영에 관한 법률 제17조 제1항)
1. 경영목표, 예산, 운영계획 및 중장기재무관리계획
2. 예비비의 사용과 예산의 이월
3. 결산
4. 기본재산의 취득과 처분
5. 장기차입금의 차입 및 사채의 발행과 그 상환 계획
6. 생산 제품과 서비스의 판매가격
7. 잉여금의 처분
8. 다른 기업체 등에 대한 출자·출연
9. 다른 기업체 등에 대한 채무보증. 다만, 다른 법률에 따라 보증업무를 수행하는 공기업·준정부기관의 경우 그 사업 수행을 위한 채무보증은 제외한다.
10. 정관의 변경
11. 내규의 제정과 변경
12. 임원의 보수
13. 공기업·준정부기관의 장("기관장"이라 한다)이 필요하다고 인정하여 이사회의 심의·의결을 요청하는 사항
14. 그 밖에 이사회가 특히 필요하다고 인정하는 사항

② 이사회는 이사장과 이사로 구성한다.

③ 감사는 이사회에 출석하여 발언할 수 있다.

④ 이사회의 의결 사항 및 운영 등에 필요한 사항은 대통령령으로 정한다.

더 알아보기

이사회의 운영
- 회의
  - 정기회의 : 2월과 10월(연 2회)
  - 임시회의 : 이사장이 회의가 필요하다고 인정할 때 또는 재적이사 3분의 1 이상이 회의의 목적을 명시하여 서면으로 요구할 때(수시)
- 의결 방법 : 재적이사 과반수의 출석으로 개의하고, 재적이사 과반수의 찬성으로 의결함

(6) 직원의 임면(제27조)

이사장은 정관으로 정하는 바에 따라 직원을 임면(任免)한다.

(7) 벌칙 적용 시 공무원 의제(제28조)

공단의 임직원은 형법 제129조부터 제132조까지의 규정을 적용할 때 공무원으로 본다.

> **더 알아보기**
>
> **공무원의 직무에 관한 죄(형법 제129조부터 제132조)**
> • 수뢰, 사전수뢰(제129조)
> ① 공무원 또는 중재인이 그 직무에 관하여 뇌물을 수수, 요구 또는 약속한 때에는 5년 이하의 징역 또는 10년 이하의 자격정지에 처한다.
> ② 공무원 또는 중재인이 될 자가 그 담당할 직무에 관하여 청탁을 받고 뇌물을 수수, 요구 또는 약속한 후 공무원 또는 중재인이 된 때에는 3년 이하의 징역 또는 7년 이하의 자격정지에 처한다.
> • 제3자뇌물제공(제130조) : 공무원 또는 중재인이 그 직무에 관하여 부정한 청탁을 받고 제3자에게 뇌물을 공여하게 하거나 공여를 요구 또는 약속한 때에는 5년 이하의 징역 또는 10년 이하의 자격정지에 처한다.
> • 수뢰후부정처사, 사후수뢰(제131조)
> ① 공무원 또는 중재인이 전2조의 죄를 범하여 부정한 행위를 한 때에는 1년 이상의 유기징역에 처한다.
> ② 공무원 또는 중재인이 그 직무상 부정한 행위를 한 후 뇌물을 수수, 요구 또는 약속하거나 제3자에게 이를 공여하게 하거나 공여를 요구 또는 약속한 때에도 전항의 형과 같다.
> ③ 공무원 또는 중재인이었던 자가 그 재직 중에 청탁을 받고 직무상 부정한 행위를 한 후 뇌물을 수수, 요구 또는 약속한 때에는 5년 이하의 징역 또는 10년 이하의 자격정지에 처한다.
> ④ 전3항의 경우에는 10년 이하의 자격정지를 병과할 수 있다.
> • 알선수뢰(132조) : 공무원이 그 지위를 이용하여 다른 공무원의 직무에 속한 사항의 알선에 관하여 뇌물을 수수, 요구 또는 약속한 때에는 3년 이하의 징역 또는 7년 이하의 자격정지에 처한다.

(8) 규정 등(제29조)

공단의 조직·인사·보수 및 회계에 관한 규정은 이사회의 의결을 거쳐 보건복지부장관의 승인을 받아 정한다.

(9) 대리인의 선임(제30조)

이사장은 공단 업무에 관한 모든 재판상의 행위 또는 재판 외의 행위를 대행하게 하기 위하여 공단의 이사 또는 직원 중에서 대리인을 선임할 수 있다.

(10) 대표권의 제한(제31조)

① 이사장은 공단의 이익과 자기의 이익이 상반되는 사항에 대하여는 공단을 대표하지 못한다. 이 경우 감사가 공단을 대표한다.
② 공단과 이사장 사이의 소송은 제1항을 준용한다.

(11) 이사장 권한의 위임(제32조)

국민건강보험법에 규정된 이사장의 권한 중 급여의 제한, 보험료의 납입 고지 등 대통령령으로 정하는 사항은 정관으로 정하는 바에 따라 분사무소의 장에게 위임할 수 있다.

(12) 재정운영위원회(제33조)

① 요양급여비용의 계약 및 결손처분 등 보험재정에 관련된 사항을 심의·의결하기 위하여 공단에 재정운영위원회를 둔다.

② 재정운영위원회의 위원장은 공익을 대표하는 위원 10명 중에서 호선한다.

(13) 재정운영위원회의 구성 등(제34조)

① 재정운영위원회는 다음 각 호의 위원으로 구성한다.

1. 직장가입자를 대표하는 위원 10명
2. 지역가입자를 대표하는 위원 10명
3. 공익을 대표하는 위원 10명

② 위원은 다음 각 호의 사람을 보건복지부장관이 임명하거나 위촉한다.

1. 제1항 제1호의 위원은 노동조합과 사용자단체에서 추천하는 각 5명
2. 제1항 제2호의 위원은 대통령령으로 정하는 바에 따라 농어업인단체·도시자영업자단체 및 시민단체에서 추천하는 사람
3. 제1항 제3호의 위원은 대통령령으로 정하는 관계 공무원 및 건강보험에 관한 학식과 경험이 풍부한 사람

③ 재정운영위원회 위원(공무원인 위원은 제외한다)의 임기는 2년으로 한다. 다만, 위원의 사임 등으로 새로 위촉된 위원의 임기는 전임위원 임기의 남은 기간으로 한다.

④ 재정운영위원회의 운영 등에 필요한 사항은 대통령령으로 정한다.

4. 공단의 회계 운영

(1) 회계(제35조)

① 공단의 회계연도는 정부의 회계연도에 따른다.

② 공단은 직장가입자와 지역가입자의 재정을 통합하여 운영한다.

③ 공단은 건강보험사업 및 징수위탁근거법의 위탁에 따른 국민연금사업·고용보험사업·산업재해보상보험사업·임금채권보장사업에 관한 회계를 공단의 다른 회계와 구분하여 각각 회계처리하여야 한다.

(2) 예산(제36조)

공단은 회계연도마다 예산안을 편성하여 이사회의 의결을 거친 후 보건복지부장관의 승인을 받아야 한다. 예산을 변경할 때에도 또한 같다.

(3) 차입금(제37조)

공단은 지출할 현금이 부족한 경우에는 차입할 수 있다. 다만, 1년 이상 장기로 차입하려면 보건복지부장관의 승인을 받아야 한다.

(4) 준비금(제38조)

① 공단은 회계연도마다 결산상의 잉여금 중에서 그 연도의 보험급여에 든 비용의 100분의 5 이상에 상당하는 금액을 그 연도에 든 비용의 100분의 50에 이를 때까지 준비금으로 적립하여야 한다.

② 준비금은 부족한 보험급여 비용에 충당하거나 지출할 현금이 부족할 때 외에는 사용할 수 없으며, 현금 지출에 준비금을 사용한 경우에는 해당 회계연도 중에 이를 보전(補塡)하여야 한다.

③ 준비금의 관리 및 운영 방법 등에 필요한 사항은 보건복지부장관이 정한다.

(5) 결산(제39조)

① 공단은 회계연도마다 결산보고서와 사업보고서를 작성하여 다음해 2월 말일까지 보건복지부장관에게 보고하여야 한다.

② 공단은 결산보고서와 사업보고서를 보건복지부장관에게 보고하였을 때에는 보건복지부령으로 정하는 바에 따라 그 내용을 공고하여야 한다.

(6) 재난적의료비 지원사업에 대한 출연(제39조의2)

공단은 재난적의료비 지원에 관한 법률에 따른 재난적의료비 지원사업에 사용되는 비용에 충당하기 위하여 매년 예산의 범위에서 출연할 수 있다. 이 경우 출연 금액의 상한 등에 필요한 사항은 대통령령으로 정한다.

> **더 알아보기**
>
> **재난적의료비**
> - "재난적의료비"란 재난적의료비 지원에 관한 법률에 따른 지원대상자가 속한 가구의 소득·재산 수준에 비추어 볼 때 지원대상자가 부담하기에 과도한 의료비로서 대통령령으로 정하는 기준에 따라 산정된 비용을 말한다(재난적의료비 지원에 관한 법률 제2조).
> - 재난적 의료비는 다음 각 호의 구분에 따른 금액을 초과하는 경우 해당 의료비를 말한다(재난적의료비 지원에 관한 법률 시행령 제3조 제2항).
>   1. 1회의 입원진료 비용과 그 진료 과정에서 구입한 의약품 비용
>   2. 최종 외래진료 이전 1년 이내에 동일한 질환의 치료를 위한 외래진료에서 발생한 비용과 그 진료 과정에서 구입한 의약품 비용
>   3. 최종 입원진료 또는 외래진료 이전 1년 이내의 입원진료와 외래진료가 동일한 질환에 대한 일련의 치료 과정에 해당하는 것으로 인정되는 경우에는 해당 입원진료·외래진료 비용 및 각각의 진료 과정에서 구입한 의약품 비용

(7) 민법의 준용(제40조)

공단에 관하여 국민건강보험법과 공공기관의 운영에 관한 법률에서 정한 사항 외에는 민법 중 재단법인에 관한 규정을 준용한다.

※ 다음 문제의 진위 여부를 판단해 ○ 또는 ✕를 선택하시오.

01 건강보험의 보험자는 국민건강보험공단으로 한다. [○|✕]

02 국민건강보험공단은 의료시설의 운영 업무를 관장하지 않는다. [○|✕]

03 국민건강보험공단은 건강보험에 관한 조사연구, 국제협력, 교육훈련 및 홍보 업무를 관장한다. [○|✕]

04 국민건강보험공단은 은행에의 예입·신탁, 유가증권·수익증권의 매입, 부동산의 취득·임대 등의 방법을 통해 자산을 관리·증식한다. [○|✕]

05 국민건강보험공단은 법인으로 하며, 정관으로써 분사무소를 둘 수 있다. [○|✕]

06 국민건강보험공단의 정관을 변경하려면 대통령의 인가를 받아야 한다. [○|✕]

07 자산 및 회계에 관한 사항은 국민건강보험공단의 정관에 포함되지 않는다. [○|✕]

08 국민건강보험공단의 설립등기에는 이사장의 주민등록번호가 포함되어야 한다. [○|✕]

09 국민건강보험공단의 해산에 관하여는 정관으로 정한다. [○|✕]

10 국민건강보험공단은 임원으로서 이사장 외에도 이사 14명 및 감사 1명을 둔다. [○|✕]

11 국민건강보험공단의 이사 중 5명과 감사는 상임으로 한다. [○|✕]

12 국민건강보험공단의 이사장은 임원추천위원회에서 추천한 사람 중에서 보건복지부장관이 임명한다. [○|✕]

13 국민건강보험공단의 상임이사와 비상임이사는 모두 보건복지부장관이 임명한다. [○|✕]

14 노동조합, 사용자단체, 시민단체, 소비자단체, 농어업인단체, 노인단체 등에서 각 1명씩 추천한 비상임이사는 실비변상을 받을 수 있다. [○|✕]

15 국민건강보험공단의 감사의 임명에 대한 제청권은 기획재정부장관에게 있다.   [○ | ×]

16 국민건강보험공단의 이사장과 이사, 감사 등의 임기는 모두 3년으로 한다.   [○ | ×]

17 징수이사로 선임될 수 있는 자격은 보건복지부령으로 정한다.   [○ | ×]

18 보건복지부장관이 지명하는 이사가 징수이사추천위원회의 위원장을 맡는다.   [○ | ×]

19 징수이사추천위원회는 징수이사 후보를 조사하거나 전문단체에 조사를 의뢰할 수 있다.   [○ | ×]

20 국민건강보험공단의 이사장이 직무를 수행할 수 없을 때는 상임이사 중 1명이 직무를 대행한다.   [○ | ×]

21 대한민국의 국적을 갖지 않은 사람도 국민건강보험공단의 감사가 될 수 있다.   [○ | ×]

22 국민건강보험공단의 이사로 재직 중에 대한민국 국적을 상실해도 남은 임기 동안 이사의 지위를 유지할 수 있다.
                                                                          [○ | ×]

23 신체장애로 직무를 수행할 수 없게 되거나 직무 여부와 관계없이 품위를 손상하는 행위를 한 임원은 해임될 수
    있다.   [○ | ×]

24 국민건강보험공단 이사장의 허가를 받은 상임인원은 비영리 목적의 업무를 겸할 수 있다.   [○ | ×]

25 국민건강보험공단 이사회의 의결 사항 및 운영 등에 필요한 사항은 보건복지부령으로 정한다.   [○ | ×]

26 국민건강보험공단의 직원은 형법 제129조부터 제132조까지의 규정을 적용할 때 공무원으로 본다.   [○ | ×]

27 국민건강보험공단의 조직·인사·보수·회계 등에 관한 규정을 정할 때는 대통령의 승인을 받아야 한다.
                                                                          [○ | ×]

28 국민건강보험공단의 이사장은 공단 업무에 관한 재판 외의 행위를 대행하게 하기 위해 이사나 직원 중에서 대리
    인을 선임할 수 있다.   [○ | ×]

29 국민건강보험공단의 이익과 이사장의 이익이 대립하는 사항에 대해서는 감사가 국민건강보험공단을 대표한다.
                                                                          [○ | ×]

30 국민건강보험공단 이사장의 권한 중 급여의 제한, 보험료의 납입고지 등은 분사무소의 장에게 위임할 수 있다.
[O|X]

31 재정운영위원회는 요양급여비용의 계약, 결손처분 등 보험재정에 관련된 사항을 심의·의결하는 역할을 한다.
[O|X]

32 재정운영위원회의 위원장은 위원 중에서 이사장이 임명한다.
[O|X]

33 재정운영위원회의 위원은 모두 45명이다.
[O|X]

34 재정운영위원회의 위원은 보건복지부장관이 임명하거나 위촉한다.
[O|X]

35 재정운영위원회 위원 중에서 공무원인 위원을 제외한 다른 위원의 임기는 2년이다.
[O|X]

36 국민건강보험공단은 직장가입자와 지역가입자의 재정을 분리해 운영한다.
[O|X]

37 국민건강보험공단은 건강보험사업 및 국민연금사업·고용보험사업·산업재해보상보험사업·임금채권보장사업에 관한 회계를 다른 회계와 구분해 각각 회계처리한다.
[O|X]

38 국민건강보험공단의 예산안은 보건복지부장관의 승인을 받아야 하며, 변경할 때도 보건복지부장관의 승인이 필요하다.
[O|X]

39 국민건강보험공단이 현금을 1년 이상의 장기로 차입하려 할 때는 기획재정부장관의 승인을 받아야 한다.
[O|X]

40 국민건강보험공단은 회계연도마다 결산상의 잉여금 중에서 그 연도의 보험급여에 든 비용의 5% 이상에 상당하는 금액을 그 연도에 든 비용의 50%에 이를 때까지 준비금으로 적립해야 한다.
[O|X]

41 준비금은 부족한 보험급여 비용에 충당하거나 지출할 현금이 부족할 때 외에는 사용할 수 없다.   [O|X]

42 현금 지출에 준비금을 사용한 경우에는 다음 회계연도까지 이를 보전해야 한다.
[O|X]

43 준비금의 관리 및 운영 방법 등에 필요한 사항은 기획재정부장관이 정한다.
[O|X]

44 회계연도마다 작성하는 결산보고서와 사업보고서는 당해 연도 12월 말일까지 보건복지부장관에게 보고해야 한다.

[O|X]

45 국민건강보험공단은 재난적의료비 지원사업에 사용되는 비용에 충당하기 위해 매년 예산의 범위에서 출연할 수 있다.

[O|X]

OX문제 정답

01	02	03	04	05	06	07	08	09	10	11	12	13	14	15	16	17	18	19	20
O	X	O	O	O	X	X	O	X	O	O	X	X	O	O	X	O	X	O	O
21	22	23	24	25	26	27	28	29	30	31	32	33	34	35	36	37	38	39	40
X	X	O	O	X	O	X	O	O	O	O	X	X	O	O	X	O	O	X	O
41	42	43	44	45															
O	X	X	X	O															

01 다음 중 국민건강보험공단에서 관장하는 업무로 옳은 것을 모두 고르면?

> ㉠ 의료시설의 운영
> ㉡ 요양급여비용의 심사
> ㉢ 요양급여의 적정성 평가
> ㉣ 보험료와 징수금의 부과・징수
> ㉤ 심사기준 및 평가기준의 개발
> ㉥ 건강보험에 관한 교육훈련 및 홍보
> ㉦ 징수위탁근거법에 따라 위탁받은 업무

① ㉠, ㉡, ㉢, ㉥   ② ㉠, ㉣, ㉥, ㉦

③ ㉡, ㉢, ㉥, ㉦   ④ ㉡, ㉣, ㉤, ㉥, ㉦

02 국민건강보험공단의 업무와 관련한 설명으로 옳지 않은 것은?

① 건강보험과 관련해 보유하고 있는 정보를 공개한다.

② 자산의 관리・운영・ 증식을 위해 은행이 채무이행을 보증하는 유가증권을 매입할 수 있다.

③ 신탁업자, 집합투자업자가 발행하는 수익증권을 매입하는 방법으로 자산을 증식할 수 있다.

④ 특정인을 위해 공단의 시설을 이용하게 할 경우 이용에 대한 수수료・사용료를 징수하지 못한다.

03 국민건강보험공단의 성립 및 운용과 관련한 설명으로 옳지 않은 것은?

① 공단은 법인으로 하며, 주된 사무소의 소재지에서 설립등기를 함으로써 성립한다.

② 공단이 정관을 변경하려면 기획재정부장관의 재청과 대통령의 인가를 받아야 한다.

③ 주된 사무소의 소재지와 분사무소의 설치 여부 등을 결정할 때는 정관을 통해 정한다.

④ 설립등기에는 목적, 명칭, 주된 사무소 및 분사무소의 소재지, 이사장의 성명・주소 및 주민등록번호 등이 포함되어야 한다.

04 국민건강보험공단의 임원과 관련한 설명으로 옳지 않은 것은?

① 이사는 14명, 감사는 1명이며, 이사 중 9명은 비상임으로 한다.
② 이사장의 임기는 3년, 공무원이 아닌 이사와 감사의 임기는 2년으로 한다.
③ 감사는 임원추천위원회가 복수로 추천한 사람 가운데 보건복지부장관이 임명한다.
④ 이사장은 대통령이, 상임이사는 이사장이, 비상임이사는 보건복지부장관이 임명한다.

05 국민건강보험공단의 징수이사와 관련한 다음 설명 중 옳지 않은 것은?

① 징수이사는 보험료의 부과·징수 및 징수위탁근거법에 따라 위탁받은 업무를 담당한다.
② 징수이사추천위원회는 보건복지부에 소속되며, 위원장은 보건복지부장관이 지명하는 이사로 한다.
③ 징수이사추천위원회는 일간신문에 징수이사 후보의 모집 공고를 해야 하며, 징수이사 후보를 조사하거나 전문단체에 조사를 의뢰할 수 있다.
④ 징수이사추천위원회와 징수이사 후보가 협의하는 계약 조건, 이사장과 징수이사 후보 사이의 계약 체결 등에 필요한 사항은 보건복지부령으로 정한다.

06 국민건강보험공단의 임원과 관련한 설명으로 옳지 않은 것은?

① 대한민국의 국적을 가지지 않은 사람은 공단의 임원이 될 수 없다.
② 임명권자는 직무 여부와 관계없이 품위를 손상하는 행위를 한 임원을 해임할 수 있다.
③ 임원으로 임명될 당시에는 대한민국 국민이었으나 이후에 그 국적을 상실하면 당연히 퇴임해야 한다.
④ 이사장이 직무를 수행할 수 없을 때에는 새로운 이사장이 임명될 때까지 보건복지부차관이 그 임무를 대행한다.

07 다음 중 국민건강보험공단의 임원이나 직원이 비영리 목적으로 겸직을 하려고 할 경우에 이를 허가할 수 없는 주체는 누구인가?

① 공단의 이사장   ② 기획재정부장관
③ 보건복지부장관   ④ 보건복지부차관

08 국민건강보험법의 규정과 관련한 다음 설명 중 옳지 않은 것은?

① 감사는 이사회의 구성원은 아니지만 이사회에서 발언할 수 있는 권한이 있다.

② 공단의 조직과 회계 등에 관한 규정은 건강보험정책심의위원회의 심의를 거쳐 대통령의 승인으로 결정된다.

③ 이사장은 공단 업무에 관한 재판 외의 행위를 대행하게 하기 위해 이사나 직원 중에서 대리인을 선임할 수 있다.

④ 이사장과 공단이 이익이 서로 대립되는 사항 또는 공단과 이사장 사이에서 소송이 발생한 경우에는 감사가 공단을 대표한다.

09 국민건강보험공단의 재정위원회와 관련한 설명으로 옳지 않은 것은?

① 재정위원회의 위원장은 위원 중에서 호선하며, 임기는 2년이다.

② 재정위원회의 위원은 직장가입자, 지역가입자 및 공익 등 각각을 대표하는 위원 10명씩 총 30명으로 구성된다.

③ 재정위원회의 위원 중에 직장가입자를 대표하는 위원은 노동조합과 사용자단체에서 동수로 추천한다.

④ 재정위원회는 요양급여비용의 계약 및 결손처분 등 보험재정에 관련된 사항을 심의할 수 있으나 의결할 권한은 없다.

10 국민건강보험공단의 재정과 관련한 다음 설명 중 옳지 않은 것은?

① 공단은 직장가입자와 지역가입자의 재정을 통합해 운영한다.

② 공단이 예산안을 편성하거나 예산을 변경하려고 할 경우에는 재정위원회의 의결과 대통령의 승인이 필요하다.

③ 공단은 현금이 부족해 현금을 차입하고자 하여 1년 미만의 단기로 차입할 경우에는 보건복지부장관의 승인을 필요로 하지 않는다.

④ 공단은 건강보험사업, 국민연금사업, 고용보험사업, 산업재해보상보험사업, 임금채권보장사업 등에 관한 회계를 공단의 다른 회계와 구분해 각각 처리해야 한다.

11 국민건강보험공단의 재난적의료비 지원사업, 결산 및 준비금과 관련한 설명으로 옳은 것은?

① 공단은 재난적의료비 지원사업에 사용되는 비용을 충당하기 위해 매년 예산의 범위에서 출연할 수 있다.

② 공단은 회계연도마다 결산보고서·사업보고서를 작성해 당해 연도 12월까지 기획재정부장관에게 보고해야 하지만 그 내용을 공고하지 않을 수 있다.

③ 공단은 현금이 부족하지 않더라도 부동산을 취득하기 위해 현금을 사용할 수 있고, 이처럼 현금 지출에 준비금을 사용한 경우에는 다음 회계연도까지 이를 보전해야 한다.

④ 공단은 회계연도마다 결산상의 잉여금 중에서 그 연도의 보험급여로 지출한 비용의 100분의 10 이상에 상당하는 금액을 그 연도에 든 비용의 100분의 70에 이를 때까지 준비금으로 적립해야 한다.

안심Touch

04 보험급여

1. 요양급여와 선별급여

(1) 요양급여(제41조)

① 가입자와 피부양자의 질병, 부상, 출산 등에 대하여 다음 각 호의 요양급여를 실시한다.

1. 진찰 · 검사
2. 약제 · 치료재료의 지급
3. 처치 · 수술 및 그 밖의 치료
4. 예방 · 재활
5. 입원
6. 간호
7. 이송

② 요양급여의 범위(이하 "요양급여대상"이라 한다)는 다음 각 호와 같다.

1. 제1항 각 호의 요양급여(약제는 제외한다) : 보건복지부장관이 비급여대상으로 정한 것을 제외한 일체의 것
2. 약제 : 요양급여대상으로 보건복지부장관이 결정하여 고시한 것

③ 요양급여의 방법 · 절차 · 범위 · 상한 등의 기준은 보건복지부령으로 정한다.

④ 보건복지부장관은 요양급여의 기준을 정할 때 업무나 일상생활에 지장이 없는 질환에 대한 치료 등 보건복지부령으로 정하는 사항은 요양급여대상에서 제외되는 사항(이하 "비급여대상"이라 한다)으로 정할 수 있다.

(2) 약제에 대한 요양급여비용 상한금액의 감액 등(제41조의2)

① 보건복지부장관은 약사법에 따른 의약품 등의 판매 질서의 위반과 관련된 약제에 대하여는 요양급여비용 상한금액(약제별 요양급여비용의 상한으로 정한 금액을 말한다. 이하 같다)의 100분의 20을 넘지 아니하는 범위에서 그 금액의 일부를 감액할 수 있다.

> **더 알아보기**
>
> **의약품 등의 판매 질서(약사법 제47조 제2항)**
> 의약품공급자(법인의 대표자나 이사, 그 밖에 이에 종사하는 자를 포함하고, 법인이 아닌 경우 그 종사자를 포함한다. 이하 이 조에서 같다) 및 의약품공급자로부터 의약품의 판매촉진 업무를 위탁받은 자(법인의 대표자나 이사, 그 밖에 이에 종사하는 자를 포함하고, 법인이 아닌 경우 그 종사자를 포함한다. 이하 이 조에서 같다)는 의약품 채택 · 처방유도 · 거래유지 등 판매촉진을 목적으로 약사 · 한약사(해당 약국 종사자를 포함한다. 이하 이 조에서 같다) · 의료인 · 의료기관 개설자(법인의 대표자나 이사, 그 밖에 이에 종사하는 자를 포함한다. 이하 이 조에서 같다) 또는 의료기관 종사자에게 금전, 물품, 편익, 노무, 향응, 그 밖의 경제적 이익(이하 "경제적 이익 등"이라 한다)을 제공하거나 약사 · 한약사 · 의료인 · 의료기관 개설자 또는 의료기관 종사자로 하여금 약국 또는 의료기관이 경제적 이익 등을 취득하게 하여서는 아니 된다. 다만, 견본품 제공, 학술대회 지원, 임상시험 지원, 제품설명회, 대금결제조건에 따른 비용할인, 시판 후 조사 등의 행위(이하 "견본품 제공 등의 행위"라 한다)로서 식품의약품안전처장과 협의하여 보건복지부령으로 정하는 범위 안의 경제적 이익 등인 경우에는 그러하지 아니하다.

② 보건복지부장관은 요양급여비용의 상한금액이 감액된 약제가 감액된 날부터 5년의 범위에서 대통령령으로 정하는 기간 내에 다시 감액의 대상이 된 경우에는 요양급여비용 상한금액의 100분의 40을 넘지 아니하는 범위에서 요양급여비용 상한금액의 일부를 감액할 수 있다.

③ 보건복지부장관은 요양급여비용의 상한금액이 감액된 약제가 감액된 날부터 5년의 범위에서 대통령령으로 정하는 기간 내에 다시 약사법에 따른 의약품 등의 판매 질서의의 위반과 관련된 경우에는 해당 약제에 대하여 1년의 범위에서 기간을 정하여 요양급여의 적용을 정지할 수 있다.

④ 요양급여비용 상한금액의 감액 및 요양급여 적용 정지의 기준, 절차, 그 밖에 필요한 사항은 대통령령으로 정한다.

(3) 행위·치료재료 및 약제에 대한 요양급여대상 여부의 결정(제41조의3)

① 요양기관, 치료재료의 제조업자·수입업자 등 보건복지부령으로 정하는 자는 요양급여대상 또는 비급여대상으로 결정되지 아니한 진찰·검사, 처치·수술 및 그 밖의 치료, 예방·재활의 요양급여에 관한 행위 및 치료재료(이하 "행위·치료재료"라 한다)에 대하여 요양급여대상 여부의 결정을 보건복지부장관에게 신청하여야 한다.

② 약사법에 따른 약제의 제조업자·수입업자 등 보건복지부령으로 정하는 자는 요양급여대상에 포함되지 아니한 약제에 대하여 보건복지부장관에게 요양급여대상 여부의 결정을 신청할 수 있다.

③ 신청을 받은 보건복지부장관은 정당한 사유가 없으면 보건복지부령으로 정하는 기간 이내에 요양급여대상 또는 비급여대상의 여부를 결정하여 신청인에게 통보하여야 한다.

④ 보건복지부장관은 신청이 없는 경우에도 환자의 진료상 반드시 필요하다고 보건복지부령으로 정하는 경우에는 직권으로 행위·치료재료 및 약제의 요양급여대상의 여부를 결정할 수 있다.

⑤ 요양급여대상 여부의 결정 신청의 시기, 절차, 방법 및 업무의 위탁 등에 필요한 사항과 요양급여대상 여부의 결정 절차 및 방법 등에 관한 사항은 보건복지부령으로 정한다.

(4) 선별급여(제41조의4)

① 요양급여를 결정함에 있어 경제성 또는 치료효과성 등이 불확실하여 그 검증을 위하여 추가적인 근거가 필요하거나, 경제성이 낮아도 가입자와 피부양자의 건강회복에 잠재적 이득이 있는 등 대통령령으로 정하는 경우에는 예비적인 요양급여인 선별급여로 지정하여 실시할 수 있다.

② 보건복지부장관은 대통령령으로 정하는 절차와 방법에 따라 선별급여에 대하여 주기적으로 요양급여의 적합성을 평가하여 요양급여 여부를 다시 결정하고, 요양급여의 기준을 조정하여야 한다.

(5) 방문요양급여(제41조의5)

가입자 또는 피부양자가 질병이나 부상으로 거동이 불편한 경우 등 보건복지부령으로 정하는 사유에 해당하는 경우에는 가입자 또는 피부양자를 직접 방문하여 요양급여를 실시할 수 있다.

2. 요양기관과 요양급여비용

(1) 요양기관(제42조)

① 요양급여(간호와 이송은 제외한다)는 다음 각 호의 요양기관에서 실시한다. 이 경우 보건복지부장관은 공익이나 국가정책에 비추어 요양기관으로 적합하지 아니한 대통령령으로 정하는 의료기관 등은 요양기관에서 제외할 수 있다.

   1. 의료법에 따라 개설된 의료기관

> **더 알아보기**
>
> **의료기관(의료법 제3조 제1항부터 제2항)**
> ① 의료기관 : 의료인이 공중(公衆) 또는 특정 다수인을 위하여 의료·조산의 업("의료업"이라 한다)을 하는 곳
> ② 의료기관의 구분
>   1. 의원급 의료기관 : 의사, 치과의사 또는 한의사가 주로 외래환자를 대상으로 각각 그 의료행위를 하는 의료기관(의원, 치과의원, 한의원)
>   2. 조산원 : 조산사가 조산과 임산부 및 신생아를 대상으로 보건활동과 교육·상담을 하는 의료기관
>   3. 병원급 의료기관 : 의사, 치과의사 또는 한의사가 주로 입원환자를 대상으로 의료행위를 하는 의료기관(병원, 치과병원, 한방병원, 요양병원, 정신병원, 종합병원)

   2. 약사법에 따라 등록된 약국
   3. 약사법에 따라 설립된 한국희귀·필수의약품센터

> **더 알아보기**
>
> **한국희귀·필수의약품센터의 설립(약사법 제91조 제1항)**
> 다음 각 호의 의약품에 대한 각종 정보 제공 및 공급(조제 및 투약 업무를 포함한다) 등에 관한 업무를 하기 위하여 한국희귀·필수의약품센터를 둔다.
> 1. 희귀의약품
> 2. 국가필수의약품
> 3. 그 밖에 국민 보건상 긴급하게 도입할 필요가 있거나 안정적 공급 지원이 필요한 의약품으로서 식품의약품안전처장이 필요하다고 인정하는 의약품

   4. 지역보건법에 따른 보건소·보건의료원 및 보건지소
   5. 농어촌 등 보건의료를 위한 특별조치법에 따라 설치된 보건진료소

② 보건복지부장관은 효율적인 요양급여를 위하여 필요하면 보건복지부령으로 정하는 바에 따라 시설·장비·인력 및 진료과목 등 보건복지부령으로 정하는 기준에 해당하는 요양기관을 전문요양기관으로 인정할 수 있다. 이 경우 해당 전문요양기관에 인정서를 발급하여야 한다.

③ 보건복지부장관은 전문요양기관으로 인정받은 요양기관이 다음 각 호의 어느 하나에 해당하는 경우에는 그 인정을 취소한다.

   1. 제2항 전단에 따른 인정기준에 미달하게 된 경우

   2. 제2항 후단에 따라 발급받은 인정서를 반납한 경우

④ 전문요양기관으로 인정된 요양기관 또는 의료법에 따른 상급종합병원에 대하여는 요양급여의 절차 및 요양급여비용을 다른 요양기관과 달리 할 수 있다.

상급종합병원 지정(의료법 제3조의4 제1항)

보건복지부장관은 다음 각 호의 요건을 갖춘 종합병원 중에서 중증질환에 대하여 난이도가 높은 의료행위를 전문적으로 하는 종합병원을 상급종합병원으로 지정할 수 있다.
1. 보건복지부령으로 정하는 20개 이상의 진료과목을 갖추고 각 진료과목마다 전속하는 전문의를 둘 것
2. 의료법에 따라 전문의가 되려는 자를 수련시키는 기관일 것
3. 보건복지부령으로 정하는 인력·시설·장비 등을 갖출 것
4. 질병군별 환자구성 비율이 보건복지부령으로 정하는 기준에 해당할 것

⑤ 요양기관은 정당한 이유 없이 요양급여를 거부하지 못한다.

(2) 요양기관의 선별급여 실시에 대한 관리(제42조의2)

① 선별급여 중 자료의 축적 또는 의료 이용의 관리가 필요한 경우에는 보건복지부장관이 해당 선별급여의 실시 조건을 사전에 정하여 이를 충족하는 요양기관만이 해당 선별급여를 실시할 수 있다.

② 선별급여를 실시하는 요양기관은 선별급여의 평가를 위하여 필요한 자료를 제출하여야 한다.

③ 보건복지부장관은 요양기관이 선별급여의 실시 조건을 충족하지 못하거나 자료를 제출하지 아니할 경우에는 해당 선별급여의 실시를 제한할 수 있다.

④ 선별급여의 실시 조건, 자료의 제출, 선별급여의 실시 제한 등에 필요한 사항은 보건복지부령으로 정한다.

(3) 요양기관 현황에 대한 신고(제43조)

① 요양기관은 요양급여비용을 최초로 청구하는 때에 요양기관의 시설·장비 및 인력 등에 대한 현황을 건강보험심사평가원(이하 "심사평가원"이라 한다)에 신고하여야 한다.

② 요양기관은 신고한 내용(요양급여비용의 증감에 관련된 사항만 해당한다)이 변경된 경우에는 그 변경된 날부터 15일 이내에 보건복지부령으로 정하는 바에 따라 심사평가원에 신고하여야 한다.

③ 신고의 범위, 대상, 방법 및 절차 등에 필요한 사항은 보건복지부령으로 정한다.

(4) 비용의 일부부담(제44조)

① 요양급여를 받는 자는 대통령령으로 정하는 바에 따라 비용의 일부(이하 "본인일부부담금"이라 한다)를 본인이 부담한다. 이 경우 선별급여에 대해서는 다른 요양급여에 비하여 본인일부부담금을 상향 조정할 수 있다.

② 본인이 연간 부담하는 본인일부부담금의 총액이 대통령령으로 정하는 금액(이하 이 조에서 "본인부담상한액"이라 한다)을 초과한 경우에는 공단이 그 초과 금액을 부담하여야 한다.

③ 본인부담상한액은 가입자의 소득수준 등에 따라 정한다.

④ 본인일부부담금 총액 산정 방법, 본인부담상한액을 넘는 금액의 지급 방법 및 가입자의 소득수준 등에 따른 본인부담상한액 설정 등에 필요한 사항은 대통령령으로 정한다.

(5) 요양급여비용의 산정 등(제45조)

① 요양급여비용은 공단의 이사장과 대통령령으로 정하는 의약계를 대표하는 사람들의 계약으로 정한다. 이 경우 계약기간은 1년으로 한다.

② 계약이 체결되면 그 계약은 공단과 각 요양기관 사이에 체결된 것으로 본다.

③ 계약은 그 직전 계약기간 만료일이 속하는 연도의 5월 31일까지 체결하여야 하며, 그 기한까지 계약이 체결되지 아니하는 경우 보건복지부장관이 그 직전 계약기간 만료일이 속하는 연도의 6월 30일까지 심의위원회의 의결을 거쳐 요양급여비용을 정한다. 이 경우 보건복지부장관이 정하는 요양급여비용은 계약으로 정한 요양급여비용으로 본다.

④ 요양급여비용이 정해지면 보건복지부장관은 그 요양급여비용의 명세를 지체 없이 고시하여야 한다.

⑤ 공단의 이사장은 재정운영위원회의 심의·의결을 거쳐 계약을 체결하여야 한다.

⑥ 심사평가원은 공단의 이사장이 계약을 체결하기 위하여 필요한 자료를 요청하면 그 요청에 성실히 따라야 한다.

⑦ 계약의 내용과 그 밖에 필요한 사항은 대통령령으로 정한다.

(6) 약제·치료재료에 대한 요양급여비용의 산정(제46조)

약제·치료재료에 대한 요양급여비용은 요양기관의 약제·치료재료 구입금액 등을 고려하여 대통령령으로 정하는 바에 따라 달리 산정할 수 있다.

(7) 요양급여비용의 청구와 지급 등(제47조)

① 요양기관은 공단에 요양급여비용의 지급을 청구할 수 있다. 이 경우 요양급여비용에 대한 심사청구는 공단에 대한 요양급여비용의 청구로 본다.

② 요양급여비용을 청구하려는 요양기관은 심사평가원에 요양급여비용의 심사청구를 하여야 하며, 심사청구를 받은 심사평가원은 이를 심사한 후 지체 없이 그 내용을 공단과 요양기관에 알려야 한다.

③ 심사 내용을 통보받은 공단은 지체 없이 그 내용에 따라 요양급여비용을 요양기관에 지급한다. 이 경우 이미 낸 본인일부부담금이 통보된 금액보다 더 많으면 요양기관에 지급할 금액에서 더 많이 낸 금액을 공제하여 해당 가입자에게 지급하여야 한다.

④ 공단은 가입자에게 지급하여야 하는 금액을 그 가입자가 내야 하는 보험료와 그 밖에 국민건강보험법에 따른 징수금(이하 "보험료 등"이라 한다)과 상계할 수 있다.

⑤ 공단은 심사평가원이 요양급여의 적정성을 평가하여 공단에 통보하면 그 평가 결과에 따라 요양급여비용을 가산하거나 감액조정하여 지급한다. 이 경우 평가 결과에 따라 요양급여비용을 가산하거나 감액하여 지급하는 기준은 보건복지부령으로 정한다.

⑥ 요양기관은 심사청구를 다음 각 호의 단체가 대행하게 할 수 있다.

1. 의료법에 따른 의사회·치과의사회·한의사회·조산사회 또는 신고한 각각의 지부 및 분회

> **더 알아보기**
>
> **중앙회와 지부(의료법 제28조 제1항)**
> 의사·치과의사·한의사·조산사 및 간호사는 대통령령으로 정하는 바에 따라 각각 전국적 조직을 두는 의사회·치과의사회·한의사회·조산사회 및 간호사회("중앙회"라 한다)를 각각 설립하여야 한다.

2. 의료법에 따른 의료기관 단체

더 알아보기

의료기관 단체의 설립(의료법 제52조)
① 병원급 의료기관의 장은 의료기관의 건전한 발전과 국민보건 향상에 기여하기 위하여 전국 조직을 두는 단체를 설립할 수 있다.
② 제1항에 따른 단체는 법인으로 한다.

3. 약사법에 따른 약사회 또는 신고한 지부 및 분회

더 알아보기

의료기관 단체의 설립(약사법 제11조 제1항)
약사(藥師)는 약사(藥事)에 관한 연구와 약사윤리 확립, 약사의 권익 증진 및 자질 향상을 위하여 대통령령으로 정하는 바에 따라 대한약사회("약사회"라 한다)를 설립하여야 한다.

약사회 및 한약사회의 지부 등(약사법 제14조 제1항)
약사회 및 한약사회는 대통령령으로 정하는 바에 따라 특별시·광역시·특별자치시·도·특별자치도("시·도"라 한다)에 지부를 설치하여야 하며, 특별시·광역시의 구와 시(특별자치도의 경우에는 행정시를 말한다)·군에 분회를 설치할 수 있다.

⑦ 요양급여비용의 청구·심사·지급 등의 방법과 절차에 필요한 사항은 보건복지부령으로 정한다.

(8) 요양급여비용의 지급 보류(제47조의2)

① 공단은 요양급여비용의 지급을 청구한 요양기관이 의료법에 따른 의료기관 개설 또는 약사법에 따른 약국 개설등록을 위반하였다는 사실을 수사기관의 수사 결과로 확인한 경우에는 해당 요양기관이 청구한 요양급여비용의 지급을 보류할 수 있다. 이 경우 요양급여비용 지급 보류 처분의 효력은 해당 요양기관이 그 처분 이후 청구하는 요양급여비용에 대해서도 미친다.

더 알아보기

의료인과 의료기관의 장의 의무(의료법 제4조 제2항)
의료인은 다른 의료인 또는 의료법인 등의 명의로 의료기관을 개설하거나 운영할 수 없다.

의료기관의 개설(의료법 제33조 제2항, 제8항)
② 다음 각 호의 어느 하나에 해당하는 자가 아니면 의료기관을 개설할 수 없다. 이 경우 의사는 종합병원·병원·요양병원·정신병원 또는 의원을, 치과의사는 치과병원 또는 치과의원을, 한의사는 한방병원·요양병원 또는 한의원을, 조산사는 조산원만을 개설할 수 있다.
   1. 의사, 치과의사, 한의사 또는 조산사
   2. 국가나 지방자치단체
   3. 의료업을 목적으로 설립된 법인("의료법인"이라 한다)
   4. 민법이나 특별법에 따라 설립된 비영리법인
   5. 공공기관의 운영에 관한 법률에 따른 준정부기관, 지방의료원의 설립 및 운영에 관한 법률에 따른 지방의료원, 한국보훈복지의료공단법에 따른 한국보훈복지의료공단
⑧ 제2항 제1호의 의료인은 어떠한 명목으로도 둘 이상의 의료기관을 개설·운영할 수 없다. 다만, 2 이상의 의료인 면허를 소지한 자가 의원급 의료기관을 개설하려는 경우에는 하나의 장소에 한하여 면허 종별에 따른 의료기관을 함께 개설할 수 있다.

② 공단은 요양급여비용의 지급을 보류하기 전에 해당 요양기관에 의견 제출의 기회를 주어야 한다.

③ 법원의 무죄 판결이 확정되는 등 대통령령으로 정하는 사유로 요양기관이 의료법에 따른 의료기관 개설 또는 약사법에 따른 약국 개설등록을 위반한 혐의가 입증되지 아니한 경우에는 공단은 지급 보류된 요양급여비용에 지급 보류된 기간 동안의 이자를 가산하여 해당 요양기관에 지급하여야 한다.

④ 지급 보류 절차 및 의견 제출의 절차 등에 필요한 사항, 지급 보류된 요양급여비용 및 이자의 지급 절차와 이자의 산정 등에 필요한 사항은 대통령령으로 정한다.

(9) 요양급여의 차등 지급(제47조의3)

지역별 의료자원의 불균형 및 의료서비스 격차의 해소 등을 위하여 지역별로 요양급여비용을 달리 정하여 지급할 수 있다.

(10) 요양급여 대상 여부의 확인 등(제48조)

① 가입자나 피부양자는 본인일부부담금 외에 자신이 부담한 비용이 요양급여 대상에서 제외되는 비용인지 여부에 대하여 심사평가원에 확인을 요청할 수 있다.

② 제1항에 따른 확인 요청을 받은 심사평가원은 그 결과를 요청한 사람에게 알려야 한다. 이 경우 확인을 요청한 비용이 요양급여 대상에 해당되는 비용으로 확인되면 그 내용을 공단 및 관련 요양기관에 알려야 한다.

③ 제2항 후단에 따라 통보받은 요양기관은 받아야 할 금액보다 더 많이 징수한 금액(이하 "과다본인부담금"이라 한다)을 지체 없이 확인을 요청한 사람에게 지급하여야 한다. 다만, 공단은 해당 요양기관이 과다본인부담금을 지급하지 아니하면 해당 요양기관에 지급할 요양급여비용에서 과다본인부담금을 공제하여 확인을 요청한 사람에게 지급할 수 있다.

(11) 요양비(제49조)

① 공단은 가입자나 피부양자가 보건복지부령으로 정하는 긴급하거나 그 밖의 부득이한 사유로 요양기관과 비슷한 기능을 하는 기관으로서 보건복지부령으로 정하는 기관(업무정지기간 중인 요양기관을 포함한다. 이하 "준요양기관"이라 한다)에서 질병·부상·출산 등에 대하여 요양을 받거나 요양기관이 아닌 장소에서 출산한 경우에는 그 요양급여에 상당하는 금액을 보건복지부령으로 정하는 바에 따라 가입자나 피부양자에게 요양비로 지급한다.

② 준요양기관은 보건복지부장관이 정하는 요양비 명세서나 요양 명세를 적은 영수증을 요양을 받은 사람에게 내주어야 하며, 요양을 받은 사람은 그 명세서나 영수증을 공단에 제출하여야 한다.

③ 제1항 및 제2항에도 불구하고 준요양기관은 요양을 받은 가입자나 피부양자의 위임이 있는 경우 공단에 요양비의 지급을 직접 청구할 수 있다. 이 경우 공단은 지급이 청구된 내용의 적정성을 심사하여 준요양기관에 요양비를 지급할 수 있다.

④ 제3항에 따른 준요양기관의 요양비 지급 청구, 공단의 적정성 심사 등에 필요한 사항은 보건복지부령으로 정한다.

3. 부가급여, 장애인에 대한 특례, 건강검진

(1) 부가급여(제50조)

공단은 국민건강보험법에서 정한 요양급여 외에 대통령령으로 정하는 바에 따라 임신·출산 진료비, 장제비, 상병수당, 그 밖의 급여를 실시할 수 있다.

(2) 장애인에 대한 특례(제51조)

① 공단은 장애인복지법에 따라 등록한 장애인인 가입자 및 피부양자에게는 장애인·노인 등을 위한 보조기기 지원 및 활용촉진에 관한 법률에 따른 보조기기에 대하여 보험급여를 할 수 있다.

> **더 알아보기**
>
> **보조기기(장애인·노인 등을 위한 보조기기 지원 및 활용촉진에 관한 법률 제3조 제2호)**
> "보조기기"란 장애인 등의 신체적·정신적 기능을 향상·보완하고 일상 활동의 편의를 돕기 위하여 사용하는 각종 기계·기구·장비로서 보건복지부령으로 정하는 다음의 것을 말한다.
> 1. 개인 치료용 보조기기
> 2. 기술 훈련용 보조기기
> 3. 보조기 및 의지(義肢)
> 4. 개인 관리 및 보호용 보조기기
> 5. 개인 이동용 보조기기
> 6. 가사용 보조기기
> 7. 가정·주택용 가구 및 개조용품
> 8. 의사소통 및 정보전달용 보조기기
> 9. 물건 및 기구 조작용 보조기기
> 10. 환경 개선 및 측정용 보조기기
> 11. 고용 및 직업훈련용 보조기기
> 12. 레크리에이션용 보조기기
> 13. 그 밖에 다른 법령에 따른 장애인 등을 위한 기계·기구·장비로서 보건복지부장관이 정하는 보조기기

② 장애인인 가입자 또는 피부양자에게 보조기기를 판매한 자는 가입자나 피부양자의 위임이 있는 경우 공단에 보험급여를 직접 청구할 수 있다. 이 경우 공단은 지급이 청구된 내용의 적정성을 심사하여 보조기기를 판매한 자에게 보조기기에 대한 보험급여를 지급할 수 있다.

③ 제1항에 따른 보조기기에 대한 보험급여의 범위·방법·절차, 제2항에 따른 보조기기 판매업자의 보험급여 청구, 공단의 적정성 심사 및 그 밖에 필요한 사항은 보건복지부령으로 정한다.

(3) 건강검진(제52조)

① 공단은 가입자와 피부양자에 대하여 질병의 조기 발견과 그에 따른 요양급여를 하기 위하여 건강검진을 실시한다.

② 건강검진의 종류 및 대상은 다음 각 호와 같다.
  1. 일반건강검진 : 직장가입자, 세대주인 지역가입자, 20세 이상인 지역가입자 및 20세 이상인 피부양자
  2. 암검진 : 암관리법에 따른 암의 종류별 검진주기와 연령 기준 등에 해당하는 사람

암검진사업
- 암검진사업의 범위, 대상자, 암의 종류·검진주기, 연령 기준 등에 관하여 필요한 사항은 대통령령으로 정한다. 이 경우 보건복지부장관은 암의 발생률, 생존율, 사망률 등 암 통계 및 치료에 관한 자료를 고려하여 암검진사업의 대상자, 암의 종류·검진주기 등을 정하여야 한다(암관리법 제11조 제2항).
- 암검진사업의 대상이 되는 암의 종류 : 위암, 간암, 대장암, 유방암, 자궁경부암, 폐암(암관리법 시행령 제8조 제1항)
- 암의 종류별 검진주기와 연령 기준 등(암관리법 시행령 별표 1)

암의 종류	검진주기	연령 기준 등
위암	2년	40세 이상의 남·여
간암	6개월	40세 이상의 남·여 중 간암 발생 고위험군
대장암	1년	50세 이상의 남·여
유방암	2년	40세 이상의 여성
자궁경부암	2년	20세 이상의 여성
폐암	2년	54세 이상 74세 이하의 남·여 중 폐암 발생 고위험군

1. "간암 발생 고위험군"이란 간경변증, B형간염 항원 양성, C형간염 항체 양성, B형 또는 C형 간염 바이러스에 의한 만성 간질환 환자를 말한다.
2. "폐암 발생 고위험군"이란 30갑년[하루 평균 담배소비량(갑)×흡연기간(년)] 이상의 흡연력을 가진 현재 흡연자와 폐암 검진의 필요성이 높아 보건복지부장관이 정하여 고시하는 사람을 말한다.

   3. 영유아건강검진 : 6세 미만의 가입자 및 피부양자
③ 건강검진의 검진항목은 성별, 연령 등의 특성 및 생애 주기에 맞게 설계되어야 한다.
④ 건강검진의 횟수·절차와 그 밖에 필요한 사항은 대통령령으로 정한다.

4. 보험급여

(1) 급여의 제한(제53조)

① 공단은 보험급여를 받을 수 있는 사람이 다음 각 호의 어느 하나에 해당하면 보험급여를 하지 아니한다.
  1. 고의 또는 중대한 과실로 인한 범죄행위에 그 원인이 있거나 고의로 사고를 일으킨 경우
  2. 고의 또는 중대한 과실로 공단이나 요양기관의 요양에 관한 지시에 따르지 아니한 경우
  3. 고의 또는 중대한 과실로 공단이 보험급여를 할 때 필요하다고 인정해 보험급여를 받는 사람에게 요구한 보험급여를 확인하는 문서와 그 밖의 물건의 제출을 거부하거나 질문 또는 진단을 기피한 경우
  4. 업무 또는 공무로 생긴 질병·부상·재해로 다른 법령에 따른 보험급여나 보상(報償) 또는 보상(補償)을 받게 되는 경우
② 공단은 보험급여를 받을 수 있는 사람이 다른 법령에 따라 국가나 지방자치단체로부터 보험급여에 상당하는 급여를 받거나 보험급여에 상당하는 비용을 지급받게 되는 경우에는 그 한도에서 보험급여를 하지 아니한다.
③ 공단은 가입자가 대통령령으로 정하는 기간 이상 다음 각 호의 보험료를 체납한 경우 그 체납한 보험료를 완납할 때까지 그 가입자 및 피부양자에 대하여 보험급여를 실시하지 아니할 수 있다. 다만, 월별 보험료의 총체납횟수(이미 납부된 체납보험료는 총체납횟수에서 제외하며, 보험료의 체납기간은 고려하지 아니한다)가 대통령령으로 정하는 횟수 미만이거나 가입자 및 피부양자의 소득·재산 등이 대통령령으로 정하는 기준 미만인 경우에는 그러하지 아니하다.

1. 소득월액보험료[(소득월액)×(보험료율)]
2. 세대단위의 보험료[(지역가입자가 속한 세대의 월별 보험료액)＝(보험료부과점수)×(보험료부과점수당 금액)]

④ 공단은 보수월액보험료 납부의무를 부담하는 사용자가 보수월액보험료를 체납한 경우에는 그 체납에 대하여 직장가입자 본인에게 귀책사유가 있는 경우에 한하여 제3항의 규정을 적용한다. 이 경우 해당 직장가입자의 피부양자에게도 제3항의 규정을 적용한다.

⑤ 공단으로부터 분할납부 승인을 받고 그 승인된 보험료를 1회 이상 낸 경우에는 보험급여를 할 수 있다. 다만, 분할납부 승인을 받은 사람이 정당한 사유 없이 5회(승인받은 분할납부 횟수가 5회 미만인 경우에는 해당 분할납부 횟수를 말한다) 이상 그 승인된 보험료를 내지 아니한 경우에는 그러하지 아니하다.

⑥ 보험급여를 하지 아니하는 기간(이하 이 항에서 "급여제한기간"이라 한다)에 받은 보험급여는 다음 각 호의 어느 하나에 해당하는 경우에만 보험급여로 인정한다.
1. 공단이 급여제한기간에 보험급여를 받은 사실이 있음을 가입자에게 통지한 날부터 2개월이 지난 날이 속한 달의 납부기한 이내에 체납된 보험료를 완납한 경우
2. 공단이 급여제한기간에 보험급여를 받은 사실이 있음을 가입자에게 통지한 날부터 2개월이 지난 날이 속한 달의 납부기한 이내에 분할납부 승인을 받은 체납보험료를 1회 이상 낸 경우. 다만, 분할납부 승인을 받은 사람이 정당한 사유 없이 5회 이상 그 승인된 보험료를 내지 아니한 경우에는 그러하지 아니하다.

(2) 급여의 정지(제54조)

보험급여를 받을 수 있는 사람이 다음 각 호의 어느 하나에 해당하면 그 기간에는 보험급여를 하지 아니한다. 다만, 제3호 및 제4호의 경우에는 요양급여를 실시한다.
1. 삭제(2020. 4. 7)
2. 국외에 체류하는 경우
3. 병역법에 따른 현역병(지원에 의하지 아니하고 임용된 하사를 포함한다), 전환복무된 사람 및 군간부후보생에 해당하게 된 경우
4. 교도소, 그 밖에 이에 준하는 시설에 수용되어 있는 경우

(3) 급여의 확인(제55조)

공단은 보험급여를 할 때 필요하다고 인정되면 보험급여를 받는 사람에게 문서와 그 밖의 물건을 제출하도록 요구하거나 관계인을 시켜 질문 또는 진단하게 할 수 있다.

5. 요양비 등

(1) 요양비 등의 지급(제56조)

공단은 국민건강보험법에 따라 지급의무가 있는 요양비 또는 부가급여의 청구를 받으면 지체 없이 이를 지급하여야 한다.

(2) 요양비 등 수급계좌(제56조의2)

① 공단은 국민건강보험법에 따른 보험급여로 지급되는 현금(이하 "요양비 등"이라 한다)을 받는 수급자의 신청이 있는 경우에는 요양비 등을 수급자 명의의 지정된 계좌(이하 "요양비 등 수급계좌"라 한다)로 입금하여야 한다. 다만, 정보통신장애나 그 밖에 대통령령으로 정하는 불가피한 사유로 요양비 등 수급계좌로 이체할 수 없을 때에는 직접 현금으로 지급하는 등 대통령령으로 정하는 바에 따라 요양비 등을 지급할 수 있다.

② 요양비 등 수급계좌가 개설된 금융기관은 요양비 등 수급계좌에 요양비 등만이 입금되도록 하고, 이를 관리하여야 한다.

③ 요양비 등 수급계좌의 신청 방법·절차와 관리에 필요한 사항은 대통령령으로 정한다.

(3) 부당이득의 징수(제57조)

① 공단은 속임수나 그 밖의 부당한 방법으로 보험급여를 받은 사람·준요양기관 및 보조기기 판매업자나 보험급여 비용을 받은 요양기관에 대하여 그 보험급여나 보험급여 비용에 상당하는 금액의 전부 또는 일부를 징수한다.

② 공단은 제1항에 따라 속임수나 그 밖의 부당한 방법으로 보험급여 비용을 받은 요양기관이 다음 각 호의 어느 하나에 해당하는 경우에는 해당 요양기관을 개설한 자에게 그 요양기관과 연대하여 같은 항에 따른 징수금을 납부하게 할 수 있다.

   1. 의료법을 위반하여 의료기관을 개설할 수 없는 자가 의료인의 면허나 의료법인 등의 명의를 대여받아 개설·운영하는 의료기관

   2. 약사법을 위반하여 약국을 개설할 수 없는 자가 약사 등의 면허를 대여받아 개설·운영하는 약국

   3. 의료법을 위반하여 개설·운영하는 의료기관

> **더 알아보기**
>
> **의료인과 의료기관의 장의 의무(의료법 제4조 제2항)**
> 의료인은 다른 의료인 또는 의료법인 등의 명의로 의료기관을 개설하거나 운영할 수 없다.

   4. 약사법을 위반하여 개설·운영하는 약국

③ 사용자나 가입자의 거짓 보고나 거짓 증명(건강보험증이나 신분증명서를 양도·대여하여 다른 사람이 보험급여를 받게 하는 것을 포함한다), 요양기관의 거짓 진단 또는 준요양기관이나 보조기기를 판매한 자의 속임수 및 그 밖의 부당한 방법으로 보험급여가 실시된 경우 공단은 이들에게 보험급여를 받은 사람과 연대하여 제1항에 따른 징수금을 내게 할 수 있다.

④ 공단은 속임수나 그 밖의 부당한 방법으로 보험급여를 받은 사람과 같은 세대에 속한 가입자(속임수나 그 밖의 부당한 방법으로 보험급여를 받은 사람이 피부양자인 경우에는 그 직장가입자를 말한다)에게 속임수나 그 밖의 부당한 방법으로 보험급여를 받은 사람과 연대하여 징수금을 내게 할 수 있다.

⑤ 요양기관이 가입자나 피부양자로부터 속임수나 그 밖의 부당한 방법으로 요양급여비용을 받은 경우 공단은 해당 요양기관으로부터 이를 징수하여 가입자나 피부양자에게 지체 없이 지급하여야 한다. 이 경우 공단은 가입자나 피부양자에게 지급하여야 하는 금액을 그 가입자 및 피부양자가 내야 하는 보험료 등과 상계할 수 있다.

(4) 부당이득 징수금 체납자의 인적사항 등 공개(제57조의2)

① 공단은 징수금을 납부할 의무가 있는 요양기관 또는 요양기관을 개설한 자가 납입 고지 문서에 기재된 납부기한의 다음 날부터 1년이 경과한 징수금을 1억 원 이상 체납한 경우 징수금 발생의 원인이 되는 위반행위, 체납자의 인적사항 및 체납액 등 대통령령으로 정하는 사항(이하 이 조에서 "인적사항 등"이라 한다)을 공개할 수 있다. 다만, 체납된 징수금과 관련하여 이의신청, 심판청구가 제기되거나 행정소송이 계류 중인 경우 또는 그 밖에 체납된 금액의 일부 납부 등 대통령령으로 정하는 사유가 있는 경우에는 그러하지 아니하다.

② 인적사항 등의 공개 여부를 심의하기 위하여 공단에 부당이득징수금체납정보공개심의위원회를 둔다.

③ 공단은 부당이득징수금체납정보공개심의위원회의 심의를 거친 인적사항 등의 공개대상자에게 공개대상자임을 서면으로 통지하여 소명의 기회를 부여하여야 하며, 통지일부터 6개월이 경과한 후 체납자의 납부이행 등을 고려하여 공개대상자를 선정한다.

④ 인적사항 등의 공개는 관보에 게재하거나 공단 인터넷 홈페이지에 게시하는 방법으로 한다.

⑤ 제1항부터 제4항까지에서 규정한 사항 외에 인적사항 등의 공개 절차 및 부당이득징수금체납정보공개심의위원회의 구성·운영 등에 필요한 사항은 대통령령으로 정한다.

(5) 구상권(제58조)

① 공단은 제3자의 행위로 보험급여사유가 생겨 가입자 또는 피부양자에게 보험급여를 한 경우에는 그 급여에 들어간 비용 한도에서 그 제3자에게 손해배상을 청구할 권리를 얻는다.

② 보험급여를 받은 사람이 제3자로부터 이미 손해배상을 받은 경우에는 공단은 그 배상액 한도에서 보험급여를 하지 아니한다.

(6) 수급권 보호(제59조)

① 보험급여를 받을 권리는 양도하거나 압류할 수 없다.

② 요양비 등 수급계좌에 입금된 요양비 등은 압류할 수 없다.

(7) 현역병 등에 대한 요양급여비용 등의 지급(제60조)

① 공단은 제54조 제3호[병역법에 따른 현역병(지원에 의하지 아니하고 임용된 하사를 포함), 전환복무된 사람 및 군간부후보생] 및 제4호(교도소, 그 밖에 이에 준하는 시설에 수용되어 있는 경우)에 해당하는 사람이 요양기관에서 대통령령으로 정하는 치료 등(이하 이 조에서 "요양급여"라 한다)을 받은 경우 그에 따라 공단이 부담하는 비용(이하 이 조에서 "요양급여비용"이라 한다)과 요양비를 법무부장관·국방부장관·경찰청장·소방청장 또는 해양경찰청장으로부터 예탁받아 지급할 수 있다. 이 경우 법무부장관·국방부장관·경찰청장·소방청장 또는 해양경찰청장은 예산상 불가피한 경우 외에는 연간(年間) 들어갈 것으로 예상되는 요양급여비용과 요양비를 대통령령으로 정하는 바에 따라 미리 공단에 예탁하여야 한다.

② 요양급여, 요양급여비용 및 요양비 등에 관한 사항은 제41조, 제41조의4, 제42조, 제42조의2, 제44조부터 제47조까지, 제47조의2, 제48조, 제49조, 제55조, 제56조, 제56조의2 및 제59조 제2항을 준용한다.

(8) 요양급여비용의 정산(제61조)

공단은 산업재해보상보험법에 따른 근로복지공단이 국민건강보험법에 따라 요양급여를 받을 수 있는 사람에게 산업재해보상보험법에 따른 요양급여를 지급한 후 그 지급결정이 취소되어 해당 요양급여의 비용을 청구하는 경우에는 그 요양급여가 국민건강보험법에 따라 실시할 수 있는 요양급여에 상당한 것으로 인정되면 그 요양급여에 해당하는 금액을 지급할 수 있다.

※ 다음 문제의 진위 여부를 판단해 ○ 또는 ×를 선택하시오.

01 가입자나 피부양자의 출산에 대한 이송(移送)도 요양급여의 실시 대상에 포함된다. [○|×]

02 요양급여대상의 범위는 국민건강보험공단의 이사장이 결정한다. [○|×]

03 요양급여의 방법·절차·범위·상한 등의 기준은 보건복지장관이 정한다. [○|×]

04 보건복지부장관은 의약품 등의 판매 질서 위반과 관련된 약제에 대하여는 요양급여비용 상한금액의 100분의 40을 넘지 않는 범위에서 그 금액의 일부를 감액할 수 있다. [○|×]

05 보건복지부장관은 요양급여비용의 상한금액이 감액된 약제가 감액된 날부터 3년 내에 다시 감액의 대상이 된 경우에는 요양급여비용 상한금액의 100분의 50을 넘지 않는 범위에서 요양급여비용 상한금액의 일부를 감액할 수 있다. [○|×]

06 약제에 대한 요양급여비용 상한금액의 감액 및 요양급여 적용 정지의 기준, 절차는 보건복지부령으로 정한다. [○|×]

07 요양기관, 치료재료의 제조업자·수입업자 등은 요양급여대상이나 비급여대상으로 결정되지 않은 진찰·검사·처치·수술·치료·예방·재활의 요양급여에 관한 행위 및 치료재료("행위·치료재료"라 한다)에 대해 요양급여대상 여부의 결정을 보건복지부장관에게 신청해야 한다. [○|×]

08 약제의 제조업자·수입업자 등은 요양급여대상에 포함되지 않은 약제에 대해 보건복지부장관에게 요양급여대상 여부의 결정을 신청할 수 있다. [○|×]

09 요양기관, 치료재료의 제조업자·수입업자. 약제의 제조업자·수입업자 등이 행위·치료재료 및 약제에 대해 요양급여대상 여부의 결정을 신청하지 않으면 환자의 진료상 반드시 필요하다고 인정되더라도 요양급여대상의 여부를 직권을 결정할 수 없다. [○|×]

10 요양급여대상 여부의 결정 신청의 시기, 절차, 방법 및 업무의 위탁 등에 필요한 사항과 요양급여대상 여부의 결정 절차 및 방법 등에 관한 사항은 대통령령으로 정한다. [○|×]

11 요양급여를 결정할 때는 경제성, 치료효과성 등이 불확실해 그 검증을 위해 추가적인 근거가 필요한 경우에는 예비적인 요양급여인 선별급여로 지정해 실시할 수 있다. [○|×]

12 국민건강보험공단의 이사장은 보건복지부령으로 정하는 절차·방법에 따라 선별급여에 대해 주기적으로 요양급여의 적합성을 평가해 요양급여 여부를 다시 결정해야 한다. [○|×]

13 가입자 또는 피부양자가 질병이나 부상으로 거동이 불편한 경우에는 가입자 또는 피부양자를 직접 방문해 요양급여를 실시할 수 있다. [○|×]

14 한국희귀·필수의약품센터는 요양급여를 실시할 수 있는 요양기관에 포함되지 않는다. [○|×]

15 보건복지부장관은 효율적인 요양급여를 위하여 필요하면 시설·장비·인력 및 진료과목 등의 기준에 해당하는 요양기관을 전문요양기관으로 인정할 수 있다. [○|×]

16 전문요양기관으로 인정된 요양기관 또는 상급종합병원에 대해서 요양급여의 절차 및 요양급여비용을 다른 요양기관과 달리 할 수 없다. [○|×]

17 선별급여 중 자료의 축적 또는 의료 이용의 관리가 필요한 경우에는 보건복지부장관이 사전에 정한 해당 선별급여의 실시 조건을 충족한 요양기관만이 해당 선별급여를 실시할 수 있다. [○|×]

18 요양기관은 요양급여비용을 최초로 청구하는 때에 요양기관의 시설·장비 및 인력 등에 대한 현황을 국민건강보험공단에 신고해야 한다. [○|×]

19 요양기관이 신고한 요양기관의 시설·장비 및 인력 등에 대한 현황이 변경된 경우에는 그 변경된 날부터 30일 이내에 국민건강보험공단에 신고해야 한다. [○|×]

20 선별급여에 대해서는 다른 요양급여에 비해 본인일부부담금을 상향 조정할 수 있다. [○|×]

21 요양급여를 받는 자 본인이 연간 부담하는 본인일부부담금의 총액이 본인부담상한액을 초과한 경우에는 보건복지부가 그 초과 금액을 부담해야 한다. [○|×]

22 본인부담상한액은 가입자의 소득수준 등에 따라 정한다. [○|×]

23 본인일부부담금 총액 산정 방법, 본인부담상한액을 넘는 금액의 지급 방법 및 가입자의 소득수준 등에 따른 본인부담상한액 설정 등에 필요한 사항은 대통령령으로 정한다. [○|×]

24 요양급여비용은 보건복지부장관과 의약계를 대표하는 사람들의 계약으로 정하며. 계약기간은 3년으로 한다. [○|×]

25 요양급여비용을 산정하는 계약은 그 직전 계약기간 만료일이 속하는 연도의 5월 31일까지 체결하해 하며, 그 기한까지 계약이 체결되지 못하면 보건복지부장관이 그 직전 계약기간 만료일이 속하는 연도의 6월 30일까지 정한다. [○|×]

26 약제·치료재료에 대한 요양급여비용은 요양기관의 약제·치료재료 구입금액 등을 고려해 대통령령으로 정하는 바에 따라 달리 산정할 수 있다. [○|×]

27 요양급여비용을 청구하려는 요양기관은 건강보험심사평가원에 요양급여비용의 심사청구를 해야 하며, 건강보험심사평가원은 그 심사 결과를 국민건강보험공단과 요양기관에 알려야 한다. [○|×]

28 국민건강보험공단이 요양급여비용을 요양기관에 지급하는 경우에 이미 낸 본인일부부담금이 건강보험심사평가원에서 공단에 통보한 금액보다 더 많으면 요양기관에 지급할 금액에서 더 많이 낸 금액을 공제해 해당 가입자에게 지급해야 한다. [○|×]

29 위의 28번 문제의 경우에 국민건강보험공단은 가입자에게 지급하는 금액을 그 가입자가 내야 하는 보험료 등과 상계(相計)할 수 없다. [○|×]

30 건강보험심사평가원이 국민건강보험공단에 통보한 요양급여의 적정성 평가 결과에 따라 공단이 요양급여비용을 가산 또는 감액 조정해 지급할 경우에 요양급여비용 가산·감액 기준은 대통령령으로 정한다. [○|×]

31 요양기관은 요양급여비용의 심사청구를 약사회나 의사회의 지부가 대행하게 할 수 있다. [○|×]

32 국민건강보험공단은 요양급여비용의 지급을 청구한 병원이 개설·운영에 관한 법규를 위반한 혐의가 있음을 수사기관의 수사로 확인한 경우에는 해당 병원이 청구한 요양급여비용을 일단 지급해야 하지만, 이후에 법원의 최종 재판 결과 혐의가 사실로 확정되면 해당 병원은 이미 지급받았던 요양급여비용을 반환해야 한다. [○|×]

33 어떠한 경우에도 지역별로 요양급여비용을 달리 정하여 지급할 수 없다. [○|×]

34 가입자는 본인일부부담금 외에 자신이 부담한 비용이 요양급여 대상에서 제외되는 비용인지 여부에 대하여 건강보험심사평가원에 확인을 요청할 수 있다. [○|×]

35 국민건강보험공단은 요양기관이 과다본인부담금을 가입자나 피부양자에게 지급하지 않으면 해당 요양기관에 지급할 요양급여비용에서 과다본인부담금을 공제해 가입자나 피부양자에게 지급할 수 있다. [○|×]

36 국민건강보험공단은 가입자가 긴급한 사유로 업무정지기간 중인 요양기관에서 질병·부상·출산 등에 대해 요양을 받은 경우에는 그 요양급여에 상당하는 금액을 가입자에게 요양비로 지급하지 않는다. [○|×]

37 준요양기관은 요양비 명세서나 요양 명세를 적은 영수증을 요양을 받은 사람에게 내주어야 하며, 요양을 받은 사람은 그 명세서나 영수증을 국민건강보험공단에 제출해야 한다. [○|×]

38 준요양기관은 요양을 받은 피부양자가 위임하는 경우에 공단에 요양비의 지급을 직접 청구할 수 있다. [○|×]

39 국민건강보험공단은 요양급여 외에 임신·출산 진료비, 장제비, 상병수당의 급여를 실시할 수 없다. [○|×]

40 국민건강보험공단은 가입자가 등록장애인인 경우에는 보조기기에 대해 보험급여를 할 수 있다. [○|×]

41 피부양자에게 보조기기를 판매한 자는 어떠한 경우에도 피부양자를 대신해 국민건강보험공단에 보험급여를 직접 청구할 수 없다. [○|×]

42 보조기기에 대한 보험급여의 범위·방법·절차 등에 필요한 사항은 대통령령으로 정한다. [○|×]

43 가입자와 피부양자의 질병을 조기에 발견하기 위한 건강검진을 주관해 실시하는 주체는 보건복지부장관이다. [○|×]

44 직장가입자, 세대주인 지역가입자, 20세 이상인 지역가입자 및 20세 이상인 피부양자 등은 건강검진의 대상이 된다. [○|×]

45 영유아건강검진의 대상은 6세 미만의 가입자 및 피부양자이다. [○|×]

46 건강검진의 횟수·절차와 그 밖에 필요한 사항은 보건복지부령으로 정한다. [○|×]

47 보험급여를 받을 수 있는 사람이 업무·공무로 생긴 질병으로 인해 다른 법령으로 정하는 보험급여나 보상을 받게 되는 경우에는 국민건강보험공단은 보험급여를 하지 않는다. [○|×]

48 보험급여를 받을 수 있는 사람이 중대한 과실로 요양기관의 요양에 관한 지시에 따르지 않더라도 국민건강보험공단은 보험급여를 해야 한다. [○|×]

49 가입자가 보험료를 체납한 경우에 국민건강보험공단 그 체납한 보험료를 완납할 때까지 그 가입자 및 피부양자에게 보험급여를 실시하지 않을 수 있다. [○|×]

50 가입자가 보험료를 체납하더라도 가입자 및 피부양자의 소득·재산 등이 대통령령으로 정하는 기준 미만인 경우에는 그 가입자 및 피부양자에게 보험급여를 실시한다. [○|×]

51 직장가입자의 보수월액보험료 납부의무를 부담하는 사용자가 보수월액보험료를 체납했을 때 그 체납의 귀책사유가 직장가입자 본인에게 있는 경우에 국민건강보험공단은 그 체납한 보험료를 완납할 때까지 그 가입자 및 피부양자에 대해 보험급여를 실시하지 않을 수 있다. [O|X]

52 보험료를 체납한 가입자는 국민건강보험공단으로부터 분할납부 승인을 받고 그 승인된 보험료를 2회 이상 낸 경우에는 보험급여를 받을 수 있다. [O|X]

53 가입자의 보험료 체납으로 인한 급여제한기간에 보험급여를 받은 사실이 있음을 국민건강보험공단이 가입자에게 통지한 날부터 2개월이 지난 날이 속한 달의 납부기한 이내에 체납된 보험료를 완납한 경우에는 받은 보험급여를 보험급여로 인정한다. [O|X]

54 보험급여를 받을 수 있는 사람이 국외에 체류하는 경우 또는 현역병으로 입대한 경우에는 그 기간 동안 국민건강보험공단은 보험급여를 하지 않는다. [O|X]

55 보험급여를 받을 수 있는 사람이 군간부후보생이 되거나 교도소에 수용되는 경우에는 그 기간 동안 국민건강보험공단은 요양급여를 하지 않는다. [O|X]

56 국민건강보험공단이 수급자 명의의 지정된 요양비 등 수급계좌로 요양비 등을 입금할 때 요양비 등 수급계좌가 개설된 금융기관은 요양비 등 수급계좌에 요양비 등만이 입금되도록 해야 한다. [O|X]

57 국민건강보험공단은 부당한 방법으로 보험급여를 받은 준요양기관에 대하여 그 보험급여에 상당하는 금액의 전부 또는 일부를 징수한다. [O|X]

58 부당한 방법으로 보험급여 비용을 받은 요양기관이 의료기관을 개설할 수 없는 자가 의료인의 면허를 대여받아 개설한 의료기관인 경우에 국민건강보험공단은 해당 요양기관을 개설한 자에게 그 요양기관과 연대해 징수금을 납부하게 할 수 없다. [O|X]

59 요양기관의 거짓 진단으로 보험급여가 실시된 경우 국민건강보험공단은 해당 요양기관에게 보험급여를 받은 사람과 연대해 따른 징수금을 내게 할 수 있다. [O|X]

60 국민건강보험공단은 속임수로 보험급여를 받은 사람과 같은 세대에 속한 가입자에게 속임수로 보험급여를 받은 사람과 연대해 따른 징수금을 내게 할 수 있다. [O|X]

61 요양기관이 가입자로부터 속임수로 요양급여비용을 받은 것에 대해 국민건강보험공단이 해당 요양기관으로부터 이를 징수해 가입자에게 지급하는 경우에 가입자에게 지급하는 금액을 그 가입자가 내야 하는 보험료 등과 상계할 수 없다. [O|X]

62 국민건강보험공단은 제3자의 행위로 보험급여사유가 생겨 가입자에게 보험급여를 한 경우에 그 급여에 들어간 비용 한도에서 그 제3자에게 손해배상을 청구할 권리가 있다. [○|×]

63 보험급여를 받을 권리는 양도하거나 압류할 수 없으나, 요양비 등 수급계좌에 입금된 요양비 등은 압류할 수 있다. [○|×]

64 국민건강보험공단은 현역병이 요양기관에서 요양급여를 받은 경우 그에 따라 공단이 부담하는 요양급여비용과 요양비를 국방부장관으로부터 예탁받아 지급할 수 있다. [○|×]

65 위의 64번 문제의 경우에 국방부장관은 연간 예상되는 요양급여비용과 요양비를 미리 공단에 예탁하여야 한다. [○|×]

66 국민건강보험공단은 근로복지공단이 요양급여를 받을 수 있는 사람에게 요양급여를 지급한 후 그 지급결정이 취소되어 해당 요양급여의 비용을 청구하는 경우에는 그 요양급여가 국민건강보험법에 따라 실시할 수 있는 요양급여에 상당한 것으로 인정되면 그 요양급여에 해당하는 금액을 지급할 수 있다. [○|×]

PART 1

PART 2

OX문제 정답

01	02	03	04	05	06	07	08	09	10	11	12	13	14	15	16	17	18	19	20
○	×	○	×	×	×	○	○	×	×	○	×	○	×	○	×	○	×	×	○
21	22	23	24	25	26	27	28	29	30	31	32	33	34	35	36	37	38	39	40
×	○	○	×	×	○	○	○	×	×	○	○	×	○	○	×	○	○	○	○
41	42	43	44	45	46	47	48	49	50	51	52	53	54	55	56	57	58	59	60
×	×	×	○	×	×	○	×	○	○	○	○	○	×	○	○	○	×	○	○
61	62	63	64	65	66														
×	○	×	○	○	○														

01 요양급여의 범위, 즉 요양급여대상을 결정해 고시하는 주체는 누구인가?

① 대통령   ② 보건복지부차관

③ 보건복지부장관   ④ 국민건강보험공단 이사장

02 약제에 대한 요양급여비용 상한금액의 감액과 관련한 다음 설명의 ⊙ ~ ⓒ에 들어갈 내용으로 옳은 것은?

> ㉮ 보건복지부장관은 약사법에 따른 의약품 등의 판매 질서의 위반과 관련된 약제에 대하여는 요양급여비용 상한금액의 ___⊙___ 을 넘지 않는 범위에서 그 금액의 일부를 감액할 수 있다.
>
> ㉯ 보건복지부장관은 위의 ㉮에 따라 요양급여비용의 상한금액이 감액된 약제가 감액된 날부터 5년의 범위에서 대통령령으로 정하는 기간 내에 다시 위의 ㉮에 따른 감액의 대상이 된 경우에는 요양급여비용 상한금액의 ___ⓒ___ 을 넘지 않는 범위에서 요양급여비용 상한금액의 일부를 감액할 수 있다.
>
> ㉰ 보건복지부장관은 위의 ㉯에 따라 요양급여비용의 상한금액이 감액된 약제가 감액된 날부터 5년의 범위에서 대통령령으로 정하는 기간 내에 다시 약사법에 따른 의약품 등의 판매 질서의 위반과 관련된 경우에는 해당 약제에 대하여 ___ⓒ___ 의 범위에서 기간을 정하여 요양급여의 적용을 정지할 수 있다.

	⊙	ⓒ	ⓒ
①	10%	40%	1년
②	20%	40%	1년
③	20%	50%	2년
④	40%	50%	2년

03 요양급여대상 여부의 결정과 관련한 다음 설명 중 옳은 것은?

① 요양급여대상 여부의 결정 신청의 시기, 절차, 방법 및 업무의 위탁 등에 필요한 사항 등에 관한 사항은 대통령령으로 정한다.

② 보건복지부장관은 환자의 진료상 필수적이라고 인정하는 경우에는 직권으로 행위·치료재료 및 약제의 요양급여대상의 여부를 결정할 수 있다.

③ 약제의 제조업자·수입업자는 요양급여대상에 포함되지 않은 약제의 요양급여대상 여부의 결정을 국민건강보험공단 이사장에게 신청할 수 있다.

④ 요양기관은 요양급여대상 또는 비급여대상으로 결정되지 않은 진찰·검사·처치·수술·치료·예방·재활의 요양급여대상 여부의 결정을 국민건강보험공단 이사장에게 신청할 수 있다.

04 예비적인 요양급여인 선별급여를 결정해 고시하는 주체는 누구인가?

① 대통령
② 보건복지부차관
③ 보건복지부장관
④ 국민건강보험공단 이사장

05 다음 중 국민건강보험법상 요양급여를 실시하는 요양기관으로 옳은 것을 모두 고르면?

> ㉠ 약사법에 따라 등록된 약국
> ㉡ 의료법에 따라 개설된 의료기관
> ㉢ 약사법에 따라 설립된 한국희귀·필수의약품센터
> ㉣ 지역보건법에 따른 보건소·보건의료원 및 보건지소
> ㉤ 농어촌 등 보건의료를 위한 특별조치법에 따라 설치된 보건진료소
> ㉥ 사회복지사업법에 따라 급식 및 치료를 제공하는 주간·단기 보호시설

① ㉠, ㉡, ㉤, ㉥
② ㉡, ㉢, ㉣, ㉥
③ ㉡, ㉣, ㉤, ㉥
④ ㉠, ㉡, ㉢, ㉣, ㉤

06 전문요양기관과 관련한 설명으로 옳지 않은 것은?

① 요양기관 중에서 선별해 전문요양기관으로 인정할 수 있는 주체는 보건복지부장관이다.
② 전문요양기관 인정서를 반납한 경우에는 그 인정이 취소된다.
③ 전문요양기관의 인정기준에 미달하게 된 경우에는 그 인정이 취소된다.
④ 전문요양기관으로 인정된 요양기관에 대하여 요양급여의 절차 및 요양급여비용을 다른 요양기관과 달리 할 수 없다.

07 선별급여의 실시 조건, 선별급여의 평기에 필요한 자료의 제출, 선별급여의 실시 제한 등에 필요한 사항을 정하는 주체는 누구인가?

① 대통령
② 보건복지부장관
③ 건강보험심사평가원장
④ 국민건강보험공단 이사장

08 요양기관 현황에 대한 신고와 관련한 다음 설명의 ㉠ ~ ㉢에 들어갈 내용으로 옳은 것은?

> ㉮ 요양기관은 요양급여비용을 최초로 청구하는 때에 요양기관의 시설 · 장비 및 인력 등에 대한 현황을
> _____㉠_____에 신고하여야 한다.
> ㉯ 요양기관은 신고한 내용(요양급여비용의 증감에 관련된 사항만 해당한다)이 변경된 경우에는 그 변경된
> 날부터 _____㉡_____ 이내에 _____㉢_____에 신고해야 한다.
> ㉰ 위의 ㉮ 및 ㉯에 따른 신고의 범위, 대상, 방법 및 절차 등에 필요한 사항은 _____㉢_____으로 정한다.

	㉠	㉡	㉢
①	국민건강보험공단	15일	보건복지부령
②	국민건강보험공단	30일	대통령령
③	건강보험심사평가원	15일	보건복지부령
④	건강보험심사평가원	30일	대통령령

09 비용의 본인일부부담금과 관련한 다음 설명의 ㉠, ㉡에 들어갈 내용으로 옳은 것은?

> ㉮ 요양급여를 받는 자는 비용의 일부(이하 "본인일부부담금"이라 한다)를 본인이 부담, 이때 선별급여에
> 대해서는 다른 요양급여에 비해 본인일부부담금을 _____㉠_____ 조정할 수 있다.
> ㉯ 위의 ㉮에 따라 본인이 연간 부담하는 본인일부부담금의 총액이 대통령령으로 정하는 금액(이하 "본인부
> 담상한액"이라 한다)을 초과한 경우에는 _____㉡_____이/가 그 초과 금액을 부담해야 한다.

	㉠	㉡
①	상향	보건복지부
②	하향	보건복지부
③	상향	국민건강보험공단
④	하향	국민건강보험공단

10 비용의 본인부담상한액과 관련한 다음 설명의 ㉠, ㉡에 들어갈 내용으로 옳은 것은?

> ㉮ 본인부담상한액은 가입자의 _____㉠_____ 등에 따라 정한다.
> ㉯ 본인일부부담금 총액 산정 방법, 본인부담상한액을 넘는 금액의 지급 방법 및 위의 ㉮에 따른 가입자의
> _____㉠_____ 등에 따른 본인부담상한액 설정 등에 필요한 사항은 _____㉡_____으로 정한다.

	㉠	㉡
①	연령	대통령령
②	소득수준	대통령령
③	연령	보건복지부령
④	소득수준	보건복지부령

11 국민건강보험공단의 요양급여비용의 산정 계약과 관련한 설명으로 옳은 것은?

① 요양급여비용은 공단 이사장과 요양기관을 대표하는 사람들의 계약으로 정하며, 계약기간은 3년으로 한다.

② 공단의 이사장은 건강보험정책심의위원회의 심의·의결을 거쳐 요양급여비용의 산정 등과 관련한 계약을 체결해야 한다.

③ 건강보험심사평가원은 공단의 이사장이 요양급여비용의 산정 등과 관련한 계약을 체결하기 위해 자료를 요청하면 그 요청에 성실히 응해야 한다.

④ 요양급여비용의 산정 등과 관련한 계약은 그 직전 계약기간 만료일이 속하는 연도의 3월 31일까지 체결하며, 그 기한까지 계약이 체결되지 못하면 보건복지부장관이 재정위원회의 의결을 거쳐 요양급여비용을 정한다.

12 요양급여비용의 산정·청구·지급 등과 관련한 다음 설명 중 옳은 것은?

① 약제·치료재료에 대한 요양급여비용은 요양기관의 약제·치료재료 구입금액 등을 고려해 달리 산정할 수 없다.

② 요양기관은 국민건강보험공단에 요양급여비용의 지급을 청구할 수 있으며, 이때 요양급여비용에 대한 심사청구는 공단에 대한 요양급여비용의 청구로 본다.

③ 요양급여비용을 청구하려는 요양기관은 국민건강보험공단에 요양급여비용의 심사청구를 해야 하며, 심사청구를 받은 공단은 이를 심사한 그 내용을 건강보험심사평가원과 요양기관에 알려야 한다.

④ 심사 내용을 통보받은 기관이 내용에 따라 요양급여비용을 요양기관에 지급할 경우에 이미 낸 본인일부부담금이 통보된 금액보다 더 많더라도 요양기관에 지급할 금액에서 더 많이 낸 금액을 공제해 해당 가입자에게 지급하지는 않는다.

13 요양급여비용의 청구와 지급과 관련한 설명으로 옳은 것은?

① 요양급여비용의 청구·심사·지급 등의 방법과 절차에 필요한 사항은 대통령령으로 정한다.

② 요양기관은 요양급여비용의 심사청구를 의사회·조산사회·약사회 또는 각각의 지부·분회가 대행하게 할 수 있다.

③ 요양급여의 적정성에 대한 건강보험심사평가원의 평가 결과에 따라 공단이 요양급여비용을 가산 또는 감액 조정해 지급할 때 그 기준은 대통령령으로 정한다.

④ 가입자가 이미 낸 본인일부부담금이 건강보험심사평가원에서 심사한 금액보다 더 많아서 국민건강보험공단이 요양기관에 지급할 금액에서 더 많이 낸 금액을 공제해 해당 가입자에게 지급할 경우에 가입자에게 지급하여야 하는 금액을 그 가입자가 내야 하는 보험료 등과 상계할 수 없다.

14 요양급여비용의 차등 지급 및 지급 보류와 관련한 다음 설명 중 옳은 것은?

① 지역별 의료자원의 불균형을 위해 지역별로 요양급여비용을 달리 정하여 지급할 수 있다.

② 지급 보류된 요양급여비용 및 이자의 지급 절차와 이자의 산정에 필요한 사항은 보건복지부령으로 정한다.

③ 다른 의료법인의 명의로 개설되었다는 사실이 수사기관의 수사 결과로 확인된 의료기관이 요양급여비용의 지급을 청구하면 국민건강보험공단은 그 지급을 당연히 보류해야 하며, 이때 해당 요양기관에 의견 제출의 기회를 주지 않을 수 있다.

④ 다른 의료법인의 명의로 개설되었다는 혐의가 입증되지 않아 법원의 무죄 판결이 확정된 의료기관에 대해 국민건강보험공단이 그 확정 판결 전까지 요양급여비용의 지급을 보류했었다면 지급 보류된 금액만을 지급하며 그 보류된 기간 동안의 이자는 가산하지 않는다.

15 다음 중 요양급여 대상 여부의 확인과 관련한 설명으로 옳은 것을 모두 고르면?

> ㉠ 가입자는 본인일부부담금 외에 자신이 부담한 비용이 요양급여 대상에서 제외되는 비용인지 여부에 대해 건강보험심사평가원에 확인을 요청할 수 있다.
> ㉡ 위의 ㉠에 따른 요청을 받은 기관은 확인한 결과 확인을 요청한 비용이 요양급여 대상에 해당되는 비용인 경우에는 그 내용을 관련 요양기관에 알려야 한다.
> ㉢ 위의 ㉡에 따라 통보받은 요양기관이 과다본인부담금을 확인을 요청한 사람에게 지급해야 할 경우에 그 요양기관이 과다본인부담금을 지급하지 않더라도 국민건강보험공단은 해당 요양기관에 지급할 요양급여비용에서 과다본인부담금을 공제해 확인을 요청한 사람에게 지급할 수 없다.

① ㉠, ㉡   ② ㉠, ㉢

③ ㉡, ㉢   ④ ㉠, ㉡, ㉢

16 요양비와 관련한 다음 설명 중 옳지 않은 것은?

① 준요양기관은 요양을 받은 피부양자가 위임할 때는 국민건강보험공단에 요양비의 지급을 직접 청구할 수 있다.

② 위의 ①의 경우 준요양기관의 요양비 지급 청구, 국민건강보험공단의 적정성 심사 등에 필요한 사항은 보건복지부령을 따른다.

③ 부득이하게 업무정지기간 중인 준요양기관에서 출산에 대한 요양을 받은 가입자는 요양급여에 상당하는 금액을 지급받을 수 없다.

④ 준요양기관에서 요양을 받은 사람은 해당 준요양기관에서 발급한 요양비 명세서나 요양 명세를 적은 영수증을 국민건강보험공단에 제출해야 한다.

17 국민건강보험공단의 장애인에 대한 특례 및 부가급여와 관련한 설명으로 옳지 않은 것은?

① 공단은 장애인인 피부양자에게 보조기기에 대하여 보험급여를 할 수 있다.

② 장애인인 가입자에게 보조기기를 판매한 자는 어떠한 경우라도 공단에 보험급여를 직접 청구할 수 없다.

③ 공단이 보험급여를 실시하는 보조기기에 대한 보험급여의 범위·방법·절차 등에 요한 사항은 보건복지부령으로 정한다.

④ 공단은 국민건강보험법에서 정한 요양급여 외에도 임신·출산 진료비, 장제비, 상병수당을 실시할 수 있다.

18 건강검진과 관련한 다음 설명 중 옳은 것은?

① 만 8세인 피부양자는 영유아건강검진 대상에 포함된다.

② 30세 미만의 지역가입자는 일반건강검진의 대상이 아니다.

③ 건강검진의 횟수·절차와 관련한 사항은 대통령령으로 정한다.

④ 가입자와 피부양자를 대상으로 건강검진을 주관·실시하는 주체는 보건복지부이다.

19 보험급여의 제한과 관련한 설명으로 옳지 않은 것은?

① 공무로 생긴 질병 때문에 국민건강보험법이 아닌 다른 법령에 따른 보험급여를 받더라도 국민건강보험공단은 보험급여를 해야 한다.

② 가입자가 소득월액보험료를 체납한 경우에는 완납할 때까지 국민건강보험공단은 그 가입자 및 피부양자에 대하여 보험급여를 실시하지 않을 수 있다.

③ 보험급여를 받을 수 있는 사람이 지방자치단체로부터 보험급여에 상당하는 비용을 지급받는 경우에 국민건강보험공단은 그 한도에서 보험급여를 하지 않는다.

④ 납부의무를 부담하는 사용자가 보수월액보험료를 체납했을 때 그 체납에 대한 귀책사유가 직장가입자 본인에게 있는 경우에는 체납한 보험료를 완납할 때까지 국민건강보험공단은 그 가입자에게 보험급여를 실시하지 않을 수 있다.

20 보험급여의 제한과 관련한 다음 설명 중 옳지 않은 것을 모두 고르면?

> ㉠ 보험료를 체납한 가입자가 국민건강보험공단으로부터 분할납부 승인을 받고 그 승인된 보험료를 1회 이상 낸 경우에는 보험급여를 할 수 있다.
>
> ㉡ 위의 ㉠의 경우에 분할납부 승인을 받은 사람이 정당한 사유 없이 5회 이상 그 승인된 보험료를 내지 아니한 때에는 국민건강보험공단은 보험급여를 하지 않을 수 있다.
>
> ㉢ 국민건강보험공단이 보험급여를 하지 않는 급여제한기간에 보험급여를 받은 사실이 있음을 가입자에게 통지한 날부터 2개월이 지난 날이 속한 달의 납부기한 이내에 체납된 보험료를 완납한 경우에는 급여제한기간에 받은 보험급여를 보험급여로 인정한다.

① ㉠, ㉡   ② ㉠, ㉢

③ ㉡, ㉢   ④ ㉠, ㉡, ㉢

21 다음 중 보험급여를 받을 수 있는 사람에 대한 급여를 정지하는 경우로 옳은 것을 모두 고르면?

> ㉠ 국외에 체류하는 경우
>
> ㉡ 현역병 및 간부후보생에 해당하게 된 경우
>
> ㉢ 교도소 또는 교도소에 준하는 시설에 수용되어 있는 경우

① ㉠, ㉡   ② ㉠, ㉢

③ ㉡, ㉢   ④ ㉠, ㉡, ㉢

22 다음 중 요양비 등 수급계좌와 관련한 설명으로 옳지 않은 것은?

① 수급자가 신청할 때는 보험급여로 지급되는 현금(요양비 등)을 수급자 명의의 지정된 계좌(요양비 등 수급계좌)로 입금해야 한다.

② 요양비 등을 요양비 등 수급계좌에 이체할 수 없을 때는 직접 현금으로 지급할 수 있다.

③ 요양비 등 수급계좌가 개설된 금융기관은 요양비 등 수급계좌에 요양비 등뿐만 아니라 다른 현금의 입출금이 가능하도록 해야 한다.

④ 요양비 등 수급계좌의 신청 방법·절차와 관리에 필요한 사항은 대통령령으로 정한다.

23 부당이득의 징수와 관련한 다음 설명 중 옳지 않은 것은?

① 속임수로 보험급여를 받은 사람과 같은 세대에 속한 가입자에게 속임수로 보험급여를 받은 사람과 연대해 징수금을 내게 할 수 있다.

② 국민건강보험공단은 부당한 방법으로 보험급여를 받은 보조기기 판매업자에 대해 그 보험급여에 상당하는 금액의 전부 또는 일부를 징수한다.

③ 준요양기관의 속임수로 보험급여가 실시된 경우에 국민건강보험공단은 해당 준요양기관에게 보험급여를 받은 사람과 연대해 징수금을 내게 할 수 있다.

④ 의료법을 위반해 부당한 방법으로 개설된 의료기관이 속임수로 보험급여 비용을 받을 경우에 국민건강보험공단은 해당 의료기관의 개설자에게 그 요양기관과 연대해 징수금을 납부하게 할 수 없다.

24 부당이득 징수금 체납자의 인적사항 등 공개와 관련한 설명으로 옳지 않은 것은?

① 부당이득 징수금 체납자의 인적사항 등의 공개 여부를 심의하는 주체는 국민건강보험공단의 재정운영위원회이다.

② 징수금을 납부할 의무가 있는 요양기관 개설자가 납입 고지 문서에 기재된 납부기한의 다음 날부터 1년이 경과한 징수금을 1억 원 이상 체납한 경우에 국민건강보험공단은 인적사항 등을 공개할 수 있다.

③ 위의 ②의 경우에 체납된 금액의 일부 납부 등의 사유가 있을 때는 국민건강보험공단은 인적사항 등을 공개할 수 있다.

④ 부당이득 징수금 체납자의 인적사항 등의 공개는 관보에 게재하거나 국민건강보험공단 인터넷 홈페이지에 게시하는 방법으로 한다.

25 수급권 보호 및 구상권과 관련한 다음 설명 중 옳은 것은?

① 보험급여를 받을 권리는 양도할 수 없지만 압류할 수는 있다.

② 요양비 등 수급계좌에 입금된 요양비 등은 압류할 수 있다.

③ 제3자의 행위로 보험급여사유가 발생해 국민건강보험공단이 가입자에게 보험급여를 한 경우에 국민건강보험공단은 그 급여에 들어간 비용 한도에서 그 제3자에게 손해배상을 청구할 수 있다.

④ 위의 ③에 따라 보험급여를 받은 사람이 제3자로부터 이미 손해배상을 받았더라도 국민건강보험공단은 보험급여를 해야 한다.

26 국민건강보험공단이 요양급여비용과 요양비를 법무부장관·국방부장관·경찰청장·소방청장·해양경찰청장으로부터 예탁받아 지급할 수 있는 경우에 해당하는 사람을 모두 고르면?

> ㉠ 교도소에 수용된 사람
> ㉡ 병역법에 따른 현역병
> ㉢ 지원에 의해 임용된 하사
> ㉣ 병역법에 따른 군간부후보생
> ㉤ 병역법에 따른 전환복무된 사람

① ㉠, ㉢, ㉣   ② ㉡, ㉢, ㉤

③ ㉢, ㉣, ㉤   ④ ㉠, ㉡, ㉣, ㉤

건강보험심사평가원

1. 건강보험심사평가원의 업무

(1) 건강보험심사평가원의 설립(제62조)

요양급여비용을 심사하고 요양급여의 적정성을 평가하기 위하여 건강보험심사평가원을 설립한다.

(2) 심사평가원의 업무 등(제63조)

① 심사평가원은 다음 각 호의 업무를 관장한다.

1. 요양급여비용의 심사
2. 요양급여의 적정성 평가
3. 심사기준 및 평가기준의 개발
4. 제1호부터 제3호까지의 규정에 따른 업무와 관련된 조사연구 및 국제협력
5. 다른 법률에 따라 지급되는 급여비용의 심사 또는 의료의 적정성 평가에 관하여 위탁받은 업무
6. 건강보험과 관련하여 보건복지부장관이 필요하다고 인정한 업무
7. 그 밖에 보험급여 비용의 심사와 보험급여의 적정성 평가와 관련하여 대통령령으로 정하는 업무

② 요양급여 등의 적정성 평가의 기준·절차·방법 등에 필요한 사항은 보건복지부장관이 정하여 고시한다.

2. 건강보험심사평가원의 성립

(1) 법인격 등(제64조)

① 심사평가원은 법인으로 한다.
② 심사평가원은 주된 사무소의 소재지에서 설립등기를 함으로써 성립한다.

(2) 임원(제65조)

① 심사평가원에 임원으로서 원장, 이사 15명 및 감사 1명을 둔다. 이 경우 원장, 이사 중 4명 및 감사는 상임으로 한다.
② 원장은 임원추천위원회가 복수로 추천한 사람 중에서 보건복지부장관의 제청으로 대통령이 임명한다.
③ 상임이사는 보건복지부령으로 정하는 추천 절차를 거쳐 원장이 임명한다.
④ 비상임이사는 다음 각 호의 사람 중에서 10명과 대통령령으로 정하는 바에 따라 추천한 관계 공무원 1명을 보건복지부장관이 임명한다.

1. 공단이 추천하는 1명
2. 의약관계단체가 추천하는 5명
3. 노동조합·사용자단체·소비자단체 및 농어업인단체가 추천하는 각 1명

⑤ 감사는 임원추천위원회가 복수로 추천한 사람 중에서 기획재정부장관의 제청으로 대통령이 임명한다.
⑥ 비상임이사는 정관으로 정하는 바에 따라 실비변상을 받을 수 있다.
⑦ 원장의 임기는 3년, 이사(공무원인 이사는 제외한다)와 감사의 임기는 각각 2년으로 한다.

3. 진료심사평가위원회와 자금의 조달

(1) 진료심사평가위원회(제66조)

① 심사평가원의 업무를 효율적으로 수행하기 위하여 심사평가원에 진료심사평가위원회(이하 "심사위원회"라 한다)를 둔다.

② 심사위원회는 위원장을 포함하여 90명 이내의 상근 심사위원과 1,000명 이내의 비상근 심사위원으로 구성하며, 진료과목별 분과위원회를 둘 수 있다.

③ 상근 심사위원은 심사평가원의 원장이 보건복지부령으로 정하는 사람 중에서 임명한다.

④ 비상근 심사위원은 심사평가원의 원장이 보건복지부령으로 정하는 사람 중에서 위촉한다.

⑤ 심사평가원의 원장은 심사위원이 다음 각 호의 어느 하나에 해당하면 그 심사위원을 해임 또는 해촉할 수 있다.

1. 신체장애나 정신장애로 직무를 수행할 수 없다고 인정되는 경우
2. 직무상 의무를 위반하거나 직무를 게을리한 경우
3. 고의나 중대한 과실로 심사평가원에 손실이 생기게 한 경우
4. 직무 여부와 관계없이 품위를 손상하는 행위를 한 경우

⑥ 제1항부터 제5항까지에서 규정한 사항 외에 심사위원회 위원의 자격·임기 및 심사위원회의 구성·운영 등에 필요한 사항은 보건복지부령으로 정한다.

(2) 자금의 조달 등(제67조)

① 심사평가원은 요양급여비용의 심사, 요양급여의 적정성 평가, 심사기준 및 평가기준의 개발 및 이러한 업무와 관련된 조사연구 및 국제협력, 건강보험과 관련하여 보건복지부장관이 필요하다고 인정한 업무, 그 밖에 보험급여 비용의 심사와 보험급여의 적정성 평가와 관련하여 대통령령으로 정하는 업무 등을 하기 위하여 공단으로부터 부담금을 징수할 수 있다.

② 심사평가원은 다른 법률에 따라 지급되는 급여비용의 심사 또는 의료의 적정성 평가에 관한 업무를 위탁받은 경우에는 위탁자로부터 수수료를 받을 수 있다.

③ 부담금 및 수수료의 금액·징수 방법 등에 필요한 사항은 보건복지부령으로 정한다.

(3) 준용 규정(제68조)

심사평가원에 관하여 제14조 제3항·제4항, 제16조, 제17조(같은 조 제1항 제6호 및 제7호는 제외한다), 제18조, 제19조, 제22조부터 제32조까지, 제35조 제1항, 제36조, 제37조, 제39조 및 제40조를 준용한다. 이 경우 "공단"은 "심사평가원"으로, "이사장"은 "원장"으로 본다.

※ 다음 문제의 진위 여부를 판단해 ○ 또는 ×를 선택하시오.

01 요양급여비용을 심사하고 요양급여의 적정성을 평가하는 주체는 건강보험심사평가원이다. [○|×]

02 건강보험심사평가원은 요양급여비용의 심사에 따른 업무와 관련된 국제협력의 업무를 관장한다. [○|×]

03 요양급여 등의 적정성 평가의 기준·절차·방법 등에 필요한 사항은 건강보험심사평가원장이 정한다. [○|×]

04 건강보험심사평가원의 임원은 원장을 비롯해 각 5명씩의 상임·비상임이사와 감사 1명 등 모두 12명으로 구성된다. [○|×]

05 건강보험심사평가원장은 건강보험정책심의위원회에서 추천하는 후보 중에서 보건복지부장관이 임명한다. [○|×]

06 건강보험심사평가원의 상임이사는 보건복지부장관이 임명한다. [○|×]

07 건강보험심사평가원의 비상임이사는 건강보험심사평가원장이 임명한다. [○|×]

08 건강보험심사평가원의 감사는 기획재정부장관의 제청으로 대통령이 임명한다. [○|×]

09 건강보험심사평가원의 원장, 이사(공무원인 이사는 제외), 감사 등의 임기는 모두 3년으로 동일하다. [○|×]

10 진료심사평가위원회는 건강보험심사평가원에 소속된다. [○|×]

11 진료심사평가위원회의 심사위원은 90명 이내의 상근 심사위원과 1,000명 이내의 비상근 심사위원으로 구성된다. [○|×]

12 진료심사평가위원회의 상근 심사위원은 보건복지부장관이 임명한다. [○|×]

13 진료심사평가위원회의 비상근 심사위원은 건강보험심사평가원장이 위촉한다. [○|×]

14 진료심사평가위원회의 심사위원을 해임·해촉할 수 있는 주체는 보건복지부장관이다. [O|X]

15 진료심사평가위원회의 구성·운영 및 위원의 자격·임기 등은 에 필요한 구체적인 사항은 보건복지부장이 정한다. [O|X]

16 건강보험심사평가원은 다른 법률에 따라 지급되는 급여비용의 심사에 관해 위탁받은 업무를 하기 위해 국민건강보험공단으로부터 부담금을 징수할 수 있다. [O|X]

17 건강보험심사평가원은 다른 법률에 따라 의료의 적정성 평가에 관한 업무를 위탁받은 경우에는 위탁자로부터 수수료를 받을 수 있다. [O|X]

18 건강보험심사평가원이 징수하거나 받을 수 있는 부담금·수수료의 금액·징수 방법 등에 필요한 사항은 보건복지부령으로 정한다. [O|X]

19 건강보험심사평가원은 회계연도마다 편성한 예산안을 승인하는 주체는 보건복지부장관이며, 이를 변경할 때는 보건복지부차관의 승인이 필요하다. [O|X]

20 건강보험심사평가원은 지출할 현금이 부족한 경우에는 차입할 수 있으며, 1년 이상 장기로 차입하려면 보건복지부장관의 승인을 받아야 한다. [O|X]

OX문제 정답																			
01	02	03	04	05	06	07	08	09	10	11	12	13	14	15	16	17	18	19	20
O	O	X	X	X	X	X	O	X	O	O	X	O	X	O	X	O	O	X	O

01 다음 중에서 건강보험심사평가원에서 관장하는 업무로 옳은 것을 모두 고르면?

> ㉠ 보험급여의 관리
> ㉡ 요양급여비용의 심사
> ㉢ 보험급여 비용의 지급
> ㉣ 요양급여의 적정성 평가
> ㉤ 심사기준 및 평가기준의 개발

① ㉠, ㉡, ㉣   ② ㉠, ㉢, ㉣
③ ㉡, ㉢, ㉤   ④ ㉡, ㉣, ㉤

02 건강보험심사평가원의 임원과 관련한 설명으로 옳은 것은?

① 감사는 상임으로 하며, 이사는 각 5명씩 동수의 상임·비상임이사로 이루어진다.
② 상임이사는 건강보험심사평가원장이, 비상임이사는 보건복지부장관이 각각 임명한다.
③ 원장은 건강보험정책심의위원회에서 추천한 사람 중에서 보건복지부장관이 임명한다.
④ 감사는 진료심사평가위원회에서 추천한 사람 중에서 원장의 제청으로 보건복지부장관이 임명한다.

03 진료심사평가위원회와 관련한 다음 설명 중 옳은 것은?

① 100명 이내의 상근 심사위원과 500명 이내의 비상근 심사위원으로 구성된다.
② 상근 심사위원은 건강보험심사평가원장의 제청으로 보건복지부장관이 임명한다.
③ 비상근 심사위원을 위촉할 수 있는 권한을 가진 주체는 건강보험심사평가원장이다.
④ 상근·비상근 심사위원을 해임하거나 해촉할 수 있는 권한을 가진 주체는 보건복지부장관이다.

04 건강보험심사평가원의 자금의 조달과 관련한 설명으로 옳지 않은 것은?

① 건강보험심사평가원은 심사기준의 개발 업무를 하기 위해 국민건강보험공단으로부터 부담금을 징수할 수 있다.
② 건강보험심사평가원은 국민건강보험법이 아닌 다른 법률에 의해 지급되는 급여비용의 심사와 관련해 위탁받은 업무를 할 때도 국민건강보험공단으로부터 부담금을 징수할 수 있다.
③ 건강보험심사평가원은 국민건강보험법이 아닌 다른 법률에 따라 의료의 적정성 평가에 관한 업무를 위탁받은 경우에는 위탁자로부터 수수료를 받을 수 있다.
④ 건강보험심사평가원이 징수하거나 받을 수 있는 부담금·수수료의 금액 에 필요한 사항은 보건복지부령으로 정한다.

06 보험료

1. 보험료의 부과

(1) 보험료(제69조)

① 공단은 건강보험사업에 드는 비용에 충당하기 위하여 보험료의 납부의무자로부터 보험료를 징수한다.

② 보험료는 가입자의 자격을 취득한 날이 속하는 달의 다음 달부터 가입자의 자격을 잃은 날의 전날이 속하는 달까지 징수한다. 다만, 가입자의 자격을 매월 1일에 취득한 경우 또는 제5조 제1항 제2호 가목(유공자 등 의료보호대상자 중 건강보험의 적용을 보험자에게 신청한 사람)에 따른 건강보험 적용 신청으로 가입자의 자격을 취득하는 경우에는 그 달부터 징수한다.

③ 보험료를 징수할 때 가입자의 자격이 변동된 경우에는 변동된 날이 속하는 달의 보험료는 변동되기 전의 자격을 기준으로 징수한다. 다만, 가입자의 자격이 매월 1일에 변동된 경우에는 변동된 자격을 기준으로 징수한다.

④ 직장가입자의 월별 보험료액은 다음 각 호에 따라 산정한 금액으로 한다.
  1. 보수월액보험료 : 보수월액에 보험료율을 곱하여 얻은 금액
  2. 소득월액보험료 : 소득월액에 보험료율을 곱하여 얻은 금액

⑤ 지역가입자의 월별 보험료액은 세대단위로 산정하되, 지역가입자가 속한 세대의 월별 보험료액은 보험료부과점수에 보험료부과점수당 금액을 곱한 금액으로 한다.

⑥ 월별 보험료액은 가입자의 보험료 평균액의 일정 비율에 해당하는 금액을 고려하여 대통령령으로 정하는 기준에 따라 상한 및 하한을 정한다.

(2) 보수월액(제70조)

① 직장가입자의 보수월액은 직장가입자가 지급받는 보수를 기준으로 하여 산정한다.

② 휴직이나 그 밖의 사유로 보수의 전부 또는 일부가 지급되지 아니하는 가입자(이하 "휴직자 등"이라 한다)의 보수월액보험료는 해당 사유가 생기기 전 달의 보수월액을 기준으로 산정한다.

③ 보수는 근로자 등이 근로를 제공하고 사용자·국가 또는 지방자치단체로부터 지급받는 금품(실비변상적인 성격을 갖는 금품은 제외한다)으로서 대통령령으로 정하는 것을 말한다. 이 경우 보수 관련 자료가 없거나 불명확한 경우 등 대통령령으로 정하는 사유에 해당하면 보건복지부장관이 정하여 고시하는 금액을 보수로 본다.

④ 보수월액의 산정 및 보수가 지급되지 아니하는 사용자의 보수월액의 산정 등에 필요한 사항은 대통령령으로 정한다.

(3) 소득월액(제71조)

① 소득월액은 보수월액의 산정에 포함된 보수를 제외한 직장가입자의 소득(이하 "보수외소득"이라 한다)이 대통령령으로 정하는 금액을 초과하는 경우 '[(연간 보수외소득) − (대통령령으로 정하는 금액)] $\times \dfrac{1}{12}$'에 따라 산정한다.

② 소득월액을 산정하는 기준, 방법 등 소득월액의 산정에 필요한 사항은 대통령령으로 정한다.

(4) 보험료부과점수(제72조)

① 보험료부과점수는 지역가입자의 소득 및 재산을 기준으로 산정한다.

② 보험료부과점수의 산정방법과 산정기준을 정할 때 법령에 따라 재산권의 행사가 제한되는 재산에 대하여는 다른 재산과 달리 정할 수 있다.

③ 보험료부과점수의 산정방법·산정기준 등에 필요한 사항은 대통령령으로 정한다.

(5) 보험료부과제도개선위원회(제72조의2)

① 보험료부과와 관련된 제도 개선을 위하여 보건복지부장관 소속으로 관계 중앙행정기관 소속 공무원 및 민간 전문가로 구성된 보험료부과제도개선위원회(이하 "제도개선위원회"라 한다)를 둔다.

② 제도개선위원회는 다음 각 호의 사항을 심의한다.

　1. 가입자의 소득 파악 실태에 관한 조사 및 연구에 관한 사항

　2. 가입자의 소득 파악 및 소득에 대한 보험료 부과 강화를 위한 개선 방안에 관한 사항

　3. 그 밖에 보험료부과와 관련된 제도 개선 사항으로서 위원장이 회의에 부치는 사항

③ 보건복지부장관은 제도개선위원회 운영 결과를 국회에 보고하여야 한다.

④ 제도개선위원회의 구성·운영 등에 관하여 필요한 사항은 대통령령으로 정한다.

(6) 보험료부과제도에 대한 적정성 평가(제72조의3)

① 보건복지부장관은 피부양자 인정기준(이하 이 조에서 "인정기준"이라 한다)과 보험료, 보수월액, 소득월액 및 보험료부과점수의 산정기준 및 방법 등(이하 이 조에서 "산정기준"이라 한다)에 대하여 적정성을 평가하고, 국민건강보험법 시행일로부터 4년이 경과한 때 이를 조정하여야 한다.

② 보건복지부장관은 적정성 평가를 하는 경우에는 다음 각 호를 종합적으로 고려하여야 한다.

　1. 제도개선위원회가 심의한 가입자의 소득 파악 현황 및 개선방안

　2. 공단의 소득 관련 자료 보유 현황

　3. 소득세법에 따른 종합소득(종합과세되는 종합소득과 분리과세되는 종합소득을 포함한다) 과세 현황

> **더 알아보기**
>
> **종합소득(소득세법 제4조 제1항 제1호)**
> 소득세법에 따라 과세되는 모든 소득에서 퇴직소득, 금융투자소득 및 양도소득을 제외한 소득으로서, 이자소득·배당소득·사업소득·근로소득·연금소득, 기타소득을 합산한 것

　4. 직장가입자에게 부과되는 보험료와 지역가입자에게 부과되는 보험료 간 형평성

　5. 인정기준 및 산정기준의 조정으로 인한 보험료 변동

　6. 그 밖에 적정성 평가 대상이 될 수 있는 사항으로서 보건복지부장관이 정하는 사항

③ 적정성 평가의 절차, 방법 및 그 밖에 적정성 평가를 위하여 필요한 사항은 대통령령으로 정한다.

(7) 보험료율 등(제73조)

① 직장가입자의 보험료율은 1,000분의 80의 범위에서 심의위원회의 의결을 거쳐 대통령령으로 정한다.

② 국외에서 업무에 종사하고 있는 직장가입자에 대한 보험료율은 제1항에 따라 정해진 보험료율의 100분의 50으로 한다.

③ 지역가입자의 보험료부과점수당 금액은 심의위원회의 의결을 거쳐 대통령령으로 정한다.

2. 보험료 부담의 면제 및 경감

(1) 보험료의 면제(제74조)

① 공단은 직장가입자가 제54조 제2호부터 제4호까지의 어느 하나에 해당하는 경우(같은 조 제2호에 해당하는 경우에는 1개월 이상의 기간으로서 대통령령으로 정하는 기간 이상 국외에 체류하는 경우에 한정한다. 이하 이 조에서 같다) 그 가입자의 보험료를 면제한다. 다만, 제54조 제2호에 해당하는 직장가입자의 경우에는 국내에 거주하는 피부양자가 없을 때에만 보험료를 면제한다.

② 지역가입자가 제54조 제2호부터 제4호까지의 어느 하나에 해당하면 그 가입자가 속한 세대의 보험료를 산정할 때 그 가입자의 보험료부과점수를 제외한다.

③ 보험료의 면제나 보험료의 산정에서 제외되는 보험료부과점수에 대하여는 제54조 제2호부터 제4호까지의 어느 하나에 해당하는 급여정지 사유가 생긴 날이 속하는 달의 다음 달부터 사유가 없어진 날이 속하는 달까지 적용한다. 다만, 다음 각 호의 어느 하나에 해당하는 경우에는 그 달의 보험료를 면제하지 아니하거나 보험료의 산정에서 보험료부과점수를 제외하지 아니한다.

1. 급여정지 사유가 매월 1일에 없어진 경우
2. 제54조 제2호에 해당하는 가입자 또는 그 피부양자가 국내에 입국하여 입국일이 속하는 달에 보험급여를 받고 그 달에 출국하는 경우

(2) 보험료의 경감 등(제75조)

① 다음 각 호의 어느 하나에 해당하는 가입자 중 보건복지부령으로 정하는 가입자에 대하여는 그 가입자 또는 그 가입자가 속한 세대의 보험료의 일부를 경감할 수 있다.

1. 섬, 벽지, 농어촌 등 대통령령으로 정하는 지역에 거주하는 사람
2. 65세 이상인 사람
3. 장애인복지법에 따라 등록한 장애인
4. 국가유공자 등 예우 및 지원에 관한 법률 제4조 제1항 제4호, 제6호, 제12호, 제15호 및 제17호에 따른 국가유공자

더 알아보기

적용 대상 국가유공자(국가유공자 등 예우 및 지원에 관한 법률 제4조 제1항)
- 전상(戰傷)군경 : 군인이나 경찰공무원으로서 전투 또는 이에 준하는 직무수행 중 상이를 입고 전역(퇴역·면역 또는 상근예비역 소집해제를 포함한다. 이하 같다)하거나 퇴직(면직을 포함한다. 이하 같다)한 사람(군무원으로서 1959년 12월 31일 이전에 전투 또는 이에 준하는 직무수행 중 상이를 입고 퇴직한 사람을 포함한다) 또는 6개월 이내에 전역이나 퇴직하는 사람으로서 그 상이 정도가 국가보훈처장이 실시하는 신체검사에서 상이등급으로 판정된 사람(동조 제4호)
- 공상(公傷)군경 : 군인이나 경찰·소방 공무원으로서 국가의 수호·안전보장 또는 국민의 생명·재산 보호와 직접적인 관련이 있는 직무수행이나 교육훈련 중 상이(질병을 포함한다)를 입고 전역하거나 퇴직한 사람 또는 6개월 이내에 전역이나 퇴직하는 사람으로서 그 상이 정도가 국가보훈처장이 실시하는 신체검사에서 상이등급으로 판정된 사람(동조 제6호)
- 4·19혁명부상자 : 1960년 4월 19일을 전후한 혁명에 참가하여 상이를 입은 사람으로서 그 상이 정도가 국가보훈처장이 실시하는 신체검사에서 상이등급으로 판정된 사람(동조 제12호)
- 공상공무원 : 국가공무원법 및 지방공무원에 따른 공무원(군인과 경찰·소방 공무원은 제외한다)과 국가나 지방자치단체에서 일상적으로 공무에 종사하는 대통령령으로 정하는 직원으로서 국민의 생명·재산 보호와 직접적인 관련이 있는 직무수행이나 교육훈련 중 상이(질병을 포함한다)를 입고 퇴직하거나 6개월 이내에 퇴직하는 사람으로서 그 상이 정도가 국가보훈처장이 실시하는 신체검사에서 상이등급으로 판정된 사람(동조 제15호)

  5. 휴직자
  6. 그 밖에 생활이 어렵거나 천재지변 등의 사유로 보험료를 경감할 필요가 있다고 보건복지부장관이 정하여 고시하는 사람
② 보험료 납부의무자가 다음 각 호의 어느 하나에 해당하는 경우에는 대통령령으로 정하는 바에 따라 보험료를 감액하는 등 재산상의 이익을 제공할 수 있다.
  1. 보험료의 납입 고지를 전자문서로 받는 경우
  2. 보험료를 계좌 또는 신용카드 자동이체의 방법으로 내는 경우
③ 보험료 경감의 방법·절차 등에 필요한 사항은 보건복지부장관이 정하여 고시한다.

(3) 보험료의 부담(제76조)

① 직장가입자의 보수월액보험료는 직장가입자와 다음 각 호의 구분에 따른 자가 각각 보험료액의 100분의 50씩 부담한다. 다만, 직장가입자가 교직원으로서 사립학교에 근무하는 교원이면 보험료액은 그 직장가입자가 100분의 50을, 교직원이 소속되어 있는 사립학교를 설립·운영하는 자가 100분의 30을, 국가가 100분의 20을 각각 부담한다.
  1. 직장가입자가 근로자인 경우에는 근로자가 소속되어 있는 사업장의 사업주
  2. 직장가입자가 공무원인 경우에는 그 공무원이 소속되어 있는 국가 또는 지방자치단체
  3. 직장가입자가 교직원(사립학교에 근무하는 교원은 제외한다)인 경우에는 교직원이 소속되어 있는 사립학교를 설립·운영하는 자
② 직장가입자의 소득월액보험료는 직장가입자가 부담한다.
③ 지역가입자의 보험료는 그 가입자가 속한 세대의 지역가입자 전원이 연대하여 부담한다.
④ 직장가입자가 교직원인 경우 교직원이 소속되어 있는 사립학교를 설립·운영하는 자가 부담액 전부를 부담할 수 없으면 그 부족액을 학교에 속하는 회계에서 부담하게 할 수 있다.

3. 보험료의 납부

(1) 보험료 납부의무(제77조)

① 직장가입자의 보험료는 다음 각 호의 구분에 따라 그 각 호에서 정한 자가 납부한다.
  1. 보수월액보험료 : 사용자. 이 경우 사업장의 사용자가 2명 이상인 때에는 그 사업장의 사용자는 해당 직장가입자의 보험료를 연대하여 납부한다.
  2. 소득월액보험료 : 직장가입자
② 지역가입자의 보험료는 그 가입자가 속한 세대의 지역가입자 전원이 연대하여 납부한다. 다만, 소득 및 재산이 없는 미성년자와 소득 및 재산 등을 고려하여 대통령령으로 정하는 기준에 해당하는 미성년자는 납부의무를 부담하지 아니한다.
③ 사용자는 보수월액보험료 중 직장가입자가 부담하여야 하는 그 달의 보험료액을 그 보수에서 공제하여 납부하여야 한다. 이 경우 직장가입자에게 공제액을 알려야 한다.

(2) 제2차 납부의무(제77조의2)

① 법인의 재산으로 그 법인이 납부하여야 하는 보험료, 연체금 및 체납처분비를 충당하여도 부족한 경우에는 해당 법인에게 보험료의 납부의무가 부과된 날 현재의 무한책임사원 또는 과점주주(국세기본법 제39조 각 호의 어느 하나에 해당하는 자를 말한다)가 그 부족한 금액에 대하여 제2차 납부의무를 진다. 다만, 과점주주의 경우에는 그 부족한 금액을 그 법인의 발행주식 총수(의결권이 없는 주식은 제외한다) 또는 출자총액으로 나눈 금액에 해당 과점주주가 실질적으로 권리를 행사하는 주식 수(의결권이 없는 주식은 제외한다) 또는 출자액을 곱하여 산출한 금액을 한도로 한다.

> **더 알아보기**
>
> **출자자의 제2차 납세의무(국세기본법 제39조)**
> 법인(대통령령으로 정하는 증권시장에 주권이 상장된 법인은 제외한다. 이하 이 조에서 같다)의 재산으로 그 법인에 부과되거나 그 법인이 납부할 국세 및 강제징수비에 충당하여도 부족한 경우에는 그 국세의 납세의무 성립일 현재 다음 각 호의 어느 하나에 해당하는 자는 그 부족한 금액에 대하여 제2차 납세의무를 진다. 다만, 제2호에 따른 과점주주의 경우에는 그 부족한 금액을 그 법인의 발행주식 총수(의결권이 없는 주식은 제외한다. 이하 이 조에서 같다) 또는 출자총액으로 나눈 금액에 해당 과점주주가 실질적으로 권리를 행사하는 주식 수(의결권이 없는 주식은 제외한다) 또는 출자액을 곱하여 산출한 금액을 한도로 한다.
> 1. 무한책임사원으로서 다음 각 목의 어느 하나에 해당하는 사원
>   가. 합명회사의 사원
>   나. 합자회사의 무한책임사원
> 2. 주주 또는 다음 각 목의 어느 하나에 해당하는 사원 1명과 그의 특수관계인 중 대통령령으로 정하는 자로서 그들의 소유주식 합계 또는 출자액 합계가 해당 법인의 발행 주식 총수 또는 출자총액의 100분의 50을 초과하면서 그 법인의 경영에 대하여 지배적인 영향력을 행사하는 자들(이하 "과점주주"라 한다)
>   가. 합자회사의 유한책임사원
>   나. 유한책임회사의 사원
>   다. 유한회사의 사원

② 사업이 양도·양수된 경우에 양도일 이전에 양도인에게 납부의무가 부과된 보험료, 연체금 및 체납처분비를 양도인의 재산으로 충당하여도 부족한 경우에는 사업의 양수인이 그 부족한 금액에 대하여 양수한 재산의 가액을 한도로 제2차 납부의무를 진다. 이 경우 양수인의 범위 및 양수한 재산의 가액은 대통령령으로 정한다.

(3) 보험료의 납부기한(제78조)

① 보험료 납부의무가 있는 자는 가입자에 대한 그 달의 보험료를 그 다음 달 10일까지 납부하여야 한다. 다만, 직장가입자의 소득월액보험료 및 지역가입자의 보험료는 보건복지부령으로 정하는 바에 따라 분기별로 납부할 수 있다.

② 공단은 납입 고지의 송달 지연 등 보건복지부령으로 정하는 사유가 있는 경우 납부의무자의 신청에 따라 납부기한부터 1개월의 범위에서 납부기한을 연장할 수 있다. 이 경우 납부기한 연장을 신청하는 방법, 절차 등에 필요한 사항은 보건복지부령으로 정한다.

(4) 가산금(제78조의2)

① 사업장의 사용자가 대통령령으로 정하는 사유에 해당되어 직장가입자가 될 수 없는 자를 거짓으로 보험자에게 직장가입자로 신고한 경우 공단은 제1호의 금액에서 제2호의 금액을 뺀 금액의 100분의 10에 상당하는 가산금을 그 사용자에게 부과하여 징수한다.

1. 사용자가 직장가입자로 신고한 사람이 직장가입자로 처리된 기간 동안 그 가입자가 부담하여야 하는 보험료의 총액
2. 제1호의 기간 동안 공단이 해당 가입자에 대하여 부과한 보험료의 총액

② 공단은 가산금이 소액이거나 그 밖에 가산금을 징수하는 것이 적절하지 아니하다고 인정되는 등 대통령령으로 정하는 경우에는 징수하지 아니할 수 있다.

(5) 보험료 등의 납입 고지(제79조)

① 공단은 보험료 등을 징수하려면 그 금액을 결정하여 납부의무자에게 다음 각 호의 사항을 적은 문서로 납입 고지를 하여야 한다.

1. 징수하려는 보험료 등의 종류
2. 납부해야 하는 금액
3. 납부기한 및 장소

② 공단은 납입 고지를 할 때 납부의무자의 신청이 있으면 전자문서교환방식 등에 의하여 전자문서로 고지할 수 있다. 이 경우 전자문서 고지에 대한 신청 방법·절차 등에 필요한 사항은 보건복지부령으로 정한다.

③ 공단이 전자문서로 고지하는 경우에는 전자문서가 보건복지부령으로 정하는 정보통신망에 저장되거나 납부의무자가 지정한 전자우편주소에 입력된 때에 납입 고지가 그 납부의무자에게 도달된 것으로 본다.

④ 직장가입자의 사용자가 2명 이상인 경우 또는 지역가입자의 세대가 2명 이상으로 구성된 경우 그중 1명에게 한 고지는 해당 사업장의 다른 사용자 또는 세대 구성원인 다른 지역가입자 모두에게 효력이 있는 것으로 본다.

⑤ 휴직자 등의 보험료는 휴직 등의 사유가 끝날 때까지 보건복지부령으로 정하는 바에 따라 납입 고지를 유예할 수 있다.

⑥ 공단은 제2차 납부의무자에게 납입의 고지를 한 경우에는 해당 법인인 사용자 및 사업 양도인에게 그 사실을 통지하여야 한다.

(6) 신용카드 등으로 하는 보험료 등의 납부(제79조의2)

① 공단이 납입 고지한 보험료 등을 납부하는 자는 보험료 등의 납부를 대행할 수 있도록 대통령령으로 정하는 기관 등(이하 "보험료 등 납부대행기관"이라 한다)을 통하여 신용카드, 직불카드 등(이하 "신용카드 등"이라 한다)으로 납부할 수 있다.

② 신용카드 등으로 보험료 등을 납부하는 경우에는 보험료 등 납부대행기관의 승인일을 납부일로 본다.

③ 보험료 등 납부대행기관은 보험료 등의 납부자로부터 보험료 등의 납부를 대행하는 대가로 수수료를 받을 수 있다.

④ 보험료 등 납부대행기관의 지정 및 운영, 수수료 등에 필요한 사항은 대통령령으로 정한다.

4. 연체금과 체납처분

(1) 연체금(제80조)

① 공단은 보험료 등의 납부의무자가 납부기한까지 보험료 등을 내지 아니하면 그 납부기한이 지난 날부터 매 1일이 경과할 때마다 다음 각 호에 해당하는 연체금을 징수한다.
  1. 보험료 또는 보험급여 제한 기간 중 받은 보험급여에 대한 징수금을 체납한 경우 : 해당 체납금액의 1,500분의 1에 해당하는 금액. 이 경우 연체금은 해당 체납금액의 1,000분의 20을 넘지 못한다.
  2. 제1호 외에 국민건강보험법에 따른 징수금을 체납한 경우 : 해당 체납금액의 1,000분의 1에 해당하는 금액. 이 경우 연체금은 해당 체납금액의 1,000분의 30을 넘지 못한다.

② 공단은 보험료 등의 납부의무자가 체납된 보험료 등을 내지 아니하면 납부기한 후 30일이 지난 날부터 매 1일이 경과할 때마다 다음 각 호에 해당하는 연체금을 제1항에 따른 연체금에 더하여 징수한다.
  1. 보험료 또는 보험급여 제한 기간 중 받은 보험급여에 대한 징수금을 체납한 경우 : 해당 체납금액의 6,000분의 1에 해당하는 금액. 이 경우 연체금은 해당 체납금액의 1,000분의 50을 넘지 못한다.
  2. 제1호 외에 국민건강보험법에 따른 징수금을 체납한 경우 : 해당 체납금액의 3,000분의 1에 해당하는 금액. 이 경우 연체금은 해당 체납금액의 1,000분의 90을 넘지 못한다.

③ 공단은 천재지변이나 그 밖에 보건복지부령으로 정하는 부득이한 사유가 있으면 연체금을 징수하지 아니할 수 있다.

(2) 보험료 등의 독촉 및 체납처분(제81조)

① 공단은 보험료 등을 내야 하는 자가 보험료 등을 내지 아니하면 기한을 정하여 독촉할 수 있다. 이 경우 직장가입자의 사용자가 2명 이상인 경우 또는 지역가입자의 세대가 2명 이상으로 구성된 경우에는 그중 1명에게 한 독촉은 해당 사업장의 다른 사용자 또는 세대 구성원인 다른 지역가입자 모두에게 효력이 있는 것으로 본다.

② 독촉할 때에는 10일 이상 15일 이내의 납부기한을 정하여 독촉장을 발부하여야 한다.

③ 공단은 독촉을 받은 자가 그 납부기한까지 보험료 등을 내지 아니하면 보건복지부장관의 승인을 받아 국세 체납처분의 예에 따라 이를 징수할 수 있다.

④ 공단은 제3항에 따라 체납처분을 하기 전에 보험료 등의 체납 내역, 압류 가능한 재산의 종류, 압류 예정 사실 및 국세징수법에 따른 소액금융재산에 대한 압류금지 사실 등이 포함된 통보서를 발송하여야 한다. 다만, 법인 해산 등 긴급히 체납처분을 할 필요가 있는 경우로서 대통령령으로 정하는 경우에는 그러하지 아니하다.

더 알아보기

압류금지 재산
- 체납자의 생계 유지에 필요한 소액금융재산으로서 대통령령으로 정하는 것(국세징수법 제41조 제18호)
- 국세징수법 제41조 제18호에서 "대통령령으로 정하는 것"이란 다음 각 호의 구분에 따른 보장성보험의 보험금, 해약환급금 및 만기환급금과 개인별 잔액이 185만 원 미만인 예금(적금, 부금, 예탁금과 우편대체를 포함한다)을 말한다(동법 시행령 제31조).
  1. 사망보험금 중 1,000만 원 이하의 보험금
  2. 상해·질병·사고 등을 원인으로 체납자가 지급받는 보장성보험의 보험금 중 다음 각 목에 해당하는 보험금
     가. 진료비, 치료비, 수술비, 입원비, 약제비 등 치료 및 장애 회복을 위하여 실제 지출되는 비용을 보장하기 위한 보험금
     나. 치료 및 장애 회복을 위한 보험금 중 가목에 해당하는 보험금을 제외한 보험금의 2분의 1에 해당하는 금액
  3. 보장성보험의 해약환급금 중 150만 원 이하의 금액
  4. 보장성보험의 만기환급금 중 150만 원 이하의 금액

⑤ 공단은 국세 체납처분의 예에 따라 압류한 재산의 공매에 대하여 전문지식이 필요하거나 그 밖에 특수한 사정으로 직접 공매하는 것이 적당하지 아니하다고 인정하는 경우에는 한국자산관리공사 설립 등에 관한 법률에 따라 설립된 한국자산관리공사에 공매를 대행하게 할 수 있다. 이 경우 공매는 공단이 한 것으로 본다.

⑥ 공단은 제5항에 따라 한국자산관리공사가 공매를 대행하면 보건복지부령으로 정하는 바에 따라 수수료를 지급할 수 있다.

(3) 체납 또는 결손처분 자료의 제공(제81조의2)

① 공단은 보험료 징수 또는 공익목적을 위하여 필요한 경우에 신용정보의 이용 및 보호에 관한 법률에 따른 종합신용정보집중기관이 다음 각 호의 어느 하나에 해당하는 체납자 또는 결손처분자의 인적사항·체납액 또는 결손처분액에 관한 자료(이하 "체납 등 자료"라 한다)를 요구할 때에는 그 자료를 제공할 수 있다. 다만, 체납된 보험료나 국민건강보험법에 따른 그 밖의 징수금과 관련하여 행정심판 또는 행정소송이 계류 중인 경우, 그 밖에 대통령령으로 정하는 사유가 있을 때에는 그러하지 아니하다.

> **더 알아보기**
>
> **종합신용정보집중기관(신용정보의 이용 및 보호에 관한 법률 제25조 제2항 제1호)**
> 대통령령으로 정하는 금융기관 전체로부터의 신용정보를 집중관리·활용하는 신용정보집중기관

  1. 국민건강보험법에 따른 납부기한의 다음 날부터 1년이 지난 보험료, 국민건강보험법에 따른 그 밖의 징수금과 체납처분비의 총액이 500만 원 이상인 자
  2. 결손처분한 금액의 총액이 500만 원 이상인 자

② 체납 등 자료의 제공절차에 필요한 사항은 대통령령으로 정한다.

③ 체납 등 자료를 제공받은 자는 이를 업무 외의 목적으로 누설하거나 이용하여서는 아니 된다.

(4) 보험료의 납부증명(제81조의3)

① 보험료의 납부의무자는 국가, 지방자치단체 또는 공공기관의 운영에 관한 법률에 따른 공공기관으로부터 공사·제조·구매·용역 등 대통령령으로 정하는 계약의 대가를 지급받는 경우에는 보험료와 그에 따른 연체금 및 체납처분비의 납부사실을 증명하여야 한다. 다만, 납부의무자가 계약대금의 전부 또는 일부를 체납한 보험료로 납부하려는 경우 등 대통령령으로 정하는 경우에는 그러하지 아니하다.

> **더 알아보기**
>
> **공공기관(공공기관의 운영에 관한 법률 제4조 제1항)**
> 기획재정부장관은 국가·지방자치단체가 아닌 법인·단체 또는 기관(이하 "기관"이라 한다)으로서 다음 각 호의 어느 하나에 해당하는 기관을 공공기관으로 지정할 수 있다.
> 1. 다른 법률에 따라 직접 설립되고 정부가 출연한 기관
> 2. 정부지원액(법령에 따라 직접 정부의 업무를 위탁받거나 독점적 사업권을 부여받은 기관의 경우에는 그 위탁업무나 독점적 사업으로 인한 수입액을 포함한다)이 총수입액의 2분의 1을 초과하는 기관
> 3. 정부가 100분의 50 이상의 지분을 가지고 있거나 100분의 30 이상의 지분을 가지고 임원 임명권한 행사 등을 통하여 당해 기관의 정책 결정에 사실상 지배력을 확보하고 있는 기관
> 4. 정부와 제1호부터 제3호의 어느 하나에 해당하는 기관이 합하여 100분의 50 이상의 지분을 가지고 있거나 100분의 30 이상의 지분을 가지고 임원 임명권한 행사 등을 통하여 당해 기관의 정책 결정에 사실상 지배력을 확보하고 있는 기관
> 5. 제1호부터 제4호의 어느 하나에 해당하는 기관이 단독으로 또는 2개 이상의 기관이 합하여 100분의 50 이상의 지분을 가지고 있거나 100분의 30 이상의 지분을 가지고 임원 임명권한 행사 등을 통하여 당해 기관의 정책 결정에 사실상 지배력을 확보하고 있는 기관
> 6. 제1호부터 제4호의 어느 하나에 해당하는 기관이 설립하고, 정부 또는 설립 기관이 출연한 기관

② 납부의무자가 납부사실을 증명하여야 할 경우 계약을 담당하는 주무관서 또는 공공기관은 납부의무자의 동의를 받아 공단에 조회하여 보험료와 그에 따른 연체금 및 체납처분비의 납부 여부를 확인하는 것으로 납부증명을 갈음할 수 있다.

(5) 서류의 송달(제81조의4)

보험료 등의 납입 고지 및 보험료 등의 독촉 및 체납처분에 관한 서류의 송달에 관하여는 국세기본법 제8조(같은 조 제2항 단서는 제외한다)부터 제12조까지의 규정을 준용한다. 다만, 우편송달에 의하는 경우 그 방법은 대통령령으로 정하는 바에 따른다.

(6) 체납보험료의 분할납부(제82조)

① 공단은 보험료를 3회 이상 체납한 자가 신청하는 경우 보건복지부령으로 정하는 바에 따라 분할납부를 승인할 수 있다.

② 공단은 보험료를 3회 이상 체납한 자에 대하여 국세 체납처분의 예에 따른 징수를 하기 전에 분할납부를 신청할 수 있음을 알리고, 보건복지부령으로 정하는 바에 따라 분할납부 신청의 절차·방법 등에 관한 사항을 안내하여야 한다.

③ 공단은 분할납부 승인을 받은 자가 정당한 사유 없이 5회(승인받은 분할납부 횟수가 5회 미만인 경우에는 해당 분할납부 횟수를 말한다) 이상 그 승인된 보험료를 납부하지 아니하면 그 분할납부의 승인을 취소한다.

④ 분할납부의 승인과 취소에 관한 절차·방법·기준 등에 필요한 사항은 보건복지부령으로 정한다.

(7) 고액·상습체납자의 인적사항 공개(제83조)

① 공단은 국민건강보험법에 따른 납부기한의 다음 날부터 1년이 경과한 보험료, 연체금과 체납처분비(결손처분한 보험료, 연체금과 체납처분비로서 징수권 소멸시효가 완성되지 아니한 것을 포함한다)의 총액이 1,000만 원 이상인 체납자가 납부능력이 있음에도 불구하고 체납한 경우 그 인적사항·체납액 등(이하 이 조에서 "인적사항 등"이라 한다)을 공개할 수 있다. 다만, 체납된 보험료, 연체금과 체납처분비와 관련하여 이의신청, 심판청구가 제기되거나 행정소송이 계류 중인 경우 또는 그 밖에 체납된 금액의 일부 납부 등 대통령령으로 정하는 사유가 있는 경우에는 그러하지 아니하다.

② 체납자의 인적사항 등에 대한 공개 여부를 심의하기 위하여 공단에 보험료정보공개심의위원회를 둔다.

③ 공단은 보험료정보공개심의위원회의 심의를 거친 인적사항 등의 공개대상자에게 공개대상자임을 서면으로 통지하여 소명의 기회를 부여하여야 하며, 통지일부터 6개월이 경과한 후 체납액의 납부이행 등을 감안하여 공개대상자를 선정한다.

④ 체납자 인적사항 등의 공개는 관보에 게재하거나 공단 인터넷 홈페이지에 게시하는 방법에 따른다.

⑤ 체납자 인적사항 등의 공개와 관련한 납부능력의 기준, 공개절차 및 위원회의 구성·운영 등에 필요한 사항은 대통령령으로 정한다.

(8) 결손처분(제84조)

① 공단은 다음 각 호의 어느 하나에 해당하는 사유가 있으면 재정운영위원회의 의결을 받아 보험료 등을 결손처분할 수 있다.
　1. 체납처분이 끝나고 체납액에 충당될 배분금액이 그 체납액에 미치지 못하는 경우
　2. 해당 권리에 대한 소멸시효가 완성된 경우
　3. 그 밖에 징수할 가능성이 없다고 인정되는 경우로서 대통령령으로 정하는 경우
② 공단은 제1항 제3호에 따라 결손처분을 한 후 압류할 수 있는 다른 재산이 있는 것을 발견한 때에는 지체 없이 그 처분을 취소하고 체납처분을 하여야 한다.

(9) 보험료 등의 징수 순위(제85조)

보험료 등은 국세와 지방세를 제외한 다른 채권에 우선하여 징수한다. 다만, 보험료 등의 납부기한 전에 전세권·질권·저당권 또는 동산·채권 등의 담보에 관한 법률에 따른 담보권의 설정을 등기 또는 등록한 사실이 증명되는 재산을 매각할 때에 그 매각대금 중에서 보험료 등을 징수하는 경우 그 전세권·질권·저당권 또는 동산·채권 등의 담보에 관한 법률에 따른 담보권으로 담보된 채권에 대하여는 그러하지 아니하다.

(10) 보험료 등의 충당과 환급(제86조)

① 공단은 납부의무자가 보험료 등, 연체금 또는 체납처분비로 낸 금액 중 과오납부한 금액이 있으면 대통령령으로 정하는 바에 따라 그 과오납금을 보험료 등, 연체금 또는 체납처분비에 우선 충당하여야 한다.
② 공단은 충당하고 남은 금액이 있는 경우 대통령령으로 정하는 바에 따라 납부의무자에게 환급하여야 한다.
③ 제1항 및 제2항의 경우 과오납금에 대통령령으로 정하는 이자를 가산하여야 한다.

※ 다음 문제의 진위 여부를 판단해 ○ 또는 ✕를 선택하시오.

01 납부의무자로부터 징수하는 보험료는 가입자의 자격을 취득한 날이 속하는 달부터 가입자의 자격을 잃은 날이 속하는 달까지 징수한다. [○|✕]

02 가입자의 자격을 매월 1일에 취득한 경우에는 그 달부터 보험료를 징수한다. [○|✕]

03 보험료를 징수할 때 가입자의 자격이 변동된 경우에는 변동된 날이 속하는 달의 보험료는 변동되기 전의 자격을 기준으로 징수한다. [○|✕]

04 직장가입자의 보수월액보험료는 보수월액에 보험료율을 곱해 계산한다. [○|✕]

05 직장가입자의 소득월액보험료는 소득월액에 보험료율을 곱해 계산한다. [○|✕]

06 지역가입자의 월별 보험료액은 세대 단위로 산정하되, 지역가입자가 속한 세대의 월별 보험료액은 '(보험료부과점수)×(보험료부과점수당 금액)×0.75'로 계산한다. [○|✕]

07 직장가입자 및 지역가입자의 월별 보험료액은 가입자의 보험료 평균액의 일정 비율에 해당하는 금액을 고려해 상한 및 하한을 정한다. [○|✕]

08 직장가입자의 보수월액은 직장가입자가 지급받는 보수를 기준으로 하여 산정한다. [○|✕]

09 보수의 일부가 지급되지 않는 가입자의 보수월액보험료는 해당 사유가 생기기 전 연도의 보수월액의 평균을 기준으로 산정한다. [○|✕]

10 직장가입자의 보수월액의 산정 기준이 되는 보수는 근로자 등이 근로를 제공하고 사용자로부터 지급받는 금품을 뜻하며, 이때 금품에는 실비변상적인 성격의 금품이 포함된다. [○|✕]

11 보수 관련 자료가 없거나 불명확한 경우 등 대통령령으로 정하는 사유에 해당하면 보건복지부장관이 정해 고시하는 금액을 보수로 본다. [○|✕]

12 보수월액의 산정 및 보수가 지급되지 아니하는 사용자의 보수월액의 산정 등에 필요한 사항은 보건복지부령으로 정한다. [○|✕]

13 보수월액의 산정에 포함된 보수를 제외한 직장가입자의 소득(보수외소득)이 대통령령으로 정하는 금액을 초과하는 경우에 소득월액은 '[(연간 보수외소득)−(대통령령으로 정하는 금액)]×$\frac{1}{12}$'로 산정한다. [○│×]

14 소득월액을 산정하는 기준, 방법 등 소득월액의 산정에 필요한 사항은 보건복지부령으로 정한다. [○│×]

15 보험료부과점수는 지역가입자의 소득만을 기준으로 산정한다. [○│×]

16 보험료부과점수의 산정방법과 산정기준을 정할 때 법령에 따라 재산권의 행사가 제한되는 재산에 대하여는 다른 재산과 달리 정할 수 있다. [○│×]

17 보험료부과와 관련된 제도 개선을 위해 설치되는 보험료부과제도개선위원회는 국민건강보험공단 소속으로 한다. [○│×]

18 보험료부과제도개선위원회는 가입자의 소득 파악 실태에 관한 조사 및 연구에 관한 사항을 심의한다. [○│×]

19 국민건강보험공단 이사장은 보험료부과제도개선위원회 운영 결과를 보건복지부장관에게 보고해야 한다. [○│×]

20 보건복지부장관은 피부양자 인정기준과 보험료, 보수월액, 소득월액 및 보험료부과점수의 산정 기준 및 방법 등에 대해 적정성을 평가해야 한다. [○│×]

21 피부양자 인정기준과 보험료, 보수월액, 소득월액 및 보험료부과점수의 산정 기준 및 방법 등의 적정성을 평가할 때는 보험료부과제도개선위원회가 심의한 가입자의 소득 파악 현황 및 개선방안을 고려해야 한다. [○│×]

22 직장가입자의 보험료율은 1,000분의 80의 범위에서 재정운영위원회의 의결을 거쳐 국민건강보험공단 이사장이 정한다. [○│×]

23 지역가입자의 보험료부과점수당 금액은 건강보험정책심의위원회의 의결을 거쳐 대통령령으로 정한다. [○│×]

24 국민건강보험공단은 직장가입자가 1개월 이상의 기간 동안 국외에 체류하는 경우에는 그 가입자의 보험료를 면제한다. [○│×]

안심Touch

25 위의 24번 문제에 해당하는 직장가입자의 경우에는 국내에 거주하는 피부양자가 있더라도 보험료를 면제한다.
    [○|×]

26 지역가입자가 보험급여의 정지 사유에 해당하면 그 가입자가 속한 세대의 보험료를 산정할 때 그 가입자의 보험
    료부과점수를 제외한다.   [○|×]

27 보험료의 면제나 보험료의 산정에서 제외되는 보험료부과점수에 대하여는 보험급여의 정지 사유가 생긴 날이
    속하는 달부터 사유가 없어진 날이 속하는 달의 다음 달까지 적용한다.   [○|×]

28 등록장애인, 국가유공자, 휴직자 등의 하나에 해당하는 가입자에 대해서는 그 가입자 또는 그 가입자가 속한
    세대의 보험료의 일부를 경감할 수 있다.   [○|×]

29 보험료 납부의무자가 보험료의 납입 고지를 전자문서로 받거나 보험료를 자동이체의 방법으로 내는 경우에는
    보험료를 감액할 수 있다.   [○|×]

30 보험료 경감의 방법·절차 등에 필요한 사항은 기획재정부장관이 정해 고시한다.   [○|×]

31 직장가입자가 근로자인 경우에 직장가입자의 보수월액보험료는 그 직장가입자와 사용자가 보험료액의 각각
    40%와 60%를 부담한다.   [○|×]

32 직장가입자가 교직원으로서 사립학교에 근무하는 교원인 경우에 보험료액은 그 직장가입자가 50%, 그 사립학
    교를 설립·운영하는 자가 30%, 국가가 20%의 비율로 분담한다.   [○|×]

33 직장가입자의 소득월액보험료는 직장가입자 자신이 부담한다.   [○|×]

34 지역가입자의 보험료는 그 가입자가 속한 세대의 지역가입자 전원이 연대해 부담한다.   [○|×]

35 위의 34번 문제에서 소득·재산이 없는 미성년자는 납부의무를 부담하지 않는다.   [○|×]

36 직장가입자가 교직원인 경우에 그 사립학교를 설립·운영하는 자가 부담액 전부를 부담할 수 없으면 그 부족액
    을 국가에서 부담할 수 있다.   [○|×]

37 사업장의 사용자가 2명 이상인 때에는 그 사업장의 사용자는 해당 직장가입자의 보험료를 연대해 납부한다.
    [○|×]

38 사용자는 보수월액보험료 중 직장가입자가 부담해야 하는 그 달의 보험료액을 그 보수에서 공제해 납부해야 한다.
[○ | ×]

39 법인의 재산으로 그 법인이 납부해야 하는 보험료, 연체금 및 체납처분비를 충당해도 부족한 경우에는 해당 법인에게 보험료의 납부의무가 부과된 날 현재의 무한책임사원 또는 과점주주가 그 부족한 금액에 대해 제2차 납부의무를 진다.
[○ | ×]

40 위의 39번 문제에서 과점주주의 경우에는 그 부족한 금액을 그 법인의 발행주식 총수(의결권이 없는 주식을 포함한다) 또는 출자총액으로 나눈 금액에 해당 과점주주가 실질적으로 권리를 행사하는 주식 수(의결권이 없는 주식을 포함한다) 또는 출자액을 곱해 산출한 금액을 한도로 한다.
[○ | ×]

41 사업이 양도·양수된 경우에 양도일 이전에 양도인에게 납부의무가 부과된 보험료, 연체금 및 체납처분비를 양도인의 재산으로 충당해도 부족한 경우에는 사업의 양수인이 그 부족한 금액에 대해 양수한 재산의 가액을 한도로 제2차 납부의무를 진다.
[○ | ×]

42 보험료 납부의무가 있는 자는 가입자에 대한 그 달의 보험료를 그 다음 달 말일까지 납부하여야 한다.
[○ | ×]

43 위의 42번 문제에서 직장가입자의 소득월액보험료 및 지역가입자의 보험료는 분기별로 납부할 수 있다.
[○ | ×]

44 납입 고지의 송달 지연 등의 사유가 있는 경우 납부의무자의 신청에 따라 납부기한부터 3개월의 범위에서 납부기한을 연장할 수 있다.
[○ | ×]

45 사업장의 사용자가 직장가입자가 될 수 없는 자를 거짓으로 보험자에게 직장가입자로 신고한 경우 사용자가 직장가입자로 신고한 사람이 직장가입자로 처리된 기간 동안 그 가입자가 부담해야 하는 보험료의 총액에서 같은 기간 동안 국민건강보험공단이 해당 가입자에 대해 부과한 보험료의 총액을 뺀 금액의 100분의 10에 상당하는 가산금이 그 사용자에게 부과된다.
[○ | ×]

46 위의 45번 문제에서 부과되는 가산금이 소액인 경우에도 국민건강보험공단은 그 가산금을 반드시 징수해야 한다.
[○ | ×]

47 국민건강보험공단은 보험료 등을 징수하려면 그 금액을 결정해 납부의무자에게 징수하려는 보험료 등의 종류, 납부해야 하는 금액, 납부기한 및 장소 등을 적은 문서로 납입 고지를 해야 한다.
[○ | ×]

48 위의 47번 문제에서 납입 고지되는 문서는 전자문서교환방식 등에 의한 전자문서로 고지할 수 없으므로 반드시 등기우편으로 송달해야 한다.
[○ | ×]

49 직장가입자의 사용자가 2명 이상인 경우 그 중 1명에게 한 보험료 등의 납입 고지는 해당 사업장의 다른 사용자에게 효력이 없으므로 사용자 모두에게 고지해야 한다. [O|X]

50 휴직자 등의 보험료는 휴직 등의 사유가 끝날 때까지 납입 고지를 유예할 수 있다. [O|X]

51 국민건강보험공단은 제2차 납부의무자에게 납입의 고지를 한 경우에는 해당 법인인 사용자 및 사업 양도인에게 그 사실을 통지해야 한다. [O|X]

52 국민건강보험공단이 납입 고지한 보험료 등을 납부하는 자는 보험료 등 납부대행기관을 통해 직불카드로 납부할 수 없다. [O|X]

53 위의 52번 문제에서 보험료 등을 납부하는 자가 신용카드로 납부하는 경우에는 보험료 등 납부대행기관의 승인일을 납부일로 본다. [O|X]

54 보험료 등 납부대행기관은 보험료 등의 납부자로부터 납부를 대행하는 대가로 수수료를 받을 수 없다. [O|X]

55 보험료 등 납부대행기관의 지정 및 운영 등에 필요한 사항은 기획재정부령으로 정한다. [O|X]

56 국민건강보험공단은 보험료 등의 납부의무자가 납부기한까지 보험료 등을 내지 않으면 그 납부기한이 지난 날부터 매 1일이 경과할 때마다 연체금을 징수한다. [O|X]

57 위의 56번 문제에서 보험료를 체납한 납부의무자에게 연체금을 징수하려고 할 경우에는 해당 체납금액의 1,500분의 5에 해당하는 금액을 연체금으로 징수한다. [O|X]

58 국민건강보험공단은 천재지변이나 부득이한 사유가 있으면 연체금을 징수하지 않을 수 있다. [O|X]

59 보험료 등의 납부의무자가 보험료 등을 연체해 국민건강보험공단이 그에게 납부를 독촉하는 경우에 직장가입자의 사용자가 2명 이상인 때는 그 중 1명에게 한 독촉은 해당 사업장의 다른 사용자 모두에게 효력이 있다. [O|X]

60 위의 59번 문제의 경우에 국민건강보험공단은 15일 이상 30일 이내의 납부기한을 정하여 독촉장을 발부해야 한다. [O|X]

61 독촉을 받은 자가 그 납부기한까지 보험료 등을 내지 않으면 국민건강보험공단은 기획재정부장관의 승인을 받아 국세 체납처분의 예에 따라 이를 징수할 수 있다. [O|X]

62 위의 60번 문제에서 국민건강보험공단은 체납처분을 하기 전에 보험료 등의 체납 내역, 압류 가능한 재산의 종류, 압류 예정 사실 및 소액금융재산에 대한 압류금지 사실 등이 포함된 통보서를 발송해야 한다. [○|×]

63 국민건강보험공단은 보험료 징수를 위해 종합신용정보집중기관이 납부기한의 다음 날부터 1년이 지난 (보험료)+(징수금)+(체납처분비)의 총액이 500만 원 이상인 자의 인적사항, 체납액에 관한 자료를 요구할 때에는 그 자료를 제공할 수 있다. [○|×]

64 위의 63번 문제에서 체납된 보험료와 관련해 행정심판이나 행정소송이 계류 중인 경우에도 자료를 제공할 수 있다. [○|×]

65 체납 등 자료의 제공절차에 필요한 사항은 보건복지부령으로 정한다. [○|×]

66 보험료의 납부의무자는 국가, 지방자치단체, 공공기관으로부터 공사·제조·구매·용역 등의 계약의 대가를 지급받는 경우에는 보험료와 그에 따른 연체금 및 체납처분비의 납부사실을 증명해야 한다. [○|×]

67 위의 66번 문제에서 보험료의 납부의무자가 계약대금의 전부 또는 일부를 체납한 보험료로 납부하려는 경우에도 보험료와 그에 따른 연체금 및 체납처분비의 납부사실을 증명해야 한다. [○|×]

68 위의 66번 문제에서 보험료의 납부의무자가 납부사실을 증명하여야 할 경우에 해당 공사·제조·구매·용역 등의 계약을 담당하는 기관은 납부의무자의 동의를 얻어 국민건강보험공단에 조회해 보험료와 그에 따른 연체금 및 체납처분비의 납부여부를 확인하는 것으로 납부증명을 갈음할 수 있다. [○|×]

69 국민건강보험공단은 보험료를 3회 이상 체납한 자가 신청하는 경우 분할납부를 승인할 수 있다. [○|×]

70 위의 69번 문제에서 국민건강보험공단은 보험료를 체납한 자에 대해 국세 체납처분의 예에 따른 체납처분을 하기 전에 분할납부를 신청할 수 있음을 알리고, 분할납부 신청의 절차·방법 등에 관한 사항을 안내해야 한다. [○|×]

71 국민건강보험공단은 분할납부 승인을 받은 자가 정당한 사유 없이 1회 이상 그 승인된 보험료를 납부하지 않으면 그 분할납부의 승인을 취소한다. [○|×]

72 분할납부의 승인과 취소에 관한 절차·방법·기준 등에 필요한 사항은 대통령령으로 정한다. [○|×]

73 국민건강보험공단은 납부기한의 다음 날부터 1년이 지난 보험료, 연체금과 체납처분비의 총액이 1,000만 원 이상인 체납자가 납부능력이 있음에도 불구하고 체납한 경우 그 인적사항·체납액 등을 공개할 수 있다. [○|×]

74 위의 **73**번 문제에서 체납된 보험료, 연체금과 체납처분비와 관련해 이의신청, 심판청구가 제기되거나 행정소송이 계류 중인 경우에도 인적사항 등을 공개할 수 있다. [O|X]

75 위의 **73**번 문제에 따른 체납자의 인적사항 등에 대한 공개 여부를 심의하기 위해 국민건강보험공단에 재정운영위원회를 둔다. [O|X]

76 국민건강보험공단은 인적사항 등의 공개대상자에게 소명의 기회를 부여해야 하며, 통지일부터 3개월이 경과한 후 체납액의 납부이행 등을 감안해 공개대상자를 선정한다. [O|X]

77 체납자 인적사항 등의 공개는 관보에 게재하거나 국민건강보험공단 인터넷 홈페이지에 게시하는 방법에 따른다. [O|X]

78 체납자 인적사항 등의 공개와 관련한 납부능력의 기준, 공개절차 등에 필요한 사항은 대통령령으로 정한다. [O|X]

79 국민건강보험공단은 체납처분이 끝나고 체납액에 충당될 배분금액이 그 체납액에 미치지 못하는 경우에 건강보험정책심의위원회의 의결을 받아 보험료 등을 결손처분할 수 있다. [O|X]

80 국민건강보험공단은 징수할 가능성이 없다고 인정되어 보험료 등을 결손처분한 후 압류할 수 있는 다른 재산이 있는 것을 발견한 때에는 그 처분을 취소하고 체납처분을 해야 한다. [O|X]

81 보험료 등은 국세와 지방세를 제외한 다른 채권에 우선해 징수한다. [O|X]

82 보험료 등의 납부기한 전에 전세권·질권·저당권의 설정을 등록한 사실이 증명되는 재산을 매각할 때에 그 매각대금 중에서 보험료 등을 징수하는 경우 그 전세권·질권·저당권으로 담보된 채권에 대해서 보험료 등을 우선해 징수한다. [O|X]

83 국민건강보험공단은 납부의무자가 보험료 등, 연체금 또는 체납처분비로 낸 금액 중 과오납부한 금액이 있으면 그 과오납금을 보험료 등, 연체금 또는 체납처분비에 우선 충당해야 한다. [O|X]

84 위의 **83**번 문제에서 충당하고 남은 금액이 있는 경우 납부의무자에게 환급해야 한다. [O|X]

85 위의 **83 ~ 84**번 문제에서 과오납금에 이자를 가산하지 않는다. [O|X]

OX문제 정답

01	02	03	04	05	06	07	08	09	10	11	12	13	14	15	16	17	18	19	20
×	○	○	○	○	×	○	○	×	×	○	×	○	×	×	○	×	○	×	○
21	22	23	24	25	26	27	28	29	30	31	32	33	34	35	36	37	38	39	40
○	×	○	○	×	○	×	○	○	×	×	○	○	○	○	×	○	○	○	×
41	42	43	44	45	46	47	48	49	50	51	52	53	54	55	56	57	58	59	60
○	×	○	×	○	×	○	×	×	○	○	×	○	×	×	○	×	○	○	×
61	62	63	64	65	66	67	68	69	70	71	72	73	74	75	76	77	78	79	80
×	○	○	×	×	○	×	○	○	○	×	×	○	×	×	×	○	○	×	○
81	82	83	84	85															
○	×	○	○	×															

01 보험료의 징수와 관련한 설명으로 옳은 것을 모두 고르면?

> ㉠ 보험료는 원칙적으로 가입자의 자격을 취득한 날이 속하는 달의 다음 달부터 가입자의 자격을 잃은 날의 전날이 속하는 달까지 징수한다.
> ㉡ 유공자 등 의료보호대상자로서 건강보험의 적용을 보험자에게 신청해 가입자의 자격을 취득하는 경우에는 그 달부터 보험료를 징수한다.
> ㉢ 보험료를 징수할 때 가입자의 자격이 변동된 경우에는 원칙적으로 변동된 날이 속하는 달의 보험료는 변동되기 전의 자격을 기준으로 징수한다.
> ㉣ 지역가입자가 속한 세대의 월별 보험료액은 보험료부과점수에 보험료부과점수당 금액을 곱한 금액으로 한다.
> ㉤ 월별 보험료액은 가입자의 보험료 평균액의 일정 비율에 해당하는 금액을 고려해 상한 및 하한을 정한다.

① ㉠, ㉡, ㉣, ㉤   ② ㉠, ㉢, ㉣, ㉤
③ ㉡, ㉢, ㉣, ㉤   ④ ㉠, ㉡, ㉢, ㉣, ㉤

02 보수월액과 관련한 다음 설명 중 옳지 않은 것은?

① 직장가입자의 보수월액은 그가 지급받는 보수를 기준으로 결정된다.
② 휴직으로 인해 보수의 일부를 지급받지 못하는 가입자의 보수월액보험료는 해당 사유가 생기기 전 달의 보수월액을 기준으로 결정된다.
③ 직장가입자가 지급받는 보수는 근로자 등이 근로를 제공하고 사용자로부터 받는 금품으로서, 실비변상적인 성격을 갖는 금품도 보수에 포함된다.
④ 직장가입자가 지급받는 보수와 관련한 자료가 불명확한 경우에는 보건복지부장관이 정해 고시하는 금액을 보수로 본다.

03 소득월액을 산정하는 다음의 계산식에서 빈칸 ㉠에 들어갈 내용으로 옳은 것은?

> [(연간 보수외소득)−(대통령령으로 정하는 금액)]÷ ____㉠____

① 10   ② 12
③ 15   ④ 20

04 보수월액, 소득월액과 관련한 다음 설명의 ㉠~㉣에 들어갈 내용이 나머지 셋과 가장 다른 하나는?

- 보수월액의 산정 및 보수가 지급되지 아니하는 사용자의 보수월액의 산정 등에 필요한 사항은 ___㉠___ (으)로 정한다.
- 소득월액을 산정하는 기준, 방법 등 소득월액의 산정에 필요한 사항은 ___㉡___ (으)로 정한다.
- 가입자의 보수월액을 산정할 때 기준이 되는 직장가입자가 지급받는 보수는 근로자 등이 근로를 제공하고 사용자·국가 또는 지방자치단체로부터 지급받는 금품(실비변상적인 성격을 갖는 금품은 제외한다)으로서 ___㉢___ (으)로 정하는 것을 말한다. 이 경우 보수 관련 자료가 없거나 불명확한 경우 등 ___㉢___ 으로 정하는 사유에 해당하면 ___㉣___ 이/가 정하여 고시하는 금액을 보수로 본다.

① ㉠   ② ㉡
③ ㉢   ④ ㉣

05 보험료부과점수와 관련한 다음 설명 중 옳지 않은 것은?

① 보험료부과점수를 산정할 때는 지역가입자의 소득 및 재산이 기준이 된다.
② 보험료부과점수의 산정방법에 필요한 사항은 대통령령으로 정한다.
③ 보험료부과점수의 산정기준에 필요한 사항은 대통령령으로 정한다.
④ 보험료부과점수의 산정기준을 정할 때 법령에 따라 재산권의 행사가 제한되는 재산에 대해서 다른 재산과 달리 정할 수 없다.

06 보험료부과제도개선위원회와 관련한 설명으로 옳지 않은 것은?

① 제도개선위원회는 국민건강보험공단 산하 위원회로 민간전문가로만 구상된다.
② 제도개선위원회는 가입자의 소득 파악 실태에 연구에 관한 사항을 심의한다.
③ 제도개선위원회의 운영 결과를 국회에 보고하는 주체는 보건복지부장관이다.
④ 제도개선위원회의 구성·운영 등에 대해 필요한 사항은 대통령령을 따른다.

07 보험료 부과제도에 대한 적정성 평가와 관련한 다음 설명 중 옳은 것은?

① 피부양자 인정기준, 보험료, 보수월액, 소득월액 및 보험료부과점수의 산정 기준의 적정성을 평가하는 주체는 국민건강보험공단 이사장이다.
② 보험료 부과제도에 대한 적정성 평가를 하는 경우에는 공단의 소득 관련 자료 보유 현황을 고려하지 않는다.
③ 보험료 부과제도에 대한 적정성을 평가할 때는 직장가입자에게 부과되는 보험료와 지역가입자에게 부과되는 보험료 간 형평성을 고려해야 한다.
④ 보험료 부과제도에 대한 적정성 평가를 위하여 필요한 사항은 보건복지부령으로 정한다.

08 보험료율 등과 관련한 다음 설명의 ㉠ ~ ㉢에 들어갈 내용으로 옳은 것은?

> ㉮ 직장가입자의 보험료율은 ____㉠____ 의 범위에서 정한다.
> ㉯ 국외에서 업무에 종사하고 있는 직장가입자에 대한 보험료율은 위의 ㉮에 따라 정해진 보험료율의
> ____㉡____으로 한다.
> ㉰ 지역가입자의 보험료부과점수당 금액은 ____㉢____의 의결을 거쳐 대통령령으로 정한다.

	㉠	㉡	㉢
①	$\dfrac{80}{1,000}$	$\dfrac{50}{100}$	건강보험정책심의위원회
②	$\dfrac{40}{1,000}$	$\dfrac{25}{100}$	건강보험정책심의위원회
③	$\dfrac{80}{1,000}$	$\dfrac{50}{100}$	재정운영위원회
④	$\dfrac{40}{1,000}$	$\dfrac{25}{100}$	재정운영위원회

09 보험료의 면제와 관련한 설명으로 옳은 것은?

① 직장가입자가 1개월 미만으로 국외에 체류하는 경우에는 그 가입자의 보험료를 면제한다.
② 직장가입자가 현역병으로 입대하거나 교도소에 수용되면 그 가입자의 보험료는 면제된다.
③ 지역가입자가 군간부후보생이 된 경우에는 그 가입자가 속한 세대의 보험료를 산정할 때 그 가입자의
　보험료부과점수를 제외하지 않는다.
④ 직장가입자의 보험료 면제에 대하여는 급여정지 사유가 생긴 날이 속하는 달부터 사유가 없어진 날이
　속하는 달의 다음 달까지 적용한다.

10 보험료의 경감과 관련한 다음 설명 중 옳지 않은 것은?

① 보험료 경감의 방법·절차 등에 필요한 사항을 정하는 주체는 보건복지부장관이다.
② 보험료 납부의무자가 보험료의 납입 고지를 전자문서로 받는 경우에는 보험료를 감액할 수 있다.
③ 보험료 납부의무자가 보험료를 계좌 자동이체의 방법으로 내는 경우에는 보험료를 감액할 수 없다.
④ 65세 이상인 사람, 장애인복지법에 따라 등록한 장애인, 국가유공자, 휴직자 등의 가입자와 그 가입자가
　세대는 보험료의 일부를 경감할 수 있다.

11 보험료의 부담과 관련한 설명으로 옳지 않은 것은?

① 직장가입자가 근로자인 경우에는 그 직장가입자와 사업주가 보수월액보험료를 각각 50%씩 부담한다.

② 직장가입자가 사립학교의 교원인 경우에 보험료액은 그 직장가입자가 30%, 사립학교의 설립·운영자가 40%, 국가가 30%를 부담한다.

③ 지역가입자의 보험료는 그 가입자가 속한 세대의 지역가입자 전원이 연대해 부담한다.

④ 직장가입자가 사립학교의 교직원인 경우에 그 사립학교의 설립·운영자가 부담액 전부를 부담할 수 없으면 그 부족액을 학교에 속하는 회계에서 부담하게 할 수 있다.

PART 1 PART 2

12 보험료 납부의무와 관련한 다음 설명 중 옳지 않은 것은?

① 직장가입자의 보수월액보험료는 사용자가 납부해야 한다.

② 지역가입자의 보험료는 그 가입자가 속한 세대의 지역가입자 전원이 연대하여 납부한다.

③ 위의 ②의 경우에 소득 및 재산이 없는 미성년자 또한 연대 납부의무를 부담한다.

④ 사용자는 보수월액보험료 중 직장가입자가 부담하는 그 달의 보험료액을 그 보수에서 공제하여 납부한다.

13 제2차 납부의무와 관련한 설명으로 옳지 않은 것을 모두 고르면?

> ㉠ 법인의 재산으로 그 법인이 납부해야 하는 보험료, 연체금 및 체납처분비를 충당해도 부족할 때 해당 법인에게 보험료의 납부의무가 부과된 날 현재의 과점주주는 그 부족한 금액에 대해 제2차 납부의무를 부담한다.
>
> ㉡ 위의 ㉠의 경우에 제2차 납부의무를 부담하는 과점주주의 경우에는 그 부족한 금액을 그 법인의 발행주식 총수(의결권이 없는 주식을 포함한다) 또는 출자총액으로 나눈 금액에 해당 과점주주가 실질적으로 권리를 행사하는 주식 수(의결권이 없는 주식을 포함한다) 또는 출자액을 곱해 산출한 금액을 한도로 한다.
>
> ㉢ 사업이 양도·양수된 경우에 양도일 이전에 양도인에게 납부의무가 부과된 보험료, 연체금 및 체납처분비를 양도인의 재산으로 충당해도 부족한 경우에는 사업의 양수인이 그 부족한 금액에 대하여 양수한 재산의 가액을 한도로 제2차 납부의무를 진다.
>
> ㉣ 위의 ㉢의 경우에 양수인의 범위 및 양수한 재산의 가액은 기획재정부령으로 정한다.

① ㉠, ㉡   ② ㉠, ㉣

③ ㉡, ㉣   ④ ㉡, ㉢, ㉣

14 보험료의 납부기한과 관련한 다음 설명 중 옳지 않은 것을 모두 고르면?

> ㉠ 보험료 납부의무자는 가입자에 대한 그 달의 보험료를 그 다음 달 말일까지 납부해야 한다.
> ㉡ 직장가입자의 소득월액보험료는 분기별로 납부할 수 없다.
> ㉢ 납입 고지의 송달이 지연되었을 경우에는 정해진 납부기한부터 1개월의 범위에서 납부기한을 연장할 수 있다.
> ㉣ 위의 ㉢의 경우에 납부기한 연장을 신청하는 방법, 절차 등에 필요한 사항은 기획재정부부령으로 정한다.

① ㉠, ㉡

② ㉢, ㉣

③ ㉠, ㉡, ㉣

④ ㉡, ㉢, ㉣

15 가산금과 관련한 다음 내용의 빈칸 ㉠에 들어갈 내용으로 옳은 것은?

> 사업장의 사용자가 직장가입자가 될 수 없는 자를 보험자에게 직장가입자로 거짓으로 신고한 경우에는 아래 ㉮의 금액에서 ㉯의 금액을 뺀 금액의 _____㉠_____ 에 상당하는 가산금을 그 사용자에게 징수한다.
> ㉮ 사용자가 직장가입자로 신고한 사람이 직장가입자로 처리된 기간 동안 그 가입자가 지역가입자로서 부담해야 하는 보험료의 총액[(보험료부과점수)×(보험료부과점수당 금액)]
> ㉯ 위의 ㉯의 기간 동안 국민건강보험공단이 해당 가입자에 대하여 부과한 보험료의 총액

① 100분의 10

② 100분의 20

③ 100분의 30

④ 100분의 40

16 보험료 등의 납입 고지와 관련한 다음 설명 중 옳지 않은 것은?

① 징수하려는 보험료 등의 종류, 납부해야 하는 금액, 납부기한 및 장소 등을 적은 문서로 알려야 한다.

② 납부의무자의 신청에 따라 전자문서로 납입 고지를 하는 경우에도 종이로 인쇄된 문서를 함께 우편으로 송달해야 한다.

③ 지역가입자의 세대가 2명 이상으로 구성된 경우 그 중 1명에게 한 고지는 세대 구성원인 다른 지역가입자 모두에게 효력이 있다.

④ 휴직자 등의 보험료는 휴직 등의 사유가 끝날 때까지 납입 고지를 유예할 수 있다.

17 신용카드 등으로 하는 보험료 등의 납부와 관련한 설명으로 옳지 않은 것을 모두 고르면?

> ㉠ 보험료 등을 납부하는 자는 보험료 등 납부대행기관을 통해 직불카드로 보험료 등을 납부할 수 있다.
> ㉡ 신용카드로 보험료 등을 납부하는 경우에는 보험료 등 납부대행기관의 승인일을 납부일로 본다.
> ㉢ 보험료 등 납부대행기관은 납부를 대행하는 대가로 수수료를 받을 수 없다.
> ㉣ 보험료 등 납부대행기관의 지정 및 운영에 필요한 사항은 보건복지부령으로 정한다.

① ㉠, ㉢
② ㉠, ㉣
③ ㉡, ㉣
④ ㉢, ㉣

18 연체금과 관련한 다음 설명의 ㉠, ㉡에 들어갈 내용으로 옳은 것은?

> ㉮ 보험료 등의 납부의무자가 보험료 또는 보험급여 제한 기간 중 받은 보험급여에 대한 징수금을 체납한 경우에 납부의무자가 납부기한까지 보험료 등을 내지 않으면 국민건강보험공단은 그 납부기한이 지난 날부터 매 1일이 경과할 때마다 해당 체납금액의 ___㉠___ 에 해당하는 금액의 연체금을 징수한다. 이 경우 연체금은 해당 체납금액의 1,000분의 20을 넘지 못한다.
> ㉯ 보험료 등의 납부의무자가 보험료 또는 보험급여 제한 기간 중 받은 보험급여에 대한 징수금을 체납한 경우에 납부의무자가 체납된 보험료 등을 내지 않으면 국민건강보험공단은 납부기한 후 30일이 지난 날부터 매 1일이 경과할 때마다 해당 체납금액의 ___㉡___ 에 해당하는 연체금을 위의 ㉮에 따른 연체금에 더하여 징수한다. 이 경우 연체금은 해당 체납금액의 1,000분의 50을 넘지 못한다.

	㉠	㉡		㉠	㉡
①	$\dfrac{1}{1,500}$	$\dfrac{1}{6,000}$	②	$\dfrac{1}{1,500}$	$\dfrac{1}{3,000}$
③	$\dfrac{1}{2,000}$	$\dfrac{1}{6,000}$	④	$\dfrac{1}{2,000}$	$\dfrac{1}{3,000}$

19 보험료 등의 독촉 및 체납처분과 관련한 설명으로 옳지 않은 것은?

① 보험료 등을 내야 하는 자가 보험료 등을 내지 않아 국민건강보험공단이 독촉할 때 직장가입자의 사용자가 2명 이상인 경우에는 그중 1명에게 한 독촉은 해당 사업장의 다른 사용자 모두에게 효력이 있다.

② 보험료 등을 내야 하는 자가 보험료 등을 내지 않아 국민건강보험공단이 기한을 정해 독촉할 때에는 30일 이상 60일 이내의 납부기한을 정해 독촉장을 발부한다.

③ 납입 독촉을 받은 자가 그 납부기한까지 보험료 등을 내지 않아 국민건강보험공단이 국세 체납처분의 예에 따라 체납처분을 하는 경우에 공단은 그 체납처분을 하기 전에 체납 내역, 압류 가능한 재산의 종류, 압류 예정 사실 및 소액금융재산에 대한 압류금지 사실 등이 포함된 통보서를 발송한다.

④ 국민건강보험공단은 국세 체납처분의 예에 따라 압류한 재산을 직접 공매하는 것이 적당하지 않을 때는 한국자산관리공사에 공매를 대행하게 할 수 있으며, 이 경우 공단은 한국자산관리공사에 수수료를 지급할 수 있다.

20 체납 또는 결손처분 자료의 제공과 관련한 다음 설명의 빈칸 ㉠에 들어갈 내용으로 옳은 것은?

> 국민건강보험공단은 보험료 징수를 위해 필요한 경우에 종합신용정보집중기관이 국민건강보험법에 따른 납부기한의 다음 날부터 1년이 지난 보험료, 이 법에 따른 그 밖의 징수금과 체납처분비의 총액이 ___㉠___ 이상인 자에 해당하는 체납자의 인적사항·체납액에 관한 자료를 요구할 때에는 그 자료를 제공할 수 있다. 다만, 체납된 보험료와 관련해 행정심판 또는 행정소송이 계류 중인 경우는 그렇지 않다.

① 100만 원
③ 500만 원
② 300만 원
④ 1,000만 원

21 보험료의 납부증명 관련한 설명으로 옳은 것을 모두 고르면?

> ㉠ 보험료의 납부의무자는 공공기관으로부터 공사·용역 등의 계약의 대가를 지급받는 경우에는 보험료와 그에 따른 연체금 및 체납처분비의 납부사실을 증명해야 한다.
> ㉡ 위의 ㉠의 경우에 납부의무자가 계약대금의 일부를 체납한 보험료로 납부하려는 때도 보험료와 그에 따른 연체금 및 체납처분비의 납부사실을 증명해야 한다.
> ㉢ 납부의무자가 위의 ㉠에 따라 납부사실을 증명해야 할 경우 위의 ㉠의 계약을 담당하는 공공기관은 국민건강보험공단에 조회해 보험료와 그에 따른 연체금 및 체납처분비의 납부여부를 확인하는 것으로 납부증명을 갈음할 수 있다.

① ㉠, ㉡
③ ㉡, ㉢
② ㉠, ㉢
④ ㉠, ㉡, ㉢

22 체납보험료의 분할납부와 관련한 다음 설명의 ㉠, ㉡에 들어갈 내용은 무엇인가?

> ㉮ 국민건강보험공단은 보험료를 ㉠ 회 이상 체납한 자가 신청하는 경우에는 분할납부를 승인할 수 있다.
> ㉯ 위의 ㉮에 따라 분할납부 승인을 받은 자가 정당한 사유 없이 ㉡ 회(위의 ㉮에 따라 승인받은 분할납부 횟수가 ㉡ 미만인 경우에는 해당 분할납부 횟수를 말한다) 이상 그 승인된 보험료를 납부하지 않을 경우 국민건강보험공단은 그 분할납부의 승인을 취소한다.

	㉠	㉡		㉠	㉡
①	3	3	②	3	5
③	5	5	④	5	7

23 고액·상습체납자의 인적사항 공개와 관련한 설명으로 옳은 것은?

① 납부기한의 다음 날부터 1년이 경과한 보험료, 연체금과 체납처분비의 총액이 500만 원 이상인 체납자의 인적사항·체납액 등은 공개될 수 있다.

② 위의 ①의 경우에 체납된 보험료, 연체금과 체납처분비와 관련해 이의신청이나 심판청구가 제기된 때에도 그 인적사항 등이 공개될 수 있다.

③ 국민건강보험공단은 인적사항 등의 공개대상자에게 공개대상자임을 서면으로 통지한 경우에 통지일부터 3개월이 지난 후 체납액의 납부이행 등을 감안해 공개대상자를 선정한다.

④ 체납자의 인적사항 등은 관보나 국민건강보험공단 홈페이지를 통해 공개되며, 공개와 관련한 납부능력의 기준, 공개절차 등에 필요한 사항은 대통령령으로 정한다.

24 결손처분과 관련한 다음 설명 중 옳지 않은 것은?

① 국민건강보험공단이 보험료 등을 결손처분을 하려면 건강보험정책심의위원회의 심의를 거쳐야 한다.

② 체납처분이 끝나고 체납액에 충당될 배분금액이 그 체납액에 미치지 못하는 경우에는 보험료 등을 결손처분할 수 있다.

③ 해당 권리에 대한 소멸시효가 완성된 경우에는 보험료 등을 결손처분할 수 있다.

④ 징수할 가능성이 전혀 없어서 보험료 등을 결손처분을 한 후 압류할 수 있는 다른 재산이 있는 것을 발견한 때에는 그 결손처분을 취소하고 체납처분을 한다.

25 보험료 등의 징수 순위 및 보험료 등의 충당과 환급과 관련한 다음 설명 중 옳은 것을 모두 고르면?

> ㉠ 보험료 등은 국세와 지방세에 우선하여 징수한다.
> ㉡ 보험료 등의 납부기한 전에 전세권의 설정을 등기한 사실이 증명되는 재산을 매각할 때에 그 매각대금 중에서 보험료 등을 징수하는 경우 그 전세권으로 담보된 채권에 대해서는 보험료 등을 우선해 징수하지 않는다.
> ㉢ 납부의무자가 보험료 등·연체금, 체납처분비로 낸 금액 중 과오납부한 금액이 있으면 그 과오납금을 보험료 등·연체금 또는 체납처분비에 우선 충당된다.
> ㉣ 위의 ㉢에 따라 충당하고 남은 금액이 있어 납부의무자에게 환급할 경우에 과오납금에 이자를 가산하지 않는다.

① ㉠, ㉣

② ㉠, ㉡, ㉢

③ ㉡, ㉢

④ ㉡, ㉢, ㉣

07 이의신청 및 심판청구 등

1. 이의신청과 심판청구

(1) 이의신청(제87조)

① 가입자 및 피부양자의 자격, 보험료 등, 보험급여, 보험급여 비용에 관한 공단의 처분에 이의가 있는 자는 공단에 이의신청을 할 수 있다.

② 요양급여비용 및 요양급여의 적정성 평가 등에 관한 심사평가원의 처분에 이의가 있는 공단, 요양기관 또는 그 밖의 자는 심사평가원에 이의신청을 할 수 있다.

③ 이의신청은 처분이 있음을 안 날부터 90일 이내에 문서(전자문서를 포함한다)로 하여야 하며 처분이 있은 날부터 180일을 지나면 제기하지 못한다. 다만, 정당한 사유로 그 기간에 이의신청을 할 수 없었음을 소명한 경우에는 그러하지 아니하다.

④ 요양기관이 요양급여 대상 여부의 확인 등에 따른 심사평가원의 확인에 대하여 이의신청을 하려면 통보받은 날부터 30일 이내에 하여야 한다.

⑤ 제1항부터 제4항까지에서 규정한 사항 외에 이의신청의 방법·결정 및 그 결정의 통지 등에 필요한 사항은 대통령령으로 정한다.

(2) 심판청구(제88조)

① 이의신청에 대한 결정에 불복하는 자는 건강보험분쟁조정위원회에 심판청구를 할 수 있다. 이 경우 심판청구의 제기기간 및 제기방법에 관하여는 제87조 제3항을 준용한다.

② 심판청구를 하려는 자는 대통령령으로 정하는 심판청구서를 처분을 한 공단 또는 심사평가원에 제출하거나 건강보험분쟁조정위원회에 제출하여야 한다.

③ 제1항 및 제2항에서 규정한 사항 외에 심판청구의 절차·방법·결정 및 그 결정의 통지 등에 필요한 사항은 대통령령으로 정한다.

2. 건강보험분쟁조정위원회와 행정소송

(1) 건강보험분쟁조정위원회(제89조)

① 제88조에 따른 심판청구를 심리·의결하기 위하여 보건복지부에 건강보험분쟁조정위원회(이하 "분쟁조정위원회"라 한다)를 둔다.

② 분쟁조정위원회는 위원장을 포함하여 60명 이내의 위원으로 구성하고, 위원장을 제외한 위원 중 1명은 당연직위원으로 한다. 이 경우 공무원이 아닌 위원이 전체 위원의 과반수가 되도록 하여야 한다.

③ 분쟁조정위원회의 회의는 위원장, 당연직위원 및 위원장이 매 회의마다 지정하는 7명의 위원을 포함하여 총 9명으로 구성하되, 공무원이 아닌 위원이 과반수가 되도록 하여야 한다.

④ 분쟁조정위원회는 구성원 과반수의 출석과 출석위원 과반수의 찬성으로 의결한다.

⑤ 분쟁조정위원회를 실무적으로 지원하기 위하여 분쟁조정위원회에 사무국을 둔다.

⑥ 제1항부터 제5항까지에서 규정한 사항 외에 분쟁조정위원회 및 사무국의 구성 및 운영 등에 필요한 사항은 대통령령으로 정한다.

⑦ 분쟁조정위원회의 위원 중 공무원이 아닌 사람은 형법 제129조부터 제132조까지의 규정을 적용할 때 공무원으로 본다.

더 알아보기

공무원의 직무에 관한 죄(형법 제129조부터 제132조)
- 수뢰, 사전수뢰(제129조)
- 제3자뇌물제공(제130조)
- 수뢰후부정처사, 사후수뢰(제131조)
- 알선수뢰(132조)

(2) 행정소송(제90조)

공단 또는 심사평가원의 처분에 이의가 있는 자와 이의신청 또는 심판청구에 대한 결정에 불복하는 자는 행정소송법에서 정하는 바에 따라 행정소송을 제기할 수 있다.

※ 다음 문제의 진위 여부를 판단해 ○ 또는 ×를 선택하시오.

01 가입자 및 피부양자의 자격, 보험료 등, 보험급여, 보험급여 비용에 관한 처분에 이의가 있는 자는 건강보험심사
    평가원에 이의신청을 할 수 있다.   [○|×]

02 요양급여비용 및 요양급여의 적정성 평가 등에 관한 처분에 이의가 있는 요양기관 또는 그 밖의 자는 건강보험
    심사평가원에 이의신청을 할 수 있다.   [○|×]

03 위의 02번 문제에 따른 이의신청은 처분이 있음을 안 날부터 30일 이내에 문서로 해야 하며, 처분이 있은 날부
    터 90일을 지나면 제기하지 못한다.   [○|×]

04 가입자가 본인일부부담금 외에 자신이 부담한 비용이 요양급여 대상에서 제외되는 비용인지 여부에 대한 확인
    을 건강보험심사평가원에 요청해 그 비용이 요양급여 대상에 해당되는 비용으로 확인될 경우에 건강보험심사평
    가원은 그 내용을 관련 요양기관에 통보해야 한다. 이러한 건강보험심사평가원의 확인에 대해 요양기관이 이의
    신청을 하려면 통보받은 날부터 30일 이내에 하여야 한다.   [○|×]

05 이의신청의 방법·결정 및 그 결정의 통지 등에 필요한 자세한 사항은 보건복지부령으로 정한다.   [○|×]

06 이의신청에 대한 결정에 불복해 심판청구를 하려는 자는 해당 처분을 한 기관이나 건강보험분쟁조정위원회에
    심판청구서를 제출해야 한다.   [○|×]

07 심판청구의 절차·방법·결정 및 그 결정의 통지 등에 필요한 자세한 사항은 보건복지부령으로 정한다.
                                                                                    [○|×]

08 심판청구를 심리·의결하는 건강보험분쟁조정위원회는 국민건강보험공단 산하에 설치된다.   [○|×]

09 건강보험분쟁조정위원회는 60명 이내의 위원으로 구성되고, 위원장을 제외한 위원 중 1명은 당연직위원이다.
                                                                                    [○|×]

10 건강보험분쟁조정위원회의 위원 중 공무원이 아닌 위원은 전체 위원의 50% 미만으로 제한된다.   [○|×]

11 건강보험분쟁조정위원회의 회의는 위원장, 당연직위원 및 위원장이 매 회의마다 지정하는 7명의 위원을 포함해
    구성된다.   [○|×]

12 건강보험분쟁조정위원회의 회의에 참여하는 위원은 공무원이 아닌 위원이 과반수가 되어야 하며, 구성원 과반수의 출석과 출석위원 과반수의 찬성으로 의결한다. [○|×]

13 건강보험분쟁조정위원회 및 사무국의 구성 및 운영 등에 필요한 자세한 사항은 기획재정부령으로 정한다. [○|×]

14 건강보험분쟁조정위원회의 위원 중 공무원이 아닌 사람은 형법 제129조(수뢰·사전수뢰)부터 제132조(알선수뢰)까지의 규정을 적용할 때 공무원으로 의제하지 않는다. [○|×]

15 이의신청 또는 심판청구에 대한 결정에 불복하는 자는 행정소송을 제기할 수 있다. [○|×]

OX문제 정답

01	02	03	04	05	06	07	08	09	10	11	12	13	14	15				
×	○	×	○	×	○	×	×	○	×	○	○	×	×	○				

안심Touch

01 이의신청과 관련한 설명으로 옳은 것은?

① 요양급여의 적정성 평가 등에 관한 건강보험심사평가원의 처분에 이의가 있는 요양기관은 국민건강보험공단에 이의신청을 할 수 있다.

② 피부양자의 자격, 보험급여 비용에 관한 국민건강보험공단의 처분에 관한 이의가 있는 자는 건강보험심사평가원에 이의신청을 할 수 있다.

③ 이의신청은 처분이 있음을 안 날부터 60일 이내에 문서로 하여야 하며 처분이 있은 날부터 90일을 지나면 제기하지 못한다.

④ 피부양자가 본인일부부담금 외에 자신이 부담한 비용이 요양급여 대상에서 제외되는 비용인지 확인해 달라는 요청에 따라 건강보험심사평가원에서 그 비용이 요양급여 대상에 해당된다고 확인하여 그 내용을 관련 요양기관에 통보했을 때 요양기관이 이의신청을 하려면 통보받은 날부터 30일 이내에 하여야 한다.

02 심판청구와 관련한 다음 설명 중 옳은 것은?

① 이의신청에 대한 결정에 불복해 심판청구를 하려는 자는 보험료부과제도개선위원회에 심판청구를 할 수 있다.

② 심판청구는 처분이 있음을 안 날부터 90일 이내에 문서로 하며, 처분이 있은 날부터 180일을 지나면 제기할 수 없다.

③ 심판청구를 하려는 자는 처분을 한 기관이 아니라 보험료부과제도개선위원회에 심판청구서를 제출해야 한다.

④ 심판청구의 절차·방법·결정 및 그 결정의 통지 등에 필요한 자세한 사항은 기획재정부령으로 정한다.

03 건강보험분쟁조정위원회와 관련한 설명으로 옳은 것은?

① 심판청구를 심리·의결하는 건강보험분쟁조정위원회는 건강보험심사평가원 산하에 설치된다.

② 건강보험분쟁조정위원회는 90명 이내의 위원으로 구성하고, 위원장을 제외한 위원 중 3명은 당연직위원으로 한다.

③ 건강보험분쟁조정위원회의 회의는 위원장, 당연직위원 및 위원장이 매 회의마다 지정하는 7명의 위원을 포함하여 총 9명으로 구성된다.

④ 건강보험분쟁조정위원회의 회의는 구성원 3분의 2 이상의 출석과 출석위원 3분의 2 이상의 찬성으로 의결한다.

04 다음 중 건강보험분쟁조정위원회의 위원을 공무원으로 의제하는 경우가 아닌 것은?

① 직무유기   ② 알선수뢰

③ 수뢰, 사전수뢰   ④ 제3자뇌물제공

08 보칙

1. 소멸시효와 근로자의 권익 보호

(1) 시효(제91조)

① 다음 각 호의 권리는 3년 동안 행사하지 아니하면 소멸시효가 완성된다.

  1. 보험료, 연체금 및 가산금을 징수할 권리

  2. 보험료, 연체금 및 가산금으로 과오납부한 금액을 환급받을 권리

  3. 보험급여를 받을 권리

  4. 보험급여 비용을 받을 권리

  5. 과다납부된 본인일부부담금을 돌려받을 권리

  6. 제61조(요양급여비용의 정산)에 따른 근로복지공단의 권리

② 시효는 다음 각 호의 어느 하나의 사유로 중단된다.

  1. 보험료의 고지 또는 독촉

  2. 보험급여 또는 보험급여 비용의 청구

③ 휴직자 등의 보수월액보험료를 징수할 권리의 소멸시효는 고지가 유예된 경우 휴직 등의 사유가 끝날 때까지 진행하지 아니한다.

④ 소멸시효기간, 시효 중단 및 시효 정지에 관하여 국민건강보험법에서 정한 사항 외에는 민법에 따른다.

(2) 기간 계산(제92조)

국민건강보험법이나 국민건강보험법에 따른 명령에 규정된 기간의 계산에 관하여 국민건강보험법에서 정한 사항 외에는 민법의 기간에 관한 규정을 준용한다.

(3) 근로자의 권익 보호(제93조)

제6조 제2항 각 호(직장가입자의 제외 규정)의 어느 하나에 해당하지 아니하는 모든 사업장의 근로자를 고용하는 사용자는 그가 고용한 근로자가 국민건강보험법에 따른 직장가입자가 되는 것을 방해하거나 자신이 부담하는 부담금이 증가되는 것을 피할 목적으로 정당한 사유 없이 근로자의 승급 또는 임금 인상을 하지 아니하거나 해고나 그 밖의 불리한 조치를 할 수 없다.

(4) 신고 등(제94조)

① 공단은 사용자, 직장가입자 및 세대주에게 다음 각 호의 사항을 신고하게 하거나 관계 서류(전자적 방법으로 기록된 것을 포함한다. 이하 같다)를 제출하게 할 수 있다.

  1. 가입자의 거주지 변경

  2. 가입자의 보수·소득

  3. 그 밖에 건강보험사업을 위하여 필요한 사항

② 공단은 신고한 사항이나 제출받은 자료에 대하여 사실 여부를 확인할 필요가 있으면 소속 직원이 해당 사항에 관하여 조사하게 할 수 있다.

③ 조사를 하는 소속 직원은 그 권한을 표시하는 증표를 지니고 관계인에게 보여 주어야 한다.

(5) 소득 축소 · 탈루 자료의 송부 등(제95조)

① 공단은 신고한 보수 또는 소득 등에 축소 또는 탈루가 있다고 인정하는 경우에는 보건복지부장관을 거쳐 소득의 축소 또는 탈루에 관한 사항을 문서로 국세청장에게 송부할 수 있다.

② 국세청장은 송부받은 사항에 대하여 국세기본법 등 관련 법률에 따른 세무조사를 하면 그 조사 결과 중 보수 · 소득에 관한 사항을 공단에 송부하여야 한다.

③ 송부 절차 등에 필요한 사항은 대통령령으로 정한다.

2. 자료 및 금융정보의 제공

(1) 자료의 제공(제96조)

① 공단은 국가, 지방자치단체, 요양기관, 보험업법에 따른 보험회사 및 보험료율 산출 기관, 공공기관의 운영에 관한 법률에 따른 공공기관, 그 밖의 공공단체 등에 대하여 다음 각 호의 업무를 수행하기 위하여 주민등록 · 가족관계등록 · 국세 · 지방세 · 토지 · 건물 · 출입국관리 등의 자료로서 대통령령으로 정하는 자료를 제공하도록 요청할 수 있다.

1. 가입자 및 피부양자의 자격 관리, 보험료의 부과 · 징수, 보험급여의 관리 등 건강보험사업의 수행
2. 징수위탁근거법에 따라 위탁받은 업무의 수행

② 심사평가원은 국가, 지방자치단체, 요양기관, 보험업법에 따른 보험회사 및 보험료율 산출 기관, 공공기관의 운영에 관한 법률에 따른 공공기관, 그 밖의 공공단체 등에 대하여 요양급여비용을 심사하고 요양급여의 적정성을 평가하기 위하여 주민등록 · 출입국관리 · 진료기록 · 의약품공급 등의 자료로서 대통령령으로 정하는 자료를 제공하도록 요청할 수 있다.

③ 보건복지부장관은 관계 행정기관의 장에게 약제에 대한 요양급여비용 상한금액의 감액 및 요양급여의 적용 정지를 위하여 필요한 자료를 제공하도록 요청할 수 있다.

④ 규정에 따라 자료 제공을 요청받은 자는 성실히 이에 따라야 한다.

⑤ 공단 또는 심사평가원은 요양기관, 보험업법에 따른 보험회사 및 보험료율 산출 기관에 자료의 제공을 요청하는 경우 자료 제공 요청 근거 및 사유, 자료 제공 대상자, 대상기간, 자료 제공 기한, 제출 자료 등이 기재된 자료제공요청서를 발송하여야 한다.

⑥ 국가, 지방자치단체, 요양기관, 보험업법에 따른 보험료율 산출 기관 그 밖의 공공기관 및 공공단체가 공단 또는 심사평가원에 제공하는 자료에 대하여는 사용료와 수수료 등을 면제한다.

(2) 가족관계등록 전산정보의 공동이용(제96조의2)

① 공단은 제96조 제1항 각 호의 업무를 수행하기 위하여 전자정부법에 따라 가족관계의 등록 등에 관한 법률에 따른 전산정보자료를 공동이용(개인정보 보호법에 따른 처리를 포함한다)할 수 있다.

> **더 알아보기**
>
> **가족관계등록부의 작성 및 기록사항(가족관계 등록 등에 관한 법률 제9조)**
> ① 가족관계등록부(이하 "등록부"라 한다)는 전산정보처리조직에 의하여 입력·처리된 가족관계 등록사항(이하 "등록사항"이라 한다)에 관한 전산정보자료를 등록기준지에 따라 개인별로 구분하여 작성한다.
> ② 등록부에는 다음 사항을 기록하여야 한다.
>   1. 등록기준지
>   2. 성명·본·성별·출생연월일 및 주민등록번호
>   3. 출생·혼인·사망 등 가족관계의 발생 및 변동에 관한 사항
>   4. 가족으로 기록할 자가 대한민국 국민이 아닌 사람(이하 "외국인"이라 한다)인 경우에는 성명·성별·출생연월일·국적 및 외국인등록번호(외국인등록을 하지 아니한 외국인의 경우에는 대법원규칙으로 정하는 바에 따른 국내거소신고번호 등을 말한다. 이하 같다)
>   5. 그 밖에 가족관계에 관한 사항으로서 대법원규칙으로 정하는 사항
>
> **용어의 정의(개인정보 보호법 제2조 제2호)**
> "처리"란 개인정보의 수집, 생성, 연계, 연동, 기록, 저장, 보유, 가공, 편집, 검색, 출력, 정정(訂正), 복구, 이용, 제공, 공개, 파기(破棄), 그 밖에 이와 유사한 행위를 말한다.

② 법원행정처장은 제1항에 따라 공단이 전산정보자료의 공동이용을 요청하는 경우 그 공동이용을 위하여 필요한 조치를 취하여야 한다.

③ 누구든지 제1항에 따라 공동이용하는 전산정보자료를 그 목적 외의 용도로 이용하거나 활용하여서는 아니 된다.

(3) 서류의 보존(제96조의3)

① 요양기관은 요양급여가 끝난 날부터 5년간 보건복지부령으로 정하는 바에 따라 요양급여비용의 청구에 관한 서류를 보존하여야 한다. 다만, 약국 등 보건복지부령으로 정하는 요양기관은 처방전을 요양급여비용을 청구한 날부터 3년간 보존하여야 한다.

② 사용자는 3년간 보건복지부령으로 정하는 바에 따라 자격 관리 및 보험료 산정 등 건강보험에 관한 서류를 보존하여야 한다.

③ 제49조 제3항에 따라 요양비를 청구한 준요양기관은 요양비를 지급받은 날부터 3년간 보건복지부령으로 정하는 바에 따라 요양비 청구에 관한 서류를 보존하여야 한다.

④ 제51조 제2항에 따라 보조기기에 대한 보험급여를 청구한 자는 보험급여를 지급받은 날부터 3년간 보건복지부령으로 정하는 바에 따라 보험급여 청구에 관한 서류를 보존하여야 한다.

3. 보고 및 업무정지

(1) 보고와 검사(제97조)

① 보건복지부장관은 사용자, 직장가입자 또는 세대주에게 가입자의 이동·보수·소득이나 그 밖에 필요한 사항에 관한 보고 또는 서류 제출을 명하거나, 소속 공무원이 관계인에게 질문하게 하거나 관계 서류를 검사하게 할 수 있다.

② 보건복지부장관은 요양기관(제49조에 따라 요양을 실시한 기관을 포함한다)에 대하여 요양·약제의 지급 등 보험급여에 관한 보고 또는 서류 제출을 명하거나, 소속 공무원이 관계인에게 질문하게 하거나 관계 서류를 검사하게 할 수 있다.

③ 보건복지부장관은 보험급여를 받은 자에게 해당 보험급여의 내용에 관하여 보고하게 하거나, 소속 공무원이 질문하게 할 수 있다.

④ 보건복지부장관은 요양급여비용의 심사청구를 대행하는 단체(이하 "대행청구단체"라 한다)에 필요한 자료의 제출을 명하거나, 소속 공무원이 대행청구에 관한 자료 등을 조사·확인하게 할 수 있다.

⑤ 보건복지부장관은 약제에 대한 요양급여비용 상한금액의 감액 및 요양급여의 적용 정지를 위하여 필요한 경우에는 약사법에 따른 의약품공급자에 대하여 금전, 물품, 편익, 노무, 향응, 그 밖의 경제적 이익 등 제공으로 인한 의약품 판매 질서 위반 행위에 관한 보고 또는 서류 제출을 명하거나, 소속 공무원이 관계인에게 질문하게 하거나 관계 서류를 검사하게 할 수 있다.

⑥ 질문·검사·조사 또는 확인을 하는 소속 공무원은 그 권한을 표시하는 증표를 지니고 관계인에게 보여 주어야 한다.

(2) 업무정지(제98조)

① 보건복지부장관은 요양기관이 다음 각 호의 어느 하나에 해당하면 그 요양기관에 대하여 1년의 범위에서 기간을 정하여 업무정지를 명할 수 있다.

　1. 속임수나 그 밖의 부당한 방법으로 보험자·가입자 및 피부양자에게 요양급여비용을 부담하게 한 경우

　2. 요양기관(요양을 실시한 기관을 포함한다)에 대하여 요양·약제의 지급 등 보험급여에 관한 보고 또는 서류 제출을 하라는 보건복지부장관의 명령에 위반하거나 거짓 보고를 하거나 거짓 서류를 제출하거나, 소속 공무원의 검사 또는 질문을 거부·방해 또는 기피한 경우

　3. 정당한 사유 없이 요양기관이 요양급여대상 또는 비급여대상으로 결정되지 아니한 요양급여에 관한 행위·치료재료에 대하여 요양급여대상 여부의 결정을 보건복지부장관에게 신청하지 아니하고 속임수나 그 밖의 부당한 방법으로 행위·치료재료를 가입자 또는 피부양자에게 실시 또는 사용하고 비용을 부담시킨 경우

② 업무정지 처분을 받은 자는 해당 업무정지기간 중에는 요양급여를 하지 못한다.

③ 업무정지 처분의 효과는 그 처분이 확정된 요양기관을 양수한 자 또는 합병 후 존속하는 법인이나 합병으로 설립되는 법인에 승계되고, 업무정지 처분의 절차가 진행 중인 때에는 양수인 또는 합병 후 존속하는 법인이나 합병으로 설립되는 법인에 대하여 그 절차를 계속 진행할 수 있다. 다만, 양수인 또는 합병 후 존속하는 법인이나 합병으로 설립되는 법인이 그 처분 또는 위반사실을 알지 못하였음을 증명하는 경우에는 그러하지 아니하다.

④ 업무정지 처분을 받았거나 업무정지 처분의 절차가 진행 중인 자는 행정처분을 받은 사실 또는 행정처분절차가 진행 중인 사실을 보건복지부령으로 정하는 바에 따라 양수인 또는 합병 후 존속하는 법인이나 합병으로 설립되는 법인에 지체 없이 알려야 한다.

⑤ 업무정지를 부과하는 위반행위의 종류, 위반 정도 등에 따른 행정처분기준이나 그 밖에 필요한 사항은 대통령령으로 정한다.

4. 과징금 및 제조업자의 금지행위

(1) 과징금(제99조)

① 보건복지부장관은 요양기관이 속임수나 그 밖의 부당한 방법으로 보험자·가입자 및 피부양자에게 요양급여비용을 부담하게 한 경우 또는 정당한 사유 없이 요양기관이 요양급여대상 또는 비급여대상으로 결정되지 아니한 요양급여에 관한 행위·치료재료에 대하여 요양급여대상 여부의 결정을 보건복지부장관에게 신청하지 아니하고 속임수나 그 밖의 부당한 방법으로 행위·치료재료를 가입자 또는 피부양자에게 실시 또는 사용하고 비용을 부담시킨 경우에 해당하여 업무정지 처분을 하여야 하는 경우로서 그 업무정지 처분이 해당 요양기관을 이용하는 사람에게 심한 불편을 주거나 보건복지부장관이 정하는 특별한 사유가 있다고 인정되면 업무정지 처분을 갈음하여 속임수나 그 밖의 부당한 방법으로 부담하게 한 금액의 5배 이하의 금액을 과징금으로 부과·징수할 수 있다. 이 경우 보건복지부장관은 12개월의 범위에서 분할납부를 하게 할 수 있다.

② 보건복지부장관은 약제를 요양급여에서 적용 정지하는 경우 다음 각 호의 어느 하나에 해당하는 때에는 요양급여의 적용 정지에 갈음하여 대통령령으로 정하는 바에 따라 다음 각 호의 구분에 따른 범위에서 과징금을 부과·징수할 수 있다. 이 경우 보건복지부장관은 12개월의 범위에서 분할납부를 하게 할 수 있다.

1. 환자 진료에 불편을 초래하는 등 공공복리에 지장을 줄 것으로 예상되는 때 : 해당 약제에 대한 요양급여비용 총액의 100분의 200을 넘지 아니하는 범위

2. 국민 건강에 심각한 위험을 초래할 것이 예상되는 등 특별한 사유가 있다고 인정되는 때 : 해당 약제에 대한 요양급여비용 총액의 100분의 60을 넘지 아니하는 범위

③ 보건복지부장관은 제2항 전단에 따라 과징금 부과 대상이 된 약제가 과징금이 부과된 날부터 5년의 범위에서 대통령령으로 정하는 기간 내에 다시 제2항 전단에 따른 과징금 부과 대상이 되는 경우에는 대통령령으로 정하는 바에 따라 다음 각 호의 구분에 따른 범위에서 과징금을 부과·징수할 수 있다.

1. 제2항 제1호에서 정하는 사유로 과징금 부과대상이 되는 경우: 해당 약제에 대한 요양급여비용 총액의 100분의 350을 넘지 아니하는 범위

2. 제2항 제2호에서 정하는 사유로 과징금 부과대상이 되는 경우: 해당 약제에 대한 요양급여비용 총액의 100분의 100을 넘지 아니하는 범위

④ 대통령령으로 해당 약제에 대한 요양급여비용 총액을 정할 때에는 그 약제의 과거 요양급여 실적 등을 고려하여 1년간의 요양급여 총액을 넘지 않는 범위에서 정하여야 한다.

⑤ 보건복지부장관은 과징금을 납부하여야 할 자가 납부기한까지 이를 내지 아니하면 대통령령으로 정하는 절차에 따라 그 과징금 부과 처분을 취소하고 업무정지 처분을 하거나 국세 체납처분의 예에 따라 이를 징수한다. 다만, 요양기관의 폐업 등으로 업무정지 처분을 할 수 없으면 국세 체납처분의 예에 따라 징수한다.

⑥ 보건복지부장관은 과징금을 납부하여야 할 자가 납부기한까지 이를 내지 아니하면 국세 체납처분의 예에 따라 징수한다.

⑦ 보건복지부장관은 과징금을 징수하기 위하여 필요하면 다음 각 호의 사항을 적은 문서로 관할 세무관서의 장 또는 지방자치단체의 장에게 과세정보의 제공을 요청할 수 있다.

1. 납세자의 인적사항

2. 사용 목적

3. 과징금 부과 사유 및 부과 기준

⑧ 제1항부터 제3항까지의 규정에 따라 징수한 과징금은 다음 각 호 외의 용도로는 사용할 수 없다. 이 경우 제2항 제1호 및 제3항 제1호에 따라 징수한 과징금은 제3호의 용도로 사용하여야 한다.

1. 제47조 제3항에 따라 공단이 요양급여비용으로 지급하는 자금
2. 응급의료에 관한 법률에 따른 응급의료기금의 지원
3. 재난적의료비 지원에 관한 법률에 따른 재난적의료비 지원사업에 대한 지원

⑨ 과징금의 금액과 그 납부에 필요한 사항 및 과징금의 용도별 지원 규모, 사용 절차 등에 필요한 사항은 대통령령으로 정한다.

(2) 위반사실의 공표(제100조)

① 보건복지부장관은 관련 서류의 위조·변조로 요양급여비용을 거짓으로 청구하여 업무정지 또는 과징금 등의 행정처분을 받은 요양기관이 다음 각 호의 어느 하나에 해당하면 그 위반 행위, 처분 내용, 해당 요양기관의 명칭·주소 및 대표자 성명, 그 밖에 다른 요양기관과의 구별에 필요한 사항으로서 대통령령으로 정하는 사항을 공표할 수 있다. 이 경우 공표 여부를 결정할 때에는 그 위반행위의 동기, 정도, 횟수 및 결과 등을 고려하여야 한다.
1. 거짓으로 청구한 금액이 1,500만 원 이상인 경우
2. 요양급여비용 총액 중 거짓으로 청구한 금액의 비율이 100분의 20 이상인 경우

② 보건복지부장관은 공표 여부 등을 심의하기 위하여 건강보험공표심의위원회(이하 이 조에서 "공표심의위원회"라 한다)를 설치·운영한다.

③ 보건복지부장관은 공표심의위원회의 심의를 거친 공표대상자에게 공표대상자인 사실을 알려 소명자료를 제출하거나 출석하여 의견을 진술할 기회를 주어야 한다.

④ 보건복지부장관은 공표심의위원회가 제출된 소명자료 또는 진술된 의견을 고려하여 공표대상자를 재심의한 후 공표대상자를 선정한다.

⑤ 제1항부터 제4항까지에서 규정한 사항 외에 공표의 절차·방법, 공표심의위원회의 구성·운영 등에 필요한 사항은 대통령령으로 정한다.

(3) 제조업자 등의 금지행위 등(제101조)

① 약사법에 따른 의약품의 제조업자·위탁제조판매업자·수입자·판매업자 및 의료기기법에 따른 의료기기 제조업자·수입업자·수리업자·판매업자·임대업자(이하 "제조업자 등"이라 한다)는 약제·치료재료와 관련하여 요양급여대상 여부를 결정하거나 요양급여비용을 산정할 때에 다음 각 호의 행위를 하여 보험자·가입자 및 피부양자에게 손실을 주어서는 아니 된다.
1. 속임수나 그 밖의 부당한 방법으로 보험자·가입자 및 피부양자에게 요양급여비용을 부담하게 한 요양기관의 행위에 개입
2. 보건복지부, 공단 또는 심사평가원에 거짓 자료의 제출
3. 그 밖에 속임수나 보건복지부령으로 정하는 부당한 방법으로 요양급여대상 여부의 결정과 요양급여비용의 산정에 영향을 미치는 행위

② 보건복지부장관은 제조업자 등이 제1항에 위반한 사실이 있는지 여부를 확인하기 위하여 그 제조업자 등에게 관련 서류의 제출을 명하거나, 소속 공무원이 관계인에게 질문을 하게 하거나 관계 서류를 검사하게 하는 등 필요한 조사를 할 수 있다. 이 경우 소속 공무원은 그 권한을 표시하는 증표를 지니고 이를 관계인에게 보여 주어야 한다.

③ 공단은 제1항을 위반하여 보험자·가입자 및 피부양자에게 손실을 주는 행위를 한 제조업자 등에 대하여 손실에 상당하는 금액(이하 이 조에서 "손실 상당액"이라 한다)을 징수한다.

④ 공단은 징수한 손실 상당액 중 가입자 및 피부양자의 손실에 해당되는 금액을 그 가입자나 피부양자에게 지급하여야 한다. 이 경우 공단은 가입자나 피부양자에게 지급하여야 하는 금액을 그 가입자 및 피부양자가 내야 하는 보험료 등과 상계할 수 있다.

⑤ 손실 상당액의 산정, 부과·징수절차 및 납부방법 등에 관하여 필요한 사항은 대통령령으로 정한다.

5. 정보의 유지 및 공단에 대한 감독

(1) 정보의 유지 등(제102조)

공단, 심사평가원 및 대행청구단체에 종사하였던 사람 또는 종사하는 사람은 다음 각 호의 행위를 하여서는 아니 된다.

1. 가입자 및 피부양자의 개인정보(개인정보 보호법에서 정의하는 개인정보를 말한다. 이하 "개인정보"라 한다)를 누설하거나 직무상 목적 외의 용도로 이용 또는 정당한 사유 없이 제3자에게 제공하는 행위

> **더 알아보기**
>
> **개인정보의 정의(개인정보 보호법 제2조 제1호)**
> "개인정보"란 살아 있는 개인에 관한 정보로서 다음 각 목의 어느 하나에 해당하는 정보를 말한다.
> 가. 성명, 주민등록번호 및 영상 등을 통하여 개인을 알아볼 수 있는 정보
> 나. 해당 정보만으로는 특정 개인을 알아볼 수 없더라도 다른 정보와 쉽게 결합하여 알아볼 수 있는 정보. 이 경우 쉽게 결합할 수 있는지 여부는 다른 정보의 입수 가능성 등 개인을 알아보는 데 소요되는 시간, 비용, 기술 등을 합리적으로 고려하여야 한다.
> 다. 가목 또는 나목을 제1호의2에 따라 가명처리함으로써 원래의 상태로 복원하기 위한 추가 정보의 사용·결합 없이는 특정 개인을 알아볼 수 없는 정보(이하 "가명정보"라 한다)

2. 업무를 수행하면서 알게 된 정보(개인정보는 제외한다)를 누설하거나 직무상 목적 외의 용도로 이용 또는 제3자에게 제공하는 행위

(2) 공단 등에 대한 감독 등(제103조)

① 보건복지부장관은 공단과 심사평가원의 경영목표를 달성하기 위하여 다음 각 호의 사업이나 업무에 대하여 보고를 명하거나 그 사업이나 업무 또는 재산상황을 검사하는 등 감독을 할 수 있다.

1. 공단의 업무 및 심사평가원의 업무
2. 공공기관의 운영에 관한 법률에 따른 경영지침의 이행과 관련된 사업

> **더 알아보기**
>
> **경영지침(공공기관의 운영에 관한 법률 제50조)**
> ① 기획재정부장관은 공기업·준정부기관의 운영에 관한 일상적 사항과 관련하여 공공기관운영위원회의 심의·의결을 거쳐 다음 각 호의 사항에 관한 지침(이하 "경영지침"이라 한다)을 정하고, 이를 공기업·준정부기관 및 주무기관의 장에게 통보하여야 한다.
> 1. 조직 운영과 정원·인사 관리에 관한 사항
> 2. 예산과 자금 운영에 관한 사항
> 3. 그 밖에 공기업·준정부기관의 재무건전성 확보를 위하여 기획재정부장관이 필요하다고 인정하는 사항
> ② 공기업·준정부기관의 투명하고 공정한 인사운영과 윤리경영 등을 위하여 필요한 경우 소관 정책을 관장하는 관계 행정기관의 장은 경영지침에 관한 의견을 기획재정부장관에게 제시할 수 있다.

3. 국민건강보험법 또는 다른 법령에서 공단과 심사평가원이 위탁받은 업무
4. 그 밖에 관계 법령에서 정하는 사항과 관련된 사업
② 보건복지부장관은 감독상 필요한 경우에는 정관이나 규정의 변경 또는 그 밖에 필요한 처분을 명할 수 있다.

6. 포상금 및 유사명칭의 사용금지

(1) 포상금 등의 지급(제104조)

① 공단은 다음 각 호의 어느 하나에 해당하는 자를 신고한 사람에 대하여 포상금을 지급할 수 있다.
  1. 속임수나 그 밖의 부당한 방법으로 보험급여를 받은 사람
  2. 속임수나 그 밖의 부당한 방법으로 다른 사람이 보험급여를 받도록 한 자
  3. 속임수나 그 밖의 부당한 방법으로 보험급여 비용을 받은 요양기관 또는 보험급여를 받은 준요양기관 및 보조기기 판매업자
② 공단은 건강보험 재정을 효율적으로 운영하는 데에 이바지한 요양기관에 대하여 장려금을 지급할 수 있다.
③ 포상금 및 장려금의 지급 기준과 범위, 절차 및 방법 등에 필요한 사항은 대통령령으로 정한다.

(2) 유사명칭의 사용금지(제105조)

① 공단이나 심사평가원이 아닌 자는 공단, 건강보험심사평가원 또는 이와 유사한 명칭을 사용하지 못한다.
② 국민건강보험법으로 정하는 건강보험사업을 수행하는 자가 아닌 자는 보험계약 또는 보험계약의 명칭에 국민건강보험이라는 용어를 사용하지 못한다.

7. 소액 처리 및 정부지원

(1) 소액 처리(제106조)

공단은 징수하여야 할 금액이나 반환하여야 할 금액이 1건당 2,000원 미만인 경우(상계 처리할 수 있는 본인일부부담금 환급금 및 가입자나 피부양자에게 지급하여야 하는 금액은 제외한다)에는 징수 또는 반환하지 아니한다.

(2) 끝수 처리(제107조)

보험료 등과 보험급여에 관한 비용을 계산할 때 국고금관리법에 따른 끝수는 계산하지 아니한다.

더 알아보기

국고금의 끝수 계산(국고금관리법 제47조, 동법 시행령 제109조의2)
① 국고금의 수입 또는 지출에서 10원 미만의 끝수가 있을 때에는 그 끝수는 계산하지 아니하고, 전액이 10원 미만일 때에도 그 전액을 계산하지 아니한다. 다만 국고금을 분할하여 징수 또는 수납하거나 지급할 때 그 분할금액이 10원 미만일 때 또는 그 분할금액에 10원 미만의 끝수가 있을 때에 해당하여 그 분할금액 또는 끝수를 최초의 수입금 또는 지급금에 합산하는 경우에는 그러하지 아니하다.
② 국세의 과세표준액을 산정할 때 1원 미만의 끝수가 있으면 이를 계산하지 아니한다.
③ 지방자치단체, 그 밖에 대통령령으로 정하는 공공단체와 공공기관의 경우에는 제1항 및 제2항을 준용할 수 있다. 다만, 한국산업은행, 중소기업은행의 경우에는 그러하지 아니하다.

(3) 보험재정에 대한 정부지원(제108조)

① 국가는 매년 예산의 범위에서 해당 연도 보험료 예상 수입액의 100분의 14에 상당하는 금액을 국고에서 공단에 지원한다.

② 공단은 국민건강증진법에서 정하는 바에 따라 같은 법에 따른 국민건강증진기금에서 자금을 지원받을 수 있다.

③ 공단은 국고에서 지원된 재원을 다음 각 호의 사업에 사용한다.

1. 가입자 및 피부양자에 대한 보험급여
2. 건강보험사업에 대한 운영비
3. 보험료 경감에 대한 지원

④ 공단은 국민건강증진기금에서 지원된 재원을 다음 각 호의 사업에 사용한다.

1. 건강검진 등 건강증진에 관한 사업
2. 가입자와 피부양자의 흡연으로 인한 질병에 대한 보험급여
3. 가입자와 피부양자 중 65세 이상 노인에 대한 보험급여

8. 특례 조항

(1) 외국인 등에 대한 특례(제109조)

① 정부는 외국 정부가 사용자인 사업장의 근로자의 건강보험에 관하여는 외국 정부와 한 합의에 따라 이를 따로 정할 수 있다.

② 국내에 체류하는 재외국민 또는 외국인(이하 "국내체류 외국인 등"이라 한다)이 적용대상사업장의 근로자, 공무원 또는 교직원이고 제6조 제2항 각 호(직장가입자의 제외 규정)의 어느 하나에 해당하지 아니하면서 다음 각 호의 어느 하나에 해당하는 경우에는 제5조(적용 대상 등)에도 불구하고 직장가입자가 된다.

1. 주민등록법 제6조 제1항 제3호에 따라 등록한 재외국민

> **더 알아보기**
>
> **대상자(주민등록법 제6조 제1항)**
> 시장·군수 또는 구청장은 30일 이상 거주할 목적으로 그 관할 구역에 주소나 거소(이하 "거주지"라 한다)를 가진 다음 각 호의 사람(이하 "주민"이라 한다)을 이 법의 규정에 따라 등록하여야 한다. 다만, 외국인은 예외로 한다.
> 1. 거주자 : 거주지가 분명한 사람(제3호의 재외국민은 제외한다)
> 2. 거주불명자 : 거주불명으로 등록된 사람
> 3. 재외국민 : 재외동포의 출입국과 법적 지위에 관한 법률에 따른 국민으로서 해외이주법에 따른 영주귀국의 신고를 하지 아니한 사람 중 다음 각 목의 어느 하나의 경우
>   가. 주민등록이 말소되었던 사람이 귀국 후 재등록 신고를 하는 경우
>   나. 주민등록이 없었던 사람이 귀국 후 최초로 주민등록 신고를 하는 경우

2. 재외동포의 출입국과 법적 지위에 관한 법률에 따라 국내거소신고를 한 사람

국내거소신고(재외동포의 출입국과 법적 지위에 관한 법률 제6조)

① 재외동포체류자격으로 입국한 외국국적동포는 이 법을 적용받기 위하여 필요하면 대한민국 안에 거소를 정하여 그 거소를 관할하는 지방출입국·외국인관서의 장에게 국내거소신고를 할 수 있다.

② 신고한 국내거소를 이전한 때에는 14일 이내에 그 사실을 신거소(新居所)가 소재한 시·군·구(자치구가 아닌 구를 포함한다. 이하 같다) 또는 읍·면·동의 장이나 신거소를 관할하는 지방출입국·외국인관서의 장에게 신고하여야 한다.

③ 거소이전 신고를 받은 지방출입국·외국인관서의 장은 신거소가 소재한 시·군·구 또는 읍·면·동의 장에게, 시·군·구 또는 읍·면·동의 장은 신거소를 관할하는 지방출입국·외국인관서의 장에게 각각 이를 통보하여야 한다.

④ 국내거소신고서의 기재 사항, 첨부 서류, 그 밖에 신고의 절차에 관하여 필요한 사항은 대통령령으로 정한다.

   3. 출입국관리법에 따라 외국인 등록을 한 사람

③ 직장가입자에 해당하지 아니하는 국내체류 외국인 등이 다음 각 호의 요건을 모두 갖춘 경우에는 제5조(적용 대상의 제외 규정)에도 불구하고 지역가입자가 된다.

   1. 보건복지부령으로 정하는 기간 동안 국내에 거주하였거나 해당 기간 동안 국내에 지속적으로 거주할 것으로 예상할 수 있는 사유로서 보건복지부령으로 정하는 사유에 해당될 것

   2. 다음 각 목의 어느 하나에 해당할 것

      가. 주민등록법에 따라 등록한 사람 또는 재외동포의 출입국과 법적 지위에 관한 법률에 따라 국내거소신고를 한 사람

      나. 출입국관리법에 따라 외국인 등록을 한 사람으로서 보건복지부령으로 정하는 체류자격이 있는 사람

④ 제2항 각 호의 어느 하나에 해당하는 국내체류 외국인 등이 다음 각 호의 요건을 모두 갖춘 경우에는 제5조(적용 대상의 제외 규정)에도 불구하고 공단에 신청하면 피부양자가 될 수 있다.

   1. 직장가입자와의 관계가 배우자, 직계존속(배우자의 직계존속을 포함한다), 직계비속(배우자의 직계비속을 포함한다)과 그 배우자, 형제·자매 중 어느 하나에 해당할 것

   2. 보건복지부령으로 정하는 피부양자 자격의 인정 기준에 해당할 것

⑤ 제2항부터 제4항까지의 규정에도 불구하고 다음 각 호에 해당되는 경우에는 가입자 및 피부양자가 될 수 없다.

   1. 국내체류가 법률에 위반되는 경우로서 대통령령으로 정하는 사유가 있는 경우

   2. 국내체류 외국인 등이 외국의 법령, 외국의 보험 또는 사용자와의 계약 등에 따라 요양급여에 상당하는 의료보장을 받을 수 있어 사용자 또는 가입자가 보건복지부령으로 정하는 바에 따라 가입 제외를 신청한 경우

⑥ 제2항부터 제5항까지의 규정에서 정한 사항 외에 국내체류 외국인 등의 가입자 또는 피부양자 자격의 취득 및 상실에 관한 시기·절차 등에 필요한 사항은 제5조부터 제11조까지의 규정을 준용한다. 다만, 국내체류 외국인 등의 특성을 고려하여 특별히 규정해야 할 사항은 대통령령으로 다르게 정할 수 있다.

⑦ 가입자인 국내체류 외국인 등이 매월 2일 이후 지역가입자의 자격을 취득하고 그 자격을 취득한 날이 속하는 달에 보건복지부장관이 고시하는 사유로 해당 자격을 상실한 경우에는 제69조 제2항 본문에도 불구하고 그 자격을 취득한 날이 속하는 달의 보험료를 부과하여 징수한다.

⑧ 국내체류 외국인 등(제9항 단서의 적용을 받는 사람에 한정한다)에 해당하는 지역가입자의 보험료는 제78조 제1항 본문에도 불구하고 그 직전 월 25일까지 납부하여야 한다. 다만, 다음 각 호에 해당되는 경우에는 공단이 정하는 바에 따라 납부하여야 한다.

   1. 자격을 취득한 날이 속하는 달의 보험료를 징수하는 경우

   2. 매월 26일 이후부터 말일까지의 기간에 자격을 취득한 경우

⑨ 제7항과 제8항에서 정한 사항 외에 가입자인 국내체류 외국인 등의 보험료 부과·징수에 관한 사항은 제69
조부터 제86조까지의 규정을 준용한다. 다만, 대통령령으로 정하는 국내체류 외국인 등의 보험료 부과·징
수에 관한 사항은 그 특성을 고려하여 보건복지부장관이 다르게 정하여 고시할 수 있다.

⑩ 공단은 지역가입자인 국내체류 외국인 등(제9항 단서의 적용을 받는 사람에 한정한다)이 보험료를 체납한
경우에는 제53조 제3항에도 불구하고 체납일부터 체납한 보험료를 완납할 때까지 보험급여를 하지 아니한
다. 이 경우 제53조 제3항 각 호 외의 부분 단서 및 같은 조 제5항·제6항은 적용하지 아니한다.

(2) 실업자에 대한 특례(제110조)

① 사용관계가 끝난 사람 중 직장가입자로서의 자격을 유지한 기간이 보건복지부령으로 정하는 기간 동안 통산
1년 이상인 사람은 지역가입자가 된 이후 최초로 지역가입자 보험료를 고지받은 날부터 그 납부기한에서
2개월이 지나기 이전까지 공단에 직장가입자로서의 자격을 유지할 것을 신청할 수 있다.

② 공단에 신청한 가입자(이하 "임의계속가입자"라 한다)는 제9조(자격의 변동 시기 등)에도 불구하고 대통령령
으로 정하는 기간 동안 직장가입자의 자격을 유지한다. 다만, 제1항에 따른 신청 후 최초로 내야 할 직장가
입자 보험료를 그 납부기한부터 2개월이 지난 날까지 내지 아니한 경우에는 그 자격을 유지할 수 없다.

③ 임의계속가입자의 보수월액은 보수월액보험료가 산정된 최근 12개월간의 보수월액을 평균한 금액으로 한다.

④ 임의계속가입자의 보험료는 보건복지부장관이 정하여 고시하는 바에 따라 그 일부를 경감할 수 있다.

⑤ 임의계속가입자의 보수월액보험료는 제76조 제1항 및 제77조 제1항 제1호에도 불구하고 그 임의계속가입
자가 전액을 부담하고 납부한다.

⑥ 임의계속가입자가 보험료를 납부기한까지 내지 아니하는 경우 그 급여제한에 관하여는 제53조 제3항·제5
항 및 제6항을 준용한다. 이 경우 "제69조 제5항에 따른 세대단위의 보험료"는 "제110조 제5항에 따른 보험
료"로 본다.

⑦ 임의계속가입자의 신청 방법·절차 등에 필요한 사항은 보건복지부령으로 정한다.

9. 위임·위탁 및 출연금

(1) 권한의 위임 및 위탁(제111조)

① 국민건강보험법에 따른 보건복지부장관의 권한은 대통령령으로 정하는 바에 따라 그 일부를 특별시장·광
역시장·도지사 또는 특별자치도지사에게 위임할 수 있다.

② 제97조(보고와 검사) 제2항에 따른 보건복지부장관의 권한은 대통령령으로 정하는 바에 따라 공단이나 심사
평가원에 위탁할 수 있다.

(2) 업무의 위탁(제112조)

① 공단은 대통령령으로 정하는 바에 따라 다음 각 호의 업무를 체신관서, 금융기관 또는 그 밖의 자에게 위탁할
수 있다.
1. 보험료의 수납 또는 보험료납부의 확인에 관한 업무
2. 보험급여 비용의 지급에 관한 업무
3. 징수위탁근거법의 위탁에 따라 징수하는 연금보험료, 고용보험료, 산업재해보상보험료, 부담금 및 분담
금 등(이하 "징수위탁보험료 등"이라 한다)의 수납 또는 그 납부의 확인에 관한 업무

② 공단은 그 업무의 일부를 국가기관, 지방자치단체 또는 다른 법령에 따른 사회보험 업무를 수행하는 법인이나 그 밖의 자에게 위탁할 수 있다. 다만, 보험료와 징수위탁보험료 등의 징수 업무는 그러하지 아니하다.

③ 공단이 위탁할 수 있는 업무 및 위탁받을 수 있는 자의 범위는 보건복지부령으로 정한다.

(3) 징수위탁보험료 등의 배분 및 납입 등(제113조)

① 공단은 자신이 징수한 보험료와 그에 따른 징수금 또는 징수위탁보험료 등의 금액이 징수하여야 할 총액에 부족한 경우에는 대통령령으로 정하는 기준, 방법에 따라 이를 배분하여 납부 처리하여야 한다. 다만, 납부의무자가 다른 의사를 표시한 때에는 그에 따른다.

② 공단은 징수위탁보험료 등을 징수한 때에는 이를 지체 없이 해당 보험별 기금에 납입하여야 한다.

(4) 출연금의 용도 등(제114조)

① 공단은 국민연금법, 산업재해보상보험법, 고용보험법 및 임금채권보장법에 따라 국민연금기금, 산업재해보상보험및예방기금, 고용보험기금 및 임금채권보장기금으로부터 각각 지급받은 출연금을 징수위탁근거법에 따라 위탁받은 업무에 소요되는 비용에 사용하여야 한다.

② 지급받은 출연금의 관리 및 운용 등에 필요한 사항은 대통령령으로 정한다.

(5) 벌칙 적용에서 공무원 의제(제114조의2)

심의위원회 및 공표심의위원회 위원 중 공무원이 아닌 사람은 형법 제127조 및 제129조부터 제132조까지의 규정을 적용할 때에는 공무원으로 본다.

더 알아보기

공무원의 직무에 관한 죄(형법 제127조 및 제129조부터 제132조)
- 공무상 비밀의 누설(127조) : 공무원 또는 공무원이었던 자가 법령에 의한 직무상 비밀을 누설한 때에는 2년 이하의 징역이나 금고 또는 5년 이하의 자격정지에 처한다.
- 수뢰, 사전수뢰(제129조)
- 제3자뇌물제공(제130조)
- 수뢰후부정처사, 사후수뢰(제131조)
- 알선수뢰(132조)

핵심 쏙쏙! OX문제

※ 다음 문제의 진위 여부를 판단해 ○ 또는 ×를 선택하시오.

01 보험료, 연체금을 징수할 권리를 3년 동안 행사하지 않으면 그 권리는 소멸된다. [○ | ×]

02 과다납부된 본인일부부담금을 돌려받을 권리의 소멸시효 완성 기간은 5년이다. [○ | ×]

03 보험급여를 받을 권리의 소멸시효는 보험급여 또는 보험급여 비용의 청구로 인해 중단된다. [○ | ×]

04 휴직자 등의 보수월액보험료를 징수할 권리의 소멸시효는 보험료 납입 고지가 유예된 경우 휴직 등의 사유가 끝날 때까지 진행하지 않는다. [○ | ×]

05 소멸시효의 기간과 중단 및 정지 등에 관련한 자세한 사항은 민사소송법의 기간에 관한 규정을 준용한다. [○ | ×]

06 국민건강보험법과 국민건강보험법에 따른 명령에 규정된 기간의 계산에 관해 국민건강보험법에서 정한 사항 외에는 민법의 기간에 관한 규정을 준용한다. [○ | ×]

07 가입자의 대상 제외 사유에 해당하지 않는 모든 사업장의 근로자를 고용하는 사용자는 자신이 부담하는 부담금이 증가되는 것을 피할 목적으로 정당한 사유 없이 근로자에게 불리한 조치를 할 수 없다. [○ | ×]

08 국민건강보험공단은 사용자, 직장가입자에게 가입자의 보수·소득 관계 서류를 제출하게 할 수 있다. [○ | ×]

09 국민건강보험공단은 사용자, 직장가입자, 세대주가 제출한 자료에 대한 사실 여부를 확인하기 위해 소속 직원이 조사하게 할 수 있다. [○ | ×]

10 사용자, 직장가입자가 신고한 소득에 탈루가 있다고 인정하는 경우에 국민건강보험공단은 재정기획부장관을 거쳐 소득의 탈루에 관한 사항을 국세청장에게 송부할 수 있다. [○ | ×]

11 위의 10번 문제에 경우에 국세청장은 송부받은 사항에 대해 세무조사를 한 조사 결과 중 소득에 관한 사항을 국민건강보험공단에 송부해야 한다. [○ | ×]

12 징수위탁근거법에 따라 위탁받은 업무를 수행하기 위해 국민건강보험공단은 국가, 지방자치단체, 요양기관, 보험회사 및 보험료율 산출 기관, 공공기관 및 공공단체에 대해 주민등록·가족관계등록·국세·지방세·토지·건물·출입국관리 등의 자료를 요청할 수 있다. [○ | ×]

13 위의 **12**번 문제에 따라 국가, 지방자치단체, 요양기관, 보험료율 산출 기관, 공공기관 및 공공단체가 국민건강보험공단에 자료를 제공할 때는 그 제공에 대해 국민건강보험공단은 사용료와 수수료 등을 지급해야 한다. [○ | ×]

14 건강보험심사평가원은 요양급여비용의 심사와 요양급여의 적정성 평가를 위해 국가, 지방자치단체, 요양기관, 보험회사 및 보험료율 산출 기관, 공공기관 및 공공단체에 대해 주민등록·출입국관리·진료기록·의약품공급 등의 자료를 요청할 수 있다. [○ | ×]

15 약제에 대한 요양급여비용 상한금액의 감액 및 요양급여의 적용 정지를 위해 보건복지부장관은 관계 행정기관의 장에게 필요한 자료를 요청할 수 있다. [○ | ×]

16 국민건강보험공단은 가입자 및 피부양자의 자격 관리, 보험료의 부과·징수, 보험급여의 관리 등의 수행을 위해 전산정보자료를 공동이용할 수 없다. [○ | ×]

17 국민건강보험공단이 법원행정처장에게 전산정보자료의 공동이용을 요청하더라도 법원행정처장은 이에 필요한 조치를 하지 않을 수 있다. [○ | ×]

18 요양기관은 요양급여가 끝난 날부터 5년 동안 요양급여비용의 청구에 관한 서류를 보존해야 한다. [○ | ×]

19 약국은 처방전을 요양급여비용을 청구한 날부터 5년간 보존해야 한다. [○ | ×]

20 사용자는 10년 동안 자격 관리 및 보험료 산정 등 건강보험에 관한 서류를 보존해야 한다. [○ | ×]

21 국민건강보험공단에 요양비의 지급을 청구해 요양비를 지급받은 준요양기관은 그 요양비를 지급받은 날부터 5년 동안 요양비 청구에 관한 서류를 보존해야 한다. [○ | ×]

22 장애인인 가입자에게 판매한 보조기기에 대한 보험급여를 국민건강보험공단에 청구해 지급받은 자는 그 급여를 지급받은 날부터 3년 동안 보험급여 청구에 관한 서류를 보존해야 한다. [○ | ×]

23 보건복지부장관은 사용자, 직장가입자에게 가입자의 이동·보수·소득에 필요한 사항에 관한 보고를 명령하거나, 소속 공무원이 관계 서류를 검사하게 할 수 있다. [○ | ×]

24 보건복지부장관은 요양기관에게는 보험급여에 관한 보고를, 보험급여를 받은 자에게는 해당 보험급여의 내용에 관한 보고를 명령할 수 있다. [○│×]

25 보건복지부장관은 요양급여비용의 심사청구를 대행하는 단체에 필요한 자료의 제출을 직접 명령할 수 있지만, 소속 공무원이 대행청구에 관한 자료 등을 확인하게 할 수 없다. [○│×]

26 보건복지부장관은 약제에 대한 요양급여비용 상한금액의 감액 및 요양급여의 적용 정지를 위해 의약품공급자에게 의약품 판매 질서 위반 행위에 관한 보고 또는 서류 제출을 명령할 수 있다. [○│×]

27 속임수로 보험자·가입자 및 피부양자에게 요양급여비용을 부담하게 한 요양기관에 대해 보건복지부장관은 3년의 범위 내에서 업무정지를 명령할 수 있다. [○│×]

28 위의 27번 문제에 따라 업무정지된 요양기관은 해당 업무정지기간 중에는 요양급여를 하지 못한다. [○│×]

29 위의 27번 문제에 따른 업무정지 처분의 효과는 그 처분이 확정된 요양기관을 양수한 자 또는 합병 후 존속하는 법인이나 합병으로 설립되는 법인에 승계된다. [○│×]

30 위의 29번 문제에서 양수인 또는 합병 후 존속하는 법인이나 합병으로 설립되는 법인이 그 처분 또는 위반사실을 알지 못하였음을 증명하는 경우에도 업무정지 처분의 효과는 승계된다. [○│×]

31 업무정지 처분을 받은 자는 행정처분을 받은 사실을 양수인 또는 합병 후 존속하는 법인이나 합병으로 설립되는 법인에 즉시 알려야 한다. [○│×]

32 업무정지를 부과하는 위반행위의 종류, 위반 정도 등에 따른 행정처분기준이나 그 밖에 필요한 자세한 사항은 보건복지부령으로 정한다. [○│×]

33 속임수로 보험자·가입자 및 피부양자에게 요양급여비용을 부담하게 한 요양기관에 대해 보건복지부장관이 업무정지 처분을 할 때는 그 업무정지 처분 때문에 해당 요양기관을 이용하는 사람이 불편을 겪더라도 그 업무정지 처분을 갈음해 과징금을 부과할 수 없다. [○│×]

34 보건복지부장관이 요양급여비용의 상한금액이 감액된 약제가 감액된 날부터 5년 안에 다시 의약품 등의 판매 질서의 위반과 관련되어 해당 약제에 대해 1년의 범위에서 기간을 정해 요양급여의 적용을 정지할 경우에 공공복리에 지장을 줄 것으로 예상되는 때에는 해당 약제에 대한 요양급여비용 총액의 100분의 200을 넘지 않는 범위에서 과징금을 징수할 수 있다. [○│×]

35 위의 34번 문제의 경우에 보건복지부장관은 24개월의 범위에서 분할납부를 하게 할 수 있다. [○|×]

36 과징금 부과 대상이 된 약제가 과징금이 부과된 날부터 5년 안에 다시 과징금 부과 대상이 된 경우에 공공복리에 지장을 줄 것으로 예상되는 때는 보건복지부장관은 해당 약제에 대한 요양급여비용 총액의 100분의 350을 넘지 않는 범위에서 과징금을 징수할 수 있다. [○|×]

37 위의 36번 문제에 따라 해당 약제에 대한 요양급여비용 총액을 정할 때에는 그 약제의 과거 요양급여 실적 등을 고려해 5년 동안 요양급여 총액을 넘지 않는 범위에서 정해야 한다. [○|×]

38 업무정지 처분에 갈음해 과징금을 내야 하는 요양기관이 납부기한까지 납부하지 않으면 그 과징금 부과 처분이 취소되고 업무정지 처분을 받거나 국세 체납처분의 예에 따라 과징금이 징수된다. [○|×]

39 과징금의 징수를 위해 보건복지부장관은 납세자의 인적사항 등을 적은 문서로 관할 세무관서의 장에게 과세정보를 요청할 수 있다. [○|×]

40 징수된 과징금은 국민건강보험공단이 요양급여비용으로 지급하는 자금으로 사용될 수 없다. [○|×]

41 공공복리에 지장을 줄 것으로 예상되어 요양기관의 업무정지에 갈음해 징수된 과징금은 재난적의료비 지원사업에 대한 지원 용도로 사용된다. [○|×]

42 과징금의 금액과 그 납부에 필요한 사항 및 과징금의 용도별 지원 규모, 사용 절차 등에 필요한 자세한 사항은 기획재정부령으로 정한다. [○|×]

43 보건복지부장관은 서류의 위조로 요양급여비용을 거짓으로 청구해 업무정지 처분을 받은 요양기관이 거짓으로 청구한 금액이 500만 원 이상일 때는 다른 요양기관과의 구별에 필요한 사항을 공표할 수 있다. [○|×]

44 보건복지부장관은 위의 43번 문제에 따른 공표 여부를 심의하기 위해 건강보험공표심의위원회를 운영한다. [○|×]

45 위반사실의 공표의 절차·방법, 공표심의위원회의 구성·운영 등에 필요한 사항은 보건복지부령으로 정한다. [○|×]

46 제조업자 등은 약제·치료재료와 관련해 요양급여대상 여부를 결정하거나 요양급여비용을 산정할 때 보건복지부나 국민건강보험공단에 거짓 자료를 제출함으로써 보험자·가입자 및 피부양자에게 피해를 끼치지 말아야 한다. [○|×]

47 보건복지부장관은 제조업자 등이 위의 46번 문제에 위반한 사실이 있는지 확인하기 위해 소속 공무원이 관계 서류를 검사하게 할 수 있다. [○ | ×]

48 위의 47번 문제의 경우에 제조업자 등의 위반 사실이 드러나 국민건강보험공단이 제조업자 등에게 손실 상당액을 징수한 경우에 징수된 그 손실 상당액 중 가입자 및 피부양자의 손실에 해당되는 금액을 그 가입자나 피부양자에게 지급해야 한다. [○ | ×]

49 위의 48번 문제의 경우에 국민건강보험공단은 가입자나 피부양자에게 지급해야 하는 금액을 그 가입자 및 피부양자가 내야 하는 보험료 등과 상계할 수 없다. [○ | ×]

50 손실 상당액의 산정, 부과·징수절차 및 납부방법 등에 관하여 필요한 사항은 기획재정부령으로 정한다. [○ | ×]

51 국민건강보험공단, 대행청구단체 등에 종사했던 사람은 피부양자의 개인정보를 누설해서는 아니 된다. [○ | ×]

52 보건복지부장관은 국민건강보험공단의 업무에 대한 보고를 명령하고 재산상황을 검사하는 등 감독을 할 수 있다. [○ | ×]

53 위의 52번 문제의 경우에 보건복지부장관은 감독을 위해 정관이나 국민건강보험공단 규정의 변경을 권고할 수 있을 뿐이며, 명령할 수는 없다. [○ | ×]

54 국민건강보험공단은 부당한 방법으로 보험급여를 받은 준요양기관 및 보조기기 판매업자를 신고한 사람에게 포상금을 지급할 수 있다. [○ | ×]

55 국민건강보험공단은 건강보험 재정의 효율적 운영에 이바지한 요양기관에게 장려금을 지급할 수 있다. [○ | ×]

56 국민건강보험법에 따라 건강보험사업을 수행하는 자가 아닌 자는 보험계약 또는 보험계약의 명칭에 '국민건강보험'이라는 용어를 사용할 수 없다. [○ | ×]

57 국민건강보험공단은 징수 또는 반환해야 할 금액이 1건당 5,000원 미만인 경우에는 징수 또는 반환하지 않는다. [○ | ×]

58 보험료 등과 보험급여에 관한 비용을 계산할 때는 국고금관리법에 따른 끝수를 계산하지 않는다. [○ | ×]

59 국가는 매년 예산의 범위에서 해당 연도 보험료 예상 수입액의 100분의 30에 상당하는 금액을 국고에서 국민건강보험공단에 지원한다. [○|×]

60 위의 59번 문제에 따라 국고에서 지원받은 재원은 오직 가입자 및 피부양자에 대한 보험급여에만 사용된다. [○|×]

61 국민건강보험공단은 국민건강증진법에서 정하는 바에 따라 국민건강증진기금에서 자금을 지원받을 수 있다. [○|×]

62 위의 61번 문제에 따라 국민건강증진기금에서 지원받은 자금은 오직 건강검진 등 건강증진에 관한 사업에만 사용된다. [○|×]

63 정부는 외국 정부가 사용자인 사업장의 근로자의 건강보험에 대해서는 외국 정부와 한 합의에 따라 이를 따로 정할 수 있다. [○|×]

64 국내체류 외국인 등이 적용대상사업장의 근로자이고 고용 기간이 1개월 미만인 일용근로자에 해당하지 않으면서 외국인등록을 한 사람에 해당하는 경우에는 직장가입자가 된다. [○|×]

65 국내체류 외국인 등이 보건복지부령으로 정하는 기간 동안 국내에 거주했으며 국내거소신고를 한 사람에 해당하는 경우에는 지역가입자가 된다. [○|×]

66 국내체류 외국인 등이 직장가입자의 배우자 또는 직계존속·직계비속이면서 피부양자 자격의 인정 기준에 해당하는 경우에는 국민건강보험공단에 신청하면 피부양자가 될 수 있다. [○|×]

67 국내체류 외국인 등이 외국의 법령에 따라 요양급여에 상당하는 의료보장을 받을 수 있어 사용자가 가입 제외를 신청한 경우에도 가입자 및 피부양자가 될 수 있다. [○|×]

68 가입자인 국내체류 외국인 등이 매월 2일 이후 지역가입자의 자격을 취득하고 그 자격을 취득한 날이 속하는 달에 해당 자격을 상실한 경우에는 그 자격을 취득한 날이 속하는 달의 보험료를 징수하지 않는다. [○|×]

69 사용관계가 끝난 사람 중 직장가입자로서의 자격을 유지한 기간이 통산 1년 이상인 사람은 지역가입자가 된 이후 최초로 지역가입자 보험료를 고지받은 날부터 그 납부기한에서 2개월이 지나기 이전까지 국민건강보험공단에 직장가입자로서의 자격을 유지할 것을 신청할 수 있다. [○|×]

70 위의 69번 문제에 따라 국민건강보험공단에 신청한 가입자("임의계속가입자"라 한다)는 대통령령으로 정하는 기간 동안 직장가입자의 자격을 유지한다. [○|×]

71 임의계속가입자의 보수월액은 보수월액보험료가 산정된 최근 6개월 동안의 보수월액을 평균한 금액으로 한다.
[○│×]

72 임의계속가입자의 보험료는 그 일부를 경감할 수 없다.
[○│×]

73 임의계속가입자의 보수월액보험료는 그 임의계속가입자가 전액을 부담한다.
[○│×]

74 임의계속가입자의 신청 방법·절차 등에 필요한 사항은 재정기획부령으로 정한다.
[○│×]

75 국민건강보험법에 따른 보건복지부장관의 권한은 그 일부를 특별시장·광역시장·도지사·별자치도지사에게 위임할 수 있다.
[○│×]

76 요양기관에 대한 보건복지부장관의 요양·약제의 지급 등 보험급여에 관한 보고 명령 권한은 국민건강보험공단이나 건강보험심사평가원에 위탁할 수 있다.
[○│×]

77 국민건강보험공단은 보험급여비용의 지급에 관한 업무를 체신관서, 금융기관에 위탁할 수 없다.
[○│×]

78 국민건강보험공단은 징수위탁보험료 등의 수납 또는 그 납부의 확인에 관한 업무를 체신관서, 금융기관에 위탁할 수 있다.
[○│×]

79 국민건강보험공단은 보험료와 징수위탁보험료 등의 징수 업무를 지방자치단체나 사회보험 업무를 수행하는 법인에게 위탁할 수 있다.
[○│×]

80 국민건강보험공단이 위탁할 수 있는 업무 및 위탁받을 수 있는 자의 범위는 대통령령으로 정한다. [○│×]

81 국민건강보험공단은 자신이 징수한 보험료와 그에 따른 징수금 또는 징수위탁보험료 등의 금액이 징수해야 할 총액에 부족한 경우에는 납부의무자가 다른 의사를 표시한 때에도 대통령령으로 정하는 기준, 방법에 따라 이를 배분해 납부 처리해야 한다.
[○│×]

82 국민건강보험공단은 징수위탁보험료 등을 징수한 때에는 이를 3개월 이내에 해당 보험별 기금에 납입할 수 있다.
[○│×]

83 국민건강보험공단은 국민연금기금, 산업재해보상보험및예방기금, 고용보험기금 및 임금채권보장기금으로부터 각각 지급받은 출연금을 징수위탁근거법에 따라 위탁받은 업무에 소요되는 비용에 사용해야 한다. [○│×]

84 지급받은 출연금의 관리 및 운용 등에 필요한 사항은 기획재정부령으로 정한다.
[○│×]

85 건강보험정책심의위원회 및 건강보험공표심의위원회 위원 중 공무원이 아닌 사람은 형법에 따른 공무상 비밀의 누설, 수뢰・사전수뢰, 제3자뇌물제공, 수뢰후부정처사・사후수뢰, 알선수뢰의 규정을 적용할 때에는 공무원으로 의제한다.　　[○ | ×]

01 국민건강보험법상의 시효 관련한 다음 설명 중 옳은 것을 모두 고르면?

> ㉠ 보험료·연체금 및 가산금을 징수할 권리와 보험료·연체금 및 가산금으로 과오납부한 금액을 환급받을 권리의 소멸시효기간은 1년이다.
> ㉡ 보험급여를 받을 권리, 보험급여 비용을 받을 권리, 과다납부된 본인일부부담금을 돌려받을 권리의 소멸시효기간은 3년이다.
> ㉢ 위의 ㉠과 ㉡의 소멸시효기간은 보험급여 또는 보험급여 비용의 청구의 사유로 중단된다.
> ㉣ 휴직자 등의 보수월액보험료를 징수할 권리의 소멸시효는 고지가 유예된 경우 휴직 등의 사유가 끝날 때까지 정지된다.
> ㉤ 소멸시효기간, 시효 중단 및 시효 정지 등에 관련한 자세한 사항은 민사소송법의 기간에 관한 규정을 준용한다.

① ㉠, ㉡, ㉢   ② ㉠, ㉢, ㉤
③ ㉡, ㉢, .㉣   ④ ㉢, ㉣, ㉤

02 국민건강보험법상의 신고 등과 관련한 다음 설명 중 옳은 것을 모두 고르면?

> ㉠ 국민건강보험공단은 세대주에게 가입자의 거주지 변경 관계 서류를 제출하게 할 수 있다.
> ㉡ 국민건강보험공단은 사용자, 직장가입자에게가입자의 거주지 변경 사항을 신고하게 할 수 있다.
> ㉢ 국민건강보험공단은 사용자, 직장가입자 및 세대주로부터 제출받은 자료의 사실 여부를 확인하기 위해 소속 직원이 해당 사항에 관한 조사를 하게 할 수 있다.
> ㉣ 위의 ㉢에 따라 조사를 하는 소속 직원은 그 권한을 표시하는 증표를 관계인에게 보여주어야 한다.

① ㉠, ㉡, ㉢   ② ㉠, ㉢, ㉤
③ ㉡, ㉢, ㉣   ④ ㉠, ㉡, ㉢, ㉣

03 소득 축소·탈루 자료의 송부 등과 관련한 다음 설명 중 옳지 않은 것을 모두 고르면?

> ㉠ 사용자, 직장가입자가 신고한 보수에 축소나 탈루가 있다고 인정될 경우에 공단은 관련 문서를 기획재정부장관을 거쳐 관할 세무관서의 장에게 송부할 수 있다.
> ㉡ 위의 ㉠의 경우에 송부받은 사항에 대하여 세무조사를 한 관할 세무관서의 장은 그 조사 결과 중 보수에 관한 사항을 기획재정부장관에게 송부해야 한다.
> ㉢ 위의 ㉠ 및 ㉡에 따른 송부 절차 등에 필요한 자세한 사항은 기획재정부령으로 정한다.

① ㉠   ② ㉠, ㉡
③ ㉡, ㉢   ④ ㉠, ㉡, ㉢

04 자료의 제공과 관련한 설명으로 옳은 것을 모두 고르면?

> ㉠ 국민건강보험공단은 가입자 및 피부양자의 자격 관리 업무를 수행하기 위해 요양기관에 대해 토지·건물 등의 자료를 요구할 수 있다.
> ㉡ 국민건강보험공단은 징수위탁근거법에 따라 위탁받은 업무를 수행하기 위해 지방자치단체에 대해 주민등록·가족관계등록·지방세 등의 자료를 요구할 수 있다.
> ㉢ 위의 ㉠ 및 ㉡에 따라 국민건강보험공단이 요양기관과 지방자치단체에 자료의 제공을 요구할 때는 자료의 제공에 따른 사용료나 수수료를 해당 기관에 지불해야 한다.
> ㉣ 건강보험심사평가원은 요양급여비용을 심사하기 위해 지방자치단체에 대해 주민등록·출입국관리 등의 자료의 제공을 요구할 수 없다.
> ㉤ 보건복지부장관은 약제에 대한 요양급여비용 상한금액의 감액을 위해 관계 행정기관의 장에게 필요한 자료를 요청할 수 없다.

① ㉠, ㉡
② ㉠, ㉢, ㉤
③ ㉡, ㉢, ㉤
④ ㉡, ㉣, ㉤

05 다음 중 소멸시효와 관련한 설명으로 옳지 않은 것은?

① 보험료의 고지 또는 독촉의 사유로 인해 시효는 중단된다.
② 보험급여 또는 보험급여 비용의 청구로 인해 시효는 중단되지 않는다.
③ 과다납부된 본인일부부담금을 돌려받을 권리를 3년 동안 행사하지 않으면 소멸시효가 완성된다.
④ 휴직자의 보수월액보험료를 징수할 권리의 소멸시효는 고지가 유예된 경우 휴직 등의 사유가 끝날 때까지 진행하지 않는다.

06 가족관계등록 전산정보의 공동이용과 관련한 설명으로 옳지 않은 것을 모두 고르면?

> ㉠ 국민건강보험공단은 보험료의 부과·징수의 수행을 위해 전산정보자료를 공동이용할 수 있다.
> ㉡ 국민건강보험공단은 징수위탁근거법에 따라 위탁받은 업무의 수행을 위해 전산정보자료를 공동이용할 수 있다.
> ㉢ 법원행정처장은 국민건강보험공단이 전산정보자료의 공동이용을 요청하는 경우 그 공동이용을 위해 필요한 조치를 직권으로 거절할 수 있다.
> ㉣ 국민건강보험공단은 공동이용하는 전산정보자료를 그 목적 외의 용도로 전용(轉用)할 수 있다.

① ㉠, ㉡
② ㉠, ㉡, ㉢
③ ㉢, ㉣
④ ㉡, ㉢, ㉣

07 서류의 보존과 관련한 다음 설명의 ㉠ ~ ㉣의 수효를 모두 더하면 얼마인가?

> • 요양기관은 요양급여가 끝난 날부터 ___㉠___ 동안 요양급여비용의 청구에 관한 서류를 보존해야 한다. 다만, 약국은 처방전을 요양급여비용을 청구한 날부터 3년 동안 보존해야 한다.
> • 사용자는 ___㉡___ 동안 자격 관리 및 보험료 산정 등 건강보험에 관한 서류를 보존해야 한다.
> • 요양비를 청구한 준요양기관은 요양비를 지급받은 날부터 ___㉢___ 동안 요양비 청구에 관한 서류를 보존해야 한다.
> • 보조기기에 대한 보험급여를 청구한 자는 보험급여를 지급받은 날부터 ___㉣___ 동안 보험급여 청구에 관한 서류를 보존해야 한다.

① 10년   ② 12년
③ 14년   ④ 17년

PART 1
PART 2

08 국민건강보험법상의 보고 및 검사와 관련한 다음 설명 중 옳은 것을 모두 고르면?

> ㉠ 보건복지부장관은 사용자, 직장가입자, 세대주에게 가입자의 이동·보수·소득에 관한 보고를 명할 수 있다.
> ㉡ 보건복지부장관은 요양기관에 대해 소속 공무원이 보험급여에 관계된 서류를 검사하게 할 수 없다.
> ㉢ 보건복지부장관은 요양급여비용의 심사청구를 대행하는 단체("대행청구단체"라 한다)에 대해 소속 공무원이 대행청구에 관한 자료 등을 확인하게 할 수 없다.
> ㉣ 보건복지부장관은 요양급여의 적용 정지를 위해 의약품공급자에 대해 경제적 이익 등 제공으로 인한 의약품 판매 질서 위반 행위에 관한 서류 제출을 명할 수 있다.

① ㉠, ㉡   ② ㉠, ㉣
③ ㉡, ㉢   ④ ㉡, ㉣

09 요양기관의 업무정지와 관련한 설명으로 옳지 않은 것은?

① 보건복지부장관의 보고 명령을 받고 거짓 서류를 제출한 요양기관은 1년 이내의 업무정지 처분을 받을 수 있다.
② 부당한 방법으로 보험자·가입자·부양자에게 요양급여비용을 부담하게 한 요양기관은 3년 이내의 업무정지 처분을 받을 수 있다.
③ 행위·치료재료에 대한 요양급여대상 여부의 결정을 보건복지부장관에게 신청하지 않고 속임수로 행위·치료재료를 가입자에게 실시하고 비용을 부담시킨 요양기관은 1년 이내의 업무정지 처분을 받을 수 있다.
④ 위의 ①~③에 따라 업무정지 처분을 받은 요양기관은 해당 업무정지기간 중에는 요양급여를 할 수 없다.

10 국민건강보험법상의 요양기관의 업무정지와 관련한 다음 설명 중 옳지 않은 것은?

① 업무정지 처분의 효과는 그 처분이 확정된 요양기관을 양수한 자에게 승계된다.

② 위의 ①의 경우에 양수인이 그 업무정지 처분 사실을 알지 못했음을 증명하더라도 업무정지 처분의 효과는 승계된다.

③ 업무정지 처분을 받은 자는 행정처분을 받은 사실을 양수인에게 즉시 알려야 한다.

④ 업무정지를 부과하는 위반 정도 등에 따른 행정처분기준에 필요한 자세한 사항은 대통령령으로 정한다.

11 국민건강보험법상의 과징금과 관련한 다음 설명의 ⊙, ⓒ에 들어갈 내용으로 옳은 것은?

> 보건복지부장관은 요양기관이 다음 ㉮, ㉯의 경우에 해당하여 업무정지 처분을 해야 하는 경우로서 그 업무정지 처분이 해당 요양기관을 이용하는 사람에게 심한 불편을 주거나 보건복지부장관이 정하는 특별한 사유가 있다고 인정되면 업무정지 처분을 갈음해 속임수나 그 밖의 부당한 방법으로 부담하게 한 금액의 ___⊙___ 이하의 금액을 과징금으로 부과·징수할 수 있다. 이 경우 보건복지부장관은 ___ⓒ___의 범위에서 분할납부를 하게 할 수 있다.
> ㉮ 속임수나 그 밖의 부당한 방법으로 보험자·가입자 및 피부양자에게 요양급여비용을 부담하게 한 경우
> ㉯ 정당한 사유 없이 요양기관이 행위·치료재료에 대한 요양급여대상 여부의 결정을 보건복지부장관에게 신청하지 않고 속임수나 그 밖의 부당한 방법으로 행위·치료재료를 가입자 또는 피부양자에게 실시 또는 사용하고 비용을 부담시킨 경우

	⊙	ⓒ
①	5배	12개월
②	5배	18개월
③	10배	12개월
④	10배	18개월

12 국민건강보험법상의 과징금과 관련한 다음 설명의 ⊙, ⓒ에 들어갈 내용으로 옳은 것은?

> ㉮ 보건복지부장관은 약제를 요양급여에서 적용 정지하는 경우에 환자 진료에 불편을 초래하는 등 공공복리에 지장을 줄 것으로 예상되는 때에는 요양급여의 적용 정지에 갈음해 해당 약제에 대한 요양급여비용 총액의 ___⊙___를 넘지 않는 범위 내에서 과징금을 징수할 수 있다.
> ㉯ 위의 ㉮의 경우에 보건복지부장관은 ___ⓒ___의 범위에서 분할납부를 하게 할 수 있다.

	⊙	ⓒ
①	200%	12개월
②	200%	18개월
③	350%	12개월
④	350%	18개월

13 국민건강보험법상의 과징금과 관련한 다음 설명의 ㉠, ㉡에 들어갈 내용으로 옳은 것은?

> ㉮ 보건복지부장관은 과징금 부과 대상이 된 약제가 그 과징금이 부과된 날부터 5년의 범위에서 대통령령으로 정하는 기간 내에 다시 과징금 부과 대상이 되는 경우에 국민 건강에 심각한 위험을 초래할 것이 예상되는 등 특별한 사유가 있다고 인정되는 때에는 해당 약제에 대한 요양급여비용 총액의 ___㉠___ 를 넘지 않는 범위에서 과징금을 징수할 수 있다.
>
> ㉯ 위의 ㉮에 따라 해당 약제에 대한 요양급여비용 총액을 정할 때에는 그 약제의 과거 요양급여 실적 등을 고려해 ___㉡___ 동안의 요양급여 총액을 넘지 않는 범위에서 정해야 한다.

	㉠	㉡
①	60%	1년
②	60%	3년
③	100%	1년
④	100%	3년

14 국민건강보험법상의 과징금과 관련한 설명으로 옳지 않은 것은?

① 보건복지부장관은 과징금을 납부해야 하는 자가 납부기한까지 과징금을 내지 않으면 그 과징금 부과 처분을 취소하고 업무정지 처분을 하거나 국세 체납처분의 예에 따라 이를 징수한다.

② 보건복지부장관은 과징금의 징수를 위해 관할 세무관서의 장에게 과세정보의 제공을 요청할 수 있으나, 지방자치단체의 장에게는 그렇지 않다.

③ 징수된 과징금은 응급의료에 관한 법률에 따른 응급의료기금의 지원의 용도로 사용될 수 있다.

④ 공공복리에 지장을 줄 것으로 예상되어 요양기관의 업무정지에 갈음해 징수된 과징금은 재난적의료비 지원사업에 대한 지원 용도로 사용된다.

15 위반사실의 공표와 관련한 다음 설명의 ㉠, ㉡에 들어갈 내용으로 옳은 것은?

> 보건복지부장관은 관련 서류를 변조로 요양급여비용을 거짓으로 청구해 업무정지 처분을 받은 요양기관이 거짓으로 청구한 금액이 ___㉠___ 이상인 경우 또는 요양급여비용 총액 중 거짓으로 청구한 금액의 비율이 ___㉡___ 이상인 경우에 해당하면 그 위반 행위와 그 밖에 다른 요양기관과의 구별에 필요한 사항을 공표할 수 있다.

	㉠	㉡
①	1,500만 원	20%
②	1,500만 원	50%
③	3,000만 원	20%
④	3,000만 원	50%

16 위반사실의 공표와 관련한 설명으로 옳은 것을 모두 고르면?

> ㉠ 위반사실의 공표 여부를 심의하기 위해 국민건강보험공단 이사장이 건강보험공표심의위원회("공표심의위원회"라 한다)를 설치・운영한다.
> ㉡ 공표심의위원회의 심의를 거친 위반사실의 공표대상자에게는 공표대상자인 사실을 알려 의견을 진술할 기회를 주어야 한다.
> ㉢ 공표심의위원회는 위반사실의 공표대상자 여부를 결정하기 전에 해당 공표대상자가 진술한 의견을 고려해 공표대상자를 재심의해야 한다.
> ㉣ 위의 ㉠~㉢의 사항 외에 위반사실 공표의 절차・방법에 필요한 자세한 사항은 대통령령에 따른다.

① ㉠, ㉢
② ㉠, ㉣
③ ㉡, ㉢
④ ㉡, ㉢, ㉣

17 제조업자 등의 금지행위 등과 관련한 다음 설명 중 옳지 않은 것을 모두 고르면?

> ㉠ 제조업자 등은 약제・치료재료와 관련해 요양급여대상 여부를 결정할 때에 부당한 방법으로 보험자에게 요양급여비용을 부담하게 한 요양기관의 행위에 개입함으로써 보험자에게 손실을 주어서는 아니 된다.
> ㉡ 제조업자 등은 약제・치료재료와 관련해 요양급여비용을 산정할 때에 부당한 방법으로 요양급여비용의 산정에 영향을 미치는 행위를 함으로써 가입자・피부양자에게 손실을 주어서는 아니 된다.
> ㉢ 위의 ㉠과 ㉡을 위반해 보험자・가입자・피부양자에게 손실을 주는 행위를 한 제조업자 등에 대하여 손실에 상당하는 금액("손실 상당액"이라 한다)을 징수하는 주체는 보건복지부이다.
> ㉣ 위의 ㉢에 따라 징수된 손실 상당액 중 가입자 및 피부양자의 손실에 해당되는 금액을 그 가입자나 피부양자에게 지급해야 하는 경우에 그 지급액을 그 가입자 및 피부양자가 내야 하는 보험료 등과 상계할 수 없다.

① ㉠, ㉢
② ㉡, ㉢
③ ㉢, ㉣
④ ㉡, ㉢, ㉣

18 국민건강보험법상의 정보의 유지와 관련한 다음 설명 중 옳지 않은 것은?

① 대행청구단체에 종사했던 사람은 업무를 수행할 때 알게 된 정보를 누설할 수 없다.
② 건강보험심사평가원에 종사했던 사람은 가입자의 개인정보를 제3자에게 제공할 수 없다.
③ 국민건강보험공단에 종사했던 사람은 업무를 수행 중에 알게 된 정보를 제3자에게 제공할 수 없다.
④ 국민건강보험공단에 종사하는 사람은 피부양자의 개인정보를 임의로 직무상 목적 외의 용도로 활용할 수 있다.

19 국민건강보험공단 등에 대한 보건복지부장관의 감독과 관련한 설명으로 옳지 않은 것은?

① 보건복지부장관은 국민건강보험공단의 경영지침의 이행과 관련된 사업에 대해 보고를 명할 수 있다.

② 보건복지부장관은 국민건강보험공단의 경영목표 달성을 위해 재산상황을 검사하는 등 감독을 할 수 있다.

③ 보건복지부장관은 국민건강보험공단이 징수위탁근거법에 따라 위탁받은 업무에 대해 보고를 명하거나 검사하는 등 감독을 할 수 있다.

④ 보건복지부장관은 국민건강보험공단을 감독하기 위해 정관이나 관련 규정의 변경을 규정의 변경을 권고할 수 있을 뿐이며, 명령하지 못한다.

20 국민건강보험법상의 포상금 등의 지급과 관련한 다음 설명 중 옳지 않은 것은?

① 국민건강보험공단은 부당한 방법으로 보험급여를 받은 준요양기관을 신고한 사람에게 포상금을 지급할 수 있다.

② 국민건강보험공단은 속임수로 다른 사람이 보험급여를 받도록 한 자를 신고한 사람에게 포상금을 지급할 수 있다.

③ 국민건강보험공단은 건강보험 재정의 효율적 운영에 기여한 요양기관에 장려금을 지급할 수 있다.

④ 포상금·장려금의 지급 기준과 범위, 절차·방법 등에 필요한 자세한 사항은 기획재정부령을 따른다.

21 국민건강보험법상의 소액 처리와 관련한 다음 설명의 빈칸 ㉠에 들어갈 내용으로 옳은 것은?

> 국민건강보험공단은 징수하여야 할 금액이나 반환해야 할 금액이 1건당 ___㉠___ 미만인 경우에는 징수 또는 반환하지 않는다(상계 처리할 수 있는 본인일부부담금 환급금 및 가입자·피부양자에게 지급해야 하는 금액은 제외).

① 1,000원

② 2,000원

③ 3,000원

④ 5,000원

22 국민건강보험공단에 대한 정부지원 및 지원금의 용도와 관련한 다음 설명 중 옳은 것을 모두 고르면?

> ㉠ 국가는 매년 예산의 범위에서 해당 연도 보험료 예상 수입액의 30%에 상당하는 금액을 국고에서 국민건강보험공단에 지원한다.
> ㉡ 국민건강보험공단은 위의 ㉠에 따른 지원금을 보험료 경감에 대한 지원에 사용할 수 있다.
> ㉢ 국민건강보험공단은 국민건강증진기금에서 자금을 지원받을 수 있다.
> ㉣ 국민건강보험공단은 위의 ㉢에 따른 지원금을 60세 이상의 가입자에 대한 보험급여에 사용할 수 있다.

① ㉠, ㉣   ② ㉡, ㉢
③ ㉡, ㉣   ④ ㉠, ㉡, ㉣

23 외국인 등에 대한 특례와 관련한 설명으로 옳지 않은 것은?

① 정부는 외국 정부가 사용자인 사업장의 근로자의 건강보험에 대해서도 국민건강보험법의 규정을 따라야 한다.
② 국내체류 외국인 등이 적용대상사업장의 근로자이고 고용 기간이 1개월 미만인 일용근로자에 해당하지 않으면서 국내거소신고를 한 사람인 경우에는 직장가입자가 된다.
③ 국내체류 외국인 등이 보건복지부령으로 정하는 기간 동안 국내에 지속적으로 거주할 것으로 예상할 수 있고 주민등록법에 따라 재외국민 주민등록을 한 사람인 경우에는 직장가입자가 된다.
④ 국내체류 외국인 등이 직장가입자의 직계존속·직계비속이면서 피부양자 자격의 인정 기준에 해당하는 경우에 국민건강보험공단에 신청하면 피부양자가 될 수 있다.

24 국내체류 외국인 등에 대한 특례와 관련한 다음 설명 중 옳은 것은?

① 국내체류 외국인 등이 외국의 보험에 따라 요양급여에 상당하는 의료보장을 받을 수 있어 사용자가 가입 제외를 신청한 경우에도 가입자가 될 수 있다.
② 가입자인 국내체류 외국인 등이 매월 2일 이후 지역가입자의 자격을 취득하고 그 자격을 취득한 날이 속하는 달에 해당 자격을 상실한 경우에는 그 자격을 취득한 날이 속하는 달의 보험료를 징수하지 않는다.
③ 보건복지부장관이 다르게 정하여 고시한 국내체류 외국인 등에 해당하는 지역가입자의 보험료는 그 직전 월 25일까지 납부해야 한다.
④ 보건복지부장관이 다르게 정하여 고시한 국내체류 외국인 등에 해당하는 지역가입자가 보험료를 체납한 경우에는 체납일이 속한 달의 다음 달부터 체납한 보험료를 완납할 때까지 보험급여를 하지 않는다.

25 실업자에 대한 특례와 관련한 설명으로 옳은 것은?

① 사용관계가 끝난 사람 중 직장가입자의 자격 유지 기간이 통산 2년 이상인 사람은 지역가입자가 된 이후 최초로 지역가입자 보험료를 고지받은 날부터 그 납부기한에서 6개월이 지나기 이전까지 직장가입자로서의 자격을 유지할 것을 국민건강보험공단에 신청할 수 있다.

② 위의 ①에 따라 국민건강보험공단에 신청한 임의계속가입자는 대통령령으로 정하는 기간 동안 직장가입자의 자격을 유지한다.

③ 임의계속가입자의 보수월액은 보수월액보험료가 산정된 최근 6개월 동안의 보수월액을 평균해 산출한다.

④ 임의계속가입자의 보수월액보험료는 그 임의계속가입자와 국가가 각각 100분의 50씩 부담한다.

26 다음 중 국민건강보험법상 보건복지부장관의 권한을 직접 위임받을 수 있는 주체가 아닌 것은?

① 특별자치도지사
② 특별시장・광역시장
③ 보험업법에 따른 보험료율 산출 기관
④ 국민건강보험공단 및 건강보험심사평가원

27 다음 중 국민건강보험공단이 국민연금기금 등으로부터 지급받은 출연금을 사용할 수 있는 사업 또는 업무에 해당하는 것은?

① 의료시설의 운영
② 보험급여 비용의 지급
③ 건강보험에 관한 교육훈련 및 홍보
④ 징수위탁근거법에 따라 위탁받은 업무

09 벌칙

1. 벌칙

(1) 벌칙(제115조)

① 가입자 및 피부양자의 개인정보를 누설하거나 직무상 목적 외의 용도로 이용 또는 정당한 사유 없이 제3자에게 제공한 자는 5년 이하의 징역 또는 5,000만 원 이하의 벌금에 처한다.

② 다음 각 호의 어느 하나에 해당하는 자는 3년 이하의 징역 또는 3,000만 원 이하의 벌금에 처한다.

1. 대행청구단체의 종사자로서 거짓이나 그 밖의 부정한 방법으로 요양급여비용을 청구한 자
2. 업무를 수행하면서 알게 된 정보를 누설하거나 직무상 목적 외의 용도로 이용 또는 제3자에게 제공한 자

③ 공동이용하는 전산정보자료를 목적 외의 용도로 이용하거나 활용한 자는 3년 이하의 징역 또는 1,000만 원 이하의 벌금에 처한다.

④ 거짓이나 그 밖의 부정한 방법으로 보험급여를 받거나 타인으로 하여금 보험급여를 받게 한 사람은 2년 이하의 징역 또는 2,000만 원 이하의 벌금에 처한다.

⑤ 다음 각 호의 어느 하나에 해당하는 자는 1년 이하의 징역 또는 1,000만 원 이하의 벌금에 처한다.

1. 제42조의2 제1항 및 제3항을 위반하여 선별급여를 제공한 요양기관의 개설자

> **더 알아보기**
>
> **요양기관의 선별급여 실시에 대한 관리(법 제42조의2 제1항 및 제3항)**
> ① 선별급여 중 자료의 축적 또는 의료 이용의 관리가 필요한 경우에는 보건복지부장관이 해당 선별급여의 실시 조건을 사전에 정하여 이를 충족하는 요양기관만이 해당 선별급여를 실시할 수 있다.
> ③ 보건복지부장관은 요양기관이 선별급여의 실시 조건을 충족하지 못하거나 자료를 제출하지 아니할 경우에는 해당 선별급여의 실시를 제한할 수 있다.

2. 제47조 제6항을 위반하여 대행청구단체가 아닌 자로 하여금 대행하게 한 자

> **더 알아보기**
>
> **요양급여비용의 청구와 지급 등(법 제47조 제6항)**
> 요양기관은 심사청구를 다음 각 호의 단체가 대행하게 할 수 있다.
> 1. 의료법에 따른 의사회·치과의사회·한의사회·조산사회 또는 신고한 각각의 지부 및 분회
> 2. 의료법에 따른 의료기관 단체
> 3. 약사법에 따른 약사회 또는 신고한 지부 및 분회

3. 제93조를 위반한 사용자

> **더 알아보기**
>
> **근로자의 권익 보호(법 제93조)**
> 제6조 제2항 각 호(직장가입자의 제외 규정)의 어느 하나에 해당하지 아니하는 모든 사업장의 근로자를 고용하는 사용자는 그가 고용한 근로자가 국민건강보험법에 따른 직장가입자가 되는 것을 방해하거나 자신이 부담하는 부담금이 증가되는 것을 피할 목적으로 정당한 사유 없이 근로자의 승급 또는 임금 인상을 하지 아니하거나 해고나 그 밖의 불리한 조치를 할 수 없다.

4. 제98조 제2항을 위반한 요양기관의 개설자

(2) 벌칙(제116조)

제97조 제2항을 위반하여 보고 또는 서류 제출을 하지 아니한 자, 거짓으로 보고하거나 거짓 서류를 제출한 자, 검사나 질문을 거부·방해 또는 기피한 자는 1,000만 원 이하의 벌금에 처한다.

(3) 벌칙(제117조)

제42조 제5항을 위반한 자 또는 제49조 제2항을 위반하여 요양비 명세서나 요양 명세를 적은 영수증을 내주지 아니한 자는 500만 원 이하의 벌금에 처한다.

2. 양벌규정 및 과태료

(1) 양벌 규정(제118조)

법인의 대표자나 법인 또는 개인의 대리인, 사용인, 그 밖의 종사자가 그 법인 또는 개인의 업무에 관하여 제115조(벌칙)부터 제117조(벌칙)까지의 규정 중 어느 하나에 해당하는 위반행위를 하면 그 행위자를 벌하는 외에 그 법인 또는 개인에게도 해당 조문의 벌금형을 과(科)한다. 다만, 법인 또는 개인이 그 위반행위를 방지하기 위하여 해당 업무에 관하여 상당한 주의와 감독을 게을리하지 아니한 경우에는 그러하지 아니하다.

(2) 과태료(제119조)

① 삭제(2013. 5. 22)
② 삭제(2013. 5. 22)
③ 다음 각 호의 어느 하나에 해당하는 자에게는 500만 원 이하의 과태료를 부과한다.

1. 제7조를 위반하여 신고를 하지 아니하거나 거짓으로 신고한 사용자

> **더 알아보기**
>
> **사업장의 신고(법 제7조)**
> 사업장의 사용자는 다음 각 호의 어느 하나에 해당하게 되면 그때부터 14일 이내에 보건복지부령으로 정하는 바에 따라 보험자에게 신고하여야 한다. 제1호에 해당되어 보험자에게 신고한 내용이 변경된 경우에도 또한 같다.
> 1. 직장가입자가 되는 근로자·공무원 및 교직원을 사용하는 사업장("적용대상사업장"이라 한다)이 된 경우
> 2. 휴업·폐업 등 보건복지부령으로 정하는 사유가 발생한 경우

2. 정당한 사유 없이 제94조 제1항을 위반하여 신고·서류제출을 하지 아니하거나 거짓으로 신고·서류제출을 한 자

> **더 알아보기**
>
> **신고 등(법 제94조 제1항)**
> 공단은 사용자, 직장가입자 및 세대주에게 다음 각 호의 사항을 신고하게 하거나 관계 서류(전자적 방법으로 기록된 것을 포함한다. 이하 같다)를 제출하게 할 수 있다.
> 1. 가입자의 거주지 변경
> 2. 가입자의 보수·소득
> 3. 그 밖에 건강보험사업을 위하여 필요한 사항

3. 정당한 사유 없이 제97조 제1항, 제3항, 제4항, 제5항을 위반하여 보고·서류제출을 하지 아니하거나 거짓으로 보고·서류제출을 한 자

> **더 알아보기**
>
> **보고와 검사(법 제97조 제1항, 제3항, 제4항, 제5항)**
> ① 보건복지부장관은 사용자, 직장가입자 또는 세대주에게 가입자의 이동·보수·소득이나 그 밖에 필요한 사항에 관한 보고 또는 서류 제출을 명하거나, 소속 공무원이 관계인에게 질문하게 하거나 관계 서류를 검사하게 할 수 있다.
> ③ 보건복지부장관은 보험급여를 받은 자에게 해당 보험급여의 내용에 관하여 보고하게 하거나, 소속 공무원이 질문하게 할 수 있다.
> ④ 보건복지부장관은 요양급여비용의 심사청구를 대행하는 단체("대행청구단체"라 한다)에 필요한 자료의 제출을 명하거나, 소속 공무원이 대행청구에 관한 자료 등을 조사·확인하게 할 수 있다.
> ⑤ 보건복지부장관은 약제에 대한 요양급여비용 상한금액의 감액 및 요양급여의 적용 정지를 위하여 필요한 경우에는 약사법에 따른 의약품공급자에 대하여 금전, 물품, 편익, 노무, 향응, 그 밖의 경제적 이익 등 제공으로 인한 의약품 판매 질서 위반 행위에 관한 보고 또는 서류 제출을 명하거나, 소속 공무원이 관계인에게 질문하게 하거나 관계 서류를 검사하게 할 수 있다.

4. 제98조 제4항을 위반하여 행정처분을 받은 사실 또는 행정처분절차가 진행 중인 사실을 지체 없이 알리지 아니한 자

> **더 알아보기**
>
> **업무정지(법 제98조 제4항)**
> 업무정지 처분을 받았거나 업무정지 처분의 절차가 진행 중인 자는 행정처분을 받은 사실 또는 행정처분절차가 진행 중인 사실을 보건복지부령으로 정하는 바에 따라 양수인 또는 합병 후 존속하는 법인이나 합병으로 설립되는 법인에 지체 없이 알려야 한다.

5. 정당한 사유 없이 제101조 제2항을 위반하여 서류를 제출하지 아니하거나 거짓으로 제출한 자

더 알아보기

제조업자 등의 금지행위 등(법 제101조 제2항)
보건복지부장관은 제조업자 등이 제1항에 위반한 사실이 있는지 여부를 확인하기 위하여 그 제조업자 등에게 관련 서류의 제출을 명하거나, 소속 공무원이 관계인에게 질문을 하게 하거나 관계 서류를 검사하게 하는 등 필요한 조사를 할 수 있다. 이 경우 소속 공무원은 그 권한을 표시하는 증표를 지니고 이를 관계인에게 보여 주어야 한다.

④ 다음 각 호의 어느 하나에 해당하는 자에게는 100만 원 이하의 과태료를 부과한다.
1. 삭제(2016. 3. 22)
2. 삭제(2018. 12. 11)
3. 삭제(2016. 3. 22)
4. 제96조의3(서류의 보존)을 위반하여 서류를 보존하지 아니한 자

더 알아보기

서류의 보존(법 제96조의3)
① 요양기관은 요양급여가 끝난 날부터 5년간 보건복지부령으로 정하는 바에 따라 요양급여비용의 청구에 관한 서류를 보존하여야 한다. 다만, 약국 등 보건복지부령으로 정하는 요양기관은 처방전을 요양급여비용을 청구한 날부터 3년간 보존하여야 한다.
② 사용자는 3년간 보건복지부령으로 정하는 바에 따라 자격 관리 및 보험료 산정 등 건강보험에 관한 서류를 보존하여야 한다.
③ 제49조 제3항에 따라 요양비를 청구한 준요양기관은 요양비를 지급받은 날부터 3년간 보건복지부령으로 정하는 바에 따라 요양비 청구에 관한 서류를 보존하여야 한다.
④ 제51조 제2항에 따라 보조기기에 대한 보험급여를 청구한 자는 보험급여를 지급받은 날부터 3년간 보건복지부령으로 정하는 바에 따라 보험급여 청구에 관한 서류를 보존하여야 한다.

5. 제103조에 따른 명령을 위반한 자

더 알아보기

공단 등에 대한 감독 등(법 제103조)
① 보건복지부장관은 공단과 심사평가원의 경영목표를 달성하기 위하여 다음 각 호의 사업이나 업무에 대하여 보고를 명하거나 그 사업이나 업무 또는 재산상황을 검사하는 등 감독을 할 수 있다.
   1. 공단의 업무 및 심사평가원의 업무
   2. 공공기관의 운영에 관한 법률에 따른 경영지침의 이행과 관련된 사업
   3. 국민건강보험법 또는 다른 법령에서 공단과 심사평가원이 위탁받은 업무
   4. 그 밖에 관계 법령에서 정하는 사항과 관련된 사업
② 보건복지부장관은 감독상 필요한 경우에는 정관이나 규정의 변경 또는 그 밖에 필요한 처분을 명할 수 있다.

6. 제105조를 위반한 자

유사명칭의 사용금지(법 제105조)
① 공단이나 심사평가원이 아닌 자는 공단, 건강보험심사평가원 또는 이와 유사한 명칭을 사용하지 못한다.
② 국민건강보험법으로 정하는 건강보험사업을 수행하는 자가 아닌 자는 보험계약 또는 보험계약의 명칭에 국민건강보험이 라는 용어를 사용하지 못한다.

⑤ 과태료는 대통령령으로 정하는 바에 따라 보건복지부장관이 부과·징수한다.

(3) 부칙(법률 제17772호, 2020. 12. 29)

① 시행일(제1조) : 국민건강보험법은 공포 후 6개월이 경과한 날부터 시행한다. 다만, 법률 제16728호 국민건 강보험법 일부개정법률 제96조의3, 제96조의4, 제115조 및 제119조 제4항 제4호의 개정규정은 2022년 7월 1일부터 시행한다.

② 요양급여비용 지급 보류에 관한 적용례(제2조) : 제47조의2의 개정규정은 국민건강보험법 시행 이후 요양 기관이 공단에 요양급여비용의 지급을 청구하는 경우부터 적용한다.

③ 부당이득의 징수 등에 관한 적용례(제3조)
1. 제57조 제1항 및 제3항의 개정규정은 국민건강보험법 시행 이후 지급 또는 실시되는 보험급여부터 적용 한다.
2. 제57조 제2항의 개정규정은 국민건강보험법 시행 이후 같은 조 제1항에 따라 요양기관이 받는 보험급여 비용부터 적용한다.

(4) 부칙(법률 제18211호, 2021. 6. 8)

① 시행일(제1조) : 국민건강보험법은 공포 후 6개월이 경과한 날부터 시행한다.

② 과징금 처분에 관한 적용례(제2조) : 제99조의 개정규정은 국민건강보험법 시행 이후 약사법 제47조 제2항 의 위반과 관련되는 제41조 제1항 제2호의 약제부터 적용한다.

※ 다음 문제의 진위 여부를 판단해 ○ 또는 ×를 선택하시오.

01 국민건강보험공단에 종사했던 사람이 가입자 및 피부양자의 개인정보를 누설한 경우에는 5년 이하의 징역 또는 5,000만 원 이하의 벌금에 처한다. [○|×]

02 대행청구단체의 종사자로서 부정한 방법으로 요양급여비용을 청구한 자는 2년 이하의 징역 또는 2,000만 원 이하의 벌금에 처한다. [○|×]

03 업무를 수행하면서 알게 된 가입자 및 피부양자의 개인정보를 직무상 목적 외의 용도로 이용한 자는 3년 이하의 징역 또는 3,000만 원 이하의 벌금에 처한다. [○|×]

04 공동이용하는 전산정보자료를 목적 외의 용도로 활용한 자는 3년 이하의 징역 또는 1,000만 원 이하의 벌금에 처한다. [○|×]

05 거짓으로 보험급여를 받거나 타인으로 하여금 보험급여를 받게 한 사람은 1년 이하의 징역 또는 1,000만 원 이하의 벌금에 처한다. [○|×]

06 근로자의 권익 보호 규정을 위반한 사용자는 1년 이하의 징역 또는 1,000만 원 이하의 벌금에 처한다. [○|×]

07 업무정지기간 중에 요양급여를 한 요양기관의 개설자는 3년 이하의 징역 또는 2,000만 원 이하의 벌금에 처한다. [○|×]

08 보건복지부장관의 보고 및 검사 명령을 위반하여 보고 또는 서류 제출을 하지 않은 자는 1년 이하의 징역 또는 2,000만 원 이하의 벌금에 처한다. [○|×]

09 정당한 이유 없이 요양급여를 거부한 요양기관은 1,000만 원 이하의 벌금에 처한다. [○|×]

10 요양을 받은 사람에게 요양비 명세서나 요양 명세를 적은 영수증을 내주지 아니한 자는 1,000만 원 이하의 벌금에 처한다. [○|×]

11 법인의 대표자나 법인 또는 개인의 대리인, 사용인, 그 밖의 종사자가 그 법인 또는 개인의 업무에 관하여 국민건강보험법상의 벌칙 규정 중 어느 하나에 해당하는 위반행위를 하면 그 행위자를 벌하는 외에 그 법인 또는 개인에게도 해당 조문의 벌금형을 부과한다. [○|×]

12 직장가입자가 되는 근로자를 사용하는 사업장이 된 경우에 보험자에게 신고를 하지 않거나 거짓으로 신고한 사용자에게는 1,000만 원 이하의 과태료를 부과한다. [○|×]

13 건강보험사업을 수행하는 자가 아닌 자가 유사명칭의 사용금지 규정을 위반해 보험계약 또는 보험계약의 명칭에 국민건강보험이라는 용어를 사용하면 500만 원 이하의 과태료를 부과한다. [○|×]

OX문제 정답

01	02	03	04	05	06	07	08	09	10	11	12	13							
○	×	○	○	×	○	×	×	○	×	○	×	○							

01 선별급여의 실시 조건을 충족하지 못했음에도 불구하고 선별급여를 제공한 요양기관의 개설자는 어떠한
처벌을 받는가?

① 3년 이하의 징역 또는 2,000만 원 이하의 벌금

② 1년 이하의 징역 또는 3,000만 원 이하의 벌금

③ 1년 이하의 징역 또는 1,000만 원 이하의 벌금

④ 6개월 이하의 징역 또는 1,000만 원 이하의 벌금

02 정당한 이유 없이 요양급여를 거부한 요양기관은 어떠한 처벌을 받는가?

① 300만 원 이하의 벌금

② 500만 원 이하의 벌금

③ 700만 원 이하의 벌금

④ 1,000만 원 이하의 벌금

03 요양을 받은 사람에게 요양 명세를 적은 영수증을 내주지 않은 준요양기관은 어떠한 처벌을 받는가?

① 1,000만 원 이하의 벌금

② 700만 원 이하의 벌금

③ 500만 원 이하의 벌금

④ 300만 원 이하의 벌금

04 사용자가 직장가입자의 보수·소득을 국민건강보험공단에 거짓으로 신고했을 경우에는 어떠한 처벌을
받는가?

① 300만 원 이하의 과태료

② 500만 원 이하의 과태료

③ 700만 원 이하의 과태료

④ 1,000만 원 이하의 과태료

05 건강보험사업을 수행하지 않으면서 보험계약에 "국민건강보험"이라는 용어를 사용했을 경우에 받게 되는 처벌은?

① 500만 원 이하의 과태료
② 300만 원 이하의 과태료
③ 200만 원 이하의 과태료
④ 100만 원 이하의 과태료

06 적용대상사업장이 되었으나 이 사실을 보험자에게 기한 내에 신고하지 않았을 경우에 받게 되는 처벌은?

① 500만 원 이하
② 700만 원 이하
③ 900만 원 이하
④ 1,000만 원 이하

07 다음 중 가입자의 개인정보를 누설할 경우에 받을 수 있는 처벌로 옳은 것은?

① 5년 이하의 징역 또는 5,000만 원 이하의 벌금
② 5년 이하의 징역 또는 3,000만 원 이하의 벌금
③ 3년 이하의 징역 또는 5,000만 원 이하의 벌금
④ 3년 이하의 징역 또는 3,000만 원 이하의 벌금

08 업무를 수행하면서 알게 된 정보를 직무상 목적 외의 용도로 이용할 경우에 받을 수 있는 처벌로 옳은 것은?

① 5년 이하의 징역 또는 3,000만 원 이하의 벌금
② 5년 이하의 징역 또는 5,000만 원 이하의 벌금
③ 3년 이하의 징역 또는 3,000만 원 이하의 벌금
④ 3년 이하의 징역 또는 5,000만 원 이하의 벌금

09 다음 중 가장 무거운 처벌을 받는 경우는 무엇인가?

① 업무정지기간 동안에 요양급여를 한 요양기관의 개설자
② 부정한 방법으로 타인으로 하여금 보험급여를 받게 한 자
③ 대행청구단체가 아닌 자로 하여금 심사청구를 대행하게 한 자
④ 대행청구단체의 종사자로서 거짓으로 요양급여비용을 청구한 자

10 고용한 근로자가 국민건강보험법에 따른 직장가입자가 되는 것을 방해한 사용자는 어떠한 처벌을 받는가?

① 1년 이하의 징역 또는 1,000만 원 이하의 벌금
② 1년 이하의 징역 또는 2,000만 원 이하의 벌금
③ 2년 이하의 징역 또는 1,000만 원 이하의 벌금
④ 2년 이하의 징역 또는 2,000만 원 이하의 벌금

11 보건복지부장관의 보험급여에 관한 보고 명령에 불응해 보고 또는 서류 제출을 하지 않은 요양기관은 어떠한 처벌을 받는가?

① 5,000만 원 이하의 벌금
② 3,000만 원 이하의 벌금
③ 2,000만 원 이하의 벌금
④ 1,000만 원 이하의 벌금

12 정당한 이유 없이 요양급여를 거부한 요양기관은 어떠한 처벌을 받는가?

① 300만 원 이하의 벌금
② 500만 원 이하의 벌금
③ 700만 원 이하의 벌금
④ 1,000만 원 이하의 벌금

13 휴업을 한 사업장의 사용자가 휴업 사실을 보험자에게 기한 내에 신고하지 않았을 경우에 받게 되는 처벌은?

① 500만 원 이하의 과태료
② 300만 원 이하의 과태료
③ 200만 원 이하의 과태료
④ 100만 원 이하의 과태료

14 다음 중 가장 가벼운 처벌을 받는 경우는 무엇인가?

① 사용자가 보험료 산정 등 건강보험에 관한 서류를 3년 동안 보존하지 않은 경우
② 대행청구단체가 필요한 자료를 제출하라는 보건복지부장관의 명령을 위반한 경우
③ 가입자의 이동·보수·소득에 필요한 서류를 제출하라는 보건복지부장관의 명령을 위반한 경우
④ 의약품공급자가 의약품 판매 질서 위반 행위에 관한 보고를 하라는 보건복지부장관의 명령을 위반한 경우

15 다음의 위반 행위로 인한 처벌이 같은 것끼리 옳게 묶은 것은?

> ㉠ 업무정지의 행정처분을 받은 사실을 양수인에게 알리지 않은 경우
> ㉡ 국민건강보험공단이 아니면서도 "국민건강보험공단"과 유사한 명칭을 사용한 경우
> ㉢ 경영목표를 달성하기 위해 국민건강보험공단의 업무의 대해 보고하라는 보건복지부장관의 명령을 위반한 경우
> ㉣ 부당한 방법으로 요양급여비용의 산정에 영향을 미쳐 보험자에게 손실을 주었는지 확인하기 위해 관련 서류를 제출하라는 보건복지부장관의 명령을 제조업자 등이 위반한 경우

① ㉠과 ㉡과 ㉢ / ㉣
② ㉠과 ㉢ / ㉡과 ㉣
③ ㉠과 ㉣ / ㉡과 ㉢
④ ㉠ / ㉡과 ㉢과 ㉣

16 약국이 처방전을 요양급여비용을 청구한 날부터 3년 동안 처방전을 보존하지 않았을 경우에 받게 되는 처벌은?

① 100만 원 이하의 과태료
② 300만 원 이하의 과태료
③ 500만 원 이하의 과태료
④ 700만 원 이하의 과태료

노인장기요양보험법

01 총칙

1. 목적 및 정의

(1) 목적(제1조)

노인장기요양보험법은 고령이나 노인성 질병 등의 사유로 일상생활을 혼자서 수행하기 어려운 노인 등에게 제 공하는 신체활동 또는 가사활동 지원 등의 장기요양급여에 관한 사항을 규정하여 노후의 건강증진 및 생활안정 을 도모하고 그 가족의 부담을 덜어줌으로써 국민의 삶의 질을 향상하도록 함을 목적으로 한다.

(2) 정의(제2조)

노인장기요양보험법에서 사용하는 용어의 정의는 다음과 같다.

1. "노인 등"이란 65세 이상의 노인 또는 65세 미만의 자로서 치매·뇌혈관성질환 등 대통령령으로 정하는 노 인성 질병을 가진 자를 말한다.
2. "장기요양급여"란 6개월 이상 동안 혼자서 일상생활을 수행하기 어렵다고 인정되는 자에게 신체활동·가사 활동의 지원 또는 간병 등의 서비스나 이에 갈음하여 지급하는 현금 등을 말한다.
3. "장기요양사업"이란 장기요양보험료, 국가 및 지방자치단체의 부담금 등을 재원으로 하여 노인 등에게 장기 요양급여를 제공하는 사업을 말한다.
4. "장기요양기관"이란 장기요양기관의 지정을 받은 기관으로서 장기요양급여를 제공하는 기관을 말한다.
5. "장기요양요원"이란 장기요양기관에 소속되어 노인 등의 신체활동 또는 가사활동 지원 등의 업무를 수행하 는 자를 말한다.

2. 장기요양급여 제공 및 국가 및 지방자치단체의 책무

(1) 장기요양급여 제공의 기본원칙(제3조)

① 장기요양급여는 노인 등이 자신의 의사와 능력에 따라 최대한 자립적으로 일상생활을 수행할 수 있도록 제 공하여야 한다.
② 장기요양급여는 노인 등의 심신상태·생활환경과 노인 등 및 그 가족의 욕구·선택을 종합적으로 고려하여 필요한 범위 안에서 이를 적정하게 제공하여야 한다.
③ 장기요양급여는 노인 등이 가족과 함께 생활하면서 가정에서 장기요양을 받는 재가급여를 우선적으로 제공 하여야 한다.
④ 장기요양급여는 노인 등의 심신상태나 건강 등이 악화되지 아니하도록 의료서비스와 연계하여 이를 제공하여 야 한다.

(2) 국가 및 지방자치단체의 책무 등(제4조)

① 국가 및 지방자치단체는 노인이 일상생활을 혼자서 수행할 수 있는 온전한 심신상태를 유지하는 데 필요한 사업(이하 "노인성질환예방사업"이라 한다)을 실시하여야 한다.

② 국가는 노인성질환예방사업을 수행하는 지방자치단체 또는 국민건강보험법에 따른 국민건강보험공단(이하 "공단"이라 한다)에 대하여 이에 소요되는 비용을 지원할 수 있다.

③ 국가 및 지방자치단체는 노인인구 및 지역특성 등을 고려하여 장기요양급여가 원활하게 제공될 수 있도록 적정한 수의 장기요양기관을 확충하고 장기요양기관의 설립을 지원하여야 한다.

④ 국가 및 지방자치단체는 장기요양급여가 원활히 제공될 수 있도록 공단에 필요한 행정적 또는 재정적 지원을 할 수 있다.

⑤ 국가 및 지방자치단체는 장기요양요원의 처우를 개선하고 복지를 증진하며 지위를 향상시키기 위하여 적극적으로 노력하여야 한다.

⑥ 국가 및 지방자치단체는 지역의 특성에 맞는 장기요양사업의 표준을 개발·보급할 수 있다.

(3) 장기요양급여에 관한 국가정책방향(제5조)

국가는 장기요양기본계획을 수립·시행함에 있어서 노인뿐만 아니라 장애인 등 일상생활을 혼자서 수행하기 어려운 모든 국민이 장기요양급여, 신체활동지원서비스 등을 제공받을 수 있도록 노력하고 나아가 이들의 생활안정과 자립을 지원할 수 있는 시책을 강구하여야 한다.

3. 장기요양기본계획 및 실태조사

(1) 장기요양기본계획(제6조)

① 보건복지부장관은 노인 등에 대한 장기요양급여를 원활하게 제공하기 위하여 5년 단위로 다음 각 호의 사항이 포함된 장기요양기본계획을 수립·시행하여야 한다.
  1. 연도별 장기요양급여 대상인원 및 재원조달 계획
  2. 연도별 장기요양기관 및 장기요양전문인력 관리 방안
  3. 장기요양요원의 처우에 관한 사항
  4. 그 밖에 노인 등의 장기요양에 관한 사항으로서 대통령령으로 정하는 사항

② 지방자치단체의 장은 장기요양기본계획에 따라 세부시행계획을 수립·시행하여야 한다.

(2) 실태조사(제6조의2)

① 보건복지부장관은 장기요양사업의 실태를 파악하기 위하여 3년마다 다음 각 호의 사항에 관한 조사를 정기적으로 실시하고 그 결과를 공표하여야 한다.
  1. 장기요양인정에 관한 사항
  2. 장기요양등급판정위원회(이하 "등급판정위원회"라 한다)의 판정에 따라 장기요양급여를 받을 사람(이하 "수급자"라 한다)의 규모, 그 급여의 수준 및 만족도에 관한 사항
  3. 장기요양기관에 관한 사항
  4. 장기요양요원의 근로조건, 처우 및 규모에 관한 사항
  5. 그 밖에 장기요양사업에 관한 사항으로서 보건복지부령으로 정하는 사항

② 실태조사의 방법과 내용 등에 필요한 사항은 보건복지부령으로 정한다.

※ 다음 문제의 진위 여부를 판단해 ○ 또는 ×를 선택하시오.

01 노인장기요양보험법은 고령이나 노인성 질병 등의 사유로 일상생활을 혼자서 수행하기 어려운 노인 등에게 제 공하는 신체활동 또는 가사활동 지원 등의 장기요양급여에 관한 사항을 규정한다.　　　　　　　　[○│×]

02 노인장기요양보험법에서 말하는 "노인 등"은 60세 이상의 노인 또는 60세 미만의 자로서 치매·뇌혈관성질환 등 노인성 질병을 가진 자이다.　　　　　　　　[○│×]

03 노인장기요양보험법에서 말하는 "장기요양급여"란 12개월 이상 동안 혼자서 일상생활을 수행하기 어렵다고 인 정되는 자에게 신체활동·가사활동의 지원 또는 재활 등의 서비스나 이에 갈음해 지급하는 현금 등이다.
　　　　　　　　[○│×]

04 노인장기요양보험법에서 말하는 "장기요양기관"이란 소재지를 관할 구역으로 하는 특별자치시장·특별자치도 지사·시장·군수·구청장으로부터 지정을 받은 기관으로서 장기요양급여를 제공하는 기관을 말한다.
　　　　　　　　[○│×]

05 노인장기요양보험법에서 말하는 "장기요양요원"이란 장기요양기관에 소속되어 노인 등의 신체활동 또는 가사활 동 지원 등의 업무를 수행하는 자이다.　　　　　　　　[○│×]

06 장기요양급여는 노인 등이 자신의 의사와 능력에 따라 최대한 자립적으로 일상생활을 수행할 수 있도록 제공해 야 한다.　　　　　　　　[○│×]

07 장기요양급여는 노인 등의 심신상태·생활환경과 노인 등 및 그 가족의 욕구·선택을 고려하되 필요한 범위보 다 초과 제공해 반드시 그 욕구의 실현과 선택한 바의 목표 달성을 이룰 수 있게 해야 한다.　　[○│×]

08 장기요양급여는 장기요양기관에서 장기요양을 받는 시설급여를 재가급여보다 우선적으로 제공해야 한다.
　　　　　　　　[○│×]

09 지방자치단체는 노인이 일상생활을 혼자서 수행할 수 있는 온전한 심신상태를 유지하는 데 필요한 노인성질환 예방사업을 실시하지 않는다.　　　　　　　　[○│×]

10 국가는 국민건강보험공단이나 지방자치단체가 수행하는 노인성질환예방사업에 소요되는 비용을 지원하지 않는다.
　　　　　　　　[○│×]

11 지방자치단체는 지역특성을 고려해 장기요양급여가 원활하게 제공될 수 있도록 적정한 수의 장기요양기관을 확충해야 한다. [O | X]

12 지방자치단체는 장기요양급여가 원활히 제공될 수 있도록 국민건강보험공단에 필요한 행정적 지원을 할 수 있다. [O | X]

13 국가는 지역의 특성에 맞는 장기요양사업의 표준을 개발·보급할 수 없다. [O | X]

14 국가는 장기요양기본계획을 수립·시행함에 있어서 장애인을 제외한 노인 등이 장기요양급여, 신체활동지원서비스 등을 제공받을 수 있도록 노력해야 한다. [O | X]

15 장기요양기본계획을 수립·시행하는 주체는 대통령이다. [O | X]

16 노인 등에 대한 장기요양급여를 원활하게 제공하기 위한 장기요양기본계획이 수립되는 주기는 3년 단위이다. [O | X]

17 장기요양기본계획에는 연도별 장기요양급여 대상인원 및 재원조달 계획이 포함되어야 한다. [O | X]

18 장기요양기본계획에는 연도별 장기요양기관 및 장기요양전문인력 관리 방안이 포함되어야 한다. [O | X]

19 장기요양기본계획에는 장기요양요원의 처우에 관한 사항이 포함되지 않는다. [O | X]

20 장기요양기본계획에 따라 세부시행계획을 수립·시행하는 주체는 보건복지부장관이다. [O | X]

21 보건복지부장관은 장기요양사업의 실태를 파악하기 위한 조사를 3년마다 정기적으로 실시하고 그 결과를 공표한다. [O | X]

22 위의 21번 문제에 따른 실태조사에는 장기요양급여를 받는 수급자의 규모, 그 급여의 수준 및 만족도에 관한 사항이 포함된다. [O | X]

23 실태조사에서는 장기요양인정에 관한 사항을 조사한다. [O | X]

24 실태조사에서는 장기요양기관에 관한 사항을 조사하지 않는다. [O | X]

25 실태조사에서는 장기요양요원의 근로조건, 처우 및 규모에 관한 사항을 조사한다. [O | X]

26 실태조사에서는 장기요양사업에 관한 사항으로서 대통령령으로 정하는 사항을 조사한다. [○ | ×]

OX문제 정답

01	02	03	04	05	06	07	08	09	10	11	12	13	14	15	16	17	18	19	20
○	×	×	○	○	○	×	×	×	×	○	○	×	×	×	×	○	○	×	×
21	22	23	24	25	26														
○	○	○	×	○	×														

정답 및 해설 p.28

01 다음 ㉠, ㉡에 들어갈 말을 바르게 제시한 것은?

> 노인장기요양보험법은 ____㉠____이나 노인성 질병 등의 사유로 일상생활을 혼자서 수행하기 어려운 노인 등에게 제공하는 신체활동 또는 ____㉡____ 지원 등의 장기요양급여에 관한 사항을 규정하여 노후의 건강 증진 및 생활안정을 도모하고 그 가족의 부담을 덜어줌으로써 국민의 삶의 질을 향상하도록 함을 목적으로 한다.

	㉠	㉡
①	고령	가사활동
②	고령	의료서비스
③	재활	가사활동
④	재활	의료서비스

02 장기요양사업의 실시를 위한 실태조사와 관련한 다음 설명의 ㉠, ㉡에 들어갈 말을 바르게 제시한 것은?

> ____㉠____은 장기요양사업의 실태를 파악하기 위해 ____㉡____마다 장기요양인정에 관한 사항 등의 필요한 조사를 정기적으로 실시하고 그 결과를 공표해야 한다.

	㉠	㉡
①	보건복지부장관	5년
②	보건복지부장관	3년
③	국민건강보험공단 이사장	5년
④	국민건강보험공단 이사장	3년

03 다음 중 장기요양기본계획에 포함되어야 할 사항을 모두 고르면?

> ㉠ 장기요양요원의 처우에 관한 사항
> ㉡ 장기요양급여의 만족도에 관한 사항
> ㉢ 연도별 장기요양급여 대상인원 및 재원조달 계획
> ㉣ 연도별 장기요양기관 및 장기요양전문인력 관리 방안

① ㉠, ㉢   ② ㉠, ㉢, ㉣

③ ㉡, ㉢, ㉣   ④ ㉠, ㉡, ㉢, ㉣

04 다음 중 노인장기요양보험법에서 사용하는 "노인 등"에 포함되지 않는 경우는 무엇인가?

① 65세 이상의 노인
② 65세 미만인 자로서 치매를 앓고 있는 자
③ 65세 미만인 자로서 뇌혈관성질환을 앓고 있는 자
④ 6개월 이상 혼자서 일상생활을 수행하기 어려운 노인

05 장기요양급여 제공의 기본원칙에 대한 설명으로 옳지 않은 것은?

① 장기요양급여는 노인 등의 건강 등이 악화되지 않도록 의료서비스와 연계해 제공되어야 한다.
② 장기요양급여는 노인 등이 장기요양기관에 입소해 장기요양을 받는 시설급여가 우선적으로 제공되어야 한다.
③ 장기요양급여는 노인 등이 자신의 능력에 따라 최대한 자립적인 일상생활을 수행할 수 있도록 제공되어야 한다.
④ 장기요양급여는 노인 등의 노인 등과 그 가족의 욕구·선택을 종합적으로 고려해 필요한 범위 안에서 적정하게 제공되어야 한다.

06 노인장기요양보험법에서 규정하는 국가 및 지방자치단체의 책무로 옳지 않은 것은?

① 적정한 수의 장기요양기관을 확충하고 장기요양기관의 설립을 지원해야 한다.
② 장기요양급여가 원활히 제공될 수 있도록 공단에 필요한 행정적 또는 재정적 지원을 할 수 있다.
③ 국민건강보험공단이 지역특성에 맞는 장기요양사업의 표준을 개발·보급할 수 있도록 지원할 수 있다.
④ 장기요양요원의 처우를 개선하고 복지를 증진하며 지위를 향상시키기 위하여 적극적으로 노력해야 한다.

07 장기요양기본계획의 수립·시행과 관련한 다음 설명의 ㉠, ㉡에 들어갈 내용으로 가장 적절한 것은?

> ____㉠____는 장기요양기본계획을 수립·시행함에 있어서 노인뿐만 아니라 장애인 등 일상생활을 혼자서 수행하기 어려운 모든 국민이 장기요양급여, ____㉡____ 등을 제공받을 수 있도록 노력하고, 이들의 생활 안정과 자립을 지원할 수 있는 시책을 강구해야 한다.

	㉠	㉡
①	국가	의료행위
②	국가	신체활동지원서비스
③	지방자치단체	의료행위
④	지방자치단체	신체활동지원서비스

08 다음 중 장기요양기본계획을 수립하는 주제(㉠)와 그 주기(㉡)로 옳은 것은?

	㉠	㉡
①	보건복지부장관	5년마다
②	보건복지부장관	3년마다
③	국민건강보험공단 이사장	5년마다
④	국민건강보험공단 이사장	3년마다

09 다음 중 장기요양사업을 위한 실태 파악과 관련한 설명으로 옳지 않은 것은?

① 실태조사의 방법과 내용 등에 필요한 자세한 사항은 대통령령으로 정한다.
② 실태조사를 하는 주체는 보건복지부장관이고, 3년마다 실태조사를 실시한다.
③ 실태조사에는 장기요양요원의 근로조건, 처우 및 규모에 관한 사항이 포함되어야 한다.
④ 실태조사에는 수급자가 받을 장기요양급여의 수준 및 만족도에 관한 사항이 포함되어야 한다.

02 장기요양보험

1. 장기요양보험료

(1) 장기요양보험(제7조)

① 장기요양보험사업은 보건복지부장관이 관장한다.

② 장기요양보험사업의 보험자는 공단으로 한다.

③ 장기요양보험의 가입자(이하 "장기요양보험가입자"라 한다)는 국민건강보험법에 따른 가입자로 한다.

> **더 알아보기**
>
> **적용 대상 등(국민건강보험법 제5조 제1항)**
> 국내에 거주하는 국민은 건강보험의 가입자(이하 "가입자"라 한다) 또는 피부양자가 된다. 다만, 다음 각 호의 어느 하나에 해당하는 사람은 제외한다.
> 1. 의료급여법에 따라 의료급여를 받는 사람(이하 "수급권자"라 한다)
> 2. 독립유공자예우에 관한 법률 및 국가유공자 등 예우 및 지원에 관한 법률에 따라 의료보호를 받는 사람(이하 "유공자 등 의료보호대상자"라 한다). 다만, 다음 각 목의 어느 하나에 해당하는 사람은 가입자 또는 피부양자가 된다.
>   가. 유공자 등 의료보호대상자 중 건강보험의 적용을 보험자에게 신청한 사람
>   나. 건강보험을 적용받고 있던 사람이 유공자 등 의료보호대상자로 되었으나 건강보험의 적용배제신청을 보험자에게 하지 아니한 사람

④ 공단은 제3항에도 불구하고 외국인근로자의 고용 등에 관한 법률에 따른 외국인근로자 등 대통령령으로 정하는 외국인이 신청하는 경우 보건복지부령으로 정하는 바에 따라 장기요양보험가입자에서 제외할 수 있다.

> **더 알아보기**
>
> **외국인근로자의 정의(외국인근로자의 고용 등에 관한 법률 제2조)**
> 이 법에서 "외국인근로자"란 대한민국의 국적을 가지지 아니한 사람으로서 국내에 소재하고 있는 사업 또는 사업장에서 임금을 목적으로 근로를 제공하고 있거나 제공하려는 사람을 말한다. 다만, 출입국관리법 제18조(외국인 고용의 제한) 제1항에 따라 취업활동을 할 수 있는 체류자격을 받은 외국인 중 취업분야 또는 체류기간 등을 고려하여 대통령령으로 정하는 사람은 제외한다.
>
> **외국인 고용의 제한(출입국관리법 제18조 제1항)**
> 외국인이 대한민국에서 취업하려면 대통령령으로 정하는 바에 따라 취업활동을 할 수 있는 체류자격을 받아야 한다.

(2) 장기요양보험료의 징수(제8조)

① 공단은 장기요양사업에 사용되는 비용에 충당하기 위하여 장기요양보험료를 징수한다.

② 장기요양보험료는 국민건강보험법에 따른 보험료(이하 이 조에서 "건강보험료"라 한다)와 통합하여 징수한다. 이 경우 공단은 장기요양보험료와 건강보험료를 구분하여 고지하여야 한다.

> **더 알아보기**
>
> **보험료(국민건강보험법 제69조 제1항부터 제3항)**
> ① 공단은 건강보험사업에 드는 비용에 충당하기 위하여 보험료의 납부의무자로부터 보험료를 징수한다.
> ② 보험료는 가입자의 자격을 취득한 날이 속하는 달의 다음 달부터 가입자의 자격을 잃은 날의 전날이 속하는 달까지 징수한다. 다만, 가입자의 자격을 매월 1일에 취득한 경우 또는 제5조(적용 대상 등) 제1항 제2호 가목(유공자 등 의료보호대상자 중 건강보험의 적용을 보험자에게 신청한 사람)에 따른 건강보험 적용 신청으로 가입자의 자격을 취득하는 경우에는 그 달부터 징수한다.
> ③ 보험료를 징수할 때 가입자의 자격이 변동된 경우에는 변동된 날이 속하는 달의 보험료는 변동되기 전의 자격을 기준으로 징수한다. 다만, 가입자의 자격이 매월 1일에 변동된 경우에는 변동된 자격을 기준으로 징수한다.

③ 공단은 통합 징수한 장기요양보험료와 건강보험료를 각각의 독립회계로 관리하여야 한다.

(3) 장기요양보험료의 산정(제9조)

① 장기요양보험료는 국민건강보험법에 따라 산정한 보험료액에서 같은 법에 따라 경감 또는 면제되는 비용을 공제한 금액에 장기요양보험료율을 곱하여 산정한 금액으로 한다.

> **더 알아보기**
>
> **보험료(국민건강보험법 제69조 제4항·제5항)**
> ④ 직장가입자의 월별 보험료액은 다음 각 호에 따라 산정한 금액으로 한다.
> 　1. 보수월액보험료 : 보수월액에 보험료율을 곱하여 얻은 금액
> 　2. 소득월액보험료 : 소득월액에 보험료율을 곱하여 얻은 금액
> ⑤ 지역가입자의 월별 보험료액은 세대단위로 산정하되, 지역가입자가 속한 세대의 월별 보험료액은 보험료부과점수에 보험료부과점수당 금액을 곱한 금액으로 한다.
>
> **보험의 면제(국민건강보험법 제74조)**
> ① 공단은 직장가입자가 제54조 제2호부터 제4호까지의 어느 하나에 해당하는 경우(같은 조 제2호에 해당하는 경우에는 1개월 이상의 기간으로서 대통령령으로 정하는 기간 이상 국외에 체류하는 경우에 한정한다. 이하 이 조에서 같다) 그 가입자의 보험료를 면제한다. 다만, 제54조 제2호에 해당하는 직장가입자의 경우에는 국내에 거주하는 피부양자가 없을 때에만 보험료를 면제한다.
> ② 지역가입자가 제54조 제2호부터 제4호까지의 어느 하나에 해당하면 그 가입자가 속한 세대의 보험료를 산정할 때 그 가입자의 보험료부과점수를 제외한다.
> ③ 보험의 면제나 보험료의 산정에서 제외되는 보험료부과점수에 대하여는 제54조 제2호부터 제4호까지의 어느 하나에 해당하는 급여정지 사유가 생긴 날이 속하는 달의 다음 달부터 사유가 없어진 날이 속하는 달까지 적용한다. 다만, 다음 각 호의 어느 하나에 해당하는 경우에는 그 달의 보험료를 면제하지 아니하거나 보험료의 산정에서 보험료부과점수를 제외하지 아니한다.
> 　1. 급여정지 사유가 매월 1일에 없어진 경우
> 　2. 제54조 제2호에 해당하는 가입자 또는 그 피부양자가 국내에 입국하여 입국일이 속하는 달에 보험급여를 받고 그 달에 출국하는 경우

보험료의 경감 등(국민건강보험법 제75조)

① 다음 각 호의 어느 하나에 해당하는 가입자 중 보건복지부령으로 정하는 가입자에 대하여는 그 가입자 또는 그 가입자가 속한 세대의 보험료의 일부를 경감할 수 있다.
　1. 섬, 벽지, 농어촌 등 대통령령으로 정하는 지역에 거주하는 사람
　2. 65세 이상인 사람
　3. 장애인복지법에 따라 등록한 장애인
　4. 국가유공자 등 예우 및 지원에 관한 법률 제4조 제1항 제4호, 제6호, 제12호, 제15호 및 제17호에 따른 국가유공자
　5. 휴직자
　6. 그 밖에 생활이 어렵거나 천재지변 등의 사유로 보험료를 경감할 필요가 있다고 보건복지부장관이 정하여 고시하는 사람
② 보험료 납부의무자가 다음 각 호의 어느 하나에 해당하는 경우에는 대통령령으로 정하는 바에 따라 보험료를 감액하는 등 재산상의 이익을 제공할 수 있다.
　1. 보험료의 납입 고지를 전자문서로 받는 경우
　2. 보험료를 계좌 또는 신용카드 자동이체의 방법으로 내는 경우

② 장기요양보험료율은 장기요양위원회의 심의를 거쳐 대통령령으로 정한다.

2. 장기요양보험료의 감면 및 자격 등에 관한 준용

(1) 장애인 등에 대한 장기요양보험료의 감면(제10조)

공단은 장애인복지법에 따른 장애인 또는 이와 유사한 자로서 대통령령으로 정하는 자가 장기요양보험가입자 또는 그 피부양자인 경우 수급자로 결정되지 못한 때 대통령령으로 정하는 바에 따라 장기요양보험료의 전부 또는 일부를 감면할 수 있다.

더 알아보기

장애인의 정의 등(장애인복지법 제2조)

① "장애인"이란 신체적·정신적 장애로 오랫동안 일상생활이나 사회생활에서 상당한 제약을 받는 자를 말한다.
② 이 법을 적용받는 장애인은 제1항에 따른 장애인 중 다음 각 호의 어느 하나에 해당하는 장애가 있는 자로서 대통령령으로 정하는 장애의 종류 및 기준에 해당하는 자를 말한다.
　1. "신체적 장애"란 주요 외부 신체 기능의 장애, 내부기관의 장애 등을 말한다.
　2. "정신적 장애"란 발달장애 또는 정신 질환으로 발생하는 장애를 말한다.

(2) 장기요양보험가입 자격 등에 관한 준용(제11조)

국민건강보험법 제5조(적용 대상 등), 제6조(가입자의 종류), 제8조(자격의 취득 시기 등)부터 제11조(자격취득 등의 확인)까지, 제69조(보험료) 제1항부터 제3항까지, 제76조(보험료의 부담)부터 제86조(보험료 등의 충당과 환급)까지 및 제110조(실업자에 대한 특례)는 장기요양보험가입자·피부양자의 자격취득·상실, 장기요양보험료 등의 납부·징수 및 결손처분 등에 관하여 이를 준용한다. 이 경우 "보험료"는 "장기요양보험"으로, "건강보험"은 "장기요양보험"으로, "가입자"는 "장기요양보험가입자"로 본다.

※ 다음 문제의 진위 여부를 판단해 ○ 또는 ×를 선택하시오.

01 장기요양보험사업은 국민건강보험공단 이사장이 관장한다. [○ | ×]

02 장기요양보험사업의 보험자는 국민건강보험공단으로 한다. [○ | ×]

03 장기요양보험의 가입자는 국민건강보험법에 따른 가입자로 한다. [○ | ×]

04 외국인근로자 등의 외국인이 신청하는 경우 보건복지부령으로 정하는 바에 따라 장기요양보험가입자에서 제외할 수 있다. [○ | ×]

05 장기요양사업에 사용되는 비용에 충당되는 장기요양보험료를 징수하는 권한은 국민건강보험공단에 있다. [○ | ×]

06 장기요양보험료는 국민건강보험법에 따른 보험료와 분리·구분해 징수한다. [○ | ×]

07 장기요양보험료와 건강보험료를 징수할 경우에 장기요양보험료와 건강보험료를 구분하지 않고 통합해 고지해야 한다. [○ | ×]

08 징수된 장기요양보험료와 건강보험료는 하나의 통합된 회계로 관리되어야 한다. [○ | ×]

09 장기요양보험료는 국민건강보험법에 따라 산정한 보험료액에서 같은 법에 따라 경감 또는 면제되는 비용을 공제한 금액에 장기요양보험료율을 곱해 산정한 금액으로 한다. [○ | ×]

10 장기요양보험료율은 장기요양심사위원회의 심의를 거쳐 보건복지주령으로 정한다. [○ | ×]

11 장애인이 장기요양보험가입자 또는 그 피부양자인 경우 수급자로 결정되지 못한 때 장기요양보험료의 일부만을 감면할 수 있다. [○ | ×]

OX문제 정답

01	02	03	04	05	06	07	08	09	10	11									
×	○	○	○	○	×	×	×	○	○	×									

01   장기요양보험과 관련한 다음 설명의 ㉠, ㉡에 들어갈 내용으로 옳은 것은?

> 장기요양보험사업을 관장하는 주체는 _____㉠_____ 이며, 보험자는 _____㉡_____ (으)로 한다.

	㉠	㉡
①	보건복지부장관	지방자치단체
②	보건복지부장관	국민건강보험공단
③	국민건강보험공단 이사장	지방자치단체
④	국민건강보험공단 이사장	국민건강보험공단

02   장기요양보험료의 징수와 관련한 다음 설명 중 옳지 않은 것을 모두 고르면?

> ㉠ 장기요양보험료를 징수하는 주체는 보건복지부이다.
> ㉡ 장기요양보험료는 국민건강보험법에 따른 건강보험료와 통합해 징수한다.
> ㉢ 장기요양보험료와 건강보험료를 징수할 때는 장기요양보험료와 건강보험료는 구분해 고지된다.
> ㉣ 징수된 장기요양보험료와 건강보험료는 통합된 하나의 회계로 관리되어야 한다.

① ㉠, ㉢   ② ㉠, ㉣
③ ㉡, ㉢   ④ ㉡, ㉣

03   다음 중 장기요양보험료율을 심의하는 주체는 무엇인가?
① 보건복지부   ② 장기요양위원회
③ 장기요양심사위원회   ④ 국민건강보험공단 이사회

04 다음 중 ㉠ ~ ㉢의 요소를 활용해 지역가입자가 속한 세대의 월별 장기요양보험료를 구하는 계산식으로 옳은 것은?

> ㉠ 보험료액
> ㉡ 장기요양보험료율
> ㉢ 경감 또는 면제되는 비용

① (㉠ − ㉢) × ㉡　　　　　　　　② (㉠ + ㉢) × ㉡
③ (㉠ × ㉡) − ㉢　　　　　　　　④ ㉠ − (㉡ × ㉢)

05 장기요양보험료의 감면과 관련한 다음 설명에서 ㉠, ㉡에 들어갈 내용으로 옳은 것은?

> _____㉠_____은/는 _____㉡_____이/가 장기요양보험가입자 또는 그 피부양자인 경우 수급자로 결정되지 못한 때 장기요양보험료의 전부 또는 일부를 감면할 수 있다.

	㉠	㉡
①	보건복지부	장애인
②	보건복지부	기초생활수급자
③	국민건강보험공단	기초생활수급자
④	국민건강보험공단	장애인

03 장기요양인정

1. 장기요양인정의 신청

(1) 장기요양인정의 신청자격(제12조)

장기요양인정을 신청할 수 있는 자는 노인 등으로서 다음 각 호의 어느 하나에 해당하는 자격을 갖추어야 한다.
1. 장기요양보험가입자 또는 그 피부양자
2. 의료급여법에 따른 수급권자(이하 "의료급여수급권자"라 한다)

> **더 알아보기**
>
> **수급권자(의료급여법 제3조 제1항)**
> 이 법에 따른 수급권자는 다음 각 호와 같다.
> 1. 국민기초생활 보장법에 따른 의료급여수급자
> 2. 재해구호법에 따른 이재민으로서 보건복지부장관이 의료급여가 필요하다고 인정한 사람
> 3. 의사상자 등 예우 및 지원에 관한 법률에 따라 의료급여를 받는 사람
> 4. 입양특례법에 따라 국내에 입양된 18세 미만의 아동
> 5. 독립유공자예우에 관한 법률, 국가유공자 등 예우 및 지원에 관한 법률 및 보훈보상대상자 지원에 관한 법률의 적용을 받고 있는 사람과 그 가족으로서 국가보훈처장이 의료급여가 필요하다고 추천한 사람 중에서 보건복지부장관이 의료급여가 필요하다고 인정한 사람
> 6. 무형문화재 보전 및 진흥에 관한 법률에 따라 지정된 국가무형문화재의 보유자(명예보유자를 포함한다)와 그 가족으로서 문화재청장이 의료급여가 필요하다고 추천한 사람 중에서 보건복지부장관이 의료급여가 필요하다고 인정한 사람
> 7. 북한이탈주민의 보호 및 정착지원에 관한 법률의 적용을 받고 있는 사람과 그 가족으로서 보건복지부장관이 의료급여가 필요하다고 인정한 사람
> 8. 5·18민주화운동 관련자 보상 등에 관한 법률에 따라 보상금 등을 받은 사람과 그 가족으로서 보건복지부장관이 의료급여가 필요하다고 인정한 사람
> 9. 노숙인 등의 복지 및 자립지원에 관한 법률에 따른 노숙인 등으로서 보건복지부장관이 의료급여가 필요하다고 인정한 사람
> 10. 그 밖에 생활유지 능력이 없거나 생활이 어려운 사람으로서 대통령령으로 정하는 사람

(2) 장기요양인정의 신청(제13조)

① 장기요양인정을 신청하는 자(이하 "신청인"이라 한다)는 공단에 보건복지부령으로 정하는 바에 따라 장기요양인정신청서(이하 "신청서"라 한다)에 의사 또는 한의사가 발급하는 소견서(이하 "의사소견서"라 한다)를 첨부하여 제출하여야 한다. 다만, 의사소견서는 공단이 등급판정위원회에 자료를 제출하기 전까지 제출할 수 있다.

② 제1항에도 불구하고 거동이 현저하게 불편하거나 도서·벽지 지역에 거주하여 의료기관을 방문하기 어려운 자 등 대통령령으로 정하는 자는 의사소견서를 제출하지 아니할 수 있다.

③ 의사소견서의 발급비용·비용부담방법·발급자의 범위, 그 밖에 필요한 사항은 보건복지부령으로 정한다.

(3) 장기요양인정 신청의 조사(제14조)

① 공단은 신청서를 접수한 때 보건복지부령으로 정하는 바에 따라 소속 직원으로 하여금 다음 각 호의 사항을 조사하게 하여야 한다. 다만, 지리적 사정 등으로 직접 조사하기 어려운 경우 또는 조사에 필요하다고 인정하는 경우 특별자치시·특별자치도·시·군·구(자치구를 말한다. 이하 같다)에 대하여 조사를 의뢰하거나 공동으로 조사할 것을 요청할 수 있다.

1. 신청인의 심신상태
2. 신청인에게 필요한 장기요양급여의 종류 및 내용
3. 그 밖에 장기요양에 관하여 필요한 사항으로서 보건복지부령으로 정하는 사항

② 공단은 제1항 각 호의 사항을 조사하는 경우 2명 이상의 소속 직원이 조사할 수 있도록 노력하여야 한다.

③ 조사를 하는 자는 조사일시, 장소 및 조사를 담당하는 자의 인적사항 등을 미리 신청인에게 통보하여야 한다.

④ 공단 또는 조사를 의뢰받은 특별자치시·특별자치도·시·군·구는 조사를 완료한 때 조사결과서를 작성하여야 한다. 조사를 의뢰받은 특별자치시·특별자치도·시·군·구는 지체 없이 공단에 조사결과서를 송부하여야 한다.

2. 장기요양등급판정

(1) 등급판정 등(제15조)

① 공단은 장기요양인정 신청의 조사가 완료된 때 조사결과서, 신청서, 의사소견서, 그 밖에 심의에 필요한 자료를 등급판정위원회에 제출하여야 한다.

② 등급판정위원회는 신청인이 신청자격요건을 충족하고 6개월 이상 동안 혼자서 일상생활을 수행하기 어렵다고 인정하는 경우 심신상태 및 장기요양이 필요한 정도 등 대통령령으로 정하는 등급판정기준에 따라 수급자로 판정한다.

③ 등급판정위원회는 심의·판정을 하는 때 신청인과 그 가족, 의사소견서를 발급한 의사 등 관계인의 의견을 들을 수 있다.

④ 공단은 장기요양급여를 받고 있거나 받을 수 있는 자가 다음 각 호의 어느 하나에 해당하는 것으로 의심되는 경우에는 신청인의 심신상태, 신청인에게 필요한 장기요양급여의 종류 및 내용, 그 밖에 장기요양에 관하여 필요한 사항으로서 보건복지부령으로 정하는 사항 등을 조사하여 그 결과를 등급판정위원회에 제출하여야 한다.
1. 거짓이나 그 밖의 부정한 방법으로 장기요양인정을 받은 경우
2. 고의로 사고를 발생하도록 하거나 본인의 위법행위에 기인하여 장기요양인정을 받은 경우

⑤ 등급판정위원회는 제4항에 따라 제출된 조사 결과를 토대로 제2항에 따라 다시 수급자 등급을 조정하고 수급자 여부를 판정할 수 있다.

(2) 장기요양등급판정기간(제16조)

① 등급판정위원회는 신청인이 신청서를 제출한 날부터 30일 이내에 장기요양등급판정을 완료하여야 한다. 다만, 신청인에 대한 정밀조사가 필요한 경우 등 기간 이내에 등급판정을 완료할 수 없는 부득이한 사유가 있는 경우 30일 이내의 범위에서 이를 연장할 수 있다.

② 공단은 등급판정위원회가 장기요양인정심의 및 등급판정기간을 연장하고자 하는 경우 신청인 및 대리인에게 그 내용·사유 및 기간을 통보하여야 한다.

3. 장기요양인정서

(1) 장기요양인정서(제17조)

① 공단은 등급판정위원회가 장기요양인정 및 등급판정의 심의를 완료한 경우 지체 없이 다음 각 호의 사항이 포함된 장기요양인정서를 작성하여 수급자에게 송부하여야 한다.
  1. 장기요양등급
  2. 장기요양급여의 종류 및 내용
  3. 그 밖에 장기요양급여에 관한 사항으로서 보건복지부령으로 정하는 사항

② 공단은 등급판정위원회가 장기요양인정 및 등급판정의 심의를 완료한 경우 수급자로 판정받지 못한 신청인에게 그 내용 및 사유를 통보하여야 한다. 이 경우 특별자치시장·특별자치도지사·시장·군수·구청장(자치구의 구청장을 말한다. 이하 같다)은 공단에 대하여 이를 통보하도록 요청할 수 있고, 요청을 받은 공단은 이에 응하여야 한다.

③ 공단은 제1항에 따라 장기요양인정서를 송부하는 때 장기요양급여를 원활히 이용할 수 있도록 제28조에 따른 월 한도액 범위 안에서 개인별장기요양이용계획서를 작성하여 이를 함께 송부하여야 한다.

④ 제1항 및 제3항에 따른 장기요양인정서 및 개인별장기요양이용계획서의 작성방법에 관하여 필요한 사항은 보건복지부령으로 정한다.

(2) 장기요양인정서를 작성할 경우 고려사항(제18조)

공단은 장기요양인정서를 작성할 경우 장기요양급여의 종류 및 내용을 정하는 때 다음 각 호의 사항을 고려하여 정하여야 한다.
1. 수급자의 장기요양등급 및 생활환경
2. 수급자와 그 가족의 욕구 및 선택
3. 시설급여를 제공하는 경우 장기요양기관이 운영하는 시설 현황

(3) 장기요양인정의 유효기간(제19조)

① 장기요양인정의 유효기간은 최소 1년 이상으로서 대통령령으로 정한다.
② 유효기간의 산정방법과 그 밖에 필요한 사항은 보건복지부령으로 정한다.

(4) 장기요양인정의 갱신(제20조)

① 수급자는 장기요양인정의 유효기간이 만료된 후 장기요양급여를 계속하여 받고자 하는 경우 공단에 장기요양인정의 갱신을 신청하여야 한다.
② 장기요양인정의 갱신 신청은 유효기간이 만료되기 전 30일까지 이를 완료하여야 한다.
③ 제12조부터 제19조까지의 규정은 장기요양인정의 갱신절차에 관하여 준용한다.

4. 장기요양등급의 변경 및 대리

(1) 장기요양등급 등의 변경(제21조)

① 장기요양급여를 받고 있는 수급자는 장기요양등급, 장기요양급여의 종류 또는 내용을 변경하여 장기요양급여를 받고자 하는 경우 공단에 변경신청을 하여야 한다.

② 제12조부터 제19조까지의 규정은 장기요양등급의 변경절차에 관하여 준용한다.

(2) 장기요양인정 신청 등에 대한 대리(제22조)

① 장기요양급여를 받고자 하는 자 또는 수급자가 신체적·정신적인 사유로 노인장기요양보험법에 따른 장기요양인정의 신청, 장기요양인정의 갱신신청 또는 장기요양등급의 변경신청 등을 직접 수행할 수 없을 때 본인의 가족이나 친족, 그 밖의 이해관계인은 이를 대리할 수 있다.

② 다음 각 호의 어느 하나에 해당하는 사람은 관할 지역 안에 거주하는 사람 중 장기요양급여를 받고자 하는 사람 또는 수급자가 장기요양인정신청 등을 직접 수행할 수 없을 때 본인 또는 가족의 동의를 받아 그 신청을 대리할 수 있다.

1. 사회보장급여의 이용·제공 및 수급권자 발굴에 관한 법률에 따른 사회복지전담공무원

> **더 알아보기**
>
> **사회복지전담공무원(사회보장급여의 이용·제공 및 수급권자 발굴에 관한 법률 제43조)**
> ① 사회복지사업에 관한 업무를 담당하게 하기 위하여 시·도, 시·군·구, 읍·면·동 또는 사회보장사무 전담기구에 사회복지전담공무원을 둘 수 있다.
> ② 사회복지전담공무원은 사회복지사업법에 따른 사회복지사의 자격을 가진 사람으로 하며, 그 임용 등에 필요한 사항은 대통령령으로 정한다.
> ③ 사회복지전담공무원은 사회보장급여에 관한 업무 중 취약계층에 대한 상담과 지도, 생활실태의 조사 등 보건복지부령으로 정하는 사회복지에 관한 전문적 업무를 담당한다.

2. 치매관리법에 따른 치매안심센터의 장(장기요양급여를 받고자 하는 사람 또는 수급자가 같은 법에 따른 치매환자인 경우로 한정한다)

> **더 알아보기**
>
> **치매안심센터의 설치(치매관리법 제17조 제1항)**
> 시·군·구의 관할 보건소에 치매예방과 치매환자 및 그 가족에 대한 종합적인 지원을 위하여 치매안심센터를 설치한다.
>
> **정의(치매관리법 제2조 제2호)**
> "치매환자"란 치매로 인한 임상적 특징이 나타나는 사람으로서 의사 또는 한의사로부터 치매로 진단받은 사람을 말한다.

③ 장기요양급여를 받고자 하는 자 또는 수급자가 장기요양인정신청 등을 할 수 없는 경우 특별자치시장·특별자치도지사·시장·군수·구청장이 지정하는 자는 이를 대리할 수 있다.

④ 장기요양인정신청 등의 방법 및 절차 등에 관하여 필요한 사항은 보건복지부령으로 정한다.

※ 다음 문제의 진위 여부를 판단해 ○ 또는 ×를 선택하시오.

01 장기요양인정을 신청할 수 있는 자는 노인 등은 65세 이상의 노인 또는 65세 미만의 자로서 노인성 질병을 가진 자를 가리킨다. [○│×]

02 의료급여수급권자는 장기요양인정의 신청자격이 없다. [○│×]

03 장기요양보험가입자와 그의 피부양자는 장기요양인정의 신청자격이 있다. [○│×]

04 장기요양인정을 신청하는 자는 국민건강보험공단에 장기요양인정신청서와 함께 의사소견서를 제출해야 한다. [○│×]

05 신청인은 국민건강보험공단이 장기요양심사위원회에 자료를 제출하기 전까지 의사소견서를 제출할 수 있다. [○│×]

06 장기요양인정을 신청할 때 의료기관을 방문하기 어려운 자는 의사소견서를 제출하지 않을 수 있다. [○│×]

07 의사소견서의 발급비용·비용부담방법·발급자의 범위, 그 밖에 필요한 사항은 대통령령으로 정한다. [○│×]

08 국민건강보험공단은 신청서를 접수한 때에는 소속 직원으로 하여금 장기요양에 관해 필요한 사항을 조사하게 한다. 이때 특별자치시·특별자치도·시·군·자치구에 조사를 의뢰할 수 있으나, 공동으로 조사할 것을 요청할 수는 없다. [○│×]

09 국민건강보험공단은 신청서를 접수받아 소속 직원으로 하여금 장기요양에 관해 필요한 사항을 조사하게 할 때 1명의 소속 직원이 단독으로 조사하게 해야 한다. [○│×]

10 위의 **09**번 문제에서 조사를 하는 자는 조사일시, 장소 및 조사를 담당하는 자의 인적사항 등을 미리 신청인에게 통보해야 한다. [○│×]

11 조사를 의뢰받은 특별자치시·특별자치도·시·군·자치구는 지체 없이 국민건강보험공단에 조사결과서를 송부해야 한다. [○│×]

12 국민건강보험공단은 장기요양인정 신청의 조사가 완료된 때 조사결과서, 신청서, 의사소견서 등 심의에 필요한 자료를 장기요양심사위원회에 제출해야 한다. [O|X]

13 위의 **12**번 문제에서 신청인이 신청자격요건을 충족하고 1년 이상 동안 혼자서 일상생활을 수행하기 어렵다고 인정하는 경우에는 등급판정기준에 따라 수급자로 판정한다. [O|X]

14 심의·판정을 하는 때는 신청인과 그 가족, 의사소견서를 발급한 의사 등 관계인의 의견을 들을 수 있다. [O|X]

15 국민건강보험공단은 장기요양급여를 받을 수 있는 자가 고의로 사고를 발생하도록 했다고 의심되는 경우에는 장기요양에 관해 필요한 사항을 조사해 그 결과를 장기요양등급판정위원회에 제출해야 한다. [O|X]

16 국민건강보험공단은 장기요양급여를 받고 있는 자가 거짓으로 장기요양인정을 받았다고 의심되는 경우에는 신청인의 심신상태, 신청인에게 필요한 장기요양급여의 종류 및 내용 등을 조사해야 한다. [O|X]

17 장기요양등급판정위원회는 제출된 조사 결과를 토대로 다시 수급자 등급을 조정할 수 있다. [O|X]

18 장기요양등급판정위원회는 신청인이 신청서를 제출한 날부터 3개월 이내에 장기요양등급판정을 완료해야 한다. [O|X]

19 위의 **18**번 문제에서 등급판정을 완료할 수 없는 부득이한 사유가 있는 경우에는 3개월 이내의 범위에서 이를 연장할 수 있다. [O|X]

20 국민건강보험공단은 장기요양등급판정위원회가 장기요양인정심의 및 등급판정기간을 연장하고자 하는 경우 신청인 및 대리인에게 그 내용·사유 및 기간을 통보해야 한다. [O|X]

21 장기요양등급판정위원회가 장기요양인정 및 등급판정의 심의를 완료한 경우에 국민건강보험공단은 장기요양등급, 장기요양급여의 종류 및 내용 등이 포함된 장기요양인정서를 작성해 수급자에게 송부해야 한다. [O|X]

22 국민건강보험공단은 장기요양등급판정위원회가 심의를 완료해 수급자로 판정받지 못한 신청인에게 그 사유를 통보해야 하며, 특별자치시장·특별자치도지사·시장·군수·구청장은 국민건강보험공단에 대해 이를 통보하도록 요청할 수 없다. [O|X]

23 국민건강보험공단은 장기요양인정서를 송부하는 때 장기요양급여를 원활히 이용할 수 있도록 월 한도액 범위 안에서 표준장기요양이용계획서를 작성해 이를 함께 송부해야 한다. [O|X]

24 장기요양인정서 및 표준장기요양이용계획서의 작성방법에 관해 필요한 사항은 대통령령으로 정한다. [○ | ×]

25 국민건강보험공단은 장기요양인정서를 작성할 경우 장기요양급여의 종류 및 내용을 정하는 때 수급자의 장기요양등급 및 생활환경, 수급자와 그 가족의 욕구 및 선택 등의 사항을 고려해 정해야 한다. [○ | ×]

26 국민건강보험공단은 장기요양인정서를 작성하기 위해 장기요양급여의 종류 및 내용을 정하는 때 시설급여를 제공하는 경우에는 장기요양기관이 운영하는 시설 현황 등의 사항을 고려해 정해야 한다. [○ | ×]

27 장기요양인정의 유효기간은 최소 3년 이상으로서 보건복지부령으로 정한다. [○ | ×]

28 장기요양인정의 유효기간의 산정방법과 그 밖에 필요한 자세한 사항은 보건복지부령으로 정한다. [○ | ×]

29 수급자는 장기요양인정의 유효기간이 만료된 후 장기요양급여를 계속하여 받고자 하는 경우 보건복지부에 장기요양인정의 갱신을 신청해야 한다. [○ | ×]

30 장기요양인정의 갱신 신청은 유효기간이 만료되기 3개월 전까지 완료해야 한다. [○ | ×]

31 장기요양급여를 받고 있는 수급자는 장기요양등급, 장기요양급여의 종류 또는 내용을 변경해 장기요양급여를 받고자 하는 경우 보건복지부에 변경신청을 해야 한다. [○ | ×]

32 장기요양급여를 받고자 하는 자 또는 수급자가 신체적·정신적인 사유로 장기요양인정의 신청, 장기요양인정의 갱신신청 또는 장기요양등급의 변경신청 등을 직접 수행할 수 없을 때 본인의 직계존속과 직계비속만이 이를 대리할 수 있다. [○ | ×]

33 사회복지전담공무원은 관할 지역 안에 거주하는 사람 중 장기요양급여를 받고자 하는 사람이 장기요양인정신청 등을 직접 수행할 수 없을 때 그 신청을 대리할 수 없다. [○ | ×]

34 장기요양급여를 받고자 하는 사람이 치매환자인 경우에 치매안심센터의 장은 그 환자 본인 또는 가족의 동의를 받아 장기요양인정신청 등을 대리할 수 있다. [○ | ×]

35 장기요양급여를 받고자 하는 자가 장기요양인정신청 등을 할 수 없는 경우 특별자치시장·특별자치도지사·시장·군수·구청장이 지정하는 자는 이를 대리할 수 있다. [○ | ×]

36 장기요양인정신청 등의 방법 및 절차 등에 관해 필요한 자세한 사항은 보건복지부령으로 정한다. [○ | ×]

정답 및 해설 p.30

01 노인장기요양보험법상 장기요양인정을 신청할 수 있는 자격을 갖추지 못한 자를 모두 고르면?

> ㉠ 의료급여수급권자이며, 노인성 질병을 앓고 있는 만 60세의 A씨
> ㉡ 건강보험 가입자이며, 노인성 질병을 앓고 있지 않은 만 66세의 B씨
> ㉢ 의료급여수급권자이며, 노인성 질병을 앓고 있지 않은 만 59세의 C씨
> ㉣ 건강보험 가입자의 피부양자이며, 노인성 질병을 앓고 있지 않은 만 63세의 D씨

① ㉠, ㉢   ② ㉠, ㉣
③ ㉡, ㉢   ④ ㉢, ㉣

02 장기요양인정의 신청과 관련한 설명으로 옳은 것을 모두 고르면?

> ㉠ 장기요양인정을 신청하는 자(신청인)는 국민건강보험공단에 장기요양인정신청서(신청서)와 의사나 한의사가 발급하는 소견서(의사소견서)를 제출해야 한다.
> ㉡ 위의 ㉠에서 의사소견서는 국민건강보험공단이 장기요양등급판정위원회에 자료를 제출하기 전까지 제출할 수 있다.
> ㉢ 거동이 현저하게 불편하거나 도서·벽지 지역에 거주하여 의료기관을 방문하기 어려운 자 등은 대리인을 통해 반드시 의사소견서를 제출해야 한다.
> ㉣ 의사소견서의 비용부담방법에 필요한 사항은 보건복지부령으로 정한다.

① ㉠, ㉡, ㉢   ② ㉠, ㉡, ㉣
③ ㉡, ㉢, ㉣   ④ ㉠, ㉡, ㉢, ㉣

03 다음 중 장기요양인정의 신청 등에 관한 사항으로 옳지 않은 것은?

① 거동이 불편해 의료기관을 방문하기 어려운 자는 의사소견서를 제출하지 않을 수 있다.
④ 조사를 하는 자는 조사일시, 조사를 담당자의 인적사항 등을 신청인에게 통보해야 한다.
② 장기요양인정을 신청하는 자가 제출하는 의사소견서의 발급비용은 보건복지부령으로 정한다.
④ 국민건강보험공단이 장기요양인정 신청의 조사를 하는 경우 1명의 소속 직원이 단독으로 조사할 수 있도록 노력하여야 한다.

04 다음 중 장기요양인정 신청의 조사와 관련하여 조사를 의뢰받은 특별자치시 · 특별자치도 · 시 · 군 · 구는
지체 없이 어느 기관에 조사결과서를 송부해야 하는가?

① 행정안전부
② 보건복지부
③ 국민건강보험공단
④ 건강보험심사평가원

05 장기요양인정의 등급판정에 관한 다음 설명의 ㉠, ㉡에 들어갈 내용으로 옳은 것은?

> 장기요양등급판정위원회는 신청인이 신청자격요건을 충족하고 ____㉠____ 이상 동안 혼자서 일상생활을
> 수행하기 어렵다고 인정하는 경우 심신상태 및 장기요양이 필요한 정도 등 ____㉡____으로 정하는 등급판
> 정기준에 따라 수급자로 판정한다.

	㉠	㉡
①	6개월	대통령령
②	6개월	보건복지부령
③	12개월	대통령령
④	12개월	보건복지부령

06 장기요양등급판정기간과 관련한 다음 설명의 ㉠, ㉡에 들어갈 내용으로 옳은 것은?

> 장기요양등급판정위원회는 신청서를 제출받은 날부터 ____㉠____ 이내에 장기요양등급판정을 완료해야 하지
> 만, 기간 이내에 등급판정을 완료할 수 없을 때는 ____㉡____ 이내의 범위에서 이를 연장할 수 있다

	㉠	㉡
①	30일	30일
②	30일	60일
③	60일	30일
④	60일	60일

07 장기요양인정과 관련한 다음 설명 중 옳지 않은 것을 모두 고르면?

> ㉠ 장기요양등급판정위원회가 등급판정기간을 연장하고자 하는 경우에 국민건강보험공단은 신청인에게 그 내용·사유 및 기간을 알려야 한다.
> ㉡ 장기요양등급판정위원회가 장기요양인정 및 등급판정의 심의를 완료하면 국민건강보험공단은 장기요양급여의 종류 및 내용이 포함된 장기요양인정서를 수급자에게 송부해야 한다.
> ㉢ 국민건강보험공단은 장기요양인정서를 송부하는 때에는 표준장기요양이용계획서를 함께 송부하지 않는다.
> ㉣ 국민건강보험공단은 장기요양등급판정위원회가 심의를 완료해 수급자로 판정받지 못한 신청인에게 그 사유를 통보하지 않으며, 특별자치시장·특별자치도지사·시장·군수·구청장은 국민건강보험공단에 대해 이를 통보하도록 요청할 수 없다.

① ㉠, ㉢　　　　　　　　　　　　　② ㉡, ㉣
③ ㉢, ㉣　　　　　　　　　　　　　④ ㉡, ㉢, ㉣

08 국민건강보험공단이 장기요양인정서를 작성할 경우에 고려해야 하는 사항으로 옳은 것을 모두 고르면?

> ㉠ 수급자의 생활환경
> ㉡ 수급자의 장기요양등급
> ㉢ 수급자의 가족의 욕구
> ㉣ 장기요양기관의 시설 현황

① ㉠, ㉡　　　　　　　　　　　　　② ㉡, ㉣
③ ㉠, ㉢, ㉣　　　　　　　　　　　④ ㉠, ㉡, ㉢, ㉣

09 장기요양인정의 유효기간과 관련한 다음 설명의 ㉠, ㉡에 들어갈 내용으로 옳은 것은?

> 장기요양인정의 유효기간은 최소 ____㉠____ 이상으로 정하며, 이러한 유효기간을 산정하는 방법에 필요한 자세한 사항은 ____㉡____을 따른다.

	㉠	㉡
①	1년	대통령령
②	1년	보건복지부령
③	3년	대통령령
④	3년	보건복지부령

10 장기요양인정의 갱신 신청은 유효기간이 만료되기 전 며칠까지 완료하여야 하는가?

① 20일   ② 25일

③ 30일   ④ 40일

11 수급자가 장기요양등급 등의 변경을 하려고 할 경우에는 어느 기관에 이를 신청해야 하는가?

① 보건복지부

② 기획재정부

③ 국민건강보험공단

④ 관할 특별자치시·특별자치도·시·군·자치구

12 다음 중 수급자가 신체적·정신적 사유로 장기요양인정의 신청 등을 할 수 없을 때 이를 대리할 수 없는 자는?

① 이해관계인

② 구청 공무원

③ 본인의 배우자

④ 본인의 직계존속·직계비속

04 장기요양급여의 종류

1. 장기요양급여의 종류

(1) 장기요양급여의 종류(제23조)

① 노인장기요양보험법에 따른 장기요양급여의 종류는 다음 각 호와 같다.

   1. 재가급여

      가. 방문요양 : 장기요양요원이 수급자의 가정 등을 방문하여 신체활동 및 가사활동 등을 지원하는 장기요양급여

      나. 방문목욕 : 장기요양요원이 목욕설비를 갖춘 장비를 이용하여 수급자의 가정 등을 방문하여 목욕을 제공하는 장기요양급여

      다. 방문간호 : 장기요양요원인 간호사 등이 의사, 한의사 또는 치과의사의 지시서(이하 "방문간호지시서"라 한다)에 따라 수급자의 가정 등을 방문하여 간호, 진료의 보조, 요양에 관한 상담 또는 구강위생 등을 제공하는 장기요양급여

      라. 주·야간보호 : 수급자를 하루 중 일정한 시간 동안 장기요양기관에 보호하여 신체활동 지원 및 심신기능의 유지·향상을 위한 교육·훈련 등을 제공하는 장기요양급여

      마. 단기보호 : 수급자를 보건복지부령으로 정하는 범위 안에서 일정 기간 동안 장기요양기관에 보호하여 신체활동 지원 및 심신기능의 유지·향상을 위한 교육·훈련 등을 제공하는 장기요양급여

      바. 기타재가급여 : 수급자의 일상생활·신체활동 지원 및 인지기능의 유지·향상에 필요한 용구를 제공하거나 가정을 방문하여 재활에 관한 지원 등을 제공하는 장기요양급여로서 대통령령으로 정하는 것

   2. 시설급여 : 장기요양기관에 장기간 입소한 수급자에게 신체활동 지원 및 심신기능의 유지·향상을 위한 교육·훈련 등을 제공하는 장기요양급여

   3. 특별현금급여

      가. 가족요양비 : 제24조(가족요양비)에 따라 지급하는 가족장기요양급여

      나. 특례요양비 : 제25조(특례요양비)에 따라 지급하는 특례장기요양급여

      다. 요양병원간병비 : 제26조(요양병원간병비)에 따라 지급하는 요양병원장기요양급여

② 장기요양급여를 제공할 수 있는 장기요양기관의 종류 및 기준과 장기요양급여 종류별 장기요양요원의 범위·업무·보수교육 등에 관하여 필요한 사항은 대통령령으로 정한다.

③ 장기요양급여의 제공 기준·절차·방법·범위, 그 밖에 필요한 사항은 보건복지부령으로 정한다.

2. 요양비 및 간병비

(1) 가족요양비(제24조)

① 공단은 다음 각 호의 어느 하나에 해당하는 수급자가 가족 등으로부터 방문요양에 상당한 장기요양급여를 받은 때 대통령령으로 정하는 기준에 따라 해당 수급자에게 가족요양비를 지급할 수 있다.

   1. 도서·벽지 등 장기요양기관이 현저히 부족한 지역으로서 보건복지부장관이 정하여 고시하는 지역에 거주하는 자

   2. 천재지변이나 그 밖에 이와 유사한 사유로 인하여 장기요양기관이 제공하는 장기요양급여를 이용하기가 어렵다고 보건복지부장관이 인정하는 자

   3. 신체·정신 또는 성격 등 대통령령으로 정하는 사유로 인하여 가족 등으로부터 장기요양을 받아야 하는 자

② 가족요양비의 지급절차와 그 밖에 필요한 사항은 보건복지부령으로 정한다.

(2) 특례요양비(제25조)

① 공단은 수급자가 장기요양기관이 아닌 노인요양시설 등의 기관 또는 시설에서 재가급여 또는 시설급여에 상당한 장기요양급여를 받은 경우 대통령령으로 정하는 기준에 따라 해당 장기요양급여비용의 일부를 해당 수급자에게 특례요양비로 지급할 수 있다.

② 장기요양급여가 인정되는 기관 또는 시설의 범위, 특례요양비의 지급절차, 그 밖에 필요한 사항은 보건복지 부령으로 정한다.

(3) 요양병원간병비(제26조)

① 공단은 수급자가 의료법에 따른 요양병원에 입원한 때 대통령령으로 정하는 기준에 따라 장기요양에 사용되는 비용의 일부를 요양병원간병비로 지급할 수 있다.

더 알아보기

요양병원(의료법 제3조 제2항 제3호 라목)
장애인복지법에 따른 의료재활시설(장애인을 입원 또는 통원하게 하여 상담, 진단·판정, 치료 등 의료재활서비스를 제공하는 장애인 의료재활시설)로서 병원·치과병원·한방병원 및 요양병원(이하 "병원 등"이라 한다)은 30개 이상의 병상(병원·한방병원만 해당한다) 또는 요양병상(요양병원만 해당하며, 장기입원이 필요한 환자를 대상으로 의료행위를 하기 위하여 설치한 병상을 말한다)을 갖춘 의료기관을 포함한다.

② 요양병원간병비의 지급절차와 그 밖에 필요한 사항은 보건복지부령으로 정한다.

※ 다음 문제의 진위 여부를 판단해 ○ 또는 ×를 선택하시오.

01 장기요양급여의 종류는 크게 재가급여, 시설급여 등의 2가지로 구분할 수 있다. [○|×]

02 재가급여의 종류에는 방문요양, 방문목욕, 방문간호, 주·야간보호, 단기보호, 기타재가급여 등이 있다. [○|×]

03 방문요양은 장기요양요원이 수급자의 가정 등을 방문해 신체활동만을 지원하는 장기요양급여를 말한다. [○|×]

04 방문목욕은 장기요양요원이 목욕설비를 갖춘 장비를 이용해 수급자의 가정 등을 방문해 목욕을 제공하는 장기요양급여를 말한다. [○|×]

05 방문간호는 간호사 등이 방문간호지시서에 따라 수급자의 가정 등을 방문해 간호, 진료의 보조, 요양에 관한 상담 또는 구강위생 등을 제공하는 장기요양급여를 말한다. [○|×]

06 단기보호는 수급자를 하루 중 일정한 시간 동안 장기요양기관에 보호해 신체활동 지원 및 심신기능의 유지·향상을 위한 교육·훈련 등을 제공하는 장기요양급여를 말한다. [○|×]

07 주·야간보호는 수급자를 보건복지부령으로 정하는 범위 안에서 일정 기간 동안 장기요양기관에 보호해 신체활동 지원 및 심신기능의 유지·향상을 위한 교육·훈련 등을 제공하는 장기요양급여를 말한다. [○|×]

08 기타재가급여는 수급자의 일상생활·신체활동 지원 및 인지기능의 유지·향상에 필요한 용구를 제공하거나 가정을 방문해 재활에 관한 지원 등을 제공하는 장기요양급여를 말한다. [○|×]

09 시설급여는 장기요양기관에 장기간 입소한 수급자에게 신체활동 지원 및 심신기능의 유지·향상을 위한 교육·훈련 등을 제공하는 장기요양급여를 말한다. [○|×]

10 특별현금급여의 종류는 크게 특례요양비, 요양병원간병비 등의 2가지로 구분된다. [○|×]

11 장기요양급여를 제공할 수 있는 장기요양기관의 종류 및 기준과 장기요양급여 종류별 장기요양요원의 범위·업무·보수교육 등에 관하여 필요한 사항은 대통령령으로 정한다. [○|×]

12 장기요양급여의 제공 기준·절차·방법·범위, 그 밖에 필요한 사항은 대통령령으로 정한다. [○|×]

13 장기요양기관이 현저히 부족한 지역에 거주하는 수급자가 가족 등으로부터 방문요양에 상당한 장기요양급여를 받은 경우에 국민건강보험공단은 해당 수급자에게 가족요양비를 지급할 수 있다. [○ | ×]

14 천재지변 때문에 장기요양기관이 제공하는 장기요양급여를 이용하기가 어려운 수급자가 가족 등으로부터 방문 요양에 상당한 장기요양급여를 받은 경우에 국민건강보험공단은 해당 수급자에게 가족요양비를 지급할 수 있다. [○ | ×]

15 신체·정신·성격 등으로 인해 가족 등으로부터 장기요양을 받아야 하는 수급자가 가족 등으로부터 방문요양에 상당한 장기요양급여를 받은 경우에 국민건강보험공단은 해당 수급자에게 가족요양비를 지급할 수 없다. [○ | ×]

16 가족요양비의 지급절차와 그 밖에 필요한 사항은 대통령령으로 정한다. [○ | ×]

17 국민건강보험공단은 수급자가 장기요양기관이 아닌 노인요양시설 등의 기관·시설에서 재가급여·시설급여에 상당한 장기요양급여를 받은 경우 해당 장기요양급여비용의 일부를 해당 수급자에게 특례요양비로 지급할 수 있다. [○ | ×]

18 장기요양급여가 인정되는 기관 또는 시설의 범위, 특례요양비의 지급절차, 그 밖에 필요한 사항은 보건복지부령으로 정한다. [○ | ×]

19 국민건강보험공단은 수급자가 의료법에 따른 요양병원에 입원한 때 장기요양에 사용되는 비용의 일부를 요양병원간병비로 지급할 수 있다. [○ | ×]

20 요양병원간병비의 지급절차와 그 밖에 필요한 사항은 대통령령으로 정한다. [○ | ×]

OX문제 정답																			
01	02	03	04	05	06	07	08	09	10	11	12	13	14	15	16	17	18	19	20
×	○	×	○	○	×	×	○	○	×	○	×	○	○	×	×	○	○	○	×

01 다음 중 장기요양급여 중 재가급여에 속하지 않는 것은?

① 방문목욕
② 방문간호
③ 장기보호
④ 주·야간보호

02 다음 장기요양급여의 종류 중 그 분류가 나머지 셋과 가장 다른 하나 무엇인가?

① 시설급여
② 가족요양비
③ 특례요양비
④ 요양병원간병비

03 장기요양급여의 제공에 대한 다음 설명의 ㉠, ㉡에 들어갈 내용으로 옳은 것은?

• 장기요양급여의 제공 기준·절차·방법·범위, 그 밖에 필요한 사항은 ____㉠____으로 정한다.
• 장기요양급여를 제공할 수 있는 장기요양기관의 종류 및 기준과 장기요양급여 종류별 장기요양요원의 범위·업무·보수교육 등에 관하여 필요한 사항은 ____㉡____으로 정한다.

	㉠	㉡
①	대통령령	대통령령
②	대통령령	보건복지부령
③	보건복지부령	대통령령
④	보건복지부령	보건복지부령

04 장기요양급여의 재가급여 중 다음 내용이 설명하는 것은?

수급자를 하루 중 일정한 시간 동안 장기요양기관에 보호하여 신체활동 지원 및 심신기능의 유지·향상을 위한 교육·훈련 등을 제공하는 장기요양급여

① 단기보호
② 시설급여
③ 주·야간보호
④ 기타재가급여

05 요양비의 지급과 관련한 다음 설명의 ㉠, ㉡에 들어갈 내용으로 옳은 것은?

> 장기요양기관이 현저히 부족한 지역에 거주하는 자 또는 천재지변의 사유로 인해 장기요양기관이 제공하는 장기요양급여를 이용하기가 어려운 자가 수급자가 가족 등으로부터 _____㉠_____에 상당한 장기요양급여를 받은 경우에 국민건강보험공단은 해당 수급자에게 _____㉡_____를 지급할 수 있다.

	㉠	㉡
①	방문요양	가족요양비
②	방문요양	요양병원간병비
③	기타재가급여	가족요양비
④	기타재가급여	요양병원간병비

06 요양비의 지급과 관련한 다음 설명의 ㉠, ㉡에 들어갈 내용으로 옳은 것은?

> 수급자가 장기요양기관이 아닌 노인요양시설에서 재가급여 또는 시설급여에 상당한 장기요양급여를 받은 경우에 국민건강보험공단은 해당 장기요양급여비용의 _____㉠_____를 해당 수급자에게 _____㉡_____로 지급할 수 있다.

	㉠	㉡
①	전부	요양병원간병비
②	일부	요양병원간병비
③	전부	특례요양비
④	일부	특례요양비

07 요양비의 지급과 관련한 다음 설명의 ㉠, ㉡에 들어갈 내용으로 옳은 것은?

> 수급자가 요양병원에 입원한 경우에 국민건강보험공단은 장기요양에 사용되는 비용의 _____㉠_____를 _____㉡_____로 지급할 수 있다.

	㉠	㉡
①	전부	특례요양비
②	일부	특례요양비
③	전부	요양병원간병비
④	일부	요양병원간병비

08 요양비의 지급과 관련한 다음 설명의 ㉠~㉢에 들어갈 내용으로 옳은 것은?

> • 가족요양비의 지급절차와 그 밖에 필요한 사항은 ___㉠___ 으로 정한다.
> • 요양병원간병비의 지급절차와 그 밖에 필요한 사항은 ___㉡___ 으로 정한다.
> • 장기요양급여가 인정되는 기관 또는 시설의 범위, 특례요양비의 지급절차, 그 밖에 필요한 사항은 ___㉢___ 으로 정한다.

	㉠	㉡	㉢
①	대통령령	보건복지부령	대통령령
②	대통령령	보건복지부령	보건복지부령
③	보건복지부령	보건복지부령	대통령령
④	보건복지부령	보건복지부령	보건복지부령

09 다음 중 신체·정신 또는 성격 등의 사유 때문에 가족으로부터 장기요양을 받아야 하는 자가 받을 수 있는 장기요양급여는 무엇인가?

① 재가급여
② 시설급여
③ 가족요양비
④ 특별현금급여

10 수급자가 요양병원에 입원할 때 국민건강보험공단이 지급할 수 있는 장기요양비용은?

① 가족요양비
② 특례요양비
③ 단기보호비
④ 요양병원간병비

1. 장기요양급여의 제공 및 특별현금급여수급계좌

(1) 장기요양급여의 제공(제27조)

① 수급자는 제17조 제1항에 따른 장기요양인정서와 같은 조 제3항에 따른 개인별장기요양이용계획서가 도달한 날부터 장기요양급여를 받을 수 있다.

② 수급자는 돌볼 가족이 없는 경우 등 대통령령으로 정하는 사유가 있는 경우 신청서를 제출한 날부터 장기요양인정서가 도달되는 날까지의 기간 중에도 장기요양급여를 받을 수 있다.

③ 수급자는 장기요양급여를 받으려면 장기요양기관에 장기요양인정서와 개인별장기요양이용계획서를 제시하여야 한다. 다만, 수급자가 장기요양인정서 및 개인별장기요양이용계획서를 제시하지 못하는 경우 장기요양기관은 공단에 전화나 인터넷 등을 통하여 그 자격 등을 확인할 수 있다.

④ 장기요양기관은 제3항에 따라 수급자가 제시한 장기요양인정서와 개인별장기요양이용계획서를 바탕으로 장기요양급여 제공 계획서를 작성하고 수급자의 동의를 받아 그 내용을 공단에 통보하여야 한다.

⑤ 장기요양급여 인정 범위와 절차, 장기요양급여 제공 계획서 작성 절차에 관한 구체적인 사항 등은 대통령령으로 정한다.

(2) 특별현금급여수급계좌(제27조의2)

① 공단은 특별현금급여를 받는 수급자의 신청이 있는 경우에는 특별현금급여를 수급자 명의의 지정된 계좌(이하 "특별현금급여수급계좌"라 한다)로 입금하여야 한다. 다만, 정보통신장애나 그 밖에 대통령령으로 정하는 불가피한 사유로 특별현금급여수급계좌로 이체할 수 없을 때에는 현금 지급 등 대통령령으로 정하는 바에 따라 특별현금급여를 지급할 수 있다.

② 특별현금급여수급계좌가 개설된 금융기관은 특별현금급여만이 특별현금급여수급계좌에 입금되도록 관리하여야 한다.

③ 특별현금급여의 신청방법·절차와 특별현금급여수급계좌의 관리에 필요한 사항은 대통령령으로 정한다.

2. 장기요양급여의 월 한도액 및 급여외행위의 제공 금지

(1) 장기요양급여의 월 한도액(제28조)

① 장기요양급여는 월 한도액 범위 안에서 제공한다. 이 경우 월 한도액은 장기요양등급 및 장기요양급여의 종류 등을 고려하여 산정한다.

② 월 한도액의 산정기준 및 방법, 그 밖에 필요한 사항은 보건복지부령으로 정한다.

(2) 급여외행위의 제공 금지(제28조의2)

① 수급자 또는 장기요양기관은 장기요양급여를 제공받거나 제공할 경우 다음 각 호의 행위(이하 "급여외행위"라 한다)를 요구하거나 제공하여서는 아니 된다.

　1. 수급자의 가족만을 위한 행위

　2. 수급자 또는 그 가족의 생업을 지원하는 행위

　3. 그 밖에 수급자의 일상생활에 지장이 없는 행위

② 그 밖에 급여외행위의 범위 등에 관한 구체적인 사항은 보건복지부령으로 정한다.

3. 장기요양급여의 제한

(1) 장기요양급여의 제한(제29조)

① 공단은 장기요양급여를 받고 있는 자가 정당한 사유 없이 제15조 제4항에 따른 조사나 제60조 또는 제61조에 따른 요구에 응하지 아니하거나 답변을 거절한 경우 장기요양급여의 전부 또는 일부를 제공하지 아니하게 할 수 있다.

② 공단은 장기요양급여를 받고 있거나 받을 수 있는 자가 장기요양기관이 거짓이나 그 밖의 부정한 방법으로 장기요양급여비용을 받는 데에 가담한 경우 장기요양급여를 중단하거나 1년의 범위에서 장기요양급여의 횟수 또는 제공 기간을 제한할 수 있다.

③ 제2항에 따른 장기요양급여의 중단 및 제한 기준과 그 밖에 필요한 사항은 보건복지부령으로 정한다.

(2) 장기요양급여의 제한 등에 관한 준용(제30조)

국민건강보험법 제53조(급여의 제한) 제1항 제4호, 같은 조 제2항부터 제6항까지 및 제54조(급여의 정지) 및 제109조 제10항은 노인장기요양보험법에 따른 보험료 체납자 등에 대한 장기요양급여의 제한 및 장기요양급여의 정지에 관하여 준용한다. 이 경우 "가입자"는 "장기요양보험가입자"로, "보험급여"는 "장기요양급여"로 본다.

※ 다음 문제의 진위 여부를 판단해 ○ 또는 ×를 선택하시오.

01 수급자는 장기요양인정서와 개인별장기요양이용계획서가 도달한 날이 속하는 달의 다음 달부터 장기요양급여를 받을 수 있다. [○|×]

02 수급자는 돌볼 가족이 없어도 신청서를 제출한 날부터 장기요양인정서가 도달되는 날까지의 기간 중에는 장기요양급여를 받을 수 없다. [○|×]

03 수급자가 장기요양급여를 받기 위해 장기요양기관에 장기요양인정서와 개인별장기요양이용계획서를 제시하지 못하는 경우 장기요양기관이 수급자의 자격 등을 확인할 수 있다. [○|×]

04 장기요양기관은 장기요양급여 제공 계획서를 작성하고 수급자의 동의를 받아 그 내용을 국민건강보험공단에 통보해야 한다. [○|×]

05 장기요양급여 인정 범위와 절차, 장기요양급여 제공 계획서 작성 절차에 관한 구체적인 사항 등은 보건복지부령으로 정한다. [○|×]

06 국민건강보험공단은 특별현금급여를 받는 수급자가 신청하면 특별현금급여를 수급자 명의의 특별현금급여수급계좌로 입금해야 한다. [○|×]

07 정보통신장애로 특별현금급여수급계좌로 이체할 수 없을 때에는 국민건강보험공단은 현금으로 특별현금급여를 지급할 수 있다. [○|×]

08 특별현금급여수급계좌가 개설된 금융기관은 특별현금급여수급계좌에 일반 예금과 특별현금급여가 함께 입금되도록 관리할 수 있다. [○|×]

09 특별현금급여의 신청방법·절차와 특별현금급여수급계좌의 관리에 필요한 사항은 보건복지부령으로 정한다. [○|×]

10 장기요양급여는 월 한도액 범위 안에서 제공한다. [○|×]

11 월 한도액은 장기요양등급 및 장기요양급여의 종류 등을 고려해 산정한다. [○|×]

12 월 한도액의 산정기준 및 방법, 그 밖에 필요한 사항은 대통령령으로 정한다. [○ | ×]

13 수급자는 장기요양급여를 제공받을 때 수급자의 가족만을 위한 행위를 요구할 수 없다. [○ | ×]

14 장기요양기관은 수급자에게 장기요양급여를 제공할 때 수급자 또는 그 가족의 생업을 지원하는 행위를 제공할 수 있다. [○ | ×]

15 수급자에게 장기요양급여를 제공하는 장기요양기관은 수급자의 일상생활에 지장이 없는 행위를 제공할 수 없다. [○ | ×]

16 급여외행위의 범위 등에 관한 구체적인 사항은 대통령령으로 정한다. [○ | ×]

17 국민건강보험공단은 장기요양급여를 받고 있는 자가 정당한 사유 없이 장기요양등급판정에 따른 답변을 거절한 경우에 장기요양급여의 일부만을 제공하지 않게 할 수 있다. [○ | ×]

18 국민건강보험공단은 장기요양급여를 받고 있는 자가 정당한 사유 없이 자료의 제출 등에 응하지 않을 경우에 장기요양급여의 전부 또는 일부를 제공하지 않게 할 수 있다. [○ | ×]

19 국민건강보험공단은 장기요양급여를 받고 있는 자가 보고 및 검사에 따른 요구에 응하지 않는 경우에 장기요양급여의 일부만을 제공하지 않게 할 수 있다. [○ | ×]

20 국민건강보험공단은 장기요양급여를 받고 있는 자가 장기요양기관이 부정한 방법으로 장기요양급여비용을 받는 데에 가담한 경우 3년의 범위에서 장기요양급여의 제공 기간을 제한해야 한다. [○ | ×]

21 장기요양급여의 중단 및 제한 기준과 그 밖에 필요한 사항은 보건복지부령으로 정한다. [○ | ×]

OX문제 정답																			
01	02	03	04	05	06	07	08	09	10	11	12	13	14	15	16	17	18	19	20
×	×	○	○	×	○	○	×	×	○	○	×	○	×	○	×	×	○	×	×
21																			
○																			

01 장기요양급여의 제공과 관련한 설명으로 옳지 않은 것을 모두 고르면?

> ⊙ 수급자는 장기요양인정서와 개인별장기요양이용계획서가 도달한 날이 속한 달의 다음 달부터 장기요양
> 급여를 받을 수 있다.
> ⓒ 수급자는 돌볼 가족이 없는 경우에는 신청서를 제출한 날부터 장기요양인정서가 도달되는 날까지의 기
> 간 중에 장기요양급여를 받을 수 있다.
> ⓒ 장기요양기관은 수급자가 제시한 장기요양인정서와 개인별장기요양이용계획서를 바탕으로 장기요양급
> 여 제공 계획서를 작성해 국민건강보험공단에 통보해야 한다.
> ⓔ 장기요양급여 제공 계획서 작성 절차에 관한 구체적인 사항은 보건복지부령으로 정한다.

① ⊙, ⓒ   ② ⊙, ⓔ
③ ⓒ, ⓒ   ④ ⓒ, ⓔ

02 다음 중 장기요양급여를 받기 위해서 장기요양급여의 수급자가 장기요양기관에 제시하여야 하는 것을 모
두 고르면?

> ⊙ 의사소견서
> ⓒ 장기요양인정서
> ⓒ 개인별장기요양이용계획서
> ⓔ 장기요양급여 제공 계획서

① ⊙, ⓒ   ② ⓒ, ⓒ
③ ⓒ, ⓔ   ④ ⓒ, ⓔ

03 장기요양급여의 제공에 대한 다음 설명의 빈칸 ⊙에 들어갈 내용은 무엇인가?

> 수급자가 장기요양급여를 받기 위해 장기요양기관에 장기요양인정서 및 표준장기요양이용계획서를 제시하
> 지 못하는 경우에 장기요양기관은 _____⊙_____ 에 전화나 인터넷 등을 통해 그 자격 등을 확인할 수 있다.

① 보건복지부   ② 장기요양위원회
③ 국민건강보험공단   ④ 장기요양요원지원센터

04 다음 중 노인장기요양보험법상 특별현금급여에 대한 설명으로 옳지 않은 것은?

① 특별현금급여에는 가족요양비, 특례요양비, 요양병원간병비가 있다.
② 특별현금급여수급계좌의 관리에 필요한 자세한 사항은 대통령령으로 정한다.
③ 특별현금급여는 반드시 특별현금급여수급계좌로 지급해야 하며, 현금 지급은 불가능하다.
④ 특별현금급여수급계좌가 개설된 금융기관은 특별현금급여만이 특별현금급여수급계좌에 입금되도록 관리해야 한다.

05 다음 중 장기요양급여의 월 한도액을 산정할 때 고려해야 할 내용은?

① 장기요양기본계획
② 장기요양급여의 종류
③ 장기요양등급판정기간
④ 장기요양급여 제공의 기본원칙

06 다음 중 장기요양급여의 제공에 관한 설명으로 옳지 않은 것은?

① 장기요양급여는 월 한도액 범위 안에서 제공한다.
② 공단은 특별현금급여를 받는 수급자의 신청이 있는 경우에는 특별현금급여수급계좌로 입금하여야 한다.
③ 수급자 또는 장기요양기관은 장기요양급여를 제공받거나 제공할 경우 급여외행위를 요구하거나 제공할 수 있다.
④ 장기요양기관은 장기요양급여 제공 계획서를 작성하고 수급자의 동의를 받아 그 내용을 공단에 통보하여야 한다.

07 급여외행위, 장기요양급여의 월 한도액, 장기요양급여의 제한 등과 관련한 다음 설명의 ㉠, ㉡에 들어갈 내용을 옳게 연결한 것은?

- 급여외행위의 범위 등에 관한 구체적인 사항은 _____㉠_____으로 정한다.
- 월 한도액의 산정기준 및 방법, 그 밖에 필요한 사항은 _____㉡_____으로 정한다.

	㉠	㉡
①	대통령령	대통령령
②	대통령령	보건복지부령
③	보건복지부령	대통령령
④	보건복지부령	보건복지부령

08 장기요양급여를 받고자 하는 자가 정당한 사유 없이 요구에 응하지 않을 경우 장기요양급여를 제한할 수 있는 기관은?

① 보건복지부
② 국민연금공단
③ 국민건강보험공단
④ 건강보험심사평가원

09 장기요양급여의 제한과 관련한 다음 설명의 빈칸 ㉠에 들어갈 내용으로 옳은 것은?

> 장기요양급여를 받을 수 있는 자가 장기요양기관이 거짓으로 장기요양급여비용을 받는 일에 가담한 경우에는 _____㉠_____ 의 범위에서 장기요양급여의 횟수 또는 제공 기간이 제한될 수 있다.

① 6개월   ② 1년
③ 2년   ④ 3년

10 노인장기요양보험법상 장기요양급여의 중단 또는 제한에 필요한 자세한 사항을 규정하는 것은?

① 대통령령
② 보건복지부령
③ 장기요양위원회의 의결
④ 국민건강보험공단의 정관

06 장기요양기관

1. 장기요양기관의 지정 · 결격사유 · 갱신 및 변경

(1) 장기요양기관의 지정(제31조)

① 재가급여 또는 시설급여를 제공하는 장기요양기관을 운영하려는 자는 보건복지부령으로 정하는 장기요양에 필요한 시설 및 인력을 갖추어 소재지를 관할 구역으로 하는 특별자치시장 · 특별자치도지사 · 시장 · 군수 · 구청장으로부터 지정을 받아야 한다.

② 제1항에 따라 장기요양기관으로 지정을 받을 수 있는 시설은 노인복지법 제31조에 따른 노인복지시설 중 대통령령으로 정하는 시설로 한다.

③ 특별자치시장 · 특별자치도지사 · 시장 · 군수 · 구청장이 제1항에 따른 지정을 하려는 경우에는 다음 각 호의 사항을 검토하여 장기요양기관을 지정하여야 한다. 이 경우 특별자치시장 · 특별자치도지사 · 시장 · 군수 · 구청장은 공단에 관련 자료의 제출을 요청하거나 그 의견을 들을 수 있다.

1. 장기요양기관을 운영하려는 자의 장기요양급여 제공 이력

2. 장기요양기관을 운영하려는 자 및 그 기관에 종사하려는 자가 노인장기요양보험법, 사회복지사업법 또는 노인복지법 등 장기요양기관의 운영과 관련된 법에 따라 받은 행정처분의 내용

3. 장기요양기관의 운영 계획

4. 해당 지역의 노인인구 수 및 장기요양급여 수요 등 지역 특성

5. 그 밖에 특별자치시장 · 특별자치도지사 · 시장 · 군수 · 구청장이 장기요양기관으로 지정하는 데 필요하다고 인정하여 정하는 사항

④ 특별자치시장 · 특별자치도지사 · 시장 · 군수 · 구청장은 장기요양기관을 지정한 때 지체 없이 지정 명세를 공단에 통보하여야 한다.

⑤ 재가급여를 제공하는 장기요양기관 중 의료기관이 아닌 자가 설치 · 운영하는 장기요양기관이 방문간호를 제공하는 경우에는 방문간호의 관리책임자로서 간호사를 둔다.

⑥ 장기요양기관의 지정절차와 그 밖에 필요한 사항은 보건복지부령으로 정한다.

(2) 재가장기요양기관의 설치(제32조)

삭제(2018. 12. 11)

(3) 결격사유(제32조의2)

다음 각 호의 어느 하나에 해당하는 자는 장기요양기관으로 지정받을 수 없다.

1. 미성년자, 피성년후견인 또는 피한정후견인

2. 정신건강증진 및 정신질환자 복지서비스 지원에 관한 법률의 정신질환자. 다만, 전문의가 장기요양기관 설립 · 운영 업무에 종사하는 것이 적합하다고 인정하는 사람은 그러하지 아니하다.

> **더 알아보기**
>
> **정신질환자(정신건강증진 및 정신질환자 복지서비스 지원에 관한 법률 제3조 제1호)**
> "정신질환자"란 망상, 환각, 사고(思考)나 기분의 장애 등으로 인하여 독립적으로 일상생활을 영위하는 데 중대한 제약이 있는 사람을 말한다.

3. 마약류 관리에 관한 법률의 마약류에 중독된 사람

4. 파산선고를 받고 복권되지 아니한 사람
5. 금고 이상의 실형을 선고받고 그 집행이 종료(집행이 종료된 것으로 보는 경우를 포함한다)되거나 집행이 면제된 날부터 5년이 경과되지 아니한 사람
6. 금고 이상의 형의 집행유예를 선고받고 그 유예기간 중에 있는 사람
7. 대표자가 제1호부터 제6호까지의 규정 중 어느 하나에 해당하는 법인

(4) 장기요양기관 지정의 유효기간(제32조의3)

장기요양기관 지정의 유효기간은 지정을 받은 날부터 6년으로 한다.

(5) 장기요양기관 지정의 갱신(제32조의4)

① 장기요양기관의 장은 지정의 유효기간이 끝난 후에도 계속하여 그 지정을 유지하려는 경우에는 소재지를 관할구역으로 하는 특별자치시장·특별자치도지사·시장·군수·구청장에게 지정 유효기간이 끝나기 90 일 전까지 지정 갱신을 신청하여야 한다.
② 지정 갱신 신청을 받은 특별자치시장·특별자치도지사·시장·군수·구청장은 갱신 심사에 필요하다고 판단되는 경우에는 장기요양기관에 추가자료의 제출을 요구하거나 소속 공무원으로 하여금 현장심사를 하게 할 수 있다.
③ 지정 갱신이 지정 유효기간 내에 완료되지 못한 경우에는 심사 결정이 이루어질 때까지 지정이 유효한 것으로 본다.
④ 특별자치시장·특별자치도지사·시장·군수·구청장은 갱신 심사를 완료한 경우 그 결과를 지체 없이 해당 장기요양기관의 장에게 통보하여야 한다.
⑤ 특별자치시장·특별자치도지사·시장·군수·구청장이 지정의 갱신을 거부하는 경우 그 내용의 통보 및 수급자의 권익을 보호하기 위한 조치에 관하여는 제37조(장기요양기관 지정의 취소 등) 제2항 및 제5항을 준용한다.
⑥ 그 밖에 지정 갱신의 기준, 절차 및 방법 등에 필요한 사항은 보건복지부령으로 정한다.

(6) 장기요양기관의 시설·인력에 관한 변경(제33조)

① 장기요양기관의 장은 시설 및 인력 등 보건복지부령으로 정하는 중요한 사항을 변경하려는 경우에는 보건복지부령으로 정하는 바에 따라 특별자치시장·특별자치도지사·시장·군수·구청장의 변경지정을 받아야 한다.
② 제1항에 따른 사항 외의 사항을 변경하려는 경우에는 보건복지부령으로 정하는 바에 따라 특별자치시장·특별자치도지사·시장·군수·구청장에게 변경신고를 하여야 한다.
③ 변경지정을 하거나 변경신고를 받은 특별자치시장·특별자치도지사·시장·군수·구청장은 지체 없이 해당 변경 사항을 공단에 통보하여야 한다.

2. 장기요양기관의 정보의 안내 및 의무

(1) 장기요양기관 정보의 안내 등(제34조)

① 장기요양기관은 수급자가 장기요양급여를 쉽게 선택하도록 하고 장기요양기관이 제공하는 급여의 질을 보장하기 위하여 장기요양기관별 급여의 내용, 시설·인력 등 현황자료 등을 공단이 운영하는 인터넷 홈페이지에 게시하여야 한다.

② 게시 내용, 방법, 절차, 그 밖에 필요한 사항은 보건복지부령으로 정한다.

(2) 장기요양기관의 의무 등(제35조)

① 장기요양기관은 수급자로부터 장기요양급여신청을 받은 때 장기요양급여의 제공을 거부하여서는 아니 된다. 다만, 입소정원에 여유가 없는 경우 등 정당한 사유가 있는 경우는 그러하지 아니하다.

② 장기요양기관은 보건복지부령으로 정하는 장기요양급여의 제공 기준·절차 및 방법 등에 따라 장기요양급여를 제공하여야 한다.

③ 장기요양기관의 장은 장기요양급여를 제공한 수급자에게 장기요양급여비용에 대한 명세서를 교부하여야 한다.

④ 장기요양기관의 장은 장기요양급여 제공에 관한 자료를 기록·관리하여야 하며, 장기요양기관의 장 및 그 종사자는 장기요양급여 제공에 관한 자료를 거짓으로 작성하여서는 아니 된다.

⑤ 장기요양기관은 제40조(본인부담금) 제1항 단서에 따라 면제받거나 같은 조 제3항에 따라 감경받는 금액 외에 영리를 목적으로 수급자가 부담하는 재가 및 시설 급여비용(이하 "본인부담금"이라 한다)을 면제하거나 감경하는 행위를 하여서는 아니 된다.

> **더 알아보기**
>
> **본인부담금(법 제40조 제1항 및 제3항)**
> ① 재가 및 시설 급여비용은 다음 각 호와 같이 수급자가 부담한다. 다만, 수급자 중 의료급여법 제3조 제1항 제1호에 따른 수급자는 그러하지 아니하다.
>   1. 재가급여 : 해당 장기요양급여비용의 100분의 15
>   2. 시설급여 : 해당 장기요양급여비용의 100분의 20
> ③ 다음 각 호의 어느 하나에 해당하는 자에 대해서는 본인부담금의 100분의 60의 범위에서 보건복지부장관이 정하는 바에 따라 차등하여 감경할 수 있다.
>   1. 의료급여법 제3조 제1항 제2호부터 제9호까지의 규정에 따른 수급권자
>   2. 소득·재산 등이 보건복지부장관이 정하여 고시하는 일정 금액 이하인 자. 다만, 도서·벽지·농어촌 등의 지역에 거주하는 자에 대하여 따로 금액을 정할 수 있다.
>   3. 천재지변 등 보건복지부령으로 정하는 사유로 인하여 생계가 곤란한 자

⑥ 누구든지 영리를 목적으로 금전, 물품, 노무, 향응, 그 밖의 이익을 제공하거나 제공할 것을 약속하는 방법으로 수급자를 장기요양기관에 소개, 알선 또는 유인하는 행위 및 이를 조장하는 행위를 하여서는 아니 된다.

⑦ 장기요양급여비용의 명세서, 기록·관리하여야 할 장기요양급여 제공 자료의 내용 및 보존기한, 그 밖에 필요한 사항은 보건복지부령으로 정한다.

(3) 장기요양기관 재무·회계기준(제35조의2)

① 장기요양기관의 장은 보건복지부령으로 정하는 재무·회계에 관한 기준(이하 "장기요양기관 재무·회계기준"이라 한다)에 따라 장기요양기관을 투명하게 운영하여야 한다. 다만, 장기요양기관 중 사회복지사업법 제34조에 따라 설치한 사회복지시설은 같은 조 제4항에 따른 재무·회계에 관한 기준에 따른다.

사회복지시설의 설치(사회복지사업법 제34조)

① 국가나 지방자치단체는 사회복지시설(이하 "시설"이라 한다)을 설치·운영할 수 있다.

② 국가 또는 지방자치단체 외의 자가 시설을 설치·운영하려는 경우에는 보건복지부령으로 정하는 바에 따라 시장·군수·구청장에게 신고하여야 한다. 다만, 다음 각 호의 어느 하나에 해당하는 자는 시설의 설치·운영 신고를 할 수 없다.

  1. 제40조(시설의 개선, 사업의 정지, 시설의 폐쇄 등)에 따라 폐쇄명령을 받고 3년이 지나지 아니한 자

  2. 제19조(임원의 결격사유) 제1항 제1호 및 제1호의2부터 제1호의8까지의 어느 하나에 해당하는 개인 또는 그 개인이 임원인 법인

③ 시장·군수·구청장은 시설의 설치 신고를 받은 경우 그 내용을 검토하여 이 법에 적합하면 신고를 수리하여야 한다.

④ 시설을 설치·운영하는 자는 보건복지부령으로 정하는 재무·회계에 관한 기준에 따라 시을 투명하게 운영하여야 한다.

⑤ 국가나 지방자치단체가 설치한 시설은 필요한 경우 사회복지법인이나 비영리법인에 위탁하여 운영하게 할 수 있다.

⑥ 위탁운영의 기준·기간 및 방법 등에 관하여 필요한 사항은 보건복지부령으로 정한다.

② 보건복지부장관은 장기요양기관 재무·회계기준을 정할 때에는 장기요양기관의 특성 및 그 시행시기 등을 고려하여야 한다.

(4) 인권교육(제35조의3)

① 장기요양기관 중 대통령령으로 정하는 기관을 운영하는 자와 그 종사자는 인권에 관한 교육(이하 이 조에서 "인권교육"이라 한다)을 받아야 한다.

② 장기요양기관 중 대통령령으로 정하는 기관을 운영하는 자는 해당 기관을 이용하고 있는 장기요양급여 수급자에게 인권교육을 실시할 수 있다.

③ 보건복지부장관은 인권교육을 효율적으로 실시하기 위하여 인권교육기관을 지정할 수 있다. 이 경우 예산의 범위에서 인권교육에 소요되는 비용을 지원할 수 있으며, 지정을 받은 인권교육기관은 보건복지부장관의 승인을 받아 인권교육에 필요한 비용을 교육대상자로부터 징수할 수 있다.

④ 보건복지부장관은 지정을 받은 인권교육기관이 다음 각 호의 어느 하나에 해당하면 그 지정을 취소하거나 6개월 이내의 기간을 정하여 업무의 정지를 명할 수 있다. 다만, 제1호에 해당하면 그 지정을 취소하여야 한다.

  1. 거짓이나 그 밖의 부정한 방법으로 지정을 받은 경우

  2. 제5항에 따라 보건복지부령으로 정하는 지정요건을 갖추지 못하게 된 경우

  3. 인권교육의 수행능력이 현저히 부족하다고 인정되는 경우

⑤ 인권교육의 대상·내용·방법, 인권교육기관의 지정 및 인권교육기관의 지정취소·업무정지 처분의 기준 등에 필요한 사항은 보건복지부령으로 정한다.

(5) 장기요양요원의 보호(제35조의4)

① 장기요양기관의 장은 장기요양요원이 다음 각 호의 어느 하나에 해당하는 경우로 인한 고충의 해소를 요청하는 경우 업무의 전환 등 대통령령으로 정하는 바에 따라 적절한 조치를 하여야 한다.

  1. 수급자 및 그 가족이 장기요양요원에게 폭언·폭행·상해 또는 성희롱·성폭력 행위를 하는 경우

  2. 수급자 및 그 가족이 장기요양요원에게 제28조의2(급여외행위의 제공 금지) 제1항 각 호에 따른 급여외 행위의 제공을 요구하는 경우

> **급여외행위의 제공 금지(법 제28조의2 제1항)**
>
> 수급자 또는 장기요양기관은 장기요양급여를 제공받거나 제공할 경우 다음 각 호의 행위(이하 "급여외행위"라 한다)를 요구하거나 제공하여서는 아니 된다.
> 1. 수급자의 가족만을 위한 행위
> 2. 수급자 또는 그 가족의 생업을 지원하는 행위
> 3. 그 밖에 수급자의 일상생활에 지장이 없는 행위

② 장기요양기관의 장은 장기요양요원에게 다음 각 호의 행위를 하여서는 아니 된다.
   1. 장기요양요원에게 제28조의2(급여외행위의 제공 금지) 제1항 각 호에 따른 급여외행위의 제공을 요구하는 행위
   2. 수급자가 부담하여야 할 본인부담금의 전부 또는 일부를 부담하도록 요구하는 행위

(6) 보험 가입(제35조의5)

① 장기요양기관은 종사자가 장기요양급여를 제공하는 과정에서 발생할 수 있는 수급자의 상해 등 법률상 손해를 배상하는 보험(이하 "전문인 배상책임보험"이라 한다)에 가입할 수 있다.
② 공단은 장기요양기관이 전문인 배상책임보험에 가입하지 않은 경우 그 기간 동안 해당 장기요양기관에 지급하는 장기요양급여비용의 일부를 감액할 수 있다.
③ 장기요양급여비용의 감액 기준 등에 관하여 필요한 사항은 보건복지부령으로 정한다.

3. 장기요양기관의 폐업 신고 및 행정처분

(1) 장기요양기관의 폐업 등의 신고 등(제36조)

① 장기요양기관의 장은 폐업하거나 휴업하고자 하는 경우 폐업이나 휴업 예정일 전 30일까지 특별자치시장·특별자치도지사·시장·군수·구청장에게 신고하여야 한다. 신고를 받은 특별자치시장·특별자치도지사·시장·군수·구청장은 지체 없이 신고 명세를 공단에 통보하여야 한다.
② 특별자치시장·특별자치도지사·시장·군수·구청장은 장기요양기관의 장이 유효기간이 끝나기 30일 전까지 지정 갱신 신청을 하지 아니하는 경우 그 사실을 공단에 통보하여야 한다.
③ 장기요양기관의 장은 장기요양기관을 폐업하거나 휴업하려는 경우 또는 장기요양기관의 지정 갱신을 하지 아니하려는 경우 보건복지부령으로 정하는 바에 따라 수급자의 권익을 보호하기 위하여 다음 각 호의 조치를 취하여야 한다.
   1. 해당 장기요양기관을 이용하는 수급자가 다른 장기요양기관을 선택하여 이용할 수 있도록 계획을 수립하고 이행하는 조치
   2. 해당 장기요양기관에서 수급자가 제40조(본인부담금) 제1항 및 제2항에 따라 부담한 비용 중 정산하여야 할 비용이 있는 경우 이를 정산하는 조치
   3. 그 밖에 수급자의 권익 보호를 위하여 필요하다고 인정되는 조치로서 보건복지부령으로 정하는 조치

④ 특별자치시장·특별자치도지사·시장·군수·구청장은 폐업·휴업 신고를 접수한 경우 또는 장기요양기관의 장이 유효기간이 끝나기 30일 전까지 지정 갱신 신청을 하지 아니한 경우 장기요양기관의 장이 수급자의 권익을 보호하기 위한 조치를 취하였는지의 여부를 확인하고, 인근지역에 대체 장기요양기관이 없는 경우 등 장기요양급여에 중대한 차질이 우려되는 때에는 장기요양기관의 폐업·휴업 철회 또는 지정 갱신 신청을 권고하거나 그 밖의 다른 조치를 강구하여야 한다.

⑤ 특별자치시장·특별자치도지사·시장·군수·구청장은 노인복지법에 따라 노인의료복지시설 등(장기요양기관이 운영하는 시설인 경우에 한한다)에 대하여 사업정지 또는 폐지 명령을 하는 경우 지체 없이 공단에 그 내용을 통보하여야 한다.

더 알아보기

> **사업의 정지(노인복지법 제43조)**
> ① 시·도지사 또는 시장·군수·구청장은 노인주거복지시설, 노인의료복지시설 또는 노인일자리지원기관이 다음 각 호의 어느 하나에 해당하는 때에는 1개월의 범위에서 사업의 정지 또는 폐지를 명할 수 있다.
> 1. 제23조의2(노인일자리전담기관의 설치·운영 등) 제4항, 제33조(노인주거복지시설의 설치) 제4항 또는 제35조(노인의료복지시설의 설치) 제4항에 따른 시설 등에 관한 기준에 미달하게 된 때
> 2. 제41조(수탁의무)의 규정에 위반하여 수탁을 거부한 때
> 3. 정당한 이유없이 제42조(감독)의 규정에 의한 보고 또는 자료제출을 하지 아니하거나 허위로 한 때 또는 조사·검사를 거부·방해하거나 기피한 때
> 4. 제46조(비용의 수납 및 청구) 제5항의 규정에 위반한 때
> 5. 해당 시설이나 기관을 설치·운영하는 자 또는 그 종사자가 입소자나 이용자를 학대한 때
> ② 시장·군수·구청장은 노인여가복지시설 또는 재가노인복지시설이 다음 각 호의 어느 하나에 해당하는 때에는 1개월의 범위에서 사업의 정지 또는 폐지를 명할 수 있다.
> 1. 제37조(노인여가복지시설의 설치) 제4항 또는 제39조(재가노인복지시설의 설치) 제4항의 시설 등에 관한 기준에 미달하게 된 때
> 2. 제41조(수탁의무)의 규정에 위반하여 수탁을 거부한 때(재가노인복지시설의 경우로 한정한다)
> 3. 정당한 이유없이 제42조(감독)의 규정에 의한 보고 또는 자료제출을 하지 아니하거나 허위로 한 때 또는 조사·검사를 거부·방해하거나 기피한 때
> 4. 제46조(비용의 수납 및 청구) 제7항의 규정에 위반한 때
> 5. 해당 시설을 설치·운영하는 자 또는 그 종사자가 입소자나 이용자를 학대한 때
> ③ 시·도지사 또는 시장·군수·구청장은 노인주거복지시설 또는 노인의료복지시설이 사업이 정지 또는 폐지되거나 노인여가복지시설 또는 재가노인복지시설이 사업이 정지 또는 폐지되는 경우에는 해당 시설의 이용자를 다른 시설로 옮기도록 하는 등 시설 이용자의 권익을 보호하기 위하여 필요한 조치를 하여야 한다.
> ④ 제1항 및 제2항에 따른 행정처분의 세부적인 기준은 위반의 정도 등을 참작하여 보건복지부령으로 정한다.

⑥ 장기요양기관의 장은 폐업·휴업 신고를 할 때 또는 장기요양기관의 지정 갱신을 하지 아니하여 유효기간이 만료될 때 보건복지부령으로 정하는 바에 따라 장기요양급여 제공 자료를 공단으로 이관하여야 한다. 다만, 휴업 신고를 하는 장기요양기관의 장이 휴업 예정일 전까지 공단의 허가를 받은 경우에는 장기요양급여 제공 자료를 직접 보관할 수 있다.

(2) 시정명령(제36조의2)

특별자치시장·특별자치도지사·시장·군수·구청장은 장기요양기관 재무·회계기준을 위반한 장기요양기관에 대하여 6개월 이내의 범위에서 일정한 기간을 정하여 시정을 명할 수 있다.

(3) 장기요양기관 지정의 취소 등(제37조)

① 특별자치시장·특별자치도지사·시장·군수·구청장은 장기요양기관이 다음 각 호의 어느 하나에 해당하는 경우 그 지정을 취소하거나 6개월의 범위에서 업무정지를 명할 수 있다. 다만, 제1호, 제2호의2, 제3호의 5, 제7호, 또는 제8호에 해당하는 경우에는 지정을 취소하여야 한다.

1. 거짓이나 그 밖의 부정한 방법으로 지정을 받은 경우

1의2. 제28조의2(급여외행위의 제공 금지)를 위반하여 급여외행위를 제공한 경우. 다만, 장기요양기관의 장이 그 위반행위를 방지하기 위하여 해당 업무에 관하여 상당한 주의와 감독을 게을리하지 아니한 경우는 제외한다.

2. 제31조(장기요양기관의 지정) 제1항에 따른 지정기준에 적합하지 아니한 경우

2의2. 제32조의2(급여외행위의 제공 금지) 각 호의 어느 하나에 해당하게 된 경우. 다만, 제32조의2 제7호에 해당하게 된 법인(대표자가 제32조의2 제1호부터 제6호까지의 규정 중 어느 하나에 해당하는 법인)의 경우 3개월 이내에 그 대표자를 변경하는 때에는 그러하지 아니하다.

3. 제35조(장기요양기관의 의무 등) 제1항을 위반하여 장기요양급여를 거부한 경우

3의2. 제35조(장기요양기관의 의무 등) 제5항을 위반하여 본인부담금을 면제하거나 감경하는 행위를 한 경우

3의3. 제35조(장기요양기관의 의무 등) 제6항을 위반하여 수급자를 소개, 알선 또는 유인하는 행위 및 이를 조장하는 행위를 한 경우

3의4. 제35조의4(장기요양요원의 보호) 제2항 각 호의 어느 하나를 위반한 경우

3의5. 제36조(장기요양기관의 폐업 등의 신고 등) 제1항에 따른 폐업 또는 휴업 신고를 하지 아니하고 1년 이상 장기요양급여를 제공하지 아니한 경우

3의6. 제36조의2(시정명령)에 따른 시정명령을 이행하지 아니하거나 회계부정 행위가 있는 경우

3의7. 정당한 사유 없이 제54조(장기요양급여의 관리·평가)에 따른 평가를 거부·방해 또는 기피하는 경우

4. 거짓이나 그 밖의 부정한 방법으로 재가 및 시설 급여비용을 청구한 경우

5. 제61조(보고 및 검사) 제2항에 따른 자료제출 명령에 따르지 아니하거나 거짓으로 자료제출을 한 경우나 질문 또는 검사를 거부·방해 또는 기피하거나 거짓으로 답변한 경우

6. 장기요양기관의 종사자 등이 다음 각 목의 어느 하나에 해당하는 행위를 한 경우. 다만, 장기요양기관의 장이 그 행위를 방지하기 위하여 해당 업무에 관하여 상당한 주의와 감독을 게을리하지 아니한 경우는 제외한다.

　가. 수급자의 신체에 폭행을 가하거나 상해를 입히는 행위

　나. 수급자에게 성적 수치심을 주는 성폭행, 성희롱 등의 행위

　다. 자신의 보호·감독을 받는 수급자를 유기하거나 의식주를 포함한 기본적 보호 및 치료를 소홀히 하는 방임행위

　라. 수급자를 위하여 증여 또는 급여된 금품을 그 목적 외의 용도에 사용하는 행위

　마. 폭언, 협박, 위협 등으로 수급자의 정신건강에 해를 끼치는 정서적 학대행위

7. 업무정지기간 중에 장기요양급여를 제공한 경우

8. 부가가치세법에 따른 사업자등록 또는 소득세법에 따른 사업자등록이나 고유번호가 말소된 경우

사업자등록(부가가치세법 제8조 제1항부터 제3항)
① 사업자는 사업장마다 대통령령으로 정하는 바에 따라 사업 개시일부터 20일 이내에 사업장 관할 세무서장에게 사업자등록을 신청하여야 한다. 다만, 신규로 사업을 시작하려는 자는 사업 개시일 이전이라도 사업자등록을 신청할 수 있다.
② 사업자는 사업자등록의 신청을 사업장 관할 세무서장이 아닌 다른 세무서장에게도 할 수 있다. 이 경우 사업장 관할 세무서장에게 사업자등록을 신청한 것으로 본다.
③ 사업장이 둘 이상인 사업자(사업장이 하나이나 추가로 사업장을 개설하려는 사업자를 포함한다)는 사업자 단위로 해당 사업자의 본점 또는 주사무소 관할 세무서장에게 등록을 신청할 수 있다. 이 경우 등록한 사업자를 사업자 단위 과세 사업자라 한다.

사업자등록 및 고유번호의 부여(소득세법 제168조)
① 새로 사업을 시작하는 사업자는 대통령령으로 정하는 바에 따라 사업장 소재지 관할 세무서장에게 등록하여야 한다.
② 부가가치세법에 따라 사업자등록을 한 사업자는 해당 사업에 관하여 등록을 한 것으로 본다.
③ 이 법에 따라 사업자등록을 하는 사업자에 대해서는 부가가치세법 제8조를 준용한다.
⑤ 사업장 소재지나 법인으로 보는 단체 외의 사단·재단 또는 그 밖의 단체의 소재지 관할 세무서장은 다음 각 호의 어느 하나에 해당하는 자에게 대통령령으로 정하는 바에 따라 고유번호를 매길 수 있다.
　1. 종합소득이 있는 자로서 사업자가 아닌 자
　2. 비영리민간단체 지원법에 따라 등록된 단체 등 과세자료의 효율적 처리 및 소득공제 사후 검증 등을 위하여 필요하다고 인정되는 자

② 특별자치시장·특별자치도지사·시장·군수·구청장은 제1항에 따라 지정을 취소하거나 업무정지명령을 한 경우에는 지체 없이 그 내용을 공단에 통보하고, 보건복지부령으로 정하는 바에 따라 보건복지부장관에게 통보한다. 이 경우 시장·군수·구청장은 관할 특별시장·광역시장 또는 도지사를 거쳐 보건복지부장관에게 통보하여야 한다.

③ 삭제(2018. 12. 11)

④ 삭제(2018. 12. 11)

⑤ 특별자치시장·특별자치도지사·시장·군수·구청장은 제1항에 따라 장기요양기관이 지정취소 또는 업무정지되는 경우에는 해당 장기요양기관을 이용하는 수급자의 권익을 보호하기 위하여 적극적으로 노력하여야 한다.

⑥ 특별자치시장·특별자치도지사·시장·군수·구청장은 수급자의 권익을 보호하기 위하여 보건복지부령으로 정하는 바에 따라 다음 각 호의 조치를 하여야 한다.
　1. 제1항에 따른 행정처분(지정을 취소하거나 6개월의 범위에서의 업무정지)의 내용을 우편 또는 정보통신망 이용 등의 방법으로 수급자 또는 그 보호자에게 통보하는 조치
　2. 해당 장기요양기관을 이용하는 수급자가 다른 장기요양기관을 선택하여 이용할 수 있도록 하는 조치

⑦ 지정취소 또는 업무정지되는 장기요양기관의 장은 해당 기관에서 수급자가 제40조(본인부담금) 제1항 및 제2항에 따라 부담한 비용 중 정산하여야 할 비용이 있는 경우 이를 정산하여야 한다.

⑧ 다음 각 호의 어느 하나에 해당하는 자는 장기요양기관으로 지정받을 수 없다.
　1. 지정취소를 받은 후 3년이 지나지 아니한 자(법인인 경우 그 대표자를 포함한다)
　2. 업무정지명령을 받고 업무정지기간이 지나지 아니한 자(법인인 경우 그 대표자를 포함한다)

⑨ 제1항에 따른 행정처분의 기준은 보건복지부령으로 정한다.

(4) 과징금의 부과 등(제37조의2)

① 특별자치시장·특별자치도지사·시장·군수·구청장은 제37조(장기요양기관 지정의 취소 등) 제1항 각 호의 어느 하나(같은 항 제4호는 제외한다)에 해당하는 행위를 이유로 업무정지명령을 하여야 하는 경우로서 그 업무정지가 해당 장기요양기관을 이용하는 수급자에게 심한 불편을 줄 우려가 있는 등 보건복지부장관이 정하는 특별한 사유가 있다고 인정되는 경우에는 업무정지명령을 갈음하여 2억 원 이하의 과징금을 부과할 수 있다. 다만, 제37조 제1항 제6호를 위반한 행위로서 보건복지령으로 정하는 경우에는 그러하지 아니하다.

② 특별자치시장·특별자치도지사·시장·군수·구청장은 제37조(장기요양기관 지정의 취소 등) 제1항 제4호에 해당하는 행위를 이유로 업무정지명령을 하여야 하는 경우로서 그 업무정지가 해당 장기요양기관을 이용하는 수급자에게 심한 불편을 줄 우려가 있는 등 보건복지부장관이 정하는 특별한 사유가 있다고 인정되는 경우에는 업무정지명령을 갈음하여 거짓이나 그 밖의 부정한 방법으로 청구한 금액의 5배 이하의 금액을 과징금으로 부과할 수 있다.

③ 과징금을 부과하는 위반행위의 종류 및 위반의 정도 등에 따른 과징금의 금액과 과징금의 부과절차 등에 필요한 사항은 대통령령으로 정한다.

④ 특별자치시장·특별자치도지사·시장·군수·구청장은 과징금을 내야 할 자가 납부기한까지 내지 아니한 경우에는 지방세 체납처분의 예에 따라 징수한다.

⑤ 특별자치시장·특별자치도지사·시장·군수·구청장은 과징금의 부과와 징수에 관한 사항을 보건복지부령으로 정하는 바에 따라 기록·관리하여야 한다.

(5) 위반사실 등의 공표(제37조의3)

① 보건복지부장관 또는 특별자치시장·특별자치도지사·시장·군수·구청장은 장기요양기관이 거짓으로 재가·시설 급여비용을 청구하였다는 이유로 제37조(장기요양기관 지정의 취소 등) 또는 제37조의2(과징금의 부과 등)에 따른 처분이 확정된 경우로서 다음 각 호의 어느 하나에 해당하는 경우에는 위반사실, 처분내용, 장기요양기관의 명칭·주소, 장기요양기관의 장의 성명, 그 밖에 다른 장기요양기관과의 구별에 필요한 사항으로서 대통령령으로 정하는 사항을 공표하여야 한다. 다만, 장기요양기관의 폐업 등으로 공표의 실효성이 없는 경우에는 그러하지 아니하다.

1. 거짓으로 청구한 금액이 1,000만 원 이상인 경우

2. 거짓으로 청구한 금액이 장기요양급여비용 총액의 100분의 10 이상인 경우

② 보건복지부장관 또는 특별자치시장·특별자치도지사·시장·군수·구청장은 장기요양기관이 제61조 제2항에 따른 자료제출 명령에 따르지 아니하거나 거짓으로 자료제출을 한 경우나 질문 또는 검사를 거부·방해 또는 기피하거나 거짓으로 답변하였다는 이유로 제37조 또는 제37조의2에 따른 처분이 확정된 경우 위반사실, 처분내용, 장기요양기관의 명칭·주소, 장기요양기관의 장의 성명, 그 밖에 다른 장기요양기관과의 구별에 필요한 사항으로서 대통령령으로 정하는 사항을 공표하여야 한다. 다만, 장기요양기관의 폐업 등으로 공표의 실효성이 없는 경우 또는 장기요양기관이 위반사실 등의 공표 전에 제61조 제2항에 따른 자료를 제출하거나 질문 또는 검사에 응하는 경우에는 그러하지 아니하다.

③ 보건복지부장관 또는 특별자치시장·특별자치도지사·시장·군수·구청장은 제1항 및 제2항에 따른 공표 여부 등을 심의하기 위하여 공표심의위원회를 설치·운영할 수 있다.

④ 제1항 및 제2항에 따른 공표 여부의 결정 방법, 공표 방법·절차 및 제3항에 따른 공표심의위원회의 구성·운영 등에 필요한 사항은 대통령령으로 정한다.

(6) 행정제재처분 효과의 승계(제37조의4)

① 제37조(장기요양기관 지정의 취소 등) 제1항 각 호의 어느 하나에 해당하는 행위를 이유로 한 행정제재처분 (이하 "행정제재처분"이라 한다)의 효과는 그 처분을 한 날부터 3년간 다음 각 호의 어느 하나에 해당하는 자에게 승계된다.

  1. 장기요양기관을 양도한 경우 양수인

  2. 법인이 합병된 경우 합병으로 신설되거나 합병 후 존속하는 법인

  3. 장기요양기관 폐업 후 같은 장소에서 장기요양기관을 운영하는 자 중 종전에 행정제재처분을 받은 자(법인인 경우 그 대표자를 포함한다)나 그 배우자 또는 직계혈족

② 행정제재처분의 절차가 진행 중일 때에는 다음 각 호의 어느 하나에 해당하는 자에 대하여 그 절차를 계속 이어서 할 수 있다.

  1. 장기요양기관을 양도한 경우 양수인

  2. 법인이 합병된 경우 합병으로 신설되거나 합병 후 존속하는 법인

  3. 장기요양기관 폐업 후 3년 이내에 같은 장소에서 장기요양기관을 운영하는 자 중 종전에 위반행위를 한 자(법인인 경우 그 대표자를 포함한다)나 그 배우자 또는 직계혈족

③ 제1항 및 제2항에도 불구하고 제1항 각 호의 어느 하나 또는 제2항 각 호의 어느 하나에 해당하는 자(이하 "양수인 등"이라 한다)가 양수, 합병 또는 운영 시에 행정제재처분 또는 위반사실을 알지 못하였음을 증명하는 경우에는 그러하지 아니하다.

④ 행정제재처분을 받았거나 그 절차가 진행 중인 자는 보건복지부령으로 정하는 바에 따라 지체 없이 그 사실을 양수인 등에게 알려야 한다.

(7) 장기요양급여 제공의 제한(제37조의5)

① 특별자치시장·특별자치도지사·시장·군수·구청장은 장기요양기관의 종사자가 거짓이나 그 밖의 부정한 방법으로 재가급여비용 또는 시설급여비용을 청구하는 행위에 가담한 경우 해당 종사자가 장기요양급여를 제공하는 것을 1년의 범위에서 제한하는 처분을 할 수 있다.

② 특별자치시장·특별자치도지사·시장·군수·구청장은 제1항에 따른 처분을 한 경우 지체 없이 그 내용을 공단에 통보하여야 한다.

③ 장기요양급여 제공 제한 처분의 기준·방법, 통보의 방법·절차, 그 밖에 필요한 사항은 보건복지부령으로 정한다.

※ 다음 문제의 진위 여부를 판단해 ○ 또는 ×를 선택하시오.

01 재가급여 또는 시설급여를 제공하는 장기요양기관을 운영하려는 자는 소재지를 관할 구역으로 하는 특별자치시장·특별자치도지사·시장·군수·구청장으로부터 지정을 받아야 한다. [○│×]

02 특별자치시장·특별자치도지사·시장·군수·구청장이 장기요양기관의 지정을 하려는 경우에는 보건복지부에 관련 자료의 제출을 요청하거나 그 의견을 들어야 한다. [○│×]

03 특별자치시장·특별자치도지사·시장·군수·구청장이 장기요양기관의 지정을 하려는 경우에는 장기요양기관을 운영하려는 자의 장기요양급여 제공 이력을 검토해야 한다. [○│×]

04 특별자치시장·특별자치도지사·시장·군수·구청장이 장기요양기관의 지정을 하려는 경우에는 장기요양기관을 운영하려는 자 및 장기요양요원이 노인장기요양보험법에 따라 받은 행정처분의 내용을 검토하지 않을 수 있다. [○│×]

05 특별자치시장·특별자치도지사·시장·군수·구청장이 장기요양기관의 지정을 하려는 경우에는 장기요양기관의 운영 계획을 검토해야 한다. [○│×]

06 특별자치시장·특별자치도지사·시장·군수·구청장은 장기요양기관을 지정한 경우에는 지체 없이 지정 명세를 국민건강보험공단에 통보해야 한다. [○│×]

07 재가급여를 제공하는 장기요양기관 중 의료기관이 아닌 자가 설치·운영하는 장기요양기관이 방문간호를 제공하는 경우에는 방문간호의 관리책임자로서 의사를 둔다. [○│×]

08 장기요양기관의 지정절차와 그 밖에 필요한 사항은 대통령령으로 정한다. [○│×]

09 미성년자, 피성년후견인 또는 피한정후견은 장기요양기관으로 지정받을 수 없다. [○│×]

10 장기요양기관 설립·운영 업무에 종사하는 것이 적합하다는 전문의 인정 여부에 불문하고 정신질환자는 당연히 장기요양기관으로 지정받을 수 없다. [○│×]

11 마약·향정신성의약품 및 대마 등 마약류에 중독된 사람은 장기요양기관으로 지정받을 수 없다. [○│×]

12 파산선고를 받고 복권된 사람은 장기요양기관으로 지정받을 수 있다. [○│×]

13 금고 이상의 실형을 선고받고 그 집행이 종료된 날로부터 3년이 경과된 사람은 장기요양기관으로 지정받을 수 있다. [O | X]

14 금고 이상의 형의 집행유예를 선고받고 그 유예기간 중에 있는 사람은 장기요양기관으로 지정받을 수 없다. [O | X]

15 파산선고를 받고 복권되지 않은 자가 대표자인 법인은 장기요양기관으로 지정받을 수 없다. [O | X]

16 장기요양기관 지정의 유효기간은 지정을 받은 날부터 3년으로 한다. [O | X]

17 유효기간이 끝난 후에도 계속해 장기요양기관 지정을 유지하고자 하는 장기요양기관의 장은 지정 유효기간이 끝나기 6개월 전까지 지정 갱신을 신청해야 한다. [O | X]

18 지정 갱신 신청을 받은 특별자치시장·특별자치도지사·시장·군수·구청장은 갱신 심사에 필요할 경우에는 소속 공무원으로 하여금 현장심사를 하게 할 수 있다. [O | X]

19 지정 갱신이 지정 유효기간 내에 완료되지 못한 경우에는 심사 결정이 이루어질 때까지 지정은 유효하지 않다. [O | X]

20 특별자치시장·특별자치도지사·시장·군수·구청장은 갱신 심사를 완료하면 그 결과를 지체 없이 해당 장기요양기관의 장에게 통보해야 한다. [O | X]

21 특별자치시장·특별자치도지사·시장·군수·구청장이 지정의 갱신을 거부하는 경우에는 그 내용을 국민보험공단과 보건복지부장관에게 통보해야 한다. [O | X]

22 위의 **21**번 문제의 경우에 시장·군수·구청장은 관할 특별시장·광역시장 또는 도지사를 거치지 않고 보건복지부장관에게 통보할 수 있다. [O | X]

23 특별자치시장·특별자치도지사·시장·군수·구청장이 지정의 갱신을 거부하는 경우에는 해당 장기요양기관을 이용하는 수급자의 권익 보호를 위해 노력해야 한다. [O | X]

24 장기요양기관의 장은 시설 및 인력 등 중요한 사항을 변경하려는 경우에는 특별자치시장·특별자치도지사·시장·군수·구청장의 변경지정을 받아야 한다. [O | X]

25 위의 **24**번 문제에 따른 중요한 사항 외의 사항을 변경하려는 경우에는 국민건강보험공단 이사장에게 변경신고를 해야 한다. [O | X]

26 변경지정을 한 특별자치시장·특별자치도지사·시장·군수·구청장은 장기요양기관의 장이 직접 해당 변경 사항을 국민건강보험공단에 통보하게 해야 한다. [○|×]

27 장기요양기관은 수급자가 장기요양급여를 쉽게 선택하게 하기 위해 장기요양기관별 급여의 내용, 시설·인력 등 현황자료 등을 국민건강보험공단이 운영하는 인터넷 홈페이지에 게시해야 한다. [○|×]

28 수급자로부터 장기요양급여신청을 받은 장기요양기관은 입소정원에 여유가 없어도 장기요양급여의 제공을 거부할 수 없다. [○|×]

29 장기요양기관은 보건복지부령으로 정하는 장기요양급여의 제공 기준·절차 및 방법 등에 따라 장기요양급여를 제공해야 한다. [○|×]

30 장기요양기관의 장은 장기요양급여를 제공한 수급자에게 장기요양급여비용에 대한 명세서를 교부해야 한다. [○|×]

31 장기요양기관의 장 및 그 종사자는 장기요양급여 제공에 관한 자료를 거짓으로 작성해서는 아니 된다. [○|×]

32 장기요양기관은 법규에 따라 본인부담금을 면제 또는 감경받는 금액 외에 영리를 목적으로 수급자가 부담하는 본인부담금을 면제하거나 감경할 수 있다. [○|×]

33 누구든지 영리를 목적으로 금전, 물품, 노무, 향응 등을 제공하거나 제공할 것을 약속하는 방법으로 수급자를 장기요양기관에 소개, 알선 또는 유인하는 행위를 할 수 없다. [○|×]

34 장기요양급여비용의 명세서, 기록·관리해야 할 장기요양급여 제공 자료의 내용 및 보존기한에 필요한 사항은 대통령령으로 정한다. [○|×]

35 장기요양기관의 장은 보건복지부령으로 정하는 재무·회계에 관한 기준에 따라 장기요양기관을 운영해야 한다. [○|×]

36 보건복지부장관은 장기요양기관 재무·회계기준을 정할 때에는 장기요양기관의 특성 및 그 시행시기 등을 고려해야 한다. [○|×]

37 장기요양기관 중 대통령령으로 정하는 기관을 운영하는 자와 그 종사자는 인권에 관한 교육을 받아야 한다. [○|×]

안심Touch

38 장기요양기관 중 대통령령으로 정하는 기관을 운영하는 자는 해당 기관을 이용하는 장기요양급여 수급자에게 인권교육을 실시할 수 없다. [O | X]

39 보건복지부장관이 인권교육의 효율적인 실시를 위해 인권교육기관을 지정하는 경우 예산의 범위에서 인권교육에 소요되는 비용을 지원할 수 있다. [O | X]

40 보건복지부장관의 지정을 받은 인권교육기관은 인권교육에 필요한 비용을 교육대상자로부터 징수할 수 없다. [O | X]

41 보건복지부장관은 지정을 받은 인권교육기관이 인권교육의 수행능력이 현저히 부족할 경우에는 지정을 취소하거나 1년 이내의 기간을 정해 업무의 정지를 명할 수 있다. [O | X]

42 보건복지부장관은 인권교육기관이 거짓이나 그 밖의 부정한 방법으로 지정을 받은 경우에는 지체 없이 업무의 정지를 명한 후 업무의 정지기간 중에 적법한 방법으로 지정을 받도록 해야 한다. [O | X]

43 보건복지부장관은 지정을 받은 인권교육기관이 지정요건을 갖추지 못하게 된 경우에는 지정을 취소하거나 업무의 정지를 명할 수 있다. [O | X]

44 인권교육의 대상·내용·방법, 인권교육기관의 지정 및 인권교육기관의 지정취소·업무정지 처분의 기준 등에 필요한 사항은 대통령령으로 정한다. [O | X]

45 장기요양기관의 장은 수급자 및 그 가족이 장기요양요원에게 폭언 또는 성희롱을 하여 장기요양요원이 고충의 해소를 요청하는 경우 업무의 전환 등의 조치를 해야 한다. [O | X]

46 수급자가 장기요양요원에게 급여외행위의 제공을 요구해 장기요양요원이 고충의 해소를 요청하는 경우에 장기요양기관의 장은 업무의 전환 등의 조치를 해야 한다. [O | X]

47 장기요양기관의 장은 장기요양요원에게 급여외행위의 제공을 요구하는 행위를 할 수 없다. [O | X]

48 장기요양기관의 장은 장기요양요원에게 수급자가 부담해야 할 본인부담금의 일부를 부담하도록 요구할 수 있다. [O | X]

49 장기요양기관은 종사자가 장기요양급여를 제공하는 과정에서 발생할 수 있는 수급자의 상해 등 법률상 손해를 배상하는 전문인 배상책임보험에 가입할 수 있다. [O | X]

50 국민건강보험공단은 장기요양기관이 수급자의 상해 등 법률상 손해를 배상하는 보험에 가입하지 않더라도 그 기간 동안 해당 장기요양기관에 지급하는 장기요양급여비용의 일부를 감액할 수 없다. [○ | ×]

51 장기요양급여비용의 감액 기준 등에 관하여 필요한 사항은 대통령령으로 정한다. [○ | ×]

52 장기요양기관의 장은 폐업 또는 휴업하려는 경우 폐업 또는 휴업 예정일 전 90일까지 특별자치시장·특별자치도지사·시장·군수·구청장에게 신고해야 한다. [○ | ×]

53 장기요양기관의 휴업 또는 폐업 신고를 받은 특별자치시장·특별자치도지사·시장·군수·구청장은 장기요양기관이 신고 명세를 직접 국민건강보험공단에 통보하게 해야 한다. [○ | ×]

54 특별자치시장·특별자치도지사·시장·군수·구청장은 장기요양기관의 장이 유효기간이 끝나기 90일 전까지 지정 갱신 신청을 하지 않으면 그 사실을 국민건강보험공단에 통보해야 한다. [○ | ×]

55 장기요양기관의 장은 장기요양기관의 폐업·휴업 신고를 접수받거나 장기요양기관이 지정 갱신을 하지 않으려는 경우에는 장기요양기관이 수급자의 권익을 보호하는 조치를 했는지 확인해야 한다. [○ | ×]

56 장기요양기관의 장은 장기요양기관을 폐업·휴업하고자 하는 경우에 해당 장기요양기관을 이용하는 수급자가 다른 장기요양기관을 이용할 수 있게 하는 조치를 취해야 한다. [○ | ×]

57 폐업·휴업하고자 하는 장기요양기관의 장은 수급자의 본인부담금 비용 중에 정산해야 할 비용이 있는 경우 이를 정산하는 조치를 보건복지부에 위탁해 관련 업무 처리의 효율성과 공정성을 높여야 한다. [○ | ×]

58 장기요양기관의 장은 수급자의 권익 보호를 위해 필요하다고 인정되는 조치로서 대통령령으로 정하는 조치를 취해야 한다. [○ | ×]

59 특별자치시장·특별자치도지사·시장·군수·구청장은 장기요양기관의 폐업·휴업 신고를 받거나 장기요양기관의 장이 유효기간 만료 30일 전까지 지정 갱신 신청을 하지 않은 경우에 장기요양기관의 장이 수급자의 권익을 보호하기 위한 조치를 취했는지 확인해야 한다. [○ | ×]

60 위의 59번 문제의 경우에 특별자치시장·특별자치도지사·시장·군수·구청장은 인근지역에 대체 장기요양기관이 없어 장기요양급여에 중대한 차질이 우려되는 때에는 장기요양기관의 폐업·휴업 철회 또는 지정 갱신 신청을 권고해야 한다. [○ | ×]

61 특별자치시장·특별자치도지사·시장·군수·구청장은 장기요양기관이 운영하는 노인의료복지시설 등에 대해 사업정지 또는 폐지 명령을 하는 경우 지체 없이 국민건강보험공단에 그 내용을 통보해야 한다. [○ | ×]

62 장기요양기관의 장은 폐업·휴업 신고를 할 때 또는 지정 갱신을 하지 않아 유효기간이 만료될 때 장기요양급여 제공 자료를 보건복지부로 이관해야 한다. [O | X]

63 위의 62번 문제의 경우에 휴업 신고를 하는 장기요양기관의 장이 휴업 예정일 전까지 장기요양급여 제공 자료를 이관해야 할 기관의 허가를 받은 때에는 그 자료를 직접 보관할 수 있다. [O | X]

64 특별자치시장·특별자치도지사·시장·군수·구청장은 장기요양기관 재무·회계기준을 위반한 장기요양기관에 대해 12개월 이내의 범위에서 일정한 기간을 정해 시정을 명할 수 있다. [O | X]

65 특별자치시장·특별자치도지사·시장·군수·구청장은 장기요양기관에 업무정지명령을 하는 경우에 12개월의 범위에서 업무정지를 명할 수 있다. [O | X]

66 특별자치시장·특별자치도지사·시장·군수·구청장은 장기요양기관이 거짓이나 그 밖의 부정한 방법으로 지정을 받은 경우에는 장기요양기관의 지정을 취소해야 한다. [O | X]

67 특별자치시장·특별자치도지사·시장·군수·구청장은 급여외행위의 제공 금지 규정을 위반한 장기요양기관의 대표자가 금고 이상의 형의 집행유예를 선고받고 그 유예기간 중에 있고 대표자를 변경하지도 않은 경우에는 장기요양기관의 지정을 취소해야 한다. [O | X]

68 특별자치시장·특별자치도지사·시장·군수·구청장은 장기요양기관이 폐업·휴업 신고를 하지 않고 1년 이상 장기요양급여를 제공하지 않은 경우에는 장기요양기관의 지정을 취소해야 한다. [O | X]

69 특별자치시장·특별자치도지사·시장·군수·구청장은 장기요양기관이 업무정지기간 중에 장기요양급여를 제공한 경우에는 기존의 업무정지기간의 2배에 달하는 기간을 다시 추가하는 업무정지명령을 할 수 있다. [O | X]

70 특별자치시장·특별자치도지사·시장·군수·구청장은 장기요양기관의 사업자등록이나 고유번호가 말소된 경우에는 장기요양기관의 지정을 취소해야 한다. [O | X]

71 장기요양기관의 장이 주의와 감독을 게을리한 틈을 타서 장기요양기관이 급여외행위를 제공한 경우에는 특별자치시장·특별자치도지사·시장·군수·구청장은 장기요양기관에 업무정지명령은 할 수 없고 장기요양기관의 지정 취소만을 할 수 있다. [O | X]

72 장기요양기관이 지정기준에 적합하지 않게 된 경우에는 특별자치시장·특별자치도지사·시장·군수·구청장은 장기요양기관의 지정 취소 또는 업무정지명령을 할 수 있다. [O | X]

73 장기요양기관이 입소정원에 여유가 있으면서도 수급자로부터 장기요양급여신청에 불응해 장기요양급여의 제공을 거부한 경우에는 특별자치시장·특별자치도지사·시장·군수·구청장은 장기요양기관의 지정 취소는 할 수 없고 업무정지명령만을 할 수 있다. [○│×]

74 특별자치시장·특별자치도지사·시장·군수·구청장은 법규에 따라 본인부담금을 면제 또는 감경받는 금액 외에 영리를 목적으로 수급자가 부담하는 본인부담금을 면제하거나 감경하는 행위를 한 장기요양기관에 대해 업무정지명령을 하거나 장기요양기관의 지정을 취소할 수 있다. [○│×]

75 금전 등 경제적 이익을 제공하겠다며 수급자를 유인하는 행위를 한 장기요양기관에 대해 특별자치시장·특별자치도지사·시장·군수·구청장은 업무정지명령은 할 수 없고 장기요양기관의 지정 취소만을 할 수 있다. [○│×]

76 장기요양기관의 장이 장기요양요원에게 수급자가 부담해야 할 본인부담금의 전부를 부담할 것을 요구한 경우에는 특별자치시장·특별자치도지사·시장·군수·구청장은 장기요양기관의 지정 취소 또는 업무정지명령을 할 수 있다. [○│×]

77 장기요양기관이 시정명령을 이행하지 않거나 회계부정 행위를 한 경우에는 특별자치시장·특별자치도지사·시장·군수·구청장은 장기요양기관의 지정 취소 또는 업무정지명령을 할 수 있다. [○│×]

78 장기요양급여에 대한 국민건강보험공단의 관리·평가를 거부 또는 기피한 장기요양기관에 대해 특별자치시장·특별자치도지사·시장·군수·구청장은 장기요양기관의 지정 취소 또는 업무정지명령을 할 수 있다. [○│×]

79 장기요양급여에 관련된 자료를 제출하라는 시장·군수·구청장의 명령에 불응해 자료를 제출하지 않은 장기요양기관에 대해 시장·군수·구청장은 장기요양기관의 업무정지명령을 할 수 없고 지정 취소만을 할 수 있다. [○│×]

80 장기요양기관이 거짓이나 그 밖의 부정한 방법으로 재가 및 시설 급여비용을 청구한 경우에는 특별자치시장·특별자치도지사·시장·군수·구청장은 업무정지명령은 할 수 없고 장기요양기관의 지정 취소만을 할 수 있다. [○│×]

81 장기요양기관의 장이 주의와 감독을 게을리한 틈을 타서 장기요양기관의 종사자가 수급자를 폭행한 경우에는 특별자치시장·특별자치도지사·시장·군수·구청장은 장기요양기관의 지정 취소 또는 업무정지명령을 할 수 있다. [○│×]

82 장기요양기관의 종사자가 수급자를 성폭행했으며, 장기요양기관의 장이 이를 방지하기 위한 주의와 감독을 게을리한 경우에는 특별자치시장·특별자치도지사·시장·군수·구청장은 업무정지명령은 할 수 없고 장기요양기관의 지정 취소만을 할 수 있다. [○│×]

83 장기요양요원이 자신의 보호·감독을 받는 수급자에 대한 기본적 보호 및 치료를 소홀히 하는 방임행위를 한 경우에는 특별자치시장·특별자치도지사·시장·군수·구청장은 장기요양기관의 지정 취소는 할 수 없고 업무정지명령만을 할 수 있다. [O|X]

84 장기요양기관의 종사자가 수급자에게 급여된 금품을 그 목적 외의 용도에 사용하는 행위를 한 경우에는 특별자치시장·특별자치도지사·시장·군수·구청장은 업무정지명령은 할 수 없고 장기요양기관의 지정 취소만을 할 수 있다. [O|X]

85 장기요양기관의 종사자가 수급자를 위협해 정신건강에 해를 끼치는 정서적 학대행위를 한 경우에는 특별자치시장·특별자치도지사·시장·군수·구청장은 장기요양기관의 지정 취소 또는 업무정지명령을 할 수 있다. [O|X]

86 특별자치시장·특별자치도지사·시장·군수·구청장은 장기요양기관에 대해 지정을 취소하거나 업무정지명령을 한 경우에는 그 내용을 국민건강보험공단과 보건복지부장관에게 통보한다. [O|X]

87 위의 86번 문제의 경우에 시장·군수·구청장은 관할 특별시장·광역시장 또는 도지사를 거쳐 보건복지부장관에게 통보해야 한다. [O|X]

88 특별자치시장·특별자치도지사·시장·군수·구청장은 장기요양기관이 지정취소 또는 업무정지되는 경우에는 그 행정처분의 내용을 우편 또는 정보통신망 이용 등의 방법으로 수급자 또는 그 보호자에게 통보하는 조치를 취해야 한다. [O|X]

89 특별자치시장·특별자치도지사·시장·군수·구청장은 장기요양기관이 지정취소 또는 업무정지되는 경우에는 해당 장기요양기관을 이용하는 수급자가 다른 장기요양기관을 이용할 수 있게 하는 조치를 취해야 한다. [O|X]

90 지정취소 또는 업무정지되는 장기요양기관의 장은 수급자의 본인부담금 비용 중에 정산해야 할 비용이 있는 경우에는 이를 정산하는 조치를 직접 할 수 없으므로 국민건강보험공단에 위탁해야 한다. [O|X]

91 지정취소를 받은 후 2년이 경과한 자는 장기요양기관으로 지정받을 수 있다. [O|X]

92 업무정지명령을 받고 업무정지기간이 지나지 않은 자는 장기요양기관으로 지정받을 수 없다. [O|X]

93 특별자치시장·특별자치도지사·시장·군수·구청장이 장기요양기관에 대해 지정을 취소하거나 업무정지명령을 할 경우에 행정처분의 기준은 대통령령으로 정한다. [O|X]

94 특별자치시장·특별자치도지사·시장·군수·구청장은 장기요양기관에 대해 업무정지명령을 해야 하는 경우로서 그 업무정지가 해당 장기요양기관을 이용하는 수급자에게 심한 불편을 줄 우려가 있는 경우에는 업무정지명령을 갈음해 3억 원 이하의 과징금을 부과할 수 있다. [○ | ×]

95 특별자치시장·특별자치도지사·시장·군수·구청장은 장기요양기관이 부정한 방법으로 재가 및 시설 급여비용을 청구해 업무정지명령을 해야 하는 경우에는 업무정지명령에 갈음해 과징금을 부과할 수 있다. [○ | ×]

96 특별자치시장·특별자치도지사·시장·군수·구청장은 장기요양기관의 주의와 감독을 게을리한 틈을 타서 장기요양기관의 종사자가 자신의 보호를 받는 수급자를 유기해 해당 장기요양기관에 업무정지명령을 해야 하는 경우에는 업무정지명령에 갈음해 과징금을 부과할 수 없다. [○ | ×]

97 특별자치시장·특별자치도지사·시장·군수·구청장은 거짓으로 재가 및 시설 급여비용을 청구한 장기요양기관에 대해 업무정지명령을 해야 하는 경우로서 그 업무정지가 해당 장기요양기관을 이용하는 수급자에게 심한 불편을 줄 우려가 있는 경우에는 업무정지명령을 갈음해 거짓으로 청구한 금액의 10배 이하의 금액을 과징금으로 부과할 수 있다. [○ | ×]

98 특별자치시장·특별자치도지사·시장·군수·구청장이 장기요양기관에 대해 부과하는 위반행위의 종류 및 위반의 정도 등에 따른 과징금의 금액과 과징금의 부과절차 등에 필요한 사항은 보건복지부령으로 정한다. [○ | ×]

99 특별자치시장·특별자치도지사·시장·군수·구청장은 과징금을 내야 할 자가 납부기한까지 내지 않은 경우에는 지방세 체납처분의 예에 따라 징수한다. [○ | ×]

100 특별자치시장·특별자치도지사·시장·군수·구청장은 과징금의 부과와 징수에 관한 사항을 대통령령으로 정하는 바에 따라 기록·관리해야 한다. [○ | ×]

101 보건복지부장관 또는 특별자치시장·특별자치도지사·시장·군수·구청장은 장기요양기관이 거짓으로 재가·시설 급여비용을 청구해 장기요양기관 지정의 취소 또는 과징금의 부과 처분이 확정된 경우로서 거짓으로 청구한 금액이 500만 원 이상인 경우에는 위반사실, 처분내용, 장기요양기관의 명칭·주소, 장기요양기관의 장의 성명, 그 밖에 다른 장기요양기관과의 구별에 필요한 사항을 공표해야 한다. [○ | ×]

102 보건복지부장관 등은 장기요양기관이 거짓으로 재가·시설 급여비용을 청구해 과징금의 부과 처분이 확정된 경우로서 거짓으로 청구한 금액이 장기요양급여비용 총액의 100분의 10 이상인 경우에는 위반사실 및 다른 장기요양기관과의 구별에 필요한 사항을 공표해야 한다. [○ | ×]

103 보건복지부장관 등은 장기요양급여에 관련된 자료제출 명령에 따르지 않은 장기요양기관에 대한 지정의 취소 또는 과징금 부과 처분이 확정된 경우에는 위반사실, 처분내용 및 다른 장기요양기관과의 구별에 필요한 사항을 공표할 수 있다. [○ | ×]

104 특별자치시장·특별자치도지사·시장·군수·구청장은 공표 여부 등을 심의하기 위해 공표심의위원회를 설치·운영할 수 있다. [○ | ×]

105 장기요양기관에 대한 지정 취소 또는 업무정지 등의 행정제재처분의 효과는 그 처분을 한 날부터 5년 동안 승계된다. [○ | ×]

106 행정제재처분의 효과는 장기요양기관을 양도한 경우에는 양수인에게 승계된다. [○ | ×]

107 행정제재처분의 효과는 법인이 합병된 경우 합병으로 신설되거나 합병 후 존속하는 법인에 승계된다. [○ | ×]

108 행정제재처분의 효과는 장기요양기관 폐업 후 동일한 장소에서 장기요양기관을 운영하는 자 가운데 종전에 행정제재처분을 받은 자나 그 배우자 또는 직계혈족에게 승계된다. [○ | ×]

109 양수인 등이 양수 시에 행정제재처분 또는 위반사실을 알지 못했음을 증명하는 경우에도 행정제재처분의 효과는 당연히 승계된다. [○ | ×]

110 행정제재처분의 절차가 진행 중일 때에는 장기요양기관을 양도한 경우 양수인에 대해 그 절차를 계속 이어서 할 수 있다. [○ | ×]

111 행정제재처분의 절차가 진행 중일 때에는 법인이 합병된 경우 합병으로 신설되거나 합병 후 존속하는 법인에 대해 그 절차를 계속 이어서 할 수 없다. [○ | ×]

112 행정제재처분의 절차가 진행 중일 때에는 장기요양기관 폐업 후 3년 이내에 같은 장소에서 장기요양기관을 운영하는 자 중 종전에 위반행위를 한 자나 그 배우자 또는 직계혈족에 대해 그 절차를 계속 이어서 할 수 없다. [○ | ×]

113 행정제재처분의 절차가 진행 중일 때에는 양수인 등이 양수 시에 행정제재처분 또는 위반사실을 알지 못했음을 증명하는 경우에도 그 절차를 계속 이어서 할 수 있다. [○ | ×]

114 행정제재처분을 받았거나 그 절차가 진행 중인 자는 지체 없이 그 사실을 양수인 등에게 알려야 한다. [○ | ×]

115 특별자치시장·특별자치도지사·시장·군수·구청장은 장기요양기관의 종사자가 부정한 방법으로 재가급여비용 또는 시설급여비용을 청구하는 행위에 가담한 경우에는 해당 종사자가 장기요양급여를 제공하는 것을 3년의 범위에서 제한하는 처분을 할 수 있다. [○ | ×]

116 위의 115번 문제의 경우에 특별자치시장·특별자치도지사·시장·군수·구청장은 지체 없이 그 처분 내용을 국민건강보험공단에 통보해야 한다. [○|×]

117 장기요양급여 제공 제한 처분의 기준·방법, 통보의 방법·절차, 그 밖에 필요한 사항은 대통령령으로 정한다. [○|×]

OX문제 정답

01	02	03	04	05	06	07	08	09	10	11	12	13	14	15	16	17	18	19	20
○	×	○	×	○	○	×	×	○	×	○	○	×	○	○	×	×	○	×	○
21	22	23	24	25	26	27	28	29	30	31	32	33	34	35	36	37	38	39	40
○	×	○	○	×	×	○	×	○	○	○	×	○	×	○	○	○	×	○	×
41	42	43	44	45	46	47	48	49	50	51	52	53	54	55	56	57	58	59	60
×	×	○	×	○	○	○	×	×	×	×	×	×	×	×	×	×	○	○	○
61	62	63	64	65	66	67	68	69	70	71	72	73	74	75	76	77	78	79	80
○	×	×	×	○	×	○	×	○	×	○	×	×	○	×	○	○	○	×	×
81	82	83	84	85	86	87	88	89	90	91	92	93	94	95	96	97	98	99	100
○	×	×	×	○	○	○	○	○	×	○	×	×	○	○	×	×	○	×
101	102	103	104	105	106	107	108	109	110	111	112	113	114	115	116	117			
×	○	○	○	×	○	○	○	×	○	×	○	×	○	×	○	×			

안심Touch

01 장기요양기관의 지정과 관련한 다음 설명의 ㉠, ㉡에 들어갈 내용을 옳게 제시한 것은?

> • 시설급여를 제공하는 장기요양기관을 운영하려면 특별자치시장·특별자치도지사·_____㉠_____의 지정을 받아야 한다.
> • 장기요양기관으로 지정을 받을 수 있는 시설은 노인복지시설 중 _____㉡_____으로 정하는 시설로 한다.

	㉠	㉡
①	보건복지부장관	대통령령
②	보건복지부장관	보건복지부령
③	시장·군수·구청장	대통령령
④	시장·군수·구청장	보건복지부령

02 특별자치시장 등이 장기요양기관의 지정을 하려는 경우에 검토해야 할 사항을 모두 고르면?

> ㉠ 장기요양기관의 운영 계획
> ㉡ 장기요양기관 지정 갱신의 기준
> ㉢ 장기요양기관을 운영하려는 자의 장기요양급여 제공 이력
> ㉣ 해당 지역의 노인인구 수 및 장기요양급여 수요 등 지역 특성
> ㉤ 장기요양기관을 운영하려는 자 및 장기요양요원이 노인장기요양보험법에 따라 받은 행정처분의 내용

① ㉠, ㉡, ㉣

② ㉠, ㉡, ㉣, ㉤

③ ㉠, ㉢, ㉣, ㉤

④ ㉠, ㉡, ㉢, ㉣, ㉤

03 장기요양기관의 지정과 관련한 다음 설명 중 옳지 않은 것은?

① 장기요양기관을 운영하려는 자는 소재지를 관할 구역으로 하는 특별자치시장·특별자치도지사·시장·군수·구청장으로부터 지정을 받아야 한다.

② 장기요양기관으로 지정받으려는 자는 보건복지부령으로 정하는 장기요양에 필요한 시설 및 인력을 갖추어야 한다.

③ 특별자치시장·특별자치도지사·시장·군수·구청장은 장기요양기관을 지정한 때 지체 없이 지정 명세를 국민건강보험공단에 통보해야 한다.

④ 재가급여를 제공하는 장기요양기관 중 의료기관이 아닌 자가 운영하는 장기요양기관이 방문간호를 제공하는 경우에는 해당 장기요양기관의 장이 방문간호의 관리책임자가 된다.

04 장기요양기관의 지정절차에 필요한 자세한 사항을 규정하는 기준은 무엇인가?

① 대통령령
② 보건복지부령
③ 장기요양위원회의 의결
④ 장기요양심사위원회의 의결

05 장기요양기관으로 지정받을 수 없는 결격사유로 옳은 것을 모두 고르면?

> ㉠ 마약류에 중독된 사람
> ㉡ 파산선고를 받고 복권되지 않은 사람
> ㉢ 미성년자, 피성년후견인 또는 피한정후견인
> ㉣ 금고 이상의 형의 집행유예를 선고받고 그 유예기간 중에 있는 사람
> ㉤ 정신질환자(다만, 전문의가 장기요양기관 설립·운영 업무에 종사하는 것이 적합하다고 인정하는 사람
>   은 제외)
> ㉥ 금고 이상의 실형을 선고받고 그 집행이 종료(집행이 종료된 것으로 보는 경우를 포함)되거나 집행이
>   면제된 날부터 10년이 경과되지 않은 사람

① ㉠, ㉡, ㉢, ㉥
② ㉠, ㉡, ㉢, ㉣, ㉤
③ ㉡, ㉢, ㉣, ㉤, ㉥
④ ㉠, ㉡, ㉢, ㉣, ㉤, ㉥

06 장기요양기관 지정의 유효기간은 지정을 받은 날부터 몇 년인가?

① 2년
② 3년
③ 6년
④ 10년

07 장기요양기관 지정의 갱신과 관련한 설명으로 옳지 않은 것은?

① 장기요양기관 지정을 유지하려면 지정 유효기간이 끝나기 180일 전까지 지정 갱신을 신청해야 한다.
② 위의 ①에서 신청 대상은 소재지를 관할구역으로 하는 특별자치시장·특별자치도지사·시장·군수·구
  청장이다.
③ 지정 갱신이 지정 유효기간 내에 완료되지 못했을 때는 심사 결정이 이루어질 때까지 지정이 유효하다.
④ 지정 갱신 신청을 받은 기관의 장은 장기요양기관에 추가자료의 제출을 요구하거나 소속 공무원으로
  하여금 현장심사를 하게 할 수 있다.

08 장기요양기관 지정의 갱신과 관련한 설명으로 옳지 않은 것을 모두 고르면?

> ㉠ 장기요양기관의 갱신 심사를 완료한 특별자치시장·특별자치도지사·시장·군수·구청장은 그 심사
> 결과를 즉시 해당 장기요양기관의 장에게 통보해야 한다.
> ㉡ 특별자치시장·특별자치도지사·시장·군수·구청장은 장기요양기관 지정의 갱신을 거부하는 경우에
> 는 그 내용을 국민보험공단에 통보해야 하며, 이 경우 국민보험공단에 대한 통보로 보건복지부장관에
> 대한 통보를 갈음한다.
> ㉢ 특별자치시장·특별자치도지사·시장·군수·구청장은 장기요양기관 지정의 갱신을 거부하는 경우에
> 도 해당 장기요양기관을 이용하는 수급자의 권익 보호를 위해 노력하지 않을 수 있다.
> ㉣ 지정 갱신의 절차 및 방법 등에 필요한 자세한 사항은 보건복지부령으로 정한다.

① ㉠, ㉣   ② ㉡, ㉢
③ ㉠, ㉡, ㉢   ④ ㉠, ㉢, ㉣

09 다음 중 장기요양기관의 시설·인력에 관한 변경지정에 대한 권한을 가진 주체가 아닌 것은?

① 특별자치시장   ② 특별자치도지사
③ 시장·군수·구청장   ④ 국민건강보험공단 이사장

10 장기요양기관 정보의 안내와 관련한 다음 설명의 ㉠, ㉡에 들어갈 내용으로 옳은 것은?

> 장기요양기관은 장기요양기관이 제공하는 급여의 질을 보장하기 위해 장기요양기관별 급여의 내용, ___㉠___
> 등 현황자료 등을 ___㉡___ 에 게시해야 한다.

	㉠	㉡
①	시설·인력	관보
②	장기요양기관의 장의 개인정보	관보
③	시설·인력	국민건강보험공단 홈페이지
④	장기요양기관의 장의 개인정보	국민건강보험공단 홈페이지

11 장기요양기관이 게시하는 정보의 내용, 방법 등을 정하는 기준은 무엇인가?

① 대통령령
② 보건복지부령
③ 국민건강보험공단 이사회의 의결
④ 특별자치시·특별자치도·시·군·자치구의 조례

12 장기요양기관의 의무 등과 관련한 다음 설명 중 옳은 것은?

① 장기요양기관의 장은 장기요양급여를 제공한 수급자에게 장기요양급여비용에 대한 명세서의 교부를 생략할 수 있다.

② 수급자로부터 장기요양급여신청을 받은 장기요양기관이 입소정원에 여유가 없어도 장기요양급여의 제공을 거부할 수 없다.

③ 장기요양기관은 보건복지부령으로 정하는 장기요양급여의 제공 기준·절차 및 방법 외의 자체 업무규정에 따라 장기요양급여를 제공할 수 있다.

④ 장기요양기관은 법규에 따라 본인부담금을 면제 또는 감경받는 금액 외에 영리를 목적으로 수급자가 부담하는 본인부담금을 면제하거나 감경하는 행위를 할 수 없다.

13 장기요양기관의 의무 등과 관련한 다음 설명 중 옳지 않은 것은?

① 장기요양급여비용 명세서의 내용 및 보존기한 등은 대통령령으로 정한다.

② 장기요양기관의 장은 장기요양급여 제공에 관한 자료를 기록·관리해야 한다.

③ 누구든지 금전, 물품을 제공하는 방법으로 수급자를 장기요양기관에 소개, 알선하는 행위를 할 수 없다.

④ 누구든지 노무, 향응을 제공할 것을 약속하는 방법으로 수급자를 장기요양기관에 유인하는 것을 조장할 수 없다.

14 장기요양기관의 재무·회계기준을 정하는 주체는 누구인가?

① 대통령

② 보건복지부장관

③ 국민건강보험공단 이사회

④ 특별자치시·특별자치도·시·군·자치구

15 다음 설명의 빈칸 ㉠에 공통으로 들어갈 내용으로 옳은 것은?

> • 장기요양기관 중 대통령령으로 정하는 기관을 운영하는 자는 ___㉠___ 에 관한 교육을 받아야 한다.
> • 장기요양기관 중 대통령령으로 정하는 기관을 운영하는 자는 해당 기관을 이용하는 장기요양급여 수급자에게 ___㉠___ 교육을 실시할 수 있다.

① 인권   ② 보건

③ 재활   ④ 치매

16 장기요양기관에서 실시하는 인권교육과 관련한 설명으로 옳지 않은 것은?

① 보건복지부장관은 인권교육기관을 지정할 수 있다.

② 보건복지부는 예산의 범위에서 인권교육에 소요되는 비용을 지원할 수 있다.

③ 지정받은 인권교육기관은 인권교육에 필요한 비용을 교육대상자로부터 징수할 수 없다.

④ 지정받은 인권교육기관이 인권교육의 수행능력이 현저히 부족하면 지정이 취소되거나 업무정지 처분을 받을 수 있다.

17 보건복지부장관의 지정을 받은 인권교육기관이 업무정지 처분을 받을 수 있는 기간은 최대 몇 개월 이내 인가?

① 3개월

② 6개월

③ 9개월

④ 12개월

18 인권교육의 대상·내용·방법, 인권교육기관의 지정 등을 정하는 기준은 무엇인가?

① 대통령령

② 보건복지부령

③ 국민건강보험공단 이사회의 의결

④ 특별자치시·특별자치도·시·군·자치구의 조례

19 장기요양요원의 보호와 관련한 설명으로 옳지 않은 것을 모두 고르면?

> ㉠ 장기요양기관의 장은 장기요양요원에게 수급자의 가족만을 위한 행위의 제공을 요구할 수 있다.
>
> ㉡ 장기요양기관의 장은 장기요양요원에게 수급자의 일상생활에 지장이 없는 행위의 제공을 요구할 수 있다.
>
> ㉢ 장기요양기관의 장은 장기요양요원에게 수급자 또는 그 가족의 생업을 지원하는 행위의 제공을 요구할 수 있다.
>
> ㉣ 장기요양기관의 장은 장기요양요원에게 수급자가 부담해야 할 본인부담금의 일부를 부담하도록 요구할 수 없다.

① ㉠, ㉡, ㉢

② ㉠, ㉢, ㉣

③ ㉡, ㉢, ㉣

④ ㉠, ㉡, ㉢, ㉣

20 전문인 배상책임보험과 관련한 다음 설명 중 옳지 않은 것을 모두 고르면?

> ㉠ 장기요양기관은 장기요양급여를 제공하면서 발생 가능한 수급자의 상해를 배상하는 전문인 배상책임보험에 반드시 가입해야 한다.
> ㉡ 국민건강보험공단은 장기요양기관이 전문인 배상책임보험에 가입하지 않은 경우 그 기간 동안 장기요양급여비용의 일부를 감액할 수 없다.
> ㉢ 장기요양급여비용의 감액 기준 등에 관하여 필요한 사항은 보건복지부령으로 정한다.

① ㉠, ㉡
② ㉠, ㉢
③ ㉡, ㉢
④ ㉠, ㉡, ㉢

21 장기요양기관의 휴업·폐업 신고 기한은 휴업·폐업 예정일로부터 며칠 전까지인가?

① 7일
② 15일
③ 20일
④ 30일

22 장기요양기관이 폐업·휴업을 하려고 할 경우에 신고해야 할 대상이 아닌 것은?

① 특별자치시장
② 특별자치도지사
③ 시장·군수·구청장
④ 국민건강보험공단 이사장

23 특별자치시장 등은 장기요양기관이 유효기간 만료 며칠 전까지 지정 갱신 신청을 하지 않을 경우에 그 사실을 국민보험공단에 통보해야 하는가?

① 15일
② 20일
③ 30일
④ 60일

24 장기요양기관의 폐업·휴업 신고, 지정 갱신 포기 등과 관련한 설명으로 옳지 않은 것을 모두 고르면?

> ㉠ 폐업·휴업을 하려는 장기요양기관의 장은 수급자의 권익 보호에 필요하다고 인정되는 조치를 취해야 한다.
> ㉡ 폐업·휴업을 하려는 장기요양기관의 장은 수급자가 다른 장기요양기관을 이용할 수 있도록 계획을 수립·이행해야 한다.
> ㉢ 지정 갱신을 하지 않으려는 장기요양기관의 장은 수급자의 본인부담금 비용 중에 정산해야 할 비용이 있는 경우 이를 정산하는 조치를 국민건강보험공단에 위탁해야 한다.

① ㉠
② ㉢
③ ㉠, ㉢
④ ㉡, ㉢

25 장기요양기관이 폐업하거나 휴업하고자 하는 경우 수급자의 권익을 보호하기 위하여 취하여야 할 조치가 아닌 것은?

① 장기요양급여를 제공하였는지 평가를 실시하고 그 결과를 국민건강보험공단 홈페이지 등에 공표하는 조치
② 해당 장기요양기관을 이용하는 수급자가 다른 장기요양기관을 선택하여 이용할 수 있도록 계획을 수립하는 조치
③ 해당 장기요양기관에서 수급자가 부담한 비용 중 정산하여야 할 비용이 있는 경우 이를 정산하는 조치
④ 그 밖에 수급자의 권익 보호를 위하여 필요하다고 인정되는 조치로서 보건복지부령으로 정하는 조치

26 수급자의 권익 보호와 관련한 다음 설명의 빈칸 ㉠에 들어갈 기간으로 옳은 것은?

> 특별자치시장·특별자치도지사·시장·군수·구청장은 장기요양기관의 장이 유효기간이 끝나기 _____㉠_____ 전까지 지정 갱신 신청을 하지 않은 경우 장기요양기관의 장이 수급자의 권익을 보호하기 위한 조치를 취하였는지의 여부를 확인해야 한다.

① 15일
② 20일
③ 30일
④ 60일

27 장기요양기관의 사업정지 또는 폐지 명령과 관련한 다음 설명의 ㉠, ㉡에 들어갈 내용으로 옳은 것은?

> 특별자치시장·특별자치도지사·시장·군수·구청장은 장기요양기관이 운영하는 ____㉠____ 등에 대해 사업정지 또는 폐지 명령을 하는 경우 지체 없이 ____㉡____에 그 내용을 통보해야 한다.

	㉠	㉡
①	노인요양시설	보건복지부
②	노인의료복지시설	보건복지부
③	노인요양시설	국민건강보험공단
④	노인의료복지시설	국민건강보험공단

28 다음 중 빈칸 ㉠에 들어갈 내용으로 옳은 것은?

> 장기요양기관의 장은 폐업·휴업 신고를 할 때 또는 장기요양기관의 지정 갱신을 하지 않아 유효기간이 만료될 때 장기요양급여 제공 자료를 ____㉠____(으)로 이관해야 한다.

① 보건복지부
② 국민건강보험공단
③ 소재지를 관할하는 세무서
④ 특별자치시·특별자치도·시·군·자치구

29 장기요양기관이 재무·회계기준을 위반했을 때의 시정명령과 관련한 다음 설명의 빈칸 ㉠에 들어갈 내용으로 옳은 것은?

> 특별자치시장·특별자치도지사·시장·군수·구청장은 장기요양기관 재무·회계기준을 위반한 장기요양기관에 대하여 ____㉠____ 이내의 범위에서 시정을 명령할 수 있다

① 1개월 　　　　　　　　　② 3개월
③ 6개월 　　　　　　　　　④ 9개월

30 장기요양기관의 지정 기준에 적합하지 않게 된 장기요양기관이 업무정지 처분을 받을 수 있는 기간은 최장 몇 개월인가?

① 3개월　　　　　　　　　　　　　② 6개월
③ 9개월　　　　　　　　　　　　　④ 12개월

31 다음 중 위반한 장기요양기관이 반드시 지정의 취소 처분을 받는 경우를 모두 고르면?

> ㉠ 사업자등록이나 고유번호가 말소된 경우
> ㉡ 업무정지기간 중에 장기요양급여를 제공한 경우
> ㉢ 거짓이나 그 밖의 부정한 방법으로 지정을 받은 경우
> ㉣ 폐업·휴업 신고를 하지 않고 1년 이상 장기요양급여를 제공하지 않은 경우
> ㉤ 급여외행위의 제공 금지 규정을 위반하고도 3개월 이내에 대표자를 변경하지 않은 경우
> ㉥ 수급자로부터 장기요양급여신청을 받은 때 입소정원에 여유가 있는데도 장기요양급여의 제공을 거부한 경우

① ㉠, ㉡, ㉢, ㉣, ㉤
② ㉠, ㉢, ㉣, ㉤, ㉥
③ ㉡, ㉢, ㉣, ㉤, ㉥
④ ㉢, ㉣, ㉤, ㉥

※ 다음 중 장기요양기관이 지정 취소 또는 6개월의 범위에서 업무정지 처분을 받을 수 있는 위반행위를 모두 고르시오. [32~33]

32

> ㉠ 거짓이나 그 밖의 부정한 방법으로 재가 및 시설 급여비용을 청구한 경우
> ㉡ 특별자치시장·특별자치도지사·시장·군수·구청장의 시정명령을 이행하지 않은 경우
> ㉢ 영리를 목적으로 금전, 물품을 제공하며 수급자를 소개, 알선 또는 유인하는 행위를 한 경우
> ㉣ 급여외행위를 제공했으나 장기요양기관의 장이 그 급여외행위를 제공을 방지하기 위해 주의와 감독을 성실히 한 경우
> ㉤ 장기요양기관의 장이 수급자가 부담해야 할 본인부담금의 전부 또는 일부를 부담할 것을 장기요양요원에게 요구한 경우
> ㉥ 법규에 따라 본인부담금을 면제 또는 감경받는 금액 외에 영리를 목적으로 수급자가 부담하는 본인부담금을 면제하거나 감경하는 행위를 한 경우

① ㉠, ㉡, ㉢, ㉤, ㉥
② ㉠, ㉢, ㉣, ㉤, ㉥
③ ㉡, ㉢, ㉣, ㉤, ㉥
④ ㉢, ㉣, ㉤, ㉥

33

> ㉠ 보건복지부장관의 자료제출 명령에 따르지 아니하거나 거짓으로 자료제출을 한 경우
> ㉡ 정당한 사유 없이 국민건강보험공단의 장기요양급여의 관리·평가를 거부·방해·기피한 경우
> ㉢ 장기요양기관의 종사자가 수급자를 위해 급여된 금품을 그 목적 외의 용도에 사용하는 행위를 했으며 장기요양기관의 장이 그 행위를 방지하기 위해 주의와 감독을 게을리한 경우
> ㉣ 장기요양기관의 종사자가 폭언, 협박, 위협 등으로 수급자의 정신건강에 해를 끼치는 정서적 학대행위를 했으며 장기요양기관의 장이 그 행위를 방지하기 위해 주의와 감독을 게을리한 경우
> ㉤ 장기요양기관의 종사자가 자신의 보호·감독을 받는 수급자에게 의식주를 포함한 기본적 보호 및 치료를 소홀히 하는 방임행위를 했으나 장기요양기관의 장이 그 행위를 방지하기 위해 주의와 감독을 성실히 한 경우

① ㉠, ㉡, ㉢, ㉣
② ㉠, ㉢, ㉣, ㉤
③ ㉡, ㉢, ㉣, ㉤
④ ㉢, ㉣, ㉤

34 장기요양기관 지정 취소, 업무정지 등과 관련한 설명으로 옳지 않은 것을 모두 고르면?

> ⊙ 지정취소를 받은 후 5년이 지나지 않은 자(법인인 경우 그 대표자를 포함)는 장기요양기관으로 지정받을 수 없다.
> ⓛ 업무정지되는 장기요양기관의 장은 수급자의 본인부담금 중에 정산해야 할 비용이 있는 경우 이를 정산해야 한다.
> ⓒ 특별자치시장·특별자치도지사·시장·군수·구청장은 장기요양기관이 지정 취소되는 경우에 그 행정 처분의 내용을 우편으로만 수급자에게 통보할 수 있다.
> ⓔ 특별자치시장·특별자치도지사·시장·군수·구청장은 장기요양기관이 업무정지되는 경우에 해당 장기요양기관을 이용하는 수급자가 다른 장기요양기관을 이용할 수 있도록 해야 한다.

① ⊙, ⓒ　　　　　　　　　　　② ⓛ, ⓔ
③ ⓒ, ⓔ　　　　　　　　　　　④ ⊙, ⓒ, ⓔ

35 다음 중 특별자치시장·특별자치도지사·시장·군수·구청장이 장기요양기관에 대한 업무정지명령에 갈음해 과징금 부과 처분을 할 수 없는 경우를 모두 고르면?(단, ⊙~ⓗ의 경우에 장기요양기관의 장이 그 행위를 방지하기 위해 해당 업무에 관해 주의와 감독을 게을리했다고 인정된다)

> ⊙ 장기요양기관의 종사자가 수급자의 신체에 폭행을 가하는 행위를 한 경우
> ⓛ 장기요양기관의 종사자가 폭언으로 수급자의 정신건강에 해를 끼치는 행위를 한 경우
> ⓒ 장기요양기관의 종사자가 자신의 보호·감독을 받는 수급자를 유기하는 행위를 한 경우
> ⓔ 장기요양기관의 종사자가 수급자에게 성적 수치심을 주는 성희롱 등의 행위를 한 경우
> ⓜ 장기요양기관의 종사자가 수급자를 위해 증여된 금품을 그 목적 외의 용도에 사용하는 행위를 한 경우
> ⓗ 장기요양기관의 종사자가 보건복지부장관의 지시를 받은 소속 공무원이 장기요양급여에 관련된 서류를 검사하는 것을 거부하는 행위를 한 경우

① ⊙, ⓛ, ⓗ
② ⓛ, ⓒ, ⓔ, ⓜ
③ ⊙, ⓛ, ⓒ, ⓔ, ⓜ
④ ⓛ, ⓒ, ⓔ, ⓜ, ⓗ

36 특별자치시장·특별자치도지사·시장·군수·구청장이 장기요양기관의 업무정지 처분에 갈음해 부과할 수 있는 과징금은 얼마인가?

① 5,000만 원　　　　　　　　　② 1억 원
③ 1억 5,000만 원　　　　　　　④ 2억 원

37 다음 중 특별자치시장·특별자치도지사·시장·군수·구청장이 장기요양기관에 대한 업무정지명령에 갈음해 과징금 부과 처분을 할 수 없는 경우는?

① 장기요양기관이 회계부정 행위를 하여 업무정지명령을 해야 하는 경우

② 장기요양기관이 거짓으로 재가 및 시설 급여비용을 청구해 업무정지명령을 해야 하는 경우

③ 장기요양기관의 장이 장기요양요원에게 급여외행위의 제공을 요구해 업무정지명령을 해야 하는 경우

④ 장기요양기관이 정당한 사유 없이 국민건강보험공단의 장기요양급여의 관리·평가를 거부해 업무정지명령을 해야 하는 경우

38 업무정지 처분에 갈음해 부과될 수 있는 과징금 처분과 관련한 다음 설명의 빈칸 ㉠에 들어갈 내용으로 옳은 것은?

> 특별자치시장·특별자치도지사·시장·군수·구청장은 장기요양기관이 부정한 방법으로 재가 및 시설 급여비용을 청구해 업무정지명령을 해야 하는 경우에 부정한 방법으로 청구한 금액의 ___㉠___ 이하의 금액의 과징금 처분으로 업무정지 처분을 갈음할 수 있다.

① 2배   ② 3배
③ 5배   ④ 10배

39 노인장기요양보험법상의 과징금의 부과와 관련한 다음 설명 중 옳지 않은 것은?

① 과징금을 부과하는 위반행위의 종류, 위반의 정도에 따른 과징금의 금액과 부과절차 등에 필요한 사항은 대통령령으로 정한다.

② 특별자치시장·특별자치도지사·시장·군수·구청장은 과징금의 부과와 징수에 관한 사항의 기록과 관리를 국민건강보험공단에 위임할 수 있다.

③ 특별자치시장·특별자치도지사·시장·군수·구청장은 과징금을 내야 할 자가 납부기한까지 내지 않으면 지방세 체납처분의 예에 따라 징수한다.

④ 특별자치시장·특별자치도지사·시장·군수·구청장은 거짓으로 시설 급여비용을 청구한 장기요양기관에 업무정지명령을 해야 할 경우 그 장기요양기관을 이용하는 수급자가 심한 불편을 겪을 수 있을 때는 업무정지명령을 대신해 과징금을 부과할 수 있다.

40 위반사실 등의 공표와 관련한 다음 설명의 빈칸 ㉠에 들어갈 금액으로 옳은 것은?

> 특별자치시장은 거짓으로 재가·시설 급여비용을 청구한 장기요양기관에 대한 과징금 부과 처분이 확정되었고 거짓으로 청구한 금액이 _____㉠_____ 이상인 경우에는 위반사실, 처분내용, 장기요양기관의 명칭·주소, 장기요양기관의 장의 성명 등을 공표할 수 있다.

① 7,000만 원   ② 5,000만 원

③ 3,000만 원   ④ 1,000만 원

41 위반사실 등의 공표와 관련한 다음 설명의 빈칸 ㉠에 들어갈 내용으로 옳은 것은?

> 특별자치시장·특별자치도지사·시장·군수·구청장은 거짓으로 재가·시설 급여비용을 청구한 장기요양기관에 대한 지정 취소 처분이 확정되었고 거짓으로 청구한 금액이 장기요양급여비용 총액의 _____㉠_____ 이상인 경우에는 위반사실 등과 다른 장기요양기관과의 구별에 필요한 사항을 공표해야 한다.

① 70%   ② 50%

③ 30%   ④ 10%

42 위반사실 등을 공표하는 공표심의위원회의를 설치할 수 있는 주체가 아닌 것은?

① 특별자치시장   ② 특별자치도지사

③ 시장·군수·구청장   ④ 국민건강보험공단 이사장

43 다음 중 위반 사실의 공표 방법과 공표심의위원회의 구성을 규정하는 기준은 무엇인가?

① 대통령령

② 보건복지부령

③ 국민건강보험공단 이사회의 의결

④ 특별자치시·특별자치도·시·군·자치구의 조례

44 지정 취소, 업무정지 등 행정제재처분의 효과는 그 처분을 한 날부터 몇 년 동안 승계되는가?

① 2년
② 3년
③ 4년
④ 5년

45 다음 중 지정 취소, 업무정지 등 행정제재처분의 효과가 승계되는 자를 모두 고르면?

> ㉠ 장기요양기관을 양도한 경우 양수인
> ㉡ 법인이 합병된 경우 합병으로 합병 후 존속하는 법인
> ㉢ 장기요양기관이 폐업한 후 동일한 장소에서 장기요양기관을 운영하는 자 가운데 종전에 행정제재처분을 받은 자
> ㉣ 위의 ㉢의 배우자
> ㉤ 위의 ㉢의 직계혈족

① ㉠, ㉡, ㉢
② ㉠, ㉢, ㉤
③ ㉡, ㉢, ㉣, ㉤
④ ㉠, ㉡, ㉢, ㉣, ㉤

46 지정 취소, 업무정지 등 행정제재처분의 절차와 관련한 다음 설명의 빈칸 ㉠에 들어갈 기간으로 옳은 것은?

> 행정제재처분의 절차가 진행 중일 때에는 장기요양기관이 폐업한 후 ___㉠___ 이내에 같은 장소에서 장기요양기관을 운영하는 자 중 종전에 위반행위를 한 자에 대해 그 절차를 계속 이어서 할 수 있다.

① 1년
② 2년
③ 3년
④ 4년

47 지정 취소, 업무정지 등 행정제재처분 효과의 승계와 관련한 설명으로 옳지 않은 것은?

① 행정제재처분을 받았거나 그 절차가 진행 중인 자는 지체 없이 그 사실을 양수인 등에게 알려야 한다.
② 장기요양기관을 양도한 경우 양수인이 양수 시에 위반사실을 알지 못했음을 증명하는 경우에는 행정제재처분의 효과가 승계되지 않는다.
③ 법인이 합병된 경우 합병으로 신설된 법인이 합병 시에 행정제재처분을 알지 못했음을 증명하더라도 행정제재처분의 효과는 당연히 승계된다.
④ 장기요양기관이 폐업한 후 동일한 장소에서 장기요양기관을 운영하는 자 가운데 종전에 행정제재처분을 받은 자가 운영 시에 위반사실을 알지 못했음을 증명하는 경우에는 행정제재처분의 효과가 승계되지 않는다.

48 장기요양급여 제공의 제한과 관련한 다음 설명의 빈칸 ㉠에 들어갈 기간으로 옳은 것은?

> 특별자치시장·특별자치도지사·시장·군수·구청장은 장기요양기관의 종사자가 거짓으로 시설급여비용을 청구하는 행위에 가담하면 해당 종사자가 장기요양급여를 제공하는 것을 ___㉠___의 범위에서 제한할 수 있다.

① 5년

② 3년

③ 2년

④ 1년

07 재가 및 시설 급여비용 등

1. 재가 및 시설 급여비용

(1) 재가 및 시설 급여비용의 청구 및 지급 등(제38조)

① 장기요양기관은 수급자에게 재가급여 또는 시설급여를 제공한 경우 공단에 장기요양급여비용을 청구하여야 한다.

② 공단은 장기요양기관으로부터 재가 또는 시설 급여비용의 청구를 받은 경우 이를 심사하여 그 내용을 장기요양기관에 통보하여야 하며, 장기요양에 사용된 비용 중 공단부담금(재가 및 시설 급여비용 중 본인부담금을 공제한 금액을 말한다)을 해당 장기요양기관에 지급하여야 한다.

③ 공단은 제54조(장기요양급여의 관리·평가) 제2항에 따른 장기요양기관의 장기요양급여평가 결과에 따라 장기요양급여비용을 가산 또는 감액조정하여 지급할 수 있다.

> **더 알아보기**
>
> **장기요양급여의 관리·평가(법 제54조 제2항)**
> 공단은 장기요양기관이 제23조(장기요양급여의 종류) 제3항에 따른 장기요양급여의 제공 기준·절차·방법 등에 따라 적정하게 장기요양급여를 제공하였는지 평가를 실시하고 그 결과를 공단의 홈페이지 등에 공표하는 등 필요한 조치를 할 수 있다.
>
> **장기요양급여의 종류(법 제23조 제3항)**
> 장기요양급여의 제공 기준·절차·방법·범위, 그 밖에 필요한 사항은 보건복지부령으로 정한다.

④ 공단은 제2항에도 불구하고 장기요양급여비용을 심사한 결과 수급자가 이미 낸 본인부담금이 제2항에 따라 통보한 본인부담금보다 더 많으면 두 금액 간의 차액을 장기요양기관에 지급할 금액에서 공제하여 수급자에게 지급하여야 한다.

⑤ 공단은 제4항에 따라 수급자에게 지급하여야 하는 금액을 그 수급자가 납부하여야 하는 장기요양보험료 및 그 밖에 노인장기요양보험법에 따른 징수금(이하 "장기요양보험료 등"이라 한다)과 상계할 수 있다.

⑥ 장기요양기관은 지급받은 장기요양급여비용 중 보건복지부장관이 정하여 고시하는 비율에 따라 그 일부를 장기요양요원에 대한 인건비로 지출하여야 한다.

⑦ 공단은 장기요양기관이 정당한 사유 없이 제61조 제2항에 따른 자료제출 명령에 따르지 아니하거나 질문 또는 검사를 거부·방해 또는 기피하는 경우 이에 응할 때까지 해당 장기요양기관에 지급하여야 할 장기요양급여비용의 지급을 보류할 수 있다. 이 경우 공단은 장기요양급여비용의 지급을 보류하기 전에 해당 장기요양기관에 의견 제출의 기회를 주어야 한다.

⑧ 제1항부터 제3항까지 및 제7항의 규정에 따른 재가 및 시설 급여비용의 심사기준, 장기요양급여비용의 가감지급의 기준, 청구절차, 지급방법 및 지급 보류의 절차·방법 등에 관한 사항은 보건복지부령으로 정한다.

(2) 재가 및 시설 급여비용의 산정(제39조)

① 재가 및 시설 급여비용은 급여종류 및 장기요양등급 등에 따라 장기요양위원회의 심의를 거쳐 보건복지부장관이 정하여 고시한다.

② 보건복지장관은 재가 및 시설 급여비용을 정할 때 대통령령으로 정하는 바에 따라 국가 및 지방자치단체로부터 장기요양기관의 설립비용을 지원받았는지 여부 등을 고려할 수 있다.

③ 재가 및 시설 급여비용의 구체적인 산정방법 및 항목 등에 관하여 필요한 사항은 보건복지부령으로 정한다.

2. 본임부담금 및 장기요양에 대한 보상

(1) 본인부담금(제40조)

① 재가 및 시설 급여비용은 다음 각 호와 같이 수급자가 부담한다. 다만, 수급자 중 의료급여법 제3조 제1항 제1호에 따른 수급자(국민기초생활 보장법에 따른 의료급여 수급자)는 그러하지 아니하다.

1. 재가급여 : 해당 장기요양급여비용의 100분의 15
2. 시설급여 : 해당 장기요양급여비용의 100분의 20

② 다음 각 호의 장기요양급여에 대한 비용은 수급자 본인이 전부 부담한다.

1. 노인장기요양보험법의 규정에 따른 급여의 범위 및 대상에 포함되지 아니하는 장기요양급여
2. 수급자가 장기요양인정서에 기재된 장기요양급여의 종류 및 내용과 다르게 선택하여 장기요양급여를 받은 경우 그 차액
3. 장기요양급여의 월 한도액을 초과하는 장기요양급여

③ 다음 각 호의 어느 하나에 해당하는 자에 대해서는 본인부담금의 100분의 60의 범위에서 보건복지부장관이 정하는 바에 따라 차등하여 감경할 수 있다.

1. 의료급여법 제3조 제1항 제2호부터 제9호까지의 규정에 따른 수급권자

> **더 알아보기**
>
> **수급권자(의료급여법 제3조 제1항 제2호부터 제9호)**
> 2. 재해구호법에 따른 이재민으로서 보건복지부장관이 의료급여가 필요하다고 인정한 사람
> 3. 의사상자 등 예우 및 지원에 관한 법률에 따라 의료급여를 받는 사람
> 4. 입양특례법에 따라 국내에 입양된 18세 미만의 아동
> 5. 독립유공자예우에 관한 법률, 국가유공자 등 예우 및 지원에 관한 법률 및 보훈보상대상자 지원에 관한 법률의 적용을 받고 있는 사람과 그 가족으로서 국가보훈처장이 의료급여가 필요하다고 추천한 사람 중에서 보건복지부장관이 의료급여가 필요하다고 인정한 사람
> 6. 무형문화재 보전 및 진흥에 관한 법률에 따라 지정된 국가무형문화재의 보유자(명예보유자를 포함한다)와 그 가족으로서 문화재청장이 의료급여가 필요하다고 추천한 사람 중에서 보건복지부장관이 의료급여가 필요하다고 인정한 사람
> 7. 북한이탈주민의 보호 및 정착지원에 관한 법률의 적용을 받고 있는 사람과 그 가족으로서 보건복지부장관이 의료급여가 필요하다고 인정한 사람
> 8. 5·18민주화운동 관련자 보상 등에 관한 법률에 따라 보상금 등을 받은 사람과 그 가족으로서 보건복지부장관이 의료급여가 필요하다고 인정한 사람
> 9. 노숙인 등의 복지 및 자립지원에 관한 법률에 따른 노숙인 등으로서 보건복지부장관이 의료급여가 필요하다고 인정한 사람

2. 소득·재산 등이 보건복지부장관이 정하여 고시하는 일정 금액 이하인 자. 다만, 도서·벽지·농어촌 등의 지역에 거주하는 자에 대하여 따로 금액을 정할 수 있다.
3. 천재지변 등 보건복지부령으로 정하는 사유로 인하여 생계가 곤란한 자

④ 본인부담금의 산정방법, 감경절차 및 감경방법 등에 관하여 필요한 사항은 보건복지부령으로 정한다.

(2) 가족 등의 장기요양에 대한 보상(제41조)

① 공단은 장기요양급여를 받은 금액의 총액이 보건복지부장관이 정하여 고시하는 금액 이하에 해당하는 수급자가 가족 등으로부터 제23조(장기요양급여의 종류) 제1항 제1호 가목에 따른 방문요양에 상당한 장기요양을 받은 경우 보건복지부령으로 정하는 바에 따라 본인부담금의 일부를 감면하거나 이에 갈음하는 조치를 할 수 있다.

② 본인부담금의 감면방법 등 필요한 사항은 보건복지부령으로 정한다.

(3) 방문간호지시서 발급비용의 산정 등(제42조)

제23조(장기요양급여의 종류) 제1항 제1호 다목에 따라 방문간호지시서를 발급하는 데 사용되는 비용, 비용부담방법 및 비용 청구·지급절차 등에 관하여 필요한 사항은 보건복지부령으로 정한다.

3. 부당이득의 징수 및 구상권

(1) 부당이득의 징수(제43조)

① 공단은 장기요양급여를 받은 자 또는 장기요양급여비용을 받은 자가 다음 각 호의 어느 하나에 해당하는 경우 그 장기요양급여 또는 장기요양급여비용에 상당하는 금액을 징수한다.
  1. 제15조(등급판정 등) 제5항에 따른 등급판정 결과 같은 조 제4항 각 호의 어느 하나에 해당하는 것으로 확인된 경우
  2. 월 한도액 범위를 초과하여 장기요양급여를 받은 경우
  3. 장기요양급여의 제한 등을 받을 자가 장기요양급여를 받은 경우
  4. 제37조(장기요양기관 지정의 취소 등) 제1항 제4호에 따른 거짓이나 그 밖의 부정한 방법으로 재가 및 시설 급여비용을 청구하여 이를 지급받은 경우
  5. 그 밖에 노인장기요양보험법상의 원인 없이 공단으로부터 장기요양급여를 받거나 장기요양급여비용을 지급받은 경우
② 공단은 제1항의 경우 거짓 보고 또는 증명에 의하거나 거짓 진단에 따라 장기요양급여가 제공된 때 거짓의 행위에 관여한 자에 대하여 장기요양급여를 받은 자와 연대하여 제1항에 따른 징수금을 납부하게 할 수 있다.
③ 공단은 제1항의 경우 거짓이나 그 밖의 부정한 방법으로 장기요양급여를 받은 자와 같은 세대에 속한 자(장기요양급여를 받은 자를 부양하고 있거나 다른 법령에 따라 장기요양급여를 받은 자를 부양할 의무가 있는 자를 말한다)에 대하여 거짓이나 그 밖의 부정한 방법으로 장기요양급여를 받은 자와 연대하여 제1항에 따른 징수금을 납부하게 할 수 있다.
④ 공단은 제1항의 경우 장기요양기관이 수급자로부터 거짓이나 그 밖의 부정한 방법으로 장기요양급여비용을 받은 때 해당 장기요양기관으로부터 이를 징수하여 수급자에게 지체 없이 지급하여야 한다. 이 경우 공단은 수급자에게 지급하여야 하는 금액을 그 수급자가 납부하여야 하는 장기요양보험료 등과 상계할 수 있다.

(2) 구상권(제44조)

① 공단은 제3자의 행위로 인한 장기요양급여의 제공사유가 발생하여 수급자에게 장기요양급여를 행한 때 그 급여에 사용된 비용의 한도 안에서 그 제3자에 대한 손해배상의 권리를 얻는다.

② 공단은 제1항의 경우 장기요양급여를 받은 자가 제3자로부터 이미 손해배상을 받은 때 그 손해배상액의 한도 안에서 장기요양급여를 행하지 아니한다.

※ 다음 문제의 진위 여부를 판단해 ○ 또는 ×를 선택하시오.

01 장기요양기관은 수급자에게 재가급여 또는 시설급여를 제공한 경우 국민건강보험공단에 장기요양급여비용을 청구해야 한다. [○│×]

02 국민건강보험공단은 장기요양기관으로부터 재가 또는 시설 급여비용의 청구를 받은 경우 장기요양에 사용된 비용 중 공단부담금, 즉 재가 및 시설 급여비용 중 본인부담금을 공제한 금액을 해당 장기요양기관에 지급해야 한다. [○│×]

03 국민건강보험공단은 장기요양기관의 장기요양급여평가 결과에 따라 장기요양급여비용을 가산 또는 감액조정해 지급할 수 없다. [○│×]

04 국민건강보험공단은 장기요양급여비용을 심사한 결과 수급자가 이미 낸 본인부담금이 장기요양기관으로부터 받은 재가 또는 시설 급여비용의 청구를 심사해 장기요양기관에 통보한 본인부담금보다 많으면 두 금액 사이의 차액을 장기요양기관에 지급할 금액에서 공제해 수급자에게 지급해야 한다. [○│×]

05 위의 **04**번 문제의 경우에 국민건강보험공단은 수급자에게 지급해야 하는 금액을 그 수급자가 납부해야 하는 장기요양보험료 및 징수금과 상계할 수 없다. [○│×]

06 장기요양기관은 지급받은 장기요양급여비용 중 일부를 장기요양요원에 대한 인건비로 지출해야 한다. [○│×]

07 위의 **06**번 문제의 경우에 그 지출 비율은 국민건강보험공단 이사회의 의결로 정해 고시하는 비율에 따라야 한다. [○│×]

08 장기요양기관이 정당한 사유 없이 보건복지부장관의 자료제출 명령에 따르지 않은 경우에 국민건강보험공단은 해당 장기요양기관에 지급해야 할 장기요양급여비용의 지급을 보류할 수 없다. [○│×]

09 재가 및 시설 급여비용의 심사기준, 장기요양급여비용의 가감지급의 기준, 청구절차, 지급방법 및 지급 보류의 절차·방법 등에 관한 사항은 장기요양심사위원회의 의결로 정한다. [○│×]

10 재가 및 시설 급여비용은 급여종류 및 장기요양등급 등에 따라 장기요양위원회의 심의를 거친다. [○│×]

11 보건복지장관은 재가 및 시설 급여비용을 정할 때 국가 및 지방자치단체로부터 장기요양기관의 설립비용을 지원받았는지 여부 등을 고려할 수 있다. [O|X]

12 재가 및 시설 급여비용의 구체적인 산정방법 및 항목 등에 관하여 필요한 사항은 대통령령으로 정한다. [O|X]

13 의료급여 수급자가 아닌 수급자가 부담하는 재가급여비용은 해당 장기요양급여비용의 25%이다. [O|X]

14 의료급여 수급자가 아닌 수급자가 부담하는 시설급여비용은 해당 장기요양급여비용의 20%이다. [O|X]

15 수급자는 재가 및 시설 급여비용의 일부를 부담하지만, 국민기초생활 보장법에 따른 의료급여 수급자는 그렇지 않다. [O|X]

16 노인장기요양보험법의 규정에 따른 급여의 범위 및 대상에 포함되지 않는 장기요양급여는 수급자 본인이 전부 부담한다. [O|X]

17 수급자가 장기요양인정서에 기재된 장기요양급여의 내용과 다르게 선택해 장기요양급여를 받은 경우 그 차액의 2분의 1을 수급자 본인이 부담한다. [O|X]

18 장기요양급여의 월 한도액을 초과하는 장기요양급여는 수급자 본인이 전부 부담한다. [O|X]

19 의료급여법에 따른 수급권자에 대해서는 본인부담금의 60%의 범위에서 차등해 감경할 수 있다. [O|X]

20 소득·재산 등이 보건복지부장관이 정하는 일정 금액 이하인 자에 대해서는 본인부담금의 일부를 차등해 감경할 수 있다. [O|X]

21 위의 20번 문제의 경우 도서·벽지·농어촌 등의 지역에 거주하는 자에 대해서는 금액을 따로 정할 수 없다. [O|X]

22 천재지변 등으로 인해 생계가 곤란한 자에 대해서는 본인부담금의 일부를 차등해 감경할 수 있다. [O|X]

23 본인부담금의 산정방법, 감경절차 및 감경방법 등에 관하여 필요한 사항은 보건복지부령으로 정한다. [O|X]

24 국민건강보험공단은 장기요양급여를 받은 금액의 총액이 보건복지부장관이 정하는 금액 이하에 해당하는 수급자가 가족으로부터 방문요양에 상당한 장기요양을 받은 경우 본인부담금의 일부를 감면하거나 이에 갈음하는 조치를 할 수 있다. [○|×]

25 위의 24번 문제의 경우에 본인부담금의 감면방법 등 필요한 사항은 대통령령으로 정한다. [○|×]

26 방문간호지시서를 발급하는 데 사용되는 비용, 비용부담방법 및 비용 청구·지급절차 등에 관해 필요한 사항은 대통령령으로 정한다. [○|×]

27 장기요양급여비용을 받은 자가 등급판정위원회의 등급판정 결과에 따라 부정한 방법으로 장기요양인정을 받았다고 확인된 경우 국민건강보험공단은 그 장기요양급여비용에 상당하는 금액을 징수한다. [○|×]

28 장기요양급여를 받은 자가 본인의 위법행위에 기인해 장기요양인정을 받은 것이 확인된 경우 국민건강보험공단은 그 장기요양급여의 2배에 달하는 금액을 징수한다. [○|×]

29 장기요양급여비용을 받은 자가 고의로 사고를 발생하도록 하여 장기요양인정을 받은 것이 확인된 경우 국민건강보험공단은 그 장기요양급여비용에 상당하는 금액을 징수한다. [○|×]

30 장기요양급여를 받은 자가 월 한도액 범위를 초과해 장기요양급여를 받은 경우 국민건강보험공단은 그 장기요양급여에 상당하는 금액을 징수한다. [○|×]

31 장기요양급여의 제한 등을 받을 자가 장기요양급여를 받은 경우 국민건강보험공단은 그 장기요양급여에 상당하는 금액을 징수한다. [○|×]

32 장기요양급여비용을 받은 자가 부정한 방법으로 재가 및 시설 급여비용을 청구해 이를 지급받은 경우 국민건강보험공단은 그 장기요양급여의 2배에 달하는 금액을 징수한다. [○|×]

33 장기요양급여를 받은 자 또는 장기요양급여비용을 받은 자가 노인장기요양보험법상의 원인 없이 국민건강보험공단으로부터 장기요양급여를 받거나 장기요양급여비용을 지급받은 경우 국민건강보험공단은 그 장기요양급여 또는 장기요양급여비용에 상당하는 금액을 징수한다. [○|×]

34 국민건강보험공단은 부당이득을 징수할 경우에 거짓 보고 또는 거짓 진단에 따라 장기요양급여가 제공된 때 거짓의 행위에 관여한 자에 대해 장기요양급여를 받은 자와 연대해 징수금을 납부하게 할 수 없다. [○|×]

35 국민건강보험공단은 부당이득을 징수할 경우에 거짓으로 장기요양급여를 받은 자와 같은 세대에 속한 자에 대해 거짓으로 장기요양급여를 받은 자와 연대해 징수금을 납부하게 할 수 없다. [○|×]

36 위의 **35**번 문제에서 "장기요양급여를 받은 자와 같은 세대에 속한 자"는 장기요양급여를 받은 자를 부양하고 있거나 다른 법령에 따라 장기요양급여를 받은 자를 부양할 의무가 있는 자를 말한다. [○ | ×]

37 국민건강보험공단은 부당이득을 징수할 경우에 장기요양기관이 수급자로부터 거짓으로 장기요양급여비용을 받은 때 해당 장기요양기관으로부터 이를 징수해 수급자에게 지급해야 한다. [○ | ×]

38 위의 **37**번 문제의 경우에 국민건강보험공단은 수급자에게 지급해야 하는 금액을 그 수급자가 납부해야 하는 장기요양보험료 등과 상계할 수 없다. [○ | ×]

39 국민건강보험공단은 제3자의 행위로 인한 장기요양급여의 제공사유가 발생해 수급자에게 장기요양급여를 행한 때 그 급여에 사용된 비용의 한도 안에서 그 제3자에 대한 손해배상의 권리를 얻는다. [○ | ×]

40 위의 **39**번 문제의 경우 장기요양급여를 받은 자가 제3자로부터 이미 손해배상을 받은 때 그 손해배상액의 한도 안에서 장기요양급여를 행하지 않는다. [○ | ×]

OX문제 정답																			
01	02	03	04	05	06	07	08	09	10	11	12	13	14	15	16	17	18	19	20
○	○	×	○	×	○	×	×	×	○	○	×	×	○	○	○	×	○	○	○
21	22	23	24	25	26	27	28	29	30	31	32	33	34	35	36	37	38	39	40
×	○	○	○	×	×	○	×	○	○	○	×	○	×	×	○	○	×	○	○

01 재가 및 시설 급여비용의 청구 및 지급 등과 관련한 설명으로 옳은 것을 모두 고르면?

> ㉠ 수급자에게 시설급여를 제공한 장기요양기관은 국민건강보험공단에 장기요양급여비용을 청구해야 한다.
> ㉡ 국민건강보험공단은 장기요양기관으로부터 재가 또는 시설 급여비용의 청구를 받은 경우 이를 심사해 그 내용을 장기요양기관에 통보해야 하며, 장기요양기관으로부터 재가 또는 시설 급여비용의 청구를 받은 경우에 장기요양에 사용된 비용 중 공단부담금을 해당 장기요양기관에 지급해야 한다.
> ㉢ 국민건강보험공단은 장기요양기관의 장기요양급여평가 결과에 따라 장기요양급여비용을 가산 또는 감액조정해 지급할 수 있다.
> ㉣ 국민건강보험공단은 장기요양급여비용을 심사한 결과 수급자가 이미 낸 본인부담금이 위의 ㉡에 따라 통보한 본인부담금보다 더 많으면 두 금액 간의 차액을 장기요양기관에 지급할 금액에서 공제해 수급자에게 지급해야 한다.
> ㉤ 국민건강보험공단은 수급자에게 지급해야 하는 금액을 그 수급자가 납부해야 하는 장기요양보험료 및 그 밖에 징수금과 상계할 수 없다.

① ㉠, ㉡, ㉢, ㉣   ② ㉠, ㉢, ㉣, ㉤
③ ㉡, ㉢, ㉣, ㉤   ④ ㉡, ㉢, ㉤

02 재가 및 시설 급여비용의 청구 및 지급 등과 관련한 다음 설명 중 옳지 않은 것을 모두 고르면?

> ㉠ 장기요양기관은 국민건강보험공단으로부터 지급받은 장기요양급여비용으로 장기요양요원의 인건비를 지급할 수 없다.
> ㉡ 정당한 사유 없이 보건복지부장관의 자료제출 명령에 따르지 않은 장기요양기관에 대해 국민건강보험공단은 장기요양급여비용의 지급을 보류할 수 있다.
> ㉢ 위의 ㉡의 경우에 국민건강보험공단은 먼저 지급을 보류한 후에 해당 장기요양기관에 의견 제출의 기회를 줄 수 있다.
> ㉣ 재가 및 시설 급여비용의 지급 보류의 절차 · 방법 등에 관한 자세한 사항은 보건복지부령으로 정한다.

① ㉠, ㉡   ② ㉠, ㉢
③ ㉡, ㉢   ④ ㉡, ㉣

※ 다음은 재가 및 시설 급여비용의 산정과 관련한 설명이다. ㉠, ㉡에 들어갈 내용으로 옳은 것을 고르시오.
  [3~4]

03

재가 및 시설 급여비용은 급여종류와 장기요양등급 등에 따라 _____㉠_____의 심의를 거쳐 _____㉡_____이 정한다.

	㉠	㉡
①	장기요양위원회	대통령
②	장기요양위원회	보건복지부장관
③	장기요양등급판정위원회	대통령
④	장기요양등급판정위원회	보건복지부장관

04

• 보건복지부장관은 재가 및 시설 급여비용을 정할 때 _____㉠_____로부터 장기요양기관의 설립비용을 지원받았는지 여부 등을 고려할 수 있다.
• 재가 및 시설 급여비용의 구체적인 산정방법 및 항목 등에 관해 필요한 자세한 사항은 _____㉡_____으로 정한다.

	㉠	㉡
①	보건복지부	대통령령
②	보건복지부	보건복지부령
③	국가 및 지방자치단체	대통령령
④	국가 및 지방자치단체	보건복지부령

05 노인장기요양보험법상 재가급여의 경우 수급자가 부담해야 하는 비용은 얼마인가?

① 해당 장기요양급여비용의 10%
② 해당 장기요양급여비용의 15%
③ 해당 장기요양급여비용의 30%
④ 해당 장기요양급여비용의 40%

06 다음 중 장기요양급여에 대한 비용 중 수급자 본인이 전부 부담하는 경우로 옳은 것을 모두 고르면?

> ㉠ 급여의 대상에 포함되지 않는 장기요양급여
> ㉡ 급여의 범위에 포함되지 않는 장기요양급여
> ㉢ 장기요양급여의 월 한도액을 초과하지 않은 장기요양급여
> ㉣ 장기요양인정서에 기재된 장기요양급여의 종류를 다르게 선택해 장기요양급여를 받은 경우 그 차액

① ㉠, ㉡, ㉣
③ ㉡, ㉢

② ㉠, ㉢, ㉣
④ ㉢, ㉣

07 본인부담금의 감경과 관련한 다음 설명의 ㉠, ㉡에 들어갈 내용으로 옳은 것은?

> • 소득・재산 등이 _____㉠_____ 이 정해 고시하는 일정 금액 이하인 자에 대해서는 본인부담금을 _____㉠_____ 이 정하는 바에 따라 차등해 감경할 수 있다.
> • 본인부담금의 산정방법, 감경절차 및 감경방법 등에 관하여 필요한 사항은 _____㉡_____ 으로 정한다.

	㉠	㉡
①	대통령	대통령령
②	대통령	보건복지부령
③	보건복지부장관	대통령령
④	보건복지부장관	보건복지부령

08 다음 중 시설 급여비용 본인부담금의 100분의 60의 범위에서 차등해 감경할 수 있는 자가 아닌 사람은?

① 천재지변으로 인하여 생계가 곤란한 자
② 국민기초생활 보장법에 따른 의료급여 수급자
③ 소득・재산 등이 보건복지부장관이 정하여 고시하는 일정 금액 이하인 자
④ 재해구호법에 따른 이재민으로서 보건복지부장관이 의료급여가 필요하다고 인정한 사람

09 가족 등의 장기요양에 대한 보상과 관련한 다음 설명의 ㉠, ㉡에 들어갈 내용으로 옳게 제시한 것은?

> ㉠ 국민건강보험공단은 장기요양급여를 받은 금액의 총액이 보건복지부장관이 정해 고시하는 금액 이하에 해당하는 수급자가 가족 등으로부터 _____㉠_____ 에 상당한 장기요양을 받은 경우 본인부담금의 일부를 감면하는 조치를 할 수 있다.
> ㉡ 위의 ㉠에 따른 본인부담금의 감면방법 등 필요한 사항은 _____㉡_____ 으로 정한다.

	㉠	㉡
①	방문요양	대통령령
②	방문요양	보건복지부령
③	단기보호	대통령령
④	단기보호	보건복지부령

10 방문간호지시서 발급비용의 산정 등과 관련한 다음 설명의 빈칸 ㉠에 들어갈 내용으로 옳은 것은?

> 방문간호지시서를 발급할 때 드는 비용과 그 비용의 청구 및 지급절차 등에 관해 필요한 자세한 사항은 _____㉠_____ 으로 정한다.

① 대통령령
③ 기획재정부령
② 보건복지부령
④ 지방자치단체의 조례

11 부당이득의 징수와 관련한 다음 설명 중 옳지 않은 것을 모두 고르면?

> ㉠ 등급판정위원회의 등급판정 결과 고의로 사고를 발생하도록 하여 장기요양인정을 받은 경우에는 국민건강보험공단은 지급한 장기요양급여 또는 장기요양급여비용에 상당하는 금액을 징수한다.
> ㉡ 등급판정위원회의 등급판정 결과 자신의 위법행위에 기인해 장기요양인정을 받은 경우에는 국민건강보험공단은 지급한 장기요양급여 또는 장기요양급여비용의 100분의 150에 달하는 금액을 징수한다.
> ㉢ 등급판정위원회의 등급판정 결과 거짓이나 부정한 방법으로 장기요양인정을 받은 경우에는 국민건강보험공단은 지급한 장기요양급여 또는 장기요양급여비용의 2배에 달하는 금액을 징수한다.

① ㉠, ㉡
③ ㉡, ㉢
② ㉠, ㉢
④ ㉠, ㉡, ㉢

12 부당이득의 징수와 관련한 다음 설명 중에서 옳지 않은 것을 모두 고르면?

> ㉠ 국민건강보험공단은 거짓 진단에 따라 장기요양급여가 제공된 때 거짓의 행위에 관여한 자에 대해 장기요양급여를 받은 자와 연대해 징수금을 납부하게 할 수 없다.
>
> ㉡ 국민건강보험공단은 부정한 방법으로 장기요양급여를 받은 자와 같은 세대에 속한 자에 대해 부정한 방법으로 장기요양급여를 받은 자와 연대해 징수금을 납부하게 할 수 없다.
>
> ㉢ 수급자로부터 거짓으로 장기요양급여비용을 받은 장기요양기관으로부터 납부받은 징수금을 국민건강보험공단이 수급자에게 지급할 경우 그 지급액을 그 수급자가 납부해야 하는 장기요양보험료 등과 상계할 수 없다.

① ㉠, ㉡   ② ㉠, ㉢
③ ㉡, ㉢   ④ ㉠, ㉡, ㉢

13 다음은 노인장기요양보험법상의 구상권과 관련한 대화이다. 이 대화에 참여한 사람의 진술의 진위 여부를 바르게 판단한 것은?

> A씨(㉠) : 제3자의 행위 때문에 발생한 장기요양급여의 제공사유로 인해 국민건강보험공단이 수급자에게 장기요양급여를 시행했다면 국민건강보험공단은 그 급여에 든 비용의 한도 내에서 그 제3자에 대한 손해배상의 권리가 있습니다.
>
> B씨(㉡) : 국민건강보험공단으로부터 장기요양급여를 받은 자가 제3자로부터 이미 손해배상을 받았다면 국민건강보험공단은 그 손해배상액의 한도 내에서 장기요양급여를 행하지 않습니다.

① ㉠만 옳다.
② ㉡만 옳다.
③ ㉠과 ㉡ 모두 옳다.
④ ㉠과 ㉡ 모두 옳지 않다.

1. 장기요양위원회의 심의 사항

(1) 장기요양위원회의 설치 및 기능(제45조)

다음 각 호의 사항을 심의하기 위하여 보건복지부장관 소속으로 장기요양위원회를 둔다.

1. 장기요양보험료율
2. 가족요양비, 특례요양비 및 요양병원간병비의 지급기준
3. 재가 및 시설 급여비용
4. 그 밖에 대통령령으로 정하는 주요 사항

2. 장기요양위원회의 구성 및 운영

(1) 장기요양위원회의 구성(제46조)

① 장기요양위원회는 위원장 1인, 부위원장 1인을 포함한 16인 이상 22인 이하의 위원으로 구성한다.

② 위원장이 아닌 위원은 다음 각 호의 자 중에서 보건복지부장관이 임명 또는 위촉한 자로 하고, 각 호에 해당하는 자를 각각 동수로 구성하여야 한다.

1. 근로자단체, 사용자단체, 시민단체(비영리민간단체 지원법에 따른 비영리민간단체를 말한다), 노인단체, 농어업인단체 또는 자영자단체를 대표하는 자

> **더 알아보기**
>
> **비영리민간단체(비영리민간단체 지원법 제2조)**
> 이 법에 있어서 "비영리민간단체"라 함은 영리가 아닌 공익활동을 수행하는 것을 주된 목적으로 하는 민간단체로서 다음 각 호의 요건을 갖춘 단체를 말한다.
> 1. 사업의 직접 수혜자가 불특정 다수일 것
> 2. 구성원 상호간에 이익분배를 하지 아니할 것
> 3. 사실상 특정정당 또는 선출직 후보를 지지·지원 또는 반대할 것을 주된 목적으로 하거나, 특정 종교의 교리전파를 주된 목적으로 설립·운영되지 아니할 것
> 4. 상시 구성원수가 100인 이상일 것
> 5. 최근 1년 이상 공익활동실적이 있을 것
> 6. 법인이 아닌 단체일 경우에는 대표자 또는 관리인이 있을 것

2. 장기요양기관 또는 의료계를 대표하는 자
3. 대통령령으로 정하는 관계 중앙행정기관의 고위공무원단 소속 공무원, 장기요양에 관한 학계 또는 연구계를 대표하는 자, 공단 이사장이 추천하는 자

③ 위원장은 보건복지부차관이 되고, 부위원장은 위원 중에서 위원장이 지명한다.

④ 장기요양위원회 위원의 임기는 3년으로 한다. 다만, 공무원인 위원의 임기는 재임기간으로 한다.

(2) 장기요양위원회의 운영(제47조)

① 장기요양위원회 회의는 구성원 과반수의 출석으로 개의하고 출석위원 과반수의 찬성으로 의결한다.

② 장기요양위원회의 효율적 운영을 위하여 분야별로 실무위원회를 둘 수 있다.

③ 노인장기요양보험법에서 정한 것 외에 장기요양위원회의 구성·운영, 그 밖에 필요한 사항은 대통령령으로 정한다.

3. 장기요양요원지원센터

(1) 장기요양요원지원센터의 설치 등(제47조의2)

① 국가와 지방자치단체는 장기요양요원의 권리를 보호하기 위하여 장기요양요원지원센터를 설치·운영할 수 있다.

② 장기요양요원지원센터는 다음 각 호의 업무를 수행한다.

    1. 장기요양요원의 권리 침해에 관한 상담 및 지원

    2. 장기요양요원의 역량강화를 위한 교육지원

    3. 장기요양요원에 대한 건강검진 등 건강관리를 위한 사업

    4. 그 밖에 장기요양요원의 업무 등에 필요하여 대통령령으로 정하는 사항

③ 장기요양요원지원센터의 설치·운영 등에 필요한 사항은 보건복지부령으로 정하는 바에 따라 해당 지방자치단체의 조례로 정한다.

※ 다음 문제의 진위 여부를 판단해 ○ 또는 ×를 선택하시오.

01 장기요양위원회는 국민건강보험공단 소속으로 설치된다. [○|×]

02 장기요양위원회는 장기요양보험료율, 가족요양비, 특례요양비 및 요양병원간병비의 지급기준, 재가 및 시설 급여비용 등을 심의한다. [○|×]

03 장기요양위원회는 위원장 1인, 부위원장 1인을 포함한 20인 이상 40인 이하의 위원으로 구성한다. [○|×]

04 장기요양위원회의 위원장이 아닌 위원은 대통령이 임명 또는 위촉한다. [○|×]

05 근로자단체, 사용자단체, 시민단체, 노인단체, 농어업인단체 또는 자영자단체 등을 대표하는 자는 장기요양위원회의 위원장이 아닌 위원으로 임명 또는 위촉될 수 있다. [○|×]

06 위의 **05**번 문제의 단체들을 대표할 수 있는 자를 ㉠, 장기요양기관 또는 의료계를 대표하는 자를 ㉡, 관계 중앙행정기관의 고위공무원단 소속 공무원, 장기요양에 관한 학계 또는 연구계를 대표하는 자, 국민건강보험공단 이사장이 추천하는 자를 ㉢이라 할 때, ㉠·㉡·㉢은 동수로 구성된다. [○|×]

07 장기요양위원회의 위원장은 보건복지부장관이 되고, 부위원장은 위원 중에서 호선한다. [○|×]

08 장기요양위원회 위원의 임기는 3년으로 한다. 다만, 공무원인 위원의 임기는 재임기간으로 한다. [○|×]

09 장기요양위원회 회의는 구성원 3분의 2 이상의 출석으로 개의하고, 출석위원 3분의 2 이상의 찬성으로 의결한다. [○|×]

10 장기요양위원회의 효율적 운영을 위해 분야별로 실무위원회를 둘 수 있다. [○|×]

11 노인장기요양보험법에서 정한 것 외에 장기요양위원회의 구성·운영, 그 밖에 필요한 사항은 보건복지부령으로 정한다. [○|×]

12 국가와 지방자치단체는 장기요양요원의 권리를 보호하기 위해 장기요양요원지원센터를 설치·운영할 수 있다. [○|×]

13 장기요양요원지원센터는 장기요양요원의 권리 침해에 관한 상담 및 지원 등의 업무를 수행한다. [○ | ×]

14 장기요양요원지원센터는 장기요양요원의 역량강화를 위한 교육지원 등의 업무를 수행한다. [○ | ×]

15 장기요양요원지원센터는 장기요양요원에 대한 건강검진 등 건강관리를 위한 사업 등의 업무를 시행하지 않는다.
[○ | ×]

16 장기요양요원지원센터는 장기요양요원의 업무 등에 필요해 보건복지부령으로 정하는 사항과 관련한 업무를 수행한다. [○ | ×]

17 장기요양요원지원센터의 설치·운영 등에 필요한 사항은 보건복지부령으로 정하는 바에 따라 해당 지방자치단체의 조례로 정한다. [○ | ×]

OX문제 정답																				
01	02	03	04	05	06	07	08	09	10	11	12	13	14	15	16	17				
×	○	×	×	○	○	×	○	×	○	×	○	○	○	×	×	○				

정답 및 해설 p.43

01 다음 중 장기요양위원회에서 심의하는 내용이 아닌 것은?

① 장기요양보험료율
② 장기요양등급 판정
③ 가족요양비 지급기준
④ 재가 및 시설 급여비용

02 장기요양위원회의 구성과 관련한 다음 설명의 ㉠~㉢에 들어갈 수효를 모두 더하면 얼마인가?

> 장기요양위원회는 위원장 1인, 부위원장 ___㉠___ 인을 포함한 ___㉡___ 인 이상 ___㉢___ 인 이하의 위원으로 구성한다.

① 25   ② 39
③ 45   ④ 70

03 다음 중 장기요양위원회의 위원 중에 위원장 이외의 위원으로 임명 또는 위촉될 수 있는 단체를 대표할 수 있는 자를 모두 고르면?

> ㉠ 노인단체를 대표하는 자
> ㉡ 근로자단체를 대표하는 자
> ㉢ 사용자단체를 대표하는 자
> ㉣ 자영자단체를 대표하는 자
> ㉤ 농어업인단체를 대표하는 자
> ㉥ 시민단체(비영리민간단체)를 대표하는 자

① ㉠, ㉡, ㉢, ㉣
② ㉠, ㉢, ㉣, ㉤, ㉥
③ ㉡, ㉢, ㉣, ㉤, ㉥
④ ㉠, ㉡, ㉢, ㉣, ㉤, ㉥

04 장기요양위원회의 위원장과 부위원장의 선출과 관련한 다음 설명의 ㉠, ㉡에 들어갈 내용으로 옳은 것은?

> 장기요양위원회의의 위원장은 _____㉠_____ 이 되고, 부위원장은 위원 중에서 _____㉡_____ 이 지명한다.

	㉠	㉡
①	보건복지부장관	위원장
②	보건복지부차관	위원장
③	보건복지부장관	국민건강보험공단 이사장
④	보건복지부차관	국민건강보험공단 이사장

PART 1

PART 2

05 장기요양위원회 위원의 임기와 관련한 다음 설명의 ㉠, ㉡에 들어갈 내용으로 옳은 것은?

> 장기요양위원회 위원의 임기는 _____㉠_____ 으로 한다. 다만, 공무원인 위원의 임기는 _____㉡_____ 으로 한다.

	㉠	㉡
①	2년	3년
②	3년	2년
③	2년	재임기간
④	3년	재임기간

06 장기요양위원회의 운영과 관련한 다음 설명 중 옳은 것을 모두 고르면?

> ㉠ 장기요양위원회 회의는 구성원 3분의 2 이상의 출석으로 개의하고, 출석위원 3분의 2 이상의 찬성으로 의결한다.
> ㉡ 장기요양위원회를 효율적으로 운영하기 위해 실무위원회를 분야별로 설치할 수 있다.
> ㉢ 노인장기요양보험법에서 정한 것 이외에 장기요양위원회의 구성 · 운영에 필요한 자세한 사항은 보건복지부령으로 정한다.

① ㉠   ② ㉡

③ ㉠, ㉡   ④ ㉡, ㉢

07 다음 중 노인장기요양보험법에 따라 장기요양요원지원센터를 설치·운영할 수 있는 권한을 가진 자는?

① 대통령
② 보건복지부장관
③ 국가 및 지방자치단체
④ 국민건강보험공단 이사장

08 장기요양요원지원센터의 운영과 관련한 다음 설명의 ㉠, ㉡에 들어갈 내용으로 옳은 것은?

> • 장기요양요원지원센터는 _____㉠_____의 권리 침해에 관한 상담 및 지원, _____㉠_____의 역량강화를 위한 교육지원, _____㉠_____에 대한 건강검진 등 건강관리를 위한 사업 등의 업무를 수행한다.
> • 장기요양요원지원센터의 설치·운영 등에 필요한 사항은 _____㉡_____(으)로 정한다.

	㉠	㉡
①	수급자	대통령령
②	장기요양요원	대통령령
③	수급자	해당 지방자치단체의 조례
④	장기요양요원	해당 지방자치단체의 조례

09 관리운영기관

1. 장기요양사업의 관리운영기관 및 조직

(1) 관리운영기관 등(제48조)

① 장기요양사업의 관리운영기관은 공단으로 한다.

② 공단은 다음 각 호의 업무를 관장한다.

　1. 장기요양보험가입자 및 그 피부양자와 의료급여수급권자의 자격 관리

　2. 장기요양보험료의 부과·징수

　3. 신청인에 대한 조사

　4. 등급판정위원회의 운영 및 장기요양등급 판정

　5. 장기요양인정서의 작성 및 개인별장기요양이용계획서의 제공

　6. 장기요양급여의 관리 및 평가

　7. 수급자 및 그 가족에 대한 정보제공·안내·상담 등 장기요양급여 관련 이용지원에 관한 사항

　8. 재가 및 시설 급여비용의 심사 및 지급과 특별현금급여의 지급

　9. 장기요양급여 제공내용 확인

　10. 장기요양사업에 관한 조사·연구 및 홍보

　11. 노인성질환예방사업

　12. 노인장기요양보험법에 따른 부당이득금의 부과·징수 등

　13. 장기요양급여의 제공기준을 개발하고 장기요양급여비용의 적정성을 검토하기 위한 장기요양기관의 설치 및 운영

　14. 그 밖에 장기요양사업과 관련하여 보건복지부장관이 위탁한 업무

③ 공단은 제2항 제13호의 장기요양기관을 설치할 때 노인인구 및 지역특성 등을 고려한 지역 간 불균형 해소를 고려하여야 하고, 설치 목적에 필요한 최소한의 범위에서 이를 설치·운영하여야 한다.

④ 국민건강보험법에 따른 공단의 정관은 장기요양사업과 관련하여 다음 각 호의 사항을 포함·기재한다.

　1. 장기요양보험료

　2. 장기요양급여

　3. 장기요양사업에 관한 예산 및 결산

　4. 그 밖에 대통령령으로 정하는 사항

정관(국민건강보험법 제17조 제1항)

공단의 정관에는 다음 각 호의 사항을 적어야 한다.

1. 목적
2. 명칭
3. 사무소의 소재지
4. 임직원에 관한 사항
5. 이사회의 운영
6. 재정운영위원회에 관한 사항
7. 보험료 및 보험급여에 관한 사항
8. 예산 및 결산에 관한 사항
9. 자산 및 회계에 관한 사항
10. 업무와 그 집행
11. 정관의 변경에 관한 사항
12. 공고에 관한 사항

(2) 공단의 장기요양사업 조직 등(제49조)

공단은 국민건강보험법에 따라 공단의 조직 등에 관한 규정을 정할 때 장기요양사업을 수행하기 위하여 두는 조직 등을 건강보험사업을 수행하는 조직 등과 구분하여 따로 두어야 한다. 다만, 제48조(관리운영기관 등) 제2항 제1호 및 제2호의 자격 관리와 보험료 부과·징수업무는 그러하지 아니하다.

규정 등(국민건강보험법 제29조)

공단의 조직·인사·보수 및 회계에 관한 규정은 이사회의 의결을 거쳐 보건복지부장관의 승인을 받아 정한다.

관리운영기관 등(법 제48조 제2항 제1호 및 제2호)

공단은 다음 각 호의 업무를 관장한다.

1. 장기요양보험가입자 및 그 피부양자와 의료급여수급권자의 자격 관리
2. 장기요양보험료의 부과·징수

2. 장기요양사업의 회계 및 권한의 위임

(1) 장기요양사업의 회계(제50조)

① 공단은 장기요양사업에 대하여 독립회계를 설치 · 운영하여야 한다.

② 공단은 장기요양사업 중 장기요양보험료를 재원으로 하는 사업과 국가 · 지방자치단체의 부담금을 재원으로 하는 사업의 재정을 구분하여 운영하여야 한다. 다만, 관리운영에 필요한 재정은 구분하여 운영하지 아니할 수 있다.

(2) 권한의 위임 등에 관한 준용(제51조)

국민건강보험법 제32조 및 제38조는 노인장기요양보험법에 따른 이사장의 권한의 위임 및 준비금에 관하여 준용한다. 이 경우 "보험급여"는 "장기요양급여"로 본다.

> **더 알아보기**
>
> **이사장 권한의 위임(국민건강보험법 제32조)**
> 국민건강보험법에 규정된 이사장의 권한 중 급여의 제한, 보험료의 납입 고지 등 대통령령으로 정하는 사항은 정관으로 정하는 바에 따라 분사무소의 장에게 위임할 수 있다.
>
> **준비금(국민건강보험법 제38조)**
> ① 공단은 회계연도마다 결산상의 잉여금 중에서 그 연도의 보험급여에 든 비용의 100분의 5 이상에 상당하는 금액을 그 연도에 든 비용의 100분의 50에 이를 때까지 준비금으로 적립하여야 한다.
> ② 준비금은 부족한 보험급여 비용에 충당하거나 지출할 현금이 부족할 때 외에는 사용할 수 없으며, 현금 지출에 준비금을 사용한 경우에는 해당 회계연도 중에 이를 보전(補塡)하여야 한다.
> ③ 준비금의 관리 및 운영 방법 등에 필요한 사항은 보건복지부장관이 정한다.

3. 등급판정위원회 및 장기요양급여의 관리

(1) 등급판정위원회의 설치(제52조)

① 장기요양인정 및 장기요양등급 판정 등을 심의하기 위하여 공단에 장기요양등급판정위원회를 둔다.

② 등급판정위원회는 특별자치시 · 특별자치도 · 시 · 군 · 구 단위로 설치한다. 다만, 인구 수 등을 고려하여 하나의 특별자치시 · 특별자치도 · 시 · 군 · 구에 2 이상의 등급판정위원회를 설치하거나 2 이상의 특별자치시 · 특별자치도 · 시 · 군 · 구를 통합하여 하나의 등급판정위원회를 설치할 수 있다.

③ 등급판정위원회는 위원장 1인을 포함하여 15인의 위원으로 구성한다.

④ 등급판정위원회 위원은 다음 각 호의 자 중에서 공단 이사장이 위촉한다. 이 경우 특별자치시장 · 특별자치도지사 · 시장 · 군수 · 구청장이 추천한 위원은 7인, 의사 또는 한의사가 1인 이상 각각 포함되어야 한다.

    1. 의료법에 따른 의료인

    2. 사회복지사업법에 따른 사회복지사

    3. 특별자치시 · 특별자치도 · 시 · 군 · 구 소속 공무원

    4. 그 밖에 법학 또는 장기요양에 관한 학식과 경험이 풍부한 자

⑤ 등급판정위원회 위원의 임기는 3년으로 하되, 한 차례만 연임할 수 있다. 다만, 공무원인 위원의 임기는 재임기간으로 한다.

(2) 등급판정위원회의 운영(제53조)

① 등급판정위원회 위원장은 위원 중에서 특별자치시장·특별자치도지사·시장·군수·구청장이 위촉한다. 이 경우 제52조 제2항 단서에 따라 2 이상의 특별자치시·특별자치도·시·군·구를 통합하여 하나의 등급판정 위원회를 설치하는 때 해당 특별자치시장·특별자치도지사·시장·군수·구청장이 공동으로 위촉한다.

② 등급판정위원회 회의는 구성원 과반수의 출석으로 개의하고 출석위원 과반수의 찬성으로 의결한다.

③ 노인장기요양보험법에 정한 것 외에 등급판정위원회의 구성·운영, 그 밖에 필요한 사항은 대통령령으로 정한다.

(3) 장기요양급여의 관리·평가(제54조)

① 공단은 장기요양기관이 제공하는 장기요양급여 내용을 지속적으로 관리·평가하여 장기요양급여의 수준이 향상되도록 노력하여야 한다.

② 공단은 장기요양기관이 제23조(장기요양급여의 종류) 제3항에 따른 장기요양급여의 제공 기준·절차·방 법 등에 따라 적정하게 장기요양급여를 제공하였는지 평가를 실시하고 그 결과를 공단의 홈페이지 등에 공 표하는 등 필요한 조치를 할 수 있다.

> **더 알아보기**
>
> **장기요양급여의 종류(법 제23조 제3항)**
> 장기요양급여의 제공 기준·절차·방법·범위, 그 밖에 필요한 사항은 보건복지부령으로 정한다.

③ 장기요양급여 제공내용의 평가 방법 및 평가 결과의 공표 방법, 그 밖에 필요한 사항은 보건복지부령으로 정한다.

핵심 쏙쏙! OX문제

※ 다음 문제의 진위 여부를 판단해 ○ 또는 ×를 선택하시오.

01 장기요양사업의 관리운영기관은 국민건강보험공단으로 한다. [○│×]

02 국민건강보험공단은 장기요양보험가입자 및 그 피부양자와 의료급여수급권자의 자격관리 업무를 관장한다.
[○│×]

03 국민건강보험공단은 장기요양보험료의 부과·징수업무를 관장하지 않는다. [○│×]

04 국민건강보험공단은 신청인에 대한 조사업무를 관장할 수 없다. [○│×]

05 국민건강보험공단은 등급판정위원회의 운영 및 장기요양등급 판정업무를 관장한다. [○│×]

06 국민건강보험공단은 장기요양인정서의 작성 및 개인별장기요양이용계획서의 제공업무를 관장한다. [○│×]

07 국민건강보험공단은 장기요양급여의 관리 및 평가업무를 관장하지 않는다. [○│×]

08 국민건강보험공단은 수급자 및 그 가족에 대한 정보제공·안내·상담 등 장기요양급여 관련 이용지원에 관한 사항을 관장한다. [○│×]

09 국민건강보험공단은 재가 및 시설 급여비용의 심사 및 지급과 특별현금급여의 지급업무를 관장한다.
[○│×]

10 국민건강보험공단은 장기요양급여 제공내용 확인 업무를 관장할 수 없다. [○│×]

11 국민건강보험공단은 장기요양사업에 관한 조사·연구 및 홍보 업무를 관장하지 않는다. [○│×]

12 국민건강보험공단은 노인성질환예방사업을 관장하지 않는다. [○│×]

13 국민건강보험공단은 노인장기요양보험법에 따른 부당이득금의 부과·징수 등의 업무를 관장한다. [○│×]

14 국민건강보험공단은 장기요양급여의 제공기준을 개발하고 장기요양급여비용의 적정성을 검토하기 위한 장기요양기관의 설치 및 운영업무를 관장한다. [○│×]

15 국민건강보험공단은 장기요양사업과 관련해 보건복지부장관이 위탁한 업무를 관장한다. [○ | ×]

16 국민건강보험공단은 장기요양기관을 설치할 때 노인인구 및 지역특성 등을 고려한 지역 간 불균형 해소를 고려하지 않을 수 있다. [○ | ×]

17 국민건강보험공단은 장기요양기관을 설치할 때 설치 목적에 필요한 최소한의 범위에서 이를 설치·운영해야한다. [○ | ×]

18 국민건강보험법에 따른 국민건강보험공단의 정관은 장기요양사업과 관련해 장기요양보험료, 장기요양급여, 장기요양사업에 관한 예산 및 결산과 관련한 사항을 포함·기재한다. [○ | ×]

19 국민건강보험공단은 조직 등에 관한 규정을 정할 때 장기요양사업을 수행하기 위해 두는 조직 등을 건강보험사업을 수행하는 조직 등과 구분해 따로 두지 않을 수 있다. [○ | ×]

20 위의 **19**번 문제의 경우 자격관리와 보험료 부과·징수업무는 조직을 따로 구분하지 않을 수 있다. [○ | ×]

21 국민건강보험공단은 장기요양사업에 대해 독립회계를 설치·운영해야 한다. [○ | ×]

22 국민건강보험공단은 장기요양사업 중 장기요양보험료를 재원으로 하는 사업과 국가·지방자치단체의 부담금을 재원으로 하는 사업의 재정을 구분하지 않고 통합해 운영해야 한다. [○ | ×]

23 위의 **22**번 문제의 경우 관리운영에 필요한 재정은 구분해 운영하지 않을 수 있다. [○ | ×]

24 국민건강보험공단은 회계연도마다 결산상의 잉여금 중에서 그 연도의 장기요양급여에 든 비용의 15% 이상에 상당하는 금액을 그 연도에 든 비용의 70%에 이를 때까지 준비금으로 적립해야 한다. [○ | ×]

25 국민건강보험공단은 준비금을 부족한 보험급여 비용에 충당하거나 지출할 현금이 부족할 때 외에는 사용할 수 없다. [○ | ×]

26 위의 **25**번 문제의 경우로서 현금 지출에 준비금을 사용한 때에는 해당 회계연도의 다음 회계연도 중에 이를 보전(補塡)해야 한다. [○ | ×]

27 준비금의 관리 및 운영 방법 등에 필요한 사항은 국민건강보험공단 이사장이 정한다. [○ | ×]

28 장기요양인정 및 장기요양등급 판정 등을 심의하기 위해 보건복지부에 장기요양등급판정위원회를 둔다. [○ | ×]

29 인구 수 등을 고려해 하나의 특별자치시·특별자치도·시·군·구에 2 이상의 장기요양등급판정위원회를 설치할 수 있다. [○ | ×]

30 2 이상의 특별자치시·특별자치도·시·군·구를 통합해 하나의 장기요양등급판정위원회를 설치할 수 없다. [○ | ×]

31 장기요양등급판정위원회는 위원장 1인을 포함해 30인의 위원으로 구성한다. [○ | ×]

32 장기요양등급판정위원회 위원은 국민건강보험공단 이사장이 위촉한다. [○ | ×]

33 장기요양등급판정위원회 위원 중에 특별자치시장·특별자치도지사·시장·군수·구청장이 추천한 위원은 10인 이상 포함되어야 한다. [○ | ×]

34 장기요양등급판정위원회 위원 중에 의사 또는 한의사인 위원은 3인 이상 포함되어야 한다. [○ | ×]

35 장기요양등급판정위원회 위원으로 위촉될 수 있는 자에는 의료인, 사회복지사, 특별자치시·특별자치도·시·군·구 소속 공무원, 법학 또는 장기요양에 관한 학식과 경험이 풍부한 자 등이 있다. [○ | ×]

36 장기요양등급판정위원회 위원 중 공무원인 아닌 위원의 임기는 3년으로 한다. [○ | ×]

37 위의 **36**번 문제의 경우 위원은 2회까지 연임할 수 있다. [○ | ×]

38 장기요양등급판정위원회 위원 중 공무원인 위원의 임기는 재임기간으로 한다. [○ | ×]

39 장기요양등급판정위원회 위원장은 위원 중에서 보건복지부장관이 위촉한다. [○ | ×]

40 2 이상의 특별자치시·특별자치도·시·군·구를 통합하여 하나의 장기요양등급판정위원회를 설치하는 때에는 보건복지부장관이 장기요양등급판정위원회 위원장을 위촉한다. [○ | ×]

41 장기요양등급판정위원회 회의는 구성원 과반수의 출석으로 개의하고 출석위원 과반수의 찬성으로 의결한다. [○ | ×]

42 노인장기요양보험법에 정한 것 외에 장기요양등급판정위원회의 구성·운영에 필요한 자세한 사항은 보건복지부령으로 정한다. [○ | ×]

43 국민건강보험공단은 장기요양기관이 제공하는 장기요양급여 내용을 지속적으로 관리·평가해 장기요양급여의 수준이 향상되도록 노력해야 한다. [○|×]

44 국민건강보험공단은 장기요양기관이 장기요양급여의 제공 기준·절차·방법 등에 따라 적정하게 장기요양급여를 제공했는지 평가하고 그 결과를 공단의 홈페이지 등에 공표하는 등 필요한 조치를 할 수 있다. [○|×]

45 장기요양급여 제공내용의 평가 방법 및 평가 결과의 공표 방법과 그 밖에 필요한 사항은 대통령령으로 정한다. [○|×]

OX문제 정답

01	02	03	04	05	06	07	08	09	10	11	12	13	14	15	16	17	18	19	20
○	○	×	×	○	○	×	○	○	×	×	×	○	○	○	×	○	○	×	○
21	22	23	24	25	26	27	28	29	30	31	32	33	34	35	36	37	38	39	40
○	×	○	×	○	×	×	×	○	×	×	○	×	×	○	○	×	○	×	×
41	42	43	44	45															
○	×	○	○	×															

01 다음 중 노인장기요양보험법에서 정하는 장기요양사업의 관리운영기관은 무엇인가?

① 행정안전부 ② 보건복지부
③ 국민건강관리공단 ④ 해당 지방자치단체

※ 다음 중 장기요양사업의 관리운영기관에서 관장하는 사항을 모두 고르시오. **[2~3]**

02

> ㉠ 신청인에 대한 조사
> ㉡ 장기요양보험료의 부과·징수
> ㉢ 장기요양급여의 관리 및 평가
> ㉣ 요양급여의 심사기준 및 평가기준 개발
> ㉤ 등급판정위원회의 운영 및 장기요양등급 판정
> ㉥ 장기요양인정서의 작성 및 표준장기요양이용계획서의 제공
> ㉦ 장기요양보험가입자 및 그 피부양자와 의료급여수급권자의 자격관리

① ㉠, ㉡, ㉣, ㉤
② ㉠, ㉢, ㉣ ㉥, ㉦
③ ㉡, ㉢, ㉣, ㉤, ㉦
④ ㉠, ㉡, ㉢, ㉤, ㉥, ㉦

03

> ㉠ 노인성질환예방사업
> ㉡ 장기요양급여 제공내용 확인
> ㉢ 요양급여비용의 심사와 관련된 국제협력
> ㉣ 장기요양사업에 관한 조사·연구 및 홍보
> ㉤ 노인장기요양보험법에 따른 부당이득금의 부과·징수 등
> ㉥ 재가 및 시설 급여비용의 심사 및 지급과 특별현금급여의 지급
> ㉦ 수급자 및 그 가족에 대한 정보제공·안내·상담 등 장기요양급여 관련 이용지원에 관한 사항
> ㉧ 장기요양급여의 제공기준을 개발하고 장기요양급여비용의 적정성을 검토하기 위한 장기요양기관의 설치 및 운영

① ㉠, ㉡, ㉢, ㉧
② ㉡, ㉢, ㉣, ㉤, ㉦
③ ㉠, ㉡, ㉣, ㉤, ㉥, ㉦, ㉧
④ ㉡, ㉢, ㉣, ㉤, ㉥, ㉦, ㉧

04 장기요양사업의 관리운영기관의 운영에 관한 다음 설명의 ㉠, ㉡에 들어갈 내용으로 옳은 것은?

> 장기요양사업의 관리운영기관인 국민건강보험공단은 장기요양급여의 제공기준을 개발하고 장기요양급여비
> 용의 적정성을 검토하기 위한 장기요양기관을 설치할 때 ____㉠____ 인구 및 지역특성 등을 검토해 지역 간
> 불균형 해소를 고려해야 하고, 설치 목적에 필요한 ____㉡____ 의 범위에서 이를 설치·운영해야 한다.

	㉠	㉡
①	노인	최대한
②	노인	최소한
③	장애인	최대한
④	장애인	최소한

05 장기요양사업과 관련해 장기요양사업의 관리운영기관의 정관에 포함될 사항을 모두 고르면?

> ㉠ 장기요양급여
> ㉡ 장기요양보험료
> ㉢ 장기요양사업에 관한 예산 및 결산

① ㉡   ② ㉠, ㉡

③ ㉡, ㉢   ④ ㉠, ㉡, ㉢

06 국민건강보험공단의 장기요양사업 조직 등과 관련한 다음 설명의 ㉠, ㉡에 들어갈 내용을 바르게 제시한
것은?

> 국민건강보험공단은 조직 등에 관한 규정을 정할 때 장기요양사업을 수행하기 위해 두는 조직 등을 건강보험
> 사업을 수행하는 조직 등과 ____㉠____ 한다. 다만, ____㉡____ 와 보험료 부과·징수업무는 그렇지 않다.

	㉠	㉡
①	통합해야	자격관리
②	통합해야	장기요양급여의 관리 및 평가
③	구분해 따로 두어야	자격관리
④	구분해 따로 두어야	장기요양급여의 관리 및 평가

07 장기요양사업의 회계와 관련한 설명으로 옳지 않은 것을 모두 고르면?

> ㉠ 국민건강보험공단은 장기요양사업에 대해 독립회계를 설치·운영해야 한다.
> ㉡ 국민건강보험공단은 장기요양사업 중 장기요양보험료를 재원으로 하는 사업과 국가·지방자치단체의 부담금을 재원으로 하는 사업의 재정을 통합적으로 운영해야 한다.
> ㉢ 위의 ㉡의 경우에 관리운영에 필요한 재정은 구분해 운영해야 한다.

① ㉠
② ㉡
③ ㉠, ㉡
④ ㉡, ㉢

08 노인장기요양보험법상의 권한의 위임 등에 관한 준용과 관련한 다음 설명의 빈칸 ㉠에 들어갈 적절한 내용으로 알맞은 것은?

> 국민건강보험법의 이사장 권한의 위임 및 준비금은 노인장기요양보험법에 따른 이사장의 권한의 위임 및 준비금에 관하여 준용한다. 이 경우 보험급여는 ____㉠____로 본다.

① 재가급여
② 시설급여
③ 특별현금급여
④ 장기요양급여

09 노인장기요양보험법에 따른 국민건강보험공단의 준비금과 관련한 다음 설명의 ㉠, ㉡에 들어갈 내용으로 옳은 것은?

> 공단은 회계연도마다 결산상의 잉여금 중에서 그 연도의 장기요양급여에 든 비용의 ____㉠____ 이상에 상당하는 금액을 그 연도에 든 비용의 ____㉡____에 이를 때까지 준비금으로 적립해야 한다.

	㉠	㉡
①	100분의 5	100분의 30
②	100분의 5	100분의 50
③	100분의 10	100분의 30
④	100분의 10	100분의 50

10 권한의 위임과 관련한 다음 설명의 빈칸 ㉠에 들어갈 내용으로 옳은 것은?

> 노인장기요양보험법에 규정된 국민건강보험공단 이사장의 권한 중 급여의 제한, 보험료의 납입 고지 등은
> _____㉠_____ 에게 위임할 수 있다.

① 분사무소의 장　　　　　　　　　　② 보건복지부차관
③ 보건복지부장관　　　　　　　　　　④ 지방자치단체의 장

11 장기요양등급판정위원회와 관련한 다음 설명의 ㉠, ㉡에 들어갈 내용으로 옳은 것은?

> • 장기요양인정 및 장기요양등급 판정 등을 심의하기 위해 _____㉠_____ 에 장기요양등급판정위원회를 둔다.
> • 장기요양등급판정위원회는 특별자치시·특별자치도·시·군·구 단위로 설치하되, 인구수를 고려해 하나의 특별자치시·특별자치도·시·군·구에 _____㉡_____ 이상의 등급판정위원회를 설치할 수 있다.

	㉠	㉡
①	보건복지부	2
②	보건복지부	3
③	국민건강보험공단	2
④	국민건강보험공단	3

12 장기요양등급판정위원회는 위원장 1인을 포함해 몇 명의 위원으로 이루어지는가?

① 10명　　　　　　　　　　② 15명
③ 20명　　　　　　　　　　④ 24명

13 장기요양등급판정위원회의 위원을 위촉할 수 있는 권한을 가진 주체는 누구인가?

① 보건복지부장관
② 보건복지부차관
③ 국민건강보험공단 이사장
④ 특별자치시장·특별자치도지사·시장·군수·구청장

14 장기요양등급판정위원회 위원 중에서 특별자치시장·특별자치도지사·시장·군수·구청장 등이 추천하는 자는 몇 명 이상인가?

① 9명 이상   ② 7명 이상
③ 5명 이상   ④ 3명 이상

15 다음 중 장기요양등급판정위원회 위원으로 추천될 수 있는 자로 옳은 것을 모두 고르면?

> ㉠ 의료법에 따른 의료인
> ㉡ 보건복지부장관이 추천하는 자
> ㉢ 사회복지사업법에 따른 사회복지사
> ㉣ 국민건강보험공단 이사장이 추천하는 자
> ㉤ 특별자치시·특별자치도·시·군·구 소속 공무원
> ㉥ 법학 또는 장기요양에 관한 학식과 경험이 풍부한 자

① ㉠, ㉢, ㉤, ㉥   ② ㉠, ㉣, ㉤, ㉥
③ ㉡, ㉢, ㉣, ㉥   ④ ㉡, ㉣, ㉤, ㉥

16 장기요양등급판정위원회 위원의 임기는 몇 년인가?

① 2년   ② 3년
③ 4년   ④ 5년

17 장기요양등급판정위원회 위원 중 공무원이 아닌 위원은 몇 차례까지 연임이 가능한가?

① 1차례   ② 2차례
③ 3차례   ④ 제한 없음

18 장기요양등급판정위원회 위원 중 공무원인 위원은 임기에 대한 설명으로 옳은 것은?

① 공무원인 위원의 임기는 1년이다.
② 공무원인 위원의 임기는 2년이다.
③ 공무원인 위원의 임기는 3년이다.
④ 공무원인 위원의 임기는 재임기간으로 한다.

19 2 이상의 특별자치시·특별자치도·시·군·구를 통합해 하나의 장기요양등급판정위원회를 설치하는 경우에 장기요양등급판정위원회의 위원장은 어떻게 위촉하는가?

① 보건복지부장관이 위촉한다.
② 보건복지부차관이 위촉한다.
③ 국민건강보험공단 이사장이 위촉한다.
④ 특별자치시장·특별자치도지사·시장·군수·구청장이 공동으로 위촉한다.

20 장기요양등급판정위원회의 운영과 관련한 다음 설명의 ㉠, ㉡에 들어갈 내용은 무엇인가?

> 장기요양등급판정위원회 회의는 구성원 ____㉠____의 출석으로 개의하고 출석위원 ____㉡____의 찬성으로 의결한다.

	㉠	㉡
①	과반수	과반수
②	과반수	3분의 2 이상
③	3분의 2 이상	과반수
④	3분의 2 이상	3분의 2 이상

21 노인장기요양보험법으로 정한 것 외에 장기요양등급판정위원회의 구성·운영에 필요한 사항을 정하는 방법은 무엇인가?

① 대통령령으로 정한다.
② 보건복지부령으로 정한다.
③ 지방자치단체의 조례로 정한다.
④ 국민건강보험공단 이사회의 의결로 정한다.

22 장기요양급여의 관리·평가와 관련한 다음 설명의 ㉠, ㉡에 들어갈 내용으로 옳은 것은?

> • _____㉠_____은/는 장기요양기관이 제공하는 장기요양급여 내용을 지속적으로 관리·평가해 장기요양급여의 수준이 향상되도록 노력해야 한다.
> • _____㉠_____은/는 장기요양기관이 장기요양급여의 제공 기준·절차·방법 등에 따라 적정하게 장기요양급여를 제공했는지 평가하고 그 결과를 _____㉡_____ 등에 공표하는 등 필요한 조치를 할 수 있다.

	㉠	㉡
①	보건복지부	관보 및 일간지
②	국민건강보험공단	관보 및 일간지
③	보건복지부	보건복지부의 홈페이지
④	국민건강보험공단	국민건강보험공단의 홈페이지

23 장기요양급여 제공내용의 평가 방법 및 평가 결과의 공표 방법 등에 필요한 사항을 정하는 방법은 무엇인가?

① 대통령령으로 정한다.
② 보건복지부령으로 정한다.
③ 지방자치단체의 조례로 정한다.
④ 국민건강보험공단 이사회의 의결로 정한다.

10 심사청구 및 재심사청구

1. 심사청구와 재심사청구

(1) 심사청구(제55조)

① 장기요양인정·장기요양등급·장기요양급여·부당이득·장기요양급여비용 또는 장기요양보험료 등에 관한 공단의 처분에 이의가 있는 자는 공단에 심사청구를 할 수 있다.

② 심사청구는 그 처분이 있음을 안 날부터 90일 이내에 문서(전자정부법에 따른 전자문서를 포함한다)로 하여야 하며, 처분이 있은 날부터 180일을 경과하면 이를 제기하지 못한다. 다만, 정당한 사유로 그 기간에 심사청구를 할 수 없었음을 증명하면 그 기간이 지난 후에도 심사청구를 할 수 있다.

> **더 알아보기**
>
> **전자문서(전자정부법 제2조 제7호)**
> "전자문서"란 컴퓨터 등 정보처리능력을 지닌 장치에 의하여 전자적인 형태로 작성되어 송수신되거나 저장되는 표준화된 정보를 말한다.

③ 심사청구 사항을 심사하기 위하여 공단에 장기요양심사위원회(이하 "심사위원회"라 한다)를 둔다.

④ 심사위원회의 구성·운영 및 위원의 임기, 그 밖에 필요한 사항은 대통령령으로 정한다.

(2) 재심사청구(제56조)

① 심사청구에 대한 결정에 불복하는 사람은 그 결정통지를 받은 날부터 90일 이내에 장기요양재심사위원회(이하 "재심사위원회"라 한다)에 재심사를 청구할 수 있다.

② 재심사위원회는 보건복지부장관 소속으로 두고, 위원장 1인을 포함한 20인 이내의 위원으로 구성한다.

③ 재심사위원회의 위원은 관계 공무원, 법학, 그 밖에 장기요양사업 분야의 학식과 경험이 풍부한 자 중에서 보건복지부장관이 임명 또는 위촉한다. 이 경우 공무원이 아닌 위원이 전체 위원의 과반수가 되도록 하여야 한다.

④ 재심사위원회의 구성·운영 및 위원의 임기, 그 밖에 필요한 사항은 대통령령으로 정한다.

2. 행정심판 및 행정소송

(1) 행정심판과의 관계(제56조의2)

① 재심사위원회의 재심사에 관한 절차에 관하여는 행정심판법을 준용한다.

② 재심사청구 사항에 대한 재심사위원회의 재심사를 거친 경우에는 행정심판법에 따른 행정심판을 청구할 수 없다.

(2) 행정소송(제57조)

공단의 처분에 이의가 있는 자와 심사청구 또는 재심사청구에 대한 결정에 불복하는 자는 행정소송법으로 정하는 바에 따라 행정소송을 제기할 수 있다.

※ 다음 문제의 진위 여부를 판단해 ○ 또는 ×를 선택하시오.

01 장기요양인정·장기요양등급·장기요양급여·부당이득·장기요양급여비용 또는 장기요양보험료 등에 관한 국민건강보험공단의 처분에 이의가 있는 자는 보건복지부에 심사청구를 할 수 있다. [○|×]

02 심사청구는 그 처분이 있음을 안 날부터 180일 이내에 문서로 해야 한다. [○|×]

03 심사청구는 처분이 있은 날부터 60일을 경과하면 이를 제기할 수 없다. [○|×]

04 정당한 사유로 그 기간에 심사청구를 할 수 없었음을 증명하면 정해진 기간이 지난 후에도 심사청구를 할 수 있다. [○|×]

05 심사청구 사항을 심사하기 위해 보건복지부에 장기요양심사위원회를 둔다. [○|×]

06 심사위원회의 구성·운영 및 위원의 임기, 그 밖에 필요한 사항은 대통령령으로 정한다. [○|×]

07 심사청구에 대한 결정에 불복하는 사람은 그 결정통지를 받은 날부터 180일 이내에 장기요양재심사위원회에 재심사를 청구할 수 있다. [○|×]

08 재심사위원회는 보건복지부장관 소속으로 둔다. [○|×]

09 재심사위원회는 위원장 1인을 포함한 20인 이내의 위원으로 구성한다. [○|×]

10 재심사위원회의 위원은 국민건강보험공단 이사장이 임명 또는 위촉한다. [○|×]

11 재심사위원회의 위원은 관계 공무원, 법학, 그 밖에 장기요양사업 분야의 학식과 경험이 풍부한 자 중에서 임명 또는 위촉한다. [○|×]

12 재심사위원회의 위원 중에서 공무원이 아닌 위원이 전체 위원의 3분의 2 이상이 되도록 해야 한다. [○|×]

13 재심사위원회의 구성·운영 및 위원의 임기, 그 밖에 필요한 사항은 대통령령으로 정한다. [○|×]

14 재심사위원회의 재심사에 관한 절차에 관해서는 사회보장기본법을 준용한다. [O|X]

15 재심사청구 사항에 대한 재심사위원회의 재심사를 거친 후에도 행정심판법에 따른 행정심판을 청구할 수 있다.
[O|X]

16 국민건강보험공단의 심사청구 또는 재심사청구에 대한 결정에 불복하는 자는 행정소송법으로 정하는 바에 따라 행정소송을 제기할 수 있다. [O|X]

OX문제 정답

01	02	03	04	05	06	07	08	09	10	11	12	13	14	15	16				
×	×	×	O	×	O	×	O	O	×	O	×	O	×	×	O				

정답 및 해설 p.47

01 심사청구와 관련한 다음 설명의 빈칸 ㉠에 알맞은 내용은 무엇인가?

> 장기요양인정 · 장기요양등급 · 장기요양급여 · 부당이득 · 장기요양급여비용 또는 장기요양보험료 등에 관한 국민건강보험공단의 처분에 이의가 있는 자는 _____㉠_____ 에 심사청구를 할 수 있다

① 보건복지부
③ 국민건강보험공단

② 기획재정부
④ 관할 지방자치단체

02 심사청구 제기 가능 기간과 관련한 다음 설명의 ㉠, ㉡에 알맞은 내용은 무엇인가?

> 심사청구는 그 처분이 있음을 안 날부터 _____㉠_____ 이내에 문서로 해야 하며, 처분이 있은 날부터 _____㉡_____ 을 경과하면 이를 제기하지 못한다.

	㉠	㉡
①	60일	90일
②	60일	180일
③	90일	90일
④	90일	180일

03 심사청구와 관련한 다음 설명의 ㉠, ㉡에 들어갈 내용으로 옳은 것은?

> • 심사청구 사항을 심사하기 위해 _____㉠_____ 에 장기요양심사위원회를 둔다.
> • 장기요양심사위원회의 구성 · 운영 및 위원의 임기 등에 필요한 자세한 사항은 _____㉡_____ 으로 정한다.

	㉠	㉡
①	보건복지부	대통령령
②	보건복지부	보건복지부령
③	국민건강보험공단	대통령령
④	국민건강보험공단	보건복지부령

04 심사청구에 대한 결정에 불복해 재심사청구를 하려면 그 결정통지를 받은 날부터 며칠 이내에 재심사를 청구할 수 있는가?

① 90일   ② 60일

③ 45일   ④ 30일

05 장기요양재심사위원회의 위원은 위원장을 제외하고 몇 명 이내인가?

① 12인 이내   ② 19인 이내

③ 29인 이내   ④ 33인 이내

06 장기요양재심사위원회의 위원을 임명 또는 위촉할 수 있는 권한은 누구에게 있는가?

① 대통령

② 보건복지부장관

③ 보건복지부차관

④ 국민건강보험공단 이사장

07 장기요양재심사위원회와 관련한 다음 설명의 ㉠, ㉡에 들어갈 내용으로 옳은 것은?

> • 장기요양재심사위원회 위원 중에서 공무원이 아닌 위원은 전체 위원의 ____㉠____ 이/가 되어야 한다.
> • 장기요양재심사위원회의 구성·운영 및 위원의 임기 등에 필요한 사항은 ____㉡____ 으로 정한다.

	㉠	㉡
①	과반수	대통령령
②	과반수	보건복지부령
③	3분의 1 이상	대통령령
④	3분의 1 이상	보건복지부령

08 노인장기요양보험법과 행정심판과의 관계에 대한 다음 설명의 빈칸 ㉠에 공통으로 들어갈 내용은 무엇인가?

> • 재심사위원회의 재심사에 관한 절차에 관하여는 ____㉠____ 을 준용한다.
> • 재심사청구 사항에 대한 재심사위원회의 재심사를 거친 경우에는 ____㉡____ 에 따른 행정심판을 청구할 수 없다.

① 의료법
② 행정심판법
③ 사회복지사업법
④ 국민건강보험법

09 다음 중 국민건강보험공단의 처분에 이의가 있는 자와 심사청구 또는 재심사청구에 대한 결정에 불복하는 자가 제기할 수 있는 것은?

① 행정심판
② 행정소송
③ 분쟁조정
④ 민원신청

11 보칙

1. 국가의 부담 및 전자문서의 사용

(1) 국가의 부담(제58조)

① 국가는 매년 예산의 범위 안에서 해당 연도 장기요양보험료 예상수입액의 100분의 20에 상당하는 금액을 공단에 지원한다.

② 국가와 지방자치단체는 대통령령으로 정하는 바에 따라 의료급여수급권자의 장기요양급여비용, 의사소견서 발급비용, 방문간호지시서 발급비용 중 공단이 부담하여야 할 비용(제40조 제1항 단서 및 제3항 제1호에 따라 면제 및 감경됨으로 인하여 공단이 부담하게 되는 비용을 포함한다) 및 관리운영비의 전액을 부담한다.

> **더 알아보기**
>
> **본인부담금(법 제40조 제1항 및 제3항)**
> ① 재가 및 시설 급여비용은 다음 각 호와 같이 수급자가 부담한다. 다만, 수급자 중 의료급여법 제3조 제1항 제1호에 따른 수급자(국민기초생활 보장법에 따른 의료급여 수급자)는 그러하지 아니하다.
>   1. 재가급여 : 해당 장기요양급여비용의 100분의 15
>   2. 시설급여 : 해당 장기요양급여비용의 100분의 20
> ③ 다음 각 호의 어느 하나에 해당하는 자에 대해서는 본인부담금의 100분의 60의 범위에서 보건복지부장관이 정하는 바에 따라 차등하여 감경할 수 있다.
>   1. 의료급여법 제3조 제1항 제2호부터 제9호까지의 규정에 따른 수급권자
>   2. 소득·재산 등이 보건복지부장관이 정하여 고시하는 일정 금액 이하인 자. 다만, 도서·벽지·농어촌 등의 지역에 거주하는 자에 대하여 따로 금액을 정할 수 있다.
>   3. 천재지변 등 보건복지부령으로 정하는 사유로 인하여 생계가 곤란한 자

③ 지방자치단체가 부담하는 금액은 보건복지부령으로 정하는 바에 따라 특별시·광역시·특별자치시·도·특별자치도와 시·군·구가 분담한다.

④ 지방자치단체의 부담액 부과, 징수 및 재원관리, 그 밖에 필요한 사항은 대통령령으로 정한다.

(2) 전자문서의 사용(제59조)

① 장기요양사업에 관련된 각종 서류의 기록, 관리 및 보관은 보건복지부령으로 정하는 바에 따라 전자문서로 한다.

② 공단 및 장기요양기관은 장기요양기관의 지정신청, 재가·시설 급여비용의 청구 및 지급, 장기요양기관의 재무·회계정보 처리 등에 대하여 전산매체 또는 전자문서교환방식을 이용하여야 한다.

③ 제1항 및 제2항에도 불구하고 정보통신망 및 정보통신서비스 시설이 열악한 지역 등 보건복지부장관이 정하는 지역의 경우 전자문서·전산매체 또는 전자문서교환방식을 이용하지 아니할 수 있다.

2. 자료의 제출과 보고 및 검사

(1) 자료의 제출 등(제60조)

① 공단은 장기요양급여 제공내용 확인, 장기요양급여의 관리·평가 및 장기요양보험료 산정 등 장기요양사업 수행에 필요하다고 인정할 때 다음 각 호의 어느 하나에 해당하는 자에게 자료의 제출을 요구할 수 있다.
  1. 장기요양보험가입자 또는 그 피부양자 및 의료급여수급권자
  2. 수급자 및 장기요양기관

② 자료의 제출을 요구받은 자는 성실히 이에 응하여야 한다

(2) 보고 및 검사(제61조)

① 보건복지부장관, 특별시장·광역시장·도지사 또는 특별자치시장·특별자치도지사·시장·군수·구청장은 다음 각 호의 어느 하나에 해당하는 자에게 보수·소득이나 그 밖에 보건복지부령으로 정하는 사항의 보고 또는 자료의 제출을 명하거나 소속 공무원으로 하여금 관계인에게 질문을 하게 하거나 관계 서류를 검사하게 할 수 있다.
  1. 장기요양보험가입자
  2. 피부양자
  3. 의료급여수급권자

② 보건복지부장관, 특별시장·광역시장·도지사 또는 특별자치시장·특별자치도지사·시장·군수·구청장은 다음 각 호의 어느 하나에 해당하는 자에게 장기요양급여의 제공 명세, 재무·회계에 관한 사항 등 장기요양급여에 관련된 자료의 제출을 명하거나 소속 공무원으로 하여금 관계인에게 질문을 하게 하거나 관계 서류를 검사하게 할 수 있다.
  1. 장기요양기관
  2. 장기요양급여를 받은 자

③ 보건복지부장관, 특별시장·광역시장·도지사 또는 특별자치시장·특별자치도지사·시장·군수·구청장은 제1항 및 제2항에 따른 보고 또는 자료제출 명령이나 질문 또는 검사 업무를 효율적으로 수행하기 위하여 필요한 경우에는 공단에 행정응원(行政應援)을 요청할 수 있다. 이 경우 공단은 특별한 사유가 없으면 이에 따라야 한다.

④ 제1항 및 제2항의 경우에 소속 공무원은 그 권한을 표시하는 증표 및 조사기간, 조사범위, 조사담당자, 관계 법령 등 보건복지부령으로 정하는 사항이 기재된 서류를 지니고 이를 관계인에게 내보여야 한다.

⑤ 제1항 및 제2항에 따른 질문 또는 검사의 절차·방법 등에 관하여는 노인장기요양보험법에서 정하는 사항을 제외하고는 행정조사기본법에서 정하는 바에 따른다.

⑥ 제3항에 따른 행정응원의 절차·방법 등에 관하여 필요한 사항은 대통령령으로 정한다.

3. 비밀누설금지 및 청문

(1) 비밀누설금지(제62조)

다음 각 호에 해당하는 자는 업무수행 중 알게 된 비밀을 누설하여서는 아니 된다.
1. 특별자치시·특별자치도·시·군·구, 공단, 등급판정위원회 및 장기요양기관에 종사하고 있거나 종사한 자
2. 가족요양비·특례요양비 및 요양병원간병비와 관련된 급여를 제공한 자

(2) 유사명칭의 사용금지(제62조의2)

노인장기요양보험법에 따른 장기요양보험 사업을 수행하는 자가 아닌 자는 보험계약 또는 보험계약의 명칭에 노인장기요양보험 또는 이와 유사한 용어를 사용하지 못한다.

(3) 청문(제63조)

특별자치시장·특별자치도지사·시장·군수·구청장은 다음 각 호의 어느 하나에 해당하는 처분 또는 공표를 하려는 경우에는 청문을 하여야 한다.

1. 제37조(장기요양기관 지정의 취소 등) 제1항에 따른 장기요양기관 지정취소 또는 업무정지명령
2. 삭제(2018. 12. 11)
3. 제37조의3(위반사실 등의 공표)에 따른 위반사실 등의 공표
4. 제37조의5(장기요양급여 제공의 제한) 제1항에 따른 장기요양급여 제공의 제한 처분

4. 시효에 관한 준용 및 수급권의 보호

(1) 시효 등에 관한 준용(제64조)

국민건강보험법 제91조(시효), 제92조(기간 계산), 제96조(자료의 제공), 제103조(공단 등에 대한 감독 등), 제104조(포상금 등의 지급), 제107조(끝수 처리), 제111조(권한의 위임 및 위탁) 및 제112조(업무의 위탁)는 시효, 기간의 계산, 자료의 제공, 공단 등에 대한 감독, 권한의 위임 및 위탁, 업무의 위탁, 단수처리 등에 관하여 준용한다. 이 경우 "보험료"를 "장기요양보험료"로, "보험급여"를 "장기요양급여"로, "요양기관"을 "장기요양기관"으로, "건강보험사업"을 "장기요양사업"으로 본다.

(2) 다른 법률에 따른 소득 등의 의제금지(제65조)

노인장기요양보험법에 따른 장기요양급여로 지급된 현금 등은 국민기초생활 보장법 제2조 제8호 및 제9호의 소득 또는 재산으로 보지 아니한다.

> **더 알아보기**
>
> **정의(국민기초생활 보장법 제2조 제8호, 제9호)**
> 8. "개별가구"란 이 법에 따른 급여를 받거나 이 법에 따른 자격요건에 부합하는지에 관한 조사를 받는 기본단위로서 수급자 또는 수급권자로 구성된 가구를 말한다. 이 경우 개별가구의 범위 등 구체적인 사항은 대통령령으로 정한다.
> 9. "소득인정액"이란 보장기관이 급여의 결정 및 실시 등에 사용하기 위하여 산출한 개별가구의 소득평가액과 재산의 소득환산액을 합산한 금액을 말한다.

(3) 수급권의 보호(제66조)

① 장기요양급여를 받을 권리는 양도 또는 압류하거나 담보로 제공할 수 없다.
② 제27조의2(특별현금급여수급계좌) 제1항에 따른 특별현금급여수급계좌의 예금에 관한 채권은 압류할 수 없다.

> **더 알아보기**
>
> **특별현금급여수급계좌(법 제27조의2 제1항)**
> 공단은 특별현금급여를 받는 수급자의 신청이 있는 경우에는 특별현금급여를 수급자 명의의 지정된 계좌(이하 "특별현금급여수급계좌"라 한다)로 입금하여야 한다. 다만, 정보통신장애나 그 밖에 대통령령으로 정하는 불가피한 사유로 특별현금급여수급계좌로 이체할 수 없을 때에는 현금 지급 등 대통령령으로 정하는 바에 따라 특별현금급여를 지급할 수 있다.

5. 공무원 의제와 소액 처리

(1) 벌칙 적용에서 공무원 의제(제66조의2)

등급판정위원회, 장기요양위원회, 제37조의3 제3항에 따른 공표심의위원회, 심사위원회 및 재심사위원회 위원 중 공무원이 아닌 사람은 형법 제127조 및 제129조부터 제132조까지의 규정을 적용할 때에는 공무원으로 본다.

> **더 알아보기**
>
> **공무원의 직무에 관한 죄(형법 제127조 및 제129조부터 제132조)**
> - 공무상 비밀의 누설(제127조) : 공무원 또는 공무원이었던 자가 법령에 의한 직무상 비밀을 누설한 때에는 2년 이하의 징역이나 금고 또는 5년 이하의 자격정지에 처한다.
> - 수뢰, 사전수뢰(제129조)
>   ① 공무원 또는 중재인이 그 직무에 관하여 뇌물을 수수, 요구 또는 약속한 때에는 5년 이하의 징역 또는 10년 이하의 자격정지에 처한다.
>   ② 공무원 또는 중재인이 될 자가 그 담당할 직무에 관하여 청탁을 받고 뇌물을 수수, 요구 또는 약속한 후 공무원 또는 중재인이 된 때에는 3년 이하의 징역 또는 7년 이하의 자격정지에 처한다.
> - 제3자뇌물제공(제130조) : 공무원 또는 중재인이 그 직무에 관하여 부정한 청탁을 받고 제3자에게 뇌물을 공여하게 하거나 공여를 요구 또는 약속한 때에는 5년 이하의 징역 또는 10년 이하의 자격정지에 처한다.
> - 수뢰후부정처사, 사후수뢰(제131조)
>   ① 공무원 또는 중재인이 전2조의 죄를 범하여 부정한 행위를 한 때에는 1년 이상의 유기징역에 처한다.
>   ② 공무원 또는 중재인이 그 직무상 부정한 행위를 한 후 뇌물을 수수, 요구 또는 약속하거나 제3자에게 이를 공여하게 하거나 공여를 요구 또는 약속한 때에도 전항의 형과 같다.
>   ③ 공무원 또는 중재인이었던 자가 그 재직 중에 청탁을 받고 직무상 부정한 행위를 한 후 뇌물을 수수, 요구 또는 약속한 때에는 5년 이하의 징역 또는 10년 이하의 자격정지에 처한다.
>   ④ 전3항의 경우에는 10년 이하의 자격정지를 병과할 수 있다.
> - 알선수뢰(132조) : 공무원이 그 지위를 이용하여 다른 공무원의 직무에 속한 사항의 알선에 관하여 뇌물을 수수, 요구 또는 약속한 때에는 3년 이하의 징역 또는 7년 이하의 자격정지에 처한다.

(2) 소액 처리(제66조의3)

공단은 징수 또는 반환하여야 할 금액이 1건당 1,000원 미만인 경우(제38조 제5항 및 제43조 제4항 후단에 따라 각각 상계할 수 있는 지급금 및 장기요양보험료 등은 제외한다)에는 징수 또는 반환하지 아니한다. 다만, 국민건강보험법 제106조(소액 처리)에 따른 소액 처리 대상에서 제외되는 건강보험료와 통합하여 징수 또는 반환되는 장기요양보험료의 경우에는 그러하지 아니하다.

> **더 알아보기**
>
> **재가 및 시설 급여비용의 청구 및 지급 등(법 제38조 제5항)**
> 공단은 제4항에 따라 수급자에게 지급하여야 하는 금액을 그 수급자가 납부하여야 하는 장기요양보험료 및 그 밖에 이 법에 따른 징수금(이하 "장기요양보험료 등"이라 한다)과 상계(相計)할 수 있다.
>
> **부당이득의 징수(법 제43조 제4항)**
> 공단은 제1항의 경우 장기요양기관이 수급자로부터 거짓이나 그 밖의 부정한 방법으로 장기요양급여비용을 받은 때 해당 장기요양기관으로부터 이를 징수하여 수급자에게 지체 없이 지급하여야 한다. 이 경우 공단은 수급자에게 지급하여야 하는 금액을 그 수급자가 납부하여야 하는 장기요양보험료 등과 상계할 수 있다.
>
> **소액 처리(국민건강보험법 제106조)**
> 공단은 징수하여야 할 금액이나 반환하여야 할 금액이 1건당 2,000원 미만인 경우(상계 처리할 수 있는 본인일부부담금 환급금 및 가입자나 피부양자에게 지급하여야 하는 금액은 제외한다)에는 징수 또는 반환하지 아니한다.

※ 다음 문제의 진위 여부를 판단해 O 또는 ×를 선택하시오.

01 국가는 매년 예산의 범위 안에서 해당 연도 장기요양보험료 예상수입액의 100분의 40에 상당하는 금액을 국민건강보험공단에 지원한다. [O | ×]

02 국가와 지방자치단체는 의료급여수급권자의 장기요양급여비용, 의사소견서 발급비용, 방문간호지시서 발급비용 중 국민건강보험공단이 부담할 비용 및 관리운영비의 100분의 60을 부담한다. [O | ×]

03 지방자치단체가 부담하는 금액은 특별시·광역시·특별자치시·도·특별자치도와 시·군·구가 분담한다. [O | ×]

04 지방자치단체의 부담액 부과, 징수 및 재원관리, 그 밖에 필요한 사항은 보건복지부령으로 정한다. [O | ×]

05 장기요양사업에 관련된 각종 서류의 기록, 관리 및 보관은 보건복지부령으로 정하는 바에 따라 전자문서로 한다. [O | ×]

06 장기요양기관은 장기요양기관의 지정신청, 재가·시설 급여비용의 청구, 재무·회계정보 처리 등에 대해 전산매체 또는 전자문서교환방식을 이용해야 한다. [O | ×]

07 정보통신망 및 정보통신서비스 시설이 열악한 지역도 필요한 관련 설비를 구축해 전자문서·전산매체 또는 전자문서교환방식을 이용해야 한다. [O | ×]

08 국민건강보험공단은 장기요양사업 수행에 필요할 경우 장기요양보험가입자 또는 그 피부양자 및 의료급여수급권자, 수급자 및 장기요양기관 등에게 자에게 자료의 제출을 요구할 수 있다. [O | ×]

09 시장·군수·구청장은 장기요양보험가입자, 피부양자, 의료급여수급권자 등에게 보수·소득과 관련한 자료의 제출을 명할 수 없다. [O | ×]

10 보건복지부장관은 장기요양기관, 장기요양급여를 받은 자 등에게 장기요양급여에 관련된 자료의 제출을 명할 수 있다. [O | ×]

11 특별자치시·특별자치도·시·군·구에 종사했던 자는 업무수행 중 알게 된 비밀을 누설할 수 없다. [O | ×]

12 장기요양등급판정위원회에 종사했던 자는 업무수행 중 알게 된 비밀을 누설할 수 없다. [O | ×]

13 가족요양비·특례요양비 및 요양병원간병비와 관련된 급여를 제공한 자는 업무수행 중 알게 된 비밀을 누설할 수 없다. [○|×]

14 노인장기요양보험법에 따른 장기요양보험 사업을 수행하는 자가 아닌 자는 보험계약 또는 보험계약의 명칭에 "노인장기요양보험"과 유사한 용어를 사용할 수 없다. [○|×]

15 시장·군수·구청장은 장기요양기관 지정취소 또는 업무정지명령을 하려는 경우에는 청문을 해야 한다. [○|×]

16 특별자치시장·특별자치도지사는 위반사실 등의 공표를 하려는 경우에는 청문을 하지 않을 수 있다. [○|×]

17 시장·군수·구청장은 장기요양급여 제공의 제한 처분을 하려는 경우에는 청문을 하지 않을 수 있다. [○|×]

18 노인장기요양보험법에 따른 장기요양급여로 지급된 현금 등은 국민기초생활 보장법의 소득 또는 재산으로 보지 않는다. [○|×]

19 장기요양급여를 받을 권리는 양도 또는 압류하거나 담보로 제공할 수 있다. [○|×]

20 특별현금급여수급계좌의 예금에 관한 채권은 압류할 수 있다. [○|×]

21 공표심의위원회, 장기요양위원회, 장기요양심사위원회, 장기요양재심사위원회, 장기요양등급판정위원회 등의 위원 중 공무원이 아닌 자에게 형법 제127조의 규정을 적용할 때는 공무원으로 본다. [○|×]

22 국민건강보험공단은 징수 또는 반환하여야 할 금액이 1건당 5,000원 미만인 경우에는 징수 또는 반환하지 않는다. [○|×]

23 위의 **22**번 문제의 경우에 그 금액은 상계할 수 있는 지급금과 장기요양보험료 등을 제외한다. [○|×]

24 위의 **22**번 문제의 경우에 국민건강보험법 따른 소액 처리 대상에서 제외되는 건강보험료와 통합해 징수 또는 반환되는 장기요양보험료의 경우에는 그렇지 않다. [○|×]

OX문제 정답

01	02	03	04	05	06	07	08	09	10	11	12	13	14	15	16	17	18	19	20
×	×	○	×	○	○	×	○	×	○	○	○	○	○	○	×	×	○	×	×

21	22	23	24
○	×	○	○

01 국민건강보험공단에 대한 국가의 부담과 관련한 다음 설명의 빈칸 ㉠에 들어갈 내용으로 옳은 것은?

> 국가는 해당 연도 장기요양보험료 예상수입액의 ___㉠___ 에 상당하는 금액을 국민건강보험공단에 지원한다.

① 10%

② 20%

③ 40%

④ 50%

02 국가의 부담과 관련한 다음 설명 중 옳은 것을 모두 고르면?

> ㉠ 국가ㆍ지방자치단체는 의료급여수급권자의 장기요양급여비용, 의사소견서 발급비용, 방문간호지시서 발급비용 중 국민건강보험공단이 부담할 비용의 50%를 부담한다.
> ㉡ 지방자치단체가 부담하는 금액은 특별시ㆍ광역시ㆍ특별자치시ㆍ도ㆍ특별자치도와 시ㆍ군ㆍ구가 분담한다.
> ㉢ 위의 ㉠, ㉡에 따른 지방자치단체의 부담액 부과, 징수 및 재원관리에 필요한 자세한 사항은 대통령령으로 정한다.

① ㉠

② ㉠, ㉡

③ ㉠, ㉢

④ ㉡, ㉢

03 장기요양사업에 관련된 전자문서의 사용에 대한 다음 설명의 빈칸 ㉠에 들어갈 내용으로 옳은 것은?

> 장기요양사업에 관련된 각종 서류의 기록, 관리 및 보관은 ___㉠___으로 정하는 바에 따라 전자문서로 한다.

① 대통령령

② 보건복지부령

③ 지방자치단체의 조례

④ 국민건강보험공단 이사회의 의결

04 다음 중 국민건강보험공단 및 장기요양기관이 전자매체 또는 전자문서교환방식을 이용하지 않아도 되는 것은?

① 장기요양기관의 재무
② 장기요양기관의 인력정보
③ 장기요양기관의 지정신청
④ 재가·시설 급여비용의 청구

05 전자문서를 사용하지 않을 수 있는 경우에 대한 다음 설명의 빈칸 ㉠에 들어갈 내용으로 옳은 것은?

> 정보통신망 및 정보통신서비스 시설이 열악한 지역 등 _____㉠_____ 이 정하는 지역의 경우 전자문서·전산매체를 이용하지 않을 수 있다

① 대통령
② 보건복지장관
③ 지방자치단체의 조례
④ 과학기술정보통신부장관

06 다음 중 노인장기요양보험법상 국민건강보험공단이 장기요양사업 수행에 필요한 자료의 제출을 요구할 수 있는 대상을 모두 고르면?

> ㉠ 수급자
> ㉡ 장기요양기관
> ㉢ 의료급여수급권자
> ㉣ 장기요양보험가입자
> ㉤ 장기요양보험가입자의 피부양자
> ㉥ 특별자치시·특별자치도·시·군·자치구

① ㉠, ㉢, ㉥
② ㉠, ㉡, ㉣, ㉥
③ ㉠, ㉡, ㉢, ㉣, ㉤
④ ㉡, ㉢, ㉣, ㉤, ㉥

07 노인장기요양보험법에서 보건복지부장관이 보고 및 검사 명령을 할 수 있는 대상을 모두 고르면?

> ⊙ 피부양자
> ⓒ 의료급여수급권자
> ⓒ 장기요양보험가입자

① ⊙   ② ⊙, ⓒ

③ ⓒ, ⓒ   ④ ⊙, ⓒ, ⓒ

08 다음 중 노인장기요양보험법에서 재무·회계에 관한 사항 등 장기요양급여에 관련된 자료의 제출을 명할 수 있는 주체는 누구인가?

① 대통령   ② 보건복지부장관

③ 국민건강보험공단 이사장   ④ 장기요양심사위원회의 위원장

09 노인장기요양보험법에서 보건복지부장관이 보고 및 검사 명령을 효율적으로 수행하기 위해 행정응원을 요청할 수 있는 대상은?

① 기획재정부   ② 지방자치단체

③ 국민건강보험공단   ④ 장기요양요원지원센터

10 장기요양기관의 관계인에게 질문을 하는 소속 공무원의 지켜야 할 규정과 관련한 다음 설명의 빈칸 ⊙에 들어갈 내용으로 옳은 것은?

> 특별시장·광역시장·도지사의 지시를 받아 장기요양기관 관계인에게 질문을 하는 소속 공무원은 그 권한을 표시하는 증표 및 조사기간, 조사범위, 조사담당자, 관계 법령 등 ___⊙___ (으)로 정하는 사항이 기재된 서류를 지니고 이를 관계인에게 제시해야 한다.

① 대통령령   ② 보건복지부령

③ 지방자치단체의 조례   ④ 국민건강보험공단 이사회의 의결

11 노인장기요양보험법상 장기요양급여에 관련된 보고 및 검사와 관련한 다음 설명의 빈칸 ㉠에 들어갈 내용으로 옳은 것은?

> 질문 또는 검사의 절차・방법 등에 관해서는 노인장기요양보험법에서 정하는 사항을 제외하고는 _____㉠_____ 에서 정하는 바에 따른다.

① 행정대집행법
② 행정조사기본법
③ 행정규제기본법
④ 행정권한의 위임 및 위탁에 관한 규정

12 노인장기요양보험법에서 비밀누설금지 규정을 적용하는 대상을 모두 고르면?

> ㉠ 장기요양기관에 종사하는 사람
> ㉡ 장기요양등급판정위원회에 종사했던 사람
> ㉢ 가족요양비와 관련된 급여를 제공한 자
> ㉣ 특례요양비와 관련된 급여를 제공한 사람
> ㉤ 요양병원간병비와 관련된 급여를 제공한 사람

① ㉠, ㉢, ㉣
② ㉡, ㉢, ㉣
③ ㉠, ㉢, ㉣, ㉤
④ ㉠, ㉡, ㉢, ㉣, ㉤

13 특별자치시장 등이 청문을 해야 하는 경우를 모두 고르면?

> ㉠ 위반사실 등의 공표
> ㉡ 장기요양기관 지정취소
> ㉢ 장기요양기관 업무정지명령
> ㉣ 장기요양급여 제공의 제한 처분
> ㉤ 재가장기요양기관 업무정지명령

① ㉠, ㉡, ㉢, ㉣
② ㉠, ㉢, ㉣, ㉤
③ ㉡, ㉢, ㉣, ㉤
④ ㉠, ㉡, ㉢, ㉣, ㉤

14 수급권의 보호의 보호와 관련한 다음 설명의 ㉠, ㉡에 들어갈 내용으로 옳은 것은?

> • 장기요양급여를 받을 권리는 양도 또는 압류하거나 담보로 제공할 수 ____㉠____.
> • 특별현금급여수급계좌의 예금에 관한 채권은 압류할 수 ____㉡____.

         ㉠   ㉡
① 있다   있다
② 있다   없다
③ 없다   있다
④ 없다   없다

15 노인장기요양보험법에서 공무원이 아닌 사람으로서 벌칙을 적용할 때 공무원으로 의제될 수 있는 사람을 모두 고르면?

> ㉠ 공표심의위원회의 위원
> ㉡ 장기요양위원회의 위원
> ㉢ 장기요양심사위원회의 위원
> ㉣ 장기요양등급판정위원회의 위원

① ㉠, ㉡, ㉣   ② ㉠, ㉢, ㉣
③ ㉡, ㉢, ㉣   ④ ㉠, ㉡, ㉢, ㉣

16 국민건강보험공단이 징수할 금액이 얼마 미만이 소액이면 징수하지 않는가?

① 100원   ② 1,000원
③ 3,000원   ④ 5,000원

12 벌칙

1. 벌칙

(1) 벌칙(제67조)

① 거짓이나 그 밖의 부정한 방법으로 장기요양급여비용을 청구한 자는 3년 이하의 징역 또는 3,000만 원 이하의 벌금에 처한다.

② 다음 각 호의 어느 하나에 해당하는 자는 2년 이하의 징역 또는 2,000만 원 이하의 벌금에 처한다.

   1. 제31조(장기요양기관의 지정)를 위반하여 지정받지 아니하고 장기요양기관을 운영하거나 거짓이나 그 밖의 부정한 방법으로 지정받은 자

   2. 삭제(2018. 12. 11)

   3. 제35조(장기요양기관의 의무 등) 제5항을 위반하여 본인부담금을 면제 또는 감경하는 행위를 한 자

> **더 알아보기**
>
> **장기요양기관의 의무 등(법 제35조 제5항)**
> 장기요양기관은 제40조(본인부담금) 제1항 단서에 따라 면제받거나 같은 조 제3항에 따라 감경받는 금액 외에 영리를 목적으로 수급자가 부담하는 재가 및 시설 급여비용(이하 "본인부담금"이라 한다)을 면제하거나 감경하는 행위를 하여서는 아니 된다.

   4. 제35조(장기요양기관의 의무 등) 제6항을 위반하여 수급자를 소개, 알선 또는 유인하는 행위를 하거나 이를 조장한 자

> **더 알아보기**
>
> **장기요양기관의 의무 등(법 제35조 제6항)**
> 누구든지 영리를 목적으로 금전, 물품, 노무, 향응, 그 밖의 이익을 제공하거나 제공할 것을 약속하는 방법으로 수급자를 장기요양기관에 소개, 알선 또는 유인하는 행위 및 이를 조장하는 행위를 하여서는 아니 된다.

   5. 제62조(비밀누설금지)를 위반하여 업무수행 중 알게 된 비밀을 누설한 자

> **더 알아보기**
>
> **비밀누설금지(법 제62조)**
> 다음 각 호에 해당하는 자는 업무수행 중 알게 된 비밀을 누설하여서는 아니 된다.
> 1. 특별자치시·특별자치도·시·군·구, 공단, 등급판정위원회 및 장기요양기관에 종사하고 있거나 종사한 자
> 2. 가족요양비·특례요양비 및 요양병원간병비와 관련된 급여를 제공한 자

③ 다음 각 호의 어느 하나에 해당하는 자는 1년 이하의 징역 또는 1,000만 원 이하의 벌금에 처한다.

   1. 제35조(장기요양기관의 의무 등) 제1항을 위반하여 정당한 사유 없이 장기요양급여의 제공을 거부한 자

> **더 알아보기**
>
> **장기요양기관의 의무 등(법 제35조 제1항)**
> 장기요양기관은 수급자로부터 장기요양급여신청을 받은 때 장기요양급여의 제공을 거부하여서는 아니 된다. 다만, 입소정원에 여유가 없는 경우 등 정당한 사유가 있는 경우는 그러하지 아니하다.

2. 거짓이나 그 밖의 부정한 방법으로 장기요양급여를 받거나 다른 사람으로 하여금 장기요양급여를 받게 한 자

3. 정당한 사유 없이 제36조(장기요양기관의 폐업 등의 신고 등) 제3항 각 호에 따른 권익보호조치를 하지 아니한 사람

> **더 알아보기**
>
> **장기요양기관의 폐업 등의 신고 등(법 제36조 제3항)**
> 장기요양기관의 장은 장기요양기관을 폐업하거나 휴업하려는 경우 또는 장기요양기관의 지정 갱신을 하지 아니하려는 경우 보건복지부령으로 정하는 바에 따라 수급자의 권익을 보호하기 위하여 다음 각 호의 조치를 취하여야 한다.
> 1. 해당 장기요양기관을 이용하는 수급자가 다른 장기요양기관을 선택하여 이용할 수 있도록 계획을 수립하고 이행하는 조치
> 2. 해당 장기요양기관에서 수급자가 제40조(본인부담금) 제1항 및 제2항에 따라 부담한 비용 중 정산하여야 할 비용이 있는 경우 이를 정산하는 조치
> 3. 그 밖에 수급자의 권익 보호를 위하여 필요하다고 인정되는 조치로서 보건복지부령으로 정하는 조치

4. 제37조(장기요양기관 지정의 취소 등) 제7항을 위반하여 수급자가 부담한 비용을 정산하지 아니한 자

> **더 알아보기**
>
> **장기요양기관 지정의 취소 등(법 제37조 제7항)**
> 지정취소 또는 업무정지되는 장기요양기관의 장은 해당 기관에서 수급자가 제40조(본인부담금) 제1항 및 제2항에 따라 부담한 비용 중 정산하여야 할 비용이 있는 경우 이를 정산하여야 한다.

④ 제61조 제2항에 따른 자료제출 명령에 따르지 아니하거나 거짓으로 자료제출을 한 장기요양기관이나 질문 또는 검사를 거부·방해 또는 기피하거나 거짓으로 답변한 장기요양기관은 1,000만 원 이하의 벌금에 처한다.

2. 양벌규정 및 과태료

(1) 양벌규정(제68조)

법인의 대표자, 법인이나 개인의 대리인·사용인 및 그 밖의 종사자가 그 법인 또는 개인의 업무에 관하여 제67조(벌칙)에 해당하는 위반행위를 한 때에는 그 행위자를 벌하는 외에 그 법인 또는 개인에 대하여도 해당 조의 벌금형을 과한다. 다만, 법인 또는 개인이 그 위반행위를 방지하기 위하여 해당 업무에 관하여 상당한 주의와 감독을 게을리하지 아니한 경우에는 그러하지 아니하다.

(2) 과태료(제69조)

① 정당한 사유 없이 다음 각 호의 어느 하나에 해당하는 자에게는 500만 원 이하의 과태료를 부과한다.
1. 삭제(2013. 8. 13)
2. 제33조(장기요양기관의 시설·인력에 관한 변경)를 위반하여 변경지정을 받지 아니하거나 변경신고를 하지 아니한 자 또는 거짓이나 그 밖의 부정한 방법으로 변경지정을 받거나 변경신고를 한 자

더 알아보기

장기요양기관의 시설·인력에 관한 변경(법 제33조 제1항부터 제2항)
① 장기요양기관의 장은 시설 및 인력 등 보건복지부령으로 정하는 중요한 사항을 변경하려는 경우에는 보건복지부령으로
   정하는 바에 따라 특별자치시장·특별자치도지사·시장·군수·구청장의 변경지정을 받아야 한다.
② 제1항에 따른 사항 외의 사항을 변경하려는 경우에는 보건복지부령으로 정하는 바에 따라 특별자치시장·특별자치도지
   사·시장·군수·구청장에게 변경신고를 하여야 한다.

2의2. 제34조(장기요양기관 정보의 안내 등)를 위반하여 장기요양기관에 관한 정보를 게시하지 아니하거나
   거짓으로 게시한 자

더 알아보기

장기요양기관 정보의 안내 등(법 제34조)
① 장기요양기관은 수급자가 장기요양급여를 쉽게 선택하도록 하고 장기요양기관이 제공하는 급여의 질을 보장하기 위하여
   장기요양기관별 급여의 내용, 시설·인력 등 현황자료 등을 공단이 운영하는 인터넷 홈페이지에 게시하여야 한다.
② 제1항에 따른 게시 내용, 방법, 절차, 그 밖에 필요한 사항은 보건복지부령으로 정한다.

2의3. 제35조(장기요양기관의 의무 등) 제3항을 위반하여 수급자에게 장기요양급여비용에 대한 명세서를
   교부하지 아니하거나 거짓으로 교부한 자

더 알아보기

장기요양기관의 의무 등(법 제35조 제3항)
장기요양기관의 장은 장기요양급여를 제공한 수급자에게 장기요양급여비용에 대한 명세서를 교부하여야 한다.

3. 제35조(장기요양기관의 의무 등) 제4항을 위반하여 장기요양급여 제공 자료를 기록·관리하지 아니하거
   나 거짓으로 작성한 사람

더 알아보기

장기요양기관의 의무 등(법 제35조 제4항)
장기요양기관의 장은 장기요양급여 제공에 관한 자료를 기록·관리하여야 하며, 장기요양기관의 장 및 그 종사자는 장기요
양급여 제공에 관한 자료를 거짓으로 작성하여서는 아니 된다.

3의2. 제35조의4(장기요양요원의 보호) 제2항 각 호의 어느 하나를 위반한 자

더 알아보기

장기요양요원의 보호(법 제35조의4 제2항)
장기요양기관의 장은 장기요양요원에게 다음 각 호의 행위를 하여서는 아니 된다.
1. 장기요양요원에게 제28조의2(급여외행위의 제공 금지) 제1항 각 호에 따른 급여외행위의 제공을 요구하는 행위
2. 수급자가 부담하여야 할 본인부담금의 전부 또는 일부를 부담하도록 요구하는 행위

4. 제36조(장기요양기관의 폐업 등의 신고 등) 제1항 또는 제6항을 위반하여 폐업·휴업 신고 또는 자료이
   관을 하지 아니하거나 거짓이나 그 밖의 부정한 방법으로 신고한 자

장기요양기관의 폐업 등의 신고 등(법 제36조 제1항 및 제6항)
① 장기요양기관의 장은 폐업하거나 휴업하고자 하는 경우 폐업이나 휴업 예정일 전 30일까지 특별자치시장·특별자치도
   지사·시장·군수·구청장에게 신고하여야 한다. 신고를 받은 특별자치시장·특별자치도지사·시장·군수·구청장은
   지체 없이 신고 명세를 공단에 통보하여야 한다.
⑥ 장기요양기관의 장은 폐업·휴업 신고를 할 때 또는 장기요양기관의 지정 갱신을 하지 아니하여 유효기간이 만료될
   때 보건복지부령으로 정하는 바에 따라 장기요양급여 제공 자료를 공단으로 이관하여야 한다. 다만, 휴업 신고를 하는
   장기요양기관의 장이 휴업 예정일 전까지 공단의 허가를 받은 경우에는 장기요양급여 제공 자료를 직접 보관할 수 있다.

4의2. 제37조의4(행정제재처분 효과의 승계) 제4항을 위반하여 행정제재처분을 받았거나 그 절차가 진행
   중인 사실을 양수인 등에게 지체 없이 알리지 아니한 자

행정제재처분 효과의 승계(법 제37조의4 제4항)
행정제재처분을 받았거나 그 절차가 진행 중인 자는 보건복지부령으로 정하는 바에 따라 지체 없이 그 사실을 양수인 등에게
알려야 한다.

5. 삭제(2013. 8. 13)
6. 거짓이나 그 밖의 부정한 방법으로 수급자에게 장기요양급여비용을 부담하게 한 자
7. 제60조, 제61조 제1항 또는 제2항(같은 항 제1호에 해당하는 자는 제외한다)에 따른 보고 또는 자료제출
   요구·명령에 따르지 아니하거나 거짓으로 보고 또는 자료제출을 한 자나 질문 또는 검사를 거부·방해
   또는 기피하거나 거짓으로 답변한 자

자료의 제출 등(법 제60조)
① 공단은 장기요양급여 제공내용 확인, 장기요양급여의 관리·평가 및 장기요양보험료 산정 등 장기요양사업 수행에 필요
   하다고 인정할 때 다음 각 호의 어느 하나에 해당하는 자에게 자료의 제출을 요구할 수 있다.
   1. 장기요양보험가입자 또는 그 피부양자 및 의료급여수급권자
   2. 수급자 및 장기요양기관
② 자료의 제출을 요구받은 자는 성실히 이에 응하여야 한다

보고 및 검사(법 제61조 제1항부터 제2항)
① 보건복지부장관, 특별시장·광역시장·도지사 또는 특별자치시장·특별자치도지사·시장·군수·구청장은 다음 각
   호의 어느 하나에 해당하는 자에게 보수·소득이나 그 밖에 보건복지부령으로 정하는 사항의 보고 또는 자료의 제출을
   명하거나 소속 공무원으로 하여금 관계인에게 질문을 하게 하거나 관계 서류를 검사하게 할 수 있다.
   1. 장기요양보험가입자
   2. 피부양자
   3. 의료급여수급권자
② 보건복지부장관, 특별시장·광역시장·도지사 또는 특별자치시장·특별자치도지사·시장·군수·구청장은 다음 각
   호의 어느 하나에 해당하는 자에게 장기요양급여의 제공 명세, 재무·회계에 관한 사항 등 장기요양급여에 관련된 자료
   의 제출을 명하거나 소속 공무원으로 하여금 관계인에게 질문을 하게 하거나 관계 서류를 검사하게 할 수 있다.
   1. 장기요양기관
   2. 장기요양급여를 받은 자

8. 거짓이나 그 밖의 부정한 방법으로 장기요양급여비용 청구에 가담한 사람

9. 제62조의2(유사명칭의 사용금지)를 위반하여 노인장기요양보험 또는 이와 유사한 용어를 사용한 자

더 알아보기

유사명칭의 사용금지(법 제62조의2)
이 법에 따른 장기요양보험 사업을 수행하는 자가 아닌 자는 보험계약 또는 보험계약의 명칭에 노인장기요양보험 또는 이와 유사한 용어를 사용하지 못한다.

② 과태료는 대통령령으로 정하는 바에 따라 관할 특별자치시장·특별자치도지사·시장·군수·구청장이 부과·징수한다.

(3) 과태료의 부과·징수절차(제70조)

삭제(2013. 8. 13)

(4) 부칙(법률 제17777호, 2020. 12. 29)

① 시행일(제1조) : 노인장기요양보험법은 공포 후 6개월이 경과한 날부터 시행한다.

② 표준장기요양이용계획서에 관한 경과조치(제2조) : 노인장기요양보험법 시행 당시 종전의 규정에 따른 표준장기요양이용계획서는 제17조의 개정규정에 따른 개인별장기요양이용계획서로 본다.

③ 장기요양기관의 지정에 관한 경과조치(제3조) : 장기요양기관으로 지정받으려는 자가 다음 각 호의 어느 하나에 해당하는 경우에는 제31조의 개정규정에도 불구하고 종전의 규정에 따른다.

1. 노인장기요양보험법 시행 당시 노인장기요양보험법 시행규칙 제23조에 따라 장기요양기관 지정신청서를 제출한 경우

2. 장기요양기관으로 지정받을 목적으로 노인장기요양보험법 시행 당시 노인복지법 제35조 제2항에 따른 노인의료복지시설의 설치신고 및 같은 법 제39조 제2항에 따른 재가노인복지시설의 설치신고를 한 경우

3. 장기요양기관으로 지정받을 목적으로 노인복지법에 따른 노인의료복지시설 또는 재가노인복지시설을 설치하기 위하여 노인장기요양보험법 시행 당시 건축법 제11조 제3항에 따른 허가신청서를 제출하거나 같은 법 제14조 제1항에 따른 건축신고를 한 경우

(5) 부칙(법률 제18328호, 2021. 7. 27)

노인장기요양보험법은 공포 후 6개월이 경과한 날부터 시행한다.

※ 다음 문제의 진위 여부를 판단해 ○ 또는 ×를 선택하시오.

01 지정받지 않고 장기요양기관을 운영하거나 거짓이나 부정한 방법으로 지정받은 자는 2년 이하의 징역 또는 2,000만 원 이하의 벌금에 처한다. [○|×]

02 이미 본인부담금을 면제 또는 감경받은 금액 외에 영리를 목적으로 수급자가 본인부담금을 면제 또는 감경하는 행위를 한 자는 1년 이하의 징역 또는 1,000만 원 이하의 벌금에 처한다. [○|×]

03 수급자를 소개, 알선 또는 유인하는 행위를 한 자는 1년 이하의 징역 또는 1,000만 원 이하의 벌금에 처한다. [○|×]

04 업무수행 중 알게 된 비밀을 누설한 자는 2년 이하의 징역 또는 2,000만 원 이하의 벌금에 처한다. [○|×]

05 정당한 사유 없이 장기요양급여의 제공을 거부한 자는 2년 이하의 징역 또는 2,000만 원 이하의 벌금에 처한다. [○|×]

06 부정한 방법으로 장기요양급여를 받은 자는 1년 이하의 징역 또는 1,000만 원 이하의 벌금에 처한다. [○|×]

07 폐업하려는 경우 수급자의 권익보호조치를 하지 않은 장기요양기관의 장은 1년 이하의 징역 또는 1,000만 원 이하의 벌금에 처한다. [○|×]

08 지정취소되는 장기요양기관의 장이 수급자가 부담한 비용 중 정산해야 할 비용이 있는데도 이를 정산하지 않을 경우 장기요양기관의 장은 2년 이하의 징역 또는 2,000만 원 이하의 벌금에 처한다. [○|×]

09 변경지정을 받아야 함에도 불구하고 변경지정을 받지 않은 자에게는 500만 원 이하의 과태료를 부과한다. [○|×]

10 장기요양기관에 관한 정보를 거짓으로 게시한 자에게는 1,000만 원 이하의 과태료를 부과한다. [○|×]

11 수급자에게 장기요양급여비용에 대한 명세서를 거짓으로 교부한 자에게는 1,000만 원 이하의 과태료를 부과한다. [○|×]

12 장기요양급여 제공 자료를 거짓으로 작성한 사람에게는 500만 원 이하의 과태료를 부과한다. [○|×]

13 수급자가 부담해야 할 본인부담금의 전부를 부담하도록 요구한 장기요양기관의 장에게는 500만 원 이하의 과태료를 부과한다. [○│×]

14 장기요양요원에게 급여외행위의 제공을 요구한 장기요양기관의 장에게는 1,000만 원 이하의 과태료를 부과한다. [○│×]

15 폐업이나 휴업 예정일 전 30일까지 폐업·휴업 신고를 하지 않은 장기요양기관의 장에게는 500만 원 이하의 과태료를 부과한다. [○│×]

16 폐업·휴업 신고를 할 때 장기요양급여 제공 자료를 허가 없이 국민건강보험공단으로 이관하지 않은 장기요양기관의 장에게는 500만 원 이하의 과태료를 부과한다. [○│×]

17 행정제재처분의 절차가 진행 중인 사실을 양수인 등에게 지체 없이 알리지 않은 자는 1,000만 원 이하의 벌금에 처한다. [○│×]

18 거짓이나 부정한 방법으로 수급자에게 장기요양급여비용을 부담하게 한 자는 1,000만 원 이하의 벌금에 처한다. [○│×]

19 국민건강보험공단이 장기요양사업 수행에 필요한 자료를 요구하는데도 이에 응하지 않은 장기요양보험가입자에게는 500만 원 이하의 과태료를 부과한다. [○│×]

20 거짓이나 부정한 방법으로 장기요양급여비용 청구에 가담한 사람은 1,000만 원 이하의 벌금에 처한다. [○│×]

21 장기요양보험 사업을 수행하는 자가 아닌데도 보험계약에 "노인장기요양보험"이라는 용어를 사용한 자에게는 500만 원 이하의 과태료를 부과한다. [○│×]

22 노인장기요양보험법상의 과태료는 관할 특별자치시장·특별자치도지사·시장·군수·구청장이 부과·징수한다. [○│×]

OX문제 정답																			
01	02	03	04	05	06	07	08	09	10	11	12	13	14	15	16	17	18	19	20
○	×	×	○	×	○	○	×	○	×	×	○	○	×	○	○	×	×	○	×
21	22																		
○	○																		

01 노인장기요양보험법상의 벌칙에 대한 다음 설명의 빈칸 ㉠에 알맞은 내용은 무엇인가?

> 거짓으로 장기요양급여비용을 청구한 자는 ____㉠____ 에 처한다.

① 1년 이하의 징역 또는 1,000만 원 이하의 벌금
② 2년 이하의 징역 또는 2,000만 원 이하의 벌금
③ 3년 이하의 징역 또는 3,000만 원 이하의 벌금
④ 4년 이하의 징역 또는 4,000만 원 이하의 벌금

02 노인장기요양보험법상 500만 원 이하의 과태료를 부과하는 경우가 아닌 것은?

① 수급자가 부담한 비용을 정산하지 않은 자
② 장기요양기관에 관한 정보를 게시하지 않은 자
③ 장기요양급여 제공 자료를 기록·관리하지 않은 자
④ 행정제재처분을 받았거나 그 절차가 진행 중인 사실을 알리지 않은 자

03 다음에서 2년 이하의 징역 또는 2,000만 원 이하의 벌금에 해당하는 내용으로 옳은 것을 모두 고르면?

> ㉠ 권익보호조치를 하지 않은 자
> ㉡ 업무수행 중 알게 된 비밀을 누설한 자
> ㉢ 지정받지 않고 장기요양기관을 운영한 자
> ㉣ 정당한 사유 없이 장기요양급여의 제공을 거부한 자

① ㉠, ㉡
② ㉡, ㉢
③ ㉠, ㉡, ㉢
④ ㉠, ㉢, ㉣

04 다음 중 위반행위에 대한 처벌이 가장 가벼운 것은 무엇인가?

① 본인부담금을 면제하는 행위를 한 자
② 수급자를 유인하는 행위를 조장한 자
③ 부정한 방법으로 장기요양기관의 지정을 받은 자
④ 보건복지부장관의 지시로 소속 공무원이 한 질문에 거짓으로 답변한 장기요양기관

PART 1

PART 2

05 유사명칭의 사용금지 규정을 위반해 보험계약의 명칭에 "노인장기요양보험"이라는 용어를 사용한 경우에 받을 수 있는 처벌로 옳은 것은?

① 500만 원 이하의 과태료
② 300만 원 이하의 과태료
③ 1,500만 원 이하의 벌금
④ 1,000만 원 이하의 벌금

06 부정한 방법으로 변경지정을 받거나 변경신고를 한 경우에 받을 수 있는 처벌로 옳은 것은?

① 300만 원 이하의 과태료
② 500만 원 이하의 과태료
③ 700만 원 이하의 과태료
④ 1,000만 원 이하의 과태료

07 다음 중 본인부담금을 면제 또는 감경하는 행위를 한 자에 대한 처벌규정은?

① 300만 원 이하의 과태료
② 500만 원 이하의 과태료
③ 1년 이하의 징역 또는 1,000만 원 이하의 벌금
④ 2년 이하의 징역 또는 2,000만 원 이하의 벌금

08 장기요양기관이 시설·인력에 관한 변경 규정을 위반해 변경지정을 받지 않거나 변경신고를 하지 않은 경우에 받을 수 있는 처벌로 옳은 것은?

① 300만 원 이하의 과태료
② 500만 원 이하의 과태료
③ 700만 원 이하의 과태료
④ 1,000만 원 이하의 과태료

09 장기요양기관의 장이 폐업·휴업 신고를 할 때 장기요양급여 제공 자료를 허가 없이 국민건강보험공단으로 이관하지 않은 경우에 받을 수 있는 처벌로 옳은 것은?

① 300만 원 이하의 과태료
② 500만 원 이하의 과태료
③ 1,000만 원 이하의 벌금
④ 1,500만 원 이하의 벌금

10 부정한 방법으로 수급자에게 장기요양급여비용을 부담하게 한 경우에 받을 수 있는 처벌로 옳은 것은?

① 300만 원 이하의 과태료
② 500만 원 이하의 과태료
③ 1,000만 원 이하의 벌금
④ 1,500만 원 이하의 벌금

11 지정받지 않고 장기요양기관을 운영하거나 부정한 방법으로 지정받은 경우에 받을 수 있는 처벌로 옳은 것은?

① 2년 이하의 징역 또는 2,000만 원 이하의 벌금
② 2년 이하의 징역 또는 5,000만 원 이하의 벌금
③ 5년 이하의 징역 또는 2,000만 원 이하의 벌금
④ 5년 이하의 징역 또는 5,000만 원 이하의 벌금

12 이미 본인부담금을 면제 또는 감경받은 금액 외에 영리를 목적으로 수급자가 본인부담금을 면제 또는 감경하는 행위를 한 경우에 받을 수 있는 처벌로 옳은 것은?

① 5년 이하의 징역 또는 2,000만 원 이하의 벌금
② 5년 이하의 징역 또는 5,000만 원 이하의 벌금
③ 2년 이하의 징역 또는 2,000만 원 이하의 벌금
④ 2년 이하의 징역 또는 5,000만 원 이하의 벌금

PART 1

PART 2

13 수급자를 소개, 알선 또는 유인하는 행위를 한 경우에 받을 수 있는 처벌로 옳은 것은?

① 2년 이하의 징역 또는 2,000만 원 이하의 벌금
② 2년 이하의 징역 또는 3,000만 원 이하의 벌금
③ 3년 이하의 징역 또는 2,000만 원 이하의 벌금
④ 3년 이하의 징역 또는 3,000만 원 이하의 벌금

14 비밀누설금지 규정을 위반해 업무수행 중 알게 된 비밀을 누설한 경우에 받을 수 있는 처벌로 옳은 것은?

① 1년 이하의 징역 또는 1,000만 원 이하의 벌금
② 2년 이하의 징역 또는 1,000만 원 이하의 벌금
③ 1년 이하의 징역 또는 2,000만 원 이하의 벌금
④ 2년 이하의 징역 또는 2,000만 원 이하의 벌금

15 정당한 사유 없이 장기요양급여의 제공을 거부한 경우에 받을 수 있는 처벌로 옳은 것은?

① 1년 이하의 징역 또는 1,000만 원 이하의 벌금
② 2년 이하의 징역 또는 1,000만 원 이하의 벌금
③ 1년 이하의 징역 또는 2,000만 원 이하의 벌금
④ 2년 이하의 징역 또는 2,000만 원 이하의 벌금

16 폐업신고 등을 할 때 정당한 사유 없이 수급자를 위한 권익보호조치를 하지 않은 경우에 받을 수 있는 처벌로 옳은 것은?

① 1년 이하의 징역 또는 2,000만 원 이하의 벌금
② 1년 이하의 징역 또는 1,000만 원 이하의 벌금
③ 2년 이하의 징역 또는 2,000만 원 이하의 벌금
④ 2년 이하의 징역 또는 1,000만 원 이하의 벌금

17 지정취소되는 장기요양기관의 장이 수급자가 부담한 비용 중 정산해야 할 비용이 있는데도 이를 정산하지 않은 경우에 받을 수 있는 처벌로 옳은 것은?

① 2년 이하의 징역 또는 2,000만 원 이하의 벌금
② 2년 이하의 징역 또는 1,000만 원 이하의 벌금
③ 1년 이하의 징역 또는 2,000만 원 이하의 벌금
④ 1년 이하의 징역 또는 1,000만 원 이하의 벌금

18 장기요양기관이 수급자에게 장기요양급여비용에 대한 명세서를 교부하지 않은 경우에 받을 수 있는 처벌로 옳은 것은?

① 1,000만 원 이하의 벌금
② 2,000만 원 이하의 벌금
③ 300만 원 이하의 과태료
④ 500만 원 이하의 과태료

19 장기요양기관이 장기요양급여 제공 자료를 기록·관리하지 않은 경우에 받을 수 있는 처벌로 옳은 것은?

① 500만 원 이하의 과태료
② 300만 원 이하의 과태료
③ 2,000만 원 이하의 벌금
④ 1,000만 원 이하의 벌금

20 장기요양기관의 장이 장기요양요원에게 급여외행위의 제공을 요구하는 행위를 한 경우에 받을 수 있는 처벌로 옳은 것은?

① 1,000만 원 이하의 벌금
② 2,000만 원 이하의 벌금
③ 300만 원 이하의 과태료
④ 500만 원 이하의 과태료

21 장기요양기관의 장이 장기요양요원에게 수급자가 부담해야 할 본인부담금의 일부를 부담하라고 요구한 경우에 받을 수 있는 처벌로 옳은 것은?

① 300만 원 이하의 과태료
② 500만 원 이하의 과태료
③ 1,000만 원 이하의 벌금
④ 1,500만 원 이하의 벌금

22 장기요양기관의 장이 폐업이나 휴업 예정일 전 30일까지 폐업·휴업 신고를 하지 않은 경우에 받을 수 있는 처벌로 옳은 것은?

① 1,500만 원 이하의 벌금
② 1,000만 원 이하의 벌금
③ 500만 원 이하의 과태료
④ 300만 원 이하의 과태료

23 장기요양기관의 장이 행정제재처분을 받은 사실을 양수인 등에게 지체 없이 알리지 않은 경우에 받을 수 있는 처벌로 옳은 것은?

① 1,500만 원 이하의 벌금
② 1,000만 원 이하의 벌금
③ 500만 원 이하의 과태료
④ 300만 원 이하의 과태료

24 장기요양기관이 장기요양사업 수행에 필요한 국민건강보험공단의 자료제출 요구에 응하지 않은 경우에 받을 수 있는 처벌로 옳은 것은?

① 500만 원 이하의 과태료
② 300만 원 이하의 과태료
③ 1,500만 원 이하의 벌금
④ 1,000만 원 이하의 벌금

25 부정한 방법으로 장기요양급여비용 청구에 가담한 경우에 받을 수 있는 처벌로 옳은 것은?

① 1,000만 원 이하의 벌금
② 1,500만 원 이하의 벌금
③ 300만 원 이하의 과태료
④ 500만 원 이하의 과태료

26 다음 중 노인장기요양보험법상 과태료를 징수할 수 있는 주체를 모두 고르면?

> ㉠ 관할 군수
> ㉡ 관할 시장
> ㉢ 관할 구청장
> ㉣ 보건복지부장관
> ㉤ 관할 특별자치시장
> ㉥ 관할 분사무소의 장
> ㉦ 관할 특별자치도지사

① ㉠, ㉡, ㉢, ㉤, ㉦
② ㉠, ㉡, ㉢, ㉣, ㉥
③ ㉠, ㉢, ㉣, ㉥, ㉦
④ ㉡, ㉢, ㉣, ㉥, ㉦

PART 2

최종모의고사

모의고사

국민건강보험법 노인장기요양보험법

모바일 OMR
답안채점/성적분석
서비스

🕐 응시시간 : 20분   📋 문항 수 : 20문항   정답 및 해설 p.54

---

01   국민건강보험법

01   국민건강보험법상 징수이사와 징수이사추천위원회에 대한 설명으로 옳지 않은 것은?

① 징수이사는 경영, 경제 및 사회보험에 관한 학식과 경험이 풍부한 사람이어야 한다.

② 징수이사는 대통령령으로 정하는 자격을 갖춘 사람 중에서 선임한다.

③ 징수이사추천위원회의 위원장은 이사장이 지명하는 이사로 한다.

④ 징수이사추천위원회는 주요 일간신문에 징수이사 후보의 모집 공고를 하여야 한다.

02   다음 빈칸에 들어갈 날짜로 옳은 것은?

> 공단은 회계연도마다 결산보고서와 사업보고서를 작성하여 다음해 _____일까지 보건복지부장관에게 보고하여야 한다.

① 1월 말   ② 2월 초

③ 2월 말   ④ 3월 초

03   다음 중 국민건강보험법상 요양급여를 받을 수 있는 경우를 모두 고르면?

> ㉠ 진찰·검사   ㉡ 간호
> ㉢ 수술 및 그 밖의 치료   ㉣ 장례
> ㉤ 재활

① ㉠, ㉢, ㉣, ㉤   ② ㉠, ㉡, ㉢, ㉣

③ ㉠, ㉡, ㉢, ㉤   ④ ㉡, ㉢, ㉣, ㉤

04 다음 중 국민건강보험법상 건강보험 자격이 변동되는 경우로 옳은 것을 모두 고르면?

> ㉠ 지역가입자가 적용대상사업장의 사용자가 된 날
> ㉡ 직장가입자인 근로자가 사용관계가 끝난 날
> ㉢ 지역가입자가 다른 세대로 전입한 날
> ㉣ 직장가입자가 다른 적용대상사업장의 사용자나 근로자 등으로 사용된 다음 날

① ㉠, ㉡   ② ㉡, ㉢
③ ㉢, ㉣   ④ ㉠, ㉢

PART 1

PART 2

05 다음 중 국민건강보험법상 피부양자 적용대상에서 제외되는 자는?

① 직장가입자의 배우자
② 직장가입자의 직계존속(배우자의 직계존속 포함)
③ 직장가입자의 직계비속(배우자의 직계비속 포함)
④ 직장가입자의 대리인

06 다음 중 국민건강보험법상 보험료의 부담에 대한 설명으로 옳지 않은 것은?

① 직장가입자의 소득월액보험료는 직장가입자가 부담한다.
② 지역가입자의 보험료는 그 가입자가 속한 세대의 지역가입자 전원이 연대하여 부담한다.
③ 직장가입자가 공무원인 경우 그 공무원이 소속되어 있는 국가는 보험료의 100분의 30을 부담한다.
④ 직장가입자가 교직원인 경우 사용자가 부담액 전부를 부담할 수 없으면 그 부족액을 학교에 속하는 회계에서 부담하게 할 수 있다.

07 다음은 국민건강보험법상 위반사실의 공표에 관한 설명일 때, ㉠, ㉡에 들어갈 말로 옳은 것은?

> 보건복지부장관은 관련 서류의 위조·변조로 요양급여비용을 거짓으로 청구하여 업무정지 처분 또는 과징금 등 행정처분을 받은 요양기관에 대하여 위반사실을 공표할 수 있다. 요양기관이 거짓으로 청구한 금액이 ___㉠___ 이상이거나 요양급여비용 총액 중 거짓으로 청구한 금액의 비율이 ___㉡___ 이상인 경우에는 위반사실을 공표할 수 있다.

	㉠	㉡
①	1,000만 원	30%
②	1,500만 원	20%
③	1,500만 원	30%
④	2,500만 원	20%

08 국민건강보험 가입자의 보험료의 일부를 경감할 수 있는 자로 옳지 않은 것은?

① 휴직자

② 60세 이상인 사람

③ 장애인복지법에 따라 등록한 장애인

④ 국가유공자 등 예우 및 지원에 관한 법률에 따른 국가유공자

09 국민건강보험법상 보험급여의 정지 기간에 해당하는 경우로 옳지 않은 것은?

① 국내에 여행 중인 경우

② 교도소에 수용되어 있는 경우

③ 국외에서 업무에 종사하고 있는 경우

④ 국외에 여행 중인 경우

10 국민건강보험법상 보험료 경감대상자는?

① 65세 노인   ② 군인

③ 교도소 수용자   ④ 해외여행자

11 다음 ㉠ ~ ㉢에 들어갈 말을 순서대로 바르게 나열한 것은?

> 국민건강보험법의 목적은 국민의 ___㉠___ ·부상에 대한 예방·진단·치료·재활과 출산·___㉡___ 및 건강증진에 대하여 ___㉢___ 를 실시함으로써 국민보건 향상과 사회보장 증진에 이바지함을 목적으로 한다.

	㉠	㉡	㉢
①	질병	사망	의료서비스
②	건강	치료	의료서비스
③	질병	재활	의료행위
④	질병	사망	보험급여

12 국민건강보험법상 국내에 거주하는 모든 국민은 원칙적으로 건강보험의 가입자 또는 피부양자가 된다. 다음 중 건강보험 적용 대상 제외자로 볼 수 없는 것은?

① 의료급여법에 따라 의료급여를 받는 사람

② 건강보험을 적용받고 있던 사람이 유공자 등 의료보호대상자로 되었으나 건강보험의 적용배제신청을 보험자에게 하지 아니한 사람

③ 독립유공자예우에 관한 법률에 따라 의료보호를 받는 사람

④ 국가유공자 등 예우 및 지원에 관한 법률에 따라 의료보호를 받는 사람

PART 1

PART 2

13 다음 중 국민건강보험법상 가입자 자격의 변동 시기로 옳지 않은 것은?

① 지역가입자가 적용대상사업자의 근로자·공무원 또는 교직원으로 사용된 날

② 지역가입자가 다른 세대로 전입한 날의 다음 날

③ 직장가입자인 근로자·공무원 또는 교직원이 그 사용관계가 끝난 날의 다음 날

④ 직장가입자가 다른 적용대상사업자의 근로자·공무원 또는 교직원으로 사용된 날

14 의료보장의 적용자가 의료기관에 가서 진료를 받을 때 진료비 전액을 의료기관에 먼저 지불하고 난 후에 이를 보험조합이나 질병금고에 청구하여 진료비를 환불받는 제도는?

① 본인전액부담제   ② 의사 – 환자 직불제

③ 제3자 지불체계   ④ 상환제

15 건강보험정책에 관한 사항을 심의·의결하기 위하여 보건복지부장관 소속으로 있는 건강보험정책심의위원회에 관한 설명으로 가장 옳은 것은?

① 심의위원회 위원의 임기는 2년으로 한다.

② 심의위원회의 운영 등에 필요한 사항은 보건복지부령으로 정한다.

③ 심의위원회의 위원장은 보건복지부장관이다.

④ 위원장 1명과 부위원장 1명을 포함하여 25명의 위원으로 구성한다.

16 다음 중 국민건강보험법상 2년 이하의 징역 또는 2,000만 원 이하의 벌금에 처하는 경우는?

① 대행청구단체의 종사자로서 거짓이나 그 밖의 부정한 방법으로 요양급여비용을 청구한 자

② 업무를 수행하면서 알게 된 정보를 누설하거나 직무상 목적 외의 용도로 이용 또는 제3자에게 제공한 자

③ 요양비 명세서나 요양 명세를 적은 영수증을 내주지 아니한 자

④ 거짓이나 그 밖의 부정한 방법으로 보험급여를 받거나 타인으로 하여금 보험급여를 받게 한 자

17 다음 중 국민건강보험법상 국민보험공단에 적용되는 사항으로 옳지 않은 것은?

① 국민건강보험법과 공공기관의 운영에 관한 법률에서 정한 사항 외에는 민법 중 재단법인에 관한 규정을 준용한다.

② 이사장의 권한 중 급여의 제한, 보험료의 납입고지 등은 위임할 수 없다.

③ 회계연도마다 결산보고서와 사업보고서를 작성하여 다음해 2월 말일까지 보건복지부장관에게 보고하여야 한다.

④ 조직·인사·보수 및 회계에 관한 규정은 이사회의 의결을 거쳐 보건복지부장관의 승인을 받아 정한다.

18 다음 중 국민건강보험법상 국민건강보험 자격에 대한 내용으로 옳지 않은 것은?

① 지역가입자가 적용대상사업장의 사용자로 되거나 근로자·공무원 또는 교직원으로 사용되어 국민건강보험 자격이 변동된 경우 직장가입자의 사용자가 보험자에게 그 명세를 신고하여야 한다.

② 지역가입자가 다른 세대로 전입하여 국민건강보험 자격이 변동된 경우 지역가입자의 세대주가 그 명세를 보험자에게 신고하여야 한다.

③ 직장가입자가 다른 적용대상사업장의 사용자로 되거나 근로자 등으로 사용되어 국민건강보험 자격이 변동된 경우 지역가입자의 세대주가 그 명세를 보험자에게 신고하여야 한다.

④ 직장가입자인 근로자 등이 그 사용관계가 끝나 국민건강보험 자격이 변동된 경우 지역가입자의 세대주가 그 명세를 보험자에게 신고하여야 한다.

19 다음 중 국민건강보험법상 보험료 납부의무에 대한 설명으로 옳지 않은 것은?

① 소득월액보험료는 직장가입자가 납부한다.

② 보수월액보험료는 사용자가 납부하며, 사업장의 사용자가 2명인 경우 정해진 1명의 사용자가 해당 직장가입자의 보험료를 납부한다.

③ 지역가입자의 보험료는 그 가입자가 속한 세대의 지역가입자 전원이 연대하여 납부한다.

④ 소득 및 재산이 없는 미성년자는 납부의무를 부담하지 않는다.

20 다음 중 국민건강보험법의 목적에서 보험급여의 범위가 아닌 것은?

① 건강증진

② 부상에 대한 예방·진단·치료·재활

③ 출산 및 사망

④ 고의사고

01 다음 중 빈칸에 들어갈 말로 옳은 것은?

> 공단은 징수 또는 반환하여야 할 금액이 1건당 _____인 경우에는 징수 또는 반환하지 아니한다. 다만,
> 국민건강보험법 에 따른 소액 처리 대상에서 제외되는 건강보험료와 통합하여 징수 또는 반환되는 장기요양
> 보험료의 경우에는 그러하지 아니하다.

① 500원 이상   ② 1,000원 미만

③ 2,000원 미만   ④ 5,000원 미만

02 다음 등급판정위원회 위원의 임기로 가장 옳은 것은?

① 3년 단임제   ② 3년, 한번 연임 가능

③ 5년 단임제   ④ 5년, 한번 연임 가능

03 다음 중 노인장기요양보험법상 장기요양기관의 의무로 옳지 않은 것은?

① 장기요양급여신청을 받은 때 장기요양급여의 제공을 거부하여서는 아니 된다.

② 수급자에게 장기요양급여비용에 대한 명세서를 교부하여야 한다.

③ 장기요양급여 제공에 관한 자료를 거짓으로 작성하여서는 아니 된다.

④ 영리를 목적으로 수급자가 부담하는 본인부담금을 감경할 수 있다.

04 노인장기요양보험법상 장기요양기관 지정을 반드시 취소하여야 하는 경우로 옳은 것을 모두 고르면?

> ㄱ. 거짓이나 그 밖의 부정한 방법으로 지정을 받은 경우
> ㄴ. 폐업 또는 휴업 신고를 하지 아니하고 1년 이상 장기요양급여를 제공하지 아니한 경우
> ㄷ. 업무정지기간 중에 장기요양급여를 제공한 경우
> ㄹ. 사업자등록이나 고유번호가 말소된 경우

① ㄱ, ㄴ   ② ㄱ, ㄷ

③ ㄱ, ㄴ, ㄷ   ④ ㄱ, ㄴ, ㄷ, ㄹ

05 다음 중 빈칸에 들어갈 말로 옳은 것은?

> 공단은 시설에서 재가급여 또는 시설급여에 상당한 장기요양급여를 받은 경우 해당 장기요양급여비용의 일부를 해당 수급자에게 _____로 지급할 수 있다.

① 가족요양비
② 요양병원간병비
③ 시설급여비
④ 특례요양비

PART 1

PART 2

06 다음 중 장기요양보험에 관한 설명으로 옳은 것은?

① 장기요양보험사업의 보험자는 보건복지부로 한다.
② 장기요양보험사업은 행정안전부장관이 관장한다.
③ 장기요양보험가입자는 국민연금법에 따른 가입자로 한다.
④ 공단은 장기요양보험료를 징수한다.

07 국가가 매년 예산의 범위에서 공단에 지원하는 금액은?

① 장기요양보험료 예상수입액의 100분의 5
② 장기요양보험료 예상수입액의 100분의 10
③ 장기요양보험료 예상수입액의 100분의 15
④ 장기요양보험료 예상수입액의 100분의 20

08 다음 중 장기요양기관의 결격사유를 모두 고르면?

> ㄱ. 미성년자
> ㄴ. 피한정후견인
> ㄷ. 정신질환자
> ㄹ. 파산선고를 받고 복권이 된 사람
> ㅁ. 마약류에 중독된 사람

① ㄱ, ㄴ, ㄷ, ㄹ
② ㄱ, ㄴ, ㄷ, ㅁ
③ ㄱ, ㄷ, ㄹ, ㅁ
④ ㄱ, ㄷ, ㄹ, ㅁ

09 다음 중 빈칸에 들어갈 수 없는 것은?

> 장기요양기관을 운영하려는 자는 소재지를 관할 구역으로 하는 _____(으)로부터 지정을 받아야 한다.

① 특별자치시장   ② 특별자치도지사
③ 구청장   ④ 국민건강보험공단

10 공단이 장기요양급여를 받고 있거나 받을 수 있는 자에 대해 장기요양인정 신청의 조사를 할 수 있는 경우가 아닌 것은?

① 거짓으로 장기요양인정을 받은 경우
② 부정한 방법으로 장기요양인정을 받은 경우
③ 고의로 사고를 발생하도록 한 경우
④ 가족이 대신 신청하여 장기요양인정을 받은 경우

11 다음 중 대통령령으로 정하는 바에 따라 장기요양보험료의 전부 또는 일부를 감면받을 수 있는 자는?

① 기초생활수급자   ② 부양해줄 자녀가 없는 자
③ 장애인 또는 이와 유사한 자   ④ 독립유공자와 그 후손

12 장기요양기관이 폐업하거나 휴업하고자 하는 경우 수급자의 권익을 보호하기 위하여 취하여야 할 조치가 아닌 것은?

① 해당 장기요양기관을 이용하는 수급자가 다른 장기요양기관을 선택하여 이용할 수 있도록 계획을 수립하는 조치
② 해당 장기요양기관에서 수급자가 부담한 비용 중 정산하여야 할 비용이 있는 경우 이를 정산하는 조치
③ 장기요양급여를 제공하였는지 평가를 실시하고 그 결과를 공단의 홈페이지 등에 공표하는 조치
④ 그 밖에 수급자의 권익 보호를 위하여 필요하다고 인정되는 조치로서 보건복지부령으로 정하는 조치

13 장기요양사업의 정기적 실태 조사시기로 옳은 것은?

① 1년마다

② 2년마다

③ 3년마다

④ 5년마다

14 노인장기요양보험법의 목적으로 옳은 것은?

① 노후의 건강증진 및 생활안정 도모

② 노인의 질환을 사전예방

③ 노인의 질환을 조기발견

④ 질환상태에 따른 적절한 치료

15 공표 여부 등을 심의하기 위하여 설치·운영할 수 있는 것은?

① 공표심의위원회

② 공표합의위원회

③ 등급판정위원회

④ 장기요양위원회

16 다음은 장기요양기관 지정의 갱신에 대한 내용이다. ㉠, ㉡에 들어갈 말로 옳은 것은?

- 장기요양기관의 장은 지정의 유효기간이 끝난 후에도 계속하여 그 지정을 유지하려는 경우에는 지정 유효기간이 끝나기 _____㉠_____ 전까지 지정 갱신을 신청하여야 한다.
- 특별자치시장·특별자치도지사·시장·군수·구청장은 갱신 심사를 완료한 경우 그 결과를 지체 없이 해당 장기요양기관의 장에게 _____㉡_____ 하여야 한다.

① 30일, 신고

② 30일, 통보

③ 90일, 신고

④ 90일, 통보

17 노인장기요양보험법상 장기요양급여에 해당하지 않는 것은?

① 시설급여

② 가족요양비

③ 특례요양비

④ 장의비

18 다음 중 지정권자의 지정을 받지 않고 장기요양기관을 운영한 사람이 받게 되는 처벌은?

① 2년 이하의 징역 또는 2,000만 원 이하의 벌금

② 1년 이하의 징역 또는 1,000만 원 이하의 벌금

③ 500만 원 이하의 과태료

④ 300만 원 이하의 과태료

19 노인장기요양보험법에서 공무원이 아닌 사람으로 공무상 비밀 누설의 규정을 적용할 때 공무원으로 의제 될 수 없는 사람은?

① 등급판정위원회 위원

② 장기요양위원회 위원

③ 장기요양위원회 위원

④ 심사위원회 위원

20 다음 중 장기요양급여에 대한 비용 중 수급자 본인이 전부 부담하는 경우가 아닌 것은?

① 급여의 범위에 포함되지 아니하는 장기요양급여

② 급여의 대상에 포함되지 아니하는 장기요양급여

③ 장기요양인정서에 기재된 장기요양급여의 종류를 다르게 선택하여 장기요양급여를 받은 경우 그 차액

④ 장기요양급여의 월 한도액을 초과하지 않은 장기요양급여

모의고사

모바일 OMR
답안채점/성적분석
서비스

응시시간 : 20분   문항 수 : 20문항   정답 및 해설 p.61

01 국민건강보험법

01 다음 중 국민건강보험법상 임원의 당연퇴임 및 해임에 대한 설명으로 옳지 않은 것은?

① 대한민국 국민이 아닌 사람으로 확인된 임원은 당연퇴임된다.
② 직무 여부와 관계없이 품위를 손상하는 행위를 한 임원은 해임될 수 있다.
③ 고의나 중대한 과실로 공단에 손실이 생기게 한 임원은 해임될 수 있다.
④ 제청권자의 허가를 받아 비영리 목적의 업무를 겸하는 임원은 해임될 수 있다.

02 다음 중 국민건강보험법상 보고와 검사에 대한 설명으로 옳지 않은 것은?

① 보건복지부장관은 보험급여를 받은 자에게 해당 보험급여의 내용에 관해 보고하게 할 수 있다.
② 보건복지부장관은 요양급여비용의 심사청구를 대행하는 단체에 필요한 자료의 제출을 명할 수 있다.
③ 보건복지부장관을 통해 소속 공무원은 그 권한을 표시하는 증표가 없어도 질문·검사·조사할 수 있다.
④ 보건복지부장관을 통해 소속 공무원은 요양급여비용의 심사청구를 대행하는 단체에 대하여 해당하는 자료를 조사·확인할 수 있다.

03 다음 빈칸에 들어갈 용어로 적절한 것은?

> 요양급여를 결정함에 있어 경제성 또는 치료효과성 등이 불확실하여 그 검증을 위하여 추가적인 근거가 필요하거나, 경제성이 낮아도 가입자와 피부양자의 건강회복에 잠재적 이득이 있는 등 대통령령으로 정하는 경우에는 예비적인 요양급여인 _____로 지정하여 실시할 수 있다.

① 선발급여   ② 특별급여
③ 선별급여   ④ 특수급여

04 국민건강보험공단의 업무가 아닌 것은?

① 가입자 및 피부양자의 자격 관리   ② 요양기관의 요양급여비용 심사
③ 보험급여 비용의 지급   ④ 건강보험에 관한 교육훈련 및 홍보

05 다음 중 보험료 경감 대상자로 적절하지 않은 것은?

① 섬·벽지·농어촌 등 대통령령으로 정하는 지역에 거주하는 사람
② 퇴직자
③ 장애인복지법에 따라 등록한 장애인
④ 천재지변으로 보험료를 경감할 필요가 있다고 보건복지부장관이 정하여 고시하는 사람

06 다음 중 국민건강보험의 시효에 대한 설명으로 옳은 것을 모두 고르면?

> ㄱ. 보험료, 연체금 및 가산금을 징수할 권리는 3년 동안 행사하지 아니하면 소멸시효가 완성된다.
> ㄴ. 보험급여 비용을 받을 권리는 6년 동안 행사하지 아니하면 소멸시효가 완성된다.
> ㄷ. 보험급여를 받을 권리의 소멸시효는 보험료의 고지 또는 독촉으로 중단된다.
> ㄹ. 연체금 및 가산금으로 과오납부한 금액을 환급받을 권리의 소멸시효는 중단될 수 없다.

① ㄱ, ㄴ   ② ㄱ, ㄷ
③ ㄴ, ㄷ   ④ ㄴ, ㄹ

07 다음 중 요양급여와 관련된 설명으로 옳지 않은 것은?

① 가입자나 피부양자는 본인일부부담금 외에 자신이 부담한 비용이 요양급여 대상에서 제외되는 비용인지 여부에 대하여 건강보험심사평가원에 확인을 요청할 수 있다.
② 가입자나 피부양자에게 요양급여 대상에 관한 확인 요청을 받은 건강보험심사평가원은 그 결과를 요청한 사람에게 알려야 한다.
③ 건강보험심사평가원은 가입자나 피부양자가 확인을 요청한 비용이 요양급여 대상에 해당되는 비용으로 확인되면 그 내용을 관련 요양기관에만 알려야 한다.
④ 지급 보류된 요양급여비용 및 이자의 지급 절차와 이자의 산정 등에 필요한 사항은 대통령령으로 정한다.

08 다음 중 건강검진 대상자에 대한 설명으로 옳지 않은 것은?

① 직장가입자는 일반건강검진 대상에 해당한다.
② 세대원인 지역가입자는 일반건강검진 대상에 해당한다.
③ 6세 미만의 가입자는 영유아건강검진 대상에 해당한다.
④ 6세 미만의 피부양자는 영유아건강검진 대상에 해당한다.

09 임산부 A는 갑작스러운 진통으로 인해 부득이하게 집에서 아기를 출산하였다. 이러한 경우 A가 국민건강보험법에 따라 받을 수 있는 보험급여는?

① 요양급여
② 요양비
③ 부가급여
④ 건강검진

10 다음 중 국민건강보험법상 국민건강보험공단의 회계·예산·결산에 대한 설명으로 옳지 않은 것은?

① 공단의 회계연도는 정부의 회계연도에 따른다.
② 공단은 직장가입자와 지역가입자의 재정을 분리하여 운영한다.
③ 예산은 보건복지부장관의 승인을 받아야 한다.
④ 공단은 회계연도마다 결산보고서와 사업보고서를 작성해서 보고해야 한다.

11 다음 중 국민건강보험법상 보험재정에 대한 정부지원의 내용으로 옳지 않은 것은?

① 국가는 매년 예산의 범위에서 해당 연도 보험료 예상 수입액의 100분의 14에 상당하는 금액을 국고에서 공단에 지원한다.
② 공단은 국민건강증진법에서 정하는 바에 따라 같은 법에 따른 국민건강증진기금에서 자금을 지원받을 수 있다.
③ 국가에서 지원된 재원은 가입자 및 피부양자에 대한 보험급여로 사용할 수 있다.
④ 국민건강증진기금에서 지원된 재원은 가입자와 피부양자의 음주로 인한 질병에 대한 보험급여에 사용할 수 있다.

12 다음 중 국민건강보험법상 100만 원 이하의 과태료가 부과되는 경우는?

① 보건복지부장관이 의약품 제조업자에게 관련 서류제출을 요청하였으나, 제조업자는 정당한 사유 없이 서류제출을 하지 않았다.
② 사용자가 건강보험에 관한 서류를 1년 이상 보존하지 않아 근로자의 관련 기록을 찾을 수 없었다.
③ 공단은 가입자에게 가입자의 보수·소득을 신고하도록 요청하였으나, 가입자는 이에 대해 거짓으로 신고하였다.
④ 공단은 가입자에게 가입자의 거주지 변경에 필요한 서류제출을 요청하였으나, 가입자는 정당한 사유 없이 서류제출을 하지 않았다.

13 국민건강보험법상 다음 경우의 벌칙으로 옳은 것은?

> 국민건강보험 가입자 및 피부양자의 개인정보를 누설하거나 직무상 목적 외의 용도로 이용 또는 정당한 사유 없이 제3자에게 제공한 자

① 1년 이하의 징역 또는 1,000만 원 이하의 벌금
② 3년 이하의 징역 또는 3,000만 원 이하의 벌금
③ 5년 이하의 징역 또는 5,000만 원 이하의 벌금
④ 7년 이하의 징역 또는 7,000만 원 이하의 벌금

14 다음 중 국민건강보험법상 건강보험정책심의위원회의 심의·의결사항이 아닌 것은?

① 요양급여의 기준
② 요양급여비용에 관한 사항
③ 직장가입자의 보수월액 및 소득월액
④ 지역가입자의 보험료부과점수당 금액

15 국민건강보험료에 관한 국민건강보험공단의 처분이 적절하지 않다고 생각하는 가입자는 다양한 방법을 통해 이의를 제기할 수 있다. 다음 중 가입자가 요청할 수 있는 방법의 순서로 가장 적절한 것은?

① 이의신청 – 심판청구 – 행정소송
② 이의신청 – 행정소송 – 심판청구
③ 신판청구 – 이의신청 – 행정소송
④ 심판청구 – 행정소송 – 이의신청

16 다음 중 국민건강보험공단 임원의 해임사유로 옳지 않은 것은?

① 직무 여부와 관계없이 품위를 손상하는 행위를 한 경우
② 경미한 과실로 공단에 손실이 생기게 한 경우
③ 직무상 의무를 위반한 경우
④ 정신장애로 직무를 수행할 수 없다고 인정되는 경우역가입자의 보험료는 세대주가 부담한다.

17 다음 중 공단의 업무가 아닌 것을 모두 고르면?

> ㄱ. 보험급여의 관리
> ㄴ. 피부양자의 자격 관리
> ㄷ. 보험급여 비용의 지급
> ㄹ. 요양급여비용의 심사
> ㅁ. 요양급여의 적정성 평가

① ㄱ, ㄴ
② ㄴ, ㄷ
③ ㄷ, ㄹ
④ ㄹ, ㅁ

18 산모가 요양기관 이외의 장소에서 출산하였을 때 받을 수 있는 것을 모두 고르면?

> ㄱ. 본인부담액보상금
> ㄴ. 요양급여
> ㄷ. 부가급여
> ㄹ. 요양비

① ㄱ, ㄴ, ㄷ
② ㄱ, ㄷ
③ ㄴ, ㄹ
④ ㄹ

19 다음 중 국민건강보험법상 건강보험증과 관련된 설명으로 옳지 않은 것은?

① 가입자 또는 피부양자가 신청하는 경우 건강보험증을 발급해야 한다.

② 건강보험을 받을 자격을 잃은 가입자는 자격을 증명하던 서류를 사용하여 보험급여를 받을 수 없다.

③ 건강보험증은 타인에게 양도 또는 대여할 수 없다.

④ 가입자가 요양급여를 받을 때는 부득이한 사유가 있어도 건강보험증을 공단에 제출해야 한다.

20 국민건강보험법상 보험급여의 징수에 관한 내용이다. ㉠ ~ ㉣ 중 옳지 않은 것은?

제57조 부당이득의 징수

① 공단은 속임수나 그 밖의 부당한 방법으로 보험급여를 받은 사람·준요양기관 및 보조기기 판매업자나 보험급여 비용을 받은 요양기관에 대하여 그 ㉠ 보험급여나 보험급여 비용에 상당하는 금액의 일부만을 징수할 수 있다.

… 중략 …

③ ㉡ 사용자나 가입자의 거짓 보고나 거짓 증명, 요양기관의 거짓 진단 또는 준요양기관이나 보조기기를 판매한 자의 속임수 및 그 밖의 부정한 방법으로 보험급여가 실시된 경우 공단은 이들에게 보험급여를 받은 사람과 연대하여 제1항에 따른 징수금을 내게 할 수 있다.

④ 공단은 속임수나 그 밖의 부당한 방법으로 보험급여를 받은 사람과 ㉢ 같은 세대에 속한 가입자에게 속임수나 그 밖의 부당한 방법으로 보험급여를 받은 사람과 연대하여 제1항에 따른 징수금을 내게 할 수 있다.

⑤ 요양기관이 가입자나 피부양자로부터 속임수나 그 밖의 부당한 방법으로 요양급여비용을 받은 경우 공단은 해당 요양기관으로부터 이를 징수하여 가입자나 피부양자에게 지체 없이 지급하여야 한다. 이 경우 ㉣ 공단은 가입자나 피부양자에게 지급하여야 하는 금액을 그 가입자 및 피부양자가 내야 하는 보험료 등과 상계할 수 있다.

---

① ㉠

② ㉡

③ ㉢

④ ㉣

01 다음 중 노인장기요양보험법상의 청문 사항에 속하지 않은 것은?

① 장기요양기관의 지정취소 ② 장기요양기관의 업무정지명령
③ 위반사실의 공표 ④ 재가장기요양기관 폐쇄명령

02 노인장기요양보험법 상 관리운영기관에 대한 내용으로 옳지 않은 것은?

① 관리운영기관은 장기요양보험료의 부과·징수에 관한 업무를 관장한다.
② 장기요양사업의 관리운영기관은 공단으로 한다.
③ 공단은 장기요양기관을 설치할 때 노인인구 및 지역특성 등을 고려한 지역 간 불균형 해소를 고려해야 한다.
④ 공단은 설치 목적에 필요한 최소한의 범위에서 장기요양기관을 설치·운영해야 한다.

03 다음 중 도서·벽지 등 장기요양기관이 현저히 부족한 지역으로서 보건복지부장관이 정하여 고시하는 지역에 거주하는 자가 받을 수 있는 장기요양급여는?

① 재가급여 ② 시설급여
③ 특별현금급여 ④ 가족요양비

04 다음은 기타재가급여에 대한 설명일 때, ㉠, ㉡에 들어갈 내용으로 옳은 것은?

수급자의 일상생활·신체활동 지원 및 인지기능의 유지·향상에 필요한 ___㉠___ 을/를 제공하거나 가정을 방문하여 재활에 관한 지원 등을 제공하는 장기요양급여로서 ___㉡___ 으로 정하는 것

	㉠	㉡		㉠	㉡
①	용구	대통령령	②	용구	총리령
③	금전	보건복지부령	④	금전	총리령

05 노인장기요양보험법상 장기요양인정을 신청할 수 있는 자격을 갖춘 자를 모두 고르면?

> ㄱ. 65세 미만의 자로서 대통령령으로 정하는 노인성 질병을 가진 자로 의료급여법 제3조 제1항에 따른
>   수급권자
> ㄴ. 대통령령으로 정하는 노인성 질병이 없는 65세 미만의 외국인으로서 국민건강보험법 제109조에 따른
>   건강보험의 가입자
> ㄷ. 65세 이상의 노인으로 장기요양보험가입자의 피부양자

① ㄱ

② ㄱ, ㄴ

③ ㄱ, ㄷ

④ ㄱ, ㄴ, ㄷ

06 다음 중 장기요양사업 관리 담당인 국민건강보험공단이 관장하는 업무가 아닌 것은?

① 장기요양보험료의 부과 · 징수

② 장기요양급여 제공내용 확인

③ 장기요양요원의 역량강화를 위한 교육지원

④ 노인성질환예방사업

07 다음 중 노인장기요양보험법상 장기요양기본계획에 대한 설명으로 옳지 않은 것은?

① 장기요양기본계획은 특별자치시장 · 특별자치도지사 · 시장 · 군수 · 구청장이 수립 · 시행한다.

② 장기요양기본계획은 노인 등에 대한 장기요양급여를 원활하게 제공하기 위하여 수립 · 시행한다.

③ 장기요양기본계획은 5년 단위로 수립 · 시행한다.

④ 장기요양기본계획에는 연도별 장기요양급여 대상인원 및 재원조달 계획 등의 사항이 포함된다.

08 다음은 장기요양급여 중 특례요양비에 대한 설명이다. ㉠ ~ ㉢에 들어갈 말로 알맞게 짝지어진 것은?

> 공단은 수급자가 장기요양기관이 아닌 노인요양시설 등의 기관 또는 시설에서 ____㉠____ 또는 ____㉡____ 에 상당한 장기요양급여를 받은 경우 ____㉢____ 으로 정하는 기준에 따라 해당 장기요양급여비용의 일부를 해당 수급자에게 특례요양비로 지급할 수 있다.

	㉠	㉡	㉢
①	재가급여	시설급여	대통령령
②	재가급여	기타재가급여	대통령령
③	시설급여	특별현금급여	총리령
④	시설급여	기타재가급여	총리령

09 다음 중 장기요양사업의 실태를 파악하기 위하여 조사해야 하는 사항이 아닌 것은?

① 장기요양인정 및 장기요양기관에 관한 사항
② 장기요양병원장의 경력에 관한 사항
③ 장기요양요원의 근로조건, 처우 및 규모에 관한 사항
④ 장기요양등급판정위원회의 판정에 따라 장기요양급여를 받을 사람의 규모, 그 급여의 수준 및 만족도에 관한 사항

10 다음 중 노인장기요양보험법의 내용으로 옳은 것은?

① 장기요양보험사업은 고용노동부장관이 관장한다.
② 장기요양보험사업의 보험자는 국민연금공단으로 한다.
③ 장기요양보험료는 건강보험료와 통합하여 고지하여야 한다.
④ 통합 징수한 장기요양보험료와 건강보험료를 각각의 독립회계로 관리하여야 한다.

11 다음 중 노인장기요양보험의 급여에 관한 설명으로 옳은 것을 모두 고르면?

> ㄱ. 시설급여 제공기관에는 노인의료복지시설인 노인 전문요양병원이 포함된다.
> ㄴ. 노인장기요양보험에서는 재가급여를 시설급여에 우선한다.
> ㄷ. 재가급여에는 방문요양, 방문목욕 등이 있다.
> ㄹ. 특별현금급여에는 가족요양비 등이 있다.

① ㄱ, ㄹ   ② ㄴ, ㄹ
③ ㄱ, ㄴ, ㄷ   ④ ㄴ, ㄷ, ㄹ

12 다음 중 노인장기요양보험법에 대한 설명으로 옳지 않은 것은?

① 장기요양사업이란 장기요양보험료, 국가 및 지방 자치단체의 부담금 등을 재원으로 하여 노인 등에 게 장기요양급여를 제공하는 사업을 말한다.
② 장기요양보험사업의 피보험자는 공단으로 한다.
③ 국가는 노인성질환예방사업을 수행하는 지방자치단체에 대하여 이에 소요되는 비용을 지원할 수 있다.
④ 장기요양급여는 노인 등이 가족과 함께 생활하면서 가정에서 장기요양을 받는 재가급여를 우선적으로 제공하여야 한다.

13 다음 중 국가 및 지방자치단체에서 실시하는 노인이 일상생활을 혼자서 수행할 수 있는 온전한 심신상태를 유지하는 데 필요한 사업은?

① 노인일상생활편리사업   ② 노인성질환예방사업
③ 장기요양확대사업   ④ 장기요양기본계획사업

14 다음 장기요양급여의 정의에서 빈칸에 들어갈 말로 적절한 것은?

> 장기요양급여란 _____ 이상 동안 혼자서 일상생활을 수행하기 어렵다고 인정되는 자에게 신체활동·가사활동의 지원 또는 간병 등의 서비스나 이에 갈음하여 지급하는 현금 등을 말한다.

① 3개월 　　　　　　　　　　　　② 6개월
③ 9개월 　　　　　　　　　　　　④ 12개월

15 다음 중 노인장기요양보험법에서 사용하는 용어 "노인 등"의 의미로 옳지 않은 것은?

① 65세 이상 또는 65세 미만인 노인을 말한다.
② 6개월 이상 혼자서 일상생활을 수행하기 어려운 노인을 말한다.
③ 치매를 앓고 있는 자를 말한다.
④ 뇌혈관성질환을 앓고 있는 자를 말한다.

16 다음 중 장기요양사업의 회계에 관한 내용으로 옳은 것은?

① 공단은 장기요양사업에 대하여 독립회계를 설치·운영해야 한다.
② 공단은 장기요양사업 중 장기요양보험료를 재원으로 하는 사업만을 운영한다.
③ 공단은 국가·지방자치단체의 부담금을 재원으로 하는 사업의 재정만으로 운영된다.
④ 공단은 국가·지방자치단체의 부담금과 장기요양보험금을 재원으로 하는 사업을 통합하여 운영해야 한다.

17 다음 중 장기요양사업과 관련한 공단의 정관의 포함·기재사항을 모두 고르면?

> ㄱ. 장기요양보험료
> ㄴ. 장기요양급여
> ㄷ. 장기요양사업에 관한 예산 및 결산
> ㄹ. 장기요양사업의 광고·홍보
> ㅁ. 장기요양인정서 작성

① ㄱ, ㄴ, ㄷ   ② ㄱ, ㄹ, ㅁ
③ ㄴ, ㄷ, ㅁ   ④ ㄴ, ㄷ, ㄹ

18 노인장기요양보험법상 공단의 업무가 아닌 것은?

① 장기요양보험료의 부과·징수   ② 신청인에 대한 조사
③ 장기요양보험가입자의 자격 관리   ④ 장기요양기관 알선

19 다음 중 공단의 처분에 이의가 있는 사람이 공단에 심사청구할 수 있는 내용이 아닌 것은?

① 장기요양인정   ② 장기요양등급
③ 장기요양급여   ④ 장기요양기관의 재가

20 재가 및 시설 급여비용의 청구 및 지급 등에 관한 설명으로 옳지 않은 것은?

① 장기요양기관은 수급자에게 재가급여를 제공한 경우 공단에 장기요양급여비용을 청구하여야 한다.
② 공단은 장기요양기관으로부터 재가 또는 시설 급여비용의 청구를 받은 경우 이를 심사하여 그 내용을 장기요양기관에 통보하여야 한다.
③ 공단은 제장기요양기관의 장기요양급여평가 결과에 따라 장기요양급여비용을 가산 또는 감액조정하여 지급할 수 있다.
④ 장기요양기관은 지급받은 장기요양급여비용을 지출할 수 없다.

모의고사

FINAL 제**3**회

국민건강보험법   노인장기요양보험법

모바일 OMR
답안채점/성적분석
서비스

🕐 응시시간 : 20분　📋 문항 수 : 20문항　　　　정답 및 해설 p.67

PART 1

PART 2

01 국민건강보험법

01 다음 중 국민건강보험료의 독촉 및 체납처분에 대한 설명으로 옳지 않은 것은?

① 지역가입자의 세대가 2명 이상인 경우 그중 1명에게 한 독촉은 세대 구성원 모두에게 효력이 있는 것으로 본다.
② 국민건강보험공단이 보험료를 독촉할 때는 10 ~ 20일 이내의 납부기한을 정하여 독촉장을 발부하여야 한다.
③ 국민건강보험공단은 독촉을 받은 자가 그 납부기한까지 보험료를 내지 아니하면 보건복지부장관의 승인을 받아 징수할 수 있다.
④ 국민건강보험공단은 체납처분을 하기 전에 소액금융재산에 대한 압류금지 사실 등이 포함된 통보서를 발송하여야 한다.

02 다음 중 요양급여비용 산정에 대한 설명으로 옳지 않은 것은?

① 요양급여비용 산정의 계약기간은 10개월로 한다.
② 요양급여비용 산정 계약은 그 직전 계약기간 만료일이 속하는 연도의 5월 31일까지 체결해야 한다.
③ 요양급여비용이 정해지면 보건복지부장관은 그 명세를 지체 없이 고시하여야 한다.
④ 요양급여비용은 국민건강보험공단의 이사장과 대통령령으로 정하는 의약계를 대표하는 사람들의 계약으로 정한다.

03 다음 중 국민건강보험법상 국민건강보험 자격을 상실하는 날로 옳은 경우를 모두 고르면?

ㄱ. 사망한 날의 다음 날	ㄴ. 직장가입자의 피부양자가 된 날
ㄷ. 국적을 잃은 날	ㄹ. 국내에 거주하지 아니하게 된 날

① ㄱ, ㄴ
② ㄴ, ㄷ
③ ㄴ, ㄹ
④ ㄷ, ㄹ

04 다음 중 국민건강보험법상 국민건강보험의 가입자에 대한 설명으로 옳지 않은 것은?

① 가입자로는 직장가입자와 지역가입자가 있다.

② 고용 기간이 1년 미만인 일용근로자는 가입자가 될 수 없다.

③ 군간부후보생은 가입자가 될 수 없다.

④ 지역가입자란 직장가입자와 그 피부양자를 제외한 가입자이다.

05 국민건강보험법상 지역가입자의 보험료부과점수를 정할 때 고려사항을 모두 고르면?

ㄱ. 경제활동참가율	ㄴ. 재산
ㄷ. 생활수준	ㄹ. 소득월액

① ㄴ   ② ㄱ, ㄷ

③ ㄴ, ㄹ   ④ ㄹ

06 다음 중 빈칸에 들어갈 내용으로 적절한 것은?

사업장의 사용자가 대통령령으로 정하는 사유에 해당되어 직장가입자가 될 수 없는 자를 제8조 제2항 또는 제9조 제2항을 위반하여 거짓으로 보험자에게 직장가입자로 신고한 경우 공단은 제1호의 금액에서 제2호의 금액을 뺀 금액의 _____ 에 상당하는 가산금을 그 사용자에게 부과하여 징수한다.

1. 사용자가 직장가입자로 신고한 사람이 직장가입자로 처리된 기간 동안 그 가입자가 제69조 제5항에 따라 부담하여야 하는 보험료의 총액
2. 제1호의 기간 동안 공단이 해당 가입자에 대하여 제69조 제4항에 따라 산정하여 부과한 보험료의 총액

① 100분의 10   ② 100분의 20

③ 100분의 30   ④ 100분의 40

07 다음 중 국민건강보험법령상 급여의 제한 및 정지에 관한 설명으로 옳지 않은 것은?

① 국민건강보험공단은 보험급여를 받을 수 있는 사람이 중대한 과실로 인한 범죄행위에 그 원인이 있는 경우 보험급여를 하지 아니한다.

② 국민건강보험공단은 보험급여를 받을 수 있는 사람이 다른 법령에 따라 국가로부터 보험급여에 상당하는 비용을 지급받게 되는 경우에는 그 한도에서 보험급여를 하지 아니한다.

③ 보험급여를 받을 수 있는 사람이 국외에 여행 중인 경우 그 기간에는 보험급여를 하지 아니한다.

④ 국민건강보험공단은 지역가입자가 1개월 이상 세대단위의 보험료를 체납한 경우 그 체납한 보험료를 완납할 때까지 그 가입자를 제외한 피부양자에 대하여 보험급여를 실시하지 아니한다.

PART 1

PART 2

08 다음 중 ㉠, ㉡에 들어갈 횟수로 적절한 것은?

① 공단은 보험료를 ____㉠____ 이상 체납한 자가 신청하는 경우 보건복지부령으로 정하는 바에 따라 분할납부를 승인할 수 있다.

② 공단은 보험료를 3회 이상 체납한 자에 대하여 제81조 제3항에 따른 체납처분을 하기 전에 제1항에 따른 분할납부를 신청할 수 있음을 알리고, 보건복지부령으로 정하는 바에 따라 분할납부 신청의 절차·방법 등에 관한 사항을 안내하여야 한다.

③ 공단은 제1항에 따라 분할납부 승인을 받은 자가 정당한 사유 없이 ____㉡____ 이상 그 승인된 보험료를 납부하지 아니하면 그 분할납부의 승인을 취소한다.

	㉠	㉡			㉠	㉡
①	2회	4회		②	2회	5회
③	3회	4회		④	3회	5회

09 국민건강보험법상 국민건강보험종합계획은 건강보험정책심의위원회의 심의를 거쳐 수립해야 한다. 몇 년마다 수립하여야 하는가?

① 3년　　　　　　　　　　② 4년

③ 5년　　　　　　　　　　④ 6년

10 국민건강보험법상 보험료의 부담에 관한 설명으로 옳지 않은 것은?

① 직장가입자가 근로자인 경우에는 보수월액보험료를 직장가입자와 사업주가 각각 50%를 부담한다.

② 직장가입자가 공무원인 경우에는 보수월액보험료를 직장가입자와 그 공무원이 소속되어 있는 국가 또는 지방자치단체가 각각 50%를 부담한다.

③ 직장가입자가 사립학교에 근무하는 교원인 경우에는 보수월액보험료를 직장가입자가 50%, 사용자가 30%, 국가가 20%를 각각 부담한다.

④ 직장가입자의 소득월액보험료는 직장가입자와 사업주가 각각 50%를 부담한다.

11 국민건강보험법의 적용대상자에 해당하는 것을 모두 고르면?

> ㄱ. 직장가입자
> ㄴ. 국가유공자 등 의료보호대상자
> ㄷ. 지역가입자
> ㄹ. 의료급여법상 의료급여 수급권자

① ㄱ, ㄴ, ㄷ   ② ㄱ, ㄷ
③ ㄴ, ㄹ   ④ ㄹ

12 국민건강보험법상 직장가입자 A는 현재 40대 직장 남성이다. 다음 중 A의 피부양자가 될 수 없는 사람은? (단, 제시된 관계를 제외하고는 다른 요건을 모두 만족한다)

① A의 장모   ② A의 동생
③ A의 누나   ④ A의 삼촌

13 국민건강보험법상 제3자에 대한 구상권의 행사에 있어, 보험급여를 받은 자가 제3자로부터 이미 손해배상을 받은 때에 보험자는?

① 보험급여를 받은 자에게 손해배상 상당액을 징수한다.

② 보험급여를 중지한다.

③ 보험자와 건강보험법상 제3자와는 법률관계가 없으므로 관계하지 않는다.

④ 배상액의 한도 내에서 보험급여를 하지 아니한다.

14 다음 빈칸에 들어갈 날짜로 옳은 것은?

> 제77조 제1항 및 제2항에 따라 보험료 납부의무가 있는 자는 가입자에 대한 그 달의 보험료를 그 다음 달
> _____까지 납부하여야 한다. 다만, 직장가입자의 소득월액보험료 및 지역가입자의 보험료는 보건복지
> 부령으로 정하는 바에 따라 분기별로 납부할 수 있다.

① 10일   ② 12일

③ 14일   ④ 16일

15 다음 중 국민건강보험법상 보험료 등의 납입 고지에 대한 설명으로 옳지 않은 것은?

① 납부의무자에게 징수하려는 보험료의 종류, 납부 금액, 납부기한 및 장소를 적은 문서로 납입 고지를 하여야 한다.

② 납부의무자의 신청이 있으면 전자문서교환방식에 의하여 전자문서로 고지할 수 있다.

③ 전자문서가 보건복지부령으로 정하는 정보통신망에 저장된 때에 납입 고지가 납부의무자에게 도달된 것으로 본다.

④ 휴직자의 보험료는 휴직의 사유가 끝나고 난 뒤에도 보건복지부령으로 정하는 바에 따라 납입 고지를 유예할 수 있다.

16 다음 빈칸에 공통으로 들어갈 금액으로 적절한 것은?

> 공단은 보험료 징수 또는 공익목적을 위하여 필요한 경우에 신용정보의 이용 및 보호에 관한 법률 제25조
> 제2항 제1호의 종합신용정보집중기관이 다음 각 호의 어느 하나에 해당하는 체납자 또는 결손처분자의 인
> 적사항·체납액 또는 결손처분액에 관한 자료(이하 이 조에서 "체납 등 자료"라 한다)를 요구할 때에는 그
> 자료를 제공할 수 있다. 다만, 체납된 보험료나 국민건강보험법에 따른 그 밖의 징수금과 관련하여 행정심
> 판 또는 행정소송이 계류 중인 경우, 그 밖에 대통령령으로 정하는 사유가 있을 때에는 그러하지 아니하다.
> 1. 국민건강보험법에 따른 납부기한의 다음 날부터 1년이 지난 보험료, 국민건강보험법에 따른 그 밖의 징
>   수금과 체납처분비의 총액이 _____ 이상인 자
> 2. 제84조에 따라 결손처분한 금액의 총액이 _____ 이상인 자

① 50만 원   ② 100만 원

③ 500만 원   ④ 1,000만 원

17 다음 중 국민건강보험법에서 사용하는 용어의 뜻이 옳지 않은 것은?

① 근로자 : 교직원 등 직업의 종류와 관계없이 근로의 대가로 보수를 받아 생활하는 사람을 말한다.

② 사용자 : 근로자가 소속되어 있는 사업장의 사업주를 말한다.

③ 공무원 : 국가나 지방자치단체에서 상시 공무에 종사하는 사람을 말한다.

④ 사업장 : 사업소나 사무소를 말한다.

18 다음 중 국민건강보험법상 국민건강보험공단의 징수이사의 업무로 옳지 않은 것은?

① 보험료 징수금 부과

② 보험료 징수금 징수

③ 보험급여의 관리

④ 국민연금법, 임금채권보장법 등에 따라 위탁받은 업무

19 국민건강보험법상 국민건강보험공단은 요양급여비용의 지급을 청구한 요양기관이 두 가지 법 중 하나라도 위반하였다는 사실을 확인한 경우 청구된 요양급여비용 지급을 보류할 수 있다. 다음 중 이 법으로 옳은 것은?

① 의료법 제33조 제1항, 약사법 제20조 제1항

② 의료법 제33조 제1항, 약사법 제20조 제2항

③ 의료법 제33조 제2항, 약사법 제20조 제1항

④ 의료법 제33조 제2항, 약사법 제20조 제2항

20 국민건강보험법상 건강보험심사평가원의 원장은 진료심사평가위원회의 심사위원을 해임 또는 해촉할 권한이 있다. 다음 중 해임 및 해촉에 해당하는 경우로 잘못된 것은?

① 팔, 다리 골절 등 신체장애가 생겨 직무를 수행할 수 없다고 인정되는 경우

② 직무상 의무를 위반한 경우

③ 고의나 중대한 과실로 심사평가원에 손실이 생기게 한 경우

④ 직무 여부에 따라 품위를 손상하는 행위를 한 경우

01 다음 중 장기요양인정 신청 등에 대한 대리를 할 수 없는 자는?

① 본인의 가족　　　　　　　　　　② 사회복지전담공무원
③ 이해관계인　　　　　　　　　　　④ 시장 · 군수 · 구청장

02 다음 장기요양인정의 최소 유효기간으로 옳은 것은?

① 6개월 이상　　　　　　　　　　② 1년 이상
③ 2년 이상　　　　　　　　　　　④ 3년 이상

03 노인장기요양보험법에 대한 내용으로 올바르지 않은 것은?

① 보건복지부장관은 5년 단위로 장기요양기본계획을 수립 · 시행하여야 한다.
② 보건복지부장관은 장기요양사업의 실태를 파악하기 위하여 3년마다 그 결과를 공표하여야 한다.
③ 장기요양보험사업의 보험자는 공단으로 한다.
④ 보건복지부장관은 장기요양사업에 사용되는 비용에 충당하기 위하여 장기요양보험료를 징수한다.

04 장기요양인정신청 등의 방법 및 절차 등에 관하여 필요한 사항은 어떻게 정하는가?

① 대통령령으로 정한다.　　　　　　② 총리령으로 정한다.
③ 행정안전부령으로 정한다.　　　　④ 보건복지부령으로 정한다.

05 다음 중 장기요양급여의 종류에 대한 설명으로 옳은 것은?

① 장기요양기관에 장기간 입소한 수급자에게 신체활동 지원 및 심신기능의 유지·향상을 위한 교육·훈련 등을 제공하는 장기요양급여는 주·야간보호이다.

② 특별현금급여로는 가족요양비, 특례요양비, 요양병원간병비 등이 있다.

③ 장기요양기관의 종류 및 기준은 총리령으로 정한다.

④ 장기요양요원의 범위·업무·보수교육 등에 관하여 필요한 사항은 총리령으로 정한다.

06 다음 중 우리나라의 노인장기요양보험제도에 관한 설명으로 옳은 것은?

① 단기보호는 시설급여에 해당한다.

② 가족에게 요양을 받을 때 지원되는 현금급여가 있다.

③ 장기요양보험료는 건강보험료와 분리하여 징수한다.

④ 장기요양인정의 유효기간은 3개월 이상으로 한다.

07 다음 중 ㉠, ㉡에 들어갈 내용을 올바르게 짝지은 것은?

> 공단은 공단의 조직 등에 관한 규정을 정할 때 장기요양사업을 수행하기 위하여 두는 조직 등을 건강보험사업을 수행하는 조직 등과 구분하여 따로 두어야 한다. 다만 ____㉠____ 와 ____㉡____ 은/는 그러하지 아니하다.

	㉠	㉡
①	보험 관리	의료수급권자 조정
②	자격 관리	보험료 부과·징수업무
③	급여 관리	장기요양기관 선정
④	요양 관리	재가시설 심사

08 공단이 장기요양인정 신청서를 접수할 때 소속 직원에게 조사하게 할 내용으로 옳은 것은?

① 신청인의 심신상태
② 장기요양급여의 수준 향상 방안
③ 노인성질환예방사업 추진계획
④ 소견서의 발급비용

09 다음 중 노인장기요양보험법의 내용으로 옳은 것은?

① 장기요양인정의 갱신 신청은 유효기간이 만료되기 전 20일까지 이를 완료하여야 한다.

② 등급판정위원회는 신청인이 신청서를 제출한 날부터 20일 이내에 장기요양등급판정을 완료하여야 한다.

③ 수급자는 장기요양인정서와 개인별장기요양이용계획서가 도달한 다음날부터 장기요양급여를 받을 수 있다.

④ 장기요양급여는 월 한도액 범위 안에서 제공한다.

10 다음 중 장기요양요원지원센터의 업무에 해당하는 것은?

① 장기요양보험료의 부과·징수

② 장기요양요원의 역량강화를 위한 교육지원

③ 의료급여수급권자의 자격 관리

④ 장기요양등급 판정

11 보건복지부장관 소속으로 장기요양위원회가 심의하는 내용을 모두 고르면?

> ㄱ. 장기요양보험료율
> ㄴ. 가족요양비, 특례요양비 및 요양병원간병비의 지급기준
> ㄷ. 재가 및 시설 급여비용

① ㄱ, ㄴ   ② ㄱ, ㄷ

③ ㄴ, ㄷ   ④ ㄱ, ㄴ, ㄷ

12 다음 중 공단의 이사장이 위촉하는 등급판정위원회 위원이 될 수 없는 사람은?

① 의료인

② 시·군·구 소속 공무원

③ 장기요양에 관한 학식과 경험이 풍부한 자

④ 장기요양기관 또는 의료계를 대표하는 자

13 다음 중 노인장기요양보험법상 등급판정위원회에 대한 내용으로 옳은 것은?

① 장기요양인정 및 장기요양등급 판정 등을 관리하기 위하여 등급판정위원회를 둔다.

② 인구 수를 고려하여 하나의 특별자치시·특별자치도·시·군·구에 1개의 등급판정위원회를 설치한다.

③ 등급판정위원회는 위원장 1인을 제외한 15인의 위원으로 구성한다.

④ 등급판정위원회 공무원 위원의 임기는 재임기간으로 한다.

14 다음은 장기요양급여의 관리·평가에 대한 내용일 때 ㉠, ㉡에 들어갈 말로 적절한 것은?

> • 공단은 장기요양기관이 제공하는 장기요양급여 내용을 지속적으로 관리·평가하여 장기요양급여의 수준
> 이 향상되도록 노력하여야 한다.
> • 장기요양급여 제공내용의 ___㉠___ 및 평가 결과의 공표 방법, 그 밖에 필요한 사항은 ___㉡___ 으로 정
> 한다.

	㉠	㉡		㉠	㉡
①	관리 방법	대통령령	②	심사 방법	보건복지부령
③	평가 방법	보건복지부령	④	운영 방법	대통령령

15 장기요양보험 등에 관한 공단의 심사청구에 대한 내용으로 적절하지 않은 것은?

① 장기요양인정·장기요양등급·장기요양급여·부당이득·장기요양급여비용 또는 장기요양보험료 등에
관한 공단의 처분에 이의가 있는 경우에 심사청구 할 수 있다.

② 심사청구는 그 처분이 있음을 안 날부터 90일 이내에 문서(전자문서 포함)로 한다.

③ 처분이 있은 날부터 180일을 경과하면 이를 제기하지 못한다.

④ 심사위원회의 구성·운영 및 위원의 임기, 그 밖에 필요한 사항은 공단이 정한다.

16 노인장기요양보험법상 공단에 심사청구 할 수 있는 기간은?

① 60일   ② 90일

③ 180일   ④ 1년 이내

17 다음 1년 이하의 징역 또는 1,000만 원 이하의 벌금 내용을 모두 고르면?

> ㄱ. 본인부담금을 면제 또는 감경하는 행위를 한 자
> ㄴ. 거짓이나 그 밖의 부정한 방법으로 변경지정을 받거나 변경신고를 한 자
> ㄷ. 정당한 사유 없이 장기요양급여의 제공을 거부한 자
> ㄹ. 업무수행 중 알게 된 비밀을 누설한 자
> ㅁ. 거짓이나 그 밖의 부정한 방법으로 장기요양급여를 받거나 다른 사람으로 하여금 장기요양급여를 받게
>   한 자
> ㅂ. 수급자가 부담한 비용을 정산하지 아니한 자

① ㄱ, ㄹ, ㅁ
② ㄱ, ㄷ, ㄹ
③ ㄴ, ㄷ, ㅂ
④ ㄷ, ㅁ, ㅂ

18 노인장기요양보험법의 처벌에 대한 내용으로 옳지 않은 것은?

① 수급자가 부담한 비용을 정산하지 아니한 자는 1년 이하의 징역 또는 1,000만 원 이하의 벌금에 처한다.
② 행정제재처분을 받았거나 그 절차가 진행 중인 사실을 양수인 등에게 지체 없이 알리지 아니한 자에게는 500만 원 이하의 과태료를 부과한다.
③ 지정받지 아니하고 장기요양기관을 운영하거나 거짓이나 그 밖의 부정한 방법으로 지정받은 자는 1년 이하의 징역 또는 1,000만 원 이하의 벌금에 처한다.
④ 거짓이나 그 밖의 부정한 방법으로 변경지정을 받거나 변경신고를 한 자에게는 500만 원 이하의 과태료를 부과한다.

19 다음 중 처벌규정이 나머지와 다른 하나는?

① 수급자가 부담한 비용을 정산하지 아니한 자
② 거짓이나 그 밖의 부정한 방법으로 다른 사람으로 하여금 장기요양급여를 받게 한 자
③ 정당한 사유 없이 장기요양급여의 제공을 거부한 자
④ 수급자에게 장기요양급여비용에 대한 명세서를 교부하지 아니하거나 거짓으로 교부한 자

20 장기요양기관에 관한 정보를 게시하지 아니하거나 거짓으로 게시한 자에 대한 처벌규정은?

① 200만 원 이하의 과태료
② 300만 원 이하의 과태료
③ 500만 원 이하의 과태료
④ 1년 이하의 징역 또는 1,000만 원 이하의 벌금

모의고사

🕐 응시시간 : 20분   📋 문항 수 : 20문항   정답 및 해설 p.74

01 국민건강보험법

01 다음 중 국민건강보험법상 보험급여를 받을 수 있는 사람에게 건강보험공단이 보험급여를 제한하는 경우로 옳지 않은 것은?

① 고의 또는 중대한 과실로 인한 범죄행위에 원인이 있는 경우

② 고의로 사고를 일으킨 경우

③ 업무로 생긴 질병 · 부상 · 재해로 다른 법령에 따른 보험급여나 보상을 받지 못한 경우

④ 고의 또는 중대한 과실로 건강보험공단의 요양에 관한 지시에 따르지 않은 경우

02 다음 중 국민건강보험법상 국민건강보험의 구상권과 수급권에 대한 설명으로 옳지 않은 것은?

① 제3자의 행위로 보험급여사유가 생겨 가입자에게 보험급여를 한 경우 제3자에게 손해배상을 청구할 수 있다.

② 보험급여를 받을 권리는 양도할 수 없다.

③ 보험급여를 받을 권리는 압류할 수 있다.

④ 요양비 등 수급계좌에 입금된 요양비는 압류할 수 없다.

03 다음 중 국민건강보험법상 국민건강보험공단의 보험료와 관련된 설명으로 옳지 않은 것은?

① 보험료는 가입자의 자격을 취득한 날이 속하는 달부터 자격을 잃는 날까지 징수할 수 있다.

② 보험료를 징수할 때 가입자의 자격이 변동된 경우, 변동된 날이 속하는 달의 보험료를 변동되기 전의 기준으로 징수한다.

③ 지역가입자의 월별 보험료액은 세대 단위로 산정한다.

④ 월별 보험료액은 가입자의 보험료 평균액의 일정비율 금액을 고려하여 상한 및 하한을 정한다.

04 다음 중 국민건강보험법상 보험급여에 대한 설명으로 옳지 않은 것은?

① 가입자는 본인일부부담금 외에 자신이 부담한 비용이 요양급여 대상에서 제외되는 비용인지 심사평가원에 확인을 요청할 수 있다.

② 부득이한 사유라도 요양기관이 아닌 장소에서 출산한 가입자는 요양비를 받을 수 없다.

③ 건강보험공단은 임신·출산 진료비, 장제비, 상병수당 등의 급여를 실시 할 수 있다.

④ 건강보험공단은 장애인 가입자에게 보조기기에 대하여 보험급여를 실시할 수 있다.

05 다음 빈칸에 들어갈 날짜로 옳은 것은?

> 가입자가 자격을 잃은 경우 직장가입자의 사용자와 지역가입자의 세대주는 그 명세를 보건복지부령으로 정하는 바에 따라 자격을 잃은 날부터 _____ 이내에 보험자에게 신고하여야 한다.

① 7일

② 10일

③ 14일

④ 21일

06 다음 중 국민건강보험법상 국민건강보험종합계획에서 국회 소관 상임위원회에 지체 없이 보고하여야 하는 경우로 옳지 않은 것은?

① 건강보험정책심의위원회의 심의를 거친 국민건강보험종합계획의 수립 및 변경

② 국민건강보험종합계획에 따라 건강보험정책심의위원회의 심의를 거친 시행계획의 수립

③ 국민건강보험종합계획 시행계획에 따른 추진실적 평가

④ 국민건강보험종합계획의 수립을 위하여 필요한 자료의 제출

07 다음 중 국민건강보험법상 과징금에 대한 설명으로 옳지 않은 것은?

① 보건복지부장관이 정하는 특별한 사유가 있다고 인정되면 부당한 방법으로 부담하게 한 금액의 5배 이하의 금액을 과징금으로 부과·징수할 수 있다.

② 특별한 사유가 있다고 인정되는 때에는 해당 약제에 대한 요양급여비용 총액의 100분의 40을 넘지 아니하는 범위에서 과징금을 부과·징수할 수 있다.

③ 해당 약제에 대한 요양급여비용 총액을 정할 때에는 1년간의 요양급여 총액을 넘지 않는 범위에서 정하여야 한다.

④ 과징금을 납부하여야 할 자가 납부기한까지 이를 내지 아니하면 그 과징금 부과 처분을 취소하고 업무정지 처분을 하거나 국세 체납처분의 예에 따라 이를 징수한다.

08 다음 중 국민건강보험법상 임의계속가입자(실업자)에 대한 특례를 설명한 내용으로 옳지 않은 것은?

① 공단에 신청한 임의계속가입자는 대통령령으로 정하는 기간 동안 직장가입자의 자격을 유지한다.

② 임의계속가입자의 보수월액은 보수월액보험료가 산정된 최근 6개월간의 보수월액을 평균한 금액으로 한다.

③ 임의계속가입자의 보험료는 보건복지부장관이 정하여 고시하는 바에 따라 그 일부를 경감할 수 있다.

④ 임의계속가입자의 보수월액보험료는 임의계속가입자가 전액을 부담하고 납부한다.

09 국민건강보험법상 보건복지부장관이 임명 또는 위촉하는 건강보험정책심의위원회 위원으로 적절하지 않은 사람은?

① 의료계를 대표하는 단체가 추천하는 자

② 보건복지부령으로 정하는 중앙행정기관 소속 공무원

③ 소비자단체가 추천하는 자

④ 근로자단체 및 사용자단체가 추천하는 자

10 다음 중 국민건강보험법상의 실업자 특례에 대한 설명으로 옳은 것을 모두 고르면?

> ㄱ. 임의계속가입자의 경우 직장가입자 보험료를 납부기한으로부터 2개월이 지난 날까지 내지 않으면 자격을 유지할 수 없다.
> ㄴ. 임의계속가입자의 보수월액은 보수월액보험료가 산정된 최근 12개월간의 보수월액을 평균한 금액으로 한다.
> ㄷ. 임의계속가입자의 보수월액보험료는 사업주 등과 100분의 50씩 부담한다.
> ㄹ. 임의계속가입자의 신청 방법·절차 등에 필요한 사항은 대통령령에 따른다.
> ㅁ. 임의계속가입자의 보험료는 보험료 경감고시에 따라 그 일부를 경감할 수 있다.
> ㅂ. 사용관계가 끝난 사람 중 직장가입자로서의 자격을 유지한 기간이 보건복지부령으로 정하는 기간 동안 통산 6개월 이상인 사람은 직장가입자로서의 자격 유지를 신청할 수 있다.

① ㄱ, ㄴ, ㄷ   ② ㄱ, ㄴ, ㅁ

③ ㄴ, ㄷ, ㅁ   ④ ㄴ, ㄹ, ㅂ

11 다음 중 국민건강보험법상 건강검진에 대한 설명으로 옳지 않은 것은?

① 직장가입자, 18세 이상인 피부양자 등은 일반건강검진 대상자이다.
② 암관리법에 따른 암의 종류별 검진주기·연령 기준 등에 해당하는 사람은 암검진을 받는다.
③ 6세 미만의 가입자 및 피부양자는 영유아건강검진을 받을 수 있다.
④ 세대주인 지역가입자 및 20세 이상인 지역가입자는 일반건강검진을 받을 수 있다.

12 다음 중 국민건강보험법상 요양급여비용의 청구와 지급에 관한 설명으로 옳지 않은 것은?

① 요양기관은 건강보험공단에 요양급여비용의 지급을 청구할 수 있다.
② 요양급여비용 심사청구는 심사평가원에서만 할 수 있다.
③ 요양급여비용 심사 내용을 통보받은 건강보험공단은 지체 없이 그 내용에 따라 해당 요양기관에 지급해야 한다.
④ 건강보험공단은 요양급여비용 심사에 따라 지급하여야 하는 금액을 그 가입자가 내야 하는 보험료 등과 상계(相計)할 수 있다.

13 다음 중 국민건강보험법상 요양급여를 실시하는 요양기관으로 옳은 것을 모두 고르면?

> ㄱ. 의료법에 따라 개설된 의료기관
> ㄴ. 지역보건법에 따른 보건소·보건의료원 및 보건지소
> ㄷ. 의료법에 따라 등록된 약국
> ㄹ. 의료법에 따라 설립된 한국희귀·필수의약품센터

① ㄱ, ㄴ   ② ㄴ, ㄷ
③ ㄱ, ㄹ   ④ ㄷ, ㄹ

14 국민건강보험법상 보험급여를 받을 수 있는 사람은?

① 국외에서 업무에 종사하고 있는 사람
② 업무 또는 공무로 생긴 질병으로 다른 법령에 따른 보상을 받게 되는 경우
③ 중대한 과실로 인한 범죄행위에 그 원인이 있거나 고의로 사고를 일으킨 경우
④ 장애인복지법에 의하여 등록된 장애인

15 다음 중 국민건강보험법상 외국인 등에 대한 특례의 내용으로 옳지 않은 것은?(단, 건강보험 적용대상사업장의 근로자이면서 제6조 제2항 각호의 어느 하나에 해당하지 않는 외국인을 대상으로 한다)

① 재외동포의 출입국과 법적 지위에 관한 법률 제6조에 따라 국내거소신고를 한 사람은 지역가입자가 된다.

② 출입국관리법 제31조에 따라 외국인등록을 한 사람은 직장가입자가 된다.

③ 국내체류가 법률에 위반되는 경우로서 대통령령으로 정하는 사유가 있는 경우에는 가입자 및 피부양자가 될 수 없다.

④ 정부는 외국 정부가 사용자인 사업장의 근로자의 건강보험에 관하여는 외국 정부와 한 합의에 따라 이를 따로 정할 수 있다.

16 국민건강보험법상 보험료·연체금을 징수할 권리의 소멸시효는?

① 1년 ② 3년
③ 5년 ④ 10년

17 다음 중 국민건강보험법상 건강보험심사평가원의 임원에 대한 설명으로 옳은 것은?

① 감사는 기획재정부장관이 임명한다.

② 비상임이사는 실비변상을 받을 수 없다.

③ 원장은 보건복지부장관이 임명한다.

④ 임원은 원장, 이사, 감사로 구성되어 있다.

18 다음 중 국민건강보험법상 국민건강보험법의 종합계획에 포함되지 않는 것은?

① 건강보험정책의 기본목표 및 추진방향
② 건강보험의 단기 재정 전망 및 운영
③ 요양급여비용에 관한 사항
④ 건강보험에 관한 통계 및 정보의 관리에 관한 사항

19 다음 중 국민건강보험법상 건강보험분쟁조정위원회에 관한 설명으로 옳지 않은 것은?

① 위원장을 포함하여 60명 이내의 위원으로 구성하고, 위원장을 제외한 위원 중 1명은 당연직위원으로 한다.
② 회의는 위원장, 당연직위원 및 위원장이 매 회의마다 지정하는 7명의 위원을 포함하여 총 9명으로 구성하되, 공무원이 아닌 위원이 과반수가 되도록 하여야 한다.
③ 구성원 3분의 1의 출석과 출석위원 3분의 1의 찬성으로 의결한다.
④ 실무적으로 지원하기 위하여 분쟁조정위원회에 사무국을 둔다.

20 국민건강보험법상 요양급여를 실시하는 요양기관에 해당하지 않는 것은?

① 약사법에 따라 설립된 한국희귀·필수의약품센터
② 약사법에 따라 등록된 약국
③ 지역보건법에 따른 보건지소
④ 사회복지사업법에 따라 사회복지시설에 수용된 자의 진료를 주된 목적으로 개설한 의료기관

01 다음 중 장기요양인정 신청자격요건을 충족한 신청인이 혼자서 일상생활을 수행하기 어렵다고 인정하는 수급자 판정의 기간은?

① 3개월   ② 5개월

③ 6개월   ④ 10개월

02 다음 중 500만 원 이하의 과태료 부과처분에 해당하지 않는 것은?

① 거짓이나 그 밖의 부정한 방법으로 장기요양급여비용 청구에 가담한 사람

② 수급자가 부담한 비용을 정산하지 아니한 자

③ 수급자에게 장기요양급여비용에 대한 명세서를 교부하지 아니하거나 거짓으로 교부한 자

④ 폐업·휴업 신고 또는 자료이관을 하지 아니하거나 거짓이나 그 밖의 부정한 방법으로 신고한 자

03 다음 중 공단이 장기요양사업 수행에 필요한 자료 제출 등을 요구할 수 없는 사람은?

① 장기요양보험가입자 또는 그 피부양자   ② 의료급여수급권자

③ 수급자   ④ 장기요양위원회 위원

04 다음 중 노인장기요양보험법에 대한 설명으로 옳지 않은 것은?

① 국가는 매년 예산의 범위에서 해당 년도 장기요양보험료 예상수입액의 100분의 20에 상당하는 금액을 공단에 지원한다.

② 국가와 지방자치단체는 대통령령이 정하는 바에 따라 공단이 부담해야 할 비용 및 관리운영비의 일부만을 부담한다.

③ 지방자치단체가 부담하는 금액은 보건복지부령으로 정하는 바에 따라 특별시·광역시·특별자치시·도·특별자치도와 시·군·구가 분담한다.

④ 지방자치단체의 부담액 부과, 징수 및 재원관리, 그 밖에 필요한 사항은 대통령령으로 정한다.

05 다음 중 노인장기요양보험법상 재심사청구에 대한 내용으로 가장 적절한 것은?

① 심사청구 결정통지를 받은 날부터 30일 이내에 장기요양재심사위원회에 재심사를 청구할 수 있다.
② 재심사위원회의 위원은 장기요양사업 분야의 학식과 경험이 풍부한 자 중에서 보건복지부장관이 임명 또는 위촉한다.
③ 재심사위원회는 공무원이 아닌 위원이 전체 위원의 3분의 1 이상이 되도록 하여야 한다.
④ 재심사위원회는 위원장 1인을 포함한 18인 이내의 위원으로 구성한다.

06 장기요양기관 지정의 유효기간은?

① 지정받은 날부터 3년
② 지정받은 날부터 4년
③ 지정받은 날부터 5년
④ 지정받은 날부터 6년

07 다음 중 국민건강보험공단이 장기요양급여를 제한할 수 있는 경우에 해당하지 않는 것은?

① 부정한 방법으로 장기요양인정을 받은 것으로 의심되는 경우 실시하는 조사에 응하지 아니하는 경우
② 고의로 사고를 발생하도록 하여 장기요양인정을 받은 것으로 의심되는 경우 실시하는 조사에 응하지 아니하는 경우
③ 장기요양급여를 받고 있는 자가 정당한 사유로 조사나 요구에 응하지 아니하거나 답변을 거절한 경우
④ 장기요양보험가입자 또는 그 피부양자 및 의료급여수급권자가 공단의 자료 제출 요구에 응하지 아니하는 경우

08 다음 중 ㉠, ㉡에 들어갈 수로 옳은 것은?

| 1. 재가급여 : 해당 장기요양급여비용의 100분의 ㉠ |
| 2. 시설급여 : 해당 장기요양급여비용의 100분의 ㉡ |

	㉠	㉡		㉠	㉡
①	10	15	②	20	25
③	15	20	④	25	30

09 다음 중 장기요양기본계획에 포함되는 사항을 모두 고르면?

> ㄱ. 장애등급별 입원 일수
> ㄴ. 연도별 장기요양급여 대상인원
> ㄷ. 연도별 장기요양급여 재원조달 계획
> ㄹ. 연도별 장기요양기관 및 장기요양 전문인력 관리 방안
> ㅁ. 장기요양요원의 처우에 관한 사항
> ㅂ. 장기요양보험가입자의 소득수준

① ㄱ, ㄴ, ㄹ, ㅁ   ② ㄱ, ㄴ, ㅁ, ㅂ
③ ㄴ, ㄷ, ㄹ, ㅁ   ④ ㄴ, ㄷ, ㅁ, ㅂ

10 다음 중 장기요양사업 실태 파악에 대한 설명으로 옳은 것은?

① 보건복지부장관이 조사를 실시해야 한다.
② 국민건강보험공단에서 결과를 공표하여야 한다.
③ 조사를 2년마다 정기적으로 실시해야 한다.
④ 실태조사 방법은 국민건강보험공단에서 마련해야 한다.

11 노인장기요양보험법상 장기요양급여의 제공에 관한 설명으로 옳지 않은 것은?

① 수급자는 장기요양인정서와 개인별장기요양이용계획서가 도달한 다음날부터 장기요양급여를 받을 수 있다.
② 수급자는 돌볼 가족이 없는 경우 등 대통령령으로 정하는 사유가 있는 경우 신청서를 제출한 날부터 장기요양인정서가 도달되는 날까지의 기간 중에도 장기요양급여를 받을 수 있다.
③ 수급자는 장기요양급여를 받으려면 장기요양기관에 장기요양인정서와 개인별장기요양이용계획서를 제시하여야 한다.
④ 수급자가 장기요양인정서 및 개인별장기요양이용계획서를 제시하지 못하는 경우 장기요양기관은 공단에 전화나 인터넷 등을 통하여 그 자격 등을 확인할 수 있다.

12 노인장기요양보험법상 심사청구에 관한 설명으로 옳은 것은?

① 공단의 처분에 이의가 있는 자는 건강보험심사평가원에 심사청구를 할 수 있다.

② 심사청구는 그 처분이 있음을 안 다음날부터 90일 이내에 구두와 문서로 한다.

③ 처분이 있은 날부터 180일을 경과하면 심사청구를 제기하지 못한다.

④ 심사청구 사항을 심사하기 위하여 공단에 장기요양요원지원센터를 둔다.

13 다음 중 노인장기요양보험법상 장기요양기관 지정을 반드시 취소해야 하는 경우는?

① 업무정지기간 중에 장기요양급여를 제공한 경우

② 부정한 방법으로 급여비용을 청구한 경우

③ 장기요양급여를 거부한 경우

④ 지정기준에 적합하지 아니한 경우

14 다음 중 장기요양급여 제공의 기본원칙에 대한 설명으로 옳지 않은 것은?

① 장기요양급여는 노인 등의 심신상태·생활환경을 고려하여 필요한 범위 안에서 적정하게 제공하여야 한다.

② 장기요양급여는 노인 등 및 그 가족의 욕구·선택을 고려하여 필요한 범위 안에서 이를 적정하게 제공하여야 한다.

③ 장기요양급여는 특별현금급여를 우선적으로 제공하여야 한다.

④ 장기요양급여는 노인 등의 심신상태나 건강 등이 악화되지 아니하도록 의료서비스와 연계하여 이를 제공하여야 한다.

15 다음 중 장기요양기관의 업무정지명령을 갈음하여 2억 원 이하의 과징금을 부과할 수 있는 경우가 아닌 것은?

① 지정기준에 적합하지 아니한 경우

② 장기요양급여를 거부한 경우

③ 수급자를 소개, 알선 또는 유인하는 행위

④ 거짓으로 시설 급여비용을 청구한 경우

16 다음 중 장기요양인정 신청자격요건을 충족한 신청인이 혼자서 일상생활을 수행하기 어렵다고 인정하는 명령은?

① 총리령

② 보건복지부령

③ 대통령령

④ 행정안전부령

17 다음 중 노인장기요양보험법에 대한 내용으로 올바르지 않은 것은?

① 장기요양보험 사업을 수행하는 자가 아닌 자는 보험계약의 명칭에 노인장기요양보험을 사용하지 못한다.

② 가족요양비·특례요양비 및 요양병원간병비와 관련된 급여를 제공한 자는 업무수행 중 알게 된 비밀을 누설해서는 안 된다.

③ 시장·군수·구청장은 장기요양기관 지정취소의 경우에는 청문을 하여야 한다.

④ 장기요양급여를 받을 권리는 양도 또는 압류하거나 담보로 제공할 수 있다.

18 다음 중 행정제재처분 효과의 승계 대상(처분을 한 날부터 3년간)이 아닌 것은?

① 합병 후 존속하는 법인

② 합병으로 신설된 법인

③ 장기요양기관을 양도한 경우 양수인

④ 양수 시 행정제재처분을 알지 못하였음을 증명한 양수인

19 장기요양기관 지정의 갱신을 위해서는 지정 유효기간이 끝나기 며칠 전까지 갱신을 신청해야 하는가?

① 30일

② 50일

③ 60일

④ 90일

20 등급판정 시 공단이 조사가 완료되면 등급판정위원회에 제출하여야 자료가 아닌 것은?

① 조사결과서

② 요양기관의 자격서

③ 의사소견서

④ 그 밖에 심의에 필요한 자료

⏱ 응시시간 : 20분   📋 문항 수 : 20문항   정답 및 해설 p.81

PART 1

PART 2

01 국민건강보험법

01 건강보험가입자의 자격상실 시기로 옳은 것은?

① 직장가입자의 피부양자가 된 날의 다음 날

② 국적을 잃은 날

③ 사망한 날의 다음 날

④ 건강보험의 적용배제 신청을 한 날의 다음 날

02 다음 중 직장가입자의 피부양자가 아닌 자는?

① 직장가입자의 배우자   ② 직장가입자의 직계비속과 그 배우자

③ 직장가입자의 배우자의 직계존속   ④ 직장가입자의 사촌 형제

03 국민건강보험법상 보험료에 관한 설명으로 옳지 않은 것은?

① 보험료는 가입자의 자격을 취득한 날이 속하는 달의 다음 달부터 가입자의 자격을 잃은 날의 전날이 속하는 달까지 징수한다.

② 보험료를 징수할 때 가입자의 자격이 변동된 경우에는 변동된 날이 속하는 달의 보험료는 변동되기 전의 자격을 기준으로 징수한다.

③ 직장가입자의 월별 보험료액은 보수월액에 보험료율을 곱하여 얻은 보수월액보험료만으로 산정한다.

④ 지역가입자의 월별 보험료액은 세대 단위로 산정한다.

04 다음 중 ㉠, ㉡에 들어갈 내용으로 적절한 것은?

> ① 직장가입자의 보험료율은 ____㉠____ 의 범위에서 심의위원회의 의결을 거쳐 대통령령으로 정한다.
> ② 국외에서 업무에 종사하고 있는 직장가입자에 대한 보험료율은 제1항에 따라 정해진 보험료율의 ____㉡____ 으로 한다.
> ③ 지역가입자의 보험료부과점수당 금액은 심의위원회의 의결을 거쳐 대통령령으로 정한다.

	㉠	㉡			㉠	㉡
①	1천분의 80	100분의 40		②	1천분의 80	100분의 50
③	1천분의 100	100분의 40		④	1천분의 100	100분의 50

05 다음 빈칸에 들어갈 내용으로 적절한 것은?

> 보건복지부장관은 요양기관이 다음 각 호의 어느 하나에 해당하면 그 요양기관에 대하여 _____의 범위에서 기간을 정하여 업무정지를 명할 수 있다.
> 1. 속임수나 그 밖의 부당한 방법으로 보험자·가입자 및 피부양자에게 요양급여비용을 부담하게 한 경우
> 2. 제97조 제2항에 따른 명령에 위반하거나 거짓 보고를 하거나 거짓 서류를 제출하거나, 소속 공무원의 검사 또는 질문을 거부·방해 또는 기피한 경우
> 3. 정당한 사유 없이 요양기관이 제41조의3 제1항에 따른 결정을 신청하지 아니하고 속임수나 그 밖의 부당한 방법으로 행위·치료재료를 가입자 또는 피부양자에게 실시 또는 사용하고 비용을 부담시킨 경우

① 1년   ② 2년

③ 3년   ④ 4년

06 다음 중 국민건강보험법상 국민건강보험공단의 임원에 대한 설명으로 옳지 않은 것은?

① 대한민국 국민이 아닌 사람은 공단의 임원이 될 수 없다.

② 정신장애로 직무를 수행할 수 없다고 인정되면 임명권자가 해임할 수 있다.

③ 영리를 목적으로 하는 사업과 비영리 목적의 업무는 모두 겸직할 수 없다.

④ 감사에 해당하는 임원은 공단의 업무, 회계 및 재산 상황을 감사한다.

07 다음 중에서 건강보험 급여가 제공되는 것에 해당되는 것을 모두 고르면?

ㄱ. 질병	ㄴ. 부상	ㄷ. 분만

① ㄱ, ㄴ
② ㄱ, ㄷ
③ ㄴ, ㄷ
④ ㄱ, ㄴ, ㄷ

08 다음 중 밑줄 친 부분에 해당되는 사항으로 옳지 않은 것은?

공단은 사용자, 직장가입자 및 세대주에게 다음 <u>각 호의 사항</u>을 신고하게 하거나 관계 서류(전자적 방법으로 기록된 것을 포함한다. 이하 같다)를 제출하게 할 수 있다.

① 가입자의 거주지 변경
② 가입자의 재산
③ 건강보험사업을 위하여 필요한 사항
④ 가입자의 보수

09 다음 중 국민건강보험법상 국민건강보험공단의 자산의 관리·운영 및 증식사업에서 안정성과 수익성을 위해 고려해야 할 사항이 아닌 것은?

① 체신관서 또는 은행법에 따른 은행에의 예입 또는 신탁
② 은행법에 따른 대기업이 직접 발행하거나 채무이행을 보증하는 유가증권의 매입
③ 자본시장과 금융투자업에 관한 법률에 따른 신탁업자가 발행하거나 같은 법에 따른 집합투자업자가 발행하는 수익증권의 매입
④ 공단의 업무에 사용되는 부동산의 취득 및 일부 임대

10 다음 중 국민건강보험법상 국민건강보험공단에 대한 설명으로 옳지 않은 것은?

① 공단의 주요 사항을 심의·의결하기 위해 이사회를 둔다.

② 공단의 조직·인사·보수 및 회계에 관한 규정은 이사장이 결정하여 보건복지부장관의 승인을 받아 정한다.

③ 공단은 보험재정에 관련된 사항을 심의·의결하기 위하여 재정운영위원회를 둔다.

④ 공단의 임직원은 형법 제129조부터 제132조까지의 규정을 적용할 때 공무원으로 본다.

11 다음 중 국민건강보험법상 1년 이하의 징역 또는 1,000만 원 이하의 벌금에 처하는 경우로 옳지 않은 것은?

① 선별급여가 금지되었음에도 불구하고 선별급여를 제공한 요양기관의 개설자

② 대행청구단체가 아닌 자로 하여금 대행하게 한 자

③ 행정처분절차가 진행 중인 사실을 지체 없이 알리지 아니한 자

④ 업무정지기간 중에 오양급여를 한 요양기관의 개설자

12 다음 중 국민건강보험법상 업무의 위탁에 대한 설명으로 옳지 않은 것은?

① 공단은 보험료의 수납 또는 보험료납부의 확인에 관한 업무를 금융기관에 위탁할 수 있다.

② 공단은 징수위탁근거법의 위탁에 따라 징수하는 연금보험료, 고용보험료, 산업재해보상보험료, 부담금 및 분담금 등의 수납 업무를 금융기관에 위탁할 수 있다.

③ 공단은 보험료와 징수위탁보험료 등의 징수 업무를 국가기관에 위탁할 수 있다.

④ 공단이 위탁할 수 있는 업무 및 위탁받을 수 있는 자의 범위는 보건복지부령으로 정한다.

13 다음 중 국민건강보험법상 보수월액에 대한 설명으로 옳지 않은 것은?

① 직장가입자의 보수월액은 직장가입자가 지급받는 보수를 기준으로 하여 산정한다.

② 휴직자의 보수월액보험료는 해당 사유가 생기기 전 달의 보수월액을 기준으로 산정한다.

③ 보수는 근로자 등이 근로를 제공하고 사용자·국가 또는 지방자치단체로부터 지급받는 금품으로서 대통령령으로 정하는 것을 말한다.

④ 보수 관련 자료가 없을 경우 건강보험심사평가원장이 정하여 고시하는 금액을 보수로 본다.

14 다음 중 국민건강보험법상 보험료 등의 독촉 및 체납처분에 대한 설명으로 옳지 않은 것은?

① 직장가입자의 사용자가 2명 이상인 경우 그중 1명에게 한 독촉은 해당 사업장의 다른 사용자 모두에게 효력이 있는 것으로 본다.

② 독촉할 때에는 30일 이상 60일 이내의 납부기한을 정하여 독촉장을 발부하여야 한다.

③ 독촉을 받은 자가 그 납부기한까지 보험료 등을 내지 아니하면 보건복지부장관의 승인을 받아 국세 체납처분의 예에 따라 이를 징수할 수 있다.

④ 체납처분을 하기 전에 보험료 등의 체납 내역, 압류 가능한 재산의 종류 등이 포함된 통보서를 발송하여야 한다.

PART 1

PART 2

15 국민건강보험법상 요양급여를 받는 자는 대통령령으로 정하는 바에 따라 비용의 일부를 본인이 부담하여야 한다. 다음 중 본인일부부담금과 관련된 설명으로 옳지 않은 것은?

① 선별급여는 다른 요양급여에 비하여 본인일부부담금을 하향 조절할 수 있다.

② 본인일부부담금의 총액이 본인부담상한액을 초과한 경우 공단이 그 초과 금액을 부담한다.

③ 본인부담상한액은 가입자의 소득수준 등에 따라 정한다.

④ 본인일부부담금 총액 산정 방법 등은 대통령령으로 정한다.

16 다음 중 국민건강보험법상 고액·상습체납자의 인적사항 공개에 대한 설명으로 옳지 않은 것은?

① 1년이 경과한 보험료, 연체금과 체납처분비의 총액이 1,000만 원 이상인 체납자가 납부능력이 있음에도 불구하고 체납한 경우 그 인적사항·체납액 등을 공개할 수 있다.

② 체납자의 인적사항 등에 대한 공개 여부를 심의하기 위하여 공단에 보험료정보공개심의위원회를 둔다.

③ 공개대상자에게 공개대상자임을 서면으로 통지하여 소명의 기회를 부여하여야 한다.

④ 체납자 인적사항 등의 공개는 관보에 게재할 수 없으며, 공단 인터넷 홈페이지에 게시하는 방법에 따른다.

17 다음 중 국민건강보험공단의 결손처분에 대한 설명으로 옳지 않은 것은?

① 해당 권리에 대한 소멸시효가 완성된 경우 의결 없이 보험료 등을 결손처분을 할 수 있다.

② 체납처분이 끝나고 체납액에 충당될 배분금액이 그 체납액에 미치지 못하는 경우 보험료 등을 결손처분할 수 있다.

③ 징수할 가능성이 없다고 인정되는 경우로서 대통령령으로 정하는 경우 보험료 등을 결손처분할 수 있다.

④ 결손처분을 한 후 압류할 수 있는 다른 재산이 있는 것을 발견한 때에는 지체 없이 그 처분을 취소하고 체납처분을 하여야 한다.

18 다음 중 국민건강보험법상 국민건강보험공단의 업무로 적절하지 않은 것은?

① 자산의 관리·운영 및 증식사업
② 보험급여 비용의 지급
③ 요양급여의 적정성 평가
④ 의료시설의 운영

19 국민건강보험법상 보험급여의 정지 사유에 해당하는 것은?

① 고의로 인한 범죄행위에 그 원인이 있는 경우

② 국외에서 업무에 종사하고 있는 경우

③ 고의로 국민건강보험공단의 지시를 따르지 않은 경우

④ 중대한 과실로 국민건강보험공단에서 요구하는 문서나 물건을 제출하지 않은 경우

20 국민건강보험법상 가입자의 자격변동 시기에 해당하지 않는 것은?

① 지역가입자가 적용대상사업장의 사용자로 된 날

② 직장가입자가 다른 적용대상사업장의 근로자로 사용된 날

③ 직장가입자인 근로자 등이 그 사용관계가 끝난 날

④ 지역가입자가 적용대상사업장의 근로자로 사용된 날

노인장기요양보험법

01 노인장기요양보험법상 500만 원 이하의 과태료를 부과하는 경우가 아닌 것은?

① 장기요양기관에 관한 정보를 게시하지 아니한 자
② 수급자가 부담한 비용을 정산하지 아니한 자
③ 행정제재처분을 받았거나 그 절차가 진행 중인 사실을 알리지 아니한 자
④ 장기요양급여 제공 자료를 기록·관리하지 아니한 자

02 다음 중 장기요양기관으로 지정받을 수 있는 사람은?

① 대표자가 파산선고를 받고 복권되지 아니한 사람인 법인
② 금고 이상의 실형을 선고받고 그 집행이 면제된 날부터 5년이 경과되지 아니한 사람
③ 금고 이상의 형의 집행유예를 선고받고 그 유예기간 중에 있는 사람
④ 정신질환자 중 전문의가 장기요양기관 운영 업무에 종사하는 것이 적합하다고 인정한 사람

03 다음은 장기요양급여의 재가급여 중 어디에 해당하는가?

> 수급자를 보건복지부령으로 정하는 범위 안에서 일정 기간 동안 장기요양기관에 보호하여 신체활동 지원 및 심신기능의 유지·향상을 위한 교육지·훈련 등을 제공하는 장기요양급여

① 단기보호　　　　　　　　　　　② 중기보호
③ 장기보호　　　　　　　　　　　④ 시설보호

04 다음 중 장기요양보험료의 징수와 산정에 대한 내용으로 옳지 않은 것은?

① 공단은 장기요양사업에 사용되는 비용에 충당하기 위하여 장기요양보험료를 징수한다.
② 장기요양보험료는 건강보험료와 구분하여 징수한다.
③ 공단은 장기요양보험료와 건강보험료를 구분하여 고지하여야 한다.
④ 공단은 장기요양보험료와 건강보험료를 각각의 독립회계로 관리하여야 한다.

05 다음 중 장기요양기본계획에 포함되지 않는 내용은?

① 연도별 장기요양급여 대상인원　　　　② 연도별 장기요양기관 관리 방안
③ 장기요양병원장의 처우에 관한 사항　　④ 장기요양요원의 처우에 관한 사항

06 다음 중 장기요양사업의 관리운영기관에 관한 설명으로 옳지 않은 것은?

① 장기요양사업의 관리운영기관은 공단으로 한다.
② 장기요양기관은 설치 목적에 필요한 최소한의 범위에서 설치하여야 한다.
③ 공단은 장기요양사업에 대하여 독립회계를 설치・운영하여야 한다.
④ 장기요양사업수행조직과 건강보험사업수행조직은 따로 구분하여 두지 않는다.

07 다음 중 빈칸에 공통으로 들어갈 숫자로 옳은 것은?

> 노인장기요양법에서 노인 등이란 ＿＿＿＿세 이상의 노인 또는 ＿＿＿＿세 미만의 자로서 치매・뇌혈관성 질환 등 대통령령으로 정하는 노인성 질병을 가진 자를 말한다.

① 55　　　　　　　　　　　　　　　② 60
③ 65　　　　　　　　　　　　　　　④ 70

08 다음 중 장기요양인정의 신청 등에 관한 사항으로 옳은 것은?

① 거동이 불편하거나 도서・벽지 지역에 거주하여 의료기관을 방문하기 어려운 자는 사회복지사의 도움을 받아 의사소견서를 제출하여야 한다.
② 장기요양인정을 신청하는 자가 제출하여야 하는 의사소견서의 발급비용・비용부담방법 등은 공단에서 정한다.
③ 공단이 장기요양인정 신청의 조사를 하는 경우 3명 이상의 소속 직원이 조사할 수 있도록 노력하여야 한다.
④ 조사를 하는 자는 조사일시, 장소 및 조사를 담당하는 자의 인적사항 등을 미리 신청인에게 통보하여야 한다.

09 다음 중 노인장기요양보험법의 재가 및 시설 급여비용에 관한 설명으로 옳은 것은?

① 장기요양기관은 수급자에게 재가급여를 제공한 경우 구청에 장기요양급여비용을 청구하여야 한다.

② 재가 및 시설 급여비용은 급여종류 및 장기요양등급 등에 따라 장기요양위원회의 동의를 거쳐 보건복지부장관이 정하여 고시한다.

③ 재가 및 시설 급여비용 중 재가급여의 해당 장기요양급여비용의 100분의 10은 수급자가 부담한다.

④ 보건복지부장관은 재가 및 시설 급여비용을 정할 때 국가 및 지방자치단체로부터 장기요양기관의 설립비용을 지원받았는지 여부 등을 고려할 수 있다.

10 다음 중 장기요양위원회의 구성으로 옳은 것을 모두 고르면?

> ㄱ. 위원장은 1인으로 한다.
> ㄴ. 부위원장 1인을 포함한 16인 이상 20인 이하의 위원으로 구성한다.
> ㄷ. 위원은 보건복지부장관이 임명 또는 위촉한 자로 한다.
> ㄹ. 위원장은 보건복지부차관이 된다.

① ㄱ, ㄴ   ② ㄱ, ㄷ

③ ㄱ, ㄴ, ㄷ   ④ ㄱ, ㄷ, ㄹ

11 다음 중 장기요양위원회의 운영에 대해 올바르게 설명한 것은?

① 회의는 구성원 3분의 2 출석으로 개의한다.

② 출석위원 과반수의 찬성으로 의결한다.

③ 분야별로 실무위원회를 두지 않는다.

④ 장기요양위원회는 공단에 소속된 기관이다.

12 다음 중 수급자가 장기요양인정신청 등을 직접 수행할 수 없을 때 본인 또는 가족의 동의를 받아 그 신청을 대리할 수 없는 자는?

① 사회복지전담공무원

② 치매안심센터의 장

③ 수급자 본인의 친족

④ 특별자치시장·특별자치도지사가 지정하는 자

13 장기요양급여의 재가급여 중 다음 내용에 해당하는 것은?

> 장기요양요원이 수급자의 가정 등을 방문하여 신체활동 및 가사활동 등을 지원하는 장기요양급여

① 방문목욕   ② 방문요양
③ 주·야간보호   ④ 단기보호

14 다음 중 장기요양급여 중 가족요양비에 대한 설명으로 옳지 않은 것은?

① 가족요양비는 공단이 지급할 수 있다.
② 가족요양비는 대통령령으로 정하는 기준에 따라 지급할 수 있다.
③ 가족요양비는 천재지변 등의 사유로 장기요양기관이 제공하는 장기요양급여의 이용으로는 부족하다고 보건복지부장관이 인정하는 자가 받을 수 있다.
④ 가족요양비는 신체·정신 또는 성격 등 대통령령으로 정하는 사유로 인하여 가족 등으로부터 장기요양을 받아야 하는 자가 받을 수 있다.

15 다음은 장기요양인정의 신청에 관한 설명이다. 빈칸에 공통으로 들어갈 말로 옳은 것은?

> 장기요양인정을 신청하는 자는 공단에 장기요양인정신청서에 _____를 첨부하여 제출하여야 한다. 다만, _____는 공단이 등급판정위원회에 자료를 제출하기 전까지 제출할 수 있다.

① 의사소견서   ② 공단소견서
③ 요양원소견서   ④ 시장소견서

16 장기요양급여를 제공받거나 제공할 경우 요구하거나 제공하여서는 아니 되는 행위를 급여외행위라고 한다. 다음 중 급여외행위를 모두 고르면?

> ㄱ. 수급자의 가족만을 위한 행위
> ㄴ. 수급자의 생업을 지원하는 행위
> ㄷ. 수급자 가족의 생업을 지원하는 행위
> ㄹ. 수급자의 일상생활에 지장이 없는 행위

① ㄱ, ㄹ   ② ㄱ, ㄴ, ㄷ
③ ㄱ, ㄷ, ㄹ   ④ ㄱ, ㄴ, ㄷ, ㄹ

17 다음 중 ㉠, ㉡에 들어갈 기관을 올바르게 짝지은 것은?

> • 장기요양보험료율, 가족요양비, 특례요양비 및 요양병원간병비의 지급기준 등을 심의하기 위하여 ____㉠____ 를 둔다.
> • 장기요양인정 및 장기요양등급 판정 등을 심의하기 위하여 공단에 ____㉡____ 를 둔다.

	㉠	㉡
①	장기요양위원회	장기요양등급판정위원회
②	공표심의위원회	재심사위원회
③	장기요양위원회	공표심의위원회
④	장기요양등급판정위원회	장기요양위원회

18 다음 중 장기요양사업의 실태를 파악하기 위한 실태조사에 대해 잘못 설명한 것은?

① 3년마다 실시한다.
② 장기요양요원의 근로조건에 관한 사항도 조사한다.
③ 실태조사의 결과는 공표하여야 한다.
④ 실태조사의 방법과 내용 등에 필요한 사항은 대통령령으로 정한다.

19 장기요양기관이 거짓으로 청구한 금액이 장기요양급여비용 총액의 100분의 10 이상인 경우 공표할 수 있는 사항이 아닌 것은?

① 처분내용
② 이용인원
③ 위반사실
④ 장기요양기관의 주소

20 재가 및 시설 급여비용의 청구 및 지급에 대해 잘못 설명한 것은?

① 공단은 장기요양에 사용된 비용 중 공단부담금을 해당 장기요양기관에 지급하여야 한다.
② 공단은 장기요양급여평가 결과에 따라 장기요양급여비용을 감액조정하여 지급할 수 없다.
③ 수급자가 이미 낸 본인부담금이 본인부담금보다 더 많으면 차액을 수급자에게 지급하여야 한다.
④ 공단은 수급자에게 지급하여야 하는 금액을 그 수급자가 납부하여야 하는 장기요양보험료 등과 상계(相計)할 수 있다.

현재 나의 실력을 객관적으로 파악해 보자!

모바일 OMR
답안채점 / 성적분석 서비스

도서에 수록된 모의고사에 대한 객관적인 결과(정답률, 순위)를 종합적으로 분석하여 제공합니다.

OMR 입력   ## 성적분석   ## 채점결과

   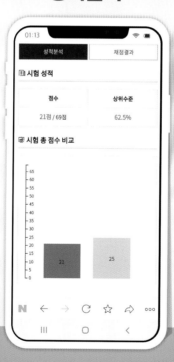   

※OMR 답안채점 / 성적분석 서비스는 등록 후 30일간 사용 가능합니다.

참여 방법

 → → → → →

| 도서 내 모의고사 우측 상단에 위치한 QR코드 찍기 | 로그인 하기 | '시작하기' 클릭 | '응시하기' 클릭 | 나의 답안을 모바일 OMR 카드에 입력 | '성적분석 & 채점결과' 클릭 | 현재 내 실력 확인하기 |

2022 · 최신판

합격의 공식 | 시대에듀

직무시험
국민건강
보험공단

법률 + OX문제 + 기출예상문제 +
최종모의고사 7회

+ 오디오북

1위
기업별 NCS 시리즈
누적 판매량

정답 및 해설

SD에듀
(주)시대고시기획

PART 1

법률
정답 및 해설

도서 관련 최신 정보 및 정오사항이 있는지
우측 QR을 통해 확인해 보세요!

01 총칙

01	02	03	04	05	06	07	08		
③	④	③	①	④	④	②	①		

01 　　　　　　　　　　　　　정답 ③

국민건강보험종합계획의 수립 등(법 제3조의2 제3항)
보건복지부장관은 종합계획에 따라 매년 연도별 시행계획(이하 "시행계획"이라 한다)을 건강보험정책심의위원회의 심의를 거쳐 수립·시행하여야 한다.

오답분석
① 국민건강보험법에 따른 건강보험사업은 보건복지부장관이 맡아 주관한다(법 제2조).
② "근로자"란 직업의 종류와 관계없이 근로의 대가로 보수를 받아 생활하는 사람(법인의 이사와 그 밖의 임원을 포함한다)으로서 공무원 및 교직원을 제외한 사람을 말한다(법 제3조 제1호).
④ 보건복지부장관은 국민건강보험법에 따른 건강보험의 건전한 운영을 위하여 건강보험정책심의위원회의 심의를 거쳐 5년마다 국민건강보험종합계획을 수립하여야 한다. 수립된 종합계획을 변경할 때도 또한 같다(법 제3조의2 제1항).

02 　　　　　　　　　　　　　정답 ④

국민건강보험종합계획의 수립 등(법 제3조의2 제1항)
보건복지부장관은 국민건강보험법에 따른 건강보험의 건전한 운영을 위하여 제4조에 따른 건강보험정책심의위원회의 심의를 거쳐 5년마다 국민건강보험종합계획(이하 "종합계획"이라 한다)을 수립하여야 한다. 수립된 종합계획을 변경할 때도 또한 같다.

03 　　　　　　　　　　　　　정답 ③

국민건강보험종합계획의 수립 등(법 제3조의2 제2항)
종합계획에는 다음 각 호의 사항이 포함되어야 한다.
1. 건강보험정책의 기본목표 및 추진방향
2. 건강보험 보장성 강화의 추진계획 및 추진방법
3. 건강보험의 중장기 재정 전망 및 운영
4. 보험료 부과체계에 관한 사항
5. 요양급여비용에 관한 사항
6. 건강증진 사업에 관한 사항

7. 취약계층 지원에 관한 사항
8. 건강보험에 관한 통계 및 정보의 관리에 관한 사항
9. 그 밖에 건강보험의 개선을 위하여 필요한 사항으로 대통령령으로 정하는 사항

04 　　　　　　　　　　　　　정답 ①

국민건강보험종합계획의 수립 등(법 제3조의2 제3항·제4항)
③ 보건복지부장관은 종합계획에 따라 매년 연도별 시행계획(이하 "시행계획"이라 한다)을 건강보험정책심의위원회의 심의를 거쳐 수립·시행하여야 한다.
④ 보건복지부장관은 매년 시행계획에 따른 추진실적을 평가하여야 한다.

05 　　　　　　　　　　　　　정답 ④

국민건강보험종합계획의 수립 등(법 제3조의2 제7항)
그 밖에 제1항에 따른 종합계획의 수립 및 변경, 제3항에 따른 시행계획의 수립·시행 및 제4항에 따른 시행계획에 따른 추진실적의 평가 등에 필요한 사항은 대통령령으로 정한다.

오답분석
① 법 제3조의2 제5항 제3호
② 법 제3조의2 제1항
③ 법 제3조의2 제6항

06 　　　　　　　　　　　　　정답 ④

건강보험정책심의위원회(법 제4조 제2항·제5항)
② 심의위원회는 위원장 1명과 부위원장 1명을 포함하여 25명의 위원으로 구성한다.
⑤ 심의위원회 위원(대통령령으로 정하는 중앙행정기관 소속 공무원 2명은 제외한다)의 임기는 3년으로 한다. 다만, 위원의 사임 등으로 새로 위촉된 위원의 임기는 전임위원 임기의 남은 기간으로 한다.

오답분석
①·② 건강보험정책에 관한 사항을 심의·의결하기 위하여 보건복지부장관 소속으로 건강보험정책심의위원회를 둔다(법 제4조 제1항).

③ 심의위원회의 위원장은 보건복지부차관이 되고, 부위원장은
제4항 제4호의 위원 중에서 위원장이 지명하는 사람이 된다
(법 제4조 제3항).

07

건강보험정책심의위원회(법 제4조 제1항)
건강보험정책에 관한 다음 각 호의 사항을 심의·의결하기 위하여
보건복지부장관 소속으로 건강보험정책심의위원회(이하 "심의위
원회"라 한다)를 둔다.
1. 제3조의2 제1항 및 제3항에 따른 종합계획 및 시행계획에 관
한 사항(심의에 한정한다)
2. 제41조 제3항에 따른 요양급여의 기준
3. 제45조 제3항 및 제46조에 따른 요양급여비용에 관한 사항
4. 제73조 제1항에 따른 직장가입자의 보험료율
5. 제73조 제3항에 따른 지역가입자의 보험료부과점수당 금액
6. 그 밖에 건강보험에 관한 주요 사항으로서 대통령령으로 정하
는 사항

08
정답 ①

건강보험정책심의위원회(법 제4조 제4항)
심의위원회의 위원은 다음 각 호에 해당하는 사람을 보건복지부장
관이 임명 또는 위촉한다.
1. 근로자단체 및 사용자단체가 추천하는 각 2명
2. 시민단체(비영리민간단체지원법 제2조에 따른 비영리민간단
체를 말한다. 이하 같다), 소비자단체, 농어업인단체 및 자영업
자단체가 추천하는 각 1명
3. 의료계를 대표하는 단체 및 약업계를 대표하는 단체가 추천하
는 8명
4. 다음 각 목에 해당하는 8명
가. 대통령령으로 정하는 중앙행정기관 소속 공무원 2명
나. 국민건강보험공단의 이사장 및 건강보험심사평가원의 원
장이 추천하는 각 1명
다. 건강보험에 관한 학식과 경험이 풍부한 4명

02 가입자

01	02	03	04	05	06	07	08		
①	③	③	③	②	②	①	③		

01
정답 ①

적용 대상 등(법 제5조 제2항 제4호)
직장가입자의 형제·자매 중 직장가입자에게 주로 생계를 의존하
는 사람으로서 소득 및 재산이 보건복지부령으로 정하는 기준 이
하에 해당하는 사람은 피부양자가 된다.

오답분석
② 법 제5조 제2항 제3호
③ 법 제5조 제1항 제2호 가목
④ 법 제5조 제1항 제1호

02
정답 ③

가입자의 종류(법 제6조 제2항)
모든 사업장의 근로자 및 사용자와 공무원 및 교직원은 직장가입
자가 된다.

오답분석
① 법 제6조 제2항 제1호
② 법 제6조 제2항 제2호
④ 법 제6조 제2항 제3호

03
정답 ③

사업장의 신고(법 제7조)
사업장의 사용자는 다음 각 호의 어느 하나에 해당하게 되면 그
때부터 14일 이내에 보건복지부령으로 정하는 바에 따라 보험자
에게 신고하여야 한다. 제1호에 해당되어 보험자에게 신고한 내용
이 변경된 경우에도 또한 같다.
1. 제6조 제2항에 따라 직장가입자가 되는 근로자·공무원 및 교
직원을 사용하는 사업장(이하 "적용대상사업장"이라 한다)이
된 경우
2. 휴업·폐업 등 보건복지부령으로 정하는 사유가 발생한 경우

CHAPTER 01 국민건강보험법 · **3**

04

정답 ③

자격의 취득 시기 등(법 제8조 제1항 제3호)

유공자 등 의료보호대상자이었던 사람은 그 대상자에서 제외된 날에 자격을 얻는다.

오답분석

① 수급권자이었던 사람은 그 대상자에서 제외된 날에 자격을 얻는다(법 제8조 제1항 제1호).
② 직장가입자의 피부양자이었던 사람은 그 자격을 잃은 날에 자격을 얻는다(법 제8조 제1항 제2호).
④ 제1항에 따라 자격을 얻은 경우 그 직장가입자의 사용자 및 지역가입자의 세대주는 그 명세를 보건복지부령으로 정하는 바에 따라 자격을 취득한 날부터 14일 이내에 보험자에게 신고하여야 한다(법 제8조 제2항).

05

정답 ②

자격의 변동 시기 등(법 제9조 제1항 제4호)

적용대상사업장에 제7조 제2호에 따른 사유(휴업 · 폐업 등 보건복지부령으로 정하는 사유)가 발생한 날의 다음 날에 그 자격이 변동된다.

오답분석

① 지역가입자가 적용대상사업장의 사용자로 되거나, 근로자 · 공무원 또는 교직원(이하 "근로자 등"이라 한다)으로 사용된 날에 그 자격이 변동된다(법 제9조 제1항 제1호).
③ · ④ 제1항에 따라 자격이 변동된 경우 직장가입자의 사용자와 지역가입자의 세대주는 다음 각 호의 구분에 따라 그 명세를 보건복지부령으로 정하는 바에 따라 자격이 변동된 날부터 14일 이내에 보험자에게 신고하여야 한다(법 제9조 제2항).
  1. 제1항 제1호 및 제2호에 따라 자격이 변동된 경우 : 직장가입자의 사용자
  2. 제1항 제3호부터 제5호까지의 규정에 따라 자격이 변동된 경우 : 지역가입자의 세대주

06

정답 ②

자격의 상실 시기 등(법 제10조 제1항 제5호)

가입자는 수급권자가 된 날에 그 자격을 잃는다.

오답분석

① 법 제10조 제1항 제1호
③ 법 제10조 제1항 제4호
④ 법 제10조 제1항 제2호

07

정답 ①

자격의 상실 시기 등(법 제10조 제2항)

제1항에 따라 자격을 잃은 경우 직장가입자의 사용자와 지역가입자의 세대주는 그 명세를 보건복지부령으로 정하는 바에 따라 자격을 잃은 날부터 14일 이내에 보험자에게 신고하여야 한다.

08

정답 ③

건강보험증(법 제12조 제4항)

가입자 · 피부양자는 제10조 제1항에 따라 자격을 잃은 후 자격을 증명하던 서류를 사용하여 보험급여를 받아서는 아니 된다.

오답분석

① 국민건강보험공단은 가입자 또는 피부양자가 신청하는 경우 건강보험증을 발급하여야 한다(법 제12조 제1항).
② 가입자 또는 피부양자가 요양급여를 받을 때에는 제1항의 건강보험증을 제42조 제1항에 따른 요양기관(이하 "요양기관"이라 한다)에 제출하여야 한다. 다만, 천재지변이나 그 밖의 부득이한 사유가 있으면 그러하지 아니하다(법 제12조 제2항).
④ 가입자 또는 피부양자는 제2항 본문에도 불구하고 주민등록증, 운전면허증, 여권, 그 밖에 보건복지부령으로 정하는 본인 여부를 확인할 수 있는 신분증명서(이하 "신분증명서"라 한다)로 요양기관이 그 자격을 확인할 수 있으면 건강보험증을 제출하지 아니할 수 있다(법 제12조 제3항).

03 국민건강보험공단

01	02	03	04	05	06	07	08	09	10
②	④	②	③	②	④	①	②	④	②
11									
①									

01
정답 ②

㉠ 법 제14조 제1항 제7호
㉢ 법 제14조 제1항 제2호
㉤ 법 제14조 제1항 제8호
㉦ 법 제14조 제1항 제11호

오답분석

㉡·㉣·㉥ 법 제63조 제1항 제1호부터 제3호까지에 따른 건강
보험심사평가원의 업무이다.

02
정답 ④

국민건강보험공단의 업무 등(법 제14조 제3항)
공단은 특정인을 위하여 업무를 제공하거나 공단 시설을 이용하게
할 경우 공단의 정관으로 정하는 바에 따라 그 업무의 제공 또는
시설의 이용에 대한 수수료와 사용료를 징수할 수 있다.

오답분석

① 공단은 공공기관의 정보공개에 관한 법률에 따라 건강보험과
관련하여 보유·관리하고 있는 정보를 공개한다(법 제14조 제
4항).
② 국가·지방자치단체 또는 은행법에 따른 은행이 직접 발행하
거나 채무이행을 보증하는 유가증권의 매입(법 제14조 제2항
제2호)
③ 자본시장과 금융투자업에 관한 법률에 따른 신탁업자가 발행
하거나 같은 법에 따른 집합투자업자가 발행하는 수익증권의
매입(법 제14조 제2항 제4호)

03
정답 ②

정관(법 제17조 제2항)
공단은 정관을 변경하려면 보건복지부장관의 인가를 받아야 한다.

오답분석

① 법 제15조
③ 법 제16조
④ 법 제18조

04
정답 ③

임원(법 제20조 제5항)
감사는 임원추천위원회가 복수로 추천한 사람 중에서 기획재정부
장관의 제청으로 대통령이 임명한다.

오답분석

① 법 제20조 제1항
② 법 제20조 제7항
④ 법 제20조 제2항부터 제4항

05
정답 ②

징수이사(법 제21조 제2항)
징수이사 후보를 추천하기 위하여 공단에 이사를 위원으로 하는
징수이사추천위원회(이하 "추천위원회"라 한다)를 둔다. 이 경우
추천위원회의 위원장은 이사장이 지명하는 이사로 한다.

오답분석

① 상임이사 중 제14조 제1항 제2호 및 제11호의 업무를 담당하
는 이사(이하 "징수이사"라 한다)는 경영, 경제 및 사회보험에
관한 학식과 경험이 풍부한 사람으로서 보건복지부령으로 정
하는 자격을 갖춘 사람 중에서 선임한다(법 제21조 제1항).
③ 추천위원회는 주요 일간신문에 징수이사 후보의 모집 공고를
하여야 하며, 이와 별도로 적임자로 판단되는 징수이사 후보를
조사하거나 전문단체에 조사를 의뢰할 수 있다(법 제21조 제
3항).
④ 계약 조건에 관한 협의, 계약 체결 등에 필요한 사항은 보건복
지부령으로 정한다(법 제21조 제6항).

06
정답 ④

임원의 직무(법 제22조 제3항)
이사장이 부득이한 사유로 그 직무를 수행할 수 없을 때에는 정관
으로 정하는 바에 따라 상임이사 중 1명이 그 직무를 대행하고,
상임이사가 없거나 그 직무를 대행할 수 없을 때에는 정관으로 정
하는 임원이 그 직무를 대행한다.

오답분석

① 법 제23조 제1호
② 법 제24조 제2항 제4호
③ 법 제24조 제1항

07
정답 ①

임원(법 제20조 제1항부터 제5항)
① 임원은 이사장·이사(상임+비상임)·감사(상임) 등으로 구성된다.
② 이사장은 보건복지부장관의 제청으로 대통령이 임명한다.
③ 상임이사는 이사장이 임명한다.
④ 비상임이사는 보건복지부장관이 임명한다.
⑤ 감사는 기획재정부장관의 제청으로 대통령이 임명한다.

임원의 겸직 금지 등(법 제25조 제2항)
공단의 상임임원이 임명권자 또는 제청권자의 허가를 받거나 공단의 직원이 이사장의 허가를 받은 경우에는 비영리 목적의 업무를 겸할 수 있다.
따라서 공단의 임원이나 직원에 대해서 비영리 목적의 겸직을 허가할 수 있는 주체는 대통령, 보건복지부장관, 기획재정부장관 및 공단의 이사장 등이다.

08
정답 ②

규정 등(법 제29조)
공단의 조직·인사·보수 및 회계에 관한 규정은 이사회의 의결을 거쳐 보건복지부장관의 승인을 받아 정한다.

오답분석
① 법 제26조 제2항부터 제3항
③ 법 제30조
④ 법 제31조

09
정답 ④

재정운영위원회(법 제33조 제1항)
제45조 제1항에 따른 요양급여비용의 계약 및 제84조에 따른 결손처분 등 보험재정에 관련된 사항을 심의·의결하기 위하여 공단에 재정운영위원회를 둔다.

오답분석
① 법 제33조 제2항, 제34조 제3항
② 법 제34조 제1항
③ 법 제34조 제2항 제1호

10
정답 ②

예산(법 제36조)
공단은 회계연도마다 예산안을 편성하여 이사회의 의결을 거친 후 보건복지부장관의 승인을 받아야 한다. 예산을 변경할 때에도 또한 같다.

오답분석
① 법 제35조 제2항
③ 법 제37조
④ 법 제35조 제3항

11
정답 ①

재난적의료비 지원사업에 대한 출연(법 제39조의2)
공단은 재난적의료비 지원사업에 사용되는 비용에 충당할 목적으로 매년 예산의 범위에서 출연할 수 있다.

오답분석
② 공단은 회계연도마다 결산보고서와 사업보고서를 작성하여 다음해 2월 말일까지 보건복지부장관에게 보고하여야 한다(법 제39조 제1항). 결산보고서와 사업보고서를 보건복지부장관에게 보고하였을 때에는 보건복지부령으로 정하는 바에 따라 그 내용을 공고하여야 한다(동조 제2항).
③ 준비금은 부족한 보험급여 비용에 충당하거나 지출할 현금이 부족할 때 외에는 사용할 수 없으며, 현금 지출에 준비금을 사용한 경우에는 해당 회계연도 중에 이를 보전(補塡)하여야 한다(법 제38조 제2항).
④ 공단은 회계연도마다 결산상의 잉여금 중에서 그 연도의 보험급여에 든 비용의 100분의 5 이상에 상당하는 금액을 그 연도에 든 비용의 100분의 50에 이를 때까지 준비금으로 적립하여야 한다(법 제38조 제1항).

04 보험급여

01	02	03	04	05	06	07	08	09	10
③	②	②	③	④	④	②	③	③	②
11	12	13	14	15	16	17	18	19	20
③	②	②	①	①	③	②	③	①	④
21	22	23	24	25	26				
④	③	④	①	③	④				

01

정답 ③

요양급여(법 제41조 제3항·제4항)
③ 요양급여의 방법·절차·범위·상한 등의 기준은 보건복지부령으로 정한다.
④ 보건복지부장관은 제3항에 따라 요양급여의 기준을 정할 때 업무나 일상생활에 지장이 없는 질환에 대한 치료 등 보건복지부령으로 정하는 사항은 요양급여대상에서 제외되는 사항(이하 "비급여대상"이라 한다)으로 정할 수 있다.

02

정답 ②

약제에 대한 요양급여비용 상한금액의 감액 등(법 제41조의2)
① 보건복지부장관은 약사법 제47조(의약품 등의 판매 질서) 제2항의 위반과 관련된 제41조(요양급여) 제1항 제2호(약제·치료재료의 지급)의 약제에 대하여는 요양급여비용 상한금액(제41조 제3항에 따라 약제별 요양급여비용의 상한으로 정한 금액을 말한다. 이하 같다)의 100분의 20을 넘지 아니하는 범위에서 그 금액의 일부를 감액할 수 있다.
② 보건복지부장관은 제1항에 따라 요양급여비용의 상한금액이 감액된 약제가 감액된 날부터 5년의 범위에서 대통령령으로 정하는 기간 내에 다시 제1항에 따른 감액의 대상이 된 경우에는 요양급여비용 상한금액의 100분의 40을 넘지 아니하는 범위에서 요양급여비용 상한금액의 일부를 감액할 수 있다.
③ 보건복지부장관은 제2항에 따라 요양급여비용의 상한금액이 감액된 약제가 감액된 날부터 5년의 범위에서 대통령령으로 정하는 기간 내에 다시 약사법 제47조 제2항의 위반과 관련된 경우에는 해당 약제에 대하여 1년의 범위에서 기간을 정하여 요양급여의 적용을 정지할 수 있다.
④ 제1항부터 제3항까지의 규정에 따른 요양급여비용 상한금액의 감액 및 요양급여 적용 정지의 기준, 절차, 그 밖에 필요한 사항은 대통령령으로 정한다.

03

정답 ②

행위·치료재료 및 약제에 대한 요양급여대상 여부의 결정(법 제41조의3 제4항)
보건복지부장관은 제1항 및 제2항에 따른 신청이 없는 경우에도 환자의 진료상 반드시 필요하다고 보건복지부령으로 정하는 경우에는 직권으로 행위·치료재료 및 약제의 요양급여대상의 여부를 결정할 수 있다.

[오답분석]
① 제1항 및 제2항에 따른 요양급여대상 여부의 결정 신청의 시기, 절차, 방법 및 업무의 위탁 등에 필요한 사항과 제3항과 제4항에 따른 요양급여대상 여부의 결정 절차 및 방법 등에 관한 사항은 보건복지부령으로 정한다(법 제41조의3 제5항).
③ 약사법에 따른 약제의 제조업자·수입업자 등 보건복지부령으로 정하는 자는 요양급여대상에 포함되지 아니한 제41조 제1항 제2호의 약제(이하 이 조에서 "약제"라 한다)에 대하여 보건복지부장관에게 요양급여대상 여부의 결정을 신청할 수 있다(법 제41조의3 제2항).
④ 제42조에 따른 요양기관, 치료재료의 제조업자·수입업자 등 보건복지부령으로 정하는 자는 요양급여대상 또는 비급여대상으로 결정되지 아니한 제41조 제1항 제1호(진찰·검사)·제3호(처치·수술 및 그 밖의 치료)·제4호(예방·재활)의 요양급여에 관한 행위 및 제41조 제1항 제2호의 치료재료(이하 "행위·치료재료"라 한다)에 대하여 요양급여대상 여부의 결정을 보건복지부장관에게 신청하여야 한다(법 제41조의3 제1항).

04

정답 ③

선별급여(법 제41조의4)
① 요양급여를 결정함에 있어 경제성 또는 치료효과성 등이 불확실하여 그 검증을 위하여 추가적인 근거가 필요하거나, 경제성이 낮아도 가입자와 피부양자의 건강회복에 잠재적 이득이 있는 등 대통령령으로 정하는 경우에는 예비적인 요양급여인 선별급여로 지정하여 실시할 수 있다.
② 보건복지부장관은 대통령령으로 정하는 절차와 방법에 따라 제1항에 따른 선별급여(이하 "선별급여"라 한다)에 대하여 주기적으로 요양급여의 적합성을 평가하여 요양급여 여부를 다시 결정하고, 제41조 제3항에 따른 요양급여의 기준을 조정하여야 한다.

05

정답 ④

ⓑ은 요양기관에서 제외할 수 있는 의료기관이다.

요양기관(법 제42조 제1항)
요양급여(간호와 이송은 제외한다)는 다음 각 호의 요양기관에서 실시한다. 이 경우 보건복지부장관은 공익이나 국가정책에 비추어 요양기관으로 적합하지 아니한 대통령령으로 정하는 의료기관 등은 요양기관에서 제외할 수 있다.

1. 의료법에 따라 개설된 의료기관
   - 의원급 의료기관 : 의원, 치과의원, 한의원
   - 조산원
   - 병원급 의료기관 : 병원, 치과병원, 한방병원, 요양병원, 정신병원, 종합병원
2. 약사법에 따라 등록된 약국
3. 약사법 제91조에 따라 설립된 한국희귀·필수의약품센터
4. 지역보건법에 따른 보건소·보건의료원 및 보건지소
5. 농어촌 등 보건의료를 위한 특별조치법에 따라 설치된 보건진료소

06 〔정답〕 ④

요양기관(법 제42조 제4항)
제2항에 따라 전문요양기관으로 인정된 요양기관 또는 의료법 제3조의4에 따른 상급종합병원에 대하여는 제41조 제3항에 따른 요양급여의 절차 및 제45조에 따른 요양급여비용을 다른 요양기관과 달리 할 수 있다.

〔오답분석〕
① 보건복지부장관은 효율적인 요양급여를 위하여 필요하면 보건복지부령으로 정하는 바에 따라 시설·장비·인력 및 진료과목 등 보건복지부령으로 정하는 기준에 해당하는 요양기관을 전문요양기관으로 인정할 수 있다. 이 경우 해당 전문요양기관에 인정서를 발급하여야 한다(법 제42조 제2항).
②·③ 보건복지부장관은 제2항에 따라 인정받은 요양기관이 다음 각 호의 어느 하나에 해당하는 경우에는 그 인정을 취소한다(법 제42조 제3항).
   1. 제2항 전단에 따른 인정기준에 미달하게 된 경우
   2. 제2항 후단에 따라 발급받은 인정서를 반납한 경우

07 〔정답〕 ②

요양기관의 선별급여 실시에 대한 관리(법 제42조의2 제4항)
제1항에 따른 선별급여의 실시 조건, 제2항에 따른 자료의 제출, 제3항에 따른 선별급여의 실시 제한 등에 필요한 사항은 보건복지부령으로 정한다.

08 〔정답〕 ③

요양기관 현황에 대한 신고(법 제43조)
① 요양기관은 제47조에 따라 요양급여비용을 최초로 청구하는 때에 요양기관의 시설·장비 및 인력 등에 대한 현황을 제62조에 따른 건강보험심사평가원(이하 "심사평가원"이라 한다)에 신고하여야 한다.
② 요양기관은 제1항에 따라 신고한 내용(제45조에 따른 요양급여비용의 증감에 관련된 사항만 해당한다)이 변경된 경우에는 그 변경된 날부터 15일 이내에 보건복지부령으로 정하는 바에 따라 심사평가원에 신고하여야 한다.
③ 제1항 및 제2항에 따른 신고의 범위, 대상, 방법 및 절차 등에 필요한 사항은 보건복지부령으로 정한다.

09 〔정답〕 ③

비용의 일부부담(법 제44조 제1항·제2항)
① 요양급여를 받는 자는 대통령령으로 정하는 바에 따라 비용의 일부(이하 "본인일부부담금"이라 한다)를 본인이 부담한다. 이 경우 선별급여에 대해서는 다른 요양급여에 비하여 본인일부부담금을 상향 조정할 수 있다.
② 제1항에 따라 본인이 연간 부담하는 본인일부부담금의 총액이 대통령령으로 정하는 금액(이하 이 조에서 "본인부담상한액"이라 한다)을 초과한 경우에는 공단이 그 초과 금액을 부담하여야 한다.

10 〔정답〕 ②

비용의 일부부담(법 제44조 제3항·제4항)
③ 제2항에 따른 본인부담상한액은 가입자의 소득수준 등에 따라 정한다.
④ 제2항에 따른 본인일부부담금 총액 산정 방법, 본인부담상한액을 넘는 금액의 지급 방법 및 제3항에 따른 가입자의 소득수준 등에 따른 본인부담상한액 설정 등에 필요한 사항은 대통령령으로 정한다.

11 〔정답〕 ③

요양급여비용의 산정 등(법 제45조 제6항)
심사평가원은 공단의 이사장이 제1항에 따른 계약을 체결하기 위하여 필요한 자료를 요청하면 그 요청에 성실히 따라야 한다.

〔오답분석〕
① 요양급여비용은 공단의 이사장과 대통령령으로 정하는 의약계를 대표하는 사람들의 계약으로 정한다. 이 경우 계약기간은 1년으로 한다(법 제45조 제1항).
② 공단의 이사장은 제33조에 따른 재정운영위원회의 심의·의결을 거쳐 제1항에 따른 계약을 체결하여야 한다(법 제45조 제5항).
④ 제1항에 따른 계약은 그 직전 계약기간 만료일이 속하는 연도의 5월 31일까지 체결하여야 하며, 그 기한까지 계약이 체결되지 아니하는 경우 보건복지부장관이 그 직전 계약기간 만료일이 속하는 연도의 6월 30일까지 심의위원회의 의결을 거쳐 요양급여비용을 정한다. 이 경우 보건복지부장관이 정하는 요양급여비용은 제1항 및 제2항에 따라 계약으로 정한 요양급여비용으로 본다(법 제45조 제3항).

12 〔정답〕 ②

요양급여비용의 청구와 지급 등(법 제47조 제1항)
요양기관은 공단에 요양급여비용의 지급을 청구할 수 있다. 이 경우 제2항에 따른 요양급여비용에 대한 심사청구는 공단에 대한 요양급여비용의 청구로 본다.

① 제41조 제1항 제2호의 약제 · 치료재료(이하 "약제 · 치료재료"라 한다)에 대한 요양급여비용은 제45조에도 불구하고 요양기관의 약제 · 치료재료 구입금액 등을 고려하여 대통령령으로 정하는 바에 따라 달리 산정할 수 있다(법 제46조).

③ 제1항에 따라 요양급여비용을 청구하려는 요양기관은 심사평가원에 요양급여비용의 심사청구를 하여야 하며, 심사청구를 받은 심사평가원은 이를 심사한 후 지체 없이 그 내용을 공단과 요양기관에 알려야 한다(법 제47조 제2항).

④ 제2항에 따라 심사 내용을 통보받은 공단은 지체 없이 그 내용에 따라 요양급여비용을 요양기관에 지급한다. 이 경우 이미 낸 본인일부부담금이 제2항에 따라 통보된 금액보다 더 많으면 요양기관에 지급할 금액에서 더 많이 낸 금액을 공제하여 해당 가입자에게 지급하여야 한다(법 제47조 제3항).

13 [정답] ②

요양급여비용의 청구와 지급 등(법 제47조 제6항)
요양기관은 제2항에 따른 심사청구를 다음 각 호의 단체가 대행하게 할 수 있다.
1. 의료법 제28조 제1항에 따른 의사회 · 치과의사회 · 한의사회 · 조산사회 또는 같은 조 제6항에 따라 신고한 각각의 지부 및 분회
2. 의료법 제52조에 따른 의료기관 단체
3. 약사법 제11조에 따른 약사회 또는 같은 법 제14조에 따라 신고한 지부 및 분회

① 제1항부터 제6항까지의 규정에 따른 요양급여비용의 청구 · 심사 · 지급 등의 방법과 절차에 필요한 사항은 보건복지부령으로 정한다(법 제47조 제7항).

③ 공단은 심사평가원이 제63조에 따른 요양급여의 적정성을 평가하여 공단에 통보하면 그 평가 결과에 따라 요양급여비용을 가산하거나 감액 조정하여 지급한다. 이 경우 평가 결과에 따라 요양급여비용을 가산하거나 감액하여 지급하는 기준은 보건복지부령으로 정한다(법 제47조 제5항).

④ 공단은 제3항에 따라 가입자에게 지급하여야 하는 금액을 그 가입자가 내야 하는 보험료와 그 밖에 국민건강보험법에 따른 징수금(이하 "보험료 등"이라 한다)과 상계(相計)할 수 있다(법 제47조 제4항).

14 [정답] ①

요양급여비용의 차등 지급(법 제47조의3)
지역별 의료자원의 불균형 및 의료서비스 격차의 해소 등을 위하여 지역별로 요양급여비용을 달리 정하여 지급할 수 있다.

② 제1항 및 제2항에 따른 지급 보류 절차 및 의견 제출의 절차 등에 필요한 사항, 제3항에 따른 지급 보류된 요양급여비용 및 이자의 지급 절차와 이자의 산정 등에 필요한 사항은 대통령령으로 정한다(법 제47조의2 제4항).

③ 제47조 제3항에도 불구하고 공단은 요양급여비용의 지급을 청구한 요양기관이 의료법 제4조 제2항, 제33조 제2항 · 제8항 또는 약사법 제20조 제1항, 제21조 제1항을 위반하였다는 사실을 수사기관의 수사 결과로 확인한 경우에는 해당 요양기관이 청구한 요양급여비용의 지급을 보류할 수 있다. 이 경우 요양급여비용 지급 보류 처분의 효력은 해당 요양기관이 그 처분 이후 청구하는 요양급여비용에 대해서도 미친다(법 제47조의2 제1항). 공단은 제1항에 따라 요양급여비용의 지급을 보류하기 전에 해당 요양기관에 의견 제출의 기회를 주어야 한다(동조 제2항).

④ 법원의 무죄 판결이 확정되는 등 대통령령으로 정하는 사유로 제1항에 따른 요양기관이 의료법 제4조 제2항, 제33조 제2항 · 제8항 또는 약사법 제20조 제1항, 제21조 제1항을 위반한 혐의가 입증되지 아니한 경우에는 공단은 지급 보류된 요양급여비용에 지급 보류된 기간 동안의 이자를 가산하여 해당 요양기관에 지급하여야 한다(법 제47조의2 제3항).

15 [정답] ①

㉠ 가입자나 피부양자는 본인일부부담금 외에 자신이 부담한 비용이 제41조 제4항에 따라 요양급여 대상에서 제외되는 비용인지 여부에 대하여 심사평가원에 확인을 요청할 수 있다(법 제48조 제1항).

㉡ 제1항에 따른 확인 요청을 받은 심사평가원은 그 결과를 요청한 사람에게 알려야 한다. 이 경우 확인을 요청한 비용이 요양급여 대상에 해당되는 비용으로 확인되면 그 내용을 공단 및 관련 요양기관에 알려야 한다(법 제48조 제2항).

㉢ 제2항 후단에 따라 통보받은 요양기관은 받아야 할 금액보다 더 많이 징수한 금액(이하 "과다본인부담금"이라 한다)을 지체 없이 확인을 요청한 사람에게 지급하여야 한다. 다만, 공단은 해당 요양기관이 과다본인부담금을 지급하지 아니하면 해당 요양기관에 지급할 요양급여비용에서 과다본인부담금을 공제하여 확인을 요청한 사람에게 지급할 수 있다(법 제48조 제3항).

16 [정답] ③

요양비(법 제49조 제1항)
공단은 가입자나 피부양자가 보건복지부령으로 정하는 긴급하거나 그 밖의 부득이한 사유로 요양기관과 비슷한 기능을 하는 기관으로서 보건복지부령으로 정하는 기관(제98조 제1항에 따라 업무정지기간 중인 요양기관을 포함한다. 이하 "준요양기관"이라 한다)에서 질병 · 부상 · 출산 등에 대하여 요양을 받거나 요양기관이 아닌 장소에서 출산한 경우에는 그 요양급여에 상당하는 금액을 보건복지부령으로 정하는 바에 따라 가입자나 피부양자에게 요양비로 지급한다.

① 제1항 및 제2항에도 불구하고 준요양기관은 요양을 받은 가입자나 피부양자의 위임이 있는 경우 공단에 요양비의 지급을 직접 청구할 수 있다. 이 경우 공단은 지급이 청구된 내용의 적정성을 심사하여 준요양기관에 요양비를 지급할 수 있다(법 제49조 제3항).
② 제3항에 따른 준요양기관의 요양비 지급 청구, 공단의 적정성 심사 등에 필요한 사항은 보건복지부령으로 정한다(법 제49조 제4항).
④ 준요양기관은 보건복지부장관이 정하는 요양비 명세서나 요양 명세를 적은 영수증을 요양을 받은 사람에게 내주어야 하며, 요양을 받은 사람은 그 명세서나 영수증을 공단에 제출하여야 한다(법 제49조 제2항).

17 　　　　　　　　　　　　　　　정답 ②

장애인에 대한 특례(법 제51조 제2항)

장애인인 가입자 또는 피부양자에게 보조기기를 판매한 자는 가입자나 피부양자의 위임이 있는 경우 공단에 보험급여를 직접 청구할 수 있다. 이 경우 공단은 지급이 청구된 내용의 적정성을 심사하여 보조기기를 판매한 자에게 보조기기에 대한 보험급여를 지급할 수 있다.

① 공단은 장애인복지법에 따라 등록한 장애인인 가입자 및 피부양자에게는 장애인·노인 등을 위한 보조기기 지원 및 활용촉진에 관한 법률 제3조 제2호에 따른 보조기기(이하 이 조에서 "보조기기"라 한다)에 대하여 보험급여를 할 수 있다(법 제51조 제1항).
③ 제1항에 따른 보조기기에 대한 보험급여의 범위·방법·절차, 제2항에 따른 보조기기 판매업자의 보험급여 청구, 공단의 적정성 심사 및 그 밖에 필요한 사항은 보건복지부령으로 정한다(법 제51조 제3항).
④ 공단은 국민건강보험법에서 정한 요양급여 외에 대통령령으로 정하는 바에 따라 임신·출산 진료비, 장제비, 상병수당, 그 밖의 급여를 실시할 수 있다(법 제50조).

18 　　　　　　　　　　　　　　　정답 ③

건강검진(법 제52조 제4항)

제1항에 따른 건강검진의 횟수·절차와 그 밖에 필요한 사항은 대통령령으로 정한다.

①·② 제1항에 따른 건강검진의 종류 및 대상은 다음 각 호와 같다(법 제52조 제2항).
　1. 일반건강검진 : 직장가입자, 세대주인 지역가입자, 20세 이상인 지역가입자 및 20세 이상인 피부양자
　2. 암검진 : 암관리법 제11조 제2항에 따른 암의 종류별 검진주기와 연령 기준 등에 해당하는 사람
　3. 영유아건강검진 : 6세 미만의 가입자 및 피부양자

④ 공단은 가입자와 피부양자에 대하여 질병의 조기 발견과 그에 따른 요양급여를 하기 위하여 건강검진을 실시한다(법 제52조 제1항).

19 　　　　　　　　　　　　　　　정답 ①

급여의 제한(법 제53조 제1항 제4호)

공단은 보험급여를 받을 수 있는 사람이 업무 또는 공무로 생긴 질병·부상·재해로 다른 법령에 따른 보험급여나 보상(報償) 또는 보상(補償)을 받게 되는 경우에 해당하면 보험급여를 하지 아니한다.

② 공단은 가입자가 대통령령으로 정하는 기간 이상 다음 각 호의 보험료를 체납한 경우 그 체납한 보험료를 완납할 때까지 그 가입자 및 피부양자에 대하여 보험급여를 실시하지 아니할 수 있다. 다만, 월별 보험료의 총체납횟수(이미 납부된 체납보험료는 총체납횟수에서 제외하며, 보험료의 체납기간은 고려하지 아니한다)가 대통령령으로 정하는 횟수 미만이거나 가입자 및 피부양자의 소득·재산 등이 대통령령으로 정하는 기준 미만인 경우에는 그러하지 아니하다(법 제53조 제3항).
　1. 제69조 제4항 제2호에 따른 소득월액보험료
　2. 제69조 제5항에 따른 세대단위의 보험료
③ 공단은 보험급여를 받을 수 있는 사람이 다른 법령에 따라 국가나 지방자치단체로부터 보험급여에 상당하는 급여를 받거나 보험급여에 상당하는 비용을 지급받게 되는 경우에는 그 한도에서 보험급여를 하지 아니한다(법 제53조 제2항).
④ 공단은 제77조 제1항 제1호에 따라 납부의무를 부담하는 사용자가 제69조 제4항 제1호에 따른 보수월액보험료를 체납한 경우에는 그 체납에 대하여 직장가입자 본인에게 귀책사유가 있는 경우에 한하여 제3항의 규정을 적용한다. 이 경우 해당 직장가입자의 피부양자에게도 제3항의 규정을 적용한다(법 제53조 제4항).

20 　　　　　　　　　　　　　　　정답 ④

㉠·㉡ 제3항 및 제4항에도 불구하고 제82조에 따라 공단으로부터 분할납부 승인을 받고 그 승인된 보험료를 1회 이상 낸 경우에는 보험급여를 할 수 있다. 다만, 제82조에 따른 분할납부 승인을 받은 사람이 정당한 사유 없이 5회(같은 조 제1항에 따라 승인받은 분할납부 횟수가 5회 미만인 경우에는 해당 분할납부 횟수를 말한다. 이하 이 조에서 같다) 이상 그 승인된 보험료를 내지 아니한 경우에는 그러하지 아니하다(법 제53조 제5항).
㉢ 제3항 및 제4항에 따라 보험급여를 하지 아니하는 기간(이하 이 항에서 "급여제한기간"이라 한다)에 받은 보험급여는 다음 각 호의 어느 하나에 해당하는 경우에만 보험급여로 인정한다(법 제53조 제6항).
　1. 공단이 급여제한기간에 보험급여를 받은 사실이 있음을 가입자에게 통지한 날부터 2개월이 지난 날이 속한 달의 납부기한 이내에 체납된 보험료를 완납한 경우

2. 공단이 급여제한기간에 보험급여를 받은 사실이 있음을 가입자에게 통지한 날부터 2개월이 지난 날이 속한 달의 납부기한 이내에 제82조에 따라 분할납부 승인을 받은 체납보험료를 1회 이상 낸 경우. 다만, 제82조에 따른 분할납부 승인을 받은 사람이 정당한 사유 없이 5회 이상 그 승인된 보험료를 내지 아니한 경우에는 그러하지 아니하다.

21
〔정답〕 ④

급여의 정지(법 제54조)
보험급여를 받을 수 있는 사람이 다음 각 호의 어느 하나에 해당하면 그 기간에는 보험급여를 하지 아니한다. 다만, 제3호 및 제4호의 경우에는 제60조에 따른 요양급여를 실시한다.
1. 삭제(2020. 4. 7)
2. 국외에 체류하는 경우
3. 제6조 제2항 제2호에 해당하게 된 경우[병역법에 따른 현역병(지원에 의하지 아니하고 임용된 하사를 포함한다), 전환복무된 사람 및 군간부후보생]
4. 교도소, 그 밖에 이에 준하는 시설에 수용되어 있는 경우

22
〔정답〕 ③

요양비등수급계좌(법 제56조의2 제2항)
요양비등수급계좌가 개설된 금융기관은 요양비등수급계좌에 요양비 등만이 입금되도록 하고, 이를 관리하여야 한다.

〔오답분석〕
① · ② 공단은 국민건강보험법에 따른 보험급여로 지급되는 현금(이하 "요양비 등"이라 한다)을 받는 수급자의 신청이 있는 경우에는 요양비 등을 수급자 명의의 지정된 계좌(이하 "요양비등수급계좌"라 한다)로 입금하여야 한다. 다만, 정보통신장애나 그 밖에 대통령령으로 정하는 불가피한 사유로 요양비등수급계좌로 이체할 수 없을 때에는 직접 현금으로 지급하는 등 대통령령으로 정하는 바에 따라 요양비 등을 지급할 수 있다(법 제56조의2 제1항).
④ 제1항 및 제2항에 따른 요양비등수급계좌의 신청 방법 · 절차와 관리에 필요한 사항은 대통령령으로 정한다(법 제56조의2 제3항).

23
〔정답〕 ④

부당이득의 징수(법 제57조 제2항 제1호)
공단은 제1항에 따라 속임수나 그 밖의 부당한 방법으로 보험급여 비용을 받은 요양기관이 의료법 제33조 제2항을 위반하여 의료기관을 개설할 수 없는 자가 의료인의 면허나 의료법인 등의 명의를 대여받아 개설 · 운영하는 의료기관에 해당하는 경우에는 해당 요양기관을 개설한 자에게 그 요양기관과 연대하여 같은 항에 따른 징수금을 납부하게 할 수 있다.

〔오답분석〕
① 공단은 속임수나 그 밖의 부당한 방법으로 보험급여를 받은 사람과 같은 세대에 속한 가입자(속임수나 그 밖의 부당한 방법으로 보험급여를 받은 사람이 피부양자인 경우에는 그 직장가입자를 말한다)에게 속임수나 그 밖의 부당한 방법으로 보험급여를 받은 사람과 연대하여 제1항에 따른 징수금을 내게 할 수 있다(법 제57조 제4항).
② 공단은 속임수나 그 밖의 부당한 방법으로 보험급여를 받은 사람 · 준요양기관 및 보조기기 판매업자나 보험급여 비용을 받은 요양기관에 대하여 그 보험급여나 보험급여 비용에 상당하는 금액의 전부 또는 일부를 징수한다(법 제57조 제1항).
③ 사용자나 가입자의 거짓 보고나 거짓 증명(제12조 제5항을 위반하여 건강보험증이나 신분증명서를 양도 · 대여하여 다른 사람이 보험급여를 받게 하는 것을 포함한다), 요양기관의 거짓 진단 또는 준요양기관이나 보조기기를 판매한 자의 속임수 및 그 밖의 부당한 방법으로 보험급여가 실시된 경우 공단은 이들에게 보험급여를 받은 사람과 연대하여 제1항에 따른 징수금을 내게 할 수 있다(법 제57조 제3항).

24
〔정답〕 ①

부당이득 징수금 체납자의 인적사항 등 공개(법 제57조의2 제2항)
제1항에 따른 인적사항 등의 공개 여부를 심의하기 위하여 공단에 부당이득징수금체납정보공개심의위원회를 둔다.

〔오답분석〕
② · ③ 공단은 제57조 제2항 각 호의 어느 하나에 해당하여 같은 조 제1항 및 제2항에 따라 징수금을 납부할 의무가 있는 요양기관 또는 요양기관을 개설한 자가 제79조 제1항에 따라 납입고지 문서에 기재된 납부기한의 다음 날부터 1년이 경과한 징수금을 1억 원 이상 체납한 경우 징수금 발생의 원인이 되는 위반행위, 체납자의 인적사항 및 체납액 등 대통령령으로 정하는 사항(이하 이 조에서 "인적사항 등"이라 한다)을 공개할 수 있다. 다만, 체납된 징수금과 관련하여 제87조에 따른 이의신청, 제88조에 따른 심판청구가 제기되거나 행정소송이 계류 중인 경우 또는 그 밖에 체납된 금액의 일부 납부 등 대통령령으로 정하는 사유가 있는 경우에는 그러하지 아니하다(법 제57조의2 제1항).
④ 제1항에 따른 인적사항 등의 공개는 관보에 게재하거나 공단 인터넷 홈페이지에 게시하는 방법으로 한다(법 제57조의2 제4항).

25

정답 ③

구상권(법 제58조 제1항)

공단은 제3자의 행위로 보험급여사유가 생겨 가입자 또는 피부양자에게 보험급여를 한 경우에는 그 급여에 들어간 비용 한도에서 그 제3자에게 손해배상을 청구할 권리를 얻는다.

오답분석

① 보험급여를 받을 권리는 양도하거나 압류할 수 없다(법 제59조 제1항).

② 제56조의2 제1항에 따라 요양비 등 수급계좌에 입금된 요양비 등은 압류할 수 없다(법 제59조 제2항).

④ 제1항에 따라 보험급여를 받은 사람이 제3자로부터 이미 손해배상을 받은 경우에는 공단은 그 배상액 한도에서 보험급여를 하지 아니한다(법 제58조 제2항).

26

정답 ④

현역병 등에 대한 요양급여비용 등의 지급(법 제60조 제1항)

공단은 제54조 제3호 및 제4호에 해당하는 사람이 요양기관에서 대통령령으로 정하는 치료 등(이하 이 조에서 "요양급여"라 한다)을 받은 경우 그에 따라 공단이 부담하는 비용(이하 이 조에서 "요양급여비용"이라 한다)과 제49조에 따른 요양비를 법무부장관·국방부장관·경찰청장·소방청장 또는 해양경찰청장으로부터 예탁 받아 지급할 수 있다. 이 경우 법무부장관·국방부장관·경찰청장·소방청장 또는 해양경찰청장은 예산상 불가피한 경우 외에는 연간(年間) 들어갈 것으로 예상되는 요양급여비용과 요양비를 대통령령으로 정하는 바에 따라 미리 공단에 예탁하여야 한다.

• 보험급여의 정지 대상(제54조 제3호) : 제6조 제2항 제2호에 해당하게 된 경우

 – 가입자 제외 대상(제6조 제2항 제2호) : 병역법에 따른 현역병(지원에 의하지 아니하고 임용된 하사를 포함한다), 전환복무된 사람 및 군간부후보생

• 보험급여의 정지 대상(제54조 제4호) : 교도소, 그 밖에 이에 준하는 시설에 수용되어 있는 경우

05 건강보험심사평가원

01	02	03	04					
④	②	③	②					

01

정답 ④

건강보험심사평가원의 업무 등(법 제63조 제1항)

1. 요양급여비용의 심사
2. 요양급여의 적정성 평가
3. 심사기준 및 평가기준의 개발
4. 제1호부터 제3호까지의 규정에 따른 업무와 관련된 조사연구 및 국제협력
5. 다른 법률에 따라 지급되는 급여비용의 심사 또는 의료의 적정성 평가에 관하여 위탁받은 업무
6. 건강보험과 관련하여 보건복지부장관이 필요하다고 인정한 업무
7. 그 밖에 보험급여 비용의 심사와 보험급여의 적정성 평가와 관련하여 대통령령으로 정하는 업무

오답분석

㉠·㉢ 국민건강보험공단에서 관장하는 업무 가운데 하나이다(법 제14조 제1항 제3호, 제5호).

02

정답 ②

임원(법 제65조 제3항·제4항)

③ 상임이사는 보건복지부령으로 정하는 추천 절차를 거쳐 원장이 임명한다.

④ 비상임이사는 다음 각 호의 사람 중에서 10명과 대통령령으로 정하는 바에 따라 추천한 관계 공무원 1명을 보건복지부장관이 임명한다.

 1. 공단이 추천하는 1명
 2. 의약관계단체가 추천하는 5명
 3. 노동조합·사용자단체·소비자단체 및 농어업인단체가 추천하는 각 1명

오답분석

① 심사평가원에 임원으로서 원장, 이사 15명 및 감사 1명을 둔다. 이 경우 원장, 이사 중 4명 및 감사는 상임으로 한다(법 제65조 제1항).

③ 원장은 임원추천위원회가 복수로 추천한 사람 중에서 보건복지부장관의 제청으로 대통령이 임명한다(법 제65조 제2항).

④ 감사는 임원추천위원회가 복수로 추천한 사람 중에서 기획재정부장관의 제청으로 대통령이 임명한다(법 제65조 제5항).

03

진료심사평가위원회(법 제66조 제4항)
제2항에 따른 비상근 심사위원은 심사평가원의 원장이 보건복지
부령으로 정하는 사람 중에서 위촉한다.

오답분석
① 심사위원회는 위원장을 포함하여 90명 이내의 상근 심사위원
과 1,000명 이내의 비상근 심사위원으로 구성하며, 진료과목
별 분과위원회를 둘 수 있다(법 제66조 제2항).
② 제2항에 따른 상근 심사위원은 심사평가원의 원장이 보건복지
부령으로 정하는 사람 중에서 임명한다(법 제66조 제3항).
④ 심사평가원의 원장은 심사위원이 다음 각 호의 어느 하나에 해
당하면 그 심사위원을 해임 또는 해촉할 수 있다(법 제66조 제
5항).
  1. 신체장애나 정신장애로 직무를 수행할 수 없다고 인정되는
     경우
  2. 직무상 의무를 위반하거나 직무를 게을리한 경우
  3. 고의나 중대한 과실로 심사평가원에 손실이 생기게 한 경우
  4. 직무 여부와 관계없이 품위를 손상하는 행위를 한 경우

04

정답 ②

자금의 조달 등(법 제67조 제1항 단서)
심사평가원은 제63조 제1항에 따른 업무를 하기 위하여 공단으로
부터 부담금을 징수할 수 있다. 그러나 같은 항 제5호에 따른 업무
(다른 법률에 따라 지급되는 급여비용의 심사 또는 의료의 적정성
평가에 관하여 위탁받은 업무)는 제외한다.

오답분석
① 심사평가원은 심사기준 및 평가기준의 개발에 따른 업무를 하
기 위하여 공단으로부터 부담금을 징수할 수 있다(법 제67조
제1항).
③ 건강보험심사평가원은 제63조 제1항 제5호에 따라 급여비용의
심사 또는 의료의 적정성 평가에 관한 업무를 위탁받은 경우에
는 위탁자로부터 수수료를 받을 수 있다(법 제67조 제2항).
④ 제1항과 제2항에 따른 부담금 및 수수료의 금액·징수 방법 등
에 필요한 사항은 보건복지부령으로 정한다(법 제67조 제3항).

06 보험료

01	02	03	04	05	06	07	08	09	10
④	③	②	④	④	①	③	①	②	③
11	12	13	14	15	16	17	18	19	20
②	③	③	③	①	②	④	①	②	③
21	22	23	24	25					
②	②	④	①	③					

01

정답 ④

㉠·㉡ 제1항에 따른 보험료는 가입자의 자격을 취득한 날이 속하
는 달의 다음 달부터 가입자의 자격을 잃은 날의 전날이 속하
는 달까지 징수한다. 다만, 가입자의 자격을 매월 1일에 취득
한 경우 또는 제5조 제1항 제2호 가목(유공자 등 의료보호대상
자 중 건강보험의 적용을 보험자에게 신청한 사람)에 따른 건
강보험 적용 신청으로 가입자의 자격을 취득하는 경우에는 그
달부터 징수한다(법 제69조 제2항).
㉢ 제1항 및 제2항에 따라 보험료를 징수할 때 가입자의 자격이
변동된 경우에는 변동된 날이 속하는 달의 보험료는 변동되기
전의 자격을 기준으로 징수한다. 다만, 가입자의 자격이 매월
1일에 변동된 경우에는 변동된 자격을 기준으로 징수한다(법
제69조 제3항).
㉣ 지역가입자의 월별 보험료액은 세대 단위로 산정하되, 지역가
입자가 속한 세대의 월별 보험료액은 제72조에 따라 산정한
보험료부과점수에 제73조 제3항에 따른 보험료부과점수당 금
액을 곱한 금액으로 한다(법 제69조 제5항).
㉤ 제4항 및 제5항에 따른 월별 보험료액은 가입자의 보험료 평균
액의 일정 비율에 해당하는 금액을 고려하여 대통령령으로 정
하는 기준에 따라 상한 및 하한을 정한다(법 제69조 제6항).

02

정답 ③

보수월액(법 제70조 제3항)
실비변상적인 성격을 갖는 금품은 사용자로부터 지급받는 금품에
서 제외된다.

오답분석
① 제69조 제4항 제1호에 따른 직장가입자의 보수월액은 직장가
입자가 지급받는 보수를 기준으로 하여 산정한다(법 제70조
제1항).
② 휴직이나 그 밖의 사유로 보수의 전부 또는 일부가 지급되지
아니하는 가입자(이하 "휴직자 등"이라 한다)의 보수월액보험
료는 해당 사유가 생기기 전 달의 보수월액을 기준으로 산정한
다(법 제70조 제2항).

④ 제1항에 따른 보수는 근로자 등이 근로를 제공하고 사용자·
국가 또는 지방자치단체로부터 지급받는 금품(실비변상적인
성격을 갖는 금품은 제외한다)으로서 대통령령으로 정하는 것
을 말한다. 이 경우 보수 관련 자료가 없거나 불명확한 경우
등 대통령령으로 정하는 사유에 해당하면 보건복지부장관이
정하여 고시하는 금액을 보수로 본다(법 제70조 제3항).

03 〔정답〕 ②

소득월액(법 제71조 제1항)
소득월액은 제70조에 따른 보수월액의 산정에 포함된 보수를 제외
한 직장가입자의 소득(이하 "보수외소득"이라 한다)이 대통령령으
로 정하는 금액을 초과하는 경우 다음의 계산식에 따라 산정한다.

$$[(\text{연간 보수외소득}) - (\text{대통령령으로 정하는 금액})] \times \frac{1}{12}$$

04 〔정답〕 ④

㉠ 제1항에 따른 보수월액의 산정 및 보수가 지급되지 아니하는
사용자의 보수월액의 산정 등에 필요한 사항은 대통령령으로
정한다(법 제70조 제4항).
㉡ 소득월액을 산정하는 기준, 방법 등 소득월액의 산정에 필요한
사항은 대통령령으로 정한다(법 제71조 제2항).
㉢·㉣ 제1항에 따른 보수는 근로자 등이 근로를 제공하고 사용
자·국가 또는 지방자치단체로부터 지급받는 금품(실비변상
적인 성격을 갖는 금품은 제외한다)으로서 대통령령으로 정하
는 것을 말한다. 이 경우 보수 관련 자료가 없거나 불명확한
경우 등 대통령령으로 정하는 사유에 해당하면 보건복지부장
관이 정하여 고시하는 금액을 보수로 본다(법 제70조 제3항).

05 〔정답〕 ④

보험료부과점수(법 제72조 제2항)
제1항에 따라 보험료부과점수의 산정방법과 산정기준을 정할 때
법령에 따라 재산권의 행사가 제한되는 재산에 대하여는 다른 재
산과 달리 정할 수 있다.

〔오답분석〕
① 제69조 제5항에 따른 보험료부과점수는 지역가입자의 소득 및
재산을 기준으로 산정한다(법 제72조 제1항).
②·③ 보험료부과점수의 산정방법·산정기준 등에 필요한 사항
은 대통령령으로 정한다(법 제72조 제3항).

06 〔정답〕 ①

보험료부과제도개선위원회(법 제72조의2 제1항)
보험료부과와 관련된 제도 개선을 위하여 보건복지부장관 소속으
로 관계 중앙행정기관 소속 공무원 및 민간전문가로 구성된 보험
료부과제도개선위원회(이하 "제도개선위원회"라 한다)를 둔다.

〔오답분석〕
② 제도개선위원회는 다음 각 호의 사항을 심의한다(법 제72조의
2 제2항).
1. 가입자의 소득 파악 실태에 관한 조사 및 연구에 관한 사항
2. 가입자의 소득 파악 및 소득에 대한 보험료 부과 강화를 위
한 개선 방안에 관한 사항
3. 그 밖에 보험료부과와 관련된 제도 개선 사항으로서 위원장
이 회의에 부치는 사항
③ 보건복지부장관은 제1항에 따른 제도개선위원회 운영 결과를
국회에 보고하여야 한다(법 제72조의2 제3항).
④ 제도개선위원회의 구성·운영 등에 관하여 필요한 사항은 대
통령령으로 정한다(법 제72조의2 제4항).

07 〔정답〕 ③

보험료 부과제도에 대한 적정성 평가(법 제72조의3 제2항)
보건복지부장관은 제1항에 따른 적정성 평가를 하는 경우에는 다
음 각 호를 종합적으로 고려하여야 한다.
1. 제72조의2 제2항 제2호에 따라 제도개선위원회가 심의한 가
입자의 소득 파악 현황 및 개선방안
2. 공단의 소득 관련 자료 보유 현황
3. 소득세법 제4조에 따른 종합소득(종합과세되는 종합소득과 분
리과세되는 종합소득을 포함한다) 과세 현황
4. 직장가입자에게 부과되는 보험료와 지역가입자에게 부과되는
보험료 간 형평성
5. 제1항에 따른 인정기준 및 산정기준의 조정으로 인한 보험료
변동
6. 그 밖에 적정성 평가 대상이 될 수 있는 사항으로서 보건복지
부장관이 정하는 사항

〔오답분석〕
① 보건복지부장관은 제5조에 따른 피부양자 인정기준(이하 이
조에서 "인정기준"이라 한다)과 제69조부터 제72조까지의 규
정에 따른 보험료, 보수월액, 소득월액 및 보험료부과점수의
산정 기준 및 방법 등(이하 이 조에서 "산정기준"이라 한다)에
대하여 적정성을 평가하고, 국민건강보험법 시행일로부터 4년
이 경과한 때 이를 조정하여야 한다(법 제72조의3 제1항).
② 보건복지부장관은 제1항에 따른 적정성 평가를 하는 경우에는
공단의 소득 관련 자료 보유 현황을 고려하여야 한다(법 제72
조의3 제2항 제2호).
④ 제1항에 따른 적정성 평가의 절차, 방법 및 그 밖에 적정성 평
가를 위하여 필요한 사항은 대통령령으로 정한다(법 제72조의
3 제3항).

08　［정답］①

- ㉠ 직장가입자의 보험료율은 1,000분의 80의 범위에서 심의위원회의 의결을 거쳐 대통령령으로 정한다(법 제73조 제1항).
- ㉡ 국외에서 업무에 종사하고 있는 직장가입자에 대한 보험료율은 제1항에 따라 정해진 보험료율의 100분의 50으로 한다(법 제73조 제2항).
- ㉢ 지역가입자의 보험료부과점수당 금액은 심의위원회의 의결을 거쳐 대통령령으로 정한다(법 제73조 제3항).

09　［정답］②

보험료의 면제(법 제74조 제1항)
공단은 직장가입자가 제54조 제2호부터 제4호까지의 어느 하나에 해당하는 경우(같은 조 제2호에 해당하는 경우에는 1개월 이상의 기간으로서 대통령령으로 정하는 기간 이상 국외에 체류하는 경우에 한정한다. 이하 이 조에서 같다) 그 가입자의 보험료를 면제한다. 다만, 제54조 제2호에 해당하는 직장가입자의 경우에는 국내에 거주하는 피부양자가 없을 때에만 보험료를 면제한다.

급여의 정지(법 제54조)
보험급여를 받을 수 있는 사람이 다음 각 호의 어느 하나에 해당하면 그 기간에는 보험급여를 하지 아니한다. 다만, 제3호 및 제4호의 경우에는 제60조에 따른 요양급여를 실시한다.
1. 삭제(2020. 4. 7)
2. 국외에 체류하는 경우
3. 제6조 제2항 제2호에 해당하게 된 경우[병역법에 따른 현역병(지원에 의하지 아니하고 임용된 하사를 포함한다), 전환복무된 사람 및 군간부후보생]
4. 교도소, 그 밖에 이에 준하는 시설에 수용되어 있는 경우

［오답분석］
① 직장가입자가 국외에 체류하는 경우에는 1개월 이상의 기간으로서 대통령령으로 정하는 기간 이상 국외에 체류하는 경우에만 그 가입자의 보험료를 면제한다(법 제74조 제1항 단서).
③ 지역가입자가 제54조 제2호부터 제4호까지의 어느 하나에 해당하면 그 가입자가 속한 세대의 보험료를 산정할 때 그 가입자의 제72조에 따른 보험료부과점수를 제외한다(법 제74조 제2항).
④ 제1항에 따른 보험료의 면제나 제2항에 따라 보험료의 산정에서 제외되는 보험료부과점수에 대하여는 제54조 제2호부터 제4호까지의 어느 하나에 해당하는 급여정지 사유가 생긴 날이 속하는 달의 다음 달부터 사유가 없어진 날이 속하는 달까지 적용한다(법 제74조 제3항 전단).

10　［정답］③

보험료의 경감 등(법 제75조 제2항 제2호)
보험료 납부의무자가 보험료를 계좌 또는 신용카드 자동이체의 방법으로 내는 경우에는 대통령령으로 정하는 바에 따라 보험료를 감액하는 등 재산상의 이익을 제공할 수 있다.

［오답분석］
① 제1항에 따른 보험료 경감의 방법·절차 등에 필요한 사항은 보건복지부장관이 정하여 고시한다(법 제75조 제3항).
② 보험료 납부의무자가 보험료의 납입 고지를 전자문서로 받는 경우에는 대통령령으로 정하는 바에 따라 보험료를 감액하는 등 재산상의 이익을 제공할 수 있다(법 제75조 제2항 제1호).
④ 다음 각 호의 어느 하나에 해당하는 가입자 중 보건복지부령으로 정하는 가입자에 대하여는 그 가입자 또는 그 가입자가 속한 세대의 보험료의 일부를 경감할 수 있다(법 제75조 제1항).
　1. 섬·벽지(僻地)·농어촌 등 대통령령으로 정하는 지역에 거주하는 사람
　2. 65세 이상인 사람
　3. 장애인복지법에 따라 등록한 장애인
　4. 국가유공자 등 예우 및 지원에 관한 법률 제4조 제1항 제4호(전상군경), 제6호(공상군경), 제12호(4·19혁명부상자), 제15호(공상공무원) 및 제17호(국가사회발전 특별공로상이자)에 따른 국가유공자
　5. 휴직자
　6. 그 밖에 생활이 어렵거나 천재지변 등의 사유로 보험료를 경감할 필요가 있다고 보건복지부장관이 정하여 고시하는 사람

11　［정답］②

보험료의 부담(법 제76조 제1항 단서)
직장가입자가 교직원으로서 사립학교에 근무하는 교원이면 보험료액은 그 직장가입자가 100분의 50을, 제3조 제2호 다목에 해당하는 사용자(사립학교를 설립·운영하는 자)가 100분의 30을, 국가가 100분의 20을 각각 부담한다.

［오답분석］
① 직장가입자와 직장가입자가 근로자인 경우에 직장가입자의 보수월액보험료는 직장가입자와 근로자가 소속되어 있는 사업장의 사업주가 각각 보험료액의 100분의 50씩 부담한다(법 제76조 제1항 제1호).
③ 지역가입자의 보험료는 그 가입자가 속한 세대의 지역가입자 전원이 연대하여 부담한다(법 제76조 제3항).
④ 직장가입자가 교직원인 경우 제3조 제2호 다목에 해당하는 사용자가 부담액 전부를 부담할 수 없으면 그 부족액을 학교에 속하는 회계에서 부담하게 할 수 있다(법 제76조 제4항).

12

보험료 납부의무(법 제77조 제2항 단서)

소득 및 재산이 없는 미성년자와 소득 및 재산 등을 고려하여 대통령령으로 정하는 기준에 해당하는 미성년자는 납부의무를 부담하지 아니한다.

오답분석

① 직장가입자의 보수월액보험료는 사용자가 납부해야 한다. 이 경우 사업장의 사용자가 2명 이상인 때에는 그 사업장의 사용자는 해당 직장가입자의 보험료를 연대하여 납부한다(법 제77조 제1항 제1호).
② 지역가입자의 보험료는 그 가입자가 속한 세대의 지역가입자 전원이 연대하여 납부한다(법 제77조 제2항 전단).
④ 사용자는 보수월액보험료 중 직장가입자가 부담하여야 하는 그 달의 보험료액을 그 보수에서 공제하여 납부하여야 한다. 이 경우 직장가입자에게 공제액을 알려야 한다(법 제77조 제3항).

13

정답 ③

ⓒ 과점주주의 경우에는 그 부족한 금액을 그 법인의 발행주식 총수(의결권이 없는 주식은 제외한다) 또는 출자총액으로 나눈 금액에 해당 과점주주가 실질적으로 권리를 행사하는 주식 수(의결권이 없는 주식은 제외한다) 또는 출자액을 곱하여 산출한 금액을 한도로 한다(법 제77조의2 제1항 단서).
ⓔ 양수인의 범위 및 양수한 재산의 가액은 대통령령으로 정한다(법 제77조의2 제2항 후단).

오답분석

㉠ 법인의 재산으로 그 법인이 납부하여야 하는 보험료, 연체금 및 체납처분비를 충당하여도 부족한 경우에는 해당 법인에게 보험료의 납부의무가 부과된 날 현재의 무한책임사원 또는 과점주주(국세기본법 제39조 각 호의 어느 하나에 해당하는 자를 말한다)가 그 부족한 금액에 대하여 제2차 납부의무를 진다(법 제77조의2 제1항 전단).
ⓒ 사업이 양도·양수된 경우에 양도일 이전에 양도인에게 납부의무가 부과된 보험료, 연체금 및 체납처분비를 양도인의 재산으로 충당하여도 부족한 경우에는 사업의 양수인이 그 부족한 금액에 대하여 양수한 재산의 가액을 한도로 제2차 납부의무를 진다(법 제77조의2 제2항 전단).

14

정답 ③

㉠ 제77조 제1항 및 제2항에 따라 보험료 납부의무가 있는 자는 가입자에 대한 그 달의 보험료를 그 다음 달 10일까지 납부하여야 한다(법 제78조 제1항 전단).
ⓒ 직장가입자의 소득월액보험료 및 지역가입자의 보험료는 보건복지부령으로 정하는 바에 따라 분기별로 납부할 수 있다(법 제78조 제1항 단서).
ⓔ 이 경우 납부기한 연장을 신청하는 방법, 절차 등에 필요한 사항은 보건복지부령으로 정한다(법 제78조 제2항 후단).

ⓒ 공단은 제1항에도 불구하고 납입 고지의 송달 지연 등 보건복지부령으로 정하는 사유가 있는 경우 납부의무자의 신청에 따라 제1항에 따른 납부기한부터 1개월의 범위에서 납부기한을 연장할 수 있다(법 제78조 제2항 전단).

15

정답 ①

가산금(법 제78조의2 제1항)

사업장의 사용자가 대통령령으로 정하는 사유에 해당되어 직장가입자가 될 수 없는 자를 제8조 제2항 또는 제9조 제2항을 위반하여 거짓으로 보험자에게 직장가입자로 신고한 경우 공단은 제1호의 금액에서 제2호의 금액을 뺀 금액의 100분의 10에 상당하는 가산금을 그 사용자에게 부과하여 징수한다(법 제78조의2 제1항).
1. 사용자가 직장가입자로 신고한 사람이 직장가입자로 처리된 기간 동안 그 가입자가 제69조 제5항에 따라 부담하여야 하는 보험료의 총액
2. 제1호의 기간 동안 공단이 해당 가입자에 대하여 제69조 제4항에 따라 산정하여 부과한 보험료의 총액

16

정답 ②

보험료 등의 납입 고지(법 제79조 제2항)

공단은 제1항에 따른 납입 고지를 할 때 납부의무자의 신청이 있으면 전자문서교환방식 등에 의하여 전자문서로 고지할 수 있다. 이 경우 전자문서 고지에 대한 신청 방법·절차 등에 필요한 사항은 보건복지부령으로 정한다.

오답분석

① 공단은 보험료 등을 징수하려면 그 금액을 결정하여 납부의무자에게 다음 각 호의 사항을 적은 문서로 납입 고지를 하여야 한다(법 제79조 제1항).
  1. 징수하려는 보험료 등의 종류
  2. 납부해야 하는 금액
  3. 납부기한 및 장소
③ 직장가입자의 사용자가 2명 이상인 경우 또는 지역가입자의 세대가 2명 이상으로 구성된 경우 그 중 1명에게 한 고지는 해당 사업장의 다른 사용자 또는 세대 구성원인 다른 지역가입자 모두에게 효력이 있는 것으로 본다(법 제79조 제4항).
④ 휴직자 등의 보험료는 휴직 등의 사유가 끝날 때까지 보건복지부령으로 정하는 바에 따라 납입 고지를 유예할 수 있다(법 제79조 제5항).

17

정답 ④

ⓒ 보험료 등 납부대행기관은 보험료 등의 납부자로부터 보험료 등의 납부를 대행하는 대가로 수수료를 받을 수 있다(법 제79조의2 제3항).
ⓔ 보험료 등 납부대행기관의 지정 및 운영, 수수료 등에 필요한 사항은 대통령령으로 정한다(법 제79조의2 제4항).

㉠ 공단이 납입 고지한 보험료 등을 납부하는 자는 보험료 등의 납부를 대행할 수 있도록 대통령령으로 정하는 기관 등(이하 이 조에서 "보험료 등 납부대행기관"이라 한다)을 통하여 신용카드, 직불카드 등(이하 이 조에서 "신용카드 등"이라 한다)으로 납부할 수 있다(법 제79조의2 제1항).

㉡ 제1항에 따라 신용카드 등으로 보험료 등을 납부하는 경우에는 보험료 등 납부대행기관의 승인일을 납부일로 본다(법 제79조의2 제2항).

18 [정답] ①

연체금(법 제80조 제1항·제2항)

① 공단은 보험료 등의 납부의무자가 납부기한까지 보험료 등을 내지 아니하면 그 납부기한이 지난 날부터 매 1일이 경과할 때마다 다음 각 호에 해당하는 연체금을 징수한다.
　1. 제69조에 따른 보험료 또는 제53조 제3항에 따른 보험급여 제한 기간 중 받은 보험급여에 대한 징수금을 체납한 경우 : 해당 체납금액의 1,500분의 1에 해당하는 금액. 이 경우 연체금은 해당 체납금액의 1,000분의 20을 넘지 못한다.
　2. 제1호 외에 국민건강보험법에 따른 징수금을 체납한 경우 : 해당 체납금액의 1,000분의 1에 해당하는 금액. 이 경우 연체금은 해당 체납금액의 1,000분의 30을 넘지 못한다.

② 공단은 보험료 등의 납부의무자가 체납된 보험료 등을 내지 아니하면 납부기한 후 30일이 지난 날부터 매 1일이 경과할 때마다 다음 각 호에 해당하는 연체금을 제1항에 따른 연체금에 더하여 징수한다.
　1. 제69조에 따른 보험료 또는 제53조 제3항에 따른 보험급여 제한 기간 중 받은 보험급여에 대한 징수금을 체납한 경우 : 해당 체납금액의 6,000분의 1에 해당하는 금액. 이 경우 연체금은 해당 체납금액의 1,000분의 50을 넘지 못한다.
　2. 제1호 외에 국민건강보험법에 따른 징수금을 체납한 경우 : 해당 체납금액의 3,000분의 1에 해당하는 금액. 이 경우 연체금은 해당 체납금액의 1,000분의 90을 넘지 못한다.

19 [정답] ②

보험료 등의 독촉 및 체납처분(법 제81조 제2항)

제1항에 따라 독촉할 때에는 10일 이상 15일 이내의 납부기한을 정하여 독촉장을 발부하여야 한다.

① 공단은 제57조(부당이득의 징수), 제77조(보험료 납부의무), 제77조의2(제2차 납부의무), 제78조의2(가산금) 및 제101조(제조업자 등의 금지행위 등)에 따라 보험료 등을 내야 하는 자가 보험료 등을 내지 아니하면 기한을 정하여 독촉할 수 있다. 이 경우 직장가입자의 사용자가 2명 이상인 경우 또는 지역가입자의 세대가 2명 이상으로 구성된 경우에는 그 중 1명에게 한 독촉은 해당 사업장의 다른 사용자 또는 세대 구성원인 다른 지역가입자 모두에게 효력이 있는 것으로 본다(법 제81조 제1항).

③ 공단은 제3항에 따라 체납처분을 하기 전에 보험료 등의 체납내역, 압류 가능한 재산의 종류, 압류 예정 사실 및 국세징수법 제41조 제18호에 따른 소액금융재산에 대한 압류금지 사실 등이 포함된 통보서를 발송하여야 한다. 다만, 법인 해산 등 긴급히 체납처분을 할 필요가 있는 경우로서 대통령령으로 정하는 경우에는 그러하지 아니하다(법 제81조 제4항).

④ 공단은 제3항에 따른 국세 체납처분의 예에 따라 압류한 재산의 공매에 대하여 전문지식이 필요하거나 그 밖에 특수한 사정으로 직접 공매하는 것이 적당하지 아니하다고 인정하는 경우에는 한국자산관리공사 설립 등에 관한 법률에 따라 설립된 한국자산관리공사에 공매를 대행하게 할 수 있다. 이 경우 공매는 공단이 한 것으로 본다(법 제81조 제5항). 공단은 제5항에 따라 한국자산관리공사가 공매를 대행하면 보건복지부령으로 정하는 바에 따라 수수료를 지급할 수 있다(동조 제6항).

20 [정답] ③

체납 또는 결손처분 자료의 제공(법 제81조의2 제1항)

공단은 보험료 징수 또는 공익목적을 위하여 필요한 경우에 신용정보의 이용 및 보호에 관한 법률 제25조 제2항 제1호의 종합신용정보집중기관이 다음 각 호의 어느 하나에 해당하는 체납자 또는 결손처분자의 인적사항·체납액 또는 결손처분액에 관한 자료(이하 이 조에서 "체납 등 자료"라 한다)를 요구할 때에는 그 자료를 제공할 수 있다. 다만, 체납된 보험료나 국민건강보험법에 따른 그 밖의 징수금과 관련하여 행정심판 또는 행정소송이 계류 중인 경우, 그 밖에 대통령령으로 정하는 사유가 있을 때에는 그러하지 아니하다(법 제81조의2 제1항).
　1. 국민건강보험법에 따른 납부기한의 다음 날부터 1년이 지난 보험료, 국민건강보험법에 따른 그 밖의 징수금과 체납처분비의 총액이 500만 원 이상인 자
　2. 제84조에 따라 결손처분한 금액의 총액이 500만 원 이상인 자

21 [정답] ②

㉠ 제77조에 따른 보험료의 납부의무자(이하 이 조에서 "납부의무자"라 한다)는 국가, 지방자치단체 또는 공공기관의 운영에 관한 법률 제4조에 따른 공공기관(이하 이 조에서 "공공기관"이라 한다)으로부터 공사·제조·구매·용역 등 대통령령으로 정하는 계약의 대가를 지급받는 경우에는 보험료와 그에 따른 연체금 및 체납처분비의 납부사실을 증명하여야 한다(법 제81조의3 제1항 전단).

㉢ 납부의무자가 제1항에 따라 납부사실을 증명하여야 할 경우 제1항의 계약을 담당하는 주무관서 또는 공공기관은 납부의무자의 동의를 받아 공단에 조회하여 보험료와 그에 따른 연체금 및 체납처분비의 납부여부를 확인하는 것으로 제1항에 따른 납부증명을 갈음할 수 있다(법 제81조의3 제2항).

㉡ 납부의무자가 계약대금의 전부 또는 일부를 체납한 보험료로 납부하려는 경우 등 대통령령으로 정하는 경우에는 보험료와 그에 따른 연체금 및 체납처분비의 납부사실을 증명하지 않을 수 있다(법 제81조의3 제1항 단서).

22 [정답] ②

㉮ 공단은 보험료를 3회 이상 체납한 자가 신청하는 경우 보건복지부령으로 정하는 바에 따라 분할납부를 승인할 수 있다(법 제82조 제1항).

㉯ 공단은 제1항에 따라 분할납부 승인을 받은 자가 정당한 사유 없이 5회(제1항에 따라 승인받은 분할납부 횟수가 5회 미만인 경우에는 해당 분할납부 횟수를 말한다) 이상 그 승인된 보험료를 납부하지 아니하면 그 분할납부의 승인을 취소한다(법 제82조 제3항).

23 [정답] ④

고액 · 상습체납자의 인적사항 공개(법 제83조 제4항 · 제5항)

④ 제1항에 따른 체납자 인적사항 등의 공개는 관보에 게재하거나 공단 인터넷 홈페이지에 게시하는 방법에 따른다.

⑤ 제1항부터 제4항까지의 규정에 따른 체납자 인적사항 등의 공개와 관련한 납부능력의 기준, 공개절차 및 위원회의 구성 · 운영 등에 필요한 사항은 대통령령으로 정한다.

오답분석

① 공단은 국민건강보험법에 따른 납부기한의 다음 날부터 1년이 경과한 보험료, 연체금과 체납처분비(제84조에 따라 결손처분한 보험료, 연체금과 체납처분비로서 징수권 소멸시효가 완성되지 아니한 것을 포함한다)의 총액이 1,000만 원 이상인 체납자가 납부능력이 있음에도 불구하고 체납한 경우 그 인적사항 · 체납액 등(이하 이 조에서 "인적사항 등"이라 한다)을 공개할 수 있다(법 제83조 제1항 전단).

② 체납된 보험료, 연체금과 체납처분비와 관련하여 제87조에 따른 이의신청, 제88조에 따른 심판청구가 제기되거나 행정소송이 계류 중인 경우 또는 그 밖에 체납된 금액의 일부 납부 등 대통령령으로 정하는 사유가 있는 경우에는 그 인적사항 등을 공개할 수 없다(법 제83조 제1항 단서).

③ 공단은 보험료정보공개심의위원회의 심의를 거친 인적사항 등의 공개대상자에게 공개대상자임을 서면으로 통지하여 소명의 기회를 부여하여야 하며, 통지일부터 6개월이 경과한 후 체납액의 납부이행 등을 감안하여 공개대상자를 선정한다(법 제83조 제3항).

24 [정답] ①

결손처분(법 제84조 제1항)

공단은 재정운영위원회의 의결을 받아 보험료 등을 결손처분할 수 있다.

오답분석

② 공단은 체납처분이 끝나고 체납액에 충당될 배분금액이 그 체납액에 미치지 못하는 경우에는 재정운영위원회의 의결을 받아 보험료 등을 결손처분할 수 있다(법 제84조 제1항 제1호).

③ 공단은 해당 권리에 대한 소멸시효가 완성된 경우에는 재정운영위원회의 의결을 받아 보험료 등을 결손처분할 수 있다(법 제84조 제1항 제2호).

④ 공단은 징수할 가능성이 없다고 인정되어 보험료 등을 결손처분을 한 후 압류할 수 있는 다른 재산이 있는 것을 발견한 때에는 지체 없이 그 처분을 취소하고 체납처분을 하여야 한다(법 제84조 제2항).

25 [정답] ③

㉡ 보험료 등의 납부기한 전에 전세권 · 질권 · 저당권 또는 동산 · 채권 등의 담보에 관한 법률에 따른 담보권의 설정을 등기 또는 등록한 사실이 증명되는 재산을 매각할 때에 그 매각대금 중에서 보험료 등을 징수하는 경우 그 전세권 · 질권 · 저당권 또는 동산 · 채권 등의 담보에 관한 법률에 따른 담보권으로 담보된 채권에 대하여는 보험료 등을 우선해 징수하지 않는다(법 제85조 단서).

㉢ 공단은 납부의무자가 보험료 등 · 연체금 또는 체납처분비로 낸 금액 중 과오납부한 금액이 있으면 대통령령으로 정하는 바에 따라 그 과오납금을 보험료 등 · 연체금 또는 체납처분비에 우선 충당하여야 한다(법 제86조 제1항).

오답분석

㉠ 보험료 등은 국세와 지방세를 제외한 다른 채권에 우선하여 징수한다(법 제85조 전단). 즉, 국세와 지방세는 보험료 등보다 우선해 징수한다.

㉣ 공단은 제1항에 따라 충당하고 남은 금액이 있는 경우 대통령령으로 정하는 바에 따라 납부의무자에게 환급하여야 한다(법 제86조 제2항). 제1항 및 제2항의 경우 과오납금에 대통령령으로 정하는 이자를 가산하여야 한다(동조 제3항).

07 이의신청 및 심판청구 등

01	02	03	04						
④	②	③	①						

01

정답 ④

이의신청(법 제87조 제4항)

제3항 본문에도 불구하고 요양기관이 제48조에 따른 심사평가원의 확인에 대하여 이의신청을 하려면 같은 조 제2항에 따라 통보받은 날부터 30일 이내에 하여야 한다.

오답분석

① 요양급여비용 및 요양급여의 적정성 평가 등에 관한 심사평가원의 처분에 이의가 있는 공단, 요양기관 또는 그 밖의 자는 심사평가원에 이의신청을 할 수 있다(법 제87조 제2항).
② 가입자 및 피부양자의 자격, 보험료 등, 보험급여, 보험급여비용에 관한 공단의 처분에 이의가 있는 자는 공단에 이의신청을 할 수 있다(법 제87조 제1항).
③ 제1항 및 제2항에 따른 이의신청(이하 "이의신청"이라 한다)은 처분이 있음을 안 날부터 90일 이내에 문서(전자문서를 포함한다)로 하여야 하며 처분이 있은 날부터 180일을 지나면 제기하지 못한다. 다만, 정당한 사유로 그 기간에 이의신청을 할 수 없었음을 소명한 경우에는 그러하지 아니하다(법 제87조 제3항).

02

정답 ②

심판청구(법 제88조 제1항 후단)

심판청구의 제기기간 및 제기방법에 관하여는 제87조 제3항을 준용한다.

즉, 심판청구는 처분이 있음을 안 날부터 90일 이내에 문서(전자문서를 포함한다)로 하여야 하며 처분이 있은 날부터 180일을 지나면 제기하지 못한다. 다만, 정당한 사유로 그 기간에 심판청구를 할 수 없었음을 소명한 경우에는 그러하지 아니하다.

오답분석

① 이의신청에 대한 결정에 불복하는 자는 제89조에 따른 건강보험분쟁조정위원회에 심판청구를 할 수 있다(법 제88조 제1항 전단).
③ 제1항에 따라 심판청구를 하려는 자는 대통령령으로 정하는 심판청구서를 제87조 제1항 또는 제2항에 따른 처분을 한 공단 또는 심사평가원에 제출하거나 제89조에 따른 건강보험분쟁조정위원회에 제출하여야 한다(법 제88조 제2항).
④ 제1항 및 제2항에서 규정한 사항 외에 심판청구의 절차·방법·결정 및 그 결정의 통지 등에 필요한 사항은 대통령령으로 정한다(법 제88조 제3항).

03

정답 ③

건강보험분쟁조정위원회(법 제89조 제3항)

분쟁조정위원회의 회의는 위원장, 당연직위원 및 위원장이 매 회의마다 지정하는 7명의 위원을 포함하여 총 9명으로 구성하되, 공무원이 아닌 위원이 과반수가 되도록 하여야 한다.

오답분석

① 제88조에 따른 심판청구를 심리·의결하기 위하여 보건복지부에 건강보험분쟁조정위원회(이하 "분쟁조정위원회"라 한다)를 둔다(법 제89조 제1항).
② 분쟁조정위원회는 위원장을 포함하여 60명 이내의 위원으로 구성하고, 위원장을 제외한 위원 중 1명은 당연직위원으로 한다. 이 경우 공무원이 아닌 위원이 전체 위원의 과반수가 되도록 하여야 한다(법 제89조 제2항).
④ 분쟁조정위원회는 제3항에 따른 구성원 과반수의 출석과 출석위원 과반수의 찬성으로 의결한다(법 제89조 제4항).

04

정답 ①

"공무원이 정당한 이유없이 그 직무수행을 거부하거나 그 직무를 유기한 때에는 1년 이하의 징역이나 금고 또는 3년 이하의 자격정지에 처한다."라는 형법 제122조의 규정은 건강보험분쟁조정위원회의 위원을 공무원으로 의제하는 경우에 해당하지 않는다.

오답분석

분쟁조정위원회의 위원 중 공무원이 아닌 사람은 형법 제129조부터 제132조까지의 규정을 적용할 때 공무원으로 본다(법 제89조 제7항).

공무원의 직무에 관한 죄(형법 제129조부터 제132조)
- 수뢰, 사전수뢰(형법 제129조)
- 제3자뇌물제공(형법 제130조)
- 수뢰후부정처사, 사후수뢰(형법 제131조)
- 알선수뢰(형법 제132조)

PART 1

PART 2

01	02	03	04	05	06	07	08	09	10
③	④	④	①	②	③	③	②	②	②
11	12	13	14	15	16	17	18	19	20
①	①	③	②	①	④	③	④	④	④
21	22	23	24	25	26	27			
②	②	①	③	②	④	④			

01

정답 ③

ⓛ 보험급여를 받을 권리, 보험급여 비용을 받을 권리, 과다납부된 본인일부부담금을 돌려받을 권리는 3년 동안 행사하지 아니하면 소멸시효가 완성된다(법 제91조 제1항 제3호부터 제5호).

ⓒ 제1항에 따른 시효는 다음 각 호의 어느 하나의 사유로 중단된다(법 제91조 제2항).
　1. 보험료의 고지 또는 독촉
　2. 보험급여 또는 보험급여 비용의 청구

ⓔ 휴직자 등의 보수월액보험료를 징수할 권리의 소멸시효는 제79조(보험료 등의 납입 고지) 제5항에 따라 고지가 유예된 경우 휴직 등의 사유가 끝날 때까지 진행하지 아니한다(법 제91조 제3항).

오답분석

ⓐ 보험료, 연체금 및 가산금을 징수할 권리, 보험료, 연체금 및 가산금으로 과오납부한 금액을 환급받을 권리는 3년 동안 행사하지 아니하면 소멸시효가 완성된다(법 제91조 제1항 제1호부터 제2호).

ⓜ 제1항에 따른 소멸시효기간, 제2항에 따른 시효 중단 및 제3항에 따른 시효 정지에 관하여 국민건강보험법에서 정한 사항 외에는 민법에 따른다(법 제91조 제4항).

02

정답 ④

신고 등(법 제94조)

① 공단은 사용자, 직장가입자 및 세대주에게 다음 각 호의 사항을 신고하게 하거나 관계 서류(전자적 방법으로 기록된 것을 포함한다. 이하 같다)를 제출하게 할 수 있다.
　1. 가입자의 거주지 변경
　2. 가입자의 보수 · 소득
　3. 그 밖에 건강보험사업을 위하여 필요한 사항

② 공단은 제1항에 따라 신고한 사항이나 제출받은 자료에 대하여 사실 여부를 확인할 필요가 있으면 소속 직원이 해당 사항에 관하여 조사하게 할 수 있다.

③ 제2항에 따라 조사를 하는 소속 직원은 그 권한을 표시하는 증표를 지니고 관계인에게 보여주어야 한다.

03

정답 ④

ⓐ 공단은 제94조 제1항에 따라 신고한 보수 또는 소득 등에 축소 또는 탈루(脫漏)가 있다고 인정하는 경우에는 보건복지부장관을 거쳐 소득의 축소 또는 탈루에 관한 사항을 문서로 국세청장에게 송부할 수 있다(법 제95조 제1항).

ⓛ 국세청장은 제1항에 따라 송부받은 사항에 대하여 국세기본법 등 관련 법률에 따른 세무조사를 하면 그 조사 결과 중 보수 · 소득에 관한 사항을 공단에 송부하여야 한다(법 제95조 제2항).

ⓒ 제1항 및 제2항에 따른 송부 절차 등에 필요한 사항은 대통령령으로 정한다(법 제95조 제3항).

04

정답 ①

ⓐ · ⓛ 공단은 국가, 지방자치단체, 요양기관, 보험업법에 따른 보험회사 및 보험료율 산출 기관, 공공기관의 운영에 관한 법률에 따른 공공기관, 그 밖의 공공단체 등에 대하여 다음 각 호의 업무를 수행하기 위하여 주민등록 · 가족관계등록 · 국세 · 지방세 · 토지 · 건물 · 출입국관리 등의 자료로서 대통령령으로 정하는 자료를 제공하도록 요청할 수 있다(법 제96조 제1항).
　1. 가입자 및 피부양자의 자격 관리, 보험료의 부과 · 징수, 보험급여의 관리 등 건강보험사업의 수행
　2. 제14조 제1항 제11호에 따른 업무의 수행(징수위탁근거법에 따라 위탁받은 업무)

오답분석

ⓒ 제1항 및 제2항에 따른 국가, 지방자치단체, 요양기관, 보험업법에 따른 보험료율 산출 기관 그 밖의 공공기관 및 공공단체가 공단 또는 심사평가원에 제공하는 자료에 대하여는 사용료와 수수료 등을 면제한다(법 제96조 제6항).

ⓔ 심사평가원은 국가, 지방자치단체, 요양기관, 보험업법에 따른 보험회사 및 보험료율 산출 기관, 공공기관의 운영에 관한 법률에 따른 공공기관, 그 밖의 공공단체 등에 대하여 요양급여비용을 심사하고 요양급여의 적정성을 평가하기 위하여 주민등록 · 출입국관리 · 진료기록 · 의약품공급 등의 자료로서 대통령령으로 정하는 자료를 제공하도록 요청할 수 있다(법 제96조 제2항).

ⓜ 보건복지부장관은 관계 행정기관의 장에게 제41조의2에 따른 약제에 대한 요양급여비용 상한금액의 감액 및 요양급여의 적용 정지를 위하여 필요한 자료를 제공하도록 요청할 수 있다(법 제96조 제3항).

05

정답 ②

시효(법 제91조 제2항)

시효는 다음 각 호의 어느 하나의 사유로 중단된다.
1. 보험료의 고지 또는 독촉
2. 보험급여 또는 보험급여 비용의 청구

06

정답 ③

ⓒ 법원행정처장은 제1항에 따라 공단이 전산정보자료의 공동이용을 요청하는 경우 그 공동이용을 위하여 필요한 조치를 취하여야 한다(법 제96조의2 제2항).

ⓔ 누구든지 제1항에 따라 공동이용하는 전산정보자료를 그 목적 외의 용도로 이용하거나 활용하여서는 아니 된다(법 제96조의2 제3항).

[오답분석]

ⓐ · ⓑ 공단은 제96조 제1항 각 호의 업무를 수행하기 위하여 전자정부법에 따라 가족관계의 등록 등에 관한 법률 제9조에 따른 전산정보자료를 공동이용(개인정보 보호법 제2조 제2호에 따른 처리를 포함한다)할 수 있다(법 제96조의2 제1항).

07

정답 ③

ⓐ 요양기관은 요양급여가 끝난 날부터 5년간 보건복지부령으로 정하는 바에 따라 제47조에 따른 요양급여비용의 청구에 관한 서류를 보존하여야 한다. 다만, 약국 등 보건복지부령으로 정하는 요양기관은 처방전을 요양급여비용을 청구한 날부터 3년간 보존하여야 한다(법 제96조의3 제1항).

ⓑ 사용자는 3년간 보건복지부령으로 정하는 바에 따라 자격 관리 및 보험료 산정 등 건강보험에 관한 서류를 보존하여야 한다(법 제96조의3 제2항).

ⓒ 제49조 제3항에 따라 요양비를 청구한 준요양기관은 요양비를 지급받은 날부터 3년간 보건복지부령으로 정하는 바에 따라 요양비 청구에 관한 서류를 보존하여야 한다(법 제96조의3 제3항).

ⓔ 제51조 제2항에 따라 보조기기에 대한 보험급여를 청구한 자는 보험급여를 지급받은 날부터 3년간 보건복지부령으로 정하는 바에 따라 보험급여 청구에 관한 서류를 보존하여야 한다(법 제96조의3 제4항).

08

정답 ②

ⓐ 보건복지부장관은 사용자, 직장가입자 또는 세대주에게 가입자의 이동·보수·소득이나 그 밖에 필요한 사항에 관한 보고 또는 서류 제출을 명하거나, 소속 공무원이 관계인에게 질문하게 하거나 관계 서류를 검사하게 할 수 있다(법 제97조 제1항).

ⓔ 보건복지부장관은 제41조의2에 따른 약제에 대한 요양급여비용 상한금액의 감액 및 요양급여의 적용 정지를 위하여 필요한 경우에는 약사법 제47조 제2항에 따른 의약품공급자에 대하여 금전, 물품, 편익, 노무, 향응, 그 밖의 경제적 이익 등 제공으로 인한 의약품 판매 질서 위반 행위에 관한 보고 또는 서류 제출을 명하거나, 소속 공무원이 관계인에게 질문하게 하거나 관계 서류를 검사하게 할 수 있다(법 제97조 제5항).

[오답분석]

ⓑ 보건복지부장관은 요양기관(제49조에 따라 요양을 실시한 기관을 포함한다)에 대하여 요양·약제의 지급 등 보험급여에 관한 보고 또는 서류 제출을 명하거나, 소속 공무원이 관계인에게 질문하게 하거나 관계 서류를 검사하게 할 수 있다(법 제97조 제2항).

ⓒ 보건복지부장관은 제47조 제6항에 따라 요양급여비용의 심사청구를 대행하는 단체(이하 "대행청구단체"라 한다)에 필요한 자료의 제출을 명하거나, 소속 공무원이 대행청구에 관한 자료 등을 조사·확인하게 할 수 있다(법 제97조 제4항).

09

정답 ②

업무정지(법 제98조 제1항 제1호)
보건복지부장관은 요양기관이 속임수나 그 밖의 부당한 방법으로 보험자·가입자 및 피부양자에게 요양급여비용을 부담하게 한 경우에 해당하면 그 요양기관에 대하여 1년의 범위에서 기간을 정하여 업무정지를 명할 수 있다.

[오답분석]

① 보건복지부장관은 요양기관이 제97조(보고와 검사) 제2항에 따른 명령에 위반하거나 거짓 보고를 하거나 거짓 서류를 제출하거나, 소속 공무원의 검사 또는 질문을 거부·방해 또는 기피한 경우에 해당하면 그 요양기관에 대하여 1년의 범위에서 기간을 정하여 업무정지를 명할 수 있다(법 제98조 제1항 제2호).

③ 보건복지부장관은 요양기관이 정당한 사유 없이 요양기관이 제41조의3(행위·치료재료 및 약제에 대한 요양급여대상 여부의 결정) 제1항에 따른 결정을 신청하지 아니하고 속임수나 그 밖의 부당한 방법으로 행위·치료재료를 가입자 또는 피부양자에게 실시 또는 사용하고 비용을 부담시킨 경우에 해당하면 그 요양기관에 대하여 1년의 범위에서 기간을 정하여 업무정지를 명할 수 있다(법 제98조 제1항 제3호).

④ 제1항에 따라 업무정지 처분을 받은 자는 해당 업무정지기간 중에는 요양급여를 하지 못한다(법 제98조 제2항).

10

정답 ②

업무정지(법 제98조 제3항 단서)
양수인 또는 합병 후 존속하는 법인이나 합병으로 설립되는 법인이 업무정지 처분 또는 위반사실을 알지 못하였음을 증명하는 경우에는 업무정지 처분의 효과는 승계되지 않는다.

[오답분석]

① 제1항에 따른 업무정지 처분의 효과는 그 처분이 확정된 요양기관을 양수한 자 또는 합병 후 존속하는 법인이나 합병으로 설립되는 법인에 승계되고, 업무정지 처분의 절차가 진행 중인 때에는 양수인 또는 합병 후 존속하는 법인이나 합병으로 설립되는 법인에 대하여 그 절차를 계속 진행할 수 있다(법 제98조 제3항 전단).

③ 제1항에 따른 업무정지 처분을 받았거나 업무정지 처분의 절차가 진행 중인 자는 행정처분을 받은 사실 또는 행정처분절차가 진행 중인 사실을 보건복지부령으로 정하는 바에 따라 양수인 또는 합병 후 존속하는 법인이나 합병으로 설립되는 법인에 지체 없이 알려야 한다(법 제98조 제4항).

④ 제1항에 따른 업무정지를 부과하는 위반행위의 종류, 위반 정도 등에 따른 행정처분기준이나 그 밖에 필요한 사항은 대통령령으로 정한다(법 제98조 제5항).

11 [정답] ①

과징금(법 제99조 제1항)

보건복지부장관은 요양기관이 제98조 제1항 제1호 또는 제3호에 해당하여 업무정지 처분을 하여야 하는 경우로서 그 업무정지 처분이 해당 요양기관을 이용하는 사람에게 심한 불편을 주거나 보건복지부장관이 정하는 특별한 사유가 있다고 인정되면 업무정지 처분을 갈음하여 속임수나 그 밖의 부당한 방법으로 부담하게 한 금액의 5배 이하의 금액을 과징금으로 부과·징수할 수 있다. 이 경우 보건복지부장관은 12개월의 범위에서 분할납부를 하게 할 수 있다.

12 [정답] ①

과징금(법 제99조 제2항)

보건복지부장관은 제41조의2 제3항에 따라 약제를 요양급여에서 적용 정지하는 경우 다음 각 호의 어느 하나에 해당하는 때에는 요양급여의 적용 정지에 갈음하여 대통령령으로 정하는 바에 따라 다음 각 호의 구분에 따른 범위에서 과징금을 부과·징수할 수 있다. 이 경우 보건복지부장관은 12개월의 범위에서 분할납부를 하게 할 수 있다.

1. 환자 진료에 불편을 초래하는 등 공공복리에 지장을 줄 것으로 예상되는 때 : 해당 약제에 대한 요양급여비용 총액의 100분의 200을 넘지 아니하는 범위
2. 국민 건강에 심각한 위험을 초래할 것이 예상되는 등 특별한 사유가 있다고 인정되는 때 : 해당 약제에 대한 요양급여비용 총액의 100분의 60을 넘지 아니하는 범위

13 [정답] ③

㉮ 보건복지부장관은 제2항 전단에 따라 과징금 부과 대상이 된 약제가 과징금이 부과된 날부터 5년의 범위에서 대통령령으로 정하는 기간 내에 다시 제2항 전단에 따른 과징금 부과 대상이 되는 경우에는 대통령령으로 정하는 바에 따라 다음 각 호의 구분에 따른 범위에서 과징금을 부과·징수할 수 있다(법 제99조 제3항).

1. 제2항 제1호에서 정하는 사유로 과징금 부과대상이 되는 경우 : 해당 약제에 대한 요양급여비용 총액의 100분의 350을 넘지 아니하는 범위

2. 제2항 제2호에서 정하는 사유로 과징금 부과대상이 되는 경우 : 해당 약제에 대한 요양급여비용 총액의 100분의 100을 넘지 아니하는 범위

㉯ 제2항 및 제3항에 따라 대통령령으로 해당 약제에 대한 요양급여비용 총액을 정할 때에는 그 약제의 과거 요양급여 실적 등을 고려하여 1년간의 요양급여 총액을 넘지 않는 범위에서 정하여야 한다(법 제99조 제4항).

14 [정답] ②

과징금(법 제99조 제7항)

보건복지부장관은 과징금을 징수하기 위하여 필요하면 다음 각 호의 사항을 적은 문서로 관할 세무관서의 장 또는 지방자치단체의 장에게 과세정보의 제공을 요청할 수 있다.

1. 납세자의 인적사항
2. 사용 목적
3. 과징금 부과 사유 및 부과 기준

오답분석

① 보건복지부장관은 제1항에 따른 과징금을 납부하여야 할 자가 납부기한까지 이를 내지 아니하면 대통령령으로 정하는 절차에 따라 그 과징금 부과 처분을 취소하고 제98조 제1항에 따른 업무정지 처분을 하거나 국세 체납처분의 예에 따라 이를 징수한다. 다만, 요양기관의 폐업 등으로 제98조 제1항에 따른 업무정지 처분을 할 수 없으면 국세 체납처분의 예에 따라 징수한다(법 제99조 제5항).

③·④ 제1항부터 제3항까지의 규정에 따라 징수한 과징금은 다음 각 호 외의 용도로는 사용할 수 없다. 이 경우 제2항 제1호 및 제3항 제1호에 따라 징수한 과징금은 제3호의 용도로 사용하여야 한다(법 제99조 제8항).

1. 제47조 제3항에 따라 공단이 요양급여비용으로 지급하는 자금
2. 응급의료에 관한 법률에 따른 응급의료기금의 지원
3. 재난적의료비 지원에 관한 법률에 따른 재난적의료비 지원 사업에 대한 지원

15 [정답] ①

위반사실의 공표(법 제100조 제1항)

보건복지부장관은 관련 서류의 위조·변조로 요양급여비용을 거짓으로 청구하여 제98조(업무정지) 또는 제99조(과징금)에 따른 행정처분을 받은 요양기관이 다음 각 호의 어느 하나에 해당하면 그 위반 행위, 처분 내용, 해당 요양기관의 명칭·주소 및 대표자 성명, 그 밖에 다른 요양기관과의 구별에 필요한 사항으로서 대통령령으로 정하는 사항을 공표할 수 있다. 이 경우 공표 여부를 결정할 때에는 그 위반행위의 동기, 정도, 횟수 및 결과 등을 고려하여야 한다.

1. 거짓으로 청구한 금액이 1,500만 원 이상인 경우
2. 요양급여비용 총액 중 거짓으로 청구한 금액의 비율이 100분의 20 이상인 경우

16
정답 ④

ⓛ 보건복지부장관은 공표심의위원회의 심의를 거친 공표대상자에게 공표대상자인 사실을 알려 소명자료를 제출하거나 출석하여 의견을 진술할 기회를 주어야 한다(법 제100조 제3항).

ⓒ 보건복지부장관은 공표심의위원회가 제3항에 따라 제출된 소명자료 또는 진술된 의견을 고려하여 공표대상자를 재심의한 후 공표대상자를 선정한다(법 제100조 제4항).

ⓔ 제1항부터 제4항까지에서 규정한 사항 외에 공표의 절차·방법, 공표심의위원회의 구성·운영 등에 필요한 사항은 대통령령으로 정한다(법 제100조 제5항).

ⓘ 보건복지부장관은 제1항에 따른 공표 여부 등을 심의하기 위하여 건강보험공표심의위원회("공표심의위원회"라 한다)를 설치·운영한다(법 제100조 제2항).

17
정답 ③

ⓒ 공단은 제1항을 위반하여 보험자·가입자 및 피부양자에게 손실을 주는 행위를 한 제조업자 등에 대하여 손실에 상당하는 금액(이하 이 조에서 "손실 상당액"이라 한다)을 징수한다(법 제101조 제3항).

ⓔ 공단은 제3항에 따라 징수한 손실 상당액 중 가입자 및 피부양자의 손실에 해당되는 금액을 그 가입자나 피부양자에게 지급하여야 한다. 이 경우 공단은 가입자나 피부양자에게 지급하여야 하는 금액을 그 가입자 및 피부양자가 내야 하는 보험료 등과 상계할 수 있다(법 제101조 제4항).

ⓘ·ⓛ 약사법에 따른 의약품의 제조업자·위탁제조판매업자·수입자·판매업자 및 의료기기법에 따른 의료기기 제조업자·수입업자·수리업자·판매업자·임대업자(이하 "제조업자 등"이라 한다)는 약제·치료재료와 관련하여 제41조의3에 따라 요양급여대상 여부를 결정하거나 제46조에 따라 요양급여비용을 산정할 때에 다음 각 호의 행위를 하여 보험자·가입자 및 피부양자에게 손실을 주어서는 아니 된다(법 제101조 제1항).

1. 제98조 제1항 제1호에 해당하는 요양기관의 행위에 개입(→ 요양기관이 속임수나 그 밖의 부당한 방법으로 보험자·가입자 및 피부양자에게 요양급여비용을 부담하게 한 경우)

2. 보건복지부, 공단 또는 심사평가원에 거짓 자료의 제출

3. 그 밖에 속임수나 보건복지부령으로 정하는 부당한 방법으로 요양급여대상 여부의 결정과 요양급여비용의 산정에 영향을 미치는 행위

18
정답 ④

정보의 유지 등(법 제102조)

공단, 심사평가원 및 대행청구단체에 종사하였던 사람 또는 종사하는 사람은 다음 각 호의 행위를 하여서는 아니 된다.

1. 가입자 및 피부양자의 개인정보(개인정보 보호법 제2조 제1호의 개인정보를 말한다. 이하 "개인정보"라 한다)를 누설하거나 직무상 목적 외의 용도로 이용 또는 정당한 사유 없이 제3자에게 제공하는 행위

2. 업무를 수행하면서 알게 된 정보(제1호의 개인정보는 제외한다)를 누설하거나 직무상 목적 외의 용도로 이용 또는 제3자에게 제공하는 행위

19
정답 ④

공단 등에 대한 감독 등(법 제103조 제2항)

보건복지부장관은 제1항에 따른 감독상 필요한 경우에는 정관이나 규정의 변경 또는 그 밖에 필요한 처분을 명할 수 있다.

①·②·③ 보건복지부장관은 공단과 심사평가원의 경영목표를 달성하기 위하여 다음 각 호의 사업이나 업무에 대하여 보고를 명하거나 그 사업이나 업무 또는 재산상황을 검사하는 등 감독을 할 수 있다(법 제103조 제1항).

1. 제14조 제1항 제1호부터 제13호까지의 규정에 따른 공단의 업무 및 제63조 제1항 제1호부터 제7호까지의 규정에 따른 심사평가원의 업무

2. 공공기관의 운영에 관한 법률 제50조에 따른 경영지침의 이행과 관련된 사업

3. 국민건강보험법 또는 다른 법령에서 공단과 심사평가원이 위탁받은 업무

4. 그 밖에 관계 법령에서 정하는 사항과 관련된 사업

20
정답 ④

포상금 등의 지급(법 제104조 제3항)

제1항 및 제2항에 따른 포상금 및 장려금의 지급 기준과 범위, 절차 및 방법 등에 필요한 사항은 대통령령으로 정한다.

포상금 등의 지급(법 제104조 제1항·제2항)

① 공단은 다음 각 호의 어느 하나에 해당하는 자를 신고한 사람에 대하여 포상금을 지급할 수 있다.

1. 속임수나 그 밖의 부당한 방법으로 보험급여를 받은 사람

2. 속임수나 그 밖의 부당한 방법으로 다른 사람이 보험급여를 받도록 한 자

3. 속임수나 그 밖의 부당한 방법으로 보험급여 비용을 받은 요양기관 또는 보험급여를 받은 준요양기관 및 보조기기 판매업자

② 공단은 건강보험 재정을 효율적으로 운영하는 데에 이바지한 요양기관에 대하여 장려금을 지급할 수 있다.

21

소액 처리(법 제106조)

공단은 징수하여야 할 금액이나 반환하여야 할 금액이 1건당 2,000원 미만인 경우(제47조 제4항, 제57조 제5항 후단 및 제101조 제4항 후단에 따라 각각 상계 처리할 수 있는 본인일부부담금 환급금 및 가입자나 피부양자에게 지급하여야 하는 금액은 제외한다)에는 징수 또는 반환하지 아니한다.

22

정답 ②

ⓛ 공단은 제1항에 따라 지원된 재원을 다음 각 호의 사업에 사용한다(법 제108조 제3항).
   1. 가입자 및 피부양자에 대한 보험급여
   2. 건강보험사업에 대한 운영비
   3. 제75조 및 제110조 제4항에 따른 보험료 경감에 대한 지원
ⓒ 공단은 국민건강증진법에서 정하는 바에 따라 같은 법에 따른 국민건강증진기금에서 자금을 지원받을 수 있다(법 제108조 제2항).

오답분석

ⓐ 국가는 매년 예산의 범위에서 해당 연도 보험료 예상 수입액의 100분의 14에 상당하는 금액을 국고에서 공단에 지원한다(법 제108조 제1항).
ⓔ 공단은 제2항에 따라 지원된 재원을 다음 각 호의 사업에 사용한다(법 제108조 제4항).
   1. 건강검진 등 건강증진에 관한 사업
   2. 가입자와 피부양자의 흡연으로 인한 질병에 대한 보험급여
   3. 가입자와 피부양자 중 65세 이상 노인에 대한 보험급여

23

정답 ①

외국인 등에 대한 특례(법 제109조 제1항)

정부는 외국 정부가 사용자인 사업장의 근로자의 건강보험에 관하여는 외국 정부와 한 합의에 따라 이를 따로 정할 수 있다.

오답분석

② 국내에 체류하는 재외국민 또는 외국인("국내체류 외국인 등"이라 한다)이 적용대상사업장의 근로자이고 고용 기간이 1개월 미만인 일용근로자에 해당하지 아니하면서 재외동포의 출입국과 법적 지위에 관한 법률에 따라 국내거소신고를 한 사람인 경우에는 직장가입자가 된다(법 제109조 제2항).
③ 직장가입자에 해당하지 아니하는 국내체류 외국인 등이 보건복지부령으로 정하는 기간 동안 국내에 지속적으로 거주할 것으로 예상할 수 있는 사유로서 보건복지부령으로 정하는 사유에 해당되고 주민등록법 제6조 제1항 제3호에 따라 등록한 사람인 경우에는 직장가입자가 된다(법 제109조 제3항 제1호 및 제2호 가목).
④ 직장가입자와의 관계가 제5조 제2항 각 호의 어느 하나에 해당하고 제5조 제3항에 따른 피부양자 자격의 인정 기준에 해당하는 경우에는 공단에 신청하면 피부양자가 될 수 있다(법 제109조 제4항 제1호부터 제2호).

24

정답 ③

외국인 등에 대한 특례(법 제109조 제8항 전단·제9항 단서)

⑧ 국내체류 외국인 등(제9항 단서의 적용을 받는 사람에 한정한다)에 해당하는 지역가입자의 보험료는 제78조 제1항 본문(보험료 납부의무가 있는 자는 가입자에 대한 그 달의 보험료를 그 다음 달 10일까지 납부하여야 한다)에도 불구하고 그 직전 월 25일까지 납부하여야 한다.
⑨ 대통령령으로 정하는 국내체류 외국인 등의 보험료 부과·징수에 관한 사항은 그 특성을 고려하여 보건복지부장관이 다르게 정하여 고시할 수 있다.

오답분석

① 국내체류 외국인 등이 외국의 법령, 외국의 보험 또는 사용자와의 계약 등에 따라 제41조에 따른 요양급여에 상당하는 의료보장을 받을 수 있어 사용자 또는 가입자가 보건복지부령으로 정하는 바에 따라 가입 제외를 신청한 경우에는 가입자 및 피부양자가 될 수 없다(법 제109조 제5항 제2호).
② 가입자인 국내체류 외국인 등이 매월 2일 이후 지역가입자의 자격을 취득하고 그 자격을 취득한 날이 속하는 달에 보건복지부장관이 고시하는 사유로 해당 자격을 상실한 경우에는 제69조 제2항 본문에도 불구하고 그 자격을 취득한 날이 속하는 달의 보험료를 부과하여 징수한다(법 제109조 제7항).
④ 공단은 지역가입자인 국내체류 외국인 등(제9항 단서의 적용을 받는 사람에 한정한다)이 보험료를 체납한 경우에는 제53조 제3항에도 불구하고 체납일부터 체납한 보험료를 완납할 때까지 보험급여를 하지 아니한다(법 제109조 제10항 전단).

25

정답 ②

실업자에 대한 특례(법 제110조 제2항)

제1항에 따라 공단에 신청한 가입자(이하 "임의계속가입자"라 한다)는 제9조(자격의 변동 시기 등)에도 불구하고 대통령령으로 정하는 기간 동안 직장가입자의 자격을 유지한다. 다만, 제1항에 따른 신청 후 최초로 내야 할 직장가입자 보험료를 그 납부기한부터 2개월이 지난 날까지 내지 아니한 경우에는 그 자격을 유지할 수 없다.

오답분석

① 사용관계가 끝난 사람 중 직장가입자로서의 자격을 유지한 기간이 보건복지부령으로 정하는 기간 동안 통산 1년 이상인 사람은 지역가입자가 된 이후 최초로 제79조에 따라 지역가입자 보험료를 고지받은 날부터 그 납부기한에서 2개월이 지나기 이전까지 공단에 직장가입자로서의 자격을 유지할 것을 신청할 수 있다(법 제110조 제1항).
③ 임의계속가입자의 보수월액은 보수월액보험료가 산정된 최근 12개월간의 보수월액을 평균한 금액으로 한다(법 제110조 제3항).
④ 임의계속가입자의 보수월액보험료는 제76조 제1항 및 제77조 제1항 제1호에도 불구하고 그 임의계속가입자가 전액을 부담하고 납부한다(법 제110조 제5항).

26
정답 ④

권한의 위임 및 위탁(법 제111조)
① 국민건강보험법에 따른 보건복지부장관의 권한은 대통령령으로 정하는 바에 따라 그 일부를 특별시장·광역시장·도지사 또는 특별자치도지사에게 위임할 수 있다.
② 제97조(보고와 검사) 제2항에 따른 보건복지부장관의 권한은 대통령령으로 정하는 바에 따라 공단이나 심사평가원에 위탁할 수 있다.

27
정답 ④

• 공단은 국민연금법, 산업재해보상보험법, 고용보험법 및 임금채권보장법에 따라 국민연금기금, 산업재해보상보험및예방기금, 고용보험기금 및 임금채권보장기금으로부터 각각 지급받은 출연금을 제14조 제1항 제11호에 따른 업무에 소요되는 비용에 사용하여야 한다(제114조 제1항).
• 국민연금법, 고용보험 및 산업재해보상보험의 보험료징수 등에 관한 법률, 임금채권보장법 및 석면피해구제법("징수위탁근거법"이라 한다)에 따라 위탁받은 업무(법 제14조 제1항 제11호)

09 벌칙

01	02	03	04	05	06	07	08	09	10
③	②	③	②	④	①	①	③	④	①
11	12	13	14	15	16				
④	②	①	①	③	①				

01
정답 ③

벌칙(법 제115조 제5항 제1호)
선별급여의 실시 조건을 충족하지 못하거나 자료를 제출하지 아니함에도 불구하고 선별급여를 제공한 요양기관의 개설자는 1년 이하의 징역 또는 1,000만 원 이하의 벌금에 처한다.

02
정답 ②

벌칙(법 제117조)
제42조 제5항을 위반한 자(정당한 이유 없이 요양급여를 거부한 요양기관) 또는 제49조 제2항을 위반하여 요양비 명세서나 요양 명세를 적은 영수증을 내주지 아니한 자는 500만 원 이하의 벌금에 처한다.

03
정답 ③

요양비(법 제49조 제2항)
준요양기관은 보건복지부장관이 정하는 요양비 명세서나 요양 명세를 적은 영수증을 요양을 받은 사람에게 내주어야 한다.

벌칙(법 제117조)
제49조 제2항을 위반하여 요양비 명세서나 요양 명세를 적은 영수증을 내주지 아니한 자는 500만 원 이하의 벌금에 처한다.

04
정답 ②

신고 등(법 제94조 제1항)
공단은 사용자, 직장가입자 및 세대주에게 가입자의 거주지 변경, 가입자의 보수·소득, 그 밖에 건강보험사업을 위하여 필요한 사항을 신고하게 하거나 관계 서류(전자적 방법으로 기록된 것을 포함한다)를 제출하게 할 수 있다.

과태료(법 119조 제3항 제2호)
제94조 제1항을 정당한 사유 없이 위반하여 신고·서류제출을 하지 아니하거나 거짓으로 신고·서류제출을 한 자에게는 500만 원 이하의 과태료를 부과한다.

05

정답 ④

유사명칭의 사용금지(법 제105조 제2항)

국민건강보험법으로 정하는 건강보험사업을 수행하는 자가 아닌 자는 보험계약 또는 보험계약의 명칭에 국민건강보험이라는 용어를 사용하지 못한다.

과태료(법 119조 제4항 제6호)

제105조 제2항을 위반한 자에게는 100만 원 이하의 과태료를 부과한다.

06

정답 ①

사업장의 신고(법 제7조 제1호)

직장가입자가 되는 근로자·공무원 및 교직원을 사용하는 사업장("적용대상사업장"이라 한다)이 된 경우 또는 보험자에게 신고한 내용이 변경된 경우 사업장의 사용자는 14일 이내에 보건복지부령으로 정하는 바에 따라 보험자에게 신고하여야 한다.

과태료(법 제119조 제3항 제1호)

제7조 제1호를 위반하여 신고를 하지 아니하거나 거짓으로 신고한 사용자에게는 500만 원 이하의 과태료를 부과한다.

07

정답 ①

벌칙(법 제115조 제1항)

가입자 및 피부양자의 개인정보를 누설하거나 직무상 목적 외의 용도로 이용 또는 정당한 사유 없이 제3자에게 제공한 자는 5년 이하의 징역 또는 5,000만 원 이하의 벌금에 처한다.

08

정답 ③

정보의 유지 등(법 제102조 제2호)

공단, 심사평가원 및 대행청구단체에 종사하였던 사람 또는 종사하는 사람은 업무를 수행하면서 알게 된 정보(가입자 및 피부양자의 개인정보 제외한다)를 누설하거나 직무상 목적 외의 용도로 이용 또는 제3자에게 제공하는 행위를 하여서는 아니 된다.

벌칙(법 제115조 제2항 제2호)

제102조 제2호를 위반한 자는 3년 이하의 징역 또는 3,000만 원 이하의 벌금에 처한다.

09

정답 ④

벌칙(법 제115조 제2항 제1호)

대행청구단체의 종사자로서 거짓이나 그 밖의 부정한 방법으로 요양급여비용을 청구한 자는 3년 이하의 징역 또는 3,000만 원 이하의 벌금에 처한다.

오답분석

① 업무정지 처분을 받은 자는 해당 업무정지기간 중에는 요양급여를 하지 못한다(법 제98조 제2항). 이를 위반하여 업무정지기간 중에 요양급여를 한 요양기관의 개설자는 1년 이하의 징

역 또는 1,000만 원 이하의 벌금에 처한다(법 제115조 제5항 제4호).

② 거짓이나 그 밖의 부정한 방법으로 보험급여를 받거나 타인으로 하여금 보험급여를 받게 한 사람은 2년 이하의 징역 또는 2,000만 원 이하의 벌금에 처한다(법 제115조 제4항).

③ 요양기관은 심사청구를 의료법에 따른 의사회·치과의사회·한의사회·조산사회 또는 신고한 각각의 지부 및 분회, 의료기관 단체, 약사법에 따른 약사회 또는 신고한 지부 및 분회가 대행하게 할 수 있다(법 제47조 제6항). 이를 위반하여 대행청구단체가 아닌 자로 하여금 대행하게 한 자는 1년 이하의 징역 또는 1,000만 원 이하의 벌금에 처한다(법 제115조 제5항 제2호).

10

정답 ①

근로자의 권익 보호(법 제93조)

제6조 제2항 각 호(가입자 제외 대상)의 어느 하나에 해당하지 아니하는 모든 사업장의 근로자를 고용하는 사용자는 그가 고용한 근로자가 국민건강보험법에 따른 직장가입자가 되는 것을 방해하거나 자신이 부담하는 부담금이 증가되는 것을 피할 목적으로 정당한 사유 없이 근로자의 승급 또는 임금 인상을 하지 아니하거나 해고나 그 밖의 불리한 조치를 할 수 없다.

벌칙(법 제115조 제5항 제3호)

제93조를 위반한 사용자는 1년 이하의 징역 또는 1,000만 원 이하의 벌금에 처한다.

11

정답 ④

보고와 검사(법 제97조 제2항)

보건복지부장관은 요양기관(요양을 실시한 기관을 포함한다)에 대하여 요양·약제의 지급 등 보험급여에 관한 보고 또는 서류 제출을 명하거나, 소속 공무원이 관계인에게 질문하게 하거나 관계 서류를 검사하게 할 수 있다.

벌칙(법 제116조)

제97조 제2항을 위반하여 보고 또는 서류 제출을 하지 아니한 자, 거짓으로 보고하거나 거짓 서류를 제출한 자, 검사나 질문을 거부·방해 또는 기피한 자는 1,000만 원 이하의 벌금에 처한다.

12

정답 ②

요양기관(법 제42조 제5항)

요양기관은 정당한 이유 없이 요양급여를 거부하지 못한다.

요양비(법 제49조 제2항)

준요양기관은 보건복지부장관이 정하는 요양비 명세서나 요양 명세를 적은 영수증을 요양을 받은 사람에게 내주어야 하며, 요양을 받은 사람은 그 명세서나 영수증을 공단에 제출하여야 한다.

벌칙(법 제117조)

제42조 제5항 또는 제49조 제2항을 위반하여 정당한 이유 없이 요양급여를 거부한 자 또는 요양비 명세서나 요양 명세를 적은 영수증을 내주지 아니한 자는 500만 원 이하의 벌금에 처한다.

13 [정답] ①

사업장의 신고(법 제7조 제2호)

사업장의 사용자는 휴업·폐업 등 보건복지부령으로 정하는 사유가 발생한 경우 그 때부터 14일 이내에 보건복지부령으로 정하는 바에 따라 보험자에게 신고하여야 한다.

과태료(법 제119조 제3항 제1호)

제7조 제2호를 위반하여 신고를 하지 아니하거나 거짓으로 신고한 사용자에게는 500만 원 이하의 과태료를 부과한다.

14 [정답] ①

서류의 보존(법 제96조의3 제2항)

사용자는 3년간 보건복지부령으로 정하는 바에 따라 자격 관리 및 보험료 산정 등 건강보험에 관한 서류를 보존하여야 한다.

과태료(법 제119조 제4항 제4호)

제96조의3 제2항을 위반하여 서류를 보존하지 아니한 자에게는 100만 원 이하의 과태료를 부과한다.

오답분석

②·③·④ 보건복지부장관은 요양급여비용의 심사청구를 대행하는 단체("대행청구단체"라 한다)에 필요한 자료의 제출을 명하거나, 소속 공무원이 대행청구에 관한 자료 등을 조사·확인하게 할 수 있다(법 제97조 제4항). 보건복지부장관은 사용자, 직장가입자 또는 세대주에게 가입자의 이동·보수·소득이나 그 밖에 필요한 사항에 관한 보고 또는 서류 제출을 명하거나, 소속 공무원이 관계인에게 질문하게 하거나 관계 서류를 검사하게 할 수 있다(동조 제1항). 보건복지부장관 약제에 대한 요양급여비용 상한금액의 감액 및 요양급여의 적용 정지를 위하여 필요한 경우에는 약사법에 따른 의약품공급자에 대하여 금전, 물품, 편익, 노무, 향응, 그 밖의 경제적 이익 등 제공으로 인한 의약품 판매 질서 위반 행위에 관한 보고 또는 서류 제출을 명하거나, 소속 공무원이 관계인에게 질문하게 하거나 관계 서류를 검사하게 할 수 있다(동조 제5항). 이상의 조항을 정당한 사유 없이 위반하여 보고·서류제출을 하지 아니하거나 거짓으로 보고·서류제출을 한 자에게는 500만 원 이하의 과태료를 부과한다(법 제119조 제3항 제3호).

15 [정답] ③

㉠과 ㉣은 500만 원 이하의 과태료 처분을, ㉡과 ㉢은 100만 원 이하의 과태료 처분을 받는다.

㉠ 업무정지 처분을 받았거나 업무정지 처분의 절차가 진행 중인 자는 행정처분을 받은 사실 또는 행정처분절차가 진행 중인 사실을 보건복지부령으로 정하는 바에 따라 양수인 또는 합병 후 존속하는 법인이나 합병으로 설립되는 법인에 지체 없이 알려야 한다(법 제98조 제4항). 이를 위반하여 행정처분을 받은 사실 또는 행정처분절차가 진행 중인 사실을 지체 없이 알리지 아니한 자에게는 500만 원 이하의 과태료를 부과한다(법 제119조 제3항 제4호).

㉡ 공단이나 심사평가원이 아닌 자는 공단, 건강보험심사평가원 또는 이와 유사한 명칭을 사용하지 못한다(법 제105조 제1항). 이를 위반한 자에게는 100만 원 이하의 과태료를 부과한다(법 제119조 제4항 제6호).

㉢ 보건복지부장관은 공단과 심사평가원의 경영목표를 달성하기 위하여 공단의 업무 및 심사평가원의 업무, 공공기관의 운영에 관한 법률에 따른 경영지침의 이행과 관련된 사업, 국민건강보험법 또는 다른 법령에서 공단과 심사평가원이 위탁받은 업무, 그 밖에 관계 법령에서 정하는 사항과 관련된 사업 등에 대하여 보고를 명하거나 그 사업이나 업무 또는 재산상황을 검사하는 등 감독을 할 수 있다(법 제103조 제1항). 이에 따른 명령을 위반한 자에게는 100만 원 이하의 과태료를 부과한다(법 제119조 제4항 제5호).

㉣ 보건복지부장관은 제조업자 등이 제1항(제조업자 등의 금지행위 등)에 위반한 사실이 있는지 여부를 확인하기 위하여 그 제조업자 등에게 관련 서류의 제출을 명하거나, 소속 공무원이 관계인에게 질문을 하게 하거나 관계 서류를 검사하게 하는 등 필요한 조사를 할 수 있다(법 제101조 제2항). 이를 위반하여 서류를 제출하지 아니하거나 거짓으로 제출한 자에게는 500만 원 이하의 과태료를 부과한다(법 제119조 제3항 제5호).

16 [정답] ①

서류의 보존(법 제96조의3 제1항)

요양기관은 요양급여가 끝난 날부터 5년간 보건복지부령으로 정하는 바에 따라 제47조에 따른 요양급여비용의 청구에 관한 서류를 보존하여야 한다. 다만, 약국 등 보건복지부령으로 정하는 요양기관은 처방전을 요양급여비용을 청구한 날부터 3년간 보존하여야 한다.

과태료(법 제119조 제4항 제4호)

제96조의3 제1항을 위반하여 서류를 보존하지 아니한 자에게는 100만 원 이하의 과태료를 부과한다.

01 총칙

01	02	03	04	05	06	07	08	09
①	②	②	④	②	③	②	①	①

01

정답 ①

목적(법 제1조)

노인장기요양보험법은 고령이나 노인성 질병 등의 사유로 일상생활을 혼자서 수행하기 어려운 노인 등에게 제공하는 신체활동 또는 가사활동 지원 등의 장기요양급여에 관한 사항을 규정하여 노후의 건강증진 및 생활안정을 도모하고 그 가족의 부담을 덜어줌으로써 국민의 삶의 질을 향상하도록 함을 목적으로 한다.

02

정답 ②

실태조사(법 제6조의2 제1항)

보건복지부장관은 장기요양사업의 실태를 파악하기 위하여 3년마다 다음 각 호의 사항에 관한 조사를 정기적으로 실시하고 그 결과를 공표하여야 한다.

1. 장기요양인정에 관한 사항
2. 제52조에 따른 장기요양등급판정위원회("등급판정위원회"라 한다)의 판정에 따라 장기요양급여를 받을 사람("수급자"라 한다)의 규모, 그 급여의 수준 및 만족도에 관한 사항
3. 장기요양기관에 관한 사항
4. 장기요양요원의 근로조건, 처우 및 규모에 관한 사항
5. 그 밖에 장기요양사업에 관한 사항으로서 보건복지부령으로 정하는 사항

03

정답 ②

장기요양기본계획(법 제6조 제1항)

보건복지부장관은 노인 등에 대한 장기요양급여를 원활하게 제공하기 위하여 5년 단위로 다음 각 호의 사항이 포함된 장기요양기본계획을 수립·시행하여야 한다.

1. 연도별 장기요양급여 대상인원 및 재원조달 계획
2. 연도별 장기요양기관 및 장기요양전문인력 관리 방안
3. 장기요양요원의 처우에 관한 사항
4. 그 밖에 노인 등의 장기요양에 관한 사항으로서 대통령령으로 정하는 사항

오답분석

ⓒ 장기요양급여의 만족도에 관한 사항은 보건복지부장관이 장기요양사업의 실태를 파악하기 위해 3년마다 실시하는 실태조사에 포함해야 하는 사항이다(법 제6조의2 제1항 제2호).

04

정답 ④

"장기요양급여"란 6개월 이상 동안 혼자서 일상생활을 수행하기 어렵다고 인정되는 자에게 신체활동·가사활동의 지원 또는 간병 등의 서비스나 이에 갈음하여 지급하는 현금 등을 말한다.

오답분석

노인 등의 정의(법 제2조 제1호)

"노인 등"이란 65세 이상의 노인 또는 65세 미만의 자로서 치매·뇌혈관성질환 등 대통령령으로 정하는 노인성 질병을 가진 자를 말한다.

05

정답 ②

장기요양급여 제공의 기본원칙(법 제3조 제3항)

장기요양급여는 노인 등이 가족과 함께 생활하면서 가정에서 장기요양을 받는 재가급여를 우선적으로 제공하여야 한다.

오답분석

① 장기요양급여는 노인 등의 심신상태나 건강 등이 악화되지 아니하도록 의료서비스와 연계하여 이를 제공하여야 한다(법 제3조 제4항).
③ 장기요양급여는 노인 등이 자신의 의사와 능력에 따라 최대한 자립적으로 일상생활을 수행할 수 있도록 제공하여야 한다(법 제3조 제1항).
④ 장기요양급여는 노인 등의 심신상태·생활환경과 노인 등 및 그 가족의 욕구·선택을 종합적으로 고려하여 필요한 범위 안에서 이를 적정하게 제공하여야 한다(법 제3조 제2항).

06

정답 ③

국가 및 지방자치단체의 책무 등(법 제4조 제6항)

국가 및 지방자치단체는 지역의 특성에 맞는 장기요양사업의 표준을 개발·보급할 수 있다.

① 국가 및 지방자치단체는 노인인구 및 지역특성 등을 고려하여 장기요양급여가 원활하게 제공될 수 있도록 적정한 수의 장기요양기관을 확충하고 장기요양기관의 설립을 지원하여야 한다(법 제4조 제3항).
② 국가 및 지방자치단체는 장기요양급여가 원활히 제공될 수 있도록 공단에 필요한 행정적 또는 재정적 지원을 할 수 있다(법 제4조 제4항).
④ 국가 및 지방자치단체는 장기요양요원의 처우를 개선하고 복지를 증진하며 지위를 향상시키기 위하여 적극적으로 노력하여야 한다(법 제4조 제5항).

07
정답 ②

장기요양급여에 관한 국가정책방향(법 제5조)
국가는 장기요양기본계획을 수립·시행함에 있어서 노인뿐만 아니라 장애인 등 일상생활을 혼자서 수행하기 어려운 모든 국민이 장기요양급여, 신체활동지원서비스 등을 제공받을 수 있도록 노력하고 나아가 이들의 생활안정과 자립을 지원할 수 있는 시책을 강구하여야 한다.

08
정답 ①

장기요양기본계획(법 제6조 제1항)
보건복지부장관은 노인 등에 대한 장기요양급여를 원활하게 제공하기 위하여 5년 단위로 장기요양기본계획을 수립·시행하여야 한다.

09
정답 ①

실태조사(법 제6조의2 제2항)
실태조사의 방법과 내용 등에 필요한 사항은 보건복지부령으로 정한다.

② 보건복지부장관은 장기요양사업의 실태를 파악하기 위하여 3년마다 실태조사를 정기적으로 실시하고 그 결과를 공표하여야 한다(법 제6조의2 제1항).
③ 보건복지부장관은 장기요양사업의 실태를 파악하기 위하여 3년마다 장기요양요원의 근로조건, 처우 및 규모에 관한 사항에 관한 조사를 정기적으로 실시하고 그 결과를 공표하여야 한다(법 제6조의2 제1항 제4호).
④ 보건복지부장관은 장기요양사업의 실태를 파악하기 위하여 3년마다 장기요양등급판정위원회(이하 "등급판정위원회"라 한다)의 판정에 따라 장기요양급여를 받을 사람(이하 "수급자"라 한다)의 규모, 그 급여의 수준 및 만족도에 관한 사항에 관한 조사를 정기적으로 실시하고 그 결과를 공표하여야 한다(법 제6조의2 제1항 제2호).

02 장기요양보험

01	02	03	04	05					
②	②	②	①	④					

01
정답 ②

㉠ 장기요양보험사업은 보건복지부장관이 관장한다(법 제7조 제1항).
㉡ 장기요양보험사업의 보험자는 공단으로 한다(법 제7조 제2항).

02
정답 ②

㉠ 공단은 장기요양사업에 사용되는 비용에 충당하기 위하여 장기요양보험료를 징수한다(법 제8조 제1항).
㉢ 공단은 제2항에 따라 통합 징수한 장기요양보험료와 건강보험료를 각각의 독립회계로 관리하여야 한다(법 제8조 제3항).

㉡·㉢ 제1항에 따른 장기요양보험료는 국민건강보험법 제69조에 따른 보험료("건강보험료"라 한다)와 통합하여 징수한다. 이 경우 공단은 장기요양보험료와 건강보험료를 구분하여 고지하여야 한다(법 제8조 제2항).

03
정답 ②

장기요양보험료의 산정(법 제9조 제2항)
장기요양보험료율은 장기요양위원회의 심의를 거쳐 대통령령으로 정한다.

04
정답 ①

장기요양보험료의 산정(법 제9조 제1항)
장기요양보험료는 국민건강보험법 제69조 제4항·제5항 및 제109조 제9항 단서에 따라 산정한 보험료액에서 같은 법 제74조 또는 제75조에 따라 경감 또는 면제되는 비용을 공제한 금액에 장기요양보험료율을 곱하여 산정한 금액으로 한다.
따라서 ㉠에서 ㉢을 차감한 금액에 ㉡을 곱한 ①이 장기요양보험료를 구하는 계산식으로 옳다.

05
정답 ④

장애인 등에 대한 장기요양보험료의 감면(법 제10조)
공단은 장애인복지법에 따른 장애인 또는 이와 유사한 자로서 대통령령으로 정하는 자가 장기요양보험가입자 또는 그 피부양자인 경우 제15조 제2항에 따른 수급자로 결정되지 못한 때 대통령령으로 정하는 바에 따라 장기요양보험료의 전부 또는 일부를 감면할 수 있다.

01	02	03	04	05	06	07	08	09	10
④	②	④	③	①	①	③	④	②	③
11	12								
③	②								

01 {정답 ④}

ⓒ · ⓔ 장기요양인정을 신청할 수 있는 자는 노인 등으로서 장기요양보험가입자 또는 그 피부양자 또는 의료급여법에 따른 의료급여수급권자에 해당하는 자격을 갖추어야 한다(법 제12조). 이때 '노인 등'이란 65세 이상의 노인 또는 65세 미만의 자로서 치매·뇌혈관성질환 등 대통령령으로 정하는 노인성 질병을 가진 자(법 제2조 제1호)를 말하고, '장기요양보험가입자 또는 그 피부양자'는 국민건강보험법에 따른 건강보험 가입자 또는 그 피부양자를 말한다(법 제11조 준용). 따라서 ⓒ과 ⓔ의 경우에는 노인장기요양보험법상의 노인 등에 포함되지 않으므로 장기요양인정의 신청자격을 갖추지 못했다.

ⓐ A씨는 만 65세 미만의 자로서 노인성 질병을 앓고 있기 때문에 노인장기요양보험법상의 노인 등에 포함된다.
ⓑ B씨는 만 66세이므로 노인장기요양보험법상의 노인 등에 포함된다.

02 {정답 ②}

ⓐ · ⓑ 장기요양인정을 신청하는 자(이하 "신청인"이라 한다)는 공단에 보건복지부령으로 정하는 바에 따라 장기요양인정신청서(이하 "신청서"라 한다)에 의사 또는 한의사가 발급하는 소견서(이하 "의사소견서"라 한다)를 첨부하여 제출하여야 한다. 다만, 의사소견서는 공단이 제15조 제1항에 따라 등급판정위원회에 자료를 제출하기 전까지 제출할 수 있다(법 제13조 제1항).
ⓔ 의사소견서의 발급비용·비용부담방법·발급자의 범위, 그 밖에 필요한 사항은 보건복지부령으로 정한다(법 제13조 제3항).

ⓒ 거동이 현저하게 불편하거나 도서·벽지 지역에 거주하여 의료기관을 방문하기 어려운 자 등 대통령령으로 정하는 자는 의사소견서를 제출하지 아니할 수 있다(법 제13조 제2항).

03 {정답 ④}

장기요양인정 신청의 조사(법 제14조 제2항)
공단은 조사하는 경우 2명 이상의 소속 직원이 조사할 수 있도록 노력하여야 한다.

① 거동이 현저하게 불편하거나 도서·벽지 지역에 거주하여 의료기관을 방문하기 어려운 자 등 대통령령으로 정하는 자는 의사소견서를 제출하지 아니할 수 있다(법 제13조 제2항).
② 조사를 하는 자는 조사일시, 장소 및 조사를 담당하는 자의 인적사항 등을 미리 신청인에게 통보하여야 한다(법 제14조 제3항).
③ 의사소견서의 발급비용·비용부담방법·발급자의 범위, 그 밖에 필요한 사항은 보건복지부령으로 정한다(법 제13조 제3항).

04 {정답 ③}

장기요양인정 신청의 조사(법 제14조 제4항)
공단 또는 조사를 의뢰받은 특별자치시·특별자치도·시·군·구는 조사를 완료한 때 조사결과서를 작성하여야 한다. 조사를 의뢰받은 특별자치시·특별자치도·시·군·구는 지체 없이 공단에 조사결과서를 송부하여야 한다.

05 {정답 ①}

등급판정 등(법 제15조 제2항)
등급판정위원회는 신청인이 제12조의 신청자격요건을 충족하고 6개월 이상 동안 혼자서 일상생활을 수행하기 어렵다고 인정하는 경우 심신상태 및 장기요양이 필요한 정도 등 대통령령으로 정하는 등급판정기준에 따라 수급자로 판정한다.

06 {정답 ①}

장기요양등급판정기간(법 제16조 제1항)
등급판정위원회는 신청인이 신청서를 제출한 날부터 30일 이내에 장기요양등급판정을 완료하여야 한다. 다만, 신청인에 대한 정밀조사가 필요한 경우 등 기간 이내에 등급판정을 완료할 수 없는 부득이한 사유가 있는 경우 30일 이내의 범위에서 이를 연장할 수 있다.

07 {정답 ③}

ⓒ 공단은 장기요양인정서를 송부하는 때 장기요양급여를 원활히 이용할 수 있도록 월 한도액 범위 안에서 표준장기요양이용계획서를 작성하여 이를 함께 송부하여야 한다(법 제17조 제3항).
ⓔ 공단은 등급판정위원회가 장기요양인정 및 등급판정의 심의를 완료한 경우 수급자로 판정받지 못한 신청인에게 그 내용 및 사유를 통보하여야 한다. 이 경우 특별자치시장·특별자치도지사·시장·군수·구청장(자치구의 구청장을 말한다)은 공단에 대하여 이를 통보하도록 요청할 수 있고, 요청을 받은 공단은 이에 응하여야 한다(법 제17조 제2항).

ⓐ 공단은 등급판정위원회가 장기요양인정심의 및 등급판정기간을 연장하고자 하는 경우 신청인 및 대리인에게 그 내용·사유 및 기간을 통보하여야 한다(법 제16조 제2항).

ⓒ 공단은 등급판정위원회가 장기요양인정 및 등급판정의 심의를 완료한 경우 지체 없이 장기요양등급, 장기요양급여의 종류 및 내용, 그 밖에 장기요양급여에 관한 사항으로서 보건복지부령으로 정하는 사항 등이 포함된 장기요양인정서를 작성하여 수급자에게 송부하여야 한다(법 제17조 제1항).

08
정답 ④

장기요양인정서를 작성할 경우 고려사항(법 제18조)
공단은 장기요양인정서를 작성할 경우 장기요양급여의 종류 및 내용을 정하는 때 수급자의 장기요양등급 및 생활환경, 수급자와 그 가족의 욕구 및 선택, 시설급여를 제공하는 경우 장기요양기관이 운영하는 시설 현황 등의 사항을 고려하여 정하여야 한다.

09
정답 ②

장기요양인정의 유효기간(법 제19조)
① 장기요양인정의 유효기간은 최소 1년 이상으로서 대통령령으로 정한다.
② 유효기간의 산정방법과 그 밖에 필요한 사항은 보건복지부령으로 정한다.

10
정답 ③

장기요양인정의 갱신(법 제20조 제2항)
장기요양인정의 갱신 신청은 유효기간이 만료되기 전 30일까지 이를 완료하여야 한다.

11
정답 ③

장기요양등급 등의 변경(법 제21조 제1항)
장기요양급여를 받고 있는 수급자는 장기요양등급, 장기요양급여의 종류 또는 내용을 변경하여 장기요양급여를 받고자 하는 경우 공단에 변경신청을 하여야 한다.

12
정답 ②

장기요양인정 신청 등에 대한 대리(법 제22조 제1항부터 제3항)
① 장기요양급여를 받고자 하는 자 또는 수급자가 신체적·정신적인 사유로 장기요양인정의 신청, 장기요양인정의 갱신신청 또는 장기요양등급의 변경신청 등을 직접 수행할 수 없을 때 본인의 가족이나 친족, 그 밖의 이해관계인은 이를 대리할 수 있다.
② 장기요양급여를 받고자 하는 사람 또는 수급자가 제1항에 따른 장기요양인정신청 등을 직접 수행할 수 없을 때는 관할 지역의 사회복지전담공무원, 치매안심센터의 장 등이 본인 또는 가족의 동의를 받아 그 신청을 대리할 수 있다.
③ 이마저도 불가능할 경우에는 특별자치시장·특별자치도지사·시장·군수·구청장(자치구의 구청장)이 지정하는 자가 대리할 수 있다.

04 장기요양급여의 종류

01	02	03	04	05	06	07	08	09	10
③	①	③	③	①	④	④	④	③	④

01
정답 ③

장기요양급여의 종류(법 제23조 제1항 제1호 마목)
단기보호는 수급자를 보건복지부령으로 정하는 범위 안에서 일정 기간 동안 장기요양기관에 보호하여 신체활동 지원 및 심신기능의 유지·향상을 위한 교육·훈련 등을 제공하는 장기요양급여를 말한다.

오답분석
①·②·④ 노인장기요양보험법에 따른 장기요양급여의 종류 중에 재가급여에는 방문요양, 방문목욕, 방문간호, 주·야간보호, 단기보호, 기타재가급여 등이 있다(법 제23조 제1항 제1호).

02
정답 ①

장기요양급여의 종류(법 제23조 제1항 제2호)
시설급여는 장기요양기관에 장기간 입소한 수급자에게 신체활동 지원 및 심신기능의 유지·향상을 위한 교육·훈련 등을 제공하는 장기요양급여를 말한다.

오답분석
②·③·④ 특별현금급여에 속한다(법 제23조 제1항 제3호).

03
정답 ③

㉠ 장기요양급여의 제공 기준·절차·방법·범위, 그 밖에 필요한 사항은 보건복지부령으로 정한다(법 제23조 제3항).
㉡ 장기요양급여를 제공할 수 있는 장기요양기관의 종류 및 기준과 장기요양급여 종류별 장기요양요원의 범위·업무·보수교육 등에 관하여 필요한 사항은 대통령령으로 정한다(법 제23조 제2항).

04
정답 ③

장기요양급여의 종류(법 제23조 제1항 제1호 라목)
주·야간보호는 수급자를 하루 중 일정한 시간 동안 장기요양기관에 보호하여 신체활동 지원 및 심신기능의 유지·향상을 위한 교육·훈련 등을 제공하는 장기요양급여를 말한다.

오답분석
① 단기보호 : 수급자를 보건복지부령으로 정하는 범위 안에서 일정 기간 동안 장기요양기관에 보호하여 신체활동 지원 및 심신기능의 유지·향상을 위한 교육·훈련 등을 제공하는 장기요양급여(법 제23조 제1항 제1호 마목)

② 시설급여 : 장기요양기관에 장기간 입소한 수급자에게 신체활동 지원 및 심신기능의 유지·향상을 위한 교육·훈련 등을 제공하는 장기요양급여(법 제23조 제1항 제2호)

④ 기타재가급여 : 수급자의 일상생활·신체활동 지원 및 인지기능의 유지·향상에 필요한 용구를 제공하거나 가정을 방문하여 재활에 관한 지원 등을 제공하는 장기요양급여로서 대통령령으로 정하는 것(법 제23조 제1항 제1호 바목)

05 　　　　　　　정답 ①

가족요양비(법 제24조 제1항)
공단은 다음 각 호의 어느 하나에 해당하는 수급자가 가족 등으로부터 제23조 제1항 제1호 가목에 따른 방문요양에 상당한 장기요양급여를 받은 때 대통령령으로 정하는 기준에 따라 해당 수급자에게 가족요양비를 지급할 수 있다.

1. 도서·벽지 등 장기요양기관이 현저히 부족한 지역으로서 보건복지부장관이 정하여 고시하는 지역에 거주하는 자
2. 천재지변이나 그 밖에 이와 유사한 사유로 인하여 장기요양기관이 제공하는 장기요양급여를 이용하기가 어렵다고 보건복지부장관이 인정하는 자
3. 신체·정신 또는 성격 등 대통령령으로 정하는 사유로 인하여 가족 등으로부터 장기요양을 받아야 하는 자

06 　　　　　　　정답 ④

특례요양비(법 제25조 제1항)
공단은 수급자가 장기요양기관이 아닌 노인요양시설 등의 기관 또는 시설에서 재가급여 또는 시설급여에 상당한 장기요양급여를 받은 경우 대통령령으로 정하는 기준에 따라 해당 장기요양급여비용의 일부를 해당 수급자에게 특례요양비로 지급할 수 있다.

07 　　　　　　　정답 ④

요양병원간병비(법 제26조 제1항)
공단은 수급자가 의료법 제3조 제2항 제3호 라목에 따른 요양병원에 입원한 때 대통령령으로 정하는 기준에 따라 장기요양에 사용되는 비용의 일부를 요양병원간병비로 지급할 수 있다.

08 　　　　　　　정답 ④

㉠ 가족요양비의 지급절차와 그 밖에 필요한 사항은 보건복지부령으로 정한다(법 제24조 제2항).

㉡ 요양병원간병비의 지급절차와 그 밖에 필요한 사항은 보건복지부령으로 정한다(법 제26조 제2항).

㉢ 장기요양급여가 인정되는 기관 또는 시설의 범위, 특례요양비의 지급절차, 그 밖에 필요한 사항은 보건복지부령으로 정한다(법 제25조 제2항).

09 　　　　　　　정답 ③

가족요양비(법 제24조 제1항)
공단은 다음 각 호의 어느 하나에 해당하는 수급자가 가족 등으로부터 제23조 제1항 제1호 가목에 따른 방문요양에 상당한 장기요양급여를 받은 때 대통령령으로 정하는 기준에 따라 해당 수급자에게 가족요양비를 지급할 수 있다.

1. 도서·벽지 등 장기요양기관이 현저히 부족한 지역으로서 보건복지부장관이 정하여 고시하는 지역에 거주하는 자
2. 천재지변이나 그 밖에 이와 유사한 사유로 인하여 장기요양기관이 제공하는 장기요양급여를 이용하기가 어렵다고 보건복지부장관이 인정하는 자
3. 신체·정신 또는 성격 등 대통령령으로 정하는 사유로 인하여 가족 등으로부터 장기요양을 받아야 하는 자

10 　　　　　　　정답 ④

요양병원간병비(법 제26조 제1항)
공단은 수급자가 의료법에 따른 요양병원에 입원한 때 대통령령으로 정하는 기준에 따라 장기요양에 사용되는 비용의 일부를 요양병원간병비로 지급할 수 있다.

05 장기요양급여의 제공

01	02	03	04	05	06	07	08	09	10
②	②	③	③	②	③	④	③	②	②

01

정답 ②

㉠ 수급자는 장기요양인정서와 개인별장기요양이용계획서가 도달한 날부터 장기요양급여를 받을 수 있다(법 제27조 제1항).
㉣ 장기요양급여 인정 범위와 절차, 장기요양급여 제공 계획서 작성 절차에 관한 구체적인 사항 등은 대통령령으로 정한다(법 제27조 제5항).

오답분석

㉡ 수급자는 돌볼 가족이 없는 경우 등 대통령령으로 정하는 사유가 있는 경우 신청서를 제출한 날부터 장기요양인정서가 도달되는 날까지의 기간 중에도 장기요양급여를 받을 수 있다(법 제27조 제2항).
㉢ 장기요양기관은 수급자가 제시한 장기요양인정서와 개인별장기요양이용계획서를 바탕으로 장기요양급여 제공 계획서를 작성하고 수급자의 동의를 받아 그 내용을 공단에 통보하여야 한다(법 제27조 제4항).

02

정답 ②

㉡·㉢ 수급자는 장기요양급여를 받으려면 장기요양기관에 장기요양인정서와 개인별장기요양이용계획서를 제시하여야 한다. 다만, 수급자가 장기요양인정서 및 개인별장기요양이용계획서를 제시하지 못하는 경우 장기요양기관은 공단에 전화나 인터넷 등을 통하여 그 자격 등을 확인할 수 있다(법 제27조 제3항).

오답분석

㉠ 의사소견서는 장기요양인정을 신청하는 자("신청인"이라 한다)가 국민건강보험공단에 제출하는 서류이다(법 제13조 제1항).
㉣ 장기요양급여 제공 계획서는 장기요양기관이 작성하는 것이다(법 제27조 제4항).

03

정답 ③

장기요양급여의 제공(법 제27조 제3항)
수급자는 장기요양급여를 받으려면 장기요양기관에 장기요양인정서와 개인별장기요양이용계획서를 제시하여야 한다. 다만, 수급자가 장기요양인정서 및 개인별장기요양이용계획서를 제시하지 못하는 경우 장기요양기관은 공단에 전화나 인터넷 등을 통하여 그 자격 등을 확인할 수 있다.

04

정답 ③

특별현금급여수급계좌(법 제27조의2 제1항)
공단은 특별현금급여를 받는 수급자의 신청이 있는 경우에는 특별현금급여를 수급자 명의의 지정된 계좌("특별현금급여수급계좌"라 한다)로 입금하여야 한다. 다만, 정보통신장애나 그 밖에 대통령령으로 정하는 불가피한 사유로 특별현금급여수급계좌로 이체할 수 없을 때에는 현금 지급 등 대통령령으로 정하는 바에 따라 특별현금급여를 지급할 수 있다.

오답분석

② 법 제27조의2 제3항
④ 법 제27조의2 제2항

05

정답 ②

장기요양급여의 월 한도액(법 제28조 제1항)
장기요양급여는 월 한도액 범위 안에서 제공한다. 이 경우 월 한도액은 장기요양등급 및 장기요양급여의 종류 등을 고려하여 산정한다.

06

정답 ③

급여외행위의 제공 금지(법 제28조의2 제1항)
수급자 또는 장기요양기관은 장기요양급여를 제공받거나 제공할 경우 수급자의 가족만을 위한 행위, 수급자 또는 그 가족의 생업을 지원하는 행위, 그 밖에 수급자의 일상생활에 지장이 없는 행위("급여외행위"라 한다)를 요구하거나 제공하여서는 아니 된다.

07

정답 ④

㉠ 급여외행위의 범위 등에 관한 구체적인 사항은 보건복지부령으로 정한다(법 제28조의2 제2항).
㉡ 월 한도액의 산정기준 및 방법, 그 밖에 필요한 사항은 보건복지부령으로 정한다(법 제28조 제2항).

08

정답 ③

장기요양급여의 제한(법 제29조 제1항)
공단은 장기요양급여를 받고 있는 자가 정당한 사유 없이 제15조(등급판정 등) 제4항에 따른 조사나 제60조(자료의 제출 등) 또는 제61조(보고 및 검사)에 따른 요구에 응하지 아니하거나 답변을 거절한 경우 장기요양급여의 전부 또는 일부를 제공하지 아니하게 할 수 있다.

09

정답 ②

장기요양급여의 제한(법 제29조 제2항)
공단은 장기요양급여를 받고 있거나 받을 수 있는 자가 장기요양기관이 거짓이나 그 밖의 부정한 방법으로 장기요양급여비용을 받는 데에 가담한 경우 장기요양급여를 중단하거나 1년의 범위에서 장기요양급여의 횟수 또는 제공 기간을 제한할 수 있다.

10

정답 ②

장기요양급여의 제한(법 제29조 제3항)
장기요양급여의 중단 및 제한 기준과 그 밖에 필요한 사항은 보건복지부령으로 정한다.

06 장기요양기관

01	02	03	04	05	06	07	08	09	10
③	③	④	②	②	③	①	②	④	③
11	12	13	14	15	16	17	18	19	20
②	④	①	②	①	③	②	②	①	①
21	22	23	24	25	26	27	28	29	30
④	④	③	②	①	③	④	②	③	②
31	32	33	34	35	36	37	38	39	40
①	①	①	③	①	④	②	③	②	④
41	42	43	44	45	46	47	48		
④	④	①	②	④	③	③	④		

01

정답 ③

㉠ 재가급여 또는 시설급여를 제공하는 장기요양기관을 운영하려는 자는 보건복지부령으로 정하는 장기요양에 필요한 시설 및 인력을 갖추어 소재지를 관할 구역으로 하는 특별자치시장·특별자치도지사·시장·군수·구청장으로부터 지정을 받아야 한다(법 제31조 제1항).
㉡ 장기요양기관으로 지정을 받을 수 있는 시설은 노인복지법에 따른 노인복지시설 중 대통령령으로 정하는 시설로 한다(법 제31조 제2항).

02

정답 ③

장기요양기관의 지정(법 제31조 제3항)
특별자치시장·특별자치도지사·시장·군수·구청장이 장기요양기관의 지정을 하려는 경우에는 다음 각 호의 사항을 검토하여 장기요양기관을 지정하여야 한다. 이 경우 특별자치시장·특별자치도지사·시장·군수·구청장은 공단에 관련 자료의 제출을 요청하거나 그 의견을 들을 수 있다.
1. 장기요양기관을 운영하려는 자의 장기요양급여 제공 이력
2. 장기요양기관을 운영하려는 자 및 그 기관에 종사하려는 자가 노인장기요양보험법, 사회복지사업법 또는 노인복지법 등 장기요양기관의 운영과 관련된 법에 따라 받은 행정처분의 내용
3. 장기요양기관의 운영 계획
4. 해당 지역의 노인인구 수 및 장기요양급여 수요 등 지역 특성
5. 그 밖에 특별자치시장·특별자치도지사·시장·군수·구청장이 장기요양기관으로 지정하는 데 필요하다고 인정하여 정하는 사항

오답분석
㉡ 장기요양기관 지정 갱신의 기준, 절차 및 방법 등에 필요한 사항은 보건복지부령으로 정한다(법 제32조의4 제6항).

03

정답 ④

장기요양기관의 지정(법 제31조 제5항)
재가급여를 제공하는 장기요양기관 중 의료기관이 아닌 자가 설치·운영하는 장기요양기관이 방문간호를 제공하는 경우에는 방문간호의 관리책임자로서 간호사를 둔다.

오답분석
①·② 법 제31조 제1항
③ 법 제31조 제4항

04

정답 ②

장기요양기관의 지정(법 제31조 제6항)
장기요양기관의 지정절차와 그 밖에 필요한 사항은 보건복지부령으로 정한다.

05

정답 ②

결격사유(법 제32조의2)
다음 각 호의 어느 하나에 해당하는 자는 제31조에 따른 장기요양기관으로 지정받을 수 없다.
1. 미성년자, 피성년후견인 또는 피한정후견인
2. 정신건강증진 및 정신질환자 복지서비스 지원에 관한 법률의 정신질환자. 다만, 전문의가 장기요양기관 설립·운영 업무에 종사하는 것이 적합하다고 인정하는 사람은 그러하지 아니하다.
3. 마약류 관리에 관한 법률의 마약류에 중독된 사람
4. 파산선고를 받고 복권되지 아니한 사람
5. 금고 이상의 실형을 선고받고 그 집행이 종료(집행이 종료된 것으로 보는 경우를 포함한다)되거나 집행이 면제된 날부터 5년이 경과되지 아니한 사람
6. 금고 이상의 형의 집행유예를 선고받고 그 유예기간 중에 있는 사람
7. 대표자가 제1호부터 제6호까지의 규정 중 어느 하나에 해당하는 법인

06

정답 ③

장기요양기관 지정의 유효기간(법 제32조의3)
장기요양기관 지정의 유효기간은 지정을 받은 날부터 6년으로 한다.

07

정답 ①

장기요양기관 지정의 갱신(법 제32조의4 제1항)
장기요양기관의 장은 지정의 유효기간이 끝난 후에도 계속하여 그 지정을 유지하려는 경우에는 지정 유효기간이 끝나기 90일 전까지 지정 갱신을 신청하여야 한다.

오답분석
② 장기요양기관의 장은 지정의 유효기간이 끝난 후에도 계속하여 그 지정을 유지하려는 경우에는 소재지를 관할구역으로 하는 특별자치시장·특별자치도지사·시장·군수·구청장에게 지정 갱신을 신청하여야 한다(법 제32조의4 제1항).
③ 지정 갱신이 지정 유효기간 내에 완료되지 못한 경우에는 심사 결정이 이루어질 때까지 지정이 유효한 것으로 본다(법 제32조의4 제3항).
④ 지정 갱신 신청을 받은 특별자치시장·특별자치도지사·시장·군수·구청장은 갱신 심사에 필요하다고 판단되는 경우에는 장기요양기관에 추가자료의 제출을 요구하거나 소속 공무원으로 하여금 현장심사를 하게 할 수 있다(법 제32조의4 제2항).

08

정답 ②

ⓛ 특별자치시장·특별자치도지사·시장·군수·구청장이 지정의 갱신을 거부하는 경우 그 내용의 통보 및 수급자의 권익을 보호하기 위한 조치에 관하여는 제37조(장기요양기관 지정의 취소 등) 제2항 및 제5항을 준용한다(법 제32조의4 제5항). 특별자치시장·특별자치도지사·시장·군수·구청장은 장기요양기관의 지정을 취소하거나 업무정지명령을 한 경우에는 지체 없이 그 내용을 공단에 통보하고, 보건복지부령으로 정하는 바에 따라 보건복지부장관에게 통보한다. 이 경우 시장·군수·구청장은 관할 특별시장·광역시장 또는 도지사를 거쳐 보건복지부장관에게 통보하여야 한다(법 제37조 제2항).
ⓒ 특별자치시장·특별자치도지사·시장·군수·구청장이 지정의 갱신을 거부하는 경우 그 내용의 통보 및 수급자의 권익을 보호하기 위한 조치에 관하여는 제37조(장기요양기관 지정의 취소 등) 제2항 및 제5항을 준용한다(법 제32조의4 제5항). 특별자치시장·특별자치도지사·시장·군수·구청장은 장기요양기관이 지정취소 또는 업무정지되는 경우에는 해당 장기요양기관을 이용하는 수급자의 권익을 보호하기 위하여 적극적으로 노력하여야 한다(법 제37조 제5항).

오답분석
㉠ 특별자치시장·특별자치도지사·시장·군수·구청장은 갱신 심사를 완료한 경우 그 결과를 지체 없이 해당 장기요양기관의 장에게 통보하여야 한다(법 제32조의4 제4항).
㉣ 그 밖에 지정 갱신의 기준, 절차 및 방법 등에 필요한 사항은 보건복지부령으로 정한다(법 제32조의4 제6항).

09

정답 ④

장기요양기관의 시설·인력에 관한 변경(법 제33조 제1항)
장기요양기관의 장은 시설 및 인력 등 보건복지부령으로 정하는 중요한 사항을 변경하려는 경우에는 보건복지부령으로 정하는 바에 따라 특별자치시장·특별자치도지사·시장·군수·구청장의 변경지정을 받아야 한다.

10

장기요양기관 정보의 안내 등(법 제34조 제1항)
장기요양기관은 수급자가 장기요양급여를 쉽게 선택하도록 하고 장기요양기관이 제공하는 급여의 질을 보장하기 위하여 장기요양기관별 급여의 내용, 시설·인력 등 현황자료 등을 공단이 운영하는 인터넷 홈페이지에 게시하여야 한다.

11

정답 ②

장기요양기관 정보의 안내 등(법 제34조 제2항)
장기요양기관 정보의 안내 등에 따른 게시 내용, 방법, 절차, 그 밖에 필요한 사항은 보건복지부령으로 정한다.

12

정답 ④

장기요양기관의 의무 등(법 제35조 제5항)
장기요양기관은 제40조(본인부담금) 제1항 단서에 따라 면제받거나 같은 조 제3항에 따라 감경받는 금액 외에 영리를 목적으로 수급자가 부담하는 재가 및 시설 급여비용(이하 "본인부담금"이라 한다)을 면제하거나 감경하는 행위를 하여서는 아니 된다.

오답분석
① 장기요양기관의 장은 장기요양급여를 제공한 수급자에게 장기요양급여비용에 대한 명세서를 교부하여야 한다(법 제35조 제3항).
② 장기요양기관은 수급자로부터 장기요양급여신청을 받은 때 장기요양급여의 제공을 거부하여서는 아니 된다. 다만, 입소정원에 여유가 없는 경우 등 정당한 사유가 있는 경우는 그러하지 아니하다(법 제35조 제1항).
③ 장기요양기관은 보건복지부령으로 정하는 장기요양급여의 제공 기준·절차 및 방법 등에 따라 장기요양급여를 제공하여야 한다(법 제35조 제2항).

13

정답 ①

장기요양기관의 의무 등(법 제35조 제7항)
장기요양급여비용의 명세서, 장기요양급여 제공 자료의 내용 및 보존기한, 그 밖에 필요한 사항은 보건복지부령으로 정한다.

오답분석
② 장기요양기관의 장은 장기요양급여 제공에 관한 자료를 기록·관리하여야 하며, 장기요양기관의 장 및 그 종사자는 장기요양급여 제공에 관한 자료를 거짓으로 작성하여서는 아니 된다(법 제35조 제4항).
③·④ 누구든지 영리를 목적으로 금전, 물품, 노무, 향응, 그 밖의 이익을 제공하거나 제공할 것을 약속하는 방법으로 수급자를 장기요양기관에 소개, 알선 또는 유인하는 행위 및 이를 조장하는 행위를 하여서는 아니 된다(법 제35조 제6항).

14

정답 ②

장기요양기관 재무·회계기준(법 제35조의2)
① 장기요양기관의 장은 보건복지부령으로 정하는 재무·회계에 관한 기준(이하 "장기요양기관 재무·회계기준"이라 한다)에 따라 장기요양기관을 투명하게 운영하여야 한다. 다만, 장기요양기관 중 사회복지사업법 제34조에 따라 설치한 사회복지시설은 같은 조 제1항에 따른 재무·회계에 관한 기준에 따른다.
② 보건복지부장관은 장기요양기관 재무·회계기준을 정할 때에는 장기요양기관의 특성 및 그 시행시기 등을 고려하여야 한다.

사회복지시설의 설치(사회복지사업법 제34조 제4항)
사회복지시설을 설치·운영하는 자는 보건복지부령으로 정하는 재무·회계에 관한 기준에 따라 사회복지시설을 투명하게 운영하여야 한다.

15

정답 ①

- 장기요양기관 중 대통령령으로 정하는 기관을 운영하는 자와 그 종사자는 인권에 관한 교육(이하 "인권교육"이라 한다)을 받아야 한다(법 제35조의3 제1항).
- 장기요양기관 중 대통령령으로 정하는 기관을 운영하는 자는 해당 기관을 이용하고 있는 장기요양급여 수급자에게 인권교육을 실시할 수 있다(법 제35조의3 제2항).
- ※ 위에서 "대통령령으로 정하는 기관"이란 재가급여를 제공할 수 있는 장기요양기관(재가노인복지시설) 또는 시설급여를 제공할 수 있는 장기요양기관(노인요양시설·노인요양공동생활가정)을 말한다(시행령 제14조의2 및 제10조 제1호, 제2호).

16

정답 ③

인권교육(법 제35조의3 제3항)
지정을 받은 인권교육기관은 보건복지부장관의 승인을 받아 인권교육에 필요한 비용을 교육대상자로부터 징수할 수 있다.

오답분석
①·② 보건복지부장관은 인권교육을 효율적으로 실시하기 위하여 인권교육기관을 지정할 수 있다. 이 경우 예산의 범위에서 인권교육에 소요되는 비용을 지원할 수 있다(법 제35조의3 제3항).
④ 보건복지부장관은 지정을 받은 인권교육기관이 인권교육의 수행능력이 현저히 부족하다고 인정되는 경우에 해당하면 그 지정을 취소하거나 6개월 이내의 기간을 정하여 업무의 정지를 명할 수 있다(법 제35조의3 제4항 제3호).

17

정답 ②

인권교육(법 제35조의3 제4항)
보건복지부장관은 제3항에 따라 지정을 받은 인권교육기관이 다음 각 호의 어느 하나에 해당하면 그 지정을 취소하거나 6개월 이내의 기간을 정하여 업무의 정지를 명할 수 있다. 다만, 제1호에 해당하면 그 지정을 취소하여야 한다.

1. 거짓이나 그 밖의 부정한 방법으로 지정을 받은 경우
2. 보건복지부령으로 정하는 지정요건을 갖추지 못하게 된 경우
3. 인권교육의 수행능력이 현저히 부족하다고 인정되는 경우

18 〔정답〕 ②

인권교육(법 제35조의3 제5항)
인권교육의 대상·내용·방법, 인권교육기관의 지정 및 제4항에 따른 인권교육기관의 지정취소·업무정지 처분의 기준 등에 필요한 사항은 보건복지부령으로 정한다.

19 〔정답〕 ①

장기요양요원의 보호(법 제35조의4 제2항)
장기요양기관의 장은 장기요양요원에게 다음 각 호의 행위를 하여서는 아니 된다.
1. 장기요양요원에게 급여외행위의 제공을 요구하는 행위
2. 수급자가 부담하여야 할 본인부담금의 전부 또는 일부를 부담하도록 요구하는 행위

급여외행위(법 제28조의2 제1항)
1. 수급자의 가족만을 위한 행위
2. 수급자 또는 그 가족의 생업을 지원하는 행위
3. 그 밖에 수급자의 일상생활에 지장이 없는 행위

20 〔정답〕 ①

㉠ 장기요양기관은 종사자가 장기요양급여를 제공하는 과정에서 발생할 수 있는 수급자의 상해 등 법률상 손해를 배상하는 보험(이하 "전문인 배상책임보험"이라 한다)에 가입할 수 있다(법 제35조의5 제1항).
㉡ 공단은 장기요양기관이 전문인 배상책임보험에 가입하지 않은 경우 그 기간 동안 제38조에 따라 해당 장기요양기관에 지급하는 장기요양급여비용의 일부를 감액할 수 있다(법 제35조의5 제2항).

〔오답분석〕
㉢ 장기요양급여비용의 감액 기준 등에 관하여 필요한 사항은 보건복지부령으로 정한다(법 제35조의5 제3항).

21 〔정답〕 ④

장기요양기관의 폐업 등의 신고 등(법 제36조 제1항)
장기요양기관의 장은 폐업하거나 휴업하고자 하는 경우 폐업이나 휴업 예정일 전 30일까지 특별자치시장·특별자치도지사·시장·군수·구청장에게 신고하여야 한다. 신고를 받은 특별자치시장·특별자치도지사·시장·군수·구청장은 지체 없이 신고 명세를 공단에 통보하여야 한다.

22 〔정답〕 ④

장기요양기관의 폐업 등의 신고 등(법 제36조 제1항)
장기요양기관의 장은 폐업하거나 휴업하고자 하는 경우 폐업이나 휴업 예정일 전 30일까지 특별자치시장·특별자치도지사·시장·군수·구청장에게 신고하여야 한다. 신고를 받은 특별자치시장·특별자치도지사·시장·군수·구청장은 지체 없이 신고 명세를 공단에 통보하여야 한다.

23 〔정답〕 ③

장기요양기관의 폐업 등의 신고 등(법 제36조 제2항)
특별자치시장·특별자치도지사·시장·군수·구청장은 장기요양기관의 장이 유효기간이 끝나기 30일 전까지 지정 갱신 신청을 하지 아니하는 경우 그 사실을 공단에 통보하여야 한다.

24 〔정답〕 ②

㉢ 장기요양기관의 장은 장기요양기관을 폐업하거나 휴업하려는 경우 또는 장기요양기관의 지정 갱신을 하지 아니하려는 경우 보건복지부령으로 정하는 바에 따라 수급자의 권익을 보호하기 위하여 해당 장기요양기관에서 수급자가 제40조(본인부담금) 제1항 및 제2항에 따라 부담한 비용 중 정산하여야 할 비용이 있는 경우 이를 정산하는 조치를 취하여야 한다(법 제36조 제3항 제2호).

〔오답분석〕
㉠ 폐업·휴업을 하려는 경우 또는 지정 갱신을 하지 아니하려는 장기요양기관의 장은 건복지부령으로 정하는 바에 따라 수급자의 권익을 보호하기 위한 조치를 취하여야 한다(법 제36조 제3항).
㉡ 장기요양기관의 장은 장기요양기관을 폐업하거나 휴업하려는 경우 또는 장기요양기관의 지정 갱신을 하지 아니하려는 경우 보건복지부령으로 정하는 바에 따라 수급자의 권익을 보호하기 위하여 해당 장기요양기관을 이용하는 수급자가 다른 장기요양기관을 선택하여 이용할 수 있도록 계획을 수립하고 이행하는 조치를 취하여야 한다(법 제36조 제3항 제1호).

25 〔정답〕 ①

장기요양기관의 폐업 등의 신고 등(법 제36조 제3항)
장기요양기관의 장은 장기요양기관을 폐업하거나 휴업하려는 경우 또는 장기요양기관의 지정 갱신을 하지 아니하려는 경우 보건복지부령으로 정하는 바에 따라 수급자의 권익을 보호하기 위하여 다음 각 호의 조치를 취하여야 한다.
1. 해당 장기요양기관을 이용하는 수급자가 다른 장기요양기관을 선택하여 이용할 수 있도록 계획을 수립하고 이행하는 조치
2. 해당 장기요양기관에서 수급자가 제40조(본인부담금) 제1항 및 제2항에 따라 부담한 비용 중 정산하여야 할 비용이 있는 경우 이를 정산하는 조치
3. 그 밖에 수급자의 권익 보호를 위하여 필요하다고 인정되는 조치로서 보건복지부령으로 정하는 조치

26 정답 ③

장기요양기관의 폐업 등의 신고 등(법 제36조 제4항)
특별자치시장·특별자치도지사·시장·군수·구청장은 장기요양기관의 폐업·휴업 신고를 접수한 경우 또는 장기요양기관의 장이 유효기간이 끝나기 30일 전까지 지정 갱신 신청을 하지 아니한 경우 장기요양기관의 장이 수급자의 권익을 보호하기 위한 조치를 취하였는지의 여부를 확인하고, 인근지역에 대체 장기요양기관이 없는 경우 등 장기요양급여에 중대한 차질이 우려되는 때에는 장기요양기관의 폐업·휴업 철회 또는 지정 갱신 신청을 권고하거나 그 밖의 다른 조치를 강구하여야 한다.

27 정답 ④

장기요양기관의 폐업 등의 신고 등(법 제36조 제5항)
특별자치시장·특별자치도지사·시장·군수·구청장은 노인복지법에 따라 노인의료복지시설 등(장기요양기관이 운영하는 시설인 경우에 한한다)에 대하여 사업정지 또는 폐지 명령을 하는 경우 지체 없이 공단에 그 내용을 통보하여야 한다.

28 정답 ②

장기요양기관의 폐업 등의 신고 등(법 제36조 제6항)
장기요양기관의 장은 폐업·휴업 신고를 할 때 또는 장기요양기관의 지정 갱신을 하지 아니하여 유효기간이 만료될 때 보건복지부령으로 정하는 바에 따라 장기요양급여 제공 자료를 공단으로 이관하여야 한다. 다만, 휴업 신고를 하는 장기요양기관의 장이 휴업 예정일 전까지 공단의 허가를 받은 경우에는 장기요양급여 제공 자료를 직접 보관할 수 있다.

29 정답 ③

시정명령(법 제36조의2)
특별자치시장·특별자치도지사·시장·군수·구청장은 장기요양기관 재무·회계기준을 위반한 장기요양기관에 대하여 6개월 이내의 범위에서 일정한 기간을 정하여 시정을 명할 수 있다.

30 정답 ②

장기요양기관 지정의 취소 등(법 제37조 제1항 전단)
특별자치시장·특별자치도지사·시장·군수·구청장은 장기요양기관이 다음 각 호의 어느 하나에 해당하는 경우 그 지정을 취소하거나 6개월의 범위에서 업무정지를 명할 수 있다.

31 정답 ①

장기요양기관 지정의 취소 등(법 제37조 제1항 후단)
특별자치시장·특별자치도지사·시장·군수·구청장은 장기요양기관이 제1호, 제2호의2, 제3호의5, 제7호, 또는 제8호에 해당하는 경우에는 지정을 취소하여야 한다.

---

1. 거짓이나 그 밖의 부정한 방법으로 지정을 받은 경우
2의2. 제32조의2(급여외행위의 제공 금지) 각 호의 어느 하나에 해당하게 된 경우. 다만, 제32조의2 제7호에 해당하게 된 법인(대표자가 제32조의2 제1호부터 제6호까지의 규정 중 어느 하나에 해당하는 법인)의 경우 3개월 이내에 그 대표자를 변경하는 때에는 그러하지 아니하다.
3의5. 제36조(장기요양기관의 폐업 등의 신고 등) 제1항에 따른 폐업 또는 휴업 신고를 하지 아니하고 1년 이상 장기요양급여를 제공하지 아니한 경우
7. 업무정지기간 중에 장기요양급여를 제공한 경우
8. 부가가치세법에 따른 사업자등록 또는 소득세법에 따른 사업자등록이나 고유번호가 말소된 경우

오답분석
ⓗ 지정 취소 또는 6개월의 범위에서 업무정지 처분을 받을 수 있다(법 제37조 제1항 제3호).

32 정답 ①

ⓙ 거짓이나 그 밖의 부정한 방법으로 재가 및 시설 급여비용을 청구한 경우(법 제37조 제1항 제4호)에 특별자치시장·특별자치도지사·시장·군수·구청장은 장기요양기관에 그 지정을 취소하거나 6개월의 범위에서 업무정지를 명할 수 있다.
ⓛ 제36조의2(시정명령)에 따른 시정명령을 이행하지 아니하거나 회계부정 행위가 있는 경우(법 제37조 제1항 제3의6호)에 특별자치시장·특별자치도지사·시장·군수·구청장은 장기요양기관에 그 지정을 취소하거나 6개월의 범위에서 업무정지를 명할 수 있다.
ⓒ 제35조(장기요양기관의 의무 등) 제6항을 위반하여 수급자를 소개, 알선 또는 유인하는 행위 및 이를 조장하는 행위를 한 경우(법 제37조 제1항 제3의3호)에 특별자치시장·특별자치도지사·시장·군수·구청장은 장기요양기관에 그 지정을 취소하거나 6개월의 범위에서 업무정지를 명할 수 있다.
ⓜ 제35조의4(장기요양요원의 보호) 제2항 각 호의 어느 하나를 위반한 경우(법 제37조 제1항 제3의4호)에 특별자치시장·특별자치도지사·시장·군수·구청장은 장기요양기관에 그 지정을 취소하거나 6개월의 범위에서 업무정지를 명할 수 있다.
ⓗ 제35조(장기요양기관의 의무 등) 제5항을 위반하여 본인부담금을 면제하거나 감경하는 행위를 한 경우(법 제37조 제1항 제3의2호)에 특별자치시장·특별자치도지사·시장·군수·구청장은 장기요양기관에 그 지정을 취소하거나 6개월의 범위에서 업무정지를 명할 수 있다.

오답분석
ⓔ 특별자치시장·특별자치도지사·시장·군수·구청장은 장기요양기관이 제28조의2(급여외행위의 제공 금지)를 위반하여 급여외행위를 제공한 경우 그 지정을 취소하거나 6개월의 범위에서 업무정지를 명할 수 있다. 다만, 장기요양기관의 장이 그 위반행위를 방지하기 위하여 해당 업무에 관하여 상당한 주의와 감독을 게을리하지 아니한 경우는 제외한다(법 제37조 제1항 제1의2호).

33

정답 ①

㉠ 제61조(보고 및 검사) 제2항에 따른 자료제출 명령에 따르지 아니하거나 거짓으로 자료제출을 한 경우나 질문 또는 검사를 거부·방해 또는 기피하거나 거짓으로 답변한 경우(법 제37조 제1항 제5호)에 특별자치시장·특별자치도지사·시장·군수·구청장은 장기요양기관에 그 지정을 취소하거나 6개월의 범위에서 업무정지를 명할 수 있다.

㉡ 정당한 사유 없이 제54조(장기요양급여의 관리·평가)에 따른 평가를 거부·방해 또는 기피하는 경우(법 제37조 제1항 제3의7호)에 특별자치시장·특별자치도지사·시장·군수·구청장은 장기요양기관에 그 지정을 취소하거나 6개월의 범위에서 업무정지를 명할 수 있다.

㉢ 장기요양기관의 종사자 등이 수급자를 위하여 증여 또는 급여된 금품을 그 목적 외의 용도에 사용하는 행위를 했으며 장기요양기관의 장이 그 행위를 방지하기 위해 주의와 감독을 게을리한 경우(법 제37조 제1항 제6호 라목)에 특별자치시장·특별자치도지사·시장·군수·구청장은 장기요양기관에 그 지정을 취소하거나 6개월의 범위에서 업무정지를 명할 수 있다.

㉣ 장기요양기관의 종사자 등이 폭언, 협박, 위협 등으로 수급자의 정신건강에 해를 끼치는 정서적 학대행위를 했으며 장기요양기관의 장이 그 행위를 방지하기 위해 주의와 감독을 게을리한 경우(법 제37조 제1항 제6호 마목)에 특별자치시장·특별자치도지사·시장·군수·구청장은 장기요양기관에 그 지정을 취소하거나 6개월의 범위에서 업무정지를 명할 수 있다.

오답분석

㉤ 특별자치시장·특별자치도지사·시장·군수·구청장은 장기요양기관의 종사자 등이 자신의 보호·감독을 받는 수급자를 유기하거나 의식주를 포함한 기본적 보호 및 치료를 소홀히 하는 방임행위를 한 경우 그 지정을 취소하거나 6개월의 범위에서 업무정지를 명할 수 있다. 다만, 장기요양기관의 장이 그 행위를 방지하기 위하여 해당 업무에 관하여 상당한 주의와 감독을 게을리하지 아니한 경우는 제외한다(법 제37조 제1항 제6호 다목).

34

정답 ①

㉠ 지정취소를 받은 후 3년이 지나지 아니한 자(법인인 경우 그 대표자를 포함한다) 또는 업무정지명령을 받고 업무정지기간이 지나지 아니한 자(법인인 경우 그 대표자를 포함한다)는 장기요양기관으로 지정받을 수 없다(법 제37조 제8항).

㉢ 특별자치시장·특별자치도지사·시장·군수·구청장은 수급자의 권익을 보호하기 위하여 보건복지부령으로 정하는 바에 따라 제1항에 따른 행정처분(지정을 취소하거나 6개월의 범위에서의 업무정지)의 내용을 우편 또는 정보통신망 이용 등의 방법으로 수급자 또는 그 보호자에게 통보하는 조치를 하여야 한다(법 제37조 제6항 제1호).

오답분석

㉡ 지정취소 또는 업무정지되는 장기요양기관의 장은 해당 기관에서 수급자가 제40조(본인부담금) 제1항 및 제2항에 따라 부담한 비용 중 정산하여야 할 비용이 있는 경우 이를 정산하여야 한다(법 제37조 제7항).

㉣ 특별자치시장·특별자치도지사·시장·군수·구청장은 수급자의 권익을 보호하기 위하여 보건복지부령으로 정하는 바에 따라 해당 장기요양기관을 이용하는 수급자가 다른 장기요양기관을 선택하여 이용할 수 있도록 하는 조치를 하여야 한다(법 제37조 제6항 제2호).

35

정답 ③

오답분석

㉥ 제61조(보고 및 검사) 제2항에 따른 자료제출 명령에 따르지 아니하거나 거짓으로 자료제출을 한 경우나 질문 또는 검사를 거부·방해 또는 기피하거나 거짓으로 답변한 경우(법 제37조 제1항 제5호) 등에는 지정 취소 또는 6개월 이내의 업무정지 처분을 받는다. 이때 업무정지 처분에 갈음해 2억 원 이하의 과징금 처분을 받을 수 있다(법 제37조의2 제1항).

36

정답 ④

과징금의 부과 등(법 제37조의2 제1항)

특별자치시장·특별자치도지사·시장·군수·구청장은 제37조(장기요양기관 지정의 취소 등) 제1항 각 호의 어느 하나(같은 항 제1호는 제외한다)에 해당하는 행위를 이유로 업무정지명령을 하여야 하는 경우로서 그 업무정지가 해당 장기요양기관을 이용하는 수급자에게 심한 불편을 줄 우려가 있는 등 보건복지부장관이 정하는 특별한 사유가 있다고 인정되는 경우에는 업무정지명령을 갈음하여 2억 원 이하의 과징금을 부과할 수 있다. 다만, 제37조 제1항 제6호를 위반한 행위로서 보건복지부령으로 정하는 경우에는 그러하지 아니하다.

37

정답 ②

거짓이나 그 밖의 부정한 방법으로 재가 및 시설 급여비용을 청구(법 제37조 제1항 제4호)해 업무정지명령을 해야 하는 경우에는 그 업무정지명령을 과징금 부과 처분으로 갈음할 수 없다(법 제37조의2 제1항 제외 조항).

38
정답 ③

과징금의 부과 등(법 제37조의2 제2항)
특별자치시장·특별자치도지사·시장·군수·구청장은 제37조(장기요양기관 지정의 취소 등) 제1항 제4호(거짓이나 그 밖의 부정한 방법으로 재가 및 시설 급여비용을 청구한 경우)에 해당하는 행위를 이유로 업무정지명령을 하여야 하는 경우로서 그 업무정지가 해당 장기요양기관을 이용하는 수급자에게 심한 불편을 줄 우려가 있는 등 보건복지부장관이 정하는 특별한 사유가 있다고 인정되는 경우에는 업무정지명령을 갈음하여 거짓이나 그 밖의 부정한 방법으로 청구한 금액의 5배 이하의 금액을 과징금으로 부과할 수 있다.

39
정답 ②

과징금의 부과 등(법 제37조의2 제5항)
특별자치시장·특별자치도지사·시장·군수·구청장은 과징금의 부과와 징수에 관한 사항을 보건복지부령으로 정하는 바에 따라 기록·관리하여야 한다.

40
정답 ④

위반사실 등의 공표(법 제37조의3 제1항 제1호)
특별자치시장·특별자치도지사·시장·군수·구청장은 장기요양기관이 거짓으로 재가·시설 급여비용을 청구하였다는 이유로 제37조의2(과징금의 부과 등)에 따른 처분이 확정된 경우로서 거짓으로 청구한 금액이 1,000만 원 이상인 경우에는 위반사실, 처분내용, 장기요양기관의 명칭·주소, 장기요양기관의 장의 성명, 그 밖에 다른 장기요양기관과의 구별에 필요한 사항으로서 대통령령으로 정하는 사항을 공표할 수 있다.

41
정답 ④

오답분석
위반사실 등의 공표(법 제37조의3 제1항 제2호)
특별자치시장·특별자치도지사·시장·군수·구청장은 장기요양기관이 거짓으로 재가·시설 급여비용을 청구하였다는 이유로 제37조(장기요양기관 지정의 취소 등) 또는 제37조의2(과징금의 부과 등)에 따른 처분이 확정된 경우로서 거짓으로 청구한 금액이 장기요양급여비용 총액의 100분의 10 이상인 경우에는 위반사실, 처분내용, 장기요양기관의 명칭·주소, 장기요양기관의 장의 성명, 그 밖에 다른 장기요양기관과의 구별에 필요한 사항으로서 대통령령으로 정하는 사항을 공표할 수 있다.

42
정답 ④

위반사실 등의 공표(법 제37조의3 제3항)
보건복지부장관 또는 특별자치시장·특별자치도지사·시장·군수·구청장은 제1항 및 제2항에 따른 공표 여부 등을 심의하기 위하여 공표심의위원회를 설치·운영할 수 있다.

43
정답 ①

위반사실 등의 공표(법 제37조의3 제4항)
공표 여부의 결정 방법, 공표 방법·절차 및 공표심의위원회의 구성·운영 등에 필요한 사항은 대통령령으로 정한다.

44
정답 ②

행정제재처분 효과의 승계(법 제37조의4 제1항)
제37조(장기요양기관 지정의 취소 등) 제1항 각 호의 어느 하나에 해당하는 행위를 이유로 한 행정제재처분(이하 "행정제재처분"이라 한다)의 효과는 그 처분을 한 날부터 3년간 승계된다.

45
정답 ④

행정제재처분 효과의 승계(법 제37조의4 제1항)
제37조 제1항 각 호의 어느 하나에 해당하는 행위를 이유로 한 행정제재처분(이하 "행정제재처분"이라 한다)의 효과는 그 처분을 한 날부터 3년간 다음 각 호의 어느 하나에 해당하는 자에게 승계된다.
1. 장기요양기관을 양도한 경우 양수인
2. 법인이 합병된 경우 합병으로 신설되거나 합병 후 존속하는 법인
3. 장기요양기관 폐업 후 같은 장소에서 장기요양기관을 운영하는 자 중 종전에 행정제재처분을 받은 자(법인인 경우 그 대표자를 포함한다)나 그 배우자 또는 직계혈족

46
정답 ③

행정제재처분 효과의 승계(법 제37조의4 제2항)
행정제재처분의 절차가 진행 중일 때에는 다음 각 호의 어느 하나에 해당하는 자에 대하여 그 절차를 계속 이어서 할 수 있다.
1. 장기요양기관을 양도한 경우 양수인
2. 법인이 합병된 경우 합병으로 신설되거나 합병 후 존속하는 법인
3. 장기요양기관 폐업 후 3년 이내에 같은 장소에서 장기요양기관을 운영하는 자 중 종전에 위반행위를 한 자(법인인 경우 그 대표자를 포함한다)나 그 배우자 또는 직계혈족

47
정답 ③

행정제재처분 효과의 승계(법 제37조의4 제3항)
제1항 및 제2항에도 불구하고 제1항 각 호의 어느 하나 또는 제2항 각 호의 어느 하나에 해당하는 자(이하 "양수인 등"이라 한다)가 양수, 합병 또는 운영 시에 행정제재처분 또는 위반사실을 알지 못하였음을 증명하는 경우에는 그러하지 아니하다.

48

정답 ④

장기요양급여 제공의 제한(법 제37조의5 제1항)
특별자치시장·특별자치도지사·시장·군수·구청장은 장기요양기관의 종사자가 거짓이나 그 밖의 부정한 방법으로 재가급여비용 또는 시설급여비용을 청구하는 행위에 가담한 경우 해당 종사자가 장기요양급여를 제공하는 것을 1년의 범위에서 제한하는 처분을 할 수 있다.

07 재가 및 시설 급여비용 등

01	02	03	04	05	06	07	08	09	10
①	②	②	④	②	①	④	②	②	②

11	12	13							
③	④	③							

01

정답 ①

㉠ 장기요양기관은 수급자에게 제23조(장기요양급여의 종류)에 따른 재가급여 또는 시설급여를 제공한 경우 공단에 장기요양급여비용을 청구하여야 한다(법 제38조 제1항).
㉡ 공단은 제1항에 따라 장기요양기관으로부터 재가 또는 시설 급여비용의 청구를 받은 경우 이를 심사하여 그 내용을 장기요양기관에 통보하여야 하며, 장기요양에 사용된 비용 중 공단부담금(재가 및 시설 급여비용 중 본인부담금을 공제한 금액을 말한다)을 해당 장기요양기관에 지급하여야 한다(법 제38조 제2항).
㉢ 공단은 제54조(장기요양급여의 관리·평가) 제2항에 따른 장기요양기관의 장기요양급여평가 결과에 따라 장기요양급여비용을 가산 또는 감액조정하여 지급할 수 있다(법 제38조 제3항).
㉣ 공단은 제2항에도 불구하고 장기요양급여비용을 심사한 결과 수급자가 이미 낸 본인부담금이 제2항에 따라 통보한 본인부담금보다 더 많으면 두 금액 간의 차액을 장기요양기관에 지급할 금액에서 공제하여 수급자에게 지급하여야 한다(법 제38조 제4항).

오답분석
㉤ 공단은 제4항에 따라 수급자에게 지급하여야 하는 금액을 그 수급자가 납부하여야 하는 장기요양보험료 및 그 밖에 법에 따른 징수금(이하 "장기요양보험료 등"이라 한다)과 상계(相計)할 수 있다(법 제38조 제5항).

02

정답 ②

㉠ 장기요양기관은 지급받은 장기요양급여비용 중 보건복지부장관이 정하여 고시하는 비율에 따라 그 일부를 장기요양요원에 대한 인건비로 지출하여야 한다(법 제38조 제6항).
㉢ 국민건강보험공단은 장기요양기관에 지급하여야 할 장기요양급여비용의 지급을 보류할 경우 장기요양급여비용의 지급을 보류하기 전에 해당 장기요양기관에 의견 제출의 기회를 주어야 한다(법 제38조 제7항 후단).

오답분석
㉡ 공단은 장기요양기관이 정당한 사유 없이 제61조(보고 및 검사) 제2항에 따른 자료제출 명령에 따르지 아니하거나 질문 또는 검사를 거부·방해 또는 기피하는 경우 이에 응할 때까지 해당 장기요양기관에 지급하여야 할 장기요양급여비용의 지급을 보류할 수 있다(법 제38조 제7항 전단).

ⓔ 재가 및 시설 급여비용의 심사기준, 장기요양급여비용의 가감지급의 기준, 청구절차, 지급방법 및 지급 보류의 절차·방법 등에 관한 사항은 보건복지부령으로 정한다(법 제38조 제8항).

03 정답 ②

장기요양급여비용 등의 산정(법 제39조 제1항)

재가 및 시설 급여비용은 급여종류 및 장기요양급여 등에 따라 장기요양위원회의 심의를 거쳐 보건복지부장관이 고시한다.

04 정답 ④

ⓖ 보건복지부장관은 재가 및 시설 급여비용을 정할 때 대통령령으로 정하는 바에 따라 국가 및 지방자치단체로부터 장기요양기관의 설립비용을 지원받았는지 여부 등을 고려할 수 있다(법 제39조 제2항).

ⓛ 재가 및 시설 급여비용과 특별현금급여의 지급금액의 구체적인 산정방법 및 항목 등에 관하여 필요한 사항은 보건복지부령으로 정한다(법 제39조 제3항).

05 정답 ②

본인부담금(법 제40조 제1항)

재가 및 시설 급여비용은 다음 각 호와 같이 수급자가 부담한다. 다만, 수급자 중 의료급여법에 따른 수급자는 그러하지 아니하다.

1. 재가급여 : 해당 장기요양급여비용의 100분의 15
2. 시설급여 : 해당 장기요양급여비용의 100분의 20

06 정답 ①

본인부담금(법 제40조 제2항)

다음 각 호의 장기요양급여에 대한 비용은 수급자 본인이 전부 부담한다.

1. 노인장기요양보험법의 규정에 따른 급여의 범위 및 대상에 포함되지 아니하는 장기요양급여
2. 수급자가 제17조(장기요양인정서) 제1항 제2호에 따른 장기요양인정서에 기재된 장기요양급여의 종류 및 내용과 다르게 선택하여 장기요양급여를 받은 경우 그 차액
3. 제28조(장기요양급여의 월 한도액)에 따른 장기요양급여의 월 한도액을 초과하는 장기요양급여

07 정답 ④

ⓖ 소득·재산 등이 보건복지부장관이 정하여 고시하는 일정 금액 이하인 자 자에 대해서는 본인부담금의 100분의 60의 범위에서 보건복지부장관이 정하는 바에 따라 차등하여 감경할 수 있다(법 제40조 제3항 제2호).

ⓛ 본인부담금의 산정방법, 감경절차 및 감경방법 등에 관하여 필요한 사항은 보건복지부령으로 정한다(법 제40조 제4항).

08 정답 ②

본인부담금(법 제40조 제3항)

다음 각 호의 어느 하나에 해당하는 자에 대해서는 본인부담금의 100분의 60의 범위에서 보건복지부장관이 정하는 바에 따라 차등하여 감경할 수 있다.

1. 의료급여법 제3조 제1항 제2호부터 제9호까지의 규정에 따른 수급권자
2. 소득·재산 등이 보건복지부장관이 정하여 고시하는 일정 금액 이하인 자. 다만, 도서·벽지·농어촌 등의 지역에 거주하는 자에 대하여 따로 금액을 정할 수 있다.
3. 천재지변 등 보건복지부령으로 정하는 사유로 인하여 생계가 곤란한 자

수급권자(의료급여법 제3조 제1항 제2호부터 제9호)

2. 재해구호법에 따른 이재민으로서 보건복지부장관이 의료급여가 필요하다고 인정한 사람
3. 의사상자 등 예우 및 지원에 관한 법률에 따라 의료급여를 받는 사람
4. 입양특례법에 따라 국내에 입양된 18세 미만의 아동
5. 독립유공자예우에 관한 법률, 국가유공자 등 예우 및 지원에 관한 법률 및 보훈보상대상자 지원에 관한 법률의 적용을 받고 있는 사람과 그 가족으로서 국가보훈처장이 의료급여가 필요하다고 추천한 사람 중에서 보건복지부장관이 의료급여가 필요하다고 인정한 사람
6. 무형문화재 보전 및 진흥에 관한 법률에 따라 지정된 국가무형문화재의 보유자(명예보유자를 포함한다)와 그 가족으로서 문화재청장이 의료급여가 필요하다고 추천한 사람 중에서 보건복지부장관이 의료급여가 필요하다고 인정한 사람
7. 북한이탈주민의 보호 및 정착지원에 관한 법률의 적용을 받고 있는 사람과 그 가족으로서 보건복지부장관이 의료급여가 필요하다고 인정한 사람
8. 5·18민주화운동 관련자 보상 등에 관한 법률 제8조(보상금 등의 지급 신청)에 따라 보상금 등을 받은 사람과 그 가족으로서 보건복지부장관이 의료급여가 필요하다고 인정한 사람
9. 노숙인 등의 복지 및 자립지원에 관한 법률에 따른 노숙인 등으로서 보건복지부장관이 의료급여가 필요하다고 인정한 사람

09 정답 ②

ⓖ 공단은 장기요양급여를 받은 금액의 총액이 보건복지부장관이 정하여 고시하는 금액 이하에 해당하는 수급자가 가족 등으로부터 제23조(장기요양급여의 종류) 제1항 제1호 가목에 따른 방문요양에 상당한 장기요양을 받은 경우 보건복지부령으로 정하는 바에 따라 본인부담금의 일부를 감면하거나 이에 갈음하는 조치를 할 수 있다(법 제41조 제1항).

ⓛ 제1항에 따른 본인부담금의 감면방법 등 필요한 사항은 보건복지부령으로 정한다(법 제41조 제2항).

10 정답 ②

방문간호지시서 발급비용의 산정 등(법 제42조)
제23조(장기요양급여의 종류) 제1항 제1호 다목에 따라 방문간호지시서를 발급하는 데 사용되는 비용, 비용부담방법 및 비용 청구·지급절차 등에 관하여 필요한 사항은 보건복지부령으로 정한다.

11 정답 ③

부당이득의 징수(법 제43조 제1항 제1호)
공단은 장기요양급여를 받은 자 또는 장기요양급여비용을 받은 자가 제15조(등급판정 등) 제5항에 따른 등급판정 결과 같은 조 제4항 각 호의 어느 하나에 해당하는 것으로 확인된 경우 그 장기요양급여 또는 장기요양급여비용에 상당하는 금액을 징수한다.
이때, 제15조 제4항 각 호는 "거짓이나 그 밖의 부정한 방법으로 장기요양인정을 받은 경우"와 "고의로 사고를 발생하도록 하거나 본인의 위법행위에 기인하여 장기요양인정을 받은 경우"를 말한다. 따라서 ⓛ·ⓒ의 경우에는 국민건강보험공단이 지급한 장기요양급여 또는 장기요양급여비용에 상당하는 금액을 징수한다.

12 정답 ④

ⓐ 공단은 제1항의 경우 거짓 보고 또는 증명에 의하거나 거짓 진단에 따라 장기요양급여가 제공된 때 거짓의 행위에 관여한 자에 대하여 장기요양급여를 받은 자와 연대하여 제1항에 따른 징수금을 납부하게 할 수 있다(법 제43조 제2항).
ⓑ 공단은 제1항의 경우 거짓이나 그 밖의 부정한 방법으로 장기요양급여를 받은 자와 같은 세대에 속한 자(장기요양급여를 받은 자를 부양하고 있거나 다른 법령에 따라 장기요양급여를 받은 자를 부양할 의무가 있는 자를 말한다)에 대하여 거짓이나 그 밖의 부정한 방법으로 장기요양급여를 받은 자와 연대하여 제1항에 따른 징수금을 납부하게 할 수 있다(법 제43조 제3항).
ⓒ 공단은 제1항의 경우 장기요양기관이 수급자로부터 거짓이나 그 밖의 부정한 방법으로 장기요양급여비용을 받은 때 해당 장기요양기관으로부터 이를 징수하여 수급자에게 지체 없이 지급하여야 한다. 이 경우 공단은 수급자에게 지급하여야 하는 금액을 그 수급자가 납부하여야 하는 장기요양보험료 등과 상계할 수 있다(법 제43조 제4항).

13 정답 ③

ⓐ 공단은 제3자의 행위로 인한 장기요양급여의 제공사유가 발생하여 수급자에게 장기요양급여를 행한 때 그 급여에 사용된 비용의 한도 안에서 그 제3자에 대한 손해배상의 권리를 얻는다(법 제44조 제1항).
ⓑ 공단은 제1항의 경우 장기요양급여를 받은 자가 제3자로부터 이미 손해배상을 받은 때 그 손해배상액의 한도 안에서 장기요양급여를 행하지 아니한다(법 제44조 제2항).

08 장기요양위원회 및 장기요양요원지원센터

01	02	03	04	05	06	07	08		
②	②	④	②	④	②	③	④		

01 정답 ②

등급판정위원회의 설치(법 제52조 제1항)
장기요양인정 및 장기요양등급 판정 등을 심의하기 위하여 공단에 장기요양등급판정위원회를 둔다.

[오답분석]
장기요양위원회의 설치 및 기능(법 제45조)
다음 각 호의 사항을 심의하기 위하여 보건복지부장관 소속으로 장기요양위원회를 둔다.
1. 장기요양보험료율
2. 가족요양비, 특례요양비 및 요양병원간병비의 지급기준
3. 재가 및 시설 급여비용
4. 그 밖에 대통령령으로 정하는 주요 사항

02 정답 ②

장기요양위원회의 구성(법 제46조 제1항)
장기요양위원회는 위원장 1인, 부위원장 1인을 포함한 16인 이상 22인 이하의 위원으로 구성한다.

03 정답 ④

장기요양위원회의 구성(법 제46조 제2항 제1호)
근로자단체, 사용자단체, 시민단체(비영리민간단체 지원법에 따른 비영리민간단체를 말한다), 노인단체, 농어업인단체 또는 자영자단체를 대표하는 자 중에서 보건복지부장관이 임명 또는 위촉한 자로 한다.

04 정답 ②

장기요양위원회의 구성(법 제46조 제3항)
위원장은 보건복지부차관이 되고, 부위원장은 위원 중에서 위원장이 지명한다.

05 정답 ④

장기요양위원회의 구성(법 제46조 제4항)
장기요양위원회 위원의 임기는 3년으로 한다. 다만, 공무원인 위원의 임기는 재임기간으로 한다.

06

ⓛ 장기요양위원회의 효율적 운영을 위하여 분야별로 실무위원회를 둘 수 있다(법 제47조 제2항).

오답분석

㉠ 장기요양위원회 회의는 구성원 과반수의 출석으로 개의하고 출석위원 과반수의 찬성으로 의결한다(법 제47조 제1항).

ⓒ 노인장기요양보험법에서 정한 것 외에 장기요양위원회의 구성·운영, 그 밖에 필요한 사항은 대통령령으로 정한다(법 제47조 제3항).

07

장기요양요원지원센터의 설치 등(법 제47조의2 제1항)

국가와 지방자치단체는 장기요양요원의 권리를 보호하기 위하여 장기요양요원지원센터를 설치·운영할 수 있다.

08

㉠ 장기요양요원지원센터는 다음 각 호의 업무를 수행한다(법 제47조의2 제2항).
  1. 장기요양요원의 권리 침해에 관한 상담 및 지원
  2. 장기요양요원의 역량강화를 위한 교육지원
  3. 장기요양요원에 대한 건강검진 등 건강관리를 위한 사업
  4. 그 밖에 장기요양요원의 업무 등에 필요하여 대통령령으로 정하는 사항

ⓛ 장기요양요원지원센터의 설치·운영 등에 필요한 사항은 보건복지부령으로 정하는 바에 따라 해당 지방자치단체의 조례로 정한다(법 제47조의2 제3항).

09 관리운영기관

01	02	03	04	05	06	07	08	09	10
③	④	③	②	④	③	④	④	②	①
11	12	13	14	15	16	17	18	19	20
③	②	③	②	①	②	①	④	④	①
21	22	23							
①	④	②							

01

관리운영기관 등(법 제48조 제1항)

장기요양사업의 관리운영기관은 공단으로 한다.

02

관리운영기관 등(법 제48조 제2항 제1호부터 제6호)

국민건강보험공단(장기요양사업의 관리운영기관)은 다음 각 호의 업무를 관장한다.
1. 장기요양보험가입자 및 그 피부양자와 의료급여수급권자의 자격관리
2. 장기요양보험료의 부과·징수
3. 신청인에 대한 조사
4. 등급판정위원회의 운영 및 장기요양등급 판정
5. 장기요양인정서의 작성 및 표준장기요양이용계획서의 제공
6. 장기요양급여의 관리 및 평가

오답분석

ⓔ 요양급여의 심사기준 및 평가기준 개발의 업무를 관장하는 기관은 건강보험심사평가원이다(국민건강보험법 제63조 제1항 제3호).

03

관리운영기관 등(법 제48조 제2항 제7호부터 제13호)

국민건강보험공단(장기요양사업의 관리운영기관)은 다음 각 호의 업무를 관장한다.
7. 수급자 및 그 가족에 대한 정보제공·안내·상담 등 장기요양급여 관련 이용지원에 관한 사항
8. 재가 및 시설 급여비용의 심사 및 지급과 특별현금급여의 지급
9. 장기요양급여 제공내용 확인
10. 장기요양사업에 관한 조사·연구 및 홍보
11. 노인성질환예방사업
12. 노인장기요양보험법에 따른 부당이득금의 부과·징수 등
13. 장기요양급여의 제공기준을 개발하고 장기요양급여비용의 적정성을 검토하기 위한 장기요양기관의 설치 및 운영

ⓒ 요양급여비용의 심사와 관련된 국제협력의 업무를 관장하는
   기관은 건강보험심사평가원이다(국민건강보험법 제63조 제1
   항 제4호).

04

관리운영기관 등(법 제48조 제3항)
국민건강보험공단(장기요양사업의 관리운영기관)은 제2항 제13
호(장기요양급여의 제공기준을 개발하고 장기요양급여비용의 적
정성을 검토하기 위한 장기요양기관의 설치 및 운영)의 장기요양
기관을 설치할 때 노인인구 및 지역특성 등을 고려한 지역 간 불균
형 해소를 고려하여야 하고, 설치 목적에 필요한 최소한의 범위에
서 이를 설치 · 운영하여야 한다.

05

관리운영기관 등(법 제48조 제4항)
국민건강보험법 제17조(정관)에 따른 공단의 정관은 장기요양사
업과 관련하여 다음 각 호의 사항을 포함 · 기재한다.
1. 장기요양보험료
2. 장기요양급여
3. 장기요양사업에 관한 예산 및 결산
4. 그 밖에 대통령령으로 정하는 사항

06

공단의 장기요양사업 조직 등(법 제49조)
공단은 국민건강보험법 제29조(공단의 조직 · 인사 · 보수 및 회계
에 관한 규정은 이사회의 의결을 거쳐 보건복지부장관의 승인을
받아 정한다)에 따라 공단의 조직 등에 관한 규정을 정할 때 장기
요양사업을 수행하기 위하여 두는 조직 등을 건강보험사업을 수행
하는 조직 등과 구분하여 따로 두어야 한다. 다만, 제48조 제2항
제1호(장기요양보험가입자 및 그 피부양자와 의료급여수급권자
의 자격관리) 및 제2호(장기요양보험료의 부과 · 징수)의 자격관
리와 보험료 부과 · 징수업무는 그러하지 아니하다.

07

ⓛ · ⓒ 공단은 장기요양사업 중 장기요양보험료를 재원으로 하는
   사업과 국가 · 지방자치단체의 부담금을 재원으로 하는 사업의
   재정을 구분하여 운영하여야 한다. 다만, 관리운영에 필요한
   재정은 구분하여 운영하지 아니할 수 있다(법 제50조 제2항).

ⓐ 공단은 장기요양사업에 대하여 독립회계를 설치 · 운영하여야
   한다(법 제50조 제1항).

08

권한의 위임 등에 관한 준용(법 제51조)
국민건강보험법 제32조(이사장 권한의 위임) 및 제38조(준비금)
는 노인장기요양보험법에 따른 이사장의 권한의 위임 및 준비금에
관하여 준용한다. 이 경우 "보험급여"는 "장기요양급여"로 본다.

09

권한의 위임 등에 관한 준용(법 제51조)
국민건강보험법 제38조(준비금)는 노인장기요양보험법에 따른 준
비금에 관하여 준용한다. 이 경우 "보험급여"는 "장기요양급여"로
본다.

준비금(국민건강보험법 제38조 제1항)
공단은 회계연도마다 결산상의 잉여금 중에서 그 연도의 보험급여
에 든 비용의 100분의 5 이상에 상당하는 금액을 그 연도에 든
비용의 100분의 50에 이를 때까지 준비금으로 적립하여야 한다.

10

권한의 위임 등에 관한 준용(법 제51조)
국민건강보험법 제32조(이사장 권한의 위임)는 노인장기요양보험
법에 따른 이사장의 권한의 위임에 관하여 준용한다.

이사장 권한의 위임(국민건강보험법 제32조)
국민건강보험법에 규정된 이사장의 권한 중 급여의 제한, 보험료
의 납입 고지 등 대통령령으로 정하는 사항은 정관으로 정하는 바
에 따라 분사무소의 장에게 위임할 수 있다.

11

ⓐ 장기요양인정 및 장기요양등급 판정 등을 심의하기 위하여 공
   단에 장기요양등급판정위원회를 둔다(법 제52조 제1항).
ⓛ 등급판정위원회는 특별자치시 · 특별자치도 · 시 · 군 · 구 단위
   로 설치한다. 다만, 인구 수 등을 고려하여 하나의 특별자치시 ·
   특별자치도 · 시 · 군 · 구에 2 이상의 등급판정위원회를 설치
   하거나 2 이상의 특별자치시 · 특별자치도 · 시 · 군 · 구를 통
   합하여 하나의 등급판정위원회를 설치할 수 있다(법 제52조 제
   2항).

12

등급판정위원회의 설치(법 제52조 제3항)
등급판정위원회는 위원장 1인을 포함하여 15인의 위원으로 구성
한다.

13

정답 ③

등급판정위원회의 설치(법 제52조 제4항 일부)
등급판정위원회 위원은 다음 각 호의 자 중에서 공단 이사장이 위촉한다.

14

정답 ②

등급판정위원회의 설치(법 제52조 제4항 일부)
등급판정위원회 위원 중에서 특별자치시장·특별자치도지사·시장·군수·구청장이 추천한 위원은 7인 이상이어야 한다.

15

정답 ①

등급판정위원회의 설치(법 제52조 제4항)
등급판정위원회 위원은 다음 각 호의 자 중에서 공단 이사장이 위촉한다. 이 경우 특별자치시장·특별자치도지사·시장·군수·구청장이 추천한 위원은 7인, 의사 또는 한의사가 1인 이상 각각 포함되어야 한다.
1. 의료법에 따른 의료인
2. 사회복지사업법에 따른 사회복지사
3. 특별자치시·특별자치도·시·군·구 소속 공무원
4. 그 밖에 법학 또는 장기요양에 관한 학식과 경험이 풍부한 자

16

정답 ②

등급판정위원회의 설치(법 제52조 제5항 일부)
등급판정위원회 위원의 임기는 3년으로 한다.

17

정답 ①

등급판정위원회의 설치(법 제52조 제5항 일부)
등급판정위원회 위원은 한 차례만 연임할 수 있다.

18

정답 ④

등급판정위원회의 설치(법 제52조 제5항)
등급판정위원회 위원의 임기는 3년으로 하되, 한 차례만 연임할 수 있다. 다만, 공무원인 위원의 임기는 재임기간으로 한다.

19

정답 ④

등급판정위원회의 운영(법 제53조 제1항 일부)
2 이상의 특별자치시·특별자치도·시·군·구를 통합하여 하나의 등급판정위원회를 설치하는 때 해당 특별자치시장·특별자치도지사·시장·군수·구청장이 공동으로 위촉한다.

20

정답 ①

등급판정위원회의 운영(법 제53조 제2항)
등급판정위원회 회의는 구성원 과반수의 출석으로 개의하고 출석위원 과반수의 찬성으로 의결한다.

21

정답 ①

등급판정위원회의 운영(법 제53조 제3항)
노인장기요양보험법에 정한 것 외에 등급판정위원회의 구성·운영, 그 밖에 필요한 사항은 대통령령으로 정한다.

22

정답 ④

- 공단은 장기요양기관이 제공하는 장기요양급여 내용을 지속적으로 관리·평가하여 장기요양급여의 수준이 향상되도록 노력하여야 한다(법 제54조 제1항).
- 공단은 장기요양기관이 제23조(장기요양급여의 종류) 제3항에 따른 장기요양급여의 제공 기준·절차·방법 등에 따라 적정하게 장기요양급여를 제공하였는지 평가를 실시하고 그 결과를 공단의 홈페이지 등에 공표하는 등 필요한 조치를 할 수 있다(법 제54조 제2항).

23

정답 ②

장기요양급여의 관리·평가(법 제54조 제3항)
장기요양급여 제공내용의 평가 방법 및 평가 결과의 공표 방법, 그 밖에 필요한 사항은 보건복지부령으로 정한다.

10 심사청구 및 재심사청구

01	02	03	04	05	06	07	08	09	
③	④	③	①	②	②	①	②	②	

01
정답 ③

심사청구(법 제55조 제1항)
장기요양인정 · 장기요양등급 · 장기요양급여 · 부당이득 · 장기요양급여비용 또는 장기요양보험료 등에 관한 공단의 처분에 이의가 있는 자는 공단에 심사청구를 할 수 있다.

02
정답 ④

심사청구(법 제55조 제2항)
심사청구는 그 처분이 있음을 안 날부터 90일 이내에 문서(전자정부법에 따른 전자문서를 포함한다)로 하여야 하며, 처분이 있은 날부터 180일을 경과하면 이를 제기하지 못한다. 다만, 정당한 사유로 그 기간에 심사청구를 할 수 없었음을 증명하면 그 기간이 지난 후에도 심사청구를 할 수 있다.

03
정답 ③

㉠ 심사청구 사항을 심사하기 위하여 공단에 장기요양심사위원회(이하 "심사위원회"라 한다)를 둔다(법 제55조 제3항).
㉡ 심사위원회의 구성 · 운영 및 위원의 임기, 그 밖에 필요한 사항은 대통령령으로 정한다(법 제55조 제4항).

04
정답 ①

재심사청구(법 제56조 제1항)
심사청구에 대한 결정에 불복하는 사람은 그 결정통지를 받은 날부터 90일 이내에 장기요양재심사위원회(이하 "재심사위원회"라 한다)에 재심사를 청구할 수 있다.

05
정답 ②

재심사청구(법 제56조 제2항 일부)
재심사위원회 위원장 1인을 포함한 20인 이내의 위원으로 구성한다.

06
정답 ②

재심사청구(법 제56조 제3항 일부)
재심사위원회의 위원은 보건복지부장관이 임명 또는 위촉한다.

07
정답 ①

㉠ 공무원이 아닌 위원이 전체 위원의 과반수가 되도록 하여야 한다(법 제56조 제3항 일부).
㉡ 재심사위원회의 구성 · 운영 및 위원의 임기, 그 밖에 필요한 사항은 대통령령으로 정한다(법 제56조 제4항).

08
정답 ②

행정심판과의 관계(법 제56조의2)
① 재심사위원회의 재심사에 관한 절차에 관하여는 행정심판법을 준용한다.
② 재심사청구 사항에 대한 재심사위원회의 재심사를 거친 경우에는 행정심판법에 따른 행정심판을 청구할 수 없다.

09
정답 ②

행정소송(법 제57조)
공단의 처분에 이의가 있는 자와 심사청구 또는 재심사청구에 대한 결정에 불복하는 자는 행정소송법으로 정하는 바에 따라 행정소송을 제기할 수 있다.

11 보칙

01	02	03	04	05	06	07	08	09	10
②	④	②	②	②	③	④	②	③	②
11	12	13	14	15	16				
②	④	①	④	④	②				

01

정답 ②

국가의 부담(법 제58조 제1항)
국가는 매년 예산의 범위 안에서 해당 연도 장기요양보험료 예상 수입액의 100분의 20에 상당하는 금액을 공단에 지원한다.

02

정답 ④

ⓒ 제2항에 따라 지방자치단체가 부담하는 금액은 보건복지부령으로 정하는 바에 따라 특별시·광역시·특별자치시·도·특별자치도와 시·군·구가 분담한다(법 제58조 제3항).
ⓒ 제2항 및 제3항에 따른 지방자치단체의 부담액 부과, 징수 및 재원관리, 그 밖에 필요한 사항은 대통령령으로 정한다(법 제58조 제4항).

오답분석

ⓐ 국가와 지방자치단체는 대통령령으로 정하는 바에 따라 의료급여수급권자의 장기요양급여비용, 의사소견서 발급비용, 방문간호지시서 발급비용 중 공단이 부담하여야 할 비용(제40조 제1항 단서 및 제3항 제1호에 따라 면제 및 감경됨으로 인하여 공단이 부담하게 되는 비용을 포함한다) 및 관리운영비의 전액을 부담한다(법 제58조 제2항).

03

정답 ②

전자문서의 사용(법 제59조 제1항)
장기요양사업에 관련된 각종 서류의 기록, 관리 및 보관은 보건복지부령으로 정하는 바에 따라 전자문서로 한다.

04

정답 ②

오답분석

전자문서의 사용(법 제59조 제2항)
공단 및 장기요양기관은 장기요양기관의 지정신청, 재가·시설 급여비용의 청구 및 지급, 장기요양기관의 재무·회계정보 처리 등에 대하여 전산매체 또는 전자문서교환방식을 이용하여야 한다.

05

정답 ②

전자문서의 사용(법 제59조 제3항)
정보통신망 및 정보통신서비스 시설이 열악한 지역 등 보건복지부장관이 정하는 지역의 경우 전자문서·전산매체 또는 전자문서교환방식을 이용하지 아니할 수 있다.

06

정답 ③

자료의 제출 등(법 제60조 제1항)
공단은 장기요양급여 제공내용 확인, 장기요양급여의 관리·평가 및 장기요양보험료 산정 등 장기요양사업 수행에 필요하다고 인정할 때 다음 각 호의 어느 하나에 해당하는 자에게 자료의 제출을 요구할 수 있다.
1. 장기요양보험가입자 또는 그 피부양자 및 의료급여수급권자
2. 수급자 및 장기요양기관

07

정답 ④

보고 및 검사(법 제61조 제1항)
보건복지부장관, 특별시장·광역시장·도지사 또는 특별자치시장·특별자치도지사·시장·군수·구청장은 다음 각 호의 어느 하나에 해당하는 자에게 보수·소득이나 그 밖에 보건복지부령으로 정하는 사항의 보고 또는 자료의 제출을 명하거나 소속 공무원으로 하여금 관계인에게 질문을 하게 하거나 관계 서류를 검사하게 할 수 있다.
1. 장기요양보험가입자
2. 피부양자
3. 의료급여수급권자

08

정답 ②

보고 및 검사(법 제61조 제2항)
보건복지부장관, 특별시장·광역시장·도지사 또는 특별자치시장·특별자치도지사·시장·군수·구청장은 다음 각 호의 어느 하나에 해당하는 자에게 장기요양급여의 제공 명세, 재무·회계에 관한 사항 등 장기요양급여에 관련된 자료의 제출을 명하거나 소속 공무원으로 하여금 관계인에게 질문을 하게 하거나 관계 서류를 검사하게 할 수 있다.
1. 장기요양기관
2. 장기요양급여를 받은 자

09

정답 ③

보고 및 검사(법 제61조 제3항)
보건복지부장관, 특별시장·광역시장·도지사 또는 특별자치시장·특별자치도지사·시장·군수·구청장은 제1항 및 제2항에 따른 보고 또는 자료제출 명령이나 질문 또는 검사 업무를 효율적으로 수행하기 위하여 필요한 경우에는 공단에 행정응원을 요청할 수 있다. 이 경우 공단은 특별한 사유가 없으면 이에 따라야 한다.

10 정답 ②

보고 및 검사(법 제61조 제4항)
소속 공무원은 그 권한을 표시하는 증표 및 조사기간, 조사범위, 조사담당자, 관계 법령 등 보건복지부령으로 정하는 사항이 기재된 서류를 지니고 이를 관계인에게 내보여야 한다.

11 정답 ②

보고 및 검사(법 제61조 제5항)
질문 또는 검사의 절차·방법 등에 관하여는 노인장기요양보험법에서 정하는 사항을 제외하고는 행정조사기본법에서 정하는 바에 따른다.

12 정답 ④

비밀누설금지(법 제62조)
다음 각 호에 해당하는 자는 업무수행 중 알게 된 비밀을 누설하여서는 아니 된다.
1. 특별자치시·특별자치도·시·군·구, 공단, 등급판정위원회 및 장기요양기관에 종사하고 있거나 종사한 자
2. 제24조부터 제26조까지의 규정에 따른 가족요양비·특례요양비 및 요양병원간병비와 관련된 급여를 제공한 자

13 정답 ①

청문(법 제63조)
특별자치시장·특별자치도지사·시장·군수·구청장은 다음 각 호의 어느 하나에 해당하는 처분 또는 공표를 하려는 경우에는 청문을 하여야 한다.
1. 장기요양기관 지정취소 또는 업무정지명령
2. 삭제(2018. 12. 11)
3. 위반사실 등의 공표
4. 장기요양급여 제공의 제한 처분

오답분석
ⓐ 재가장기요양기관 폐쇄명령 또는 업무정지명령(법 제63조 제2호)은 2018년 12월 11일 법 개정으로 청문 사항에서 삭제되었다.

14 정답 ④

- 장기요양급여를 받을 권리는 양도 또는 압류하거나 담보로 제공할 수 없다(법 제66조 제1항).
- 특별현금급여수급계좌의 예금에 관한 채권은 압류할 수 없다(법 제66조 제2항).

15 정답 ④

벌칙 적용에서 공무원 의제(법 제66조의2)
등급판정위원회, 장기요양위원회, 제37조의3 제3항에 따른 공표심의위원회, 심사위원회 및 재심사위원회 위원 중 공무원이 아닌 사람은 형법 제127조 및 제129조부터 제132조까지의 규정을 적용할 때에는 공무원으로 본다.

16 정답 ②

소액 처리(법 제66조의3)
공단은 징수 또는 반환하여야 할 금액이 1건당 1,000원 미만인 경우(제38조 제5항 및 제43조제4항 후단에 따라 각각 상계할 수 있는 지급금 및 장기요양보험료 등은 제외한다)에는 징수 또는 반환하지 아니한다. 다만, 국민건강보험법 제106조에 따른 소액 처리 대상에서 제외되는 건강보험료와 통합하여 징수 또는 반환되는 장기요양보험료의 경우에는 그러하지 아니하다.

PART 1

PART 2

안심Touch

12 벌칙

01	02	03	04	05	06	07	08	09	10
③	①	②	④	①	②	④	②	②	②
11	12	13	14	15	16	17	18	19	20
①	③	①	④	①	②	④	④	①	④
21	22	23	24	25	26				
②	③	③	①	④	①				

01　　　　　　　　　　　　정답 ③

벌칙(법 제67조 제1항)

거짓이나 그 밖의 부정한 방법으로 장기요양급여비용을 청구한 자는 3년 이하의 징역 또는 3,000만 원 이하의 벌금에 처한다.

02　　　　　　　　　　　　정답 ①

벌칙(법 제67조 제3항 제4호)

제37조(장기요양기관 지정의 취소 등) 제7항을 위반하여 수급자가 부담한 비용을 정산하지 아니한 자는 1년 이하의 징역 또는 1,000만 원 이하의 벌금에 처한다.

03　　　　　　　　　　　　정답 ②

ⓛ 제62조(비밀누설금지)를 위반하여 업무수행 중 알게 된 비밀을 누설한 자는 2년 이하의 징역 또는 2,000만 원 이하의 벌금에 처한다(법 제67조 제2항 제5호).
ⓒ 제31조를 위반하여 지정받지 아니하고 장기요양기관을 운영하거나 거짓이나 그 밖의 부정한 방법으로 지정받은 자는 2년 이하의 징역 또는 2,000만 원 이하의 벌금에 처한다(법 제67조 제2항 제1호).

오답분석

ⓐ 정당한 사유 없이 제36조(장기요양기관의 폐업 등의 신고 등) 제3항 각 호에 따른 권익보호조치를 하지 아니한 사람은 1년 이하의 징역 또는 1,000만 원 이하의 벌금에 처한다(법 제67조 제3항 제3호).
ⓔ 제35조(장기요양기관의 의무 등) 제1항을 위반하여 정당한 사유 없이 장기요양급여의 제공을 거부한 자는 1년 이하의 징역 또는 1,000만 원 이하의 벌금에 처한다(법 제67조 제3항 제1호).

04　　　　　　　　　　　　정답 ④

벌칙(법 제67조 제4항)

제61조(보고 및 검사) 제2항에 따른 자료제출 명령에 따르지 아니하거나 거짓으로 자료제출을 한 장기요양기관이나 질문 또는 검사를 거부·방해 또는 기피하거나 거짓으로 답변한 장기요양기관은 1,000만 원 이하의 벌금에 처한다.

오답분석

① 제35조(장기요양기관의 의무 등) 제5항을 위반하여 본인부담금을 면제 또는 감경하는 행위를 한 자는 2년 이하의 징역 또는 2,000만 원 이하의 벌금에 처한다(법 제67조 제2항 제3호).
② 제35조(장기요양기관의 의무 등) 제6항을 위반하여 수급자를 소개, 알선 또는 유인하는 행위를 하거나 이를 조장한 자는 2년 이하의 징역 또는 2,000만 원 이하의 벌금에 처한다(법 제67조 제2항 제4호).
③ 제31조(장기요양기관의 지정)를 위반하여 지정받지 아니하고 장기요양기관을 운영하거나 거짓이나 그 밖의 부정한 방법으로 지정받은 자는 2년 이하의 징역 또는 2,000만 원 이하의 벌금에 처한다(법 제67조 제2항 제1호).

05　　　　　　　　　　　　정답 ①

과태료(법 제69조 제1항 제9호)

제62조의2(유사명칭의 사용금지)를 위반하여 노인장기요양보험 또는 이와 유사한 용어를 사용한 자에게는 500만 원 이하의 과태료를 부과한다.

06　　　　　　　　　　　　정답 ②

과태료(법 제69조 제1항 제2호)

제33조(장기요양기관의 시설·인력에 관한 변경)를 위반하여 변경지정을 받지 아니하거나 변경신고를 하지 아니한 자 또는 거짓이나 그 밖의 부정한 방법으로 변경지정을 받거나 변경신고를 한 자에게는 500만 원 이하의 과태료를 부과한다.

07　　　　　　　　　　　　정답 ④

2년 이하의 징역 또는 2,000만 원 이하의 벌금(법 제67조 제2항)

• 지정받지 아니하고 장기요양기관을 운영하거나 거짓이나 그 밖의 부정한 방법으로 지정받은 자
• 본인부담금을 면제 또는 감경하는 행위를 한 자
• 수급자를 소개, 알선 또는 유인하는 행위를 하거나 이를 조장한 자
• 업무수행 중 알게 된 비밀을 누설한 자

08 　　　　　　　　　　　　정답 ②

과태료(법 제69조 제1항 제2호)
정당한 사유 없이 제33조(장기요양기관의 시설·인력에 관한 변경)를 위반하여 변경지정을 받지 아니하거나 변경신고를 하지 아니한 자에게는 500만 원 이하의 과태료를 부과한다.

09 　　　　　　　　　　　　정답 ②

과태료(법 제69조 제1항 제4호)
제36조(장기요양기관의 폐업 등의 신고 등) 제6항을 위반하여 국민건강보험공단으로 자료이관을 하지 아니한 자에게는 500만 원 이하의 과태료를 부과한다.

10 　　　　　　　　　　　　정답 ②

과태료(법 제69조 제1항 제6호)
거짓이나 그 밖의 부정한 방법으로 수급자에게 장기요양급여비용을 부담하게 한 자에게는 500만 원 이하의 과태료를 부과한다.

11 　　　　　　　　　　　　정답 ①

벌칙(법 제67조 제2항 제1호)
제31조(장기요양기관의 지정)를 위반하여 지정받지 아니하고 장기요양기관을 운영하거나 거짓이나 그 밖의 부정한 방법으로 지정받은 자는 2년 이하의 징역 또는 2,000만 원 이하의 벌금에 처한다.

12 　　　　　　　　　　　　정답 ③

벌칙(법 제67조 제2항 제3호)
제35조(장기요양기관의 의무 등) 제5항을 위반하여 본인부담금을 면제 또는 감경하는 행위를 한 자는 2년 이하의 징역 또는 2,000만 원 이하의 벌금에 처한다.

13 　　　　　　　　　　　　정답 ①

벌칙(법 제67조 제2항 제4호)
제35조(장기요양기관의 의무 등) 제6항을 위반하여 수급자를 소개, 알선 또는 유인하는 행위를 하거나 이를 조장한 자는 2년 이하의 징역 또는 2,000만 원 이하의 벌금에 처한다.

14 　　　　　　　　　　　　정답 ④

벌칙(법 제67조 제2항 제5호)
제62조(비밀누설금지)를 위반하여 업무수행 중 알게 된 비밀을 누설한 자는 2년 이하의 징역 또는 2,000만 원 이하의 벌금에 처한다.

15 　　　　　　　　　　　　정답 ①

벌칙(법 제67조 제3항 제1호)
제35조(장기요양기관의 의무 등) 제1항을 위반하여 정당한 사유 없이 장기요양급여의 제공을 거부한 자는 1년 이하의 징역 또는 1,000만 원 이하의 벌금에 처한다.

16 　　　　　　　　　　　　정답 ②

벌칙(법 제67조 제3항 제3호)
정당한 사유 없이 제36조(장기요양기관의 폐업 등의 신고 등) 제3항 각 호에 따른 권익보호조치를 하지 아니한 사람은 1년 이하의 징역 또는 1,000만 원 이하의 벌금에 처한다.

17 　　　　　　　　　　　　정답 ④

벌칙(법 제67조 제3항 제4호)
제37조(장기요양기관 지정의 취소 등) 제7항을 위반하여 수급자가 부담한 비용을 정산하지 아니한 자는 1년 이하의 징역 또는 1,000만 원 이하의 벌금에 처한다.

18 　　　　　　　　　　　　정답 ④

과태료(법 제69조 제1항 제2의3호)
정당한 사유 없이 제35조(장기요양기관의 의무 등) 제3항을 위반하여 수급자에게 장기요양급여비용에 대한 명세서를 교부하지 아니하거나 거짓으로 교부한 자에게는 500만 원 이하의 과태료를 부과한다.

19 　　　　　　　　　　　　정답 ①

과태료(법 제69조 제1항 제3호)
정당한 사유 없이 제35조(장기요양기관의 의무 등) 제4항을 위반하여 장기요양급여 제공 자료를 기록·관리하지 아니하거나 거짓으로 작성한 사람에게는 500만 원 이하의 과태료를 부과한다.

20 　　　　　　　　　　　　정답 ④

과태료(법 제69조 제1항 제3의2호)
장기요양요원에게 제28조의2(급여외행위의 제공 금지) 제1항 각 호에 따른 급여외행위의 제공을 요구하는 행위(법 제35조의4 제2항 제1호)를 한 장기요양기관의 장에게는 500만 원 이하의 과태료를 부과한다.

21 〔정답〕②

과태료(법 제69조 제1항 제3의2호)

장기요양요원에게 수급자가 부담하여야 할 본인부담금의 전부 또는 일부를 부담하도록 요구하는 행위(법 제35조의4 제2항 제2호)를 한 장기요양기관의 장에게는 500만 원 이하의 과태료를 부과한다.

22 〔정답〕③

과태료(법 제69조 제1항 제4호)

제36조(장기요양기관의 폐업 등의 신고 등) 제1항을 위반하여 폐업·휴업 신고를 아니하거나 거짓이나 그 밖의 부정한 방법으로 신고한 자에게는 500만 원 이하의 과태료를 부과한다.

23 〔정답〕③

과태료(법 제69조 제1항 제4의2호)

제37조의4(행정제재처분 효과의 승계) 제4항을 위반하여 행정제재처분을 받았거나 그 절차가 진행 중인 사실을 양수인 등에게 지체 없이 알리지 아니한 자에게는 500만 원 이하의 과태료를 부과한다.

24 〔정답〕①

과태료(법 제69조 제1항 제7호)

제60조(자료의 제출 등), 제61조(보고 및 검사)에 따른 보고 또는 자료제출 요구·명령에 따르지 아니하거나 거짓으로 보고 또는 자료제출을 한 자나 질문 또는 검사를 거부·방해 또는 기피하거나 거짓으로 답변한 자에게는 500만 원 이하의 과태료를 부과한다.

25 〔정답〕④

과태료(법 제69조 제1항 제8호)

거짓이나 그 밖의 부정한 방법으로 장기요양급여비용 청구에 가담한 사람에게는 500만 원 이하의 과태료를 부과한다.

26 〔정답〕①

과태료(법 제69조 제2항)

과태료는 대통령령으로 정하는 바에 따라 관할 특별자치시장·특별자치도지사·시장·군수·구청장이 부과·징수한다.

PART 2

최종모의고사

정답 및 해설

모의고사 정답 및 해설

01 국민건강보험법

01	02	03	04	05	06	07	08	09	10
②	③	③	④	④	③	②	②	①	①
11	12	13	14	15	16	17	18	19	20
④	②	②	④	④	④	②	②	②	④

01 　　　　　　　　　　　　　　　　　정답 ②
징수이사(법 제21조 제1항)
상임이사 중 제14조 제1항 제2호 및 제11호의 업무를 담당하는
이사(이하 "징수이사"라 한다)는 경영, 경제 및 사회보험에 관한
학식과 경험이 풍부한 사람으로서 보건복지부령으로 정하는 자격
을 갖춘 사람 중에서 선임한다.

오답분석
③ 법 제21조 제2항
④ 법 제21조 제3항

02 　　　　　　　　　　　　　　　　　정답 ③
결산(법 제39조 제1항)
공단은 회계연도마다 결산보고서와 사업보고서를 작성하여 다음
해 2월 말일까지 보건복지부장관에게 보고하여야 한다.

03 　　　　　　　　　　　　　　　　　정답 ③
요양급여(법 제41조 제1항)
가입자와 피부양자의 질병, 부상, 출산 등에 대하여 다음 각 호의
요양급여를 실시한다.
1. 진찰·검사
2. 약제(藥劑)·치료재료의 지급
3. 처치·수술 및 그 밖의 치료
4. 예방·재활
5. 입원
6. 간호
7. 이송(移送)

04 　　　　　　　　　　　　　　　　　정답 ④
자격의 변동 시기 등(법 제9조 제1항)
가입자는 다음 각 호의 어느 하나에 해당하게 된 날에 그 자격이
변동된다.
1. 지역가입자가 적용대상사업장의 사용자로 되거나, 근로자·공
   무원 또는 교직원(이하 "근로자 등"이라 한다)으로 사용된 날
2. 직장가입자가 다른 적용대상사업장의 사용자로 되거나 근로자
   등으로 사용된 날
3. 직장가입자인 근로자 등이 그 사용관계가 끝난 날의 다음 날
4. 적용대상사업장에 제7조 제2호에 따른 사유가 발생한 날의 다
   음 날
5. 지역가입자가 다른 세대로 전입한 날

05 　　　　　　　　　　　　　　　　　정답 ④
적용 대상 등(법 제5조 제2항)
피부양자는 다음 각 호의 어느 하나에 해당하는 사람 중 직장가입
자에게 주로 생계를 의존하는 사람으로서 소득 및 재산이 보건복
지부령으로 정하는 기준 이하에 해당하는 사람을 말한다.
1. 직장가입자의 배우자
2. 직장가입자의 직계존속(배우자의 직계존속을 포함한다)
3. 직장가입자의 직계비속(배우자의 직계비속을 포함한다)과 그
   배우자
4. 직장가입자의 형제·자매

06 　　　　　　　　　　　　　　　　　정답 ③
보험료의 부담(법 제76조 제1항)
직장가입자의 보수월액보험료는 직장가입자와 다음 각 호의 구분
에 따른 자가 각각 보험료액의 100분의 50씩 부담한다. 다만, 직
장가입자가 교직원으로서 사립학교에 근무하는 교원이면 보험료
액은 그 직장가입자가 100분의 50을, 제3조 제2호 다목에 해당하
는 사용자가 100분의 30을, 국가가 100분의 20을 각각 부담한다.
1. 직장가입자가 근로자인 경우에는 제3조 제2호 가목에 해당하
   는 사업주
2. 직장가입자가 공무원인 경우에는 그 공무원이 소속되어 있는
   국가 또는 지방자치단체
3. 직장가입자가 교직원(사립학교에 근무하는 교원은 제외한다)
   인 경우에는 제3조 제2호 다목에 해당하는 사용자

정의(법 제3조 제2호)

"사용자"란 다음 각 목의 어느 하나에 해당하는 자를 말한다.

가. 근로자가 소속되어 있는 사업장의 사업주

나. 공무원이 소속되어 있는 기관의 장으로서 대통령령으로 정하는 사람

다. 교직원이 소속되어 있는 사립학교(사립학교교직원 연금법 제3조에 규정된 사립학교를 말한다. 이하 이 조에서 같다)를 설립·운영하는 자

[오답분석]

① 법 제76조 제2항

② 법 제76조 제3항

④ 법 제76조 제4항

07 [정답] ②

위반사실의 공표(법 제100조 제1항)

보건복지부장관은 관련 서류의 위조·변조로 요양급여비용을 거짓으로 청구하여 제98조 또는 제99조에 따른 행정처분을 받은 요양기관이 다음 각 호의 어느 하나에 해당하면 그 위반 행위, 처분 내용, 해당 요양기관의 명칭·주소 및 대표자 성명, 그 밖에 다른 요양기관과의 구별에 필요한 사항으로서 대통령령으로 정하는 사항을 공표할 수 있다. 이 경우 공표 여부를 결정할 때에는 그 위반 행위의 동기, 정도, 횟수 및 결과 등을 고려하여야 한다.

1. 거짓으로 청구한 금액이 1천500만 원 이상인 경우

2. 요양급여비용 총액 중 거짓으로 청구한 금액의 비율이 100분의 20 이상인 경우

08 [정답] ②

60세 이상인 사람 → 65세 이상인 사람

보험료의 경감 등(법 제75조 제1항)

다음 각 호의 어느 하나에 해당하는 가입자 중 보건복지부령으로 정하는 가입자에 대하여는 그 가입자 또는 그 가입자가 속한 세대의 보험료의 일부를 경감할 수 있다.

1. 섬·벽지(僻地)·농어촌 등 대통령령으로 정하는 지역에 거주하는 사람

2. 65세 이상인 사람

3. 장애인복지법에 따라 등록한 장애인

4. 국가유공자 등 예우 및 지원에 관한 법률 제4조 제1항 제4호, 제6호, 제12호, 제15호 및 제17호에 따른 국가유공자

5. 휴직자

6. 그 밖에 생활이 어렵거나 천재지변 등의 사유로 보험료를 경감할 필요가 있다고 보건복지부장관이 정하여 고시하는 사람

09 [정답] ①

급여의 정지(법 제54조)

보험급여를 받을 수 있는 사람이 다음 각 호의 어느 하나에 해당하면 그 기간에는 보험급여를 하지 아니한다. 다만, 제3호 및 제4호의 경우에는 제60조에 따른 요양급여를 실시한다.

1. 삭제(2020. 4. 7)

2. 국외에 체류하는 경우

3. 제6조 제2항 제2호에 해당하게 된 경우

4. 교도소, 그 밖에 이에 준하는 시설에 수용되어 있는 경우

10 [정답] ①

보험료 경감대상자와 급여정지자를 구별하여야 한다. 급여정지자 중에는 보험료 면제자도 포함되어 있다.

①은 보험료 경감대상자, ②·③은 급여정지자이면서 보험료 면제자, ④는 급여정지자에 해당한다.

보험료의 경감 등(법 제75조 제1항)

다음 각 호의 어느 하나에 해당하는 가입자 중 보건복지부령으로 정하는 가입자에 대하여는 그 가입자 또는 그 가입자가 속한 세대의 보험료의 일부를 경감할 수 있다.

1. 섬·벽지(僻地)·농어촌 등 대통령령으로 정하는 지역에 거주하는 사람

2. 65세 이상인 사람

3. 장애인복지법에 따라 등록한 장애인

4. 국가유공자 등 예우 및 지원에 관한 법률 제4조 제1항 제4호, 제6호, 제12호, 제15호 및 제17호에 따른 국가유공자

5. 휴직자

6. 그 밖에 생활이 어렵거나 천재지변 등의 사유로 보험료를 경감할 필요가 있다고 보건복지부장관이 정하여 고시하는 사람

11 [정답] ④

목적(법 제1조)

국민건강보험법은 국민의 질병·부상에 대한 예방·진단·치료·재활과 출산·사망 및 건강증진에 대하여 보험급여를 실시함으로써 국민보건 향상과 사회보장 증진에 이바지함을 목적으로 한다.

12 [정답] ②

적용 대상 등(법 제5조 제1항)

독립유공자예우에 관한 법률 및 국가유공자 등 예우 및 지원에 관한 법률에 따라 의료보호를 받는 사람(이하 "유공자 등 의료보호대상자"라 한다). 다만, 다음 각 목의 어느 하나에 해당하는 사람은 가입자 또는 피부양자가 된다.

가. 유공자 등 의료보호대상자 중 건강보험의 적용을 보험자에게 신청한 사람

나. 건강보험을 적용받고 있던 사람이 유공자 등 의료보호대상자로 되었으나 건강보험의 적용배제신청을 보험자에게 하지 아니한 사람

13

정답 ②

지역가입자가 다른 세대로 전입한 날이 가입자 자격의 변동 시기이다.

자격의 변동시기 등(법 제9조 제1항)
가입자는 다음 각 호의 어느 하나에 해당하게 된 날에 그 자격이 변동된다.
1. 지역가입자가 적용대상사업장의 사용자가 되거나, 근로자·공무원 또는 교직원(이하 "근로자 등"이라 한다)으로 사용된 날
2. 직장가입자가 다른 적용대상사업장의 사용자로 되거나 근로자 등으로 사용된 날
3. 직장가입자인 근로자 등이 그 사용관계가 끝난 날의 다음 날
4. 적용대상사업장에 제7조 제2호에 따른 사유가 발생한 날의 다음 날
5. 지역가입자가 다른 세대로 전입한 날

14

정답 ④

상환제(현금배상제, 환불제)

장점	단점
• 환자가 진료시에 진료비 전액을 직접 지불하기 때문에 의료의 남용을 억제할 수 있다. • 의료기관의 과잉진료를 어느 정도 방지할 수 있으며 또한 부당청구를 방지할 수 있다.	• 보험료를 지불한 적용자가 진료시에 진료비 전액을 별도로 지불하고 다시 상환받는다는 측면에서 적용자에게는 여러 가지 번거로움을 줄 수 있다. • 진료 시에 돈이 없을 경우 필요한 의료이용이 억제된다.

15

정답 ④

국민건강보험법 제4조 제2항에 해당한다.

오답분석
① 3년으로 한다.
② 심의위원회의 운영 등에 필요한 사항은 대통령령으로 정한다.
③ 보건복지부차관이다.

건강보험정책심의위원회(법 제4조)
① 건강보험정책에 관한 다음 각 호의 사항을 심의·의결하기 위하여 보건복지부장관 소속으로 건강보험정책심의위원회(이하 "심의위원회"라 한다)를 둔다.
  1. 제3조의2 제1항 및 제3항에 따른 종합계획 및 시행계획에 관한 사항(심의에 한정한다)
  2. 제41조 제3항에 따른 요양급여의 기준
  3. 제45조 제3항 및 제46조에 따른 요양급여비용에 관한 사항
  4. 제73조 제1항에 따른 직장가입자의 보험료율
  5. 제73조 제3항에 따른 지역가입자의 보험료부과점수당 금액
  6. 그 밖에 건강보험에 관한 주요 사항으로서 대통령령으로 정하는 사항

② 심의위원회는 위원장 1명과 부위원장 1명을 포함하여 25명의 위원으로 구성한다.
③ 심의위원회의 위원장은 보건복지부차관이 되고, 부위원장은 제4항 제4호의 위원 중에서 위원장이 지명하는 사람이 된다.
④ 심의위원회의 위원은 다음 각 호에 해당하는 사람을 보건복지부장관이 임명 또는 위촉한다.
  1. 근로자단체 및 사용자단체가 추천하는 각 2명
  2. 시민단체(비영리민간단체지원법 제2조에 따른 비영리민간단체를 말한다. 이하 같다), 소비자단체, 농어업인단체 및 자영업자단체가 추천하는 각 1명
  3. 의료계를 대표하는 단체 및 약업계를 대표하는 단체가 추천하는 8명
  4. 다음 각 목에 해당하는 8명
    가. 대통령령으로 정하는 중앙행정기관 소속 공무원 2명
    나. 국민건강보험공단의 이사장 및 건강보험심사평가원의 원장이 추천하는 각 1명
    다. 건강보험에 관한 학식과 경험이 풍부한 4명
⑤ 심의위원회 위원(제4항 제4호 가목에 따른 위원은 제외한다)의 임기는 3년으로 한다. 다만, 위원의 사임 등으로 새로 위촉된 위원의 임기는 전임위원 임기의 남은 기간으로 한다.
⑥ 심의위원회의 운영 등에 필요한 사항은 대통령령으로 정한다.

16

정답 ④

벌칙(법 제115조 제4항)
거짓이나 그 밖의 부정한 방법으로 보험급여를 받거나 타인으로 하여금 보험급여를 받게 한 사람은 2년 이하의 징역 또는 2,000만 원 이하의 벌금에 처한다.

오답분석
①·② 3년 이하의 징역 또는 3,000만 원 이하의 벌금(법 제115조 제2항)
③ 500만 원 이하의 벌금(법 제117조)

17

정답 ②

이사장 권한의 위임(법 제32조)
이사장의 권한 중 급여의 제한, 보험료의 납입고지 등 대통령령으로 정하는 사항은 정관으로 정하는 바에 따라 분사무소의 장에게 위임할 수 있다.

오답분석
① 법 제40조
③ 법 제39조 제1항
④ 법 제29조

18

[정답] ③

자격의 변동 시기 등(법 제9조)

① 가입자는 다음 각 호의 어느 하나에 해당하게 된 날에 그 자격이 변동된다.
  1. 지역가입자가 적용대상사업장의 사용자로 되거나, 근로자·공무원 또는 교직원(이하 "근로자 등"이라 한다)으로 사용된 날
  2. 직장가입자가 다른 적용대상사업장의 사용자로 되거나 근로자 등으로 사용된 날
  3. 직장가입자인 근로자 등이 그 사용관계가 끝난 날의 다음 날
  4. 적용대상사업장에 제7조 제2호에 따른 사유가 발생한 날의 다음 날
  5. 지역가입자가 다른 세대로 전입한 날
② 제1항에 따라 자격이 변동된 경우 직장가입자의 사용자와 지역가입자의 세대주는 다음 각 호의 구분에 따라 그 명세를 보건복지부령으로 정하는 바에 따라 자격이 변동된 날부터 14일 이내에 보험자에게 신고하여야 한다.
  1. 제1항 제1호 및 제2호에 따라 자격이 변동된 경우 : 직장가입자의 사용자
  2. 제1항 제3호부터 제5호까지의 규정에 따라 자격이 변동된 경우 : 지역가입자의 세대주
③ 법무부장관 및 국방부장관은 직장가입자나 지역가입자가 제54조 제3호 또는 제4호에 해당하면 보건복지부령으로 정하는 바에 따라 그 사유에 해당된 날부터 1개월 이내에 보험자에게 알려야 한다.

19

[정답] ②

보험료 납부의무(법 제77조 제1항)

직장가입자의 보험료는 다음 각 호의 구분에 따라 그 각 호에서 정한 자가 납부한다.
1. 보수월액보험료 : 사용자. 이 경우 사업장의 사용자가 2명 이상인 때에는 그 사업장의 사용자는 해당 직장가입자의 보험료를 연대하여 납부한다.
2. 소득월액보험료 : 직장가입자

[오답분석]

③·④ 법 제77조 제2항

20

[정답] ④

목적(법 제1조)

국민의 질병·부상에 대한 예방·진단·치료·재활과 출산·사망 및 건강증진에 대하여 보험급여를 실시함으로써 국민보건 향상과 사회보장 증진에 이바지함을 목적으로 한다.

급여의 제한(법 제53조 제1항 제1호)

① 공단은 보험급여를 받을 수 있는 사람이 다음 각 호의 어느 하나에 해당하면 보험급여를 하지 아니한다.
  1. 고의 또는 중대한 과실로 인한 범죄행위에 그 원인이 있거나 고의로 사고를 일으킨 경우

02 노인장기요양보험법

01	02	03	04	05	06	07	08	09	10
②	②	④	④	④	④	④	②	④	④
11	12	13	14	15	16	17	18	19	20
③	③	③	①	①	④	④	①	③	④

01

[정답] ②

소액처리(법 제66조의3)

공단은 징수 또는 반환하여야 할 금액이 1건당 1,000원 미만인 경우(제38조 제5항 및 제43조 제4항 후단에 따라 각각 상계할 수 있는 지급금 및 장기요양보험료 등은 제외한다)에는 징수 또는 반환하지 아니한다. 다만, 국민건강보험법 제106조에 따른 소액 처리 대상에서 제외되는 건강보험료와 통합하여 징수 또는 반환되는 장기요양보험료의 경우에는 그러하지 아니하다.

02

[정답] ②

등급판정위원회의 설치(법 제52조 제5항)

등급판정위원회 위원의 임기는 3년으로 하되, 한 차례만 연임할 수 있다. 다만, 공무원인 위원의 임기는 재임기간으로 한다.

03

[정답] ④

장기요양기관의 의무 등(법 제35조 제5항)

장기요양기관은 제40조 제1항 단서에 따라 면제받거나 같은 조 제3항에 따라 감경받는 금액 외에 영리를 목적으로 수급자가 부담하는 재가 및 시설 급여비용(이하 "본인부담금"이라 한다)을 면제하거나 감경하는 행위를 하여서는 아니 된다.

04

[정답] ④

장기요양기관 지정의 취소 등(법 제37조 제1항)

특별자치시장·특별자치도지사·시장·군수·구청장은 장기요양기관이 다음 각 호의 어느 하나에 해당하는 경우 그 지정을 취소하거나 6개월의 범위에서 업무정지를 명할 수 있다. 다만, 제1호, 제2호의2, 제3호의5, 제7호, 또는 제8호에 해당하는 경우에는 지정을 취소하여야 한다.
1. 거짓이나 그 밖의 부정한 방법으로 지정을 받은 경우
1의2. 제28조의 2를 위반하여 급여외행위를 제공한 경우. 다만, 장기요양기관의 장이 그 위반행위를 방지하기 위하여 해당 업무에 관하여 상당한 주의와 감독을 게을리하지 아니한 경우는 제외한다.
2. 제31조 제1항에 따른 지정기준에 적합하지 아니한 경우
2의2. 제32조의2 각 호의 어느 하나에 해당하게 된 경우. 다만, 제32조의2 제7호에 해당하게 된 법인의 경우 3개월 이내에 그 대표자를 변경하는 때에는 그러하지 아니하다.

3. 제35조 제1항을 위반하여 장기요양급여를 거부한 경우
3의2. 제35조 제5항을 위반하여 본인부담금을 면제하거나 감경하는 행위를 한 경우
3의3. 제35조 제6항을 위반하여 수급자를 소개, 알선 또는 유인하는 행위 및 이를 조장하는 행위를 한 경우
3의4. 제35조의4 제2항 각 호의 어느 하나를 위반한 경우
3의5. 제36조 제1항에 따른 폐업 또는 휴업 신고를 하지 아니하고 1년 이상 장기요양급여를 제공하지 아니한 경우
3의6. 제36조의2에 따른 시정명령을 이행하지 아니하거나 회계부정 행위가 있는 경우
3의7. 정당한 사유 없이 제54조에 따른 평가를 거부·방해 또는 기피하는 경우
4. 거짓이나 그 밖의 부정한 방법으로 재가 및 시설 급여비용을 청구한 경우
5. 제61조 제2항에 따른 자료제출 명령에 따르지 아니하거나 거짓으로 자료제출을 한 경우나 질문 또는 검사를 거부·방해 또는 기피하거나 거짓으로 답변한 경우
6. 장기요양기관의 종사자 등이 다음 각 목의 어느 하나에 해당하는 행위를 한 경우. 다만, 장기요양기관의 장이 그 행위를 방지하기 위하여 해당 업무에 관하여 상당한 주의와 감독을 게을리하지 아니한 경우는 제외한다.
   가. 수급자의 신체에 폭행을 가하거나 상해를 입히는 행위
   나. 수급자에게 성적 수치심을 주는 성폭행, 성희롱 등의 행위
   다. 자신의 보호·감독을 받는 수급자를 유기하거나 의식주를 포함한 기본적 보호 및 치료를 소홀히 하는 방임행위
   라. 수급자를 위하여 증여 또는 급여된 금품을 그 목적 외의 용도에 사용하는 행위
   마. 폭언, 협박, 위협 등으로 수급자의 정신건강에 해를 끼치는 정서적 학대행위
7. 업무정지기간 중에 장기요양급여를 제공한 경우
8. 부가가치세법 제8조에 따른 사업자등록 또는 소득세법 제168조에 따른 사업자등록이나 고유번호가 말소된 경우

05
정답 ④

특례요양비(법 제25조 제1항)
공단은 수급자가 장기요양기관이 아닌 노인요양시설 등의 기관 또는 시설에서 재가급여 또는 시설급여에 상당한 장기요양급여를 받은 경우 대통령령으로 정하는 기준에 따라 해당 장기요양급여비용의 일부를 해당 수급자에게 특례요양비로 지급할 수 있다.

06
정답 ④

장기요양보험료의 징수(법 제8조 제1항)
공단은 장기요양사업에 사용되는 비용에 충당하기 위하여 장기요양보험료를 징수한다.

오답분석
① 장기요양보험사업의 보험자는 공단으로 한다(법 제7조 제2항).
② 장기요양보험사업은 보건복지부장관이 관장한다(법 제7조 제1항).

③ 장기요양보험의 가입자(이하 "장기요양보험가입자"라 한다)는 국민건강보험법 제5조 및 제109조에 따른 가입자로 한다(법 제7조 제3항).

07
정답 ④

국가의 부담(법 제58조 제1항)
국가는 매년 예산의 범위 안에서 해당 연도 장기요양보험료 예상 수입액의 100분의 20에 상당하는 금액을 공단에 지원한다.

08
정답 ②

결격사유(법 제32조의2)
다음 각 호의 어느 하나에 해당하는 자는 제31조에 따른 장기요양기관으로 지정받을 수 없다.
1. 미성년자, 피성년후견인 또는 피한정후견인
2. 정신건강증진 및 정신질환자 복지서비스 지원에 관한 법률 제3조 제1호의 정신질환자. 다만, 전문의가 장기요양기관 설립·운영 업무에 종사하는 것이 적합하다고 인정하는 사람은 그러하지 아니하다.
3. 마약류 관리에 관한 법률 제2조 제1호의 마약류에 중독된 사람
4. 파산선고를 받고 복권되지 아니한 사람
5. 금고 이상의 실형을 선고받고 그 집행이 종료(집행이 종료된 것으로 보는 경우를 포함한다)되거나 집행이 면제된 날부터 5년이 경과되지 아니한 사람
6. 금고 이상의 형의 집행유예를 선고받고 그 유예기간 중에 있는 사람
7. 대표자가 제1호부터 제6호까지의 규정 중 어느 하나에 해당하는 법인

09
정답 ④

장기요양기관의 지정(법 제31조 제1항)
제23조 제1항 제1호에 따른 재가급여 또는 같은 항 제2호에 따른 시설급여를 제공하는 장기요양기관을 운영하려는 자는 보건복지부령으로 정하는 장기요양에 필요한 시설 및 인력을 갖추어 소재지를 관할 구역으로 하는 특별자치시장·특별자치도지사·시장·군수·구청장으로부터 지정을 받아야 한다.

10
정답 ④

등급판정 등(법 제15조 제4항)
공단은 장기요양급여를 받고 있거나 받을 수 있는 자가 다음 각 호의 어느 하나에 해당하는 것으로 의심되는 경우에는 제14조 제1항 각 호의 사항을 조사하여 그 결과를 등급판정위원회에 제출하여야 한다.
1. 거짓이나 그 밖의 부정한 방법으로 장기요양인정을 받은 경우
2. 고의로 사고를 발생하도록 하거나 본인의 위법행위에 기인하여 장기요양인정을 받은 경우

11 정답 ③

장애인 등에 대한 장기요양보험료의 감면(법 제10조)

공단은 장애인복지법에 따른 장애인 또는 이와 유사한 자로서 대통령령으로 정하는 자가 장기요양보험가입자 또는 그 피부양자인 경우 제15조 제2항에 따른 수급자로 결정되지 못한 때 대통령령으로 정하는 바에 따라 장기요양보험료의 전부 또는 일부를 감면할 수 있다.

12 정답 ③

장기요양기관의 폐업 등의 신고 등(법 제36조 제3항)

장기요양기관의 장은 장기요양기관을 폐업하거나 휴업하려는 경우 또는 장기요양기관의 지정 갱신을 하지 아니하려는 경우 보건복지부령으로 정하는 바에 따라 수급자의 권익을 보호하기 위하여 다음 각 호의 조치를 취하여야 한다.
1. 해당 장기요양기관을 이용하는 수급자가 다른 장기요양기관을 선택하여 이용할 수 있도록 계획을 수립하고 이행하는 조치
2. 해당 장기요양기관에서 수급자가 제40조 제1항 및 제2항에 따라 부담한 비용 중 정산하여야 할 비용이 있는 경우 이를 정산하는 조치
3. 그 밖에 수급자의 권익 보호를 위하여 필요하다고 인정되는 조치로서 보건복지부령으로 정하는 조치

13 정답 ③

실태조사(법 제6조의2 제1항)

보건복지부장관은 장기요양사업의 실태를 파악하기 위하여 3년마다 다음 각 호의 사항에 관한 조사를 정기적으로 실시하고 그 결과를 공표하여야 한다.
1. 장기요양인정에 관한 사항
2. 제52조에 따른 장기요양등급판정위원회(이하 "등급판정위원회"라 한다)의 판정에 따라 장기요양급여를 받을 사람(이하 "수급자"라 한다)의 규모, 그 급여의 수준 및 만족도에 관한 사항
3. 장기요양기관에 관한 사항
4. 장기요양요원의 근로조건, 처우 및 규모에 관한 사항
5. 그 밖에 장기요양사업에 관한 사항으로서 보건복지부령으로 정하는 사항

14 정답 ①

목적(법 제1조)

노인장기요양보험법은 고령이나 노인성 질병 등의 사유로 일상생활을 혼자서 수행하기 어려운 노인 등에게 제공하는 신체활동 또는 가사활동 지원 등의 장기요양급여에 관한 사항을 규정하여 노후의 건강증진 및 생활안정을 도모하고 그 가족의 부담을 덜어줌으로써 국민의 삶의 질을 향상하도록 함을 목적으로 한다.

15 정답 ①

위반사실 등의 공표(법 제37조의3 제3항)

보건복지부장관 또는 특별자치시장·특별자치도지사·시장·군수·구청장은 제1항 및 제2항에 따른 공표 여부 등을 심의하기 위하여 공표심의위원회를 설치·운영할 수 있다.

16 정답 ④

장기요양기관 지정의 갱신(법 제32조의4 제1항·제4항)

① 장기요양기관의 장은 제32조의3에 따른 지정의 유효기간이 끝난 후에도 계속하여 그 지정을 유지하려는 경우에는 소재지를 관할구역으로 하는 특별자치시장·특별자치도지사·시장·군수·구청장에게 지정 유효기간이 끝나기 90일 전까지 지정 갱신을 신청하여야 한다.
④ 특별자치시장·특별자치도지사·시장·군수·구청장은 갱신 심사를 완료한 경우 그 결과를 지체 없이 해당 장기요양기관의 장에게 통보하여야 한다.

17 정답 ④

장의비는 산업재해보상보험법상 보험급여에 해당한다. 노인장기요양보험법 제23조 제1항에 따른 장기요양급여의 종류에는 다음과 같은 것들이 있다.
1. 재가급여 : 방문요양, 방문목욕, 방문간호, 주·야간보호, 단기보호, 기타재가급여
2. 시설급여
3. 특별현금급여 : 가족요양비(가족장기요양급여), 특례요양비(특례장기요양급여), 요양병원간병비(요양병원장기요양급여)

18 정답 ①

벌칙(법 제67조 제2항)

다음 각 호의 어느 하나에 해당하는 자는 2년 이하의 징역 또는 2,000만 원 이하의 벌금에 처한다.
1. 제31조를 위반하여 지정받지 아니하고 장기요양기관을 운영하거나 거짓이나 그 밖의 부정한 방법으로 지정받은 자
2. 삭제(2018. 12. 11)
3. 제35조 제5항을 위반하여 본인부담금을 면제 또는 감경하는 행위를 한 자
4. 제35조 제6항을 위반하여 수급자를 소개, 알선 또는 유인하는 행위를 하거나 이를 조장한 자
5. 제62조를 위반하여 업무수행 중 알게 된 비밀을 누설한 자

19

벌칙 적용에서 공무원 의제(법 제66조의2)

등급판정위원회, 장기요양위원회, 제37조의3 제3항에 따른 공표심의위원회, 심사위원회 및 재심사위원회 위원 중 공무원이 아닌 사람은 형법 제127조 및 제129조부터 제132조까지의 규정을 적용할 때에는 공무원으로 본다.

20

본인부담금(법 제40조 제2항)

다음 각 호의 장기요양급여에 대한 비용은 수급자 본인이 전부 부담한다.

1. 노인장기요양보험법의 규정에 따른 급여의 범위 및 대상에 포함되지 아니하는 장기요양급여
2. 수급자가 제17조 제1항 제2호에 따른 장기요양인정서에 기재된 장기요양급여의 종류 및 내용과 다르게 선택하여 장기요양급여를 받은 경우 그 차액
3. 제28조에 따른 장기요양급여의 월 한도액을 초과하는 장기요양급여

모의고사 정답 및 해설

01 국민건강보험법

01	02	03	04	05	06	07	08	09	10
④	③	③	②	②	②	③	②	②	②
11	12	13	14	15	16	17	18	19	20
④	②	③	③	①	②	④	④	④	①

01
정답 ④

임원의 겸직 금지 등(법 제25조 제2항)
공단의 상임임원이 임명권자 또는 제청권자의 허가를 받거나 공단의 직원이 이사장의 허가를 받은 경우에는 비영리 목적의 업무를 겸할 수 있다.

오답분석
① 법 제24조 제1항
②·③ 법 제24조 제2항

02
정답 ③

보고와 검사(법 제97조 제6항)
제1항부터 제5항까지의 규정에 따라 질문·검사·조사 또는 확인을 하는 소속 공무원은 그 권한을 표시하는 증표를 지니고 관계인에게 보여 주어야 한다.

오답분석
① 법 제97조 제3항
②·④ 법 제97조 제4항

03
정답 ③

선별급여(법 제41조의4 제1항)
요양급여를 결정함에 있어 경제성 또는 치료효과성 등이 불확실하여 그 검증을 위하여 추가적인 근거가 필요하거나, 경제성이 낮아도 가입자와 피부양자의 건강회복에 잠재적 이득이 있는 등 대통령령으로 정하는 경우에는 예비적인 요양급여인 선별급여로 지정하여 실시할 수 있다.

04
정답 ②

건강보험심사평가원의 업무 등(법 제63조 제1항 제1호)
심사평가원은 다음 각 호의 업무를 관장한다.
1. 요양급여비용의 심사

국민건강보험공단의 업무 등(법 제14조 제1항)
공단은 다음 각 호의 업무를 관장한다.
1. 가입자 및 피부양자의 자격 관리
2. 보험료와 그 밖에 국민건강보험법에 따른 징수금의 부과·징수
3. 보험급여의 관리
4. 가입자 및 피부양자의 질병의 조기발견·예방 및 건강관리를 위하여 요양급여 실시 현황과 건강검진 결과 등을 활용하여 실시하는 예방사업으로서 대통령령으로 정하는 사업
5. 보험급여 비용의 지급
6. 자산의 관리·운영 및 증식사업
7. 의료시설의 운영
8. 건강보험에 관한 교육훈련 및 홍보
9. 건강보험에 관한 조사연구 및 국제협력
10. 국민건강보험법에서 공단의 업무로 정하고 있는 사항
11. 국민연금법, 고용보험 및 산업재해보상보험의 보험료징수 등에 관한 법률, 임금채권보장법 및 석면피해구제법(이하 "징수위탁근거법"이라 한다)에 따라 위탁받은 업무
12. 그 밖에 국민건강보험법 또는 다른 법령에 따라 위탁받은 업무
13. 그 밖에 건강보험과 관련하여 보건복지부장관이 필요하다고 인정한 업무

05
정답 ②

보험료의 경감 등(법 제75조 제1항)
다음 각 호의 어느 하나에 해당하는 가입자 중 보건복지부령으로 정하는 가입자에 대하여는 그 가입자 또는 그 가입자가 속한 세대의 보험료의 일부를 경감할 수 있다.
1. 섬·벽지(僻地)·농어촌 등 대통령령으로 정하는 지역에 거주하는 사람
2. 65세 이상인 사람
3. 장애인복지법에 따라 등록한 장애인
4. 국가유공자 등 예우 및 지원에 관한 법률 제4조 제1항 제4호, 제6호, 제12호, 제15호 및 제17호에 따른 국가유공자
5. 휴직자
6. 그 밖에 생활이 어렵거나 천재지변 등의 사유로 보험료를 경감할 필요가 있다고 보건복지부장관이 정하여 고시하는 사람

06

시효(법 제91조 제1항·제2항)
① 다음 각 호의 권리는 3년 동안 행사하지 아니하면 소멸시효가 완성된다.
  1. 보험료, 연체금 및 가산금을 징수할 권리
  2. 보험료, 연체금 및 가산금으로 과오납부한 금액을 환급받을 권리
  3. 보험급여를 받을 권리
  4. 보험급여 비용을 받을 권리
  5. 제47조 제3항 후단에 따라 과다납부된 본인일부담금을 돌려받을 권리
  6. 제61조에 따른 근로복지공단의 권리
② 제1항에 따른 시효는 다음 각 호의 어느 하나의 사유로 중단된다.
  1. 보험료의 고지 또는 독촉
  2. 보험급여 또는 보험급여 비용의 청구

오답분석

ㄴ. 보험급여 비용을 받을 권리는 3년 동안 행사하지 아니하면 소멸시효가 완성된다.
ㄹ. 연체금 및 가산금으로 과오납부한 금액을 환급받을 권리의 소멸시효는 보험료의 고지 또는 독촉, 보험급여 또는 보험급여 비용의 청구의 사유로 중단된다.

07

건강보험심사평가원은 가입자나 피부양자가 확인을 요청한 비용이 요양급여 대상에 해당되는 비용으로 확인되면 그 내용을 국민건강보험공단 및 관련 요양기관에 알려야 한다.

요양급여 대상 여부의 확인 등(법 제48조)
① 가입자나 피부양자는 본인일부담금 외에 자신이 부담한 비용이 제41조 제4항에 따라 요양급여 대상에서 제외되는 비용인지 여부에 대하여 심사평가원에 확인을 요청할 수 있다.
② 제1항에 따른 확인 요청을 받은 심사평가원은 그 결과를 요청한 사람에게 알려야 한다. 이 경우 확인을 요청한 비용이 요양급여 대상에 해당되는 비용으로 확인되면 그 내용을 공단 및 관련 요양기관에 알려야 한다.
③ 제2항 후단에 따라 통보받은 요양기관은 받아야 할 금액보다 더 많이 징수한 금액(이하 "과다본인부담금"이라 한다)을 지체 없이 확인을 요청한 사람에게 지급하여야 한다. 다만, 공단은 해당 요양기관이 과다본인부담금을 지급하지 아니하면 해당 요양기관에 지급할 요양급여비용에서 과다본인부담금을 공제하여 확인을 요청한 사람에게 지급할 수 있다.

08

건강검진(법 제52조)
① 공단은 가입자와 피부양자에 대하여 질병의 조기 발견과 그에 따른 요양급여를 하기 위하여 건강검진을 실시한다.
② 제1항에 따른 건강검진의 종류 및 대상은 다음 각 호와 같다.
  1. 일반건강검진 : 직장가입자, 세대주인 지역가입자, 20세 이상인 지역가입자 및 20세 이상인 피부양자
  2. 암검진 : 암관리법 제11조 제2항에 따른 암의 종류별 검진주기와 연령 기준 등에 해당하는 사람
  3. 영유아건강검진 : 6세 미만의 가입자 및 피부양자
③ 제1항에 따른 건강검진의 검진항목은 성별, 연령 등의 특성 및 생애 주기에 맞게 설계되어야 한다.
④ 제1항에 따른 건강검진의 횟수·절차와 그 밖에 필요한 사항은 대통령령으로 정한다.

09

임산부 A가 갑작스러운 진통으로 인해 집에서 출산한 경우, 국민건강보험공단으로부터 요양비를 지급받을 수 있다.

요양비(법 제49조 제1항)
공단은 가입자나 피부양자가 보건복지부령으로 정하는 긴급하거나 그 밖의 부득이한 사유로 요양기관과 비슷한 기능을 하는 기관으로서 보건복지부령으로 정하는 기관(제98조 제1항에 따라 업무정지기간 중인 요양기관을 포함한다. 이하 "준요양기관"이라 한다)에서 질병·부상·출산 등에 대하여 요양을 받거나 요양기관이 아닌 장소에서 출산한 경우에는 그 요양급여에 상당하는 금액을 보건복지부령으로 정하는 바에 따라 가입자나 피부양자에게 요양비로 지급한다.

10

회계(법 제35조)
① 공단의 회계연도는 정부의 회계연도에 따른다.
② 공단은 직장가입자와 지역가입자의 재정을 통합하여 운영한다.
③ 공단은 건강보험사업 및 징수위탁근거법의 위탁에 따른 국민연금사업·고용보험사업·산업재해보상보험사업·임금채권보장사업에 관한 회계를 공단의 다른 회계와 구분하여 각각 회계처리하여야 한다.

예산(법 제36조)
공단은 회계연도마다 예산안을 편성하여 이사회의 의결을 거친 후 보건복지부장관의 승인을 받아야 한다. 예산을 변경할 때에도 또한 같다.

결산(법 제39조)
① 공단은 회계연도마다 결산보고서와 사업보고서를 작성하여 다음해 2월 말일까지 보건복지부장관에게 보고하여야 한다.
② 공단은 제1항에 따라 결산보고서와 사업보고서를 보건복지부장관에게 보고하였을 때에는 보건복지부령으로 정하는 바에 따라 그 내용을 공고하여야 한다.

11 [정답] ④

국민건강증진기금에서 지원된 재원은 가입자와 피부양자의 흡연으로 인한 질병에 대한 보험급여에 사용할 수 있다.

보험재정에 대한 정부지원(법 제108조 제4항)
공단은 제2항에 따라 지원된 재원을 다음 각 호의 사업에 사용한다.
1. 건강검진 등 건강증진에 관한 사업
2. 가입자와 피부양자의 흡연으로 인한 질병에 대한 보험급여
3. 가입자와 피부양자 중 65세 이상 노인에 대한 보험급여

오답분석
① 법 제108조 제1항
② 법 제108조 제2항
③ 법 제108조 제3항

12 [정답] ②

과태료(법 제119조 제4항 제4호)
다음 각 호의 어느 하나에 해당하는 자에게는 100만 원 이하의 과태료를 부과한다.
4. 제96조의3을 위반하여 서류를 보존하지 아니한 자

서류의 보존(법 제96조의3 제2항)
사용자는 3년간 보건복지부령으로 정하는 바에 따라 자격 관리 및 보험료 산정 등 건강보험에 관한 서류를 보존하여야 한다.

오답분석
① · ③ · ④ 500만 원 이하의 과태료(법 제119조 제3항)

13 [정답] ③

벌금(법 제115조 제1항)
제102조 제1호를 위반하여 가입자 및 피부양자의 개인정보를 누설하거나 직무상 목적 외의 용도로 이용 또는 정당한 사유 없이 제3자에게 제공한 자는 5년 이하의 징역 또는 5,000만 원 이하의 벌금에 처한다.

14 [정답] ③

직장가입자의 보수월액 및 소득월액이 아니라, 직장가입자의 보험료율이다.

건강보험정책심의위원회(법 제4조 제1항)
건강보험정책에 관한 다음 각 호의 사항을 심의 · 의결하기 위하여 보건복지부장관 소속으로 건강보험정책심의위원회(이하 "심의위원회"라 한다)를 둔다.
1. 제3조의2 제1항 및 제3항에 따른 종합계획 및 시행계획에 관한 사항(심의에 한정한다)
2. 제41조 제3항에 따른 요양급여의 기준
3. 제45조 제3항 및 제46조에 따른 요양급여비용에 관한 사항
4. 제73조 제1항에 따른 직장가입자의 보험료율
5. 제73조 제3항에 따른 지역가입자의 보험료부과점수당 금액
6. 그 밖에 건강보험에 관한 주요 사항으로서 대통령령으로 정하는 사항

15 [정답] ①

국민건강보험료 등 국민건강보험공단의 처분에 이의가 있는 가입자는 공단에 이의신청을 할 수 있다. 이의신청에 불복하는 사람은 심판청구를 할 수 있으며, 이의신청 또는 심판청구에 대한 결정에 불복하는 사람은 행정소송을 제기할 수 있다. 따라서 처분에 이의가 있는 가입자는 이의신청 → 행정소송 또는 이의신청 → 심판청구 → 행정소송의 순서로 이의를 제기할 수 있다.

이의신청(법 제87조 제1항)
가입자 및 피부양자의 자격, 보험료 등, 보험급여, 보험급여 비용에 관한 공단의 처분에 이의가 있는 자는 공단에 이의신청을 할 수 있다.

심판청구(법 제88조 제1항)
이의신청에 대한 결정에 불복하는 자는 제89조에 따른 건강보험분쟁조정위원회에 심판청구를 할 수 있다. 이 경우 심판청구의 제기기간 및 제기방법에 관하여는 제87조 제3항을 준용한다.

행정소송(법 제90조)
공단 또는 심사평가원의 처분에 이의가 있는 자와 제87조에 따른 이의신청 또는 제88조에 따른 심판청구에 대한 결정에 불복하는 자는 행정소송법에서 정하는 바에 따라 행정소송을 제기할 수 있다.

16 [정답] ②

임명권자는 임원이 고의나 중대한 과실로 공단에 손실이 생기게 한 경우 그 임원을 해임할 수 있다. 즉, 임원의 과실이 중대한 과실에 해당할 경우에만 해임할 수 있다.

임원의 당연퇴임 및 해임(법 제24조 제2항)
임명권자는 임원이 다음 각 호의 어느 하나에 해당하면 그 임원을 해임할 수 있다.
1. 신체장애나 정신장애로 직무를 수행할 수 없다고 인정되는 경우
2. 직무상 의무를 위반한 경우
3. 고의나 중대한 과실로 공단에 손실이 생기게 한 경우
4. 직무 여부와 관계없이 품위를 손상하는 행위를 한 경우
5. 국민건강보험법에 따른 보건복지부장관의 명령을 위반한 경우

17 [정답] ④

요양급여비용의 심사와 요양급여의 적정성 평가는 건강보험심사평가원의 업무에 해당한다.

국민건강보험공단의 업무 등(법 제14조 제1항)
공단은 다음 각 호의 업무를 관장한다.
1. 가입자 및 피부양자의 자격 관리
2. 보험료와 그 밖에 국민건강보험법에 따른 징수금의 부과 · 징수
3. 보험급여의 관리
4. 가입자 및 피부양자의 질병의 조기발견 · 예방 및 건강관리를 위하여 요양급여 실시 현황과 건강검진 결과 등을 활용하여 실시하는 예방사업으로서 대통령령으로 정하는 사업
5. 보험급여 비용의 지급
6. 자산의 관리 · 운영 및 증식사업

7. 의료시설의 운영
8. 건강보험에 관한 교육훈련 및 홍보
9. 건강보험에 관한 조사연구 및 국제협력
10. 국민건강보험법에서 공단의 업무로 정하고 있는 사항
11. 국민연금법, 고용보험 및 산업재해보상보험의 보험료징수 등에 관한 법률, 임금채권보장법 및 석면피해구제법(이하 "징수위탁근거법"이라 한다)에 따라 위탁받은 업무
12. 그 밖에 국민건강보험법 또는 다른 법령에 따라 위탁받은 업무
13. 그 밖에 건강보험과 관련하여 보건복지부장관이 필요하다고 인정한 업무

18

정답 ④

요양비(법 제49조 제1항)
공단은 가입자나 피부양자가 보건복지부령으로 정하는 긴급하거나 그 밖의 부득이한 사유로 요양기관과 비슷한 기능을 하는 기관으로서 보건복지부령으로 정하는 기관(제98조 제1항에 따라 업무정지기간 중인 요양기관을 포함한다. 이하 "준요양기관"이라 한다)에서 질병·부상·출산 등에 대하여 요양을 받거나 요양기관이 아닌 장소에서 출산한 경우에는 그 요양급여에 상당하는 금액을 보건복지부령으로 정하는 바에 따라 가입자나 피부양자에게 요양비로 지급한다.

19

정답 ④

건강보험증(법 제12조 제2항)
가입자 또는 피부양자가 요양급여를 받을 때에는 제1항의 건강보험증을 제42조 제1항에 따른 요양기관(이하 "요양기관"이라 한다)에 제출하여야 한다. 다만, 천재지변이나 그 밖의 부득이한 사유가 있으면 그러하지 아니하다.

오답분석
① 법 제12조 제1항
② 법 제12조 제4항
③ 법 제12조 제5항

20

정답 ①

부당이득의 징수(법 제57조 제1항)
공단은 속임수나 그 밖의 부당한 방법으로 보험급여를 받은 사람·준요양기관 및 보조기기 판매업자나 보험급여 비용을 받은 요양기관에 대하여 그 보험급여나 보험급여 비용에 상당하는 금액의 전부 또는 일부를 징수한다.

02 노인장기요양보험법

01	02	03	04	05	06	07	08	09	10
④	①	④	①	③	③	①	①	②	①
11	12	13	14	15	16	17	18	19	20
④	②	②	②	②	①	①	④	④	④

01

정답 ④

재가장기요양기관 폐쇄명령 또는 업무정지명령은 2018년 12월 11일 법 개정으로 청문 사항에서 삭제되었다(법 제63조).

02

정답 ①

관리운영기관 등(법 제48조 제2항 제2호)
공단은 다음 각 호의 업무를 관장한다.
2. 장기요양보험료의 부과·징수

03

정답 ④

가족요양비(법 제24조)
① 공단은 다음 각 호의 어느 하나에 해당하는 수급자가 가족 등으로부터 제23조 제1항 제1호 가목에 따른 방문요양에 상당한 장기요양급여를 받은 때 대통령령으로 정하는 기준에 따라 해당 수급자에게 가족요양비를 지급할 수 있다.
   1. 도서·벽지 등 장기요양기관이 현저히 부족한 지역으로서 보건복지부장관이 정하여 고시하는 지역에 거주하는 자
   2. 천재지변이나 그 밖에 이와 유사한 사유로 인하여 장기요양기관이 제공하는 장기요양급여를 이용하기가 어렵다고 보건복지부장관이 인정하는 자
   3. 신체·정신 또는 성격 등 대통령령으로 정하는 사유로 인하여 가족 등으로부터 장기요양을 받아야 하는 자
② 제1항에 따른 가족요양비의 지급절차와 그 밖에 필요한 사항은 보건복지부령으로 정한다.

04

정답 ①

장기요양급여의 종류(법 제23조 제1항 제1호 바목)
노인장기요양보험법에 따른 장기요양급여의 종류는 다음 각 호와 같다.
1. 재가급여
   바. 기타재가급여 : 수급자의 일상생활·신체활동 지원 및 인지기능의 유지·향상에 필요한 용구를 제공하거나 가정을 방문하여 재활에 관한 지원 등을 제공하는 장기요양급여로서 대통령령으로 정하는 것

05 정답 ③

장기요양인정의 신청자격(법 제12조)
장기요양인정을 신청할 수 있는 자는 노인 등으로서 다음 각 호의 어느 하나에 해당하는 자격을 갖추어야 한다.
1. 장기요양보험가입자 또는 그 피부양자
2. 의료급여법 제3조 제1항에 따른 수급권자(이하 "의료급여수급권자"라 한다)

06 정답 ③

장기요양요원의 역량강화를 위한 교육지원은 장기요양요원지원센터의 업무이다.

07 정답 ①

장기요양기본계획(법 제6조 제1항)
보건복지부장관은 노인 등에 대한 장기요양급여를 원활하게 제공하기 위하여 5년 단위로 다음 각 호의 사항이 포함된 장기요양기본계획을 수립·시행하여야 한다.
1. 연도별 장기요양급여 대상인원 및 재원조달 계획
2. 연도별 장기요양기관 및 장기요양전문인력 관리 방안
3. 장기요양요원의 처우에 관한 사항
4. 그 밖에 노인 등의 장기요양에 관한 사항으로서 대통령령으로 정하는 사항

08 정답 ①

특례요양비(법 제25조 제1항)
공단은 수급자가 장기요양기관이 아닌 노인요양시설 등의 기관 또는 시설에서 재가급여 또는 시설급여에 상당한 장기요양급여를 받은 경우 대통령령으로 정하는 기준에 따라 해당 장기요양급여비용의 일부를 해당 수급자에게 특례요양비로 지급할 수 있다.

09 정답 ②

실태조사(법 제6조의2 제1항)
보건복지부장관은 장기요양사업의 실태를 파악하기 위하여 3년마다 다음 각 호의 사항에 관한 조사를 정기적으로 실시하고 그 결과를 공표하여야 한다.
1. 장기요양인정에 관한 사항
2. 제52조에 따른 장기요양등급판정위원회(이하 "등급판정위원회"라 한다)의 판정에 따라 장기요양급여를 받을 사람(이하 "수급자"라 한다)의 규모, 그 급여의 수준 및 만족도에 관한 사항
3. 장기요양기관에 관한 사항
4. 장기요양요원의 근로조건, 처우 및 규모에 관한 사항
5. 그 밖에 장기요양사업에 관한 사항으로서 보건복지부령으로 정하는 사항

10 정답 ①

장기요양보험(법 제7조 제1항)
장기요양보험사업은 보건복지부장관이 관장한다.

오답분석
② 법 제7조 제2항
③ 법 제8조 제2항
④ 법 제8조 제3항

11 정답 ④

ㄴ. 장기요양급여는 노인 등이 가족과 함께 생활하면서 가정에서 장기요양을 받는 재가급여를 우선적으로 제공하여야 한다(법 제3조 제3항).
ㄷ. 재가급여에는 방문요양, 방문목욕, 방문간호, 주·야간보호, 단기보호, 기타 재가급여 등이 있다(법 제23조 제1항 제1호).
ㄹ. 특별현금급여에는 가족요양비, 특례요양비, 요양 병원간병비 등이 있다(법 제23조 제1항 제3호).

오답분석
ㄱ. 시설급여 제공기관에는 노인복지법상 노인의료복지시설로서 노인요양시설, 노인요양공동생활가정 등이 있으며, 의료법에 따른 요양병원은 포함되지 않는다.

12 정답 ②

장기요양보험(법 제7조 제2항)
장기요양보험사업의 보험자는 공단으로 한다.

오답분석
① 법 제2조 제3호
③ 법 제4조 제2항
④ 법 제3조의 제3항

13 정답 ②

국가 및 지방자치단체의 책무 등(법 제4조 제1항)
국가 및 지방자치단체는 노인이 일상생활을 혼자서 수행할 수 있는 온전한 심신상태를 유지하는데 필요한 사업(이하 "노인성질환예방사업"이라 한다)을 실시하여야 한다.

14 정답 ②

정의(법 제2조 제2호)
"장기요양급여"란 제15조 제2항에 따라 6개월 이상 동안 혼자서 일상생활을 수행하기 어렵다고 인정되는 자에게 신체활동·가사활동의 지원 또는 간병 등의 서비스나 이에 갈음하여 지급하는 현금 등을 말한다.

15　[정답] ②

정의(법 제2조 제1호)
"노인 등"이란 65세 이상의 노인 또는 65세 미만의 자로서 치매·뇌혈관성질환 등 대통령령으로 정하는 노인성 질병을 가진 자를 말한다.

16　[정답] ①

장기요양사업의 회계(법 제50조)
① 공단은 장기요양사업에 대하여 독립회계를 설치·운영하여야 한다.
② 공단은 장기요양사업 중 장기요양보험료를 재원으로 하는 사업과 국가·지방자치단체의 부담금을 재원으로 하는 사업의 재정을 구분하여 운영하여야 한다. 다만, 관리운영에 필요한 재정은 구분하여 운영하지 아니할 수 있다.

17　[정답] ①

관리운영기관 등(법 제48조 제4항)
국민건강보험법 제17조에 따른 공단의 정관은 장기요양사업과 관련하여 다음 각 호의 사항을 포함·기재한다.
1. 장기요양보험료
2. 장기요양급여
3. 장기요양사업에 관한 예산 및 결산
4. 그 밖에 대통령령으로 정하는 사항

18　[정답] ④

관리운영기관 등(법 제48조 제2항)
공단은 다음 각 호의 업무를 관장한다.
1. 장기요양보험가입자 및 그 피부양자와 의료급여수급권자의 자격 관리
2. 장기요양보험료의 부과·징수
3. 신청인에 대한 조사
4. 등급판정위원회의 운영 및 장기요양등급 판정
5. 장기요양인정서의 작성 및 개인별장기요양이용계획서의 제공
6. 장기요양급여의 관리 및 평가
7. 수급자 및 그 가족에 대한 정보제공·안내·상담 등 장기요양급여 관련 이용지원에 관한 사항
8. 재가 및 시설 급여비용의 심사 및 지급과 특별현금급여의 지급
9. 장기요양급여 제공내용 확인
10. 장기요양사업에 관한 조사·연구 및 홍보
11. 노인성질환예방사업
12. 노인장기요양보험법에 따른 부당이득금의 부과·징수 등
13. 장기요양급여의 제공기준을 개발하고 장기요양급여비용의 적정성을 검토하기 위한 장기요양기관의 설치 및 운영
14. 그 밖에 장기요양사업과 관련하여 보건복지부장관이 위탁한 업무

19　[정답] ④

심사청구(법 제55조 제1항)
장기요양인정·장기요양등급·장기요양급여·부당이득·장기요양급여비용 또는 장기요양보험료 등에 관한 공단의 처분에 이의가 있는 자는 공단에 심사청구를 할 수 있다.

20　[정답] ④

재가 및 시설 급여비용의 청구 및 지급 등(법 제38조 제6항)
장기요양기관은 지급받은 장기요양급여비용 중 보건복지부장관이 정하여 고시하는 비율에 따라 그 일부를 장기요양요원에 대한 인건비로 지출하여야 한다.

01 국민건강보험법

01	02	03	04	05	06	07	08	09	10
②	①	①	②	①	①	④	④	③	④
11	12	13	14	15	16	17	18	19	20
②	④	④	①	④	③	①	③	③	④

01   정답 ②

국민건강보험공단이 보험료 등을 독촉할 때는 10일 이상 15일 이내의 납부기한을 정하여 독촉장을 발부하여야 한다.

보험료 등의 독촉 및 체납처분(법 제81조)

① 공단은 제57조, 제77조, 제77조의2, 제78조의2 및 제101조에 따라 보험료 등을 내야 하는 자가 보험료 등을 내지 아니하면 기한을 정하여 독촉할 수 있다. 이 경우 직장가입자의 사용자가 2명 이상인 경우 또는 지역가입자의 세대가 2명 이상으로 구성된 경우에는 그중 1명에게 한 독촉은 해당 사업장의 다른 사용자 또는 세대 구성원인 다른 지역가입자 모두에게 효력이 있는 것으로 본다.

② 제1항에 따라 독촉할 때에는 10일 이상 15일 이내의 납부기한을 정하여 독촉장을 발부하여야 한다.

③ 공단은 제1항에 따른 독촉을 받은 자가 그 납부기한까지 보험료 등을 내지 아니하면 보건복지부장관의 승인을 받아 국세 체납처분의 예에 따라 이를 징수할 수 있다.

④ 공단은 제3항에 따라 체납처분을 하기 전에 보험료 등의 체납 내역, 압류 가능한 재산의 종류, 압류 예정 사실 및 국세징수법 제41조 제18호에 따른 소액금융재산에 대한 압류금지 사실 등이 포함된 통보서를 발송하여야 한다. 다만, 법인 해산 등 긴급히 체납처분을 할 필요가 있는 경우로서 대통령령으로 정하는 경우에는 그러하지 아니하다.

⑤ 공단은 제3항에 따른 국세 체납처분의 예에 따라 압류한 재산의 공매에 대하여 전문지식이 필요하거나 그 밖에 특수한 사정으로 직접 공매하는 것이 적당하지 아니하다고 인정하는 경우에는 한국자산관리공사 설립 등에 관한 법률에 따라 설립된 한국자산관리공사(이하 "한국자산관리공사"라 한다)에 공매를 대행하게 할 수 있다. 이 경우 공매는 공단이 한 것으로 본다.

⑥ 공단은 제5항에 따라 한국자산관리공사가 공매를 대행하면 보건복지부령으로 정하는 바에 따라 수수료를 지급할 수 있다.

02   정답 ①

요양급여비용 산정의 계약기간은 1년으로 한다.

요양급여비용의 산정 등(법 제45조)

① 요양급여비용은 공단의 이사장과 대통령령으로 정하는 의약계를 대표하는 사람들의 계약으로 정한다. 이 경우 계약기간은 1년으로 한다.

② 제1항에 따라 계약이 체결되면 그 계약은 공단과 각 요양기관 사이에 체결된 것으로 본다.

③ 제1항에 따른 계약은 그 직전 계약기간 만료일이 속하는 연도의 5월 31일까지 체결하여야 하며, 그 기한까지 계약이 체결되지 아니하는 경우 보건복지부장관이 그 직전 계약기간 만료일이 속하는 연도의 6월 30일까지 심의위원회의 의결을 거쳐 요양급여비용을 정한다. 이 경우 보건복지부장관이 정하는 요양급여비용은 제1항 및 제2항에 따라 계약으로 정한 요양급여비용으로 본다.

④ 제1항 또는 제3항에 따라 요양급여비용이 정해지면 보건복지부장관은 그 요양급여비용의 명세를 지체 없이 고시하여야 한다.

⑤ 공단의 이사장은 제33조에 따른 재정운영위원회의 심의·의결을 거쳐 제1항에 따른 계약을 체결하여야 한다.

⑥ 심사평가원은 공단의 이사장이 제1항에 따른 계약을 체결하기 위하여 필요한 자료를 요청하면 그 요청에 성실히 따라야 한다.

⑦ 제1항에 따른 계약의 내용과 그 밖에 필요한 사항은 대통령령으로 정한다.

03   정답 ①

자격의 상실 시기 등(법 제10조 제1항)

가입자는 다음 각 호의 어느 하나에 해당하게 된 날에 그 자격을 잃는다.

1. 사망한 날의 다음 날
2. 국적을 잃은 날의 다음 날
3. 국내에 거주하지 아니하게 된 날의 다음 날
4. 직장가입자의 피부양자가 된 날
5. 수급권자가 된 날
6. 건강보험을 적용받고 있던 사람이 유공자 등 의료보호대상자가 되어 건강보험의 적용배제신청을 한 날

안심Touch

04

가입자의 종류(법 제6조)
① 가입자는 직장가입자와 지역가입자로 구분한다.
② 모든 사업장의 근로자 및 사용자와 공무원 및 교직원은 직장가입자가 된다. 다만, 다음 각 호의 어느 하나에 해당하는 사람은 제외한다.
  1. 고용 기간이 1개월 미만인 일용근로자
  2. 병역법에 따른 현역병(지원에 의하지 아니하고 임용된 하사를 포함한다), 전환복무된 사람 및 군간부후보생
  3. 선거에 당선되어 취임하는 공무원으로서 매월 보수 또는 보수에 준하는 급료를 받지 아니하는 사람
  4. 그 밖에 사업장의 특성, 고용 형태 및 사업의 종류 등을 고려하여 대통령령으로 정하는 사업장의 근로자 및 사용자와 공무원 및 교직원
③ 지역가입자는 직장가입자와 그 피부양자를 제외한 가입자를 말한다.

05

보험료부과점수는 지역가입자의 소득 및 재산을 기준으로 산정한다(법 제72조 제1항). 소득월액은 직장가입자의 월별 보험료액의 결정기준의 하나이다.

보험료부과점수(법 제72조)
① 제69조 제5항에 따른 보험료부과점수는 지역가입자의 소득 및 재산을 기준으로 산정한다.
② 제1항에 따라 보험료부과점수의 산정방법과 산정기준을 정할 때 법령에 따라 재산권의 행사가 제한되는 재산에 대하여는 다른 재산과 달리 정할 수 있다.
③ 제1항 및 제2항에 따른 보험료부과점수의 산정방법·산정기준 등에 필요한 사항은 대통령령으로 정한다.

06

가산금(법 제78조의2 제1항)
사업장의 사용자가 대통령령으로 정하는 사유에 해당되어 직장가입자가 될 수 없는 자를 제8조 제2항 또는 제9조 제2항을 위반하여 거짓으로 보험자에게 직장가입자로 신고한 경우 공단은 제1호의 금액에서 제2호의 금액을 뺀 금액의 100분의 10에 상당하는 가산금을 그 사용자에게 부과하여 징수한다.
1. 사용자가 직장가입자로 신고한 사람이 직장가입자로 처리된 기간 동안 그 가입자가 제69조 제5항에 따라 부담하여야 하는 보험료의 총액
2. 제1호의 기간 동안 공단이 해당 가입자에 대하여 제69조 제4항에 따라 산정하여 부과한 보험료의 총액

07

급여의 제한(법 제53조 제3항)
공단은 가입자가 대통령령으로 정하는 기간 이상 다음 각 호의 보험료를 체납한 경우 그 체납한 보험료를 완납할 때까지 그 가입자 및 피부양자에 대하여 보험급여를 실시하지 아니할 수 있다. 다만, 월별 보험료의 총체납횟수(이미 납부된 체납보험료는 총체납횟수에서 제외하며, 보험료의 체납기간은 고려하지 아니한다)가 대통령령으로 정하는 횟수 미만이거나 가입자 및 피부양자의 소득·재산 등이 대통령령으로 정하는 기준 미만인 경우에는 그러하지 아니하다.
1. 제69조 제4항 제2호에 따른 소득월액보험료
2. 제69조 제5항에 따른 세대단위의 보험료

오답분석
① 법 제53조 제1항 제1호
② 법 제53조 제2항
③ 법 제54조 제1호

08

체납보험료의 분할납부(법 제82조 제1항부터 제3항)
① 공단은 보험료를 3회 이상 체납한 자가 신청하는 경우 보건복지부령으로 정하는 바에 따라 분할납부를 승인할 수 있다.
② 공단은 보험료를 3회 이상 체납한 자에 대하여 제81조 제3항에 따른 체납처분을 하기 전에 제1항에 따른 분할납부를 신청할 수 있음을 알리고, 보건복지부령으로 정하는 바에 따라 분할납부 신청의 절차·방법 등에 관한 사항을 안내하여야 한다.
③ 공단은 제1항에 따라 분할납부 승인을 받은 자가 정당한 사유 없이 5회(제1항에 따라 승인받은 분할납부 횟수가 5회 미만인 경우에는 해당 분할납부 횟수를 말한다) 이상 그 승인된 보험료를 납부하지 아니하면 그 분할납부의 승인을 취소한다.

09

국민건강보험종합계획의 수립 등(법 제3조의2 제1항)
보건복지부장관은 국민건강보험법에 따른 건강보험(이하 "건강보험"이라 한다)의 건전한 운영을 위하여 제4조에 따른 건강보험정책심의위원회(이하 이 조에서 "건강보험정책심의위원회"라 한다)의 심의를 거쳐 5년마다 국민건강보험종합계획(이하 "종합계획"이라 한다)을 수립하여야 한다. 수립된 종합계획을 변경할 때도 또한 같다.

10
정답 ④

직장가입자의 소득월액보험료는 직장가입자가 부담한다(법 제76조 제2항). 소득월액보험료는 직장가입자의 보수외소득에 대하여 부과하는 것이므로, 직장가입자가 전액을 부담한다.

보험료의 부담(법 제76조)

① 직장가입자의 보수월액보험료는 직장가입자와 다음 각 호의 구분에 따른 자가 각각 보험료액의 100분의 50씩 부담한다. 다만, 직장가입자가 교직원으로서 사립학교에 근무하는 교원이면 보험료액은 그 직장가입자가 100분의 50을, 제3조 제2호 다목에 해당하는 사용자가 100분의 30을, 국가가 100분의 20을 각각 부담한다.

1. 직장가입자가 근로자인 경우에는 제3조 제2호 가목에 해당하는 사업주
2. 직장가입자가 공무원인 경우에는 그 공무원이 소속되어 있는 국가 또는 지방자치단체
3. 직장가입자가 교직원(사립학교에 근무하는 교원은 제외한다)인 경우에는 제3조 제2호 다목에 해당하는 사용자

② 직장가입자의 소득월액보험료는 직장가입자가 부담한다.

③ 지역가입자의 보험료는 그 가입자가 속한 세대의 지역가입자 전원이 연대하여 부담한다.

④ 직장가입자가 교직원인 경우 제3조 제2호 다목에 해당하는 사용자가 부담액 전부를 부담할 수 없으면 그 부족액을 학교에 속하는 회계에서 부담하게 할 수 있다.

11
정답 ②

ㄱ・ㄷ은 적용대상자에 해당하지만, ㄴ・ㄹ은 적용제외자에 해당한다.

적용 대상 등(법 제5조 제1항)

국내에 거주하는 국민은 건강보험의 가입자(이하 "가입자"라 한다) 또는 피부양자가 된다. 다만, 다음 각 호의 어느 하나에 해당하는 사람은 제외한다.

1. 의료급여법에 따라 의료급여를 받는 사람(이하 "수급권자"라 한다)
2. 독립유공자예우에 관한 법률 및 국가유공자 등 예우 및 지원에 관한 법률에 따라 의료보호를 받는 사람(이하 "유공자 등 의료보호대상자"라 한다). 다만, 다음 각 목의 어느 하나에 해당하는 사람은 가입자 또는 피부양자가 된다.
   가. 유공자 등 의료보호대상자 중 건강보험의 적용을 보험자에게 신청한 사람
   나. 건강보험을 적용받고 있던 사람이 유공자 등 의료보호대상자로 되었으나 건강보험의 적용배제신청을 보험자에게 하지 아니한 사람

12
정답 ④

A의 삼촌은 직장가입자의 방계존속으로 피부양자 요건이 아니다.

적용 대상 등(법 제5조 제2항)

제1항의 피부양자는 다음 각 호의 어느 하나에 해당하는 사람 중 직장가입자에게 주로 생계를 의존하는 사람으로서 소득 및 재산이 보건복지부령으로 정하는 기준 이하에 해당하는 사람을 말한다.

1. 직장가입자의 배우자
2. 직장가입자의 직계존속(배우자의 직계존속을 포함한다)
3. 직장가입자의 직계비속(배우자의 직계비속을 포함한다)과 그 배우자
4. 직장가입자의 형제・자매

13
정답 ④

구상권(법 제58조)

① 공단은 제3자의 행위로 보험급여사유가 생겨 가입자 또는 피부양자에게 보험급여를 한 경우에는 그 급여에 들어간 비용 한도에서 그 제3자에게 손해배상을 청구할 권리를 얻는다.

② 제1항에 따라 보험급여를 받은 사람이 제3자로부터 이미 손해배상을 받은 경우에는 공단은 그 배상액 한도에서 보험급여를 하지 아니한다.

14
정답 ①

보험료의 납부기한(법 제78조 제1항)

제77조 제1항 및 제2항에 따라 보험료 납부의무가 있는 자는 가입자에 대한 그 달의 보험료를 그 다음 달 10일까지 납부하여야 한다. 다만, 직장가입자의 소득월액보험료 및 지역가입자의 보험료는 보건복지부령으로 정하는 바에 따라 분기별로 납부할 수 있다.

15
정답 ④

보험료 등의 납입 고지(법 제79조 제5항)

휴직자 등의 보험료는 휴직 등의 사유가 끝날 때까지 보건복지부령으로 정하는 바에 따라 납입 고지를 유예할 수 있다.

오답분석

① 법 제79조 제1항
② 법 제79조 제2항
③ 법 제79조 제3항

16 [정답] ③

체납 또는 결손처분 자료의 제공(법 제81조의2 제1항)

공단은 보험료 징수 또는 공익목적을 위하여 필요한 경우에 신용정보의 이용 및 보호에 관한 법률 제25조 제2항 제1호의 종합신용정보집중기관이 다음 각 호의 어느 하나에 해당하는 체납자 또는 결손처분자의 인적사항·체납액 또는 결손처분액에 관한 자료(이하 이 조에서 "체납 등 자료"라 한다)를 요구할 때에는 그 자료를 제공할 수 있다. 다만, 체납된 보험료나 국민건강보험법에 따른 그 밖의 징수금과 관련하여 행정심판 또는 행정소송이 계류 중인 경우, 그 밖에 대통령령으로 정하는 사유가 있을 때에는 그러하지 아니하다.

1. 국민건강보험법에 따른 납부기한의 다음 날부터 1년이 지난 보험료, 국민건강보험법에 따른 그 밖의 징수금과 체납처분비의 총액이 500만 원 이상인 자
2. 제84조에 따라 결손처분한 금액의 총액이 500만 원 이상인 자

17 [정답] ①

정의(법 제3조)

국민건강보험법에서 사용하는 용어의 뜻은 다음과 같다.

1. "근로자"란 직업의 종류와 관계없이 근로의 대가로 보수를 받아 생활하는 사람(법인의 이사와 그 밖의 임원을 포함한다)으로서 공무원 및 교직원을 제외한 사람을 말한다.
2. "사용자"란 다음 각 목의 어느 하나에 해당하는 자를 말한다.
   가. 근로자가 소속되어 있는 사업장의 사업주
   나. 공무원이 소속되어 있는 기관의 장으로서 대통령령으로 정하는 사람
   다. 교직원이 소속되어 있는 사립학교(사립학교교직원 연금법 제3조에 규정된 사립학교를 말한다. 이하 이 조에서 같다)를 설립·운영하는 자
3. "사업장"이란 사업소나 사무소를 말한다.
4. "공무원"이란 국가나 지방자치단체에서 상시 공무에 종사하는 사람을 말한다.
5. "교직원"이란 사립학교나 사립학교의 경영기관에서 근무하는 교원과 직원을 말한다.

18 [정답] ③

징수이사(법 제21조 제1항)

상임이사 중 제14조 제1항 제2호 및 제11호의 업무를 담당하는 이사(이하 "징수이사"라 한다)는 경영, 경제 및 사회보험에 관한 학식과 경험이 풍부한 사람으로서 보건복지부령으로 정하는 자격을 갖춘 사람 중에서 선임한다.

법 제14조 제1항 제2호·제11호

2. 보험료와 그 밖에 국민건강보험법에 따른 징수금의 부과·징수
11. 국민연금법, 고용보험 및 산업재해보상보험의 보험료징수 등에 관한 법률, 임금채권보장법 및 석면피해구제법(이하 "징수위탁근거법"이라 한다)에 따라 위탁받은 업무

19 [정답] ③

요양급여비용의 지급 보류(법 제47조의2 제1항)

제47조 제3항에도 불구하고 공단은 요양급여비용의 지급을 청구한 요양기관이 의료법 제4조 제2항, 제33조 제2항·제8항 또는 약사법 제20조 제1항, 제21조 제1항을 위반하였다는 사실을 수사기관의 수사 결과로 확인한 경우에는 해당 요양기관이 청구한 요양급여비용의 지급을 보류할 수 있다. 이 경우 요양급여비용 지급 보류 처분의 효력은 해당 요양기관이 그 처분 이후 청구하는 요양급여비용에 대해서도 미친다.

20 [정답] ④

진료심사평가위원회(법 제66조 제5항)

심사평가원의 원장은 심사위원이 다음 각 호의 어느 하나에 해당하면 그 심사위원을 해임 또는 해촉할 수 있다.

1. 신체장애나 정신장애로 직무를 수행할 수 없다고 인정되는 경우
2. 직무상 의무를 위반하거나 직무를 게을리한 경우
3. 고의나 중대한 과실로 심사평가원에 손실이 생기게 한 경우
4. 직무 여부와 관계없이 품위를 손상하는 행위를 한 경우

01	02	03	04	05	06	07	08	09	10
④	②	④	④	②	②	②	①	④	②
11	12	13	14	15	16	17	18	19	20
④	④	④	③	④	②	④	③	④	③

01 [정답] ④

법 제22조에 따르면 시장·군수·구청장은 장기요양인정 신청 등에 대한 대리를 지정할 수 있다. 그러나 그 신청을 대리할 수 있는 것은 아니다.

02 [정답] ②

장기요양인정의 유효기간(법 제19조 제1항)
제15조에 따른 장기요양인정의 유효기간은 최소 1년 이상으로서 대통령령으로 정한다.

03 [정답] ④

장기요양보험료의 징수(법 제8조 제1항)
공단은 장기요양사업에 사용되는 비용에 충당하기 위하여 장기요양보험료를 징수한다.

04 [정답] ④

장기요양인정 신청 등에 대한 대리(법 제22조 제4항)
제1항부터 제3항까지의 규정에 따른 장기요양인정신청 등의 방법 및 절차 등에 관하여 필요한 사항은 보건복지부령으로 정한다.

05 [정답] ②

법 제23조 제1항 제3호

[오답분석]
① 시설급여에 대한 설명이다.
③ 장기요양기관의 종류 및 기준은 대통령령으로 정한다.
④ 장기요양요원의 범위·업무·보수교육 등에 관하여 필요한 사항은 대통령령으로 정한다.

06 [정답] ②

우리나라 노인장기요양보험제도에는 특별현금급여로서 가족요양비가 있다. 가족요양비는 수급자가 장기요양기관이 현저히 부족한 지역(도서·벽지)에 거주하는 경우, 천재지변 등으로 장기요양기관이 제공하는 장기요양급여를 이용하기 어렵다고 인정되는 경우, 신체·정신·성격 등의 사유로 인하여 가족 등으로부터 방문요양에 상당한 장기 요양을 받은 경우에 수급자에게 지급하는 현금급여이다.

[오답분석]
① 단기보호는 재가급여에 해당한다.
③ 장기요양보험료는 국민건강보험법에 따른 보험료(건강보험료)와 통합하여 징수한다. 이 경우 국민건강보험공단은 장기요양보험료와 건강보험료를 구분하여 고지하여야 한다(법 제8조 제2항).
④ 장기요양인정의 유효기간은 최소 1년 이상으로서 대통령령으로 정한다(법 제19조 제1항).

07 [정답] ②

공단의 장기요양사업 조직 등(법 제49조)
공단은 국민건강보험법 제29조에 따라 공단의 조직 등에 관한 규정을 정할 때 장기요양사업을 수행하기 위하여 두는 조직 등을 건강보험사업을 수행하는 조직 등과 구분하여 따로 두어야 한다. 다만, 제48조 제2항 제1호 및 제2호의 자격 관리와 보험료 부과·징수업무는 그러하지 아니하다.

08 [정답] ①

장기요양인정 신청의 조사(법 제14조 제1항)
공단은 제13조 제1항에 따라 신청서를 접수한 때 보건복지부령으로 정하는 바에 따라 소속 직원으로 하여금 다음 각 호의 사항을 조사하게 하여야 한다. 다만, 지리적 사정 등으로 직접 조사하기 어려운 경우 또는 조사에 필요하다고 인정하는 경우 특별자치시·특별자치도·시·군·구(자치구를 말한다. 이하 같다)에 대하여 조사를 의뢰하거나 공동으로 조사할 것을 요청할 수 있다.
1. 신청인의 심신상태
2. 신청인에게 필요한 장기요양급여의 종류 및 내용
3. 그 밖에 장기요양에 관하여 필요한 사항으로서 보건복지부령으로 정하는 사항

09 [정답] ④

장기요양급여의 월 한도액(법 제28조 제1항)
장기요양급여는 월 한도액 범위 안에서 제공한다. 이 경우 월 한도액은 장기요양등급 및 장기요양급여의 종류 등을 고려하여 산정한다.

[오답분석]
① 유효기간이 만료되기 전 30일(법 제20조 제2항)
② 신청인이 신청서를 제출한 날부터 30일 이내(법 제16조 제1항)
③ 장기요양인정서와 개인별장기요양이용계획서가 도달한 날부터(법 제27조 제1항)

10
정답 ②

장기요양요원지원센터의 설치 등(법 제47조의2 제2항)
장기요양요원지원센터는 다음 각 호의 업무를 수행한다.
1. 장기요양요원의 권리 침해에 관한 상담 및 지원
2. 장기요양요원의 역량강화를 위한 교육지원
3. 장기요양요원에 대한 건강검진 등 건강관리를 위한 사업
4. 그 밖에 장기요양요원의 업무 등에 필요하여 대통령령으로 정하는 사항

오답분석
①·③·④는 장기요양사업의 관리운영기관인 국민건강보험공단의 업무이다.

11
정답 ④

장기요양위원회의 설치 및 기능(법 제45조)
다음 각 호의 사항을 심의하기 위하여 보건복지부장관 소속으로 장기요양위원회를 둔다.
1. 제9조 제2항에 따른 장기요양보험료율
2. 제24조부터 제26조까지의 규정에 따른 가족요양비, 특례요양비 및 요양병원간병비의 지급기준
3. 제39조에 따른 재가 및 시설 급여비용
4. 그 밖에 대통령령으로 정하는 주요 사항

12
정답 ④

④는 장기요양위원회의 위원으로 보건복지부장관이 임명 또는 위촉하는 자이다.

등급판정위원회의 설치(법 제52조 제4항)
등급판정위원회 위원은 다음 각 호의 자 중에서 공단 이사장이 위촉한다. 이 경우 특별자치시장·특별자치도지사·시장·군수·구청장이 추천한 위원은 7인, 의사 또는 한의사가 1인 이상 각각 포함되어야 한다.
1. 의료법에 따른 의료인
2. 사회복지사업법에 따른 사회복지사
3. 특별자치시·특별자치도·시·군·구 소속 공무원
4. 그 밖에 법학 또는 장기요양에 관한 학식과 경험이 풍부한 자

13
정답 ④

등급판정위원회의 설치(법 제52조)
① 장기요양인정 및 장기요양등급 판정 등을 심의하기 위하여 공단에 장기요양등급판정위원회를 둔다.
② 등급판정위원회는 특별자치시·특별자치도·시·군·구 단위로 설치한다. 다만, 인구 수 등을 고려하여 하나의 특별자치시·특별자치도·시·군·구에 2 이상의 등급판정위원회를 설치하거나 2 이상의 특별자치시·특별자치도·시·군·구를 통합하여 하나의 등급판정위원회를 설치할 수 있다.
③ 등급판정위원회는 위원장 1인을 포함하여 15인의 위원으로 구성한다.

④ 등급판정위원회 위원은 다음 각 호의 자 중에서 공단 이사장이 위촉한다. 이 경우 특별자치시장·특별자치도지사·시장·군수·구청장이 추천한 위원은 7인, 의사 또는 한의사가 1인 이상 각각 포함되어야 한다.
1. 의료법에 따른 의료인
2. 사회복지사업법에 따른 사회복지사
3. 특별자치시·특별자치도·시·군·구 소속 공무원
4. 그 밖에 법학 또는 장기요양에 관한 학식과 경험이 풍부한 자
⑤ 등급판정위원회 위원의 임기는 3년으로 하되, 한 차례만 연임할 수 있다. 다만, 공무원인 위원의 임기는 재임기간으로 한다.

14
정답 ③

장기요양급여의 관리·평가(법 제54조 제3항)
제2항에 따른 장기요양급여 제공내용의 평가 방법 및 평가 결과의 공표 방법, 그 밖에 필요한 사항은 보건복지부령으로 정한다.

15
정답 ④

심사청구(법 제55조 제4항)
심사위원회의 구성·운영 및 위원의 임기, 그 밖에 필요한 사항은 대통령령으로 정한다.

16
정답 ②

심사청구(법 제55조 제2항)
제1항에 따른 심사청구는 그 처분이 있음을 안 날부터 90일 이내에 문서(전자정부법 제2조 제7호에 따른 전자문서를 포함한다)로 하여야 하며, 처분이 있은 날부터 180일을 경과하면 이를 제기하지 못한다. 다만, 정당한 사유로 그 기간에 심사청구를 할 수 없었음을 증명하면 그 기간이 지난 후에도 심사청구를 할 수 있다.

17
정답 ④

오답분석
ㄱ·ㄹ. 2년 이하의 징역 또는 2,000만 원 이하의 벌금
ㄴ. 500만 원 이하의 과태료

18
정답 ③

벌칙(법 제67조 제1항)
거짓이나 그 밖의 부정한 방법으로 장기요양급여비용을 청구한 자는 3년 이하의 징역 또는 3,000만 원 이하의 벌금에 처한다.

19

정답 ④

④는 500만 원 이하의 과태료 부과사항이다.

오답분석

①·②·③은 1년 이하의 징역 또는 1,000만 원 이하의 벌금에 해당한다.

20

정답 ③

과태료(법 제69조 제1항)

정당한 사유 없이 다음 각 호의 어느 하나에 해당하는 자에게는 500만 원 이하의 과태료를 부과한다.

1. 삭제(2013. 8. 13)
2. 제33조를 위반하여 변경지정을 받지 아니하거나 변경신고를 하지 아니한 자 또는 거짓이나 그 밖의 부정한 방법으로 변경지정을 받거나 변경신고를 한 자

2의2. 제34조를 위반하여 장기요양기관에 관한 정보를 게시하지 아니하거나 거짓으로 게시한 자

2의3. 제35조 제3항을 위반하여 수급자에게 장기요양급여비용에 대한 명세서를 교부하지 아니하거나 거짓으로 교부한 자

3. 제35조 제4항을 위반하여 장기요양급여 제공 자료를 기록·관리하지 아니하거나 거짓으로 작성한 사람

3의2. 제35조의4(장기요양요원의 보호) 제2항 각 호의 어느 하나를 위반한 자

4. 제36조 제1항 또는 제6항을 위반하여 폐업·휴업 신고 또는 자료이관을 하지 아니하거나 거짓이나 그 밖의 부정한 방법으로 신고한 자

4의2. 제37조의4 제4항을 위반하여 행정제재처분을 받았거나 그 절차가 진행 중인 사실을 양수인 등에게 지체 없이 알리지 아니한 자

5. 삭제(2013. 8. 13)

6. 거짓이나 그 밖의 부정한 방법으로 수급자에게 장기요양급여비용을 부담하게 한 자

7. 제60조, 제61조 제1항 또는 제2항(같은 항 제1호에 해당하는 자는 제외한다)에 따른 보고 또는 자료제출 요구·명령에 따르지 아니하거나 거짓으로 보고 또는 자료제출을 한 자나 질문 또는 검사를 거부·방해 또는 기피하거나 거짓으로 답변한 자

8. 거짓이나 그 밖의 부정한 방법으로 장기요양급여비용 청구에 가담한 사람

9. 제62조의2를 위반하여 노인장기요양보험 또는 이와 유사한 용어를 사용한 자

01 국민건강보험법

01	02	03	04	05	06	07	08	09	10
③	③	①	②	③	④	②	②	②	②
11	12	13	14	15	16	17	18	19	20
①	②	①	④	①	②	④	④	③	④

01
정답 ③

급여의 제한(법 제53조 제1항)
공단은 보험급여를 받을 수 있는 사람이 다음 각 호의 어느 하나에 해당하면 보험급여를 하지 아니한다.
1. 고의 또는 중대한 과실로 인한 범죄행위에 그 원인이 있거나 고의로 사고를 일으킨 경우
2. 고의 또는 중대한 과실로 공단이나 요양기관의 요양에 관한 지시에 따르지 아니한 경우
3. 고의 또는 중대한 과실로 제55조에 따른 문서와 그 밖의 물건의 제출을 거부하거나 질문 또는 진단을 기피한 경우
4. 업무 또는 공무로 생긴 질병·부상·재해로 다른 법령에 따른 보험급여나 보상(報償) 또는 보상(補償)을 받게 되는 경우

02
정답 ③

수급권 보호(법 제59조 제1항)
보험급여를 받을 권리는 양도하거나 압류할 수 없다.

오답분석
① 법 제58조 제1항
④ 법 제59조 제2항

03
정답 ①

보험료(법 제69조 제2항)
제1항에 따른 보험료는 가입자의 자격을 취득한 날이 속하는 달의 다음 달부터 가입자의 자격을 잃은 날의 전날이 속하는 달까지 징수한다. 다만, 가입자의 자격을 매월 1일에 취득한 경우 또는 제5조 제1항 제2호 가목에 따른 건강보험 적용 신청으로 가입자의 자격을 취득하는 경우에는 그 달부터 징수한다.

오답분석
② 법 제69조 제3항
③ 법 제69조 제5항
④ 법 제69조 제6항

04
정답 ②

요양비(법 제49조 제1항)
공단은 가입자나 피부양자가 보건복지부령으로 정하는 긴급하거나 그 밖의 부득이한 사유로 요양기관과 비슷한 기능을 하는 기관으로서 보건복지부령으로 정하는 기관(제98조 제1항에 따라 업무정지기간 중인 요양기관을 포함한다. 이하 "준요양기관"이라 한다)에서 질병·부상·출산 등에 대하여 요양을 받거나 요양기관이 아닌 장소에서 출산한 경우에는 그 요양급여에 상당하는 금액을 보건복지부령으로 정하는 바에 따라 가입자나 피부양자에게 요양비로 지급한다.

오답분석
① 법 제48조 제1항
③ 법 제50조
④ 법 제51조 제1항

05
정답 ③

자격의 상실 시기 등(법 제10조 제2항)
제1항에 따라 자격을 잃은 경우 직장가입자의 사용자와 지역가입자의 세대주는 그 명세를 보건복지부령으로 정하는 바에 따라 자격을 잃은 날부터 14일 이내에 보험자에게 신고하여야 한다.

06
정답 ④

국민건강보험종합계획의 수립 등(법 제3조의2 제1항부터 제6항)
① 보건복지부장관은 국민건강보험법에 따른 건강보험(이하 "건강보험"이라 한다)의 건전한 운영을 위하여 제4조에 따른 건강보험정책심의위원회(이하 이 조에서 "건강보험정책심의위원회"라 한다)의 심의를 거쳐 5년마다 국민건강보험종합계획(이하 "종합계획"이라 한다)을 수립하여야 한다. 수립된 종합계획을 변경할 때도 또한 같다.

② 종합계획에는 다음 각 호의 사항이 포함되어야 한다.
1. 건강보험정책의 기본목표 및 추진방향
2. 건강보험 보장성 강화의 추진계획 및 추진방법
3. 건강보험의 중장기 재정 전망 및 운영
4. 보험료 부과체계에 관한 사항
5. 요양급여비용에 관한 사항
6. 건강증진 사업에 관한 사항
7. 취약계층 지원에 관한 사항
8. 건강보험에 관한 통계 및 정보의 관리에 관한 사항
9. 그 밖에 건강보험의 개선을 위하여 필요한 사항으로 대통령 령으로 정하는 사항
③ 보건복지부장관은 종합계획에 따라 매년 연도별 시행계획(이 하 "시행계획"이라 한다)을 건강보험정책심의위원회의 심의를 거쳐 수립·시행하여야 한다.
④ 보건복지부장관은 매년 시행계획에 따른 추진실적을 평가하여 야 한다.
⑤ 보건복지부장관은 다음 각 호의 사유가 발생한 경우 관련 사항 에 대한 보고서를 작성하여 지체 없이 국회 소관 상임위원회에 보고하여야 한다.
1. 제1항에 따른 종합계획의 수립 및 변경
2. 제3항에 따른 시행계획의 수립
3. 제4항에 따른 시행계획에 따른 추진실적의 평가
⑥ 보건복지부장관은 종합계획의 수립, 시행계획의 수립·시행 및 시행계획에 따른 추진실적의 평가를 위하여 필요하다고 인 정하는 경우 관계 기관의 장에게 자료의 제출을 요구할 수 있 다. 이 경우 자료의 제출을 요구받은 자는 특별한 사유가 없으 면 이에 따라야 한다.

07 　　　　　　　　　　정답 ②

과징금(법 제99조 제2항)
보건복지부장관은 제41조의2 제3항에 따라 약제를 요양급여에서 적용 정지하는 경우 다음 각 호의 어느 하나에 해당하는 때에는 요양급여의 적용 정지에 갈음하여 대통령령으로 정하는 바에 따라 다음 각 호의 구분에 따른 범위에서 과징금을 부과·징수할 수 있 다. 이 경우 보건복지부장관은 12개월의 범위에서 분할납부를 하 게 할 수 있다.
1. 환자 진료에 불편을 초래하는 등 공공복리에 지장을 줄 것으로 예상되는 때 : 해당 약제에 대한 요양급여비용 총액의 100분의 200을 넘지 아니하는 범위
2. 국민 건강에 심각한 위험을 초래할 것이 예상되는 등 특별한 사유가 있다고 인정되는 때 : 해당 약제에 대한 요양급여비용 총액의 100분의 60을 넘지 아니하는 범위

오답분석
① 법 제99조 제1항
③ 법 제99조 제4항
④ 법 제99조 제5항

08 　　　　　　　　　　정답 ②

실업자에 대한 특례(법 제110조 제3항)
임의계속가입자의 보수월액은 보수월액보험료가 산정된 최근 12 개월간의 보수월액을 평균한 금액으로 한다.

오답분석
① 법 제110조 제2항
③ 법 제110조 제4항
④ 법 제110조 제5항

09 　　　　　　　　　　정답 ②

보건복지부령이 아닌 대통령령으로 정하는 중앙행정기관 소속 공 무원이다.

건강보험정책심의위원회(법 제4조 제4항)
심의위원회의 위원은 다음 각 호에 해당하는 사람을 보건복지부장 관이 임명 또는 위촉한다.
1. 근로자단체 및 사용자단체가 추천하는 각 2명
2. 시민단체(비영리민간단체지원법 제2조에 따른 비영리민간단 체를 말한다. 이하 같다), 소비자단체, 농어업인단체 및 자영업 자단체가 추천하는 각 1명
3. 의료계를 대표하는 단체 및 약업계를 대표하는 단체가 추천하 는 8명
4. 다음 각 목에 해당하는 8명
   가. 대통령령으로 정하는 중앙행정기관 소속 공무원 2명
   나. 국민건강보험공단의 이사장 및 건강보험심사평가원의 원 장이 추천하는 각 1명
   다. 건강보험에 관한 학식과 경험이 풍부한 4명

10 　　　　　　　　　　정답 ②

실업자에 대한 특례(법 제110조)
① 사용관계가 끝난 사람 중 직장가입자로서의 자격을 유지한 기 간이 보건복지부령으로 정하는 기간 동안 통산 1년 이상인 사 람은 지역가입자가 된 이후 최초로 제79조에 따라 지역가입자 보험료를 고지받은 날부터 그 납부기한에서 2개월이 지나기 이전까지 공단에 직장가입자로서의 자격을 유지할 것을 신청 할 수 있다.
② 제1항에 따라 공단에 신청한 가입자(이하 "임의계속가입자"라 한다)는 제9조에도 불구하고 대통령령으로 정하는 기간 동안 직장가입자의 자격을 유지한다. 다만, 제1항에 따른 신청 후 최 초로 내야 할 직장가입자 보험료를 그 납부기한부터 2개월이 지난 날까지 내지 아니한 경우에는 그 자격을 유지할 수 없다.
③ 임의계속가입자의 보수월액은 보수월액보험료가 산정된 최근 12개월간의 보수월액을 평균한 금액으로 한다.
④ 임의계속가입자의 보험료는 보건복지부장관이 정하여 고시하 는 바에 따라 그 일부를 경감할 수 있다.
⑤ 임의계속가입자의 보수월액보험료는 제76조 제1항 및 제77조 제1항 제1호에도 불구하고 그 임의계속가입자가 전액을 부담 하고 납부한다.

⑥ 임의계속가입자가 보험료를 납부기한까지 내지 아니하는 경우 그 급여제한에 관하여는 제53조 제3항·제5항 및 제6항을 준용한다. 이 경우 "제69조 제5항에 따른 세대단위의 보험료"는 "제110조 제5항에 따른 보험료"로 본다.

⑦ 임의계속가입자의 신청 방법·절차 등에 필요한 사항은 보건복지부령으로 정한다.

오답분석

ㄷ. 임의계속가입자의 보수월액보험료는 임의계속가입자가 전액을 부담한다.

ㄹ. 임의계속가입자의 신청 방법·절차 등에 필요한 사항은 보건복지부령에 따른다.

ㅂ. 직장가입자로서의 자격을 유지한 기간이 보건복지부령으로 정하는 기간 동안 통산 1년 이상이어야 한다.

11
정답 ①

건강검진(법 제52조)

① 공단은 가입자와 피부양자에 대하여 질병의 조기 발견과 그에 따른 요양급여를 하기 위하여 건강검진을 실시한다.

② 제1항에 따른 건강검진의 종류 및 대상은 다음 각 호와 같다.
 1. 일반건강검진 : 직장가입자, 세대주인 지역가입자, 20세 이상인 지역가입자 및 20세 이상인 피부양자
 2. 암검진 : 암관리법 제11조 제2항에 따른 암의 종류별 검진주기와 연령 기준 등에 해당하는 사람
 3. 영유아건강검진 : 6세 미만의 가입자 및 피부양자

③ 제1항에 따른 건강검진의 검진항목은 성별, 연령 등의 특성 및 생애 주기에 맞게 설계되어야 한다.

④ 제1항에 따른 건강검진의 횟수·절차와 그 밖에 필요한 사항은 대통령령으로 정한다.

12
정답 ②

요양급여비용의 청구와 지급 등(법 제47조 제6항)

요양기관은 제2항에 따른 심사청구를 다음 각 호의 단체가 대행하게 할 수 있다.

1. 의료법 제28조 제1항에 따른 의사회·치과의사회·한의사회·조산사회 또는 같은 조 제6항에 따라 신고한 각각의 지부 및 분회
2. 의료법 제52조에 따른 의료기관 단체
3. 약사법 제11조에 따른 약사회 또는 같은 법 제14조에 따라 신고한 지부 및 분회

오답분석

① 법 제47조 제1항
③ 법 제47조 제3항
④ 법 제47조 제4항

13
정답 ①

요양기관(법 제42조 제1항)

요양급여(간호와 이송은 제외한다)는 다음 각 호의 요양기관에서 실시한다. 이 경우 보건복지부장관은 공익이나 국가정책에 비추어 요양기관으로 적합하지 아니한 대통령령으로 정하는 의료기관 등은 요양기관에서 제외할 수 있다.

1. 의료법에 따라 개설된 의료기관
2. 약사법에 따라 등록된 약국
3. 약사법 제91조에 따라 설립된 한국희귀·필수의약품센터
4. 지역보건법에 따른 보건소·보건의료원 및 보건지소
5. 농어촌 등 보건의료를 위한 특별조치법에 따라 설치된 보건진료소

14
정답 ④

①·②는 급여가 정지되는 경우이고, ③은 급여가 제한되는 경우이다.

급여의 정지(법 제54조)

보험급여를 받을 수 있는 사람이 다음 각 호의 어느 하나에 해당하면 그 기간에는 보험급여를 하지 아니한다. 다만, 제3호 및 제4호의 경우에는 제60조에 따른 요양급여를 실시한다.

1. 삭제(2020. 4. 7)
2. 국외에 체류하는 경우
3. 제6조 제2항 제2호에 해당하게 된 경우
4. 교도소, 그 밖에 이에 준하는 시설에 수용되어 있는 경우

급여의 제한(법 제53조 제1항)

공단은 보험급여를 받을 수 있는 사람이 다음 각 호의 어느 하나에 해당하면 보험급여를 하지 아니한다.

1. 고의 또는 중대한 과실로 인한 범죄행위에 그 원인이 있거나 고의로 사고를 일으킨 경우
2. 고의 또는 중대한 과실로 공단이나 요양기관의 요양에 관한 지시에 따르지 아니한 경우
3. 고의 또는 중대한 과실로 제55조에 따른 문서와 그 밖의 물건의 제출을 거부하거나 질문 또는 진단을 기피한 경우
4. 업무 또는 공무로 생긴 질병·부상·재해로 다른 법령에 따른 보험급여나 보상(報償) 또는 보상(補償)을 받게 되는 경우

15
정답 ①

재외동포의 출입국과 법적 지위에 관한 법률 제6조에 따라 국내거소신고를 한 사람은 직장가입자가 된다.

외국인 등에 대한 특례(법 제109조 제2항)

국내에 체류하는 재외국민 또는 외국인(이하 "국내체류 외국인 등"이라 한다)이 적용대상사업장의 근로자, 공무원 또는 교직원이고 제6조 제2항 각 호의 어느 하나에 해당하지 아니하면서 다음 각 호의 어느 하나에 해당하는 경우에는 제5조에도 불구하고 직장가입자가 된다.

1. 주민등록법 제6조 제1항 제3호에 따라 등록한 사람
2. 재외동포의 출입국과 법적 지위에 관한 법률 제6조에 따라 국내거소신고를 한 사람
3. 출입국관리법 제31조에 따라 외국인등록을 한 사람

[오답분석]
③ 법 제109조 제5항
④ 법 제109조 제1항

16
[정답] ②

시효(법 제91조 제1항)
다음 각 호의 권리는 3년 동안 행사하지 아니하면 소멸시효가 완성된다.
1. 보험료, 연체금 및 가산금을 징수할 권리
2. 보험료, 연체금 및 가산금으로 과오납부한 금액을 환급받을 권리
3. 보험급여를 받을 권리
4. 보험급여 비용을 받을 권리
5. 제47조 제3항 후단에 따라 과다납부된 본인일부부담금을 돌려받을 권리
6. 제61조에 따른 근로복지공단의 권리

17
[정답] ④

임원(법 제65조 제1항)
심사평가원에 임원으로서 원장, 이사 15명 및 감사 1명을 둔다. 이 경우 원장, 이사 중 4명 및 감사는 상임으로 한다.

[오답분석]
① 감사는 임원추천위원회가 복수로 추천한 사람 중에서 기획재정부장관의 제청으로 대통령이 임명한다(법 제65조 제5항).
② 제4항에 따른 비상임이사는 정관으로 정하는 바에 따라 실비 변상을 받을 수 있다(법 제65조 제6항).
③ 원장은 임원추천위원회가 복수로 추천한 사람 중에서 보건복지부장관의 제청으로 대통령이 임명한다(법 제65조 제2항).

18
[정답] ②

국민건강보험종합계획의 수립 등(법 제3조의2 제2항)
종합계획에는 다음 각 호의 사항이 포함되어야 한다.
1. 건강보험정책의 기본목표 및 추진방향
2. 건강보험 보장성 강화의 추진계획 및 추진방법
3. 건강보험의 중장기 재정 전망 및 운영
4. 보험료 부과체계에 관한 사항
5. 요양급여비용에 관한 사항
6. 건강증진 사업에 관한 사항
7. 취약계층 지원에 관한 사항
8. 건강보험에 관한 통계 및 정보의 관리에 관한 사항
9. 그 밖에 건강보험의 개선을 위하여 필요한 사항으로 대통령령으로 정하는 사항

19
[정답] ③

건강보험분쟁조정위원회(법 제89조 제4항)
분쟁조정위원회는 제3항에 따른 구성원 과반수의 출석과 출석위원 과반수의 찬성으로 의결한다.

[오답분석]
① 법 제89조 제2항
② 법 제89조 제3항
④ 법 제89조 제5항

20
[정답] ④

④는 요양기관에서 제외할 수 있는 의료기관이다.

요양기관(법 제42조 제1항)
요양급여(간호와 이송은 제외한다)는 다음 각 호의 요양기관에서 실시한다. 이 경우 보건복지부장관은 공익이나 국가정책에 비추어 요양기관으로 적합하지 아니한 대통령령으로 정하는 의료기관 등은 요양기관에서 제외할 수 있다.
1. 의료법에 따라 개설된 의료기관
2. 약사법에 따라 등록된 약국
3. 약사법 제91조에 따라 설립된 한국희귀・필수의약품센터
4. 지역보건법에 따른 보건소・보건의료원 및 보건지소
5. 농어촌 등 보건의료를 위한 특별조치법에 따라 설치된 보건진료소

02 노인장기요양보험법

01	02	03	04	05	06	07	08	09	10
③	②	④	②	②	④	③	②	③	①
11	12	13	14	15	16	17	18	19	20
①	③	①	③	④	③	④	④	④	②

01
정답 ③

등급판정(법 제15조 제2항)

등급판정위원회는 신청인이 제12조의 신청자격요건을 충족하고 6개월 이상 동안 혼자서 일상생활을 수행하기 어렵다고 인정하는 경우 심신상태 및 장기요양이 필요한 정도 등 대통령령으로 정하는 등급판정기준에 따라 수급자로 판정한다.

02
정답 ②

벌칙(법 제67조 제3항)

다음 각 호의 어느 하나에 해당하는 자는 1년 이하의 징역 또는 1,000만 원 이하의 벌금에 처한다.

1. 제35조 제1항을 위반하여 정당한 사유 없이 장기요양급여의 제공을 거부한 자
2. 거짓이나 그 밖의 부정한 방법으로 장기요양급여를 받거나 다른 사람으로 하여금 장기요양급여를 받게 한 자
3. 정당한 사유 없이 제36조 제3항 각 호에 따른 권익보호조치를 하지 아니한 사람
4. 제37조 제7항을 위반하여 수급자가 부담한 비용을 정산하지 아니한 자

오답분석

①·③·④는 법 제69조에 따라 500만 원 이하의 과태료를 부과한다.

03
정답 ④

자료의 제출 등(법 제60조)

① 공단은 장기요양급여 제공내용 확인, 장기요양급여의 관리·평가 및 장기요양보험료 산정 등 장기요양사업 수행에 필요하다고 인정할 때 다음 각 호의 어느 하나에 해당하는 자에게 자료의 제출을 요구할 수 있다.
  1. 장기요양보험가입자 또는 그 피부양자 및 의료급여수급권자
  2. 수급자 및 장기요양기관
② 제1항에 따라 자료의 제출을 요구받은 자는 성실히 이에 응하여야 한다.

04
정답 ②

국가의 부담(법 제58조 제2항)

국가와 지방자치단체는 대통령령으로 정하는 바에 따라 의료급여수급권자의 장기요양급여비용, 의사소견서 발급비용, 방문간호지시서 발급비용 중 공단이 부담하여야 할 비용(제40조 제1항 단서 및 제3항 제1호에 따라 면제 및 감경됨으로 인하여 공단이 부담하게 되는 비용을 포함한다) 및 관리운영비의 전액을 부담한다.

05
정답 ②

재심사청구(법 제56조)

① 제55조에 따른 심사청구에 대한 결정에 불복하는 사람은 그 결정통지를 받은 날부터 90일 이내에 장기요양재심사위원회(이하 "재심사위원회"라 한다)에 재심사를 청구할 수 있다.
② 재심사위원회는 보건복지부장관 소속으로 두고, 위원장 1인을 포함한 20인 이내의 위원으로 구성한다.
③ 재심사위원회의 위원은 관계 공무원, 법학, 그 밖에 장기요양사업 분야의 학식과 경험이 풍부한 자 중에서 보건복지부장관이 임명 또는 위촉한다. 이 경우 공무원이 아닌 위원이 전체 위원의 과반수가 되도록 하여야 한다.
④ 재심사위원회의 구성·운영 및 위원의 임기, 그 밖에 필요한 사항은 대통령령으로 정한다.

06
정답 ④

장기요양기관 지정의 유효기간(법 제32조의3)

제31조에 따른 장기요양기관 지정의 유효기간은 지정을 받은 날부터 6년으로 한다.

07
정답 ③

장기요양급여의 제한(법 제29조)

① 공단은 장기요양급여를 받고 있는 자가 정당한 사유 없이 제15조 제4항에 따른 조사나 제60조 또는 제61조에 따른 요구에 응하지 아니하거나 답변을 거절한 경우 장기요양급여의 전부 또는 일부를 제공하지 아니하게 할 수 있다.
② 공단은 장기요양급여를 받고 있거나 받을 수 있는 자가 장기요양기관이 거짓이나 그 밖의 부정한 방법으로 장기요양급여비용을 받는 데에 가담한 경우 장기요양급여를 중단하거나 1년의 범위에서 장기요양급여의 횟수 또는 제공 기간을 제한할 수 있다.
③ 제2항에 따른 장기요양급여의 중단 및 제한 기준과 그 밖에 필요한 사항은 보건복지부령으로 정한다.

08 [정답] ②

본인부담금(법 제40조 제1항)

재가 및 시설 급여비용은 다음 각 호와 같이 수급자가 부담한다. 다만, 수급자 중 의료급여법 제3조 제1항 제1호에 따른 수급자는 그러하지 아니하다.
1. 재가급여 : 해당 장기요양급여비용의 100분의 15
2. 시설급여 : 해당 장기요양급여비용의 100분의 20

09 [정답] ③

장기요양기본계획(법 제6조 제1항)

보건복지부장관은 노인 등에 대한 장기요양급여를 원활하게 제공하기 위하여 5년 단위로 다음 각 호의 사항이 포함된 장기요양기본계획을 수립·시행하여야 한다.
1. 연도별 장기요양급여 대상인원 및 재원조달 계획
2. 연도별 장기요양기관 및 장기요양전문인력 관리 방안
3. 장기요양요원의 처우에 관한 사항
4. 그 밖에 노인 등의 장기요양에 관한 사항으로서 대통령령으로 정하는 사항

10 [정답] ①

실태조사(법 제6조의2 제1항)

보건복지부장관은 장기요양사업의 실태를 파악하기 위하여 3년마다 다음 각 호의 사항에 관한 조사를 정기적으로 실시하고 그 결과를 공표하여야 한다.
1. 장기요양인정에 관한 사항
2. 제52조에 따른 장기요양등급판정위원회(이하 "등급판정위원회"라 한다)의 판정에 따라 장기요양급여를 받을 사람(이하 "수급자"라 한다)의 규모, 그 급여의 수준 및 만족도에 관한 사항
3. 장기요양기관에 관한 사항
4. 장기요양요원의 근로조건, 처우 및 규모에 관한 사항
5. 그 밖에 장기요양사업에 관한 사항으로서 보건복지부령으로 정하는 사항

11 [정답] ①

장기요양급여의 제공(법 제27조 제1항)

수급자는 제17조 제1항에 따른 장기요양인정서와 같은 조 제3항에 따른 개인별장기요양이용계획서가 도달한 날부터 장기요양급여를 받을 수 있다.

12 [정답] ③

②·③ 법 제55조 제2항에 따르면 심사청구는 그 처분이 있음을 안 날부터 90일 이내에 문서(전자정부법 제2조 제7호에 따른 전자문서를 포함한다)로 하여야 하며, 처분이 있은 날부터 180일을 경과하면 이를 제기하지 못한다. 다만, 정당한 사유로 그 기간에 심사청구를 할 수 없었음을 증명하면 그 기간이 지난 후에도 심사청구를 할 수 있다.

오답분석

① 장기요양인정·장기요양등급·장기요양급여·부당이득·장기요양급여비용 또는 장기요양보험료 등에 관한 공단의 처분에 이의가 있는 자는 공단에 심사청구를 할 수 있다(법 제55조 제1항).
④ 제1항에 따른 심사청구 사항을 심사하기 위하여 공단에 장기요양심사위원회(이하 "심사위원회"라 한다)를 둔다(법 제55조 제3항). 국가와 지방자치단체는 장기요양요원의 권리를 보호하기 위하여 장기요양요원지원센터를 설치·운영할 수 있다(법 제47조의2 제1항).

13 [정답] ①

장기요양기관 지정의 취소 등(법 제37조 제1항)

특별자치시장·특별자치도지사·시장·군수·구청장은 장기요양기관이 다음 각 호의 어느 하나에 해당하는 경우 그 지정을 취소하거나 6개월의 범위에서 업무정지를 명할 수 있다. 다만, 제1호, 제2호의2, 제3호의5, 제7호, 또는 제8호에 해당하는 경우에는 지정을 취소하여야 한다.
1. 거짓이나 그 밖의 부정한 방법으로 지정을 받은 경우
1의2. 제28조의 2를 위반하여 급여외행위를 제공한 경우. 다만, 장기요양기관의 장이 그 위반행위를 방지하기 위하여 해당 업무에 관하여 상당한 주의와 감독을 게을리하지 아니한 경우는 제외한다.
2. 제31조 제1항에 따른 지정기준에 적합하지 아니한 경우
2의2. 제32조의2 각 호의 어느 하나에 해당하게 된 경우. 다만, 제32조의2 제7호에 해당하게 된 법인의 경우 3개월 이내에 그 대표자를 변경하는 때에는 그러하지 아니하다.
3. 제35조 제1항을 위반하여 장기요양급여를 거부한 경우
3의2. 제35조 제5항을 위반하여 본인부담금을 면제하거나 감경하는 행위를 한 경우
3의3. 제35조 제6항을 위반하여 수급자를 소개, 알선 또는 유인하는 행위 및 이를 조장하는 행위를 한 경우
3의4. 제35조의4 제2항 각 호의 어느 하나를 위반한 경우
3의5. 제36조 제1항에 따른 폐업 또는 휴업 신고를 하지 아니하고 1년 이상 장기요양급여를 제공하지 아니한 경우
3의6. 제36조의2에 따른 시정명령을 이행하지 아니하거나 회계부정 행위가 있는 경우
3의7. 정당한 사유 없이 제54조에 따른 평가를 거부·방해 또는 기피하는 경우
4. 거짓이나 그 밖의 부정한 방법으로 재가 및 시설 급여비용을 청구한 경우
5. 제61조 제2항에 따른 자료제출 명령에 따르지 아니하거나 거짓으로 자료제출을 한 경우나 질문 또는 검사를 거부·방해 또는 기피하거나 거짓으로 답변한 경우
6. 장기요양기관의 종사자 등이 다음 각 목의 어느 하나에 해당하는 행위를 한 경우. 다만, 장기요양기관의 장이 그 행위를 방지하기 위하여 해당 업무에 관하여 상당한 주의와 감독을 게을리하지 아니한 경우는 제외한다.
   가. 수급자의 신체에 폭행을 가하거나 상해를 입히는 행위
   나. 수급자에게 성적 수치심을 주는 성폭행, 성희롱 등의 행위

다. 자신의 보호 · 감독을 받는 수급자를 유기하거나 의식주를 포함한 기본적 보호 및 치료를 소홀히 하는 방임행위

라. 수급자를 위하여 증여 또는 급여된 금품을 그 목적 외의 용도에 사용하는 행위

마. 폭언, 협박, 위협 등으로 수급자의 정신건강에 해를 끼치는 정서적 학대행위

7. 업무정지기간 중에 장기요양급여를 제공한 경우

8. 부가가치세법 제8조에 따른 사업자등록 또는 소득세법 제168조에 따른 사업자등록이나 고유번호가 말소된 경우

14
정답 ③

장기요양급여 제공의 기본원칙(법 제3조 제3항)

장기요양급여는 노인 등이 가족과 함께 생활하면서 가정에서 장기요양을 받는 재가급여를 우선적으로 제공하여야 한다.

15
정답 ④

과징금의 부과 등(법 제37조의2 제1항)

특별자치시장 · 특별자치도지사 · 시장 · 군수 · 구청장은 제37조 제1항 각 호의 어느 하나(같은 항 제4호는 제외한다)에 해당하는 행위를 이유로 업무정지명령을 하여야 하는 경우로서 그 업무정지가 해당 장기요양기관을 이용하는 수급자에게 심한 불편을 줄 우려가 있는 등 보건복지부장관이 정하는 특별한 사유가 있다고 인정되는 경우에는 업무정지명령을 갈음하여 2억 원 이하의 과징금을 부과할 수 있다. 다만, 제37조 제1항 제4호를 위반한 행위로서 보건복지부령으로 정하는 경우에는 그러하지 아니하다.

16
정답 ③

등급판정 등(법 제15조 제2항)

등급판정위원회는 신청인이 제12조의 신청자격요건을 충족하고 6개월 이상 동안 혼자서 일상생활을 수행하기 어렵다고 인정하는 경우 심신상태 및 장기요양이 필요한 정도 등 대통령령으로 정하는 등급판정기준에 따라 수급자로 판정한다.

17
정답 ④

수급권의 보호(법 제66조 제1항)

장기요양급여를 받을 권리는 양도 또는 압류하거나 담보로 제공할 수 없다.

18
정답 ④

행정제재처분 효과의 승계(법 제37조의4 제3항)

제1항 및 제2항에도 불구하고 제1항 각 호의 어느 하나 또는 제2항 각 호의 어느 하나에 해당하는 자(이하 "양수인 등"이라 한다)가 양수, 합병 또는 운영 시에 행정제재처분 또는 위반사실을 알지 못하였음을 증명하는 경우에는 그러하지 아니하다.

19
정답 ④

장기요양기관 지정의 갱신(법 제32조의4 제1항)

장기요양기관의 장은 제32조의3에 따른 지정의 유효기간이 끝난 후에도 계속하여 그 지정을 유지하려는 경우에는 소재지를 관할구역으로 하는 특별자치시장 · 특별자치도지사 · 시장 · 군수 · 구청장에게 지정 유효기간이 끝나기 90일 전까지 지정 갱신을 신청하여야 한다.

20
정답 ②

등급판정 등(법 제15조 제1항)

공단은 제14조에 따른 조사가 완료된 때 조사결과서, 신청서, 의사소견서, 그 밖에 심의에 필요한 자료를 등급판정위원회에 제출하여야 한다.

01 국민건강보험법

01	02	03	04	05	06	07	08	09	10
③	④	③	②	①	③	④	②	②	②
11	12	13	14	15	16	17	18	19	20
③	③	④	②	①	④	①	③	②	③

01 정답 ③

자격의 상실 시기 등(법 제10조 제1항)
가입자는 다음 각 호의 어느 하나에 해당하게 된 날에 그 자격을 잃는다.
1. 사망한 날의 다음 날
2. 국적을 잃은 날의 다음 날
3. 국내에 거주하지 아니하게 된 날의 다음 날
4. 직장가입자의 피부양자가 된 날
5. 수급권자가 된 날
6. 건강보험을 적용받고 있던 사람이 유공자 등 의료보호대상자가 되어 건강보험의 적용배제신청을 한 날

02 정답 ④

사촌 형제는 직장가입자의 피부양자에 해당하지 않는다.

적용 대상 등(법 제5조 제2항)
제1항의 피부양자는 다음 각 호의 어느 하나에 해당하는 사람 중 직장가입자에게 주로 생계를 의존하는 사람으로서 소득 및 재산이 보건복지부령으로 정하는 기준 이하에 해당하는 사람을 말한다.
1. 직장가입자의 배우자
2. 직장가입자의 직계존속(배우자의 직계존속을 포함한다)
3. 직장가입자의 직계비속(배우자의 직계비속을 포함한다)과 그 배우자
4. 직장가입자의 형제·자매

03 정답 ③

보험료(법 제69조 제4항)
직장가입자의 월별 보험료액은 다음 각 호에 따라 산정한 금액으로 한다.

1. 보수월액보험료 : 제70조에 따라 산정한 보수월액에 제73조 제1항 또는 제2항에 따른 보험료율을 곱하여 얻은 금액
2. 소득월액보험료 : 제71조에 따라 산정한 소득월액에 제73조 제1항 또는 제2항에 따른 보험료율을 곱하여 얻은 금액

04 정답 ②

보험료율 등(법 제73조)
① 직장가입자의 보험료율은 1천분의 80의 범위에서 심의위원회의 의결을 거쳐 대통령령으로 정한다.
② 국외에서 업무에 종사하고 있는 직장가입자에 대한 보험료율은 제1항에 따라 정해진 보험료율의 100분의 50으로 한다.
③ 지역가입자의 보험료부과점수당 금액은 심의위원회의 의결을 거쳐 대통령령으로 정한다.

05 정답 ①

업무정지(법 제98조 제1항)
보건복지부장관은 요양기관이 다음 각 호의 어느 하나에 해당하면 그 요양기관에 대하여 1년의 범위에서 기간을 정하여 업무정지를 명할 수 있다.
1. 속임수나 그 밖의 부당한 방법으로 보험자·가입자 및 피부양자에게 요양급여비용을 부담하게 한 경우
2. 제97조 제2항에 따른 명령에 위반하거나 거짓 보고를 하거나 거짓 서류를 제출하거나, 소속 공무원의 검사 또는 질문을 거부·방해 또는 기피한 경우
3. 정당한 사유 없이 요양기관이 제41조의3 제1항에 따른 결정을 신청하지 아니하고 속임수나 그 밖의 부당한 방법으로 행위·치료재료를 가입자 또는 피부양자에게 실시 또는 사용하고 비용을 부담시킨 경우

06 정답 ③

임원의 겸직 금지 등(법 제25조 제2항)
공단의 상임임원이 임명권자 또는 제청권자의 허가를 받거나 공단의 직원이 이사장의 허가를 받은 경우에는 비영리 목적의 업무를 겸할 수 있다.

[오답분석]
① 법 제23조 제1호
② 법 제24조 제2항 제1호
④ 법 제22조 제4항

07

정답 ④

요양급여(법 제41조 제1항)
가입자와 피부양자의 질병, 부상, 출산 등에 대하여 다음 각 호의 요양급여를 실시한다.
1. 진찰·검사
2. 약제(藥劑)·치료재료의 지급
3. 처치·수술 및 그 밖의 치료
4. 예방·재활
5. 입원
6. 간호
7. 이송(移送)

08

정답 ②

신고 등(법 제94조 제1항)
공단은 사용자, 직장가입자 및 세대주에게 다음 각 호의 사항을 신고하게 하거나 관계 서류(전자적 방법으로 기록된 것을 포함한다. 이하 같다)를 제출하게 할 수 있다.
1. 가입자의 거주지 변경
2. 가입자의 보수·소득
3. 그 밖에 건강보험사업을 위하여 필요한 사항

09

정답 ②

국민건강보험공단의 업무 등(법 제14조 제2항)
제1항 제6호에 따른 자산의 관리·운영 및 증식사업은 안정성과 수익성을 고려하여 다음 각 호의 방법에 따라야 한다.
1. 체신관서 또는 은행법에 따른 은행에의 예입 또는 신탁
2. 국가·지방자치단체 또는 은행법에 따른 은행이 직접 발행하거나 채무이행을 보증하는 유가증권의 매입
3. 특별법에 따라 설립된 법인이 발행하는 유가증권의 매입
4. 자본시장과 금융투자업에 관한 법률에 따른 신탁업자가 발행하거나 같은 법에 따른 집합투자업자가 발행하는 수익증권의 매입
5. 공단의 업무에 사용되는 부동산의 취득 및 일부 임대
6. 그 밖에 공단 자산의 증식을 위하여 대통령령으로 정하는 사업

10

정답 ②

규정 등(법 제29조)
공단의 조직·인사·보수 및 회계에 관한 규정은 이사회의 의결을 거쳐 보건복지부장관의 승인을 받아 정한다.

오답분석
① 법 제26조 제1항
③ 법 제33조 제1항
④ 법 제28조

11

정답 ③

과태료(법 제119조 제3항)
다음 각 호의 어느 하나에 해당하는 자에게는 500만 원 이하의 과태료를 부과한다.
1. 제7조를 위반하여 신고를 하지 아니하거나 거짓으로 신고한 사용자
2. 정당한 사유 없이 제94조 제1항을 위반하여 신고·서류제출을 하지 아니하거나 거짓으로 신고·서류제출을 한 자
3. 정당한 사유 없이 제97조 제1항, 제3항, 제4항, 제5항을 위반하여 보고·서류제출을 하지 아니하거나 거짓으로 보고·서류제출을 한 자
4. 제98조 제4항을 위반하여 행정처분을 받은 사실 또는 행정처분절차가 진행 중인 사실을 지체 없이 알리지 아니한 자
5. 정당한 사유 없이 제101조 제2항을 위반하여 서류를 제출하지 아니하거나 거짓으로 제출한 자

오답분석
①·②·④ 법 제115조 제5항

12

정답 ③

업무의 위탁(법 제112조 제2항)
공단은 그 업무의 일부를 국가기관, 지방자치단체 또는 다른 법령에 따른 사회보험 업무를 수행하는 법인이나 그 밖의 자에게 위탁할 수 있다. 다만, 보험료와 징수위탁보험료 등의 징수 업무는 그러하지 아니하다.

오답분석
①·② 법 제112조 제1항
④ 법 제112조 제3항

13

정답 ④

보수월액(법 제70조 제3항)
제1항에 따른 보수는 근로자 등이 근로를 제공하고 사용자·국가 또는 지방자치단체로부터 지급받는 금품(실비변상적인 성격을 갖는 금품은 제외한다)으로서 대통령령으로 정하는 것을 말한다. 이 경우 보수 관련 자료가 없거나 불명확한 경우 등 대통령령으로 정하는 사유에 해당하면 보건복지부장관이 정하여 고시하는 금액을 보수로 본다.

오답분석
① 법 제70조 제1항
② 법 제70조 제2항
③ 법 제70조 제3항

14　정답 ②

보험료 등의 독촉 및 체납처분(법 제81조 제2항)
제1항에 따라 독촉할 때에는 10일 이상 15일 이내의 납부기한을 정하여 독촉장을 발부하여야 한다.

[오답분석]
① 법 제81조 제1항
③ 법 제81조 제3항
④ 법 제81조 제4항

15　정답 ①

비용의 일부부담(법 제44조)
① 요양급여를 받는 자는 대통령령으로 정하는 바에 따라 비용의 일부(이하 "본인일부부담금"이라 한다)를 본인이 부담한다. 이 경우 선별급여에 대해서는 다른 요양급여에 비하여 본인일부부담금을 상향 조정할 수 있다.
② 제1항에 따라 본인이 연간 부담하는 본인일부부담금의 총액이 대통령령으로 정하는 금액(이하 이 조에서 "본인부담상한액"이라 한다)을 초과한 경우에는 공단이 그 초과 금액을 부담하여야 한다.
③ 제2항에 따른 본인부담상한액은 가입자의 소득수준 등에 따라 정한다.
④ 제2항에 따른 본인일부부담금 총액 산정 방법, 본인부담상한액을 넘는 금액의 지급 방법 및 제3항에 따른 가입자의 소득수준 등에 따른 본인부담상한액 설정 등에 필요한 사항은 대통령령으로 정한다.

16　정답 ④

고액 · 상습체납자의 인적사항 공개(법 제83조 제4항)
제1항에 따른 체납자 인적사항 등의 공개는 관보에 게재하거나 공단 인터넷 홈페이지에 게시하는 방법에 따른다.

[오답분석]
① 법 제83조 제1항
② 법 제83조 제2항
③ 법 제83조 제3항

17　정답 ①

국민건강보험공단은 해당 권리에 대한 소멸시효가 완성된 경우 재정운영위원회의 의결을 받아 보험료 등을 결손처분할 수 있다.
결손처분(법 제84조)
① 공단은 다음 각 호의 어느 하나에 해당하는 사유가 있으면 재정운영위원회의 의결을 받아 보험료 등을 결손처분할 수 있다.
　1. 체납처분이 끝나고 체납액에 충당될 배분금액이 그 체납액에 미치지 못하는 경우

　2. 해당 권리에 대한 소멸시효가 완성된 경우
　3. 그 밖에 징수할 가능성이 없다고 인정되는 경우로서 대통령령으로 정하는 경우
② 공단은 제1항 제3호에 따라 결손처분을 한 후 압류할 수 있는 다른 재산이 있는 것을 발견한 때에는 지체 없이 그 처분을 취소하고 체납처분을 하여야 한다.

18　정답 ③

요양급여의 적정성 평가는 건강보험심사평가원의 업무이다.
국민건강보험공단의 업무 등(법 제14조 제1항)
공단은 다음 각 호의 업무를 관장한다.
1. 가입자 및 피부양자의 자격 관리
2. 보험료와 그 밖에 국민건강보험법에 따른 징수금의 부과 · 징수
3. 보험급여의 관리
4. 가입자 및 피부양자의 질병의 조기발견 · 예방 및 건강관리를 위하여 요양급여 실시 현황과 건강검진 결과 등을 활용하여 실시하는 예방사업으로서 대통령령으로 정하는 사업
5. 보험급여 비용의 지급
6. 자산의 관리 · 운영 및 증식사업
7. 의료시설의 운영
8. 건강보험에 관한 교육훈련 및 홍보
9. 건강보험에 관한 조사연구 및 국제협력
10. 국민건강보험법에서 공단의 업무로 정하고 있는 사항
11. 국민연금법, 고용보험 및 산업재해보상보험의 보험료징수 등에 관한 법률, 임금채권보장법 및 석면피해구제법(이하 "징수위탁근거법"이라 한다)에 따라 위탁받은 업무
12. 그 밖에 국민건강보험법 또는 다른 법령에 따라 위탁받은 업무
13. 그 밖에 건강보험과 관련하여 보건복지부장관이 필요하다고 인정한 업무

19　정답 ②

국민건강보험법에서 규정하는 보험급여의 정지 사유에 해당하는 경우는 보험급여를 받을 수 있는 사람이 국외에서 업무에 종사하고 있는 때이다.
급여의 정지(법 제54조)
보험급여를 받을 수 있는 사람이 다음 각 호의 어느 하나에 해당하면 그 기간에는 보험급여를 하지 아니한다. 다만, 제3호 및 제4호의 경우에는 제60조에 따른 요양급여를 실시한다.
1. 삭제(2020. 4. 7)
2. 국외에 체류하는 경우
3. 제6조 제2항 제2호에 해당하게 된 경우
4. 교도소, 그 밖에 이에 준하는 시설에 수용되어 있는 경우

안심Touch

20

직장가입자인 근로자 등이 그 사용관계가 끝난 날의 다음 날 자격이 변동된다.

자격의 변동 시기 등(법 제9조 제1항)

가입자는 다음 각 호의 어느 하나에 해당하게 된 날에 그 자격이 변동된다.

1. 지역가입자가 적용대상사업장의 사용자로 되거나, 근로자·공무원 또는 교직원(이하 "근로자 등"이라 한다)으로 사용된 날
2. 직장가입자가 다른 적용대상사업장의 사용자로 되거나 근로자 등으로 사용된 날
3. 직장가입자인 근로자 등이 그 사용관계가 끝난 날의 다음 날
4. 적용대상사업장에 제7조 제2호에 따른 사유가 발생한 날의 다음 날
5. 지역가입자가 다른 세대로 전입한 날

02 노인장기요양보험법

01	02	03	04	05	06	07	08	09	10
②	④	①	②	③	④	③	④	④	④
11	12	13	14	15	16	17	18	19	20
②	③	②	③	①	④	①	④	②	②

01

정답 ②

벌칙(법 제67조 제3항)

다음 각 호의 어느 하나에 해당하는 자는 1년 이하의 징역 또는 1,000만 원 이하의 벌금에 처한다.

1. 제35조 제1항을 위반하여 정당한 사유 없이 장기요양급여의 제공을 거부한 자
2. 거짓이나 그 밖의 부정한 방법으로 장기요양급여를 받거나 다른 사람으로 하여금 장기요양급여를 받게 한 자
3. 정당한 사유 없이 제36조 제3항 각 호에 따른 권익보호조치를 하지 아니한 사람
4. 제37조 제7항을 위반하여 수급자가 부담한 비용을 정산하지 아니한 자

02

정답 ④

결격사유(법 제32조의2 제2호)

정신건강증진 및 정신질환자 복지서비스 지원에 관한 법률 제3조 제1호의 정신질환자. 다만, 전문의가 장기요양기관 설립·운영 업무에 종사하는 것이 적합하다고 인정하는 사람은 그러하지 아니하다.

03

정답 ①

장기요양급여의 종류(법 제23조 제1항 제1호 마목)

장기요양급여의 종류는 다음 각 호와 같다.

1. 재가급여
   마. 단기보호 : 수급자를 보건복지부령으로 정하는 범위 안에서 일정 기간 동안 장기요양기관에 보호하여 신체활동 지원 및 심신기능의 유지·향상을 위한 교육·훈련 등을 제공하는 장기요양급여

04

정답 ②

장기요양보험료의 징수(법 제8조 제2항)

제1항에 따른 장기요양보험료는 국민건강보험법 제69조에 따른 보험료(이하 이 조에서 "건강보험료"라 한다)와 통합하여 징수한다. 이 경우 공단은 장기요양보험료와 건강보험료를 구분하여 고지하여야 한다.

05

장기요양기본계획(법 제6조 제1항)
보건복지부장관은 노인 등에 대한 장기요양급여를 원활하게 제공하기 위하여 5년 단위로 다음 각 호의 사항이 포함된 장기요양기본계획을 수립·시행하여야 한다.
1. 연도별 장기요양급여 대상인원 및 재원조달 계획
2. 연도별 장기요양기관 및 장기요양전문인력 관리 방안
3. 장기요양요원의 처우에 관한 사항
4. 그 밖에 노인 등의 장기요양에 관한 사항으로서 대통령령으로 정하는 사항

06
정답 ④

공단의 장기요양사업 조직 등(법 제49조)
공단은 국민건강보험법 제29조에 따라 공단의 조직 등에 관한 규정을 정할 때 장기요양사업을 수행하기 위하여 두는 조직 등을 건강보험사업을 수행하는 조직 등과 구분하여 따로 두어야 한다. 다만, 제48조 제2항 제1호 및 제2호의 자격 관리와 보험료 부과·징수업무는 그러하지 아니하다.

07
정답 ③

정의(법 제2조 제1호)
"노인 등"이란 65세 이상의 노인 또는 65세 미만의 자로서 치매·뇌혈관성질환 등 대통령령으로 정하는 노인성 질병을 가진 자를 말한다.

08
정답 ④

장기요양인정 신청의 조사(법 제14조 제3항)
제1항에 따라 조사를 하는 자는 조사일시, 장소 및 조사를 담당하는 자의 인적사항 등을 미리 신청인에게 통보하여야 한다.

오답분석
① 거동이 현저하게 불편하거나 도서·벽지 지역에 거주하여 의료기관을 방문하기 어려운 자 등 대통령령으로 정하는 자는 의사소견서를 제출하지 아니할 수 있다(법 제13조 제2항).
② 의사소견서의 발급비용·비용부담방법·발급자의 범위, 그 밖에 필요한 사항은 보건복지부령으로 정한다(법 제13조 제3항).
③ 공단은 제1항 각 호의 사항을 조사하는 경우 2명 이상의 소속 직원이 조사할 수 있도록 노력하여야 한다(법 제14조 제2항).

09
정답 ④

오답분석
① 공단에 청구하여야 한다(법 제38조 제1항).
② 장기요양위원회의 심의를 거쳐야 한다(법 제39조 제1항).
③ 100분의 15를 부담한다(법 제40조 제1항 제1호).

10
정답 ④

장기요양위원회의 구성(법 제46조)
① 장기요양위원회는 위원장 1인, 부위원장 1인을 포함한 16인 이상 22인 이하의 위원으로 구성한다.
② 위원장이 아닌 위원은 다음 각 호의 자 중에서 보건복지부장관이 임명 또는 위촉한 자로 하고, 각 호에 해당하는 자를 각각 동수로 구성하여야 한다.
   1. 근로자단체, 사용자단체, 시민단체(비영리민간단체 지원법 제2조에 따른 비영리민간단체를 말한다), 노인단체, 농어업인단체 또는 자영자단체를 대표하는 자
   2. 장기요양기관 또는 의료계를 대표하는 자
   3. 대통령령으로 정하는 관계 중앙행정기관의 고위공무원단 소속 공무원, 장기요양에 관한 학계 또는 연구계를 대표하는 자, 공단 이사장이 추천하는 자
③ 위원장은 보건복지부차관이 되고, 부위원장은 위원 중에서 위원장이 지명한다.
④ 장기요양위원회 위원의 임기는 3년으로 한다. 다만, 공무원인 위원의 임기는 재임기간으로 한다.

11
정답 ②

오답분석
① 구성원 과반수의 출석으로 개의한다(법 제47조 제1항).
③ 분야별로 실무위원회를 둘 수 있다(법 제47조 제2항).
④ 보건복지부장관 소속으로 장기요양위원회를 둔다(법 제45조).

12
정답 ③

장기요양인정 신청 등에 대한 대리(법 제22조)
① 장기요양급여를 받고자 하는 자 또는 수급자가 신체적·정신적인 사유로 노인장기요양보험법에 따른 장기요양인정의 신청, 장기요양인정의 갱신신청 또는 장기요양등급의 변경신청 등을 직접 수행할 수 없을 때 본인의 가족이나 친족, 그 밖의 이해관계인은 이를 대리할 수 있다.
② 다음 각 호의 어느 하나에 해당하는 사람은 관할 지역 안에 거주하는 사람 중 장기요양급여를 받고자 하는 사람 또는 수급자가 제1항에 따른 장기요양인정신청 등을 직접 수행할 수 없을 때 본인 또는 가족의 동의를 받아 그 신청을 대리할 수 있다.
   1. 사회보장급여의 이용·제공 및 수급권자 발굴에 관한 법률 제43조에 따른 사회복지전담공무원
   2. 치매관리법 제17조에 따른 치매안심센터의 장(장기요양급여를 받고자 하는 사람 또는 수급자가 같은 법 제2조 제2호에 따른 치매환자인 경우로 한정한다)
③ 제1항 및 제2항에도 불구하고 장기요양급여를 받고자 하는 자 또는 수급자가 제1항에 따른 장기요양인정신청 등을 할 수 없는 경우 특별자치시장·특별자치도지사·시장·군수·구청장이 지정하는 자는 이를 대리할 수 있다.

13
[정답] ②

[오답분석]

① 방문목욕 : 장기요양요원이 목욕설비를 갖춘 장비를 이용하여 수급자의 가정 등을 방문하여 목욕을 제공하는 장기요양급여(법 제23조 제1항 제1호 나목)

③ 주·야간보호 : 수급자를 하루 중 일정한 시간 동안 장기요양기관에 보호하여 신체활동 지원 및 심신기능의 유지·향상을 위한 교육·훈련 등을 제공하는 장기요양급여(법 제23조 제1항 제1호 라목)

④ 단기보호 : 수급자를 보건복지부령으로 정하는 범위 안에서 일정 기간 동안 장기요양기관에 보호하여 신체활동 지원 및 심신기능의 유지·향상을 위한 교육·훈련 등을 제공하는 장기요양급여(법 제23조 제1항 제1호 마목)

14
[정답] ③

가족요양비(법 제24조 제1항 제2호)

공단은 다음 각 호의 어느 하나에 해당하는 수급자가 가족 등으로부터 제23조 제1항 제1호 가목에 따른 방문요양에 상당한 장기요양급여를 받은 때 대통령령으로 정하는 기준에 따라 해당 수급자에게 가족요양비를 지급할 수 있다.

2. 천재지변이나 그 밖에 이와 유사한 사유로 인하여 장기요양기관이 제공하는 장기요양급여를 이용하기가 어렵다고 보건복지부장관이 인정하는 자

15
[정답] ①

장기요양인정의 신청(법 제13조 제1항)

장기요양인정을 신청하는 자(이하 "신청인"이라 한다)는 공단에 보건복지부령으로 정하는 바에 따라 장기요양인정신청서(이하 "신청서"라 한다)에 의사 또는 한의사가 발급하는 소견서(이하 "의사소견서"라 한다)를 첨부하여 제출하여야 한다. 다만, 의사소견서는 공단이 제15조 제1항에 따라 등급판정위원회에 자료를 제출하기 전까지 제출할 수 있다.

16
[정답] ④

급여외행위의 제공 금지(법 제28조의2 제1항)

수급자 또는 장기요양기관은 장기요양급여를 제공받거나 제공할 경우 다음 각 호의 행위(이하 "급여외행위"라 한다)를 요구하거나 제공하여서는 아니 된다.

1. 수급자의 가족만을 위한 행위
2. 수급자 또는 그 가족의 생업을 지원하는 행위
3. 그 밖에 수급자의 일상생활에 지장이 없는 행위

17
[정답] ①

장기요양위원회의 설치 및 기능(법 제45조)

다음 각 호의 사항을 심의하기 위하여 보건복지부장관 소속으로 장기요양위원회를 둔다.

1. 제9조 제2항에 따른 장기요양보험료율
2. 제24조부터 제26조까지의 규정에 따른 가족요양비, 특례요양비 및 요양병원간병비의 지급기준
3. 제39조에 따른 재가 및 시설 급여비용
4. 그 밖에 대통령령으로 정하는 주요 사항

등급판정위원회의 설치(법 제52조 제1항)

장기요양인정 및 장기요양등급 판정 등을 심의하기 위하여 공단에 장기요양등급판정위원회를 둔다.

18
[정답] ④

실태조사(법 제6조의2 제2항)

제1항에 따른 실태조사의 방법과 내용 등에 필요한 사항은 보건복지부령으로 정한다.

19
[정답] ②

위반사실 등의 공표(법 제37조의3 제1항)

보건복지부장관 또는 특별자치시장·특별자치도지사·시장·군수·구청장은 장기요양기관이 거짓으로 재가·시설 급여비용을 청구하였다는 이유로 제37조 또는 제37조의2에 따른 처분이 확정된 경우로서 다음 각 호의 어느 하나에 해당하는 경우에는 위반사실, 처분내용, 장기요양기관의 명칭·주소, 장기요양기관의 장의 성명, 그 밖에 다른 장기요양기관과의 구별에 필요한 사항으로서 대통령령으로 정하는 사항을 공표하여야 한다. 다만, 장기요양기관의 폐업 등으로 공표의 실효성이 없는 경우에는 그러하지 아니하다.

1. 거짓으로 청구한 금액이 1,000만 원 이상인 경우
2. 거짓으로 청구한 금액이 장기요양급여비용 총액의 100분의 10 이상인 경우

20
[정답] ②

재가 및 시설 급여비용의 청구 및 지급 등(법 제38조 제3항)

공단은 제54조 제2항에 따른 장기요양기관의 장기요양급여평가 결과에 따라 장기요양급여비용을 가산 또는 감액조정하여 지급할 수 있다.

학습플래너

◉ 사람으로서 할 수 있는 최선을 다한 후에는 오직 하늘의 뜻을 기다린다.
◉
◉

과목	내용	체크
모의고사	제회 모의고사	○

MEMO

학습플래너

Date	. . .	D-	공부시간	H	M

◎

◎

◎

과목	내용	체크

MEMO

Date . . .		D-	공부시간	H	M

◎
◎
◎

과목	내용	체크

MEMO

학습플래너

Date	.	.	.	D-	공부시간	H	M

◎
◎
◎

과목	내용	체크

MEMO

국민건강보험공단 직무시험 답안카드

성 명	
지원 분야	

문제지 형별기재란	
( )형	Ⓐ Ⓑ

수험번호

⓪	⓪	⓪	⓪	⓪	⓪	⓪
①	①	①	①	①	①	①
②	②	②	②	②	②	②
③	③	③	③	③	③	③
④	④	④	④	④	④	④
⑤	⑤	⑤	⑤	⑤	⑤	⑤
⑥	⑥	⑥	⑥	⑥	⑥	⑥
⑦	⑦	⑦	⑦	⑦	⑦	⑦
⑧	⑧	⑧	⑧	⑧	⑧	⑧
⑨	⑨	⑨	⑨	⑨	⑨	⑨

감독위원 확인
㉑

1	① ② ③ ④
2	① ② ③ ④
3	① ② ③ ④
4	① ② ③ ④
5	① ② ③ ④
6	① ② ③ ④
7	① ② ③ ④
8	① ② ③ ④
9	① ② ③ ④
10	① ② ③ ④
11	① ② ③ ④
12	① ② ③ ④
13	① ② ③ ④
14	① ② ③ ④
15	① ② ③ ④
16	① ② ③ ④
17	① ② ③ ④
18	① ② ③ ④
19	① ② ③ ④
20	① ② ③ ④

※ 본 답안지는 마킹연습용 모의 답안지입니다.

〈절취선〉

국민건강보험공단 직무시험 답안카드

성 명	
지원 분야	

문제지 형별기재란	
( )형	Ⓐ Ⓑ

수험번호

⓪	⓪	⓪	⓪	⓪	⓪	⓪
①	①	①	①	①	①	①
②	②	②	②	②	②	②
③	③	③	③	③	③	③
④	④	④	④	④	④	④
⑤	⑤	⑤	⑤	⑤	⑤	⑤
⑥	⑥	⑥	⑥	⑥	⑥	⑥
⑦	⑦	⑦	⑦	⑦	⑦	⑦
⑧	⑧	⑧	⑧	⑧	⑧	⑧
⑨	⑨	⑨	⑨	⑨	⑨	⑨

감독위원 확인
㉑

1	① ② ③ ④
2	① ② ③ ④
3	① ② ③ ④
4	① ② ③ ④
5	① ② ③ ④
6	① ② ③ ④
7	① ② ③ ④
8	① ② ③ ④
9	① ② ③ ④
10	① ② ③ ④
11	① ② ③ ④
12	① ② ③ ④
13	① ② ③ ④
14	① ② ③ ④
15	① ② ③ ④
16	① ② ③ ④
17	① ② ③ ④
18	① ② ③ ④
19	① ② ③ ④
20	① ② ③ ④

※ 본 답안지는 마킹연습용 모의 답안지입니다.

국민건강보험공단 직무시험 답안카드

1	① ② ③ ④		6	① ② ③ ④	
2	① ② ③ ④		7	① ② ③ ④	
3	① ② ③ ④		8	① ② ③ ④	
4	① ② ③ ④		9	① ② ③ ④	
5	① ② ③ ④		10	① ② ③ ④	

성 명

지원 분야

문제지 형별기재란   Ⓐ Ⓑ
(형)

수 험 번 호
⓪ ① ② ③ ④ ⑤ ⑥ ⑦ ⑧ ⑨

감독위원 확인   인

※ 본 답안지는 마킹연습용 모의 답안지입니다.

〈절취선〉

국민건강보험공단 직무시험 답안카드

1	① ② ③ ④
2	① ② ③ ④
3	① ② ③ ④
4	① ② ③ ④
5	① ② ③ ④

성 명

지원 분야

문제지 형별기재란   Ⓐ Ⓑ
(형)

수 험 번 호
⓪ ① ② ③ ④ ⑤ ⑥ ⑦ ⑧ ⑨

감독위원 확인   인

※ 본 답안지는 마킹연습용 모의 답안지입니다.

국민건강보험공단 직무시험 답안카드

성 명	

지원 분야	

문제지 형별기재란

( )형   Ⓐ Ⓑ

수험번호

⓪ ① ② ③ ④ ⑤ ⑥ ⑦ ⑧ ⑨
⓪ ① ② ③ ④ ⑤ ⑥ ⑦ ⑧ ⑨
⓪ ① ② ③ ④ ⑤ ⑥ ⑦ ⑧ ⑨
⓪ ① ② ③ ④ ⑤ ⑥ ⑦ ⑧ ⑨
⓪ ① ② ③ ④ ⑤ ⑥ ⑦ ⑧ ⑨
⓪ ① ② ③ ④ ⑤ ⑥ ⑦ ⑧ ⑨
① ② ③ ④ ⑤ ⑥ ⑦ ⑧ ⑨

감독위원 확인

(인)

문항	①	②	③	④
1	①	②	③	④
2	①	②	③	④
3	①	②	③	④
4	①	②	③	④
5	①	②	③	④
6	①	②	③	④
7	①	②	③	④
8	①	②	③	④
9	①	②	③	④
10	①	②	③	④
11	①	②	③	④
12	①	②	③	④
13	①	②	③	④
14	①	②	③	④
15	①	②	③	④
16	①	②	③	④
17	①	②	③	④
18	①	②	③	④
19	①	②	③	④
20	①	②	③	④

※ 본 답안지는 마킹연습용 모의 답안지입니다.

〈절취선〉

국민건강보험공단 직무시험 답안카드

성 명	

지원 분야	

문제지 형별기재란

( )형   Ⓐ Ⓑ

수험번호

⓪ ① ② ③ ④ ⑤ ⑥ ⑦ ⑧ ⑨
⓪ ① ② ③ ④ ⑤ ⑥ ⑦ ⑧ ⑨
⓪ ① ② ③ ④ ⑤ ⑥ ⑦ ⑧ ⑨
⓪ ① ② ③ ④ ⑤ ⑥ ⑦ ⑧ ⑨
⓪ ① ② ③ ④ ⑤ ⑥ ⑦ ⑧ ⑨
⓪ ① ② ③ ④ ⑤ ⑥ ⑦ ⑧ ⑨
① ② ③ ④ ⑤ ⑥ ⑦ ⑧ ⑨

감독위원 확인

(인)

문항	①	②	③	④
1	①	②	③	④
2	①	②	③	④
3	①	②	③	④
4	①	②	③	④
5	①	②	③	④
6	①	②	③	④
7	①	②	③	④
8	①	②	③	④
9	①	②	③	④
10	①	②	③	④
11	①	②	③	④
12	①	②	③	④
13	①	②	③	④
14	①	②	③	④
15	①	②	③	④
16	①	②	③	④
17	①	②	③	④
18	①	②	③	④
19	①	②	③	④
20	①	②	③	④

※ 본 답안지는 마킹연습용 모의 답안지입니다.

국민건강보험공단 직무시험 답안카드

성 명			
지원 분야			
문제지 형별기재란	Ⓐ		
	Ⓑ		
	( )형		

1	① ② ③ ④
2	① ② ③ ④
3	① ② ③ ④
4	① ② ③ ④
5	① ② ③ ④
6	① ② ③ ④
7	① ② ③ ④
8	① ② ③ ④
9	① ② ③ ④
10	① ② ③ ④
11	① ② ③ ④
12	① ② ③ ④
13	① ② ③ ④
14	① ② ③ ④
15	① ② ③ ④
16	① ② ③ ④
17	① ② ③ ④
18	① ② ③ ④
19	① ② ③ ④
20	① ② ③ ④

수험번호

⓪	①	②	③	④	⑤	⑥	⑦	⑧	⑨
⓪	①	②	③	④	⑤	⑥	⑦	⑧	⑨
⓪	①	②	③	④	⑤	⑥	⑦	⑧	⑨
⓪	①	②	③	④	⑤	⑥	⑦	⑧	⑨
⓪	①	②	③	④	⑤	⑥	⑦	⑧	⑨
⓪	①	②	③	④	⑤	⑥	⑦	⑧	⑨
⓪	①	②	③	④	⑤	⑥	⑦	⑧	⑨

감독위원 확인

인

※ 본 답안지는 마킹연습용 모의 답안지입니다.

〈절취선〉

국민건강보험공단 직무시험 답안카드

성 명			
지원 분야			
문제지 형별기재란	Ⓐ		
	Ⓑ		
	( )형		

1	① ② ③ ④
2	① ② ③ ④
3	① ② ③ ④
4	① ② ③ ④
5	① ② ③ ④
6	① ② ③ ④
7	① ② ③ ④
8	① ② ③ ④
9	① ② ③ ④
10	① ② ③ ④
11	① ② ③ ④
12	① ② ③ ④
13	① ② ③ ④
14	① ② ③ ④
15	① ② ③ ④
16	① ② ③ ④
17	① ② ③ ④
18	① ② ③ ④
19	① ② ③ ④
20	① ② ③ ④

수험번호

⓪	①	②	③	④	⑤	⑥	⑦	⑧	⑨
⓪	①	②	③	④	⑤	⑥	⑦	⑧	⑨
⓪	①	②	③	④	⑤	⑥	⑦	⑧	⑨
⓪	①	②	③	④	⑤	⑥	⑦	⑧	⑨
⓪	①	②	③	④	⑤	⑥	⑦	⑧	⑨
⓪	①	②	③	④	⑤	⑥	⑦	⑧	⑨
⓪	①	②	③	④	⑤	⑥	⑦	⑧	⑨

감독위원 확인

인

※ 본 답안지는 마킹연습용 모의 답안지입니다.

좋은 책을 만드는 길
독자님과 함께하겠습니다.

도서나 동영상에 궁금한 점, 아쉬운 점, 만족스러운 점이
있으시다면 어떤 의견이라도 말씀해 주세요.
시대고시기획은 독자님의 의견을 모아 더 좋은 책으로 보답하겠습니다.

www.sidaegosi.com

2022 최신판 국민건강보험공단 직무시험
법률 + OX문제 + 기출예상문제 + 최종모의고사 7회 + 오디오북

개정2판1쇄 발행	2022년 03월 10일 (인쇄 2022년 01월 24일)
초 판 발 행	2021년 03월 30일 (인쇄 2021년 01월 29일)
발 행 인	박영일
책 임 편 집	이해욱
편 저	NCS직무능력연구소
편 집 진 행	김재희
표지디자인	조혜령
편집디자인	김성은 · 곽은슬
발 행 처	(주)시대고시기획
출 판 등 록	제10-1521호
주 소	서울시 마포구 큰우물로 75 [도화동 538 성지B/D] 9F
전 화	1600-3600
팩 스	02-701-8823
홈 페 이 지	www.sidaegosi.com
I S B N	979-11-383-1646-0 (13320)
정 가	24,000원

2022 · 최신판

직무시험
국민건강
보험공단

법률 + OX문제 + 기출예상문제 +
최종모의고사 7회

+ 오디오북

기업별 맞춤 학습 "기업별 NCS" 시리즈

공기업 취업의 기초부터 합격까지! 취업의 문을 여는 *Hidden Key!*

기업별 기출문제 "기출이 답이다" 시리즈

역대 기출문제와 주요 공기업 기출문제를 한 권에! 합격을 위한 *One Way!*

시험 직전 마무리 "봉투모의고사" 시리즈

실제 시험과 동일하게 마무리! 합격을 향한 *Last Spurt!*

※ **기업별 시리즈** : 부산교통공사/한국가스공사/LH 한국토지주택공사/한국공항공사/건강보험심사평가원/국민연금공단/
인천국제공항공사/한국수력원자력/한국중부발전/한국환경공단/부산환경공단/한국국토정보공사/SR/신용보증기금&기
술보증기금/도로교통공단/한국지역난방공사/한국마사회/한국도로공사/강원랜드/발전회사/항만공사 등

들으면서 공부하자!
오디오북 시대